Manual do PODER JUDICIÁRIO BRASILEIRO

André Ramos Tavares

Manual do Poder Judiciário Brasileiro

2ª edição
2021

saraiva jur

saraiva EDUCAÇÃO | saraiva jur

Av. Paulista, 901, 3º andar
Bela Vista – São Paulo – SP – CEP: 01311-100

SAC | sac.sets@saraivaeducacao.com.br

Direção executiva	Flávia Alves Bravin
Direção editorial	Renata Pascual Müller
Gerência de projetos e produção editoriais	Fernando Penteado
Planejamento	Josiane de Araujo Rodrigues
Novos projetos	Sérgio Lopes de Carvalho Dalila Costa de Oliveira
Gerência editorial	Isabella Sánchez de Souza
Edição	Iris Ferrão
Produção editorial	Daniele Debora de Souza (coord.) Daniela Nogueira Secondo
Arte e digital	Mônica Landi (coord.) Camilla Felix Cianelli Chaves Claudirene de Moura Santos Silva Deborah Mattos Guilherme H. M. Salvador Tiago Dela Rosa
Projetos e serviços editoriais	Daniela Maria Chaves Carvalho Kelli Priscila Pinto Marília Cordeiro Nicoly Wasconcelos Razuk
Diagramação	Adriana Santoro Aguiar
Revisão	Amélia Ward
Capa	Casa de Ideias
Produção gráfica	Marli Rampim Sergio Luiz Pereira Lopes
Impressão e acabamento	

DADOS INTERNACIONAIS DE CATALOGAÇÃO NA PUBLICAÇÃO (CIP)
VAGNER RODOLFO DA SILVA - CRB-8/9410

T231m Tavares, André Ramos

Manual do poder judiciário brasileiro / André Ramos Tavares. - 2. ed. - São Paulo : Saraiva Educação, 2021.
600 p.

ISBN 978-65-5559-791-2 (impresso)

1. Direito. 2. Poder judiciário. I. Título.

2021-1843 CDD 340
CDU 34

Índices para catálogo sistemático:

1. Direito 340
2. Direito 34

Data de fechamento da edição: 7-6-2021

Dúvidas? Acesse www.editorasaraiva.com.br/direito

CL 606643 CAE 773524

TABELA DE SIGLAS E SINAIS UTILIZADOS

ADC	Ação Declaratória de Constitucionalidade
ADCT	Ato das Disposições Constitucionais Transitórias
ADI	Ação Direta de Inconstitucionalidade
ADPF	Arguição de Descumprimento de Preceito Fundamental
Ajufe	Associação dos Juízes Federais do Brasil
AMB	Associação dos Magistrados Brasileiros
AO	Ação Originária
CB	Constituição do Brasil
CC	Conflito de competência
CE	Constituição estadual
Cf.	Confira
CJ	Conflito de Jurisdição
CLT	Consolidação das Leis do Trabalho
CN	Congresso Nacional
CNJ	Conselho Nacional de Justiça
CNMP	Conselho Nacional do Ministério Público
CP	Código Penal
CPC	Código de Processo Civil
CPM	Código Penal Militar
CPP	Código de Processo Penal
DF	Distrito Federal
EAOAB	Lei n. 8.906, de 4-7-1994
EC	Emenda Constitucional

Enamat	Escola Nacional de Formação e Aperfeiçoamento de Magistrados do Trabalho
Enfam	Escola Nacional de Formação e Aperfeiçoamento de Magistrados
EUA	Estados Unidos da América do Norte
HC	*Habeas corpus*
INCRA	Instituto Nacional de Colonização e Reforma Agrária
LC	Lei Complementar
LINDB	Lei de Introdução às Normas do Direito Brasileiro
LOMAN	Lei Orgânica da Magistratura Nacional – LC n. 35, de 14-3-1979
MP	Ministério Público
MS	Mandado de Segurança
NCPC	Novo Código de Processo Civil
OAB	Ordem dos Advogados do Brasil
PEC	Proposta de Emenda Constitucional
PGR	Procurador-Geral da República
PNDH	Programa Nacional de Direitos Humanos
RE	Recurso Extraordinário
RISTF	Regimento Interno do Supremo Tribunal Federal
STF	Supremo Tribunal Federal
STJ	Superior Tribunal de Justiça
STM	Superior Tribunal Militar
t.	tomo
TCU	Tribunal de Contas da União
TJ	Tribunal de Justiça
TJM	Tribunal de Justiça Militar
TPI	Tribunal Penal Internacional
TRT	Tribunal Regional do Trabalho
TST	Tribunal Superior do Trabalho
Ufesp	Unidade Fiscal do Estado de São Paulo
v.	volume
v.	*vide*

SUMÁRIO

CAPÍTULO II

DIREITOS JUDICIÁRIOS FUNDAMENTAIS EM ESPÉCIE

CAPÍTULO III

DIREITO DA MAGISTRATURA: LEIS E COMPETÊNCIAS NORMATIVAS

CAPÍTULO IV
O FIGURINO DO ESTADO-JUIZ

CAPÍTULO V

AS AUTONOMIAS E OS DEVERES INSTITUCIONAIS DO PODER JUDICIÁRIO

CAPÍTULO VII

VEDAÇÕES, DEVERES, ÉTICA E IMPROBIDADE DO JUIZ

CAPÍTULO VIII
DO REGIME REMUNERATÓRIO

PREFÁCIO À 2ª EDIÇÃO

Ministro Luiz Fux

O PODER JUDICIÁRIO representa um dos pilares da Democracia; vale dizer: não há democracia sem Poder Judiciário. A função judicante é eminentemente popular e se exerce para o povo, de tal sorte que, quando em jogo valores morais e razões públicas, o judiciário deve afinar-se com o sentimento constitucional da sociedade.

O livro ora prefaciado, sob a minha percepção, retrata uma das mais completas obras sobre o tema no direito brasileiro. Em boa hora o autor situa o Poder Judiciário no cerne do Estado contemporâneo, assentando que os poderes devem trabalhar em primado de autonomia e harmonia, não em estado belicoso e separatista. Se, de um lado, é papel do Judiciário observar se os requisitos para concretização dos interesses que o legislador e o administrador preferiram proteger obedecem às formalidades exigidas, por outro, não cabe ao Poder Judiciário definir qual prioridade deve ser mais bem contemplada em políticas públicas ou qual a melhor forma de utilização do dinheiro público. É mais do que nunca premente a virtude passiva dos juízes em reconhecer, em muitos casos, a ausência de *expertise*, porque a falta de humildade judicial pode desorganizar o sistema, traduzindo-se em decisões trágicas e caridade injusta.

Não raro se transfere ao Poder Judiciário, esse gigante recém-desperto, as tarefas que deveriam ter sido cumpridas em outras searas, tarefas que não são típicas a um magistrado. Descortina-se o cenário em que o Judiciário é induzido indiretamente a preencher lacunas legislativas e a construir soluções para a implementação das medidas trazidas em normas legais incongruentes. Essa sintonia fina entre o ativismo e a conivência com o *status quo* está no cerne da sensibilidade judicial.

A beleza da magistratura não ofusca alguns desafios da realidade prática, sobretudo diante das peculiaridades locais. São várias as questões ainda enfrentadas em inúmeras comarcas do país, relativamente à ausência de magistrados, ao déficit de digitalização dos processos ou de conexão adequada de internet em vários Estados, às dificuldades de deslocamento de juízes e servidores entre comarcas que dispõem de apenas um único magistrado, entre outras inúmeras situações. É bastante oportuno o alerta do autor quanto a um panorama que, ao evidenciar descaso ou despreparo do poder público, pode fragilizar o Poder Judiciário e, consectariamente, a cláusula de separação de poderes.

Como magistrado há mais de trinta anos, e juiz de carreira carrego com orgulho o fardo de representar a magistratura desse país na construção da democracia e salvaguarda da Constituição Federal. Aprimorar o Poder Judiciário, reconhece perfeitamente o autor, é finalidade que se volta para a própria cidadania, para os direitos fundamentais.

André Ramos Tavares escreveu um livro extraordinário. Faz um diagnóstico preciso dos desafios e potencialidades do Poder Judiciário, desde a origem histórica até casos recentíssimos e apresenta propostas bem articuladas para sua superação. A originalidade do trabalho se encontra, precisamente, na capacidade do autor de sistematizar a matéria versada, de arrumar um conjunto de ideias que fervilhavam dispersas, dando a elas um arranjo original. O livro explora, com independência, coragem e rigor, o papel do Judiciário no sistema brasileiro, em todos os seus meandros e tecnicalidades.

A esses temas recorrentes no debate atual, André acrescenta, com notável perspicácia, questões relevantíssimas que estão na ordem do dia, como a controvérsia envolvendo a criação de juiz das garantias e combate à corrupção e a Nova Lei de abuso de autoridade. Fugindo ao trivial, o autor antecipa questões de um futuro que já se apresenta, como as decorrentes da utilização da inteligência artificial no processo judicial.

É com grande orgulho que sucedo ao Exmo. Ministro Antonio Cezar Peluso no prefaciar desta obra – cujo título manualístico, tomando de empréstimo as palavras do meu ilustríssimo colega, não faz jus à engenhosidade de sua concepção. O professor André Ramos Tavares traz ao mercado editorial brasileiro uma contribuição de suma importância para a adequada compreensão do novel perfil do Poder Judiciário brasileiro. A riquíssima bibliografia é cotejada com farta jurisprudência, valioso embasamento empírico e estilo de escrita elegante. Os abundantes exemplos atuais, de normas e medidas concretas, complementam o quadro virtuoso da capacidade do autor de transmitir conteúdo com leveza.

Detentor de uma carreira brilhante e promissora, a reputação acadêmica do autor é irretocável. André é Professor Titular da Faculdade de Direito da USP; Professor Permanente dos Programas de Doutorado e Mestrado em Direito da PUC/SP; foi Professor do Programa de Doutorado em Direito Público da Universidade de Bari – Itália, *Visiting scholar* na Cardozo School of Law – Nova York (2007), *Visiting foreign professor* na Fordham University – Nova York (2008); Professor na Universidade de Glasgow – Escócia (Programa de Mobilidade – 2020); Diretor da Escola Judiciária Eleitoral do Tribunal Superior Eleitoral (2010-2012); e Pró-reitor de Pós-graduação *stricto sensu* da PUC/SP (2008-2012).

A proposta foi ousada posto encerrar uma obra tão completa, com a merecida profundidade e a peculiar didática, e ainda atualizada e estendida nessa segunda edição, o que configura uma árdua empreitada. Deu divinamente certo. Ninguém faz nada sem a mão de Deus.

Desvanecido com a honra de prefaciar o livro, rogo que suas lições edifiquem no intelecto do leitor a reflexão sobre qual Poder Judiciário se pretende construir com vistas às conquistas concretas a serem apreciadas pelos jurisdicionados de hoje e do amanhã.

Rio de Janeiro, 1º de maio de 2020.

Min. *LUIZ FUX*

Vice-Presidente do Supremo Tribunal Federal

PREFÁCIO À 1ª EDIÇÃO

Ministro Cezar Peluso

A obra, cujo título – como quase todos os títulos de livros – desvela muito pouco da engenhosidade de sua concepção, apresenta uma visão abrangente do Poder Judiciário, cobrindo inúmeros assuntos que lhe orbitam ao redor, mas conduzida do ângulo das íntimas relações que guarda com a categoria dos direitos fundamentais.

É nesse contexto, ou, antes, sob tal pressuposto, que se deve ler a análise da estrutura do Poder Judiciário, em diversos planos, como o da consideração da partilha das suas competências, do regime jurídico de seus membros, bem como das suas garantias e proibições, as quais envolvem a delicada temática do sistema remuneratório, que consta do final da obra. Com tratamento inovador, trabalha com as fontes de produção normativa e, sobremodo, com o que convencionou denominar direitos judiciários fundamentais em espécie.

E é, precisamente, na província dos direitos fundamentais que a obra encontra o ponto de onde se lhe irradiam as ideias inovadoras e mais atraentes e, como tais, representativas da contribuição própria para repensar a importância do Poder Judiciário. Nesse sentido, deixa-se iluminar por forte compromisso com a conceituação, o reconhecimento e a concretização dos direitos humanos fundamentais no desempenho cotidiano da função substantiva do Poder Judiciário, que não é apenas *dicere* o direito, mas também *cognoscere* a realidade humana. A centralidade desse aspecto é desde logo sublinhada pelo autor em capítulos preliminares que revelam a opção metodológica norteada pelos valores básicos da cidadania na arquitetura da Constituição. É o que se lhe vê sobretudo aos dois primeiros capítulos ("Direitos Fundamentais e Poder Judiciário" e "Direitos Judiciários Fundamentais em Espécie").

Um dos tópicos de estudo que, a respeito, mais há de chamar a atenção do leitor concerne à introdução de um "novo pressuposto conceitual", substanciado na orientação que entende deva inspirar e reger o exercício das atividades do Estado-juiz no âmbito do chamado"Estado de direitos". E nisso enfatiza, com todos os desdobramentos teóricos e práticos, a necessidade de uma postura diferente, exigida assim dos integrantes do Judiciário, como da própria sociedade, em uma Democracia empenhada no resguardo da dignidade da pessoa humana.

E, sem avançar aqui, ainda quando em resumo, todas as qualidades que a caracterizam como produto de cuidadosa meditação de um jovem mas conceituado jurista, esta obra também responde à perceptível carência, entre nós, de estudos voltados à compreensão integral do Poder Judiciário brasileiro, no complexo de suas funções essenciais, dos seus limites, das suas necessidades, dos seus problemas e das soluções possíveis que lhe preservem a grandeza. E só por isso já seria muito bem-vinda.

Brasília, outubro de 2011.

Min. *ANTONIO CEZAR PELUSO*

Presidente do Supremo Tribunal Federal (2010-2012)

CAPÍTULO I

DEMOCRACIA, DIREITOS FUNDAMENTAIS E PODER JUDICIÁRIO

1. ASPECTOS HISTORIOGRÁFICOS

1.1. O Poder Judiciário no cerne do Estado contemporâneo

A premissa amplamente reconhecida – seria talvez desnecessário dizê-lo –, na teoria contemporânea ocidental-liberal da "separação" dos "poderes" (tomando a expressão, neste estudo, na vertente orgânico-funcional), está assentada no entendimento de não convir que um poder se sobreponha a outro; em outras palavras, os chamados poderes, como fontes de decisões centrais do Estado, devem atuar em primado de autonomia e harmonia, não em estado belicoso e separatista.

Nada obstante esse pressuposto teorético, houve – aqui a observação é de ordem prática – uma nítida e constante supremacia dos Poderes Legislativo e Executivo, ao longo da história mundial das instituições. Poder Legislativo e Poder Executivo ocuparam a posição central da tragédia política, que culminou em governos autoritários, despóticos, arbitrários, desumanos etc. Ao Poder Judiciário restou um papel secundário e, em muitas circunstâncias, subserviente ou omisso.

Várias razões podem ser indicadas. Especialmente no continente europeu, é significativo o registro histórico de que o Poder Judiciário, no Absolutismo, atuava como um braço do rei, como fizeram anotar expressamente tanto o grande comentador das leis inglesas, BLACKSTONE (1979: 23-4), no sentido de que as cortes de Justiça "derived from the power of the crown", quanto BERMAN (2001: 488).

Este último estudioso observa que na França do século XII, eram os *prebostes*, o *baile* e o *seneschal*, os funcionários responsáveis por aplicar a Justiça, e que aqueles (*prebostes*) administravam seu distrito cumprindo as ordens reais e fazendo justiça em nome do rei, ao passo que os dois últimos eram recrutados dentre a baixa-nobreza da Casa real, sendo considerados servidores da Coroa. Assim subordinado, não haveria de se desenvolver adequadamente uma estrutura de"Justiça".

Essa timidez do Poder Judiciário pode, ainda, ser explicada pela circunstância de ser, ademais, um poder reativo e não ativo, por funcionar na base da provocação, vedada a atuação de ofício[1]. Seu atuar praticamente sempre esteve condicionado à provocação do cidadão ou do interessado. E, em uma conjuntura como a da pós-Revolução Francesa, na qual o Direito escrito era relativamente uma novidade (e ainda escasso), na qual não havia um costume arraigado na utilização de vias judiciais para resolver as eventuais controvérsias, o seu atuar e importância, comparados numa perspectiva diacrônica, só podiam ser diminutos.

Ainda, dentre os fatores que possam justificar o acanhamento (inicial) do Poder Judiciário, encontra-se um elemento de natureza formal – que perdurou por muito tempo: a natureza individual das contendas. Isso porque os interesses em jogo eram, em sua maioria, particulares. A repercussão social das decisões, por esse motivo, acabava por ser mínima ou desconhecida da maior parte da sociedade, só aproveitando aos implicados no processo e só sendo acessada por um pequeno grupo de pessoas, mais diretamente relacionadas com os interessados.

Esta situação, contudo, sofrerá uma *drástica mudança com a consolidação do Estado de Direito* do final do século XVIII e a sua mais notável consequência, a saber, a encampação de quase todas as condutas humanas dentro do espectro do Direito positivado. Isto porque, para que fosse possível encerrar sobre a sombra da lei um sem-número de condutas, os textos legais passaram a se valer de uma peculiar técnica de redação: o uso de termos imprecisos e abstratos, os quais buscariam evitar um engessamento do alcance legal, supostamente sem perda da segurança jurídica almejada desde a Revolução. É a pretensão totalizante do Direito (cf. Glissen, 2001: 450). Além disso, passou-se a impor a normatividade exclusivamente estatal (Direito = Lei) e, assim, um certo"império do Direito positivo".

---

1 Este aspecto, porém, permaneceu ao longo do tempo, salvo raras exceções como, por exemplo, o caso brasileiro da edição de súmula vinculante pelo STF.

Mas, em contrapartida, a imprecisão dos termos legais dificultou o acesso, pelo indivíduo, ao real significado da lei, criando, ainda, contradições e lacunas; é dizer, o "dever ser" imposto pela norma legal tornou-se ininteligível ao cidadão comum: a chave do mundo jurídico quedou reservada aos juristas e a compreensão definitiva ao Poder Judiciário. Este passa a exercer, então, a "função de arbitragem de câmbio" (cf. Rigaux, 2000: XI e 337), o que acarretou uma posição de maior destaque no cenário social. Isso, como não poderia deixar de ser, carreou ao Poder Judiciário uma sobrecarga de trabalho e, concomitantemente, um maior ativismo judicial se fez presente (Cappelletti, 1989: 22).

Ademais, a suposta positividade do Direito, apregoada por muitos doutrinadores como o império da lei e a subordinação do juiz, acabou por encobrir a real força da decisão judicial e seu papel na *construção* do Direito, com o que restou mascarada por essas teorias pretensamente subordinantes do Poder Judiciário. A falsidade e, mais do que isso, a inconsistência dessas teorias explicativas do Direito passaram a ser realçadas, para resgatar a importância e a responsabilidade do Estado-juiz.

Essa "viragem institucional" (enlaçada à crise) foi acentuada pelo advento do Estado Social e do Estado Constitucional. No Estado Social, as liberdades públicas perdem sua força atrativa para os direitos sociais, pautados na igualdade de condições e oportunidades. O Estado, por sua vez, deixa de ser um ente omisso, tornando-se um ente ativo, intervencionista: se no Estado liberal a regra era o não agir, no Estado Social a regra é exatamente oposta, é o agir, ou melhor, o *prover*. "Com o Estado social, o Estado-inimigo cedeu lugar ao Estado-amigo, o Estado-medo ao Estado-confiança, o Estado-hostilidade ao Estado-segurança" (Bonavides, 2001: 345). E, quando o Estado (Legislativo ou Executivo) não age, cabe ao indivíduo incitá-lo, via Judiciário. O Estado-juiz passa a ocupar um espaço importante na realização da justiça social. Decorre, daí, o aumento da demanda judicial com um conflito entre os poderes praticamente inafastável.

Este conflito se acentua no Estado Constitucional, cuja pedra de toque será o controle de constitucionalidade. Mediante este controle, atos do Executivo e do Legislativo serão submetidos ao crivo da Constituição, personificada (em alguns sistemas, como o brasileiro) no Judiciário. Surge, assim, a *Justiça Constitucional*, a qual se apresenta como importante e legítima no desempenho de novas funções consentâneas com a nova estruturação dos sistemas jurídicos (cf. Tavares, 2005ba: 48), mais complexos, cuja tônica é (i) a superação do dogma do Parlamento absoluto e (ii) a intromissão nos outros "poderes", no que diga respeito a temas como governabilidade e políticas públicas, para atender demandas sociais constitucionalizadas. Assim, "não há quem se contente com o mero cumprimento burocrático de uma antiga legalidade que fundamentava o clássico Estado de Direito, legalidade 'mágica' de um mundo abstrato. O Estado de Direito contemporâneo pressupõe níveis de legitimidade antes ignorados" (Osório, 2006: 61).

Tanto o Poder Judiciário se engrandeceu nesse modelo atual que, na conhecida *Lochner era*, segundo o constitucionalista norte-americano Tribe (1988: 568, trad. livre), a Corte Suprema dos EUA "tencionava – mais do que nunca – analisar e invalidar regulações econômicas". Ou seja, neste período, toda forma de intervenção estatal na economia foi considerada inconstitucional. A regra admitida como constitucional era a da livre-iniciativa e dos direitos da propriedade. A ordem econômica deveria permanecer intocada pelo Estado e acessível, tão somente, ao particular.

A influência do Poder Judiciário torna-se mais visível com a superveniência da Grande Depressão, engendrada justamente por um liberalismo econômico exacerbado (cf. Tavares, 2003: 54). O então recém-eleito presidente Franklin Delano Roosevelt, influenciado pelos ideais econômicos de John Maynard Keynes, começa a traçar políticas públicas de cunho intervencionista, com vistas a retirar o país da catástrofe econômica na qual havia mergulhado.

Porém, no momento de implantá-las, a Suprema Corte dos Estados Unidos, como era de se esperar, sob a influência da *Lochner era*, foi frontalmente contrária a essas políticas públicas formuladas pelo governo norte-americano. O choque entre ambos os "poderes", então, torna-se patente, assim como a influência que os magistrados exercem sobre todas as relações sociais.

Por fim, mas não menos importante, tem-se o advento da sociedade industrial, seguido pelo fenômeno da "massificação", que alcançou o Poder Judiciário (cf. Cappelletti, 1989: 22), do qual se exige que ofereça soluções tão drásticas quanto a intensidade dos problemas apresentados (cf. Estagnan, 1995: 38-39).

O figurino tradicionalmente concebido para as disputas no Poder Judiciário é atropelado pelas novas demandas sociais "em bloco". "Basta ter presente a grande expansão das *class actions* e da *public interest litigation* nos Estados Unidos, das *actions collectives* na França, da *Verbandsklagen* na Alemanha, e, de modo mais geral, do fenômeno da tutela judiciária dos 'interesses difusos', para dar-se conta de que profunda metamorfose teve ou está tendo lugar, não apenas no campo dos conceitos e das estruturas tradicionais do *judicial process*, mas igualmente no próprio papel do juiz moderno" (Cappelletti, 1989: 23).

Assim, o Poder Judiciário passou a ser, para usar a expressão de Boaventura Sousa Santos (2003), um "fiador da democracia" e, para isso, como observou Sálvio de Figueiredo Teixeira, "não pode mais manter-se equidistante dos debates sociais, devendo assumir seu papel de participante dos destinos das nações, também responsável pelo bem comum, especialmente em temas como dignidade humana (...) Copartícipe, em suma, da construção de uma nova sociedade" (Teixeira, 2008: 143).

Como conclusão deste tópico, o resultado do Estado de Direito, do Estado Social, do Estado Constitucional, da sociedade industrial e da viragem paradigmática do Direito foi tirar o Poder Judiciário, de uma posição secundária, submissa e quase clandestina, para uma de crucial relevância na manutenção da ordem social.

Como contrapartida ao incremento das posições assumidas pelo Judiciário e aumento de sua responsabilidade – e em virtude dos efeitos que suas decisões podem produzir no cotidiano social e político – segue-se uma preocupação intensa, vertida, geralmente, em pretensões de fiscalização sobre o atuar do magistrado, o qual não poderia passar incólume neste amealhar de força e influência.

Na medida em que as decisões do Judiciário são capazes de produzir consequências profundas nas relações sociais, nos deveres estatais, na atuação dos governantes etc., é natural a intensificação da fiscalização sobre este "gigante" (Cappelletti) recém-desperto. Afinal, o controle recíproco insere-se, ainda, na própria teoria clássica da separação dos poderes. Além disso, novas condicionantes e restrições vão surgir exatamente para conter um certo excesso que já vai acometendo algumas parcelas do Poder Judiciário.

1.2. O magistrado-inimigo: uma concepção anacrônica e inconsistente

A preocupação com o Poder Judiciário, constante no mundo contemporâneo ocidental, não se justifica apenas em virtude da sua aquisição de maior importância (e força) no cenário político e social. Tem ressurgido um temor com a própria figura do magistrado, mais precisamente com a forma com que é ele conduzido ao seu cargo e a estada que nele assume.

Esse temor finca sua origem no absolutismo medieval, máxime da baixa Idade Média, no qual tudo se encontrava centralizado nas mãos do rei, soberano máximo. Como mencionado anteriormente, a "função jurisdicional" (e o magistrado) nada mais eram do que a extensão do braço do rei. Com a quebra deste paradigma, especialmente pela Revolução Francesa, a burguesia (os novos detentores do poder) passou a desconfiar da magistratura, composta, em suas fileiras, por nobres e homens de confiança da realeza deposta. Com efeito, todo o arcabouço jurídico pós-revolucionário foi construído de forma que o Judiciário se encontrasse atado, restrito a um mero atuar mecânico, em que suas decisões expressassem apenas as próprias leis, como sustentou Robespierre. A codificação e o formalismo, forjando a exigência positivista do Direito escrito, reafirmam essa pretensão.

Esse positivismo formalista, que ganhou impulso na primeira metade do século XX com a obra de Kelsen, contudo, após a Segunda Grande Guerra Mundial, foi abalado em seu fundamento. Sob a égide legal, o nacional-socialismo cometeu as mais diversas barbáries e, consequentemente, a antes inabalável figura da lei escrita foi imediatamente colocada sob suspeita. Refloresceu o naturalismo, amalgamado, ainda assim, ao positivismo, sob o nome *pós-positivismo*, com as escolas moralistas. Sobre este "Direito novo", Dallari (1998: 10-11) bem afirma que já é ele, "em grande parte, uma realidade. Ao lado da construção de sistemas normativos que expressamente se baseiam nos valores fundamentais da pessoa humana (...) é cada vez maior o número de pessoas que exigem o reconhecimento e o respeito de sua dignidade intrínseca, questionando a imposição de normas, de aparatos políticos e de ordens sociais e econômicas que visam assegurar a continuidade de injustiças há muito estabelecidas".

Importa frisar, aqui, que esta novel corrente aquebrantou o formalismo legal, permitindo a inserção, no sistema normativo jurídico, de normas caracterizadas como os princípios e os valores (como metanormas, cf. Tavares, 2003: 21 e s.). Consequentemente, este novo complexo normativo ensejou ao magistrado uma maior margem de manobra decisória, fora do positivismo formalista.

Neste exato momento, construiu-se, de forma ainda que involuntária, uma situação embaraçosamente paradoxal. O Direito, no ápice do positivismo formalista (ou seja, enquanto texto legal ou *lex*), concretiza-se como um instrumento hábil de dominação social, por parte da camada social dominante (cf. Bobbio, 1986: 349). Com a superveniência do pós-positivismo e a maior margem de manobra concedida (ou reconhecida) ao Poder Judiciário, alguns magistrados adotam em suas decisões critérios outros que não o exclusivamente legal e textual, fundamentando-as em princípios e valores, usualmente em favor do "dominado" (o que ficou pejorativamente alcunhado de Direito alternativo). Sobre esta orientação, aduz CLÈVE (1991: 99): "Um imenso movimento toma conta de não poucas escolas de direito na Itália, na França ou na Espanha e, especialmente, na América Latina (Brasil, México, Chile, Argentina e Colômbia). Trata-se de um movimento quase espontâneo, não organizado, resultante de posições teóricas as mais diversas, que têm como objetivo redefinir a juridicidade (seja enquanto ciência, seja enquanto fenômeno social). Trata-se de rever o direito em suas múltiplas relações com a política e com a sociedade. Parece constituir uma onda de crítica do fenômeno jurídico". Impõe-se verdadeira adaptação dos juízes, que não podem pretender encontrar na frieza da letra escrita da lei a solução para as disputas humanas, muitas das quais sequer previstas ou previsíveis pelo legislador, pois "a prioridade deve ser dada à pessoa humana, sem privilégios e discriminações" (DALLARI, 1998: 13).

Dessa constatação se engendrará a situação paradoxal e embaraçosa que se mencionou linhas acima. Se a parcela da magistratura que age pautada no "Direito novo" agrada ao excluído, em contrapartida, causa rubor ao Estado-Legislativo e ao Estado-Executivo e àqueles que o controlam. De outro lado, se a parte que se mantém fiel ao formalismo agrada à "classe dominante", desagrada ao povo. Como resultado, o Poder Judiciário, encarado que é, por todos, como um bloco monolítico, alcança o indesejável: entra em conflito com todos os setores.

Agravará, ainda mais, a descrença no Poder Judiciário, introduzindo o sentimento de desconfiança, a forma com que se dá a composição de suas fileiras. Via de regra, a admissão de um magistrado efetiva-se por meio de concurso público, em que se torna possível aferir as qualidades (meritórias) do candidato à Magistratura. Embora as intenções sejam as melhores possíveis, em uma sociedade imersa em um paradigma padrão-democrático, qualquer forma de provimento que não seja pelo voto popular direto torna-se, inexoravelmente, objeto de desconfiança, quando o respectivo cargo importe em tomar decisões que afetarão as relações sociais ou impactarão diretamente os representantes eleitos diretamente pela sociedade para governarem, exatamente em suas ações políticas.

Usualmente, parte da sociedade civil critica como se dá o provimento do magistrado ao cargo, considerando-o aristocrático. Muitos citam, então, como alternativa correta, como paradigma de um adequado Poder Judiciário, o dos EUA, o qual, salvo na Suprema Corte, adota a metodologia democrática da "eleição" dos magistrados nas instâncias inferiores. O que os defensores deste método não sabem ou não querem saber é que este critério de provimento é duramente criticado, nos próprios EUA, conforme se depreende do estudo da lavra de PHILIPS (1998: 15). A autora que lembra que na forma "democrática" de composição do Poder Judiciário "[J]uízes eram presenteados pelos seus serviços partidários, o que os críticos ao processo de seleção judicial viram como elementos tolhedores de sua imparcialidade e contributivos à sua corrupção (SCHMIDHAUSER 1979, ROLL 1990)". Algo que não passou incólume à ordem dos advogados daquele país: "Com o aumento do sentimento de identidade profissional entre os advogados, assim como com o aumento da força da *American Bar Association* e das *Bars* estaduais, durante este século, veio a adicional crítica ao sistema eletivo, o qual falhava em selecionar juízes profissionalmente bem-qualificados" (PHILIPS, 1998: 15, trad. livre).

Além disso, o modelo eletivo é custoso, em ônus que pode comprometer a desejável imparcialidade posterior do magistrado. A necessidade de colher substanciais recursos financeiros para fazer frente a uma campanha da candidatura ao cargo implica, necessariamente, em trazer para o círculo jurisdicional o poder econômico em toda sua potencialidade destrutora e disruptiva dos pilares democráticos e de imunização sobre os quais deveria se assentar o exercício da função judicial.

A via de contraposição ao modelo eletivo, porém, costuma ser a de rejeitar que apenas eleições possam legitimar os exercentes do poder. Nessa linha, ZAFFARONI (1995: 53), por sua vez, é também totalmente contrário à ideia de que o que não é eleito não é democrático: "Uma instituição é democrática quando seja funcional para o sistema democrático, quer dizer, quando seja necessária para sua continuidade, como ocorre com o Judiciário". Em parcial concordância encontra-se MOREIRA NETO (1992: 37), ao tratar da democracia e da participação política: "é mais importante que a *decisão* seja democraticamente tomada do que o órgão decisório haja sido democraticamente provido".

Esta situação se agrava após o recebimento, pelo magistrado, de certas garantias, tais como a vitaliciedade e inamovibilidade, garantias estas que, se, por um lado, pretendem assegurar certa imunização quanto a pressões indevidas (a tão aclamada independência do magistrado), por outro, de forma irônica, intensificam, ainda mais, a desconfiança nutrida pela sociedade. Diz-se irônica, porquanto as garantias, *a priori*, vieram assegurar um conjunto de garantias que por vezes é vislumbrada como prerrogativas de uma casta. O correto, porém, é diverso. Estamos em face de garantias à sociedade de que o Poder Judiciário não será refém ou submisso ao Poder

Executivo ou ao Poder Legislativo (cf. Antunes, 1950: 72-73), compensando-se, assim, a lacuna democrática que há neste poder com as salvaguardas, que garantem a referida "independência". Contudo, a percepção da sociedade costuma ser invariavelmente a inversa.

Em determinadas situações, como nos momentos de crise mais aguda produzidos pelo capitalismo, pode haver uma intensificação desse sentimento contrário à preservação das garantias, na dimensão financeira destas, em prejuízo da própria sociedade.

De outra parte, a sociedade oscila pelo enaltecimento das prerrogativas funcionais quando mergulha em períodos de crise político-partidária, na qual se fia exclusivamente em um Poder Judiciário firme e independente. Mas também é nestes momentos que podem ocorrer maiores excessos do Poder Judiciário, tentado a assumir o controle dos rumos da sociedade e da política, sempre a partir de uma visão sublimada e elitista de futuro. O que de mais grave pode ocorrer, aqui, é o aniquilamento da capacidade de reação dos demais poderes, resultando na pior crise possível para o Estado e suas instituições, que é a crise democrática.

A Itália, por exemplo, passou, no final do século XX, por uma ampla discussão acerca da responsabilidade civil dos juízes, tema que chegou a ser objeto de um referendo popular, no ano de 1987 (Cappelletti, 1989: 8). Além disso, sob o Governo Berlusconi, diversas propostas de mudança do Poder Judiciário foram discutidas, sob o argumento de uma suposta atuação política ou parcial desse Poder.

Com efeito, passa-se ao cidadão a ideia de que, ao contrário do que ocorre com o Poder Executivo e o Poder Legislativo, afeitos que se encontram ao teste da eleição periódica e ao *impeachment*, os membros do Poder Judiciário encontram-se imunes a qualquer fiscalização popular, salvo, no Brasil, o *impeachment* previsto para os Ministros do STF e membros do CNJ.

Este sentimento será compartilhado, também, pelos outros dois poderes, os quais, além de se sujeitarem a uma fiscalização da sociedade (embora historicamente questionável em sua eficiência quando reduzida ao voto), enfrentarão, por muitas vezes, o crivo de um rígido Poder Judiciário, não muito simpático, nem sujeito ao clientelismo político.

A impressão que se passa, enfim, é a de que os membros do Poder Judiciário estariam encastelados como senhores de todo o reino.

Foi comum falar-se, no Brasil, especialmente como reforço de legitimidade pela criação do Conselho Nacional da Justiça, na *caixa-preta* do Poder

Judiciário. Perante o cidadão comum o conteúdo desta caixa-preta soa tão nefasto quanto os arquivos ocultos da ditadura militar, supostamente resguardando regalias e atitudes não republicanas de uma casta privilegiada.

1.3. O Estado judicial como judicialização da Política

Embora seja lugar-comum que o reconhecimento do juiz constitucional "operou uma verdadeira mudança no cenário jurídico dos diversos Estados que o adotam" (TAVARES, 2005: 19), bem como que "o relativo sucesso da experiência com os tribunais (ou cortes) constitucionais – uma legitimidade 'performática' ou de exercício e de êxito ou resultado consagrou a jurisdição constitucional na atualidade" (ROTHENBURG, 2005: 151-85; 2007: 432), essa instituição e sua atuação têm sido constantemente questionadas em sua legitimidade (portanto, não em sua existência ou efetividade).

Em análise condensada de inúmeras experiências judiciais no Mundo, pode-se constatar que algumas decisões da Justiça Constitucional geram insatisfação no espaço político-partidário, na mídia e no Governo, chegando, por vezes, a deflagrar uma situação mais séria de crise institucional. Esse sentimento de uma espécie de "quebra de confiança" ou descontentamento pode ter diferentes origens e se manifestar mais fortemente em virtude de determinadas particularidades culturais e institucionais (*v.* ROSENFELD, 2004).

É fato que esse questionamento tem acompanhado os juízes constitucionais desde sua origem. A polêmica se intensifica em algumas circunstâncias, como num movimento pendular que se renova constantemente (BLACK JR., 1960: 183), fazendo ressurgir a controvérsia histórica e original entre KELSEN e SCHMITT, ao menos como questão de princípio (SEGADO, 1989: 381), especialmente quando "surge algum ativismo ou, inversamente, uma eventual fraqueza, dos respectivos Tribunais Constitucionais" (ENTERRÍA, 1983: 157).

Desde que o juiz Marshall da Corte Suprema estadunidense avocou para esta a responsabilidade pela supremacia da Constituição como *Paramount Law*, em 1803, naquele exato momento o Poder Judiciário passou também a enfrentar as acusações de usurpar um espaço que não lhe havia sido atribuído ou imaginado pelo constitucionalismo inaugurado com a Constituição norte-americana de 1787. Esse discurso de oposição foi reproduzido em diversos outros países, especialmente naqueles que compõem o círculo de influência do imperialismo cultural norte-americano, como a América Latina.

Apesar desses questionamentos, o modelo implementado com o constitucionalismo (norte-americano) difundiu-se amplamente, tendo impregnado profundamente a História constitucional de diversos países da América, a exemplo da Argentina e do Brasil, que estabeleceram o modelo judicial de tutela da supremacia constitucional, com suas cortes supremas exercendo-o em caráter final.

Esse modelo, não tão surpreendentemente, conduziu os juízes, na sua evolução histórica, a desempenhar um papel diferenciado (tendencialmente "ativo", como se dirá mais correntemente) na concretização implementadora da Constituição. Isso porque, como tenho insistido de há muito, imputar ao juiz a função de juiz constitucional não é apenas inovar com um controle técnico, mas também abrir a todo o juiz a perspectiva de pautar-se primariamente pelas normas constitucionais, promovendo choques mais periódicos com o legislador e com o administrador público de maneira geral. E esse pautar-se primariamente pela Constituição também envolve um *realizar a Constituição como movimento igualmente prioritário*, como responsabilidade judicial primária, especialmente em economias periféricas com mentalidade pública (dos agentes públicos) ainda em boa medida presa a um patrimonialismo em pleno século XXI. É razoável, pois, a expectativa de que esse cenário haveria de desembocar em juízes de um perfil diferente do perfil tradicional.

A difusão, o desenvolvimento de uma Justiça Constitucional e diversos outros fatores mais pontuais culminaram em um modelo no qual os juízes constitucionais (de todo o Poder Judiciário, de uma Suprema Corte, de uma Sala de uma Corte ou de Tribunal Constitucional, conforme o modelo adotado pelo Estado) passaram a desempenhar um protagonismo visto por alguns como "constrangedor". Daí se falar em *Estado judicial* num sentido crítico.

As contemporâneas teorias (materiais) da Constituição (e, com ela, a teoria da Justiça constitucional) têm sido acusadas de deslocar a Constituição de seu centro "natural" de gravidade (o eixo político) para uma insuportável e não democrática judicialização das decisões (estruturais, institucionais e sociais) mais relevantes: "a ameaça, aqui, é a hipertrofia sufocante do sistema jurídico sobre o sistema político" (MARTINS, 2005: 39), o que pressupõe a tese oposta àquela apresentada por HÄBERLE, ou seja, é preciso admitir a ideia de uma separação entre a política e o jurídico. Essa tese é comumente conjugada com posturas que assumem o Poder Judiciário, do ponto de vista institucional, com baixa estatura democrática (ao menos em sua origem ou composição), como anotei anteriormente. Clama-se por (pela volta de) uma teoria compatível com o espaço "próprio" (=exclusivo) do Parlamento na tomada das decisões (supostamente políticas).

Essa concepção envolve, invariavelmente, como mencionado, certo idealismo democrático, atacando as posturas mais recentes de um *judicial review* ou de um Tribunal Constitucional como posturas equivocadamente ativistas. Isso é feito, contudo, sem maiores esclarecimentos acerca de qual concepção democrática se está a defender.

Ademais, a crítica à Justiça constitucional na sua vertente chamada "substantiva", mais ativista e menos distante dos problemas sociais, recorre frequentemente à "separação de poderes". Mas não há uma preocupação em tornar mais preciso o sentido dogmático dessa cláusula de "separação de poderes". A operacionalização dos "poderes" é, assim, relegada a matéria secundária e de menor relevância teórica. Isso é feito não sem se incidir em certa inconsistência interna das teorias críticas, já que se um tribunal puder definir livremente a própria cláusula da "separação de poderes", por se tratar de mais uma cláusula da Constituição, então a sua interferência em setores que seriam tradicionalmente pertencentes ao espaço parlamentar restaria fundamentada pela justificação inicial em manipular a referida cláusula.

1.4. A reforma do Poder Judiciário no Brasil: *flash* de uma disfunção histórica declarada

O clamor pela reforma judiciária parece ter se tornado permanente ou, ao menos, cíclico. Facilmente se constata não ser nem uma novidade deste começo de século, nem uma exclusividade do (em parte, arcaico) sistema judicial brasileiro.

Recordo a Reforma do Judiciário realizada pela Emenda Constitucional n. 7, de 1977, promulgada por Ernesto Geisel, com suposto fundamento no AI5, em período no qual o Congresso Nacional havia sido colocado em recesso.

Posteriormente, em 2004 tivemos nova grande Reforma do Judiciário, perpetrada pela Emenda Constitucional n. 45. Esta Emenda foi apresentada, por muitos, como solução àquela propalada "crise da Justiça" (Nalini, 1994: 9) ou sensação de crise judicial (Zaffaroni, 1995: 23), a "decomposição do sistema judiciário" (Salazar, 1975: 6), para dizer o mínimo, a "inadequação do vigente sistema judiciário brasileiro" (Moreira Neto, 1999: 58).

Outras reformas, de âmbito legislativo, foram se seguindo, a partir de 2004, especialmente em matéria processual (como a nova Lei do Mandado de Segurança, a Lei da Ação Direta de Inconstitucionalidade por Omissão, a Lei da ADPF, a Lei da Súmula Vinculante, culminando com o novo Código de Processo Civil, de 2015).

Mas é necessário agregar a este estudo as dificuldades que se sucederam na história brasileira, pois o Poder Judiciário sempre enfrentou diversos obstáculos, políticos, econômicos e ideológicos, para se consolidar como poder independente e autônomo. A Justiça, no país, constituiu-se sob o signo do interesse privado, no estágio de um Estado-patrimonial (cf. Figueiredo, 1999: 40), e tem tido dificuldades para livrar-se de alguns resquícios incompatíveis com a república e a democracia que se pretende sejam consolidadas. Posteriormente, assistimos a regimes nos quais o cidadão era incapaz de "opor seus direitos fundamentais ao Estado" (Comparato, 2010: 279).

Algumas reformas constitucionais verificáveis na História constitucional brasileira bem demonstram as dificuldades que os magistrados tiveram para que princípios fundamentais, asseguradores de sua imperiosa independência funcional, fossem respeitados. Ademais, sempre sofrendo com baixos vencimentos e com intoleráveis inserções políticas, que lhe retiravam prestígio institucional e social, o Poder Judiciário foi perdendo sua força. A reforma judiciária de 1921, promovida por meio da Lei n. 1.795, promulgada por Washington Luis de Sousa, então "Presidente" do Estado de São Paulo, por exemplo, segundo Júlio Cezar de Faria, não representava "afirmações seguras senão única e exclusivamente tentativas realizadas a medo, como se houvesse o propósito de evitar lograsse o poder judiciário condições que lhe positivassem realmente a independência" (Faria, 1942: 29). A Justiça, por esse e outros motivos, no Brasil, "nunca mostrou sinais de excelência" (Figueiredo, 1999: 42).

A cada nova Constituição o Poder Judiciário nacional tem experimentado mudanças estruturais, cujo sentido e alcance normalmente variam conforme o momento histórico vivenciado pelo país. Em outras palavras, estrutura e funcionamento do Poder Judiciário são afetadas pelo regime político e pela realidade econômica do país, para não falar de um recente processo de deterioração promovida por firme propaganda midiática e nas redes sociais digitais.

Assim é que mesmo com a incipiente História constitucional-republicana pátria iniciada, surge já em 1926 Emenda Constitucional reformando o Judiciário (embora contendo modificações em menor escala do que aquelas que haviam sido cogitadas à época, cf. ARAGÃO, 1929). Na Constituição polaca, de 1937, houve um retrocesso, com a hipertrofia das funções do Chefe de Estado (NUNES, 1943: 71), enquanto a Constituição liberal de 1946 procurou restabelecer a posição e o vigor do Poder Judiciário, concedendo-lhe o "impulso interior de independência" (PONTES DE MIRANDA, 1963, t. III, p. 169). Aquela variação pode ser facilmente constatada pela simples leitura dos respectivos artigos de cada Constituição que versam sobre os órgãos do Poder Judiciário.

Na EC n. 1/69, o capítulo referente ao Poder Judiciário (art. 112) indicava que este Poder seria exercido por órgãos federais e estaduais, superando a esquizofrênica ideia, da CF/67, de iniciar o respectivo capítulo arrolando os órgãos do "Poder Judiciário *da União*" (art. 107, *caput*). Além disso, foram restauradas as garantias funcionais dos juízes, eliminadas que haviam sido pelo arbitrário e desmedido Ato Institucional n. 5 (art. 6º).

A referida EC n. 7/77 (nova Reforma do Judiciário), dentre as diversas mudanças que introduziu, ampliou (consolidando) a composição do Tribunal Federal de Recursos, criado com a Constituição de 1946 (art. 94, II), que passou a ser composto por 27 ministros (originariamente composto por 9 juízes, cf. art. 103, *caput*, da CF/46). Vale lembrar, nessa linha de considerações, que a Constituição de 1988 eliminou esse Tribunal, cujas competências, em parte, passaram para o Superior Tribunal de Justiça e, em parte, para os Tribunais Regionais Federais (cf. LIMA, 1989: 96, 112).

Outra medida, muito criticada, dessa última Emenda, foi a de criar o Conselho Nacional da Magistratura, inserido como órgão integrante do Poder Judiciário (art. 112, II, da CB/67), composto por sete ministros do STF, com a atribuição de conhecer de reclamações contra membros de tribunais, podendo, inclusive, avocar processos disciplinares contra juízes de primeira instância e, em qualquer caso, determinar a disponibilidade ou aposentadoria proporcional dos magistrados (art. 120 da CB/67). Voltar-se-á ao tema por ocasião dos comentários ao Conselho Nacional de Justiça (EC n. 45/2004), que passou a reviver esse espaço anteriormente deferido ao Conselho Nacional da Magistratura, embora em momento histórico e figurinos significativamente diversos, o que certamente repercute diversamente em termos de centro de controle e punição.

No Brasil, assistiu-se, sob a égide da Constituição de 1988, a uma "onda moralizadora" que pretendeu combater algumas situações inusitadas que permaneceram do regime pretérito, ou mesmo que se foram constituindo ao longo do tempo no vazio legislativo do novo texto constitucional. É possível falar de um momento Ético renovador, expresso na Constituição de 1988, mas que tem sido progressivamente abandonado na prática.

Paralelamente, ocorreu um certo"desmantelamento"do Estado, cujas carreiras públicas, especialmente as carreiras jurídicas, passaram a oferecer atrativos simplórios e absolutamente secundários, com evidente prejuízo no recrutamento de pessoal capacitado. O Congresso Nacional, nesse sentido, especificamente quanto ao descaso remuneratório de agentes políticos e públicos, acabou por aprovar uma série de emendas constitucionais perniciosas. Não sendo o caso de realizar, aqui, uma digressão desnecessária, resta apenas exemplificar com as (já cíclicas) Emendas da Previdência ou, ainda, com a EC n. 25, de 14-2-2000, que verbalizou uma nítida desconfiança na autonomia municipal e na Federação brasileira, no que se incluiu o limite do subsídio de vereadores.

Mesmo em outros países, a discussão acerca da estrutura e funcionamento do Poder Judiciário, e de sua disfunção, sempre foi uma constante, especialmente nos"Estados periféricos", particularmente na América Latina (cf. ZAFFARONI, 1995).

Diante da inoperância e obsolescência do Estado-juiz, que é considerado, no Brasil,"lento, caro e ineficaz"(MOREIRA NETO, 1999: 19), tornava-se inadiável repensar sua estrutura, corrigindo os desvios que o impediam e, em parte, ainda impedem, de responder adequada e satisfatoriamente às mais diversas demandas sociais.

1.4.1. *Um persistente processo depreciativo da Justiça*

Cumpre fazer notar, nesta visão evolutiva, uma curiosa tendência, embora crescente, que pode ser identificada na relação atual entre os Poderes e que consiste em certo enfraquecimento (e tentativas de enfraquecimento) da instância judicial, como um todo e, em especial, da Justiça Estadual, por parte do Congresso Nacional.

Em um contexto mais abrangente, de contornos nacionais, a prática ora narrada é retratada, de maneira paradigmática e até mesmo *simbólica*, pela PEC n. 89/2003, que objetiva flexibilizar, inconstitucionalmente, a garantia da vitaliciedade constitucional atribuída aos magistrados pelo art. 95 da CB.

Outro exemplo identificável, e igualmente de abrangência nacional, compreendendo tanto a Justiça federal como a estadual, encontra-se no processo legislativo levado a efeito para a aprovação da Lei federal n.

12.041/2009, que impôs o *reajuste nominal* do subsídio de ministro do Supremo Tribunal Federal, e, por conseguinte, dos valores de remuneração de toda a Magistratura nacional.

Durante o transcorrer do *iter* de aprovação da proposta legislativa apresentada pelo STF, o Parlamento desconsiderou, indevidamente, o percentual de reajuste de 4,60%, anteriormente previsto no esboço normativo original submetido ao Congresso Nacional pela Egrégia Corte Suprema, de forma que, em termos finais, a variável de reajuste ficou *aquém* do IPCA referente aos anos de 2006, 2007 e 2009. Em outras palavras, o Poder Legislativo, intencionalmente, evitou que se promovesse a devida recomposição dos valores nominais relativos ao subsídio aplicável ao Poder Judiciário, o que certamente resulta em um Poder Judiciário defasado, em termos remuneratórios e, principalmente, em perda da atratividade para que agentes qualificados nele ingressem, absorvidos que são por um mercado economicamente competitivo.

No âmbito da Justiça Estadual, a Lei federal n. 11.977/2009 e a previsão de gratuidade ou de redução sobre o valor dos emolumentos pelos seus arts. 42 e 43 representam uma prática diuturna, por parte da União, prática inconstitucional que já se constatou ser reiterada em diversas outras oportunidades, como na Lei federal n. 10.150/2000, a qual, por meio de seu art. 24, visava a limitar o valor dos emolumentos a serem cobrados.

Outro exemplo mais significativo pode ser encontrado no Decreto-Lei n. 1.537/77, que almeja isentar "a União do pagamento de custas e emolumentos aos Ofícios e Cartórios de Registro de Imóveis, com relação às transcrições, inscrições, averbações e fornecimento de certidões relativas a quaisquer imóveis de sua propriedade ou de seu interesse, ou que por ela venham a ser adquiridos" (cf. art. 1º) e; isentar "a União, igualmente, do pagamento de custas e emolumentos quanto às transcrições, averbações e fornecimento de certidões pelos Ofícios e Cartórios de Registro de Títulos e Documentos, bem como quanto ao fornecimento de certidões de escrituras pelos Cartórios de Notas" (cf. art. 2º). Estes dispositivos são objeto da ADPF 194/DF, ajuizada pelo Presidente da República no final de 2009, e que objetiva *confirmar* a *recepção* do referido Decreto-Lei, pelo Texto Constitucional de 1988, a partir de casos em que o direito ao fornecimento gratuito de certidão fora negado à União federal, por oficiais de cartórios e juízes corregedores, em diversas localidades.

Estes exemplos são ilustrações significativas de um panorama que evidencia descaso ou, na melhor das hipóteses, despreparo, por parte da

União (compreendida, aqui, especificamente, pelo Poder Executivo e Legislativo federais), que vai além do exercício de suas funções políticas, *afetando diretamente a cláusula da separação de poderes, na medida em que, em alguns casos, fragiliza o Poder Judiciário e o exercício de suas funções e, em outros casos, promove intervenção direta em uma das bases da autonomia financeira da Justiça.*

2. UM PRESSUPOSTO CONCEITUAL: O JUIZ COMO GARANTIDOR E CONCRETIZADOR DA DEMOCRACIA E DOS DIREITOS HUMANOS FUNDAMENTAIS

2.1. O Estado-juiz como componente essencial da estrutura de efetividade e efetivação da democracia e dos direitos humanos fundamentais

É bastante propagada a concepção consoante a qual a proclamação formal de direitos fundamentais pelas constituições impõe a correlata existência de instituições e institutos capazes de fazer assegurar e efetivar essa proclamação, em toda sua inteireza.

Assim, o Poder Judiciário aponta no horizonte como não apenas um organismo direcionado a resolver conflitos de interesses surgidos na sociedade, mas também como ordenador da respeitabilidade dos direitos humanos fundamentais, seu garante último, inclusive contra o próprio Estado-administrador, contra o Estado-legislador, contra o Estado-Executivo e, sobretudo nos dias de hoje contra o grande poder econômico privado.

A construção da cidadania brasileira e, com ela, da Democracia, portanto, passa pela reconstrução do próprio Poder Judiciário e de toda a cultura jurídica que se forma em seu entorno e em seu interior, já que se trata do organismo legitimado constitucionalmente para proceder à tutela, quando necessário, dos direitos humanos fundamentais.

A preocupação com o aprimoramento do Poder Judiciário representa a "valorização do homem como cidadão diante do Estado" (Moreira Neto, 1999: 19). Aprimorar o Poder Judiciário é finalidade que se volta para a própria cidadania, para os direitos fundamentais, e não para a construção de um superpoder. Direitos fundamentais e seu efetivo respeito na prática das instituições e das relações sociais é base imprescindível à manutenção de qualquer regime democrático.

Falar em Democracia é falar em direitos fundamentais. Engana-se quem pensa na Democracia como mero exercício de direitos políticos. A nova Democracia é um espaço de direitos fundamentais concretizados, sem os quais falar em Democracia é apenas fazer uma proclamação vazia e formal, refém de teorias tão abstratas quanto irreais.

Ressaltar a importância do Poder Judiciário em um Estado Democrático de Direito não quer significar que se comungue de propostas que apresentam o Poder Judiciário como único ponto firme de apoio para a sociedade. Será também despropositado apresentar o Poder Judiciário como sempre capaz de encontrar soluções imediatas e melhores para todos os males que emergem da complexa sociedade contemporânea. Mas sua presença e o cumprimento de seus deveres mostram-se como absolutamente imprescindíveis para que se preserve uma Democracia plena.

Dados recentes têm demonstrado uma escolha inversa, contrária à premissa aqui adotada. Um desses dados está exatamente no alto *custo* da Justiça em relação aos seus usuários – um dado objetivo – bem como seu funcionamento impróprio em relação a muitas circunstâncias (como o horário de atendimento reduzido, que já foi, no Brasil, objeto de atenção por parte do CNJ).

Quanto à questão econômica, a título de exemplo, a Lei n. 15.855/2015, de São Paulo, de custas processuais, aumentou o valor do custo da ação quando do ingresso no Poder Judiciário, com o que manteve uma longa tradição do Estado por esse tipo de "solução". Assim, o inciso II, do art. 4º, dessa Lei, aumentou de 2% para 4% sobre o valor da causa as taxas judiciárias relativas à apelação e nos processos de competência originária do Tribunal de Justiça de São Paulo (com teto máixmo de R$ 70.650). O CFOAB ingressou com ADI no STF para declarar a inconstitucionalidade da Lei no ponto em que promove o aumento referido.

Em que pese a elevação do custo, normalmente atrelada a uma diminuição na procura dos respectivos serviços judiciais, constatou-se, em estudo de anos anteriores, quando também se promoveu um aumento das custas, uma variação de 15,3% dos novos casos na Justiça de primeiro grau segundo os dados de litigiosidade do Conselho Nacional de Justiça, conforme se verifica na tabela abaixo. Constata-se também um aumento de aproximadamente 200% dos novos recursos interpostos ao Tribunal paulista, podendo revelar que o aumento no custo inicial do processo pode ter significado um incentivo à persistência na demanda judicial.

Outro dado que merece destaque é o aumento, após reformas desse calibre, da quantidade de pessoas atendidas pela Assistência Judiciária no Estado de São Paulo.

Constata-se que o número de pessoas atendidas elevou-se, aproximadamente, em 50% (*vide* tabela abaixo).

ACESSO À JUSTIÇA E PERFIL DAS DEMANDAS					
Acesso à Justiça	**2004**	**2005**	**2006**	**2007**	**2008**
JG - Assistência Judiciária Gratuita*	R$ 223.699,54	R$ 324.947,24	R$ 253.697,73	R$ 527.667,53	R$ 270.130,50
PA - Pessoas Atendidas	Indisponível	5.470.401	5.434.866	6.968.511	8.158.065
A_1 - Despesas com Assistência Judiciária sobre o PIB *(por mil)*	0,00003%	0,00004%	0,00003%	0,00006%	0,00003%
A_2 - Despesas com Assistência Judiciária sobre a Despesa Pública *(por mil)*	0,000282%	0,000375%	0,000273%	0,000519%	0,000256%
A_3 - Despesas com Assistência Judiciária sobre a Despesa Total	0,01%	0,01%	0,01%	0,01%	0,01%
A_4 - Despesas com Assistência Judiciária por habitante	R$ 0,00	R$ 0,01	R$ 0,01	R$ 0,01	R$ 0,01
Perfil das demandas	**2004**	**2005**	**2006**	**2007**	**2008**
Dgov1 - Poder Público como Demandante	Indisponível	1.748.982	1.491.643	1.973.435	2.113.613
Dgov2 - Poder Público como Demandado	Indisponível	163.533	209.374	319.190	334.875

(*) – Valores deflacionados pelo IPCA/IBGE - preço de dez./2008

Assim, a medida novamente adotada, de aumento do custo, tem se mostrado ineficiente para desafogar os tribunais. E ainda trata o problema do grande número de processos de maneira equivocada, como se fosse necessariamente uma grave moléstia, procurando combatê-la pela criação de barreiras econômicas. Ocorre que o aumento do número de processos (seja no Tribunal ou em qualquer instância) pode representar, em países nos quais há, ainda, grande pobreza e miséria sociais, a realização progressiva de um ideal de acesso ao Poder Judiciário que sempre esteve, no caso do Brasil, muito distante de sua realização.

Em momento no qual se fala, na doutrina brasileira, até mesmo de uma gratuidade plena da Justiça (Nalini, 1994: 33), as leis de São Paulo trouxeram, na prática, uma majoração do custo total que o Poder Judiciário representa àqueles que dele precisam se utilizar. Falo em termos de pessoas que "precisam" dos serviços judiciais pela constatação de que a barreira econômica não pode evitar o acesso aqui mencionado. Certamente que há também uma perturbadora cultura do litígio, que infelizmente também tem se difundido e que precisa ser rapidamente combatida, especialmente a partir do ensino nas Faculdades de Direito mas, sobretudo, pela conscientização social de que outras formas de composição podem ser mais apropriadas para os interesses das partes do que o ingresso na esfera contenciosa da judicialidade.

Perante esses dados comprometedores, que confirmam ser o problema da Justiça, no Brasil, de ordem interna, torna-se sempre atual (e reiterada) a reflexão sobre qual Poder Judiciário se pretende construir, e quais os impactos (positivos e negativos) de cada mudança realizada.

As soluções construídas para as deficiências e limitações do Poder Judiciário devem, antes de tudo, pautar-se em critérios que visem à qualidade total da tutela jurisdicional e justiça social. Não convém a nenhuma democracia que o Poder Judiciário aniquile o espaço político da sociedade, esmague suas idiossincrasias e imponha juízos "superiores e invariáveis" de bem comum.

Por isso, as mudanças no Poder Judiciário, ainda que não sejam perceptivelmente necessárias, precisam ser pensadas a partir das reais demandas sociais, levando em consideração, prioritariamente, a melhoria das relações sociais, o respeito e efetividade dos direitos humanos fundamentais para a universalidade dos brasileiros e dos estrangeiros residentes no país e, ainda, a condição periférica de nossa economia que nos gera a necessidade do combate permanente, em todas as frentes, contra as razões e práticas que reiteram a marginalização e pobreza extremas. Penso que não haverá condições de sair desse ciclo vicioso sem a percepção e atuação conjunta dos poderes no mesmo sentido.

Registro, por fim, mas de maneira breve, que, no Brasil, o Poder Judiciário e, especialmente, o Supremo Tribunal Federal têm desempenhado um papel importante na realização dos direitos fundamentais, especialmente dos direitos sociais, que acabaram abandonados pelos próprios Parlamentos, Poderes Executivos e Administração Pública. Esse é um papel do Poder Judiciário que tem crescido cada vez mais em países de modernidade tardia, que ainda não alcançaram na plenitude a realização de um Estado social mínimo, evitando que normas constitucionais se tornem meras promessas inconsequentes e enganosas, reiterativas de nosso estágio de atraso social.

2.2. A defesa da Democracia

2.2.1. *A responsabilidade dos tribunais e a necessidade de seu reforço permanente*

A Constituição de 1988 representa um símbolo da passagem para a nova Democracia brasileira, para superar um governo militar que implantou um modelo de opressão, violação e eliminação concreta de direitos, com pleno descaso com a Democracia e com o ser humano (cf. Tavares, 2015). Podemos denominar este como o momento inaugural e base permanente da Democracia que vem sendo experimentada e consolidada no Brasil. É um ato de extrema relevância, do qual derivam todas as demais ações que adotamos para implantar a Democracia recente no Brasil. Foi, desde logo, um ato que consagrava uma vitória, mas que não poderia ser concebido como suficiente em si mesmo, porque a Democracia exige a prática diuturna de *uma cultura muito própria de direitos e deveres.*

Assim, se a Democracia não se constrói apenas com a sua configuração normativa, posto que se torna imprescindível uma ação da sociedade e das instituições formatadas constitucionalmente, com suas autoridades e agentes em geral, na concretização do projeto democrático, evitando que as normas constitucionais se tornem relíquias de uma sociedade que nunca existiu.

Devemos considerar que o papel do juiz na Democracia é o da defesa intransigente e permanente da Democracia, com todos elementos que a integram e seus consectários. Esse papel não é secundário ou lateral, mas sim crucial para a Democracia.

Do conjunto de atores institucionais existentes, é só o Judiciário que reúne condições e instrumentos para administrar e impor a Justiça e a Constituição a todos. Isso significa que, ao tornar real o Império do Direito, como advertiu Zagrebelsky, o juiz não deve e não pode, legitimamente, reduzir seu campo de ação a um mero conjunto formal de regras, atuando como um autômato ou um alienado do Mundo real e seus problemas.

É absolutamente impositivo ao juiz e aos tribunais estarem atentos e, assim, respeitarem as condições materiais da Democracia, abdicando de um lugar formalista ou protocolar de "dador das normas postas", de um outorgante ingênuo do Direito. Essa lição é ainda mais presente e intensa nos modelos, como o brasileiro, em que todo juiz é juiz constitucional, afirmativa que não pode jamais ser considerada como uma graça concedida ao juiz, ou uma opção que fica sob sua esfera de interesses aceitar ou não em cada caso concreto. Pelo contrário, estamos em face de dever constitucional do magistrado.

Como disse Albie Sachs, cumpre ao Judiciário administrar essa Justiça: 1 – com destemor; 2 – sem favorecimentos; e 3 – sem preconceitos. Se falhar esse laço de sobriedade que agasalha o Judiciário, a sociedade estará sozinha, desamparada, exposta a toda sorte de perigos e retrocessos.

O maior risco para o qual devemos permanentemente nos conscientizar surge justamente quando as pessoas perdem totalmente a fé nas instituições. Em momentos como esse, dizia Rafael Bielsa já na década de noventa, "as pessoas costumam acreditar em qualquer coisa". Nada mais verdadeiro e contemporâneo. Quando isso ocorre, a luta pela Democracia acaba se transformando em luta contra a violência gratuita, contra as agressões generalizadas, contra o grotesco e o bizarro. O início dessa luta, ainda que travada em todos campos de batalha, demonstrará, em si mesma, de maneira inequívoca, um constrangedor retrocesso no nível civilizatório.

A responsabilidade do Poder Judiciário é imensa, e a Histórica justifica nossa máxima vigilância sobre o Poder Judiciário e deste sobre si mesmo, sobre seus atos e sobre todas as demais instituições. Não é pouco, nem é simples, mas é um dever constitucional pressuposto de toda a atividade e existência dos próprios tribunais. No caso brasileiro, recai essa responsabilidade especialmente sobre o STF e seus ministros, e isso considerando sua jurisdição nacional, seus instrumentos de imposição e coerção do sentido final do Direito positivado (como súmulas vinculantes, precedentes judiciais e repercussão geral) e sua ampla atuação em todos os domínios do Direito.

Tenho para mim que um dos melhores critérios a medir o sucesso de um Tribunal, e de seus magistrados e demais atores, é o de que esteja imbuído desses valores democráticos e constitucionais em cada ato, em cada decisão, em cada sessão, de maneira a promover eficazmente a pacificação social dentro dos quadros democráticos construídos com tanta dificuldade neste país.

2.2.2. *O modelo histórico triunfante na defesa da Democracia*

Não deixa de ser paradoxal para a teoria triunfante pós Segunda Grande Guerra sobre o defensor da Constituição, que na famosa República Democrática de Weimar, os tribunais tenham contribuído decisivamente para a mais absoluta derrocada do Estado Constitucional de Direito e dos valores básicos do ser humano, a partir da incorporação da ideia de que a "defesa do Estado" e o "estado de emergência nacional" permitiam a violação objetiva das leis[2]. E, ainda, assim, tenha se seguido a adoção de tribunais para a defesa da Constituição.

Seguiu-se, na História alemã, um papel novamente triunfante dos tribunais, especialmente com o modelo de Tribunal Constitucional, já agora em posição oposta, ou seja, na defesa da Constituição de Bonn, de 1949, da Democracia e dos elementos mais essenciais ao desenvolvimento pleno do ser humano e da sua cidadania[3]. Essa modelagem tornar-se-ia paradigmática aos processos contemporâneos de democratização após regimes ditatoriais, como em Portugal, Espanha e América Latina, considerados como a terceira onda de democratização no Mundo, como apresentada por Samuel Huntington (1991).

O fato não deixa de ser pitoresco, dado o papel catastrófico desempenhado pelos tribunais na defesa dos valores do ser humano e da Democracia sob Weimar. Issacharoff, buscando uma explicação para essa confiança, considera mesmo que nessas democracias emergentes não havia outros corpos dentro da estrutura política do Estado capazes de tomarem as decisões necessárias (Samuel Issacharoff, op. cit., 2015, p. 191). Ademais, os tribunais constitucionais, que seriam responsáveis por assumirem essa proposta democrática, eram, na leitura de seu idealizador máximo, Hans Kelsen, tribunais *ad hoc* do Poder Judiciário, reforçando, portanto, que estamos diante de uma tentativa de transpor a desconfiança que permaneceria sobre os juízes e tribunais tradicionais (ainda que, como pano de fundo, estejamos falando sobre quem fiscaliza a constitucionalidade de atos e leis).

2.2.3. *O exemplo histórico do horror judicial*

2.2.3.1. Os tribunais-impostores sob Weimar

Há uma linha consistente de análise que enxerga os tribunais sob Weimar no seu movimento real e, com isso, aponta acertadamente para a formação e propagação, na prática, de teses e ideias judiciais antidemocráticas e anticonstitucionais. Houve, na realidade da República de Weimar, uma dificuldade e inviabilidade dos tribunais, ainda que dentro da tese de

---

2 Sobre o tema, cf. Ingo Müller, *Los juristas del horror*: la "justicia" de Hitler, 2011, p. 40 e s.

3 Um estudo sobre como o Tribunal Constitucional Federal passou a ocupar essa posição, dentro da Alemanha e, posteriormente, fora dela, está em Daly (2017: 72 e s.)

não Defensores da Constituição, em enfrentarem de maneira técnica e firme ao menos a violação das leis e evitarem a derrocada total do Estado de Direito. Sob minha ótica, essa prática tornou os tribunais também como não Defensores das leis e não Defensores do Direito vigente.

Abandona-se, assim, justamente a legalidade, única base de sustentação de tribunais, já esvaziados, por SCHMITT, do poder de defesa da Constituição. Assiste-se à priorização, judicial, de um Estado de exceção.

Realizou-se a incrível passagem dos tribunais para um papel indefensável, de tribunais-impostores, que passavam a se impor à Constituição e às leis, pela ideia abstrata e aleatória de preservar os interesses emergenciais e nacionais do Estado e da pátria.

Ao se acolher a tese de SCHMITT, o Tribunal do Reich deixava de se pronunciar mesmo nos casos mais espantosos de violação da Constituição de Weimar, como os homicídios em nome do patriotismo, deixando ocorrer livremente, pois, um sistemático ataque, tanto por parte do Parlamento como, ao final de Weimar, por parte do Chanceler.

2.2.3.2. Uma lealdade subjetivamente seletiva à Constituição: a defesa da pátria e a negação do Estado de Direito em face dos supostos traidores

A ascensão de HITLER e o período de exceção nazista encontraram suporte pragmático exatamente no art. 48 da Constituição de Weimar, o que demonstra algum nível de equívoco na presença desse artigo em uma Constituição que se considerava fortemente democrática. Porém, é preciso registrar que antes mesmo dessa ocorrência constitucional, já presenciávamos a luta de parte da sociedade ultraconservadora por fazer triunfar ideais e ideias antidemocráticas sob Weimar, reforçando o entendimento de que sem cultura própria e igualmente forte, os valores do constitucionalismo democrático podem sucumbir aos piores interesses, não apenas aos interesses do poder econômico (LASSALE).

Isso decorria exatamente de um pensamento que vinha desde o Império, com inequívoco viés de extrema direita, que sustentava uma cultura geral e, especialmente, judicial, de forte tolerância com as práticas que vilipendiavam e atacavam a Constituição, como constantes conspirações, revoltas nas regiões e tentativas de golpe de Estado[4], quando advindas do seio desse mesmo segmento, e, ao contrário, era oferecido um tratamento

---

4 Como a tentativa de depor o Governo em março de 1920, por parte de militares e militantes de extrema direita (cf. ISABEL LOUREIRO, op. cit., p. 116).

judicial draconiano[5] quando as ações ou protestos similares advinham da esquerda, incluindo, no limite, a imposição até mesmo da pena de morte. Estamos diante do que STOLLEIS[6] chama de "lealdade sob reserva" dos juízes, quanto à República de Weimar.

Os tribunais em Weimar, incluindo o Tribunal do Reich, aceitaram, por construção própria e contrária à Constituição, a existência de um estado de emergência nacional, que "podia justificar a transgressão das leis"[7] para permitir que traidores fossem perseguidos e, inclusive, mortos (quer dizer, assassinados).

Só que esses supostos traidores foram, inicialmente, os pacifistas e os republicanos que denunciavam ilicitudes objetivas, especialmente a violação do Tratado de Versalhes[8] pelas forças armadas alemãs, questão que acabou mexendo com a sensibilidade do povo. Assim, os supostos traidores atuavam sob o manto constitucional, seja por expressarem suas opiniões (art. 118 da Constituição de Weimar), seja por defenderem a legalidade (contra práticas ilícitas), à qual, aliás, deveriam se submeter inclusive os juízes, até para as teses mais conservadoras, como as de SCHMITT.

A situação chegou ao ponto de se considerarem assassinos como sendo "apenas" nacionalistas que atuavam para conter os traidores do Estado. MÜLLER observou que os advogados de alguns desses assassinos sustentavam que tais homicidas estavam agindo em legítima defesa do Governo, já que este não podia tomar ações em virtude do Tratado de paz ao qual se submetera (ou melhor, conforme a visão dos patriotas, o Tratado que havia sido imposto pelas potências vencedoras da Guerra). Ou seja, havia sido criado, judicialmente, o direito de fazer justiça com as próprias mãos, segundo os próprios critérios subjetivos de um sentimento abstrato de defesa da coletividade.

---

5 Nesse sentido: ISABEL LOUREIRO, op. cit., p. 115. Sobre o baixo compromisso democrático dos juízes em Weimar, cf, ainda: LETICIA VITA. *¿Quién debe ser el guardián de la Constitución?*, 2017, p. 12.

6 MICHAEL STOLLEIS. *The law under the swastika*, 1998, p. 2.

7 INGO MÜLLER. *Los juristas del horror*: la "justicia" de Hitler, 2011, p. 41.

8 Tratado em vigor na Alemanha, que limitava fortemente a formação de um completo Exército na Alemanha e a fabricação de material bélico, bem como impunha a extradição de criminosos de guerra para fins de julgamento. O Tratado atribuía, ainda, à Alemanha, a responsabilidade pela Guerra, gerando a necessidade de reparação.

Assim, foi se consolidando e sagrou-se vencedora a tese da defesa do Estado, bem como a tese da emergência nacional, argumento este, aliás, que muito tem sido ensaiado e invocado no cenário político brasileiro recente. Ambas teses podem ser consideradas como motores de uma engrenagem estatal que foi, essa sim, verdadeiramente conspiratória contra a Democracia e contra o Estado de Direito[9] e continha em si uma visão jurídica espúria. Aliás, entendo que ambos elementos se complementaram historicamente para promover o triunfo do autoritarismo e do arbítrio.

Os dados a propósito desse cenário estão apresentados por E. J. Gumbel. O autor atentamente observa que, durante a República de Weimar, a cada ano eram condenadas por traição o dobro de pessoas que haviam sido condenadas por essa razão nos trinta e dois anos anteriores à Primeira Guerra Mundial[10]. Mais do que isso, o Tribunal havia expressamente legitimado o assassinato[11] dos traidores, em nome da defesa do Estado que, portanto, era assumida judicialmente como prioritária (a defesa do Estado justificaria até mesmo o cometimento de um crime a partir de razões invocadas subjetivamente por cada um que pudesse identificar inimigos da pátria).

Francofort Sinzheimer referiu-se a essa decisão inicial da Corte como responsável não apenas por danificar o Estado de Direito, mas por destruição mesmo, levada a efeito justamente por quem existia para o proteger[12].

O suposto e vago interesse do Estado, em nome da defesa do povo alemão, havia sido colocado acima do Direito. "Por implicação, os crimes mais espantosos não eram puníveis se se cometiam no interesse do estado, enquanto que atos legais eram puníveis se eram contrários a esse interesse"[13]. Era o fim do Estado de Direito como o conhecemos, e a criação de um

---

9 Como lembra Lisa Hilbink, na atualidade a maioria dos acadêmicos "recusa a ideia de uma vontade coletiva harmônica" (Lisa Hilbink. *Jueces y política en democracia y dictadura:* lecciones desde Chile, p. 33). Pode-se dizer que as teses utilizadas pelos juízes e tribunais em Weimar configuravam uma forma de eliminar a dissidência, promovendo a unidade de um imaginário interesse nacional, fazendo-o a qualquer custo.

10 Apud Ingo Müller. *Los juristas del horror*: la "justicia" de Hitler, 2011, p. 41.

11 Isabel Loureiro, op. cit., p. 115.

12 Apud Ingo Müller. *Los juristas del horror*: la "justicia" de Hitler, 2011, p. 42.

13 Ingo Müller. *Los juristas del horror*: la "justicia" de Hitler, 2011, p. 43.

Estado policialesco com poderes arbitrários sobre de vida e morte dos indivíduos.

Tudo isso vai se conectar perfeitamente ao que viria a ocorrer logo adiante na História de Weimar. Basta observar, com MÜLLER, que o último capítulo de *Mein Kampf* se denomina "O direito de legítima defesa". A Lei de emergência nacional foi chamada por SCHMITT de "Lei para remover o perigo contra o Povo e o Reich"[14], e assim foi amplamente praticada e recebida na cultura de medo e arbítrio que se instalaria.

Em síntese: "O princípio jurídico fundamental da ditadura nazista 'É direito tudo o que beneficie o povo' tinha sido estabelecido pelos tribunais mais elevados da nação cinco anos antes dos nazistas tomarem o poder. E os teóricos nacional-socialistas tinham gosto de indicar o papel decisivo desempenhado pelo venerável Tribunal do Reich ao criar 'o novo direito, cuja única norma é o bem-estar e a segurança do povo alemão'"[15].

2.3. A concretização judicial dos direitos fundamentais: uma espécie de ativismo-dever

O termo "ativismo", atrelado à ideia de um Estado judicial, ao contrário do que ocorre em outros segmentos, assumiu uma conotação negativa. Nesta obra, contudo, e nos termos indicados a seguir, seu uso é reputado como institucionalmente relevante e adequado, uma questão conceitual, nos termos que a apresento adiante.

2.3.1. *Os direitos fundamentais na legitimação do ativismo judicial*

Com recorrência se utiliza o discurso dos direitos fundamentais, desde a teoria de KELSEN, como legitimador de uma postura não majoritária e, desde essa perspectiva, mais ativa e intervencionista da Justiça Constitucional (tribunais constitucionais, cortes supremas e, de uma maneira geral, o *judicial review*) em âmbito que seria, numa concepção clássica, exclusivamente

---

14 Apud INGO MÜLLER. *Los juristas del horror*: la "justicia" de Hitler, 2011, p. 43.

15 INGO MÜLLER. *Los juristas del horror*: la "justicia" de Hitler, 2011, p. 44. Dos 122 juízes que integravam as salas do Tribunal do Reich apenas um deles era social-democrata e foi o único removido em 1933, por falta de confiança política.

político. Isso é recorrente na literatura nacional e estrangeira. Por isso, o ativismo judicial tem sido equiparado, indevidamente, à judicialização da política. CAPPELLETTI (1976) chegou a firmar a ideia de uma "giurisdizione costituzionale delle libertà", amplamente referida e incorporada ao discurso dos direitos fundamentais (AGRA, 2005: 242; TAVARES, 2005a: 244; ZAMUDIO, 1982: 57).

Em nítida oposição a essa postura, muitos são os estudos que invocam justamente os direitos fundamentais, embora com enfoque em sua abertura semântico-material, como um obstáculo que afastaria, *prima facie*, a atuação legítima do juiz constitucional.

É possível, além desse argumento que se utiliza dos direitos fundamentais para infirmar a legitimidade funcional ampla do Poder Judiciário (ao qual se retornará adiante), apontar uma inconsistência de origem histórica na discussão acerca da legitimidade da Justiça Constitucional (no caso brasileiro, de todo o Poder Judiciário) quando invocada a partir da ideia dos direitos fundamentais.

É que o constitucionalismo iniciado com a Constituição de 1787 apresenta uma base tímida em termos de suportar um ativismo no âmbito dos direitos fundamentais (que pudesse conduzir a uma legitimidade de atuação judicial "diferente"). Corrobora essa afirmação a constatação objetiva de que as dez primeiras emendas àquela Constituição foram consideradas como não vinculantes para os Estados-membros pela Corte Suprema. Ademais, o segundo caso no qual a Corte Suprema estadunidense utilizou--se do controle de constitucionalidade das leis, após o caso *Marbury vs. Madison*, foi em 1857, no famoso caso *Dred Scott*, no qual a decisão majoritária assegurou o regime de escravidão, o que prova a timidez não só no uso do *judicial review* pela Corte Suprema, como também a falta de uma (necessária) ampla e irrestrita tutela e implementação de direitos fundamentais.

Constata-se que a ideia de supremacia da Constituição contra as vontades passageiras e arbitrárias do legislador em detrimento dos direitos fundamentais vai ganhar fôlego apenas mais recentemente na História do Direito. Uma "deslegitimação performática" do Parlamento terá sido o ponto de início desse desenvolvimento que culminou na atual habilitação (funcional) do juiz constitucional, e para a qual já se pode apontar com uma experiência positiva, normalmente invocada em seu favor.

Realmente, não se pode olvidar que o aparecimento e florescimento do juiz constitucional, com um magistrado apto a lidar com situações de desrespeito à Constituição, acabam ocorrendo como uma alternativa ao modelo legalista, que entra em crise no início do século XX, e como uma resposta aos abusos ocorridos especialmente após a II Grande Guerra mundial. "Sem dúvida, em 1920 vivia-se uma profunda crise que afetava tanto a Constituição como a lei, o Parlamento e, em definitivo, o próprio regime, como expôs DE VEGA. A lei deixou de ser o paradigma que predicava o revolucionário liberal. O mito da vontade geral desmorona por inúmeras causas. A evolução política e social do século XIX havia tornado relativa a ideia de ROUSSEAU de lei" (TREMPS, 1985: 150, tradução livre).

Nesse sentido, a consagração de direitos fundamentais pelas constituições passou a representar a criação de um espaço inacessível aos Parlamentos, porque as diversas positivações de direitos que foram sendo incorporadas a um patrimônio cultural da humanidade (na perspectiva ocidental) procuravam assegurar o indivíduo contra eventuais práticas espúrias do Legislador (direitos públicos subjetivos como regras negativas de competência do Estado). Como observou FREEMAN (1994: 189-190), "por meio de uma carta de direitos, os cidadãos concordam, com efeito, em retirar certos itens da agenda legislativa". Essa contraposição entre democracia e direitos fundamentais acabaria por legitimar ainda mais uma atuação menos circunstancial do juiz constitucional (e que, posteriormente, vai se expandir para outras áreas além dos direitos fundamentais).

Em síntese, percebe-se que a ampliação do espaço "tradicional" do juiz constitucional (entre Poder Judiciário e Tribunal Constitucional), na tutela da Constituição e sua supremacia (quer dizer, para além de um mero *legislador negativo*, na expressão cunhada por KELSEN), foi viabilizada, dentre outras ocorrências, pela abertura semântica das constituições, em ocorrência que ficou reconhecida teoricamente como contemplação principiológica do discurso dos direitos humanos, pela supremacia da Constituição, pela vinculação dos legislativos aos direitos fundamentais consagrados e, sobretudo, pela necessidade de retirar, do âmbito político, certas opções.

Um avanço, dentro de um espaço de segurança democrática, da atuação do juiz constitucional, contudo, pressupõe uma consolidação dos métodos de trabalho dessa instância, máxime quando representada por um Tribunal Constitucional que exerça com monopólio e definitividade a defesa e implementação da Constituição (no âmbito de normas ambíguas e vagas como ocorre comumente com os direitos fundamentais).

A acusação de possível ocorrência de arbitrariedade nas decisões de um juiz constitucional é plausível, pois "a Corte Constitucional não está livre do perigo de converter uma vantagem democrática em eventual risco para a democracia" (Martins, Mendes, 2001: 169). A consistência e o refinamento dos métodos de trabalho da Justiça Constitucional, portanto, fazem parte integrante da discussão acerca de sua legitimidade de atuação no âmbito dos direitos fundamentais. Nesse sentido, a referência *isolada* à ideia de máxima efetividade (cf. Bastos, 2002: 175-177, Canotilho, 2003: 1224) como uma espécie de método hermenêutico de compreensão dos direitos fundamentais é absolutamente insuficiente como salvaguarda efetiva. Não só a hermenêutica deve entrar, aqui, como componente crucial, mas também o próprio processo constitucional a ser observado para alcançar-se uma decisão.

2.3.2. Self restraint: *um ativismo contido*

A dificuldade em aceitar a atuação positiva do juiz constitucional, a partir da leitura "tradicional" de uma *self restraint* (autocontenção) do Poder Judiciário entronca com os problemas da metodologia de decisão.

Antes, porém, deve-se registrar que a tese da autocontenção foi concebida inicialmente por força do modelo estadunidense, tendo sido transportada sem maiores preocupações, por diversos autores, para o modelo de matriz austríaca (Tribunal Constitucional *tout court*). Contudo, é neste último que o argumento se coloca com mais força. É que, embora o modelo de controle difuso-concreto tenha virtudes inegáveis, conduzindo a uma "humanização" no controle (*v.* Tavares, 2007a: 313-4), a autocontenção é um tema muito mais aderente ao modelo de controle concentrado-abstrato, próprio dos países de contexto do *common law*, porque estes são mais sensíveis (ou deveriam ser: *v.* a respeito Rosenfeld, 2004) no identificar uma excepcionalidade no protagonismo dos tribunais.

Adotada de maneira ampla, a *self restraint* desemboca na deslegitimação do juiz constitucional para extensas áreas nas quais sua atuação tem sido decisiva e legítima, como é o caso do Brasil. E essa desqualificação não é mera opção teórica; em muitos ordenamentos, especialmente quando a Constituição, como a brasileira, oferece sinais de adoção (e exigência) de uma atuação substantiva (ativista, se se quiser) do juiz constitucional, como implementador da Constituição, a referida exclusão é dogmaticamente inadmissível. Basta recordar, aqui, institutos como o da ação direta de inconstitucionalidade por omissão, o mandado de injunção, além das cláusulas tradicionais que concedem ao STF e seus magistrados a guarda (final) da Constituição e o alocam como árbitro que decide acerca dos conflitos entre poderes e destes com os direitos fundamentais.

A abertura dos direitos fundamentais, especialmente no sentido de que "são os princípios que são reconhecidos e não os meios ou procedimentos que permitiriam colocá-los em obra" (cf. MORANGE, 1985: 11) não pode servir como argumento que justifique uma diminuição do papel da Justiça Constitucional. O "tribunal investido da árdua tarefa de atuar a Constituição é desafiado pelo dilema de dar conteúdo a tais enigmáticos e vagos preceitos [...] ou considerar como não vinculante justamente o núcleo central das constituições [...] A longo prazo, esta segunda alternativa mostra-se dificilmente defensável" (CAPPELLETTI, 1993: 67-68). Insistir numa retirada ampla do papel de concretizador de direitos fundamentais, reconhecido ao juiz constitucional, pode equivaler a assumir posições retrógradas incompatíveis com o estágio civilizatório atual e com a realidade de que em países de economia periférica é crucial atuar na mudança da estrutura social de dominação, o que exige a realização dos direitos sociais como caminho emancipatório para todo um povo.

Mesmo no atual estágio de reconhecimento público, contudo, como bem adverte WALTER CLAUDIUS ROTHENBURG, "a afirmação dos direitos fundamentais não se consegue apenas com a jurisdicionalização das reivindicações", e a "jurisdição não deve pretender monopolizar a concretização desses direitos" (ROTHENBURG, 2007: 439). Essa advertência é importante, e não permite sustentar, ao contrário do que alguns pretendem, uma retirada (supostamente estratégica) do juiz constitucional do espaço que vem sendo por ele ocupado, especialmente no Brasil. Argumentar que o juiz constitucional não pode promover direitos fundamentais, porque essa promoção dependeria de recursos materiais, humanos etc., significa desconhecer a capacidade transformadora mínima que o Direito possui e que suas instâncias orgânicas devem implementar.

Mas deve admitir-se que a defesa de uma atuação *intransigente, global e exclusiva* da Justiça Constitucional (juízes constitucionais de modelos distintos, seja de controle difuso, seja de Tribunal Constitucional), no âmbito dos direitos fundamentais, é democraticamente repulsiva. Casos haverá nos quais a atuação do juiz constitucional seria não apenas desastrosa mas também tecnicamente indesejável. Portanto, existem impedimentos que não podem ser afastados mesmo numa construção teórica acerca do papel da Justiça Constitucional ativa e substantiva. Embora se possa admitir, pois, áreas de não intervenção do juiz constitucional, especialmente por opções realizadas pela própria Constituição em análise (o que passa pela compreensão da cláusula da "separação de poderes", de um desacordo moral razoável em torno de um mesmo direito fundamental e do contexto histórico), essa conclusão jamais será sustentável, em termos teóricos, se estiver em debate: i) o controle tradicional da violação, pelo Estado, de direitos fundamentais; ii) a concretização implementadora de direitos fundamentais impostos pela Constituição como limites da atuação estatal.

Isso significa que a autocontenção deve ser considerada mais como elemento colegitimador da atuação ativa do juiz constitucional na aplicação e implementação dos direitos fundamentais do que como um argumento pró-exclusão dessa Justiça, desde que concebida adequadamente, ou seja, numa vertente minimalista, como indicado aqui.

Ao juiz constitucional cumpre também o papel didático de orientação geral do Estado no cumprimento e implementação de direitos fundamentais. Opções políticas de não implementação ou da (tradicional) situação de violação são ilegítimas do ponto de vista da Constituição e devem sofrer a "intervenção" do juiz constitucional. Isso também não significa que este deva se autoproclamar como instância exclusiva e autossuficiente na implementação da Constituição e dos direitos fundamentais.

Ademais, algumas das "técnicas de decisão da Justiça Constitucional" (*v.* Tavares, 2007a: 249-63) nitidamente demonstram uma dimensão de respeito diuturno para com as opções validamente consagradas pelo Parlamento, podendo ser apresentadas como "convites ao diálogo interinstitucional" (Rothenburg, 2007: 436) ou verdadeiras práticas de uma autolimitação judicial (cf. Schneider, 1991: 214). A referência e aplicação dessas técnicas é incompatível com a concepção que defenda um grau máximo (exclusivo e global) de atuação da Justiça Constitucional.

O afastamento puro e total da Justiça Constitucional é que não pode ser admitido no âmbito dos direitos fundamentais, no sentido indicado inicialmente. Há diversos mecanismos, aos quais se submete o juiz constitucional, que promovem um respeito às decisões legislativas.

Ademais, sendo sua legitimidade haurida, em parte, justamente no grau de implementação que promove no âmbito desses direitos, uma atuação eventualmente desastrosa nessa seara (admitida mesmo pelos defensores de uma atuação substancialista, cf. Agra, 2005: 242) poderá resultar em ativar-se a instância legislativa até então inerte, desidiosa ou infratora de direitos, reforçando ou readquirindo, assim, sua própria legitimidade e deslegitimando automaticamente a decisão ("destrutiva") da Justiça Constitucional. "Quem exerce o poder legitimamente assumido deve fazê-lo de modo a legitimar-se" (Rothenburg, 2005: 152). A imbricação dos diversos "órgãos" constitucionais nesse setor é inegável. E o juiz constitucional terá suas decisões sob constante teste de legitimidade por força da própria atuação ("concorrencial") do legislador, que também busca a manutenção constante de sua legitimidade inicial.

Isso significa, em última análise, que uma visão positiva acerca do papel do juiz constitucional na concretização dos direitos fundamentais também não significa, ao contrário do que se costuma dizer, um constrangimento do Parlamento ou uma percepção negativa deste. Afinal, não se pretenderá sustentar decisões parlamentares que representem a derrocada de direitos fundamentais já incorporados e consolidados. Essas incorporação e consolidação, ainda que dependam de uma decisão inicial da Justiça Constitucional, nesta não se esgotam, porque, numa visão pluralista da sociedade, é por meio destas que as representações jurídicas serão efetivamente incorporadas.

2.3.3. *O juiz visto pelo Estado liberal e pelo Estado social*

Em muitas situações, a retirada do juiz constitucional do cenário de implementação (e não apenas defesa) de direitos fundamentais constitucionalmente verbalizados vai produzir resultados semelhantes às posturas liberais de diminuição do papel do Estado. Isso porque permitir que o legislador assuma, isoladamente e livremente, o risco de não implementar certos direitos mínimos, ou um mínimo de certos direitos, permitiria a transformação constitucional do Estado democrático e social em puro Estado liberal descomprometido com valores comunitários. Também autorizaria um Estado arbitrário, no qual nem mesmo liberdades públicas são plenamente respeitadas. Ocorreria o retorno à prepotência do Parlamento e prevalência das decisões majoritárias em detrimento das minorias.

O surgimento do *judicial review* num contexto de Estado liberal, contudo, não significou, só por isso, uma automática legitimidade inicial desse modelo de Justiça. E não apenas pelo já mencionado elemento histórico, que infirmaria essa assertiva. É que a implantação de direitos de defesa (dos clássicos direitos públicos subjetivos) não significa, como se poderia imaginar, um "grau zero" de "intervenção" por parte do juiz constitucional. Embora se exija, nesse contexto, a preservação do espaço próprio do indivíduo contra o Estado, no Estado liberal tanto se impõe a clássica atuação do *judicial review* para reprimir violações perpetradas pelo Estado, como também se demanda a compreensão dos limites desse espaço livre de intervenções, que não são totalmente predeterminados, cabendo ao juiz constitucional a resolução de conflitos interpretativos. Ademais, o modelo liberal – e este parece ser o ponto mais relevante – provoca uma dificuldade conceitual na admissão do juiz constitucional chamado a fazer prevalecer direitos de cunho social.

O Estado chamado Social é marcadamente um Estado intervencionista. Nas omissões materiais imputadas ao Estado-Administração e até ao Estado-Legislador, o juiz constitucional (seja o juiz ordinário, seja uma instância exclusiva, como um Tribunal Constitucional) é chamado para fins de implementação dos direitos fundamentais sociais proclamados em certas constituições contemporâneas. A invocação de ideias como "reserva do possível" ou "custo dos direitos sociais contra o custo zero dos direitos individuais clássicos" acompanha, ainda, raciocínios próprios de um modelo de Estado Liberal não preocupado com os direitos sociais. Trata-se de uma visão distorcida dos custos do Estado.

É interessante verificar que as leis editadas durante o *New Deal*, após a crise da Bolsa, de 1929, nos EUA, com uma nítida vertente intervencionista da política do Governo federal, foram descartadas pela Suprema Corte estadunidense na base de argumentos pautados no modelo exclusivamente liberal de Estado. Foi sob a certa "ameaça" provinda do Poder Executivo (que pretendia aprovar um projeto que permitisse designar um novo membro para cada um dos existentes que contasse com setenta anos ou mais, o que, em 1937, significaria mais seis integrantes) que houve a mudança de compreensão da Suprema Corte, quanto ao seu papel em face dos direitos sociais e, naquele contexto específico, sobre o papel da Suprema Corte em situar-se historicamente e atentar para a necessidade de reconstrução de um país por meio de políticas estatais econômicas consideradas revolucionárias e que representavam uma forte e até então desconhecida presença do Estado na economia, criando novos postos de trabalho e multiplicando os investimentos no ciclo econômico.

Posteriormente, como foi indicado acima, as constituições contemporâneas passaram a ser expressas quanto aos direitos sociais como direitos fundamentais. Ao juiz constitucional, como defensor de constituições com esse conteúdo, não restava nenhuma outra alternativa senão a tutela desses direitos. Digo isso no sentido de que em havendo Constituição como documento jurídico máximo, reconhecidamente composto por normas e apenas normas jurídicas, a aplicação de seu conteúdo seria a mera resultante do exercício tradicional da *jurisdição*.

Passado, portanto, um momento inicial de "estranhamento", a assimilação expressa dos direitos sociais jogou o juiz constitucional para o campo da implementação de direitos dotados de um horizonte não atomizado, como ocorria até então (em virtude da prevalência de direitos meramente individuais). Ao contrário das clássicas liberdades negativas, agora era assinalada uma tarefa ativa ao Estado, restando o juiz constitucional como protetor (certificador, ratificador e implementador) da determinação constitucional (positivada) de direitos prestacionais múltiplos.

As dificuldades enfrentadas pelo juiz constitucional, portanto, não se encontram conectadas à superação do modelo liberal de Estado, como visto, já que também neste se exige por parte do juiz constitucional certo construtivismo, certa dose de inovação e empreendedorismo para fazer-se real o postulado formal.

Como salientei antes, foi com as constituições chamadas de principiológicas que se teria realiado essa atuação mais intensa da Justiça Constitucional. Exatamente por isso é que Kelsen (1928: 45-6) questionava "a incorporação, em textos constitucionais, dos denominados conceitos vagos, abertos à livre construção interpretativa, em especial quando usados para permitir o controle jurisdicional da constitucionalidade" (cf. Tavares, 2005a: 236), considerando que elementos de abertura axiológica deveriam permanecer fora do contexto constitucional, que deveria reservar-se aos conceitos e determinações precisos (no dirigir-se ao legislador para limitar--lhe a tarefa). Na crítica apresentada em sua teoria, com referidas normas chamadas "principiológicas" estaríamos estabelecendo balizas "flutuantes" para a atividade do legislador, já que dependentes do critério a ser adotado futuramente pelo Tribunal, porque esse *standard* concede discricionariedade aos intérpretes.

Contudo, há dois problemas absolutamente desconsiderados por Kelsen: i) é notório que o Direito Constitucional contemporâneo encontra--se totalmente "envolvido e penetrado pelos valores jurídicos fundamentais dominantes na comunidade" (Miranda, 1988, t. II: 198), mergulhado em pautas nitidamente axiológicas vertidas para a estrutura normativa do Direito; ii) a alternativa, como bem assinala, em termos genéricos, seria abandonar o formato chamado principiológico, que nada mais é do que o recolher abertamente valores sociais, para positivar apenas aquilo que essa teoria categoriza como sendo regras jurídicas precisas. Esta última opção geraria resultados insatisfatórios no objetivo de limitar a Justiça, e perversos à democracia. Explico este último aspecto. Uma Constituição contendo exclusivamente normas "singulares", com alto grau de descrição da hipótese de sua incidência, teria de ser não apenas abusivamente extensa como também não conduziria com rigor, como se faz supor, a um maior grau de segurança, já que diversas situações concretas ficariam fora das pautas normativas expressas (posto que todas seriam específicas ou singulares) e aos legisladores restaria uma margem bem ampla de atuação fora de qualquer amarra constitucional. A democracia, aqui, estaria em risco, porque seria incapaz de lidar com as maiorias conjunturais que se formam e precisam ser contidas, em favor de direitos fundamentais incorporados ao patrimônio civilizatório da humanidade.

2.3.4. *Minimalismo judicial: uma postura conceitual e pragmática equivocada*

É preciso avaliar o conflito entre ativismo (*lato sensu*) do juiz constitucional ou de uma Justiça Constitucional substantiva e a supremacia da Constituição como "povo soberano", com o correspondente (ao menos no imaginário de alguns teóricos) minimalismo judicial. Talvez o suposto problema possa ser mais bem colocado na pergunta retórica proposta, criticamente, por Wolfe (1996: 86): "Como a Constituição foi removida do Direito Constitucional" ou "o Direito constitucional além da Constituição".

A ideia de um ativismo dos tribunais está conectada ao grau de discricionariedade que se reconhece ou que se admite à atividade jurisdicional. E esse nível tem sido medido, ao longo da História, especialmente sob rótulo da "interpretação constitucional". Esta tem sediado a polêmica em torno da possibilidade de se falar de uma "Constituição viva" ou de uma "Constituição não escrita", sendo considerada aquela como a teoria de um não originalismo (cf. Goldford, 2005: 55).

Michael Moore coloca esta questão no seguinte sentido: "com quais restrições o Tribunal deveria exercer esse poder"? (Moore, 1989: 3). Consoante Moore, há três possibilidades de apresentar essa discussão. Uma primeira forma é justamente aquela que a doutrina chamou de o debate entre o interpretivismo e o não interpretivismo. Neste caso se controverte sobre se o juiz deve utilizar-se do raciocínio próprio do *common law* ou se deve proceder de maneira interpretivista. Uma segunda forma pressupõe que toda decisão judicial legítima é interpretivista, mas admite duas formas de interpretivismo: i) interpretivismo textual; ii) interpretivismo não textual. Este último caso o autor prefere denominar "suplementarismo" (*supplementalism*), já que se está a interpretar algum tipo de suplemento do texto da Constituição, e não o próprio texto em sentido estrito. Por fim, a terceira forma, considerada a mais adequada por Moore (1989: 4) para se apresentar o debate, assegura que toda decisão legítima é interpretivista e que a única referência para exercer a Justiça Constitucional é a Constituição escrita, debatendo-se sobre como a interpretação deve se desenvolver, se deveria ser orientada por valores ou se deveria ser mais contida (questão metodológica). Nesse mesmo sentido, lembra FARBER (1988-89: 1085) que também os opositores do originalismo sustentam estar interpretando a Constituição e, portanto, toda questão se resume ao problema de qual seria a forma mais adequada de interpretação (claro, da Constituição).

Diversas são as questões diretamente conectadas ao tema deste tópico, e que dependem da ou interferem na conclusão apresentada aqui. A discussão acerca da legitimidade das funções de um juiz constitucional é correlata à temática da concepção hermenêutico-constitucional que deve guiar a respectiva atividade (nesse sentido PERRY, 1994: 15; TAVARES, 2007b), especialmente quando o originalismo é apresentado como teoria interpretativa.

O originalismo, que é, supostamente, um modelo também de reducionismo judicial, ocupará o centro das atenções aqui justamente por força da incorporação acrítica da ideia de autocontenção, por parte da doutrina nacional não atenta aos pressupostos próprios dessa discussão nos EUA. A autocontenção e o minimalismo judicial, nos EUA, estão fortemente ancorados na teoria do originalismo, de larga aceitação. Portanto, para uma crítica completa à aplicação da ideia de *self restraint* no Brasil importa também analisar a alternativa que usualmente se apresenta no país de origem da concepção restritivista.

A categoria conhecida como uma "living constitution" tem sido considerada como rejeitada pelo originalismo (cf. GOLDFORD, 2005: 55), justamente pelo enfoque na "flexibilidade", na "adaptação judicial" que a esta última é ínsita. Nesse sentido aparece a referência (crítica) ao interpretivismo como "a mão morta do passado" (cf. TUSHNET, 1982-3: 787). O problema da separação de poderes impõe, no mesmo sentido, um específico e seguro espaço de desenvolvimento da Justiça Constitucional.

Aparentemente, o problema do ativismo (*versus* interpretação neutra e democrática) tornou-se nos EUA mais crucial do que em outros países, apesar de sua tradição, como modelo de *common law*, o que não deixa de causar certa perplexidade e despertar a atenção dos estudiosos (*v.* ROSENFELD, 2004).

A virtual impossibilidade de obter-se o consenso necessário para a aprovação de emendas constitucionais (ao contrário do que ocorre em países de *civil law* e, em especial, do que tem ocorrido nos países conformadores da União Europeia) nos EUA tem sido apontada como justificativa para uma atuação mais ativista da Corte Suprema.

O originalismo, no que conduz ao que Perry denominou "**minimalismo judicial**", e com ele o interpretivismo, basicamente sustentam que deve haver pouco espaço para um subjetivismo pessoal do juiz (Perry, 1994: 54); dessa forma, propõe-se a impedir, por meio de seus marcos teóricos, o já mencionado "**governo dos juízes**" (Boudin, 1932; Lambert, 1921).

Assim, alguns teóricos alinham-se ao originalismo por acreditarem que esta abordagem conceitual conduz a um papel minimalista do juiz constitucional, por acreditarem que nesses termos a Justiça Constitucional será menos política e mais "jurídica" (Perry, 1994: 54), que se estará afastando o modelo de um Estado judicial de judicialização da política. Isso significa, portanto, que entre originalismo e controle judicial de constitucionalidade não há qualquer incompatibilidade, mas apenas um problema de grau, de intensidade da atividade judicial. Na realidade, o originalismo pretende que apenas por meio de sua concepção (reduzida e supostamente contida) é que se pode legitimar o controle judicial de constitucionalidade (cf. Brito, 1998: 34).

A questão, assim colocada, como bem observou Perry, exige que o originalismo possa oferecer um caminho mais seguro na interpretação das cláusulas constitucionais. Acrescente-se: exige que o arranjo institucional decorrente dessa concepção possa igualmente sustentar a supremacia constitucional desejada.

Conceitualmente falando, como observou Rosenfeld, "textualismo e originalismo podem ser vistos como ferramentas interpretativas do positivismo constitucional" (Rosenfeld, 2004: item V) e, mais ainda, como uma tentativa de resposta teórica (não uma contraposição cega) à intensa posição contramajoritária desempenhada pelo *judicial review*, especialmente nos EUA. Ao apoiar-se amplamente na linguagem, em sua mais conhecida e divulgada vertente, o originalismo reporta-se ao textualismo e, concomitantemente, este "se revela como uma variante das teorias originalistas" (Brito, 1998: 39).

Mesmo nos dias de hoje, praticamente nenhum autor propenso à atividade mais arrojada dos tribunais irá sustentar que o elemento originalista é totalmente irrelevante para fins de interpretação constitucional (nesse mesmo sentido: Farber, 1988-9: 1085). A diferença que costuma aparecer é de intensidade, pois o originalismo, como teoria hermenêutica, prega que a intenção original dos fundadores, dos constituintes originários, é não apenas relevante (o que está praticamente fora de disputa), mas também que é impositiva, vinculante, obrigatória e promove limites intransponíveis aos tribunais, sob pena de se derrotar a democracia.

Aqui cabe uma observação de fundo, para identificar o que o originalismo entende como sendo a"intenção original". Na literatura jurídica especializada dedicada ao assunto, bem como em decisões judiciais acumuladas ao longo de praticamente dois séculos, o originalismo tem assumido diversas vertentes (nesse sentido: FARBER, 1988-9: 1086-7; GOLDFORD, 2005: 1-2; SCHAUER, 1995-6: 343 e s.; SUNSTEIN, 1995-6: 312). O ponto de vista mais extremado é o de que o único fator relevante é a intenção original. Esse ponto de vista consistiria, na figura de SUNSTEIN (1995-6: 312), em"voltar ao passado numa máquina do tempo", sendo algo um tanto inaceitável. Significaria, como colocou SCHAUER, que a linguagem prescritiva deve ser compreendida conforme o"estado mental contemporâneo dos escritores da linguagem em questão" (SCHAUER, 1995-6: 343). Nesta primeira vertente, é possível, ainda, distinguir entre um originalismo que crê encontrar conclusões originalistas para casos concretos atuais e outra vertente que se distancia desta versão, por acreditar que pelo originalismo é possível encontrar apenas a grande premissa, a partir da qual será desenvolvido o raciocínio para o caso concreto atual. Esta última concepção foi desenvolvida paradigmaticamente por BORK em sua conhecida obra *The tempting of America* (BORK: 1990), mas encontra forte crítica dentro do próprio originalismo.

Já o ponto de vista moderado considera outros fatores, para além do texto, como também determinantes, especialmente quando a intenção original não é clara. O problema que se coloca, nesta última vertente, é o peso que se deve atribuir a esses outros fatores, o nível de deferência que se deve ter em relação à intenção original, o que pode gerar uma dificuldade em diferenciar tão claramente originalistas de não originalistas (cf. FARBER, 1988-9: 1086-7), tal como ocorre a Berger. Em última análise, como concluiu SUNSTEIN, o originalismo moderado (*soft originalism*) é incompleto como teoria da interpretação (SUNSTEIN, 1995-6: 313-4).

Para muitos, o argumento mais frequente contra o originalismo é o de ser muito estático, e impedir a Constituição de se adaptar às mudanças do tempo. Aqui se encontra o mencionado duelo entre a"Constituição viva"e a"Mão do Passado". A este problema retornarei adiante, pela sua envergadura na boa compreensão do controle judicial de constitucionalidade das leis em face do originalismo. Neste item reúno algumas das oposições apresentadas ao originalismo.

Na linha de uma crítica às possibilidades existenciais do originalismo, especialmente nos EUA, costuma-se recordar a descoberta de que o próprio Madison teria alterado suas anotações (fonte do originalismo) posteriormente, e que talvez o tenha feito justamente para refletir suas mudanças de entendimento sobre o sentido da Constituição e influenciar diversamente os intérpretes da vontade original (cf. Farber, 1988-9: 1085). Ademais, os registros dos debates sobre a ratificação do Documento constitucional dos EUA já foram considerados, por certos analistas, como corrompidos; o exemplo, aqui, é o do federalista Thomas Lloyd, que deletou desses registros todos discursos antifederalistas dos debates que tomaram lugar em Maryland e Pennsylvania por ocasião da ratificação do texto da Constituição dos EUA (cf. Farber, 1988-9: 1088).

Mais ainda. Pode-se acrescentar a "suspeita" ou o argumento (não originalista mas de inequívoca matiz originalista) de que a intenção original dos constituintes era a de que os juízes não se vinculassem a uma intenção original, gerando uma "autocontradição inerente" ao originalismo (Farber, 1988-9: 1087). Nessa linha, tem-se a tese de que os constituintes estadunidenses anteciparam que o Poder Judiciário realizaria uma expansão dos direitos fundamentais ao apresentarem cláusulas de fim aberto (*open-ended clauses*) (Farber, 1988-9: 1092), logo, pelo originalismo, o Poder Judiciário não deveria adotar o originalismo, mas sim uma posição expansiva ou, ao menos, diversa da posição original. A invocação do direito natural era amplamente admissível naquela época, inclusive até o século XIX. Argumenta-se que alguns dos chamados pais fundadores da Constituição estadunidense admitiam que o Poder Judiciário pudesse impor os direitos naturais restringindo os poderes estatais (cf. Farber, 1988-9: 1092).

Assim, o originalismo também pode receber uma leitura originalista para o opor ao minimalismo judicial. Isso ocorreria na exata medida do questionamento acerca da intenção dos constituintes-fundadores, mais pontualmente falando, em saber se para estes fundadores suas intenções deveriam ser consideradas na interpretação ulterior da Constituição.

Essa foi a tese central do conhecido artigo de Powell (1984-5). Analisando os métodos interpretativos do *common law* em sua tradição, Powell argumenta que *intent* era normalmente referida ao significado objetivo da linguagem usada no texto, não às intenções subjetivas dos autores. Lembra que no final do século XVIII, *intent* era referida ao que os tribunais entenderam ser o significado razoável das palavras do texto. Os federalistas, antes de indagarem quais os métodos válidos de interpretação, tiveram de determinar o *status* do documento constitucional. Entenderam, consoante indica POWELL, que o texto deveria ser interpretado como uma lei (*statute*), no sentido do significado de suas palavras para um leitor médio (*reasonable reader*). Outros respeitados autores, como ELY e DOUGLAS LAYCOCK, sustentaram que, analisadas certas cláusulas constitucionais, perceber-se-ia que os constituintes queriam que os tribunais tivessem uma aproximação mais livre, não interpretivista (cf. TUSHNET, 1982-3: 789).

Há, ainda, uma dificuldade de implementação do originalismo no fixar o grau de intenção que se pretende conhecer (cf. FARBER, 1988-9: 1093), ainda que se admita estar vinculado à intenção original. Esta já é uma aporia posterior à discussão aqui travada, mas pode influenciar na filiação à corrente originalista de interpretação.

Um importante capítulo para uma adequada compreensão dos limites do juiz no contexto originalista está no equacionamento desse tema. Para MOORE, colocado o debate em termos de oposição entre interpretivismo e não interpretivismo, a resposta seria muito óbvia: os tribunais não deveriam ter, num contexto democrático, um poder decisório amplo (MOORE, 1989: 6). Ou seja, como e por que legitimar um ativismo judicial para decidir "livremente" sobre temas importantes para a sociedade? Essa forma de apresentar o debate, portanto, interessa mais ao interpretivismo, ao originalismo, ou seja, às concepções supostamente mais constritivas. Fortalece a ideia de ilegitimidade, de usurpação, de governo de uma elite e de sufocamento da soberania popular. Essa formulação, contudo, conduz a raciocínios inconsistentes, porque a contraposição mencionada está contaminada pela finalidade que se quer alcançar.

As formas indicadas por MOORE, que se apoiam na Constituição escrita, e que apenas admitem a interpretação do texto, podem ter variantes, pois dependem fortemente do que se entende como "Constituição escrita". Esta pode ser apresentada e trabalhada tanto no sentido sintático quanto no sentido semântico, bem como no seu sentido pragmático. E mesmo o caso da *Constituição pragmática* seria, ainda, uma forma de originalismo, "a theory that considers as authoritative the marks on the paper *as already interpreted by their context*" (MOORE, 1989: 7).

Contudo, sustenta MOORE que seria mais adequado enxergar no originalismo uma forma de teoria da Constituição não escrita (MOORE, 1989: 8), uma certa proposta ativista (MOORE, 1989: 13-4), e não como se tem tradicionalmente compreendido, ou seja, uma teoria constritiva do ativismo judicial ou propugnando o minimalismo judicial. Em outras palavras, fica claro ser mais conveniente ao originalismo contrapor-se ao ativismo e ao protagonismo judiciais, quando, em realidade, a questão de fundo não permite que essa contraposição seja considerada correta e, colocadas as coisas no seu devido lugar, o originalismo não deixa de abrir-se a uma específica forma de protagonismo judicial e, com ele, um ativismo judicial.

De outra parte, a tradicional teoria do ativismo judicial, incluindo o ativismo da Justiça Constitucional (quer dizer, o ativismo relacionado com a interpretação constitucional realizada pelo juiz) estaria a preferir travar esse debate em termos de qual interpretação é mais adequada para o texto, ou seja, em termos de concorrência entre diversas teorias da interpretação (Moore, 1989: 8-9), jamais, evidentemente, como teoria que se contrapõe ao originalismo por admitir neste uma neutralidade invejável. Evidentemente que, considerando o problema como sendo de interpretação, está-se a pressupor que todas concepções encontram-se num patamar inicial idêntico de legitimidade, devendo dialogar em posição igualdade. Esta parece ser a opção mais consistente.

Relembrando o mencionado problema histórico dos registros constituintes, em países cujas constituições fossem mais recentes (detentores, provavelmente, dos registros históricos mais seguros), como o Brasil, seria de se esperar, num raciocínio coerente com o originalismo e com o que nele haveria de verdade inquestionável, que o respectivo padrão originalista fosse adquirir grande peso (cf. Rosenfeld, 2004). Na prática, contudo, pode-se perceber que, surpreendentemente, isso não ocorre.

É curioso observar como em grande parte dos raciocínios jurídicos empregados tanto pela doutrina como pela prática constitucionais brasileiras permanece, ainda hoje, forte referência a argumentos históricos, gramaticais e filológicos na interpretação da Constituição, embora nem sempre de maneira isolada e "neutra" em relação ao resultado que se pretende alcançar. A referência à intenção, real e não pressuposta, dos autores da Constituição de 1988, por exemplo, é praticamente excluída da literatura constitucional brasileira. Talvez a exclusão seja adequada, mas provavelmente deveria resultar de um amadurecimento maior sobre o tema. Seja como for, essa realidade, que permeia tantos Estados, comprova o abandono moderno de teorias atreladas aos critérios originalistas, em certa medida minando os próprios pilares do originalismo, ao dele abdicar quando a ele seria mais fácil recorrer. Não procede, nessa linha, o argumento de que o elemento originalista seria, nesses países de constituições tardias e contemporâneas, um elemento silenciosamente presente. A análise da Doutrina e da jurisprudência constitucional comprova, ao contrário, que nas discussões mais aprofundadas o argumento é explicitamente rechaçado.

Como se observou anteriormente, se adotado o originalismo nos EUA ter-se-ia uma inevitável e inadmissível redução do espectro dos direitos fundamentais, o que é uma conclusão dificilmente contornável no âmbito dos EUA. E pode ser igualmente rechaçado em países de Constituição recente, como o Brasil, por força da legitimidade performática ativista que a Justiça Constitucional tem apresentado nesse âmbito, particularmente protagonizando boa parte da concretização dos direitos sociais solenemente (leia-se: formalmente) proclamados pela Constituição de 1988.

As diversas dificuldades presentes na concepção originalista do Direito conduzem à percepção de que não há, nela, os grandes benefícios propalados. Em outras palavras, em sendo seguida essa teoria, não há qualquer salvaguarda de que as interpretações sejam automaticamente menos surpreendentes ou menos ativistas ou, como coloca FARBER, que produzam resultados mais coerentes e previsíveis (FARBER, 1988-9: 1105).

Uma das vertentes que aqui se poderia considerar, do chamado "texto e tradição", que foi uma modalidade desenvolvida por um magistrado que até recentemente compunha a Corte Suprema, o *Justice* SCALIA bem comprova o acerto dessa observação, bastando para tanto analisar as conclusões às quais chegou esse juiz em seus diversos votos em casos concretos perante a Corte Suprema dos EUA. A surpresa marca esse conjunto jurisprudencial (cf. ROSSUM, 2006; STAAB, 2006; WEIZER, 2004). Isso reforça uma das teses de SUNSTEIN, no sentido de que nenhuma concepção interpretativa é, como tal, autojustificável, inclusive o originalismo (SUNSTEIN, 1995: 311, 313).

2.4. O juiz das garantias e a audiência de custódia

2.4.1. *A mudança*

Por meio da nova Lei alterou-se o Código de Processo Penal em vigor para instituir o chamado "juiz das garantias". O instituto, porém, teve sua eficácia suspensa *sine die* por decisão cautelar na ADI 6305, pelo relator, Ministro LUIZ FUX.

Trata-se, efetivamente, de mudança profunda no modelo jurídico brasileiro, ainda que circunscrita seja, como efetivamente é, ao âmbito processual penal. Apesar de o tema poder ser inserido dentro da temática "imparcialidade", que enfoco em outro momento desta obra, considerando seu alcance e seu impacto no processo penal brasileiro, o estudo merece ser destacado desde logo, porque extrapola a questão da imparcialidade judicial.

Aliás, as mudanças paradigmáticas, de grande envergadura para o sistema jurídico, por meio de simples alteração via Lei ordinária, parecem ter se tornado rotina no Brasil, como recentemente ocorreu também por meio da Lei de Combate ao Crime Organizado (Lei n. 12.850/2013) e, ainda, pelo Código de Processo Civil. Aquela mudou totalmente o modelo punitivo e esta última transformou o Direito brasileiro tradicionalmente de direito legislado em um sistema baseado em precedentes judiciais. Em sua cautelar, o Min. Fux bem observa essa situação, ao anotar que a criação do juiz das garantias promove alteração "em nível tal que enseja completa reorganização da justiça criminal do país". Mais ainda, "a criação do juiz das garantias não apenas reforma, mas refunda o processo penal brasileiro e altera direta e estruturalmente o funcionamento de qualquer unidade judiciária criminal do país" (rel. Min. Fux, ADI 6298-MC/DF, *DJ* 3-2-20).

Isso porém, como veremos, não significa que a norma seja meramente de organização judiciária, pois, pelo contrário, tamanho impacto reforça seu caráter muito mais amplo e profundo, a ultrapassar o perfil meramente organizacional.

A nova Lei quer afastar o juiz da decisão de atos anteriores ao recebimento da denúncia, como o ato que autoriza escuta telefônica, busca e apreensão e, sobretudo, a prisão preventiva do possível futuro réu. A Lei distancia aquele que adota medidas como essas do julgamento final de mérito da situação do réu, de maneira a evitar pré-julgamentos formados anteriormente ao início da ação penal propriamente dita. O mero risco, que não é desprezível, de formação desses pré-julgamentos, de um viés negativo, de um senso de responsabilidade por dar sentido aos atos anteriormente adotados por ele próprio, levou a lei a retirar esse juiz do contexto decisório final. Protege-se, assim, um valor constitucional substancial, que é a liberdade.

Fica com o juiz das garantias a responsabilidade por receber comunicação de prisão e o auto da prisão em flagrante, ser informado sobre instauração de qualquer investigação criminal, decidir sobre o requerimento de prisão provisória ou outra medida cautelar, prorrogá-la, substituí-la ou revogá-la, quando for o caso, decidir sobre a produção antecipada de provas, prorrogar o prazo de duração do inquérito, requisitar documentos, laudos, informações ao delegado de polícia, decidir sobre a interceptação telefônica, do fluxo de comunicações em meios de informática, sobre o afastamento dos sigilos bancário, fiscal, de dados.

Também fica na esfera de decisão do juiz das garantias decidir sobre o recebimento da denúncia ou queixa. Da mesma forma, a ele compete decidir sobre a homologação de acordo de não persecução penal ou os acordos de colaboração premiada, mas apenas quando formalizados durante a investigação.

Uma vez recebida a denúncia ou a queixa, todas as questões pendentes passam para a esfera do juiz da instrução e julgamento.

Certamente que essa mudança deve ser acompanhada, automaticamente, de um maior protagonismo do juiz das garantias, especialmente se o compararmos à figura tradicional do juiz que tínhamos. Entendo que é implícito ao novo sistema que o juiz das garantias adquira protagonismo que não se poderia estabelecer anteriormente, sob pena de violação direta e flagrante da imparcialidade. Isso não significa que o juiz das garantias tornar-se-á novo órgão de acusação, mas apenas que poderá assumir protagonismo na determinação de certas medidas e provas, na busca da verdade real, respeitadas as limitações constitucionais. Trata-se de novo modelo que, assim estruturado, alinha-se plenamente à Constituição de 1988 e certamente inovará positivamente no combate à corrupção e demais mazelas sociais, permitindo determinadas ações judiciais que ficariam vedadas ou prejudicadas, na cultura jurídica vigente, caso se mantivesse a estrutura judicial monista até então vigente.

Portanto, ainda que se queira utilizar a régua da eficiência desse mecanismo no combate à corrupção como determinante para saber-se de sua constitucionalidade – o que não me parece de todo apropriado – tenho por certo que o mecanismo não reduz nem diminui o nível de combate à corrupção. Não há nem prova nem indício de que o cenário a se formar seja mais benéfico ao crime organizado ou aos corruptos. Pelo contrário, *prima facie*, o novo instituto do juiz das garantias parece dirigir-se para uma melhoria na colheita de certas provas, especificamente daquelas que dependem de um magistrado (em face da reserva constitucional de jurisdição), sem que o juiz sentenciante se sinta constrangido a fazê-lo, e acabe por não determiná-la, justamente por ter consciência de que será o juiz sentenciante.

Por fim, sobre o tema do combate à corrupção, jamais podemos ignorar que nossa Constituição em vigor é, sim, garantista. E no suposto embate entre imediatismo na punição e, de outra parte, a convicção de autoria e segurança sobre as punições realmente devidas, seria totalmente impróprio optar pelo imediatismo, abrindo mão da segurança e na presunção de inocência. Não se trata de tecnicidade, de elemento menor, de algo colateral do Direito. É preciso retomar a supremacia da Constituição em vigor, para deixar de venerar caminhos puramente punitivistas, típicos de uma mentalidade autoritária, por vezes fantasiados, conscientemente ou não, de supostas teorias eficientistas. O Eficientismo é relevante, mas dentro do modelo garantista, plasmado constitucionalmente. A atuação do Poder Judiciário totalmente fora dos parâmetros normativos *fundamentais* recai novamente no risco histórico do autoritarismo.

2.4.2. *As razões da Lei*

A bipartição[16] do juiz "da causa" permite que o sistema alcance maior eficiência probatória e segurança jurídica em geral. O novel instituto de um juiz das garantias, agora positivado, procura avançar tanto em termos persecutórios, como assinalei acima, como em termos garantistas. E toda iniciativa para aprimorar o sistema jurisdicional em vigor, e o império do Direito, merece ser aplaudida[17].

A novidade não significa que, até então, todos juízes agiam em erro ou vício cognitivo, profundo ou superficial. Não é verdade que o juiz, ao atuar na investigação, deixará de ser imparcial. Trata-se de uma inovação que pretende evitar esse risco e, com isso, o que se quer é amplificar as garantias de imparcialidade e equidistância do juiz, bem como a de paridade de armas das partes envolvidas, especialmente quando uma delas é o órgão acusatório oficial do Estado.

Nesse ponto é aceitável a crítica de que o modelo pode não apresentar o retorno esperado, ou de que não promoverá necessariamente as melhorias pretendidas, gerando a justa dúvida sobre a relação entre custo e benefício

---

[16] A unidade do Poder Judiciário permanece assegurada, como sempre se entendeu mesmo nos casos de turmas recursais dos Juizados Especiais da Lei n. 9.099/95, formadas por juízes de primeira instância.

[17] É chocante a escolha feita no editorial da *Folha de São Paulo* de 19-1-2020, ao comparar custos (recursais e operacionais) da mudança com os objetivos da mudança ("em nome de um processo mais seguro e certeiro, que separe os culpados dos inocentes dentro dos cânones do Estado de Direito"). O editorial anuncia que este último poderá pesar menos que aquele, a depender do tamanho do custo. É incrível que a bandeira da austeridade tenha chegado para desbancar até mesmo direitos fundamentais básicos, como a liberdade de inocentes, que não poderá prevalecer quando custos sejam considerados muito elevados.

de sua implantação. Trata-se, porém, de opção política, que poderá também ela própria vir a ser aprimorada na medida em que venha a ser implantada nas diversas regiões do país. Vejamos, porém, elementos conceituais relevantes do tema.

A relação entre refinamento de salvaguardas e a nova figura do juiz das garantias pode ser identificada sob três aspectos distintos, que se reforçam e se complementam. Primeiro, na percepção comum de que o juiz que decide não deve ter assumido responsabilidades investigativas contra o provável réu, como as medidas indicadas no item anterior, pois ao investir pessoalmente em determinado caminho inquisitivo pode haver a formação, ainda que inconsciente, de um viés negativo. Pode o magistrado ficar imbuído dessa dimensão e dos atos adotados durante essa fase na qual não há defesa. Pode, ainda, como tem sido relatado por ex-juízes, ficar "condicionado ou mais suscetível a um juízo de condenação" (Maurique, 2020: A8). Ao determinar medidas cautelares, ao impor determinadas restrições e, inclusive, ao receber uma denúncia, o magistrado acabe por se indispor parcialmente contra um resultado que anule, abandone ou mesmo desconsidere todo esse trabalho e todas essas decisões anteriormente adotadas. Ainda que essa estratégia legislativa da divisão das funções dos juízes possa não ser considerada a "mais eficiente para minimizar vieses cognitivos de juízes criminais", como adverte o Min. Fux, ainda assim se coloca como medida que certamente aprimora o sistema em vigor. E isso não apenas pelo que acabei de apresentar, mas também pelos dois aspectos seguintes a este. Vejamos.

Em segundo lugar, em um modelo persecutório no qual a visão acerca do juiz – que é o único juiz da causa e da investigação – passou a ser a de que pode ele se aproximar do Ministério Público e dos demais aparatos investigativos e persecutórios, em nova visão pela qual se tem procurado "normalizar" essa proximidade, inclusive com a discussão das melhores técnicas de acusação, tenho por certo que a validade desse comportamento estava a determinar a necessária mudança do modelo anterior, com a criação do juiz das garantias.

Em terceiro lugar, também a Lei procura forçar quer dizer, impor mesmo, uma nova dimensão garantista, não apenas pela denominação que oferece ao novo modelo, mas sobretudo pela concepção introduzida expressamente pelo art. 3º-B do Código de Processo Penal, na redação que lhe deu, doravante, a Lei n. 13.964, de 24 de dezembro de 2019. Assim é que, nos termos da Lei, esse juiz "é responsável pelo controle da legalidade da investigação criminal e pela salvaguarda dos direitos individuais [...]". Mesmo assim, aqui temos um ponto em que não é possível antever com clareza o rumo que esse instituto tomará na prática, tal como preconizado na norma. Há um receio, plausível, de que a bipartição acabará por liberar o juiz das garantias de certas amarras teóricas e de prudência que o juiz único adotava anteriormente. Justamente porque haverá uma nova esfera de análise de seus atos, ainda na primeira instância, pode ocorrer justamente um efeito inverso ao preconizado na norma, no sentido de que o juiz das garantias acabará por ser mais invasivo e até menos parcial do que usualmente ocorria antes da Lei. Esse, porém, é um aspecto que necessitará ser devidamente trabalhado com os juízes, na implantação do modelo, quer dizer, na prática, de maneira a impedir o surgimento de um perfil desse juiz que seja *contra legem* e, assim, evitar a confusão indesejável e inadmissível de que o juiz das garantias estaria autorizado a ser menos imparcial do que o juiz da instrução e julgamento, já que este, mais adiante, poderia corrigir seus desvios rotineiros e suas intromissões indevidas na esfera das liberdades e garantias constitucionais.

2.4.3. *Os elementos contextuais*

Um aspecto relevante e necessário em qualquer discussão dessa envergadura diz respeito ao contexto brasileiro. Esse tipo de abordagem, que me parece inadiável e insuperável, impede que apenas importemos elementos estrangeiros, por melhores que tenham sido seus resultados em outras nações. Mas também impede que simplesmente deixemos de adotar aqui instituições estrangeiras, apenas porque não deram certo em outros lugares, apenas por não terem funcionado nos contextos próprios em que foram implantadas. Cabe, aqui, uma ilustração para bem compreender essa assertiva. Imagine-se um mecanismo inovador que não tenha funcionado na África do Sul ou no Japão. Rigorosamente falando, esse desfecho nada nos pode dizer sobre se seria funcional ou útil no Canadá ou no Brasil. É preciso analisar inúmeros outros elementos culturais, particularidades da sociedade, do momento e da velocidade na implantação, etc.

No caso do juiz das garantias, tenho por certo que é inescapável realmente avaliar o seu impacto no contexto de corrupção sistêmica encontrado no Brasil. Mas, nessa linha de considerações, não podemos nos limitar a esse elemento (corrupção). É preciso também avaliar o contexto de violência praticado por autoridades policiais, o contexto da violência em geral na sociedade brasileira e o contexto de atraso e subdesenvolvimento nos quais estamos imersos desde sempre. Entendo que, em sociedades nas quais ainda não se alcançou nem mesmo o Estado social, nas quais a desigualdade atende a uma das maiores taxas mundiais, há de ser preferível aprimorar o sistema de defesa dos direitos fundamentais do que os flexibilizar ainda mais, em nome de um falso dilema entre prender ou beneficiar os corruptos, ou de ideias, que mais parecem *slogans* políticos, de que se deve combater a violência por meio de julgamentos cada vez mais rápidos e com juízes abertamente comprometidos com a punição sumária, ainda que sem elementos probatórios suficientes. Não é possível que o Poder Judiciário sirva para reforçar a violência e a desigualdade, abandonando a busca da verdade pela sua manipulação por meio de estratagemas e meandros jurídicos, com efeito meramente populista.

2.4.4. *As múltiplas instâncias decisórias nacionais vs. o novo modelo do juiz das garantias*

Na discussão que se seguiu à publicação da Lei há quem considere as múltiplas instâncias (de maneira genérica se fala em quatro instâncias recursais no sistema brasileiro) como suficiente para podermos dispensar o juiz das garantias ou, dito de outra forma, como suficiente para formar um sistema peculiar de forte cunho garantista. Esse argumento, contudo, confunde totalmente a essência do juiz das garantias e a essência do sistema recursal. Para entender que cada modelo atende a padrões próprios, basta verificar que podemos ter múltiplas instâncias recursais independentemente da distinção entre juízes das garantias e os juízes da ação penal, assim como poderíamos ter os juízes das garantias com apenas duas instâncias decisórias, cada qual representando uma opção política sobre questões distintas. A existência de cada uma das instâncias decisórias atende a uma opção política de finalização do processo, e não a uma opção de aprimoramento da tão almejada imparcialidade judicial. Todas as instâncias são consideradas imparciais, mas por questões culturais foram construídas possibilidades para que o inconformismo com uma decisão pudesse ser manifestado juridicamente e a respectiva revisão, tantas vezes quanto se entenda necessário para fins de pacificação social, sem prejudicar a velocidade com que se deve encerrar os processos. Ademais, o tema das instâncias decisórias múltiplas como opção tanto se abre, no processo penal, para a defesa, quanto para a acusação. Ainda que mantenhamos, no Brasil, muitos casos materiais que poderão seguir em mais de duas instâncias, a recusa em implantar o juiz das garantias não pode ser substituída, conceitualmente falando, por um elevado número de instâncias recursais, já que cada um desses modelos atende a finalidades distintas. Embora possa haver algum prolongamento temporal em virtude do desmembramento entre juiz das garantias e juiz da causa, essa situação exige apenas que se realize o que já vem sendo realizado amplamente, que é o debate sobre o tempo médio no Brasil para se obter uma decisão de mérito definitiva. É só nesse debate, sobre celeridade e efetividade da Justiça, que cabe a discussão sobre a dupla instância, eliminando-se as demais. O debate sobre o juiz das garantias, ao contrário, é um debate sobre aprimoramento máximo do pressuposto de funcionamento do Judiciário, que é a imparcialidade. Qualquer movimento, por menor que seja, em direção à maior imparcialidade, deve ser recebido entusiasticamente, porque revela o grau civilizatório que vamos galgando na história das instituições e das ideias. Considerar que a Lei, aprovada pelo Congresso, é apenas resultado de uma manobra tosca para cercear a celeridade do Poder Judiciário, ou que seria apenas uma resposta desproporcional a algum evento nacional anterior indevido, por parte de magistrados ou da Magistratura, só pode ocorrer se aceitarmos descontextualizar totalmente a Lei de sua real e mais profunda significação para o estágio civilizatório, para o aumento da credibilidade no Direito.

É certo que a imparcialidade "[...] já é garantida pela existência de um modelo que prevê longa marcha processual", como observa atentamente Fernando Mendes (Mendes, 2020, p. A3). O que está em discussão, no ponto do juiz das garantias, em meu entendimento, é o aprimoramento, o refinamento desse nível de imparcialidade, não a substituição de um modelo (recursal) por outro. Até porque o sistema constitucional jamais impôs a longa marcha processual como obrigatória, podendo as leis processuais reduzirem, como por vezes têm reduzido, o sistema das quatro instâncias. Sobre esse assunto tenho me manifestado, de há muito, firmemente, contra os entendimentos que querem atribuir à Constituição as mazelas pelas diversas instâncias judicias decisórias recursais no Brasil. Como assinalei: "[...] desde que haja ao menos uma possibilidade de recurso, cumprido estará o comando constitucional que prevê a competência recursal do Tribunal Regional Federal, [...]. Quanto às demais Justiças, admissível será que se destinem aos tribunais determinadas causas, diretamente (originariamente), suprimindo qualquer forma de apreciação por via recursal". "O que resta impedida é a supressão, pura e simples, de todo e qualquer recurso para os Tribunais Regionais Federais" (Tavares, 2020: 636-7).

Mas ainda que se queira posicionar a Constituição como obstáculo à supressão de instâncias recursais, ainda assim a discussão atual situa-se no aprimoramento da imparcialidade em cada uma das instâncias, e não no uso das instâncias como forma de superar eventuais problemas de parcialidade.

2.4.5. *As normas de organização judiciária*

A fim de implantar adequadamente o juiz das garantias, será necessário que os tribunais estabeleçam regras de organização judiciária capazes de assegurar o juiz natural de maneira objetiva.

Nesse sentido, o Dipo, um departamento judicial que cuida exclusivamente dos inquéritos, em funcionamento para a Capital do Estado de São Paulo, é exemplo que não deve ser seguido, já que, por mais que alguns possam considerar um modelo próximo do juiz das garantias, os juízes que compõem esse departamento são nomeados *ad hoc*, não oferecendo, nesse quesito, as garantias de um juiz natural.

No âmbito dos tribunais é possível utilizar certas câmaras ou turmas existentes para apreciar recursos advindos de decisões adotadas pelos juízes das garantias.

Mas tudo isso deverá ser encaminhado pelos tribunais, dentro de suas autonomias. Como observa o Min. Fux, na Medida Cautelar na ADI 6298, "cada Tribunal tem a prerrogativa de decidir como essa reorganização de funções será feita, se for o caso (especialização de varas, criação de núcleos de inquéritos etc.), o que, contudo, não torna o instituto do juiz das garantias uma norma de organização, mas apenas exige, legitimamente, dos tribunais, a cooperação para se estabelecer essa nova modelagem. O figurino do juiz das garantias não é mera norma de organização, mas depende de normas de organização adequadas para efetivar-se, em virtude da partilha de competências constitucionais no tema.

2.4.6. *Significado da duplicação e seu ônus (jurídicos e orçamentários)*

Um aspecto que me parece problemático na implantação da novel Lei nos remete ao pressuposto constitucional da inamovibilidade. Desde que passa a haver binariedade judicial, é preciso que juízes não sejam simplesmente redesignados para acompanhar processos de outras varas, funcionando como juiz das garantias e ora como juiz da instrução e julgamento. Como adverte Renata Gil, a Constituição desautoriza que se "retire um juiz que estaria em uma comarca para cobrir esse outro juiz das garantias pela ausência de número suficiente de magistrados no país" (Gil, 2020: A8). Mais ainda, como adverte o Min. Fux na Medida Cautelar na ADI 6298, uma "ausência de elementos claros e objetivos na seleção do juiz sentenciante permite eventual manipulação da escolha do órgão julgador".

Cabe realmente a dúvida sobre se a Lei, ao criar dois juízes distintos, admite que um mesmo juiz exerça, em casos distintos, os dois papéis, deslocando juízes para comarcas ou varas distintas de suas comarcas como juízes naturais. E cabe, ainda, reforçar a vedação constitucional quanto a termos juízes indicados ou alocados com manipulação nessas escolhas ou designações. Essa interpretação da Lei é, portanto, absolutamente inconstitucional. Cabe, contudo, uma interpretação conforme à Constituição, praticando, aqui, o STF, uma autocontenção de maneira a evitar colidir com a decisão política do Congresso. Basta estabelecer o recorte constitucional dentro do qual a Lei terá seus comandos como constitucionalmente conformes.

Aspecto operacional que deve ser sempre considerado diz respeito, ainda, à sobrecarga de trabalho dos juízes em geral, advinda da duplicidade que o juiz das garantias cria, quando se trabalha com a ideia de aplicar a Lei sem a abertura de novos concursos para a Magistratura, aumentando o déficit de juízes em relação ao tamanho da população.

A alternativa, de se duplicarem os juízes no âmbito penal, de maneira a contemplar juízes das garantias e juízes da instrução e julgamento, representa uma elevação nos custos da Justiça e, nesse sentido, teria de aguardar a regularização orçamentária dessa opção. Como observou o Min. Fux, em análise perfunctória, esse encaminhamento "prejudica a autonomia financeira do Poder Judiciário". Isso, porém, não torna a norma inconstitucional, mas apenas serve para bloquear certas opções a partir da existência exclusiva da norma federal recém-promulgada.

2.4.7. *A audiência de custódia*

O CNJ estabeleceu, em 2015, a Resolução CNJ n. 213, que introduziu a obrigatoriedade das audiências de custódia no Direito brasileiro. O instituto, projetado e implementado pelo Min. Ricardo Lewandowski, pela sua magnitude para a defesa da pessoa, rendeu-lhe o Prêmio Direitos Humanos 2015, concedido pelo Governo brasileiro.

O STF considerou impositiva a audiência de custódia no julgamento da Medida Cautelar na ADPF 347 (j. 9-9-2015), fazendo-o com base nos arts. 9.3 do Pacto dos Direitos Civis e Políticos e no art. 7.5 da Convenção Interamericana de Direitos Humanos, com o que reforçou a imperatividade em âmbito nacional, desses instrumentos normativos internacionais e a legitimidade da Resolução do CNJ.

Com a alteração do Código de Processo Penal pela Lei n. 13.964/2019, a audiência de custódia passou a ser contemplada legalmente nos seguintes termos:

Art. 310. Após receber o auto de prisão em flagrante, no prazo máximo de até 24 (vinte e quatro) horas após a realização da prisão, o juiz deverá promover audiência de custódia com a presença do acusado, seu advogado constituído ou membro da Defensoria Pública e o membro do Ministério Público, e, nessa audiência, o juiz deverá, fundamentadamente [...].

A não realização da audiência de custódia, nos termos legais, configurará hipótese de abuso de autoridade (Lei n. 13.689/2019) e o não recebimento, pelo magistrado, dos autos de prisão em flagrante, nas 24h que se seguem à prisão, deve conduzir ao relaxamento desta. Sendo esse o caso, nada impede, porém, que posteriormente haja determinação de prisão preventiva, presentes os requisitos que a autorizam (art. 312 do CPP).

Com a audiência o magistrado estará apto, desde logo, a relaxar a prisão, caso a considere ilegal, o que constitui um dos grandes avanços civilizatórios carreados por essa importante e inovadora medida, bem como poderá, na mesma linha, conceder liberdade provisória, com ou sem a fiança, conforme o caso. Mas o juiz também poderá, ao contrário, converter a mera prisão em flagrante em caso de prisão preventiva, evidentemente apenas se estiverem já presentes os requisitos para tanto e caso entenda necessária.

Todas essas situações caberão ao novo juiz das garantias, dentro da esfera própria de atuação bipartida que lhe foi atribuída pela nova Lei. Os institutos, como se vê, são diversos, e se complementam. A figura do juiz das garantias, por si só, não supre a implantação específica de uma audiência de custódia, visto que esta só se torna obrigatória pela sua imposição como tal, e não pela adoção da figura do juiz das garantias.

2.5. Poder Judiciário controlado

Com rigor observa Anderson (*Judicial Accountability*: *Scandinavia, California & the USA*, p. 393, apud Cappelletti, 1989: 24) que "existe uma tendência evolutiva mundial no sentido de sujeitar os juízes a um controle com a finalidade de lhes melhorar a conduta e a eficácia (...) e de assegurar a sua responsabilidade".

Nada obstante a atualidade desta ânsia por um controle do Poder Judiciário, não há de se olvidar que este movimento de controle não nasceu na "pós-modernidade". Esteve presente na Revolução Francesa e, ainda, atrelado ao movimento de codificação (*Codex*), no qual se pretendia um Direito reduzido à lei escrita (*jus* e *lex* passariam a ser sinonímias). Esse modelo de controle e contenção do juiz assolou o *mundo jurídico civilizado*. Mas dele o melhor resultado foi o pífio e incapacitante positivismo formalista extremado. Ainda assim, vimos sociedades inteiras reduzidas a esse modelo, perdurando até o pós-II Guerra.

A diferença, contudo, entre ambos os movimentos de controle – o instaurado pela Revolução Francesa e o contemporâneo – reside na preocupação que este último possui acerca da relevância do Poder Judiciário para a manutenção da ordem e da paz social. Enquanto o primeiro movimento pretendeu promover um controle-contenção do Poder Judiciário, sob a bandeira da falsa (porque inviável) neutralidade judicial, o movimento contemporâneo considera que, por meio da fiscalização do Poder Judiciário, é possível torná-lo mais eficiente e transparente, pretendendo, pois, um controle-transparência, um tipo de controle que beneficia o controlado e reforça sua presença e sua atividade.

Não há que se olvidar, porém, que ambos os movimentos apresentam um ponto comum: a desconfiança na figura do magistrado, já analisada anteriormente.

Nessa linha e como forma de remediar a "crise" de legitimidade, eficiência, popularidade e transparência, criou-se, no Brasil, o *Conselho Nacional de Justiça*, espécie de sentinela cuja precípua função seria a de *vigiar* o Poder Judiciário.

A criação de alguma espécie de órgão responsável direta e exclusivamente pela fiscalização do Poder Judiciário costuma ser considerada necessária, na medida em que permite à sociedade nele encontrar respaldo para eventuais incorreções e desvios.

Desmandos e abusos podem ocorrer em qualquer dos principais organismos da República. O Poder Judiciário, sendo árbitro das ações dos demais poderes, necessita de mecanismos internos extremamente fortes e arrojados para evitar o colapso do Estado de Direito. O combate à corrupção, por exemplo, é medida imprescindível em todas dimensões, mas deixa toda a sociedade desamparada se ocorre e se perpetua no seio do Poder Judiciário. Daí a imprescindibilidade do órgão fiscalizador do Poder Judiciário.

O axioma que embasa essa tese é bastante conhecido: a eficiência de determinado poder, bem como a sua lisura, são mais facilmente obtidas por meio da existência de um órgão fiscalizador. Afinal, o sentimento de impunidade, inexoravelmente, gera a acomodação, e, pior, o sentimento de total liberdade, ou melhor, de arbitrariedade.

Mas, quem garante que o órgão de controle não sucumbirá aos mesmos males e desvios que visa a combater? Não será ele suscetível a sucumbir ao atraente canto da sereia que ecoa, perigosamente, nas gargantas do poder, canto este maximizado pela ausência de novos laços fiscalizadores?

Qualquer afirmativa que traga em seu conteúdo uma resposta negativa à possibilidade de corrupção do próprio controlador, independentemente de como se componha este órgão, certamente será a mais infantil das colocações e trará, em si, a mais pueril das inocências, sendo capaz de gerar o colapso do sistema jurídico-judicial.

Contra a natureza humana, em sua grande maioria corruptível, só se pode contar com a fiscalização. É nesse sentido que se deve contar com um sistema revisional, de caráter excepcional, das decisões do próprio órgão de controle do Poder Judiciário. Mas não apenas isso. É interessante, como ocorre com o órgão de fiscalização brasileiro (CNJ), a renovação sucessiva dos seus integrantes (que contam com mandato de dois anos). Ademais, e ainda quanto ao modelo brasileiro, percebe-se que a possibilidade de se iniciar o processo de ofício e, mais ainda, mediante provocação, pode torná-lo mais sério e eficiente, porquanto todo e qualquer interessado (e aqui se abre um leque inimaginável de "fiscalizadores" informais) pode provocar o órgão de controle para que proceda a uma revisão de decisões do Judiciário.

Este saudável processo de autofiscalização é reforçado, ainda mais, pela previsão da possibilidade de o Senado Federal julgar os membros do órgão controlador pelos *crimes de responsabilidade* que por eles eventualmente vierem a ser cometidos (art. 52, inc. II, da CB).

3. A QUALIFICAÇÃO DA MAGISTRATURA E O DESENVOLVIMENTO NACIONAL

3.1. A imposição constitucional de qualificação educacional da Magistratura como elementares ao desenvolvimento

Gostaria de ressaltar um tema inerente às discussões mais profundas sobre Poder Judiciário brasileiro, mas que não tem sido devidamente reconhecido. Trata-se, aqui, da proposta de uma leitura não ortodoxa quanto a uma questão que sempre considerei central, que é a *qualificação da*

Magistratura, um tema que não pode e não deve ser tipificado como secundário ou marginal às discussões correntes, seja a discusssão sobre o nível de legitimidade do Poder Judiciário, seja sobre o ativismo, ou sobre o alcance e eficácia das decisões judiciais, sobre formas inovadoras de acelerar a realização qualitativa da jurisdição ou, ainda, a discussão sobre o perigo da ideologização nas atuações, atos e decisões judiciais e recentes polêmicas.

Ademais, em diversos dos desafios postos ao Poder Judiciário é imprescindível evitar uma discussão típica do bacharelismo inútil, apegado às formas e que, por vezes, beira o fanatismo formalista, a atuação fantasiosa, distante da realidade, de seus problemas e objetivos legítimos (constitucionais).

Como é de conhecimento geral, no Brasil do século XXI, lamentavelmente, herdamos e ainda carregamos uma pendência histórica e social com a *educação*, em todas dimensões e em todas as áreas imagináveis.

Não é o caso de retomarmos os indicativos de que a situação nacional, nesse particular, ainda integra o rol de preocupações mais sensíveis com o futuro do país.

A Constituição de 1988, atenta aos elementos que compõem um verdadeiro e pleno processo de desenvolvimento nacional, almejado como objetivo fundamental (art. 3º, inc. II, dessa Constituição), não poderia ter descurado – como efetivamente não descurou - da questão educacional. Além de explicitar o direito de todos à educação, como dever do Estado, situa-o expressamente em sua teleologia, fazendo constar que a educação será promovida:"Art. 205. (...) visando ao pleno desenvolvimento da pessoa, seu preparo para o exercício da cidadania e sua *qualificação para o trabalho*".

Desenvolvimento: não estamos aqui no campo das elucubrações ou das metas programaticamente simbólicas – e, porque não dizê-lo, de baixa estatura normativa – de outrora, das matrizes teóricas próprias dos Governos e teorias constitucionais não democráticas do autoritarismo sombrio, que não conhecia condições de atuação legítima e, nesses termos, desconhecia limites. Não se pode descurar de um passado descomprometido com a força normativa da Constituição e que, bem por isso, chegava a ignorar determinados comandos nela cuidadosamente alocados no processo constituinte e/ou no texto Constitucional em vigor à época. E também não se pode livre e impunemente retornar a esse passado, como meio alternativo para fazer prevalecer vontades e opções constitucionalmente espúrias e normativamente arbitrárias.

Mas qual desenvolvimento? A invocação do inc. II do art. 3º é insuficiente para conhecer o inteiro teor da preocupação constitucional. O desenvolvimento nacional há de ser equilibrado (art. 174, §1º) e multidimensional, abarcando o desenvolvimento humano, e jamais um desenvolvimento simplório e asséptico, o desenvovimento econométrico, de índices puramente matemáticos, desenvolvimento numérico de rebaixamento da condição digna do ser humano. Isto se impõe por força do art. 205 acima transcrito e do *caput* do art. 170 (cf. TAVARES, 2006: 133-5).

GILBERTO BERCOVICI ressalta a importância de parâmetros não econômicos para a compreensão do problema do desenvolvimento em países periféricos (BERCOVICI, 2006: 23). O autor verbaliza uma advertência que merece ser repetida, no sentido de que "é necessária uma política deliberada de desenvolvimento em que se garanta tanto o desenvolvimento econômico como o social, dada sua interdependência" (BERCOVICI, 2006: 28).

Mesmo a teoria mais liberal do Direito tem reconhecido a insuficiência da tutela unilateral de liberdades públicas em detrimento de direitos sociais ou da coletividade, considerando, pois, a interdependência como um aspecto insuperável que conduz à necessidade de promoção social para alcançar plenamente as chamadas liberdades clássicas.

É preciso assegurar, nesse contexto, naquilo que interesse mais de perto ao tema deste item, (i) o pleno desenvolvimento da pessoa, (ii) o preparo para o exercício da cidadania e (iii) a *qualificação* para o trabalho, pautas que seguem no Código de Ética da Magistratura nacional.

Esta é a qualificação *no* e *do* trabalho, de maneira a evitar a redução do ser humano a um instrumento à disposição do capital, como outrora a Constituição de 1937 determinava e, igualmente, impedir a redução do ser humano à mera condição de força de trabalho à disposição do *crescimento* do PIB nacional. Um ambiente socioeconômico em termos neoliberais extremados poderia ser capaz de promover crescimento (aspecto quantitativo) mas jamais estaria assegurando desenvolvimento (que seria meramente acidental).

É preciso, contudo, projetar a norma impositiva do dever na educação para além de uma generalização estagnante. Para tanto, precisamos analisar a dimensão da titularidade. Nesse sentido, a norma constitucional é dirigida a todos. Alcança, portanto, como ocorre com frequência, situações substancialmente diversas. Mas a teleologia normativa – o objetivo do comando – mantém-se único e consistente: contribuir para alcançar o desenvolvimento nacional pleno já mencionado anteriormente.

Ao se descrever a educação como *dever* do Estado, inclui-se, evidentemente, nesse âmbito subjetivo obrigacional, o Estado-juiz, que há de se comportar sem descurar ou esgarçar a normatividade constitucional, inclusive em sua teleologia, acima transcrita. Em termos mais técnicos e diretos, o Poder Judiciário encontra-se vinculado ao teor e à teleologia normativas, deles não devendo (nem podendo legitimamente) afastar-se, seja em subverter-lhes a força, seja em ignorá-los. Assim, o Poder Judiciário – incluindo, evidentemente, o Conselho Nacional de Justiça – jungido está ao conjunto normativo mencionado.

Esse conjunto normativo, vale reforçar, ao estabelecer a trama do desenvolvimento nacional, explicita e enfatiza a educação. Nela reporta-se – para abrigar no espaço da certeza normativa – a"qualificação para o trabalho". Incluem-se, aqui, certamente, todas as formas de trabalho, profissão e"carreiras públicas", não havendo qualquer justificativa para daqui excluir-se o exercício da Magistratura. Não se trata, pois, de conjectura interpretativa livre ou de proposta de *lege ferenda*. *Desenvolvimento por qualificação é determinante* em todas áreas.

Retome-se a parte inicial desta análise para trazer à luz apenas um dos componentes que formalizam na prática nossa pendência histórica com a educação: a defasagem estrutural e humana. Há um déficit excessivamente prejudicial em estrutura, da mais básica (como creches, creches próximas aos locais de moradia dos trabalhadores) à mais elevada (como o amplo acesso universitário de qualidade); faltam, ainda, recursos humanos capacitados em todos os níveis, bem como remuneração capaz de atrair e fixar profissionais nas diversas instâncias envolvidas na realização de um projeto nacional de desenvolvimento. Isso para não retomar os desequilíbrios e assimetrias estaduais e regionais.

Nesse sentido, e fazendo um recorte de grandes proporções considerando a vastidão do tema, importa, neste ponto, registrar que a Constituição brasileira, pioneiramente, preocupou-se diretamente com o especificar algumas estruturas e aspectos dessa"qualificação para o trabalho"no âmbito específico do exercício judicial.

Faço aqui, porém, uma advertência. É que o Poder Judiciário aparece como *beneficiário da preocupação constitucional* e, concomitantemente, *destinatário do dever*. Tendo já anotado, acima, o sentido desse dever e da vinculação não opcional que rende às autoridades, passarei a tratar do aspecto protetivo da norma, sendo a Magistratura (e a própria educação da Ciência Jurídica) objeto de preocupação e atenção quanto à sua qualificação (e independência).

Adoto, aqui, a concepção de Magali Larson, que retomarei adiante, sobre a essência da moderna ideia de profissão, enfatizando em uma das três dimensões apresentadas pela estudiosa, a dimensão cognitiva. É nesta que se encontra alocada a educação necessária para obter as *técnicas e habilidades utilizadas na área jurídica*, considerada uma dimensão essencial. *Conhecimento* e *capacitação* são exigências expressas do Código de Ética da Magistratura Nacional (Capítulo X).

Essa *qualificação* na atividade laborativa, meta constitucional, em um Estado que prima pela dignidade, cidadania e desenvolvimento humano, atinge de maneira impactante a Magistratura, esteio desse mesmo Estado. Essa preocupação tornou-se norma constitucional expressa, no âmbito próprio da Magistratura, no art. 93, que considera como princípio (na dicção constitucional), a: "IV – previsão de cursos oficiais de preparação, aperfeiçoamento e promoção de magistrados, constituindo etapa obrigatória do processo de vitaliciamento a participação em curso oficial ou reconhecido por escola nacional de formação e aperfeiçoamento de magistrados" (redação dada pela EC 45/2004).

Posteriormente ao vitaliciamento, porém, como a parte final do dispositivo reporta, há momentos próprios para aperfeiçoamento e promoção. Em ambos momentos, escolas oficiais e cursos reconhecidos pelo Poder Judiciário unem-se legitimamente na consecução dessa nobre finalidade: "aferição do merecimento conforme o desempenho e pelos critérios objetivos de produtividade e presteza no exercício da jurisdição e pela *frequência e aproveitamento em cursos oficiais ou reconhecidos de aperfeiçoamento*" (art. 93, inc. II, *c*, original não grifado – redação dada pela EC 45/2004).

A essência contida nas duas previsões acima transcritas gera também duas consequências relevantes para a análise que aqui se desenvolve. (i) Em primeiro, e na linha do que vinha sendo apresentado, a diretiva constitucional em termos de qualificação perdura em todos os âmbitos e dimensões laborais, inclusive na Magistratura. (ii) Em segundo lugar, a presença de cursos oficiais não impede nem exclui – nem poderia – entidades colaborativas, não estatais, com seriedade na contribuição para as finalidades constitucionais (aperfeiçoamento que conduza ao vitaliciamento e à promoção). Estas entidades não atuam à margem do Poder Judiciário, mas têm atestada sua qualificação por Escola nacional de formação de magistrados, nos termos da mesma norma anteriormente transcrita. Não é só.

Duas Escolas nacionais da Magistratura contam com *status* constitucional. Nos termos do art. 105, parágrafo único, I, junto ao Superior Tribunal de Justiça funciona a Escola Nacional de Formação e Aperfeiçoamento de Magistrados – Enfam. E nos termos do art. 111-A, § 2º, I, junto ao Tribunal Superior do Trabalho funciona a Escola Nacional de Formação e Aperfeiçoamento de Magistrados do Trabalho – Enamat.

A ausência de menção expressa ao nome de escolas de outros tribunais no texto constitucional, inclusive algumas que contam efetivamente com abrangência nacional, não deve surpreender, já que é a presença destas duas que constitui a linha inovadora da Constituição de 1988. Ambas têm áreas restritas e não se deve compreender a norma como *numerus clausus*, apenas como indicativa dessa novidade em termos de atenção com a qualificação para o ofício próprio da jurisdição brasileira. Trato deste assunto, antecipando-o aqui, apenas para reforçar este aspecto de que a Constituição sinaliza definitivamente para a preocupação com o profissionalismo no Poder Judiciário, por meio de Escolas de formação (algumas, portanto, nominadas expressamente) e outras entidades. Assim, para as demais Escolas, apesar de sua ausência expressa na Constituição, pode-se assentar de maneira inequívoca que possuem forte supedâneo constitucional. Aqui se incluem, portanto, tanto as Escolas estatais como a Escola Eleitoral do TSE, como as Escolas (não estatais) vocacionadas a essa mesma finalidade, como diversas Escolas vinculadas às Associações de Magistrados, ao que serve de exemplo emblemático a Escola Nacional da Magistratura, que funciona junto à Associação dos Magistrados Brasileiros – AMB.

Assim, diversos artigos constitucionais reforçam e recepcionam o papel central dessas entidades, seja trazendo-as diretamente para a linha de frente (como ocorre com as duas mencionadas Escolas), seja considerando-as como estruturas imprescindíveis, pressupondo-as para a realização do modelo judicial almejado para este país, um Judiciário independente e qualificado, que seja capaz de compreender como contribuir para o futuro deste país.

Assim ocorre que as associações de magistrados, associações sem fins lucrativos e em cujas finalidades encontram-se, invariavelmente, a promoção e o desenvolvimento do Direito, efetivamente implementem esses ojetivos constitucionais seja por meio de Cursos de Pós-Graduação, Congressos, Seminários ou Encontros, seja por meio do incentivo à pesquisa (com bolsas ou prêmios[18] por monografias, *v.g.*), em um contexto de retumbante carência

---

[18] Cito apenas a título exemplificativo, dentre tantas iniciativas existentes, concurso de monografias realizado por anos sucessivos pela APAMAGIS, em São Paulo, dos quais participei como examinador em diversas ocasiões.

nacional no âmbito da educação (em todos os níveis). São entidades que historicamente combatem o atraso e a deficiência educacionais, todas nefastas consequências que essas ocorrências carreiam à sociedade.

O despreparo do magistrado, além de comprometer o respeito aos direitos, aumenta o desprestígio do Poder Judiciário (Tavares, 2005: 71).

3.2. O modelo primitivo de Poder Judiciário

Zaffaroni (1995: 101), ao analisar os modelos de magistratura observa que a "satisfação da necessidade de qualificação técnica dos juízes deu lugar a uma superação do modelo primitivo que foi substituído, em muitos países, por um modelo tecno-burocrático".

Esse perfil judiciário comprometido com privilégios e decisões guiadas por posicionamentos pessoais, por vezes por uma moral subjetiva do magistrado, o chamado "modelo empírico-primitivo" (Zaffaroni, 1995: 102) ocorre em "países não democráticos ou com democracias pouco estáveis ou escassamente desenvolvidas" (Zaffaroni, 1995: 103). O modelo empírico-primitivo se caracteriza pela ausência de seleção técnica dos magistrados, o que compromete a independência funcional, a imparcialidade, a capacidade de decidir dentro do marco de um Estado de Direito e a segurança jurídica (Zaffaroni, 1995: 102-3).

A ausência da tecnicidade dos magistrados na atuação jurisdicional, para Zaffaroni, coloca em cheque o próprio Estado de Direito, na medida em que a "cultura jurídica não pode ser rica por falta de estímulo e, definitivamente, o próprio Estado de Direito se apresentará como duvidoso" (Zaffaroni, 1995: 103).

Como as decisões do Poder Judiciário têm o potencial cada vez maior de produzir impactos profundos na sociedade, é natural a intensificação da fiscalização sobre este "gigante" (Cappelletti) recém-desperto, suscetível de cometer certos excessos. É preciso tecer uma malha de contenção de maneira a evitar que determinados magistrados regridam, no exercício de suas funções, ao modelo primitivo.

Como adverte E. W. Thomas (2005: 241), a democracia implica na limitação dos três poderes, sendo os controles ou limitações (*constraints*) a verdadeira essência constitucional da democracia e do Estado de Direito no que respeita aos "Poderes". Certamente, acrescento, a essência da Democracia é realização plena do indivídulo. E. W. Thomas aponta como uma das restrições ou limitações ao exercício do Poder Judiciário, da qual os juízes não podem se esquivar, a "educação legal e treinamento" (THOMAS, 2005: 245 – tradução livre). O aprendizado faz com que o juiz saiba evitar ultrapassar as barreiras de uma atuação judicial legítima (THOMAS, 2005: 245).

A educação profissional no Poder Judiciário é particularmente preocupante, dada a dependência entre qualidade profissional da magistratura e efetivo respeito aos direitos e ao próprio Estado Constitucional de Direito. Sendo este Poder uma peça essencial no chamado "Estado de direitos", como já fiz anotar anteriormente, torna-se salutar – e inadiável – a conscientização acerca do papel da educação na formatação de um Poder Judiciário constitucionalmente adequado, que consiga enxergar o seu papel no desenvolvimento nacional sem desviar-se para subjetivismos e decisionismos ocultos em verniz de suposta tecnicalidade ou de realização de imperativos morais supostamente inadiáveis e superiores.

3.3. Necessidade de formação abrangente e interdisciplinar dos magistrados para enfrentar os desafios contemporâneos

A formação técnica dos magistrados, porém, não é suficiente para que exerçam uma prestação jurisdicional adequada aos desafios humanos, sociais, éticos e de desenvolvimento.

É impositiva, no mundo atual, a preparação do magistrado para além dos muros formalistas e socialmente desagregadores da cultura jurídica tradicional-liberal, de maneira a incluir as noções basilares de economia, sociologia, antropologia, História, que cito, aqui, dentre outras, apenas a título ilustrativo.

Uma preparação abrangente é pressuposto para a correta compreensão de nossa situação econômica (periférica), de nossas gigantescas dificuldades sociais e humanas, que o atraso impõe como sacrifício permanente de vida a parcelas significativas da sociedade.

Saliento, aqui, ademais, as noções basilares de tecnologia, informática e segurança pública, sem as quais pode-se assistir a uma perda imediata da efetividade das decisões judiciais no mundo atual, ou uma incapacitação judicial que leva à perda de legitimidade do único ator capaz de enfrentar de maneira estruturada as enormes dificuldades e desafios crescentes que setores e empresas tecnológicas apresentam diariamente.

BOAVENTURA SOUSA SANTOS (2006) avalia a formação de magistrados em Portugal a cargo do CEJ – Centro de Estudos Judiciários. A formação naquele país se divide em: a) inicial, que é condição de ingresso na carreira; b) formação complementar, que ocorre nos dois anos seguintes à nomeação dos magistrados; e c) formação permanente, com atividades facultativas ao longo da carreira.

O autor português identifica alguns problemas na formação dos magistrados. Sustenta ele que é necessário criar um modelo de formação que possa "substituir a cultura corporativa, normativista e técnico-burocrática – que habita as nossas magistraturas e, em geral, o sistema judicial" (SANTOS, 2006). Por isso propõe que a formação busque uma nova cultura judiciária, que busque a coesão e o aprofundamento democrático. O autor entende necessário aprimorar uma "orientação prática", a exigir a análise de casos concretos e a rotina nos tribunais, visando a sensibilizar os novos magistrados também para formas alternativas de solução de conflitos.

Outra proposta do autor que merece ser reforçada é a de que a formação se preocupe em levar o magistrado a conhecer a sociedade em que vive. O Direito é uma manifestação cultural, não pode ser abstraído da realidade social, política e econômica na qual está inserido e da qual recebe seus elementos estabilizadores e conteudísticos. Em sua sugestão BOAVENTURA SANTOS arrola como positivos estágios em escritórios de advocacia, prisões, polícia, empresas, sindicatos e "organizações não governamentais".

Outra carência identificada por BOAVENTURA SANTOS (2006) é exatamente a insuficiência do ensino de outras ciências. Para o sociólogo português não basta a frequência em cursos como os de economia, sociologia ou contabilidade, mas deveriam ser incorporados ao CEJ mais profissionais de áreas não jurídicas[19].

O problema da reformulação das escolas da magistratura tratado por BOAVENTURA SANTOS (2006) remete, no caso brasileiro, ao problema da reformulação do ensino jurídico.

Em uma conjuntura de ensino utilitarista e pragmática, muito a gosto de determinadas correntes de pensamento ultraliberal, "o que importa é o resultado, não se pode perder tempo com outras questões tais como as sociológicas, antropológicas históricas ou filosóficas" (TAVARES, 2006: 30). A penetração cada vez mais intensa da ideologia liberal-formalista e do

---

[19] Para isso sustenta que o corpo docente do CEJ deveria ser composto de mais de metade de profissionais não juristas.

pensamento tradicionalista que privilegia a manutenção do *status quo*, em sociedades fortemente desiguais, desequilibradas e injustas, como a brasileira – em nítido movimento regressivo – está a exigir uma verdadeira revolução, como única forma capaz de superar a subalternização da capacidade e pretensão transformadora do Direito e da Constituição vigentes.

Essa revolução implica, necessariamente, a mudança na postura e no olhar do juiz, *sobre* e *no* processo, mas também fora dele, sobre a sociedade. Exige, ainda, a formação superior, diferenciada e atenta dos quadros que comporão a Magistratura.

Trata-se de revolução que já reverbera nas teorias do direito e nos instrumentais hermenêuticos desenhados para servirem a um objetivo maior, para além do formalismo ou do individualismo[20].

A superação do positivismo formalista implica, entre outras mudanças, em: a) uma leitura interdisciplinar do direito; b) um maior foco na realidade, no concreto, sendo que os fatos são inseparáveis do processo de compreensão da norma, ou seja, já não se pode mais tratar o processo interpretativo como *mera* subsunção dos fatos a uma norma preconcebida.

No que diz respeito à interdisciplinaridade, com o constitucionalismo, procura-se superar o "positivismo legalista, centrado única e exclusivamente, na letra da lei, fechado ao exterior" que via o direito como "uma ciência unidisciplinar" (Tavares, 2006: 40). A era do constitucionalismo "demanda um maior conhecimento de outros saberes, além da simples letra do texto escrito (...)" (Tavares, 2006: 41).

Já no que se refere à questão da análise concreta e métodos de interpretação, a "partir da concretização (conceito moderno de interpretação), incluem-se, no processo de compreensão da norma, os fatos" que passam a ser "elementos inseparáveis desse mesmo processo (e da norma), e não apenas como objeto sobre o qual se debruça ou em relação ao qual se reporta a relação normativa (...)" (Tavares, 2006: 61). Assim não se pode mais ver a interpretação como mera *descoberta* do texto normativo, recusando-se a ideia de que a compreensão do direito seja "um conjunto de soluções cabalmente preconcebidas (...) e preexistentes" da qual derivará (por subsunção) a aplicação legal. Isso porque são "inseparáveis no processo de

[20] Os riscos, contudo, são evidentes, mas não podem servir como justificativa para uma paralisia insuportável das autoridades responsáveis por efetuar as mudanças determinadas juridicamente.

compreensão (interpretação, agora compreendida como concretização) do direito" o fato e a norma (TAVARES, 2006: 61, 63).

As necessidades de diversificação dos conteúdos, principalmente tendo em vista disciplinas não jurídicas, para a formação dos magistrados, foi sentida pelas Escolas da Magistratura do Brasil.

Nos termos, por exemplo, da revogada Resolução n. 3/2013, da Escola Nacional de Formação e Aperfeiçoamento de Magistrados – Enfam, o conteúdo programático mínimo dos cursos oficiais para ingresso na magistratura deveria compreender o ensino, das seguintes disciplinas: a) deontologia da magistratura; b) ética; c) relações interpessoais e interinstitucionais; d) administração judiciária, incluindo gestão processual, de pessoas e administrativa; e) capacitação em recursos da informação; f) difusão da cultura de conciliação como busca da paz social; g) técnicas de conciliação e psicologia judiciárias; j) impacto econômico e social das decisões judiciais.

Atualmente, o assunto acerca do conteúdo programático mínimo do Curso Oficial de Formação Inicial está contemplado pelo art. 4º da Resolução Enfam n. 2 de 2017, e compreende:"I. Administração da atividade judiciária (gestão processual, gestão de pessoas, de materiais e de resultados); II. Tecnologia da informação e das comunicações; III. Técnica dos atos judiciais. Elaboração de decisões e sentenças e realização de audiências; IV. Ética e deontologia da magistratura; V. Filosofia do direito e sociologia jurídica; VI. Hermenêutica e argumentação jurídica; VII. Liderança, relações interpessoais e interinstitucionais e gerenciamento de riscos e crises; VIII. Relacionamento com os meios de comunicação de massa e uso de redes sociais; IX. Métodos consensuais de resolução de conflitos, processos autocompositivos e psicologia judiciária; X. Impacto social, econômico e ambiental das decisões judiciais e a proteção do vulnerável; XI. Direitos humanos; XII. Demandas repetitivas e grandes litigantes; XIII. Direitos fundamentais e seguridade social; XIV. O juiz e os serviços extrajudiciais." Além disso, há previsão de um módulo eleitoral e o Anexo abrange, ainda, a seguinte tabela:

Tema I	Administração da atividade judiciária (Gestão processual, gestão de pessoas, de materiais e de resultados)
Diretrizes do conteúdo programático	Administração da atividade judiciária. Sociologia judiciária. Transparência institucional. Modernização da gestão. Gestão da informação e gestão documental. Gestão de serventias. Gestão de pessoas, de materiais e de resultados no trabalho. Reflexos das premissas fundamentais, valores e princípios do novo CPC na gestão cartorária e na elaboração das decisões judiciais das respectivas unidades judiciárias: o impacto na organização, no planejamento, na eleição de metas e prioridades. O calendário e o negócio processual na gestão dos trabalhos judiciais. A harmonização dos conceitos de simplicidade e motivação das decisões judiciais. Conceitos e modelos de provisão dos serviços públicos e análise crítica. Gestão de custos. Mecanismos orçamentários de custeio, investimentos e pessoal. Recursos públicos e direcionamento de gastos. Orçamento público como fenômeno multifacetado e como componente de uma política de gestão pública. Autonomia administrativa e financeira do Poder Judiciário.
Tema II	Tecnologia da Informação e das Comunicações
Diretrizes do conteúdo programático	Comunicação e interoperabilidade de sistemas. Processos de segurança e de riscos. Otimização de recursos humanos, orçamentários e tecnológicos. Autencidade, integridade, validade, confiabilidade e disponibilidade de documentos eletrônicos. Processo eletrônico. Provas e demais documentos no ambiente digital. Instrumentos de tecnologia da informação e de comunicação. Sistemas eletrônicos no novo CPC: das publicações e consultas na rede mundial de computadores; da prática eletrônica dos atos processuais; da ordem cronológica de julgamento; do incidente de resolução de demandas repetitivas (IRDR).
Tema III	Técnica dos atos judiciais. Elaboração de decisões e sentenças e realização de audiências
Diretrizes do conteúdo programático	Função jurisdicional do Estado e o papel do juiz na concretização dos direitos e na realização da justiça. Relação processual como espaço de pluralidade e de concretização de direitos num estado de direito democrático. A função do devido processo legal num estado democrático e republicano. A formação do convencimento do juiz e a construção do ato decisório, a partir do processo plural que resulta de múltiplas ações e interesses que estão presentes e podem interferir na demanda judicial (questões culturais, econômicas, ideológicas, de gênero e outras). A cognição do juiz e a formação de seu convencimento. Análise do litígio, identificação do caso e construção da decisão. Espaços de interlocução dentro do processo. Os contatos do juiz com os agentes do Ministério Público, os advogados, as partes e os outros participantes do processo. O juiz e a fase postulatória do processo. Identificação dos interesses e pretensões dos participantes do processo. O juiz e a fase probatória do processo. Produção e valoração das provas. O juiz e a prova. Técnica da audiência. Tribunal do Júri: peculiaridades. O juiz e a fase decisória do processo. Atos decisórios e técnica da decisão judicial. Estudo do caso, análise dos autos e ato decisório. Análise, síntese e relatório. Fundamentação, estrutura e redação da decisão judicial. Decisão, dispositivo e coisa julgada. Elaboração de ementa e formação do precedente. A linguagem, o texto e o juiz. O juiz como escritor e produtor de textos. A linguagem na perspectiva judiciária (destinatários dos textos do juiz; consequências dos textos do juiz; escolhas feitas pelo juiz nos textos). A linguagem na perspectiva técnica (leitura e interpretação; redação e revisão). Juiz e textos não judiciários (como a literatura pode contribuir para o juiz).

	Oficina sobre a produção textual dos juízes (análise e discussão de textos elaborados pelos juízes). A Decisão e sua escrita. A construção do texto pelo juiz. Delegação e gestão textuais (o juiz e seus auxiliares). A elaboração da sentença cível na prática. Generalidades e singularidades da sentença cível. Sentenças complexas e processos volumosos. Sentenças cumpridas pela força. Decisões elaboradas com urgência. Sentenças proferidas em audiência. Peculiaridades do julgamento colegiado. A elaboração da sentença criminal: peculiaridades, aplicação da pena, efeitos secundários da condenação. A sentença vista pelos advogados. Processo decisório e discricionariedade do juiz. Fundamentação da decisão (motivos e preocupações do juiz; desvios, preconceitos e crenças). Realização e condução de audiências. Elaboração de sentenças e julgamentos de processos.
Tema IV	**Ética e Deontologia da Magistratura**
Diretrizes do conteúdo programático	Humanismo como pressuposto da ética: o problema do homem e sua centralidade. Antropologia filosófica e seu método. Fenômenos da abertura, liberdade e linguagem. Intersubjetividade, reconhecimento recíproco, alteridade e dignidade humana. Ética, moral e deontologia: etimologia, definição, relação, diferenças e alcance. Fenomenologia do *ethos*. Universalidade e problema da relativização da ética. Paradigmas ocidentais da ética e principais formulações deles derivadas. O agir ético como construção da personalidade moral: exercício das virtudes. O juiz e seu agir ético na relação com o outro e no ato de julgar. Perspectiva ética para o desenvolvimento de um *justo processo* e de uma *justa decisão*. Aspectos éticos relacionados com casos concretos decididos no âmbito jurisdicional e administrativo-disciplinar. Princípios de Bangalore de Conduta Judicial. Código Ibero-Americano de Ética Judicial. Código de Ética da Magistratura Nacional. As prerrogativas do cargo e o abuso no seu exercício. O papel do Poder Judiciário nas sociedades democráticas. Relacionamento do magistrado com as partes, o agente do Ministério Público, o advogado público, o defensor público e os advogados. Impedimentos e suspeição do magistrado no processo civil (arts. 144 e 145 do novo CPC) e no processo penal. Relacionamento do magistrado com as mídias sociais. Ética do magistrado na vida privada e nas redes sociais. Uso privado das redes sociais pelo magistrado, seus amigos e familiares.
Tema V	**Filosofia do Direito e Sociologia Jurídica**
Diretrizes do conteúdo programático	Filosofia do Direito. Direito e moral. Lógica e Direito. Axiologia e Direito. Silogismo. Objetividade científica e o positivismo. Objetividade e subjetividade jurídica. Sociologia jurídica. Direito na sociedade. Pluralidade jurídica e social. Relação entre Direito, mudanças sociais e transformação dos costumes. Sociedade de riscos e modernidade reflexiva. Visão humanística, crítica e ética do fenômeno jurídico.
Tema VI	**Hermenêutica e Argumentação Jurídica**
Diretrizes do conteúdo programático	Hermenêutica jurídica. Perspectiva descritiva e prescritiva. O sistema jurídico. Teoria da argumentação jurídica como instrumento de interpretação. Técnicas e estratégias de operacionalização da argumentação jurídica na decisão judicial. Zetética e dogmática jurídica. Hermenêutica filosófica e interpretação jurídica. Literatura e Direito.

Tema VII	Liderança, Relações Interpessoais e Interinstitucionais e Gerenciamento de Riscos e Crises
Diretrizes do conteúdo programático	Relacionamento em ambientes corporativos e institucionais. Atuação das organizações governamentais. Demandas fundadas em confiança e comprometimento no âmbito tanto das relações internas com os servidores e agentes públicos do Poder Judiciário quanto daquelas que o Estado-Juiz mantém com o jurisdicionado e outras instituições e Poderes. Habilidades sociais para a promoção de integração e de cooperação em ambientes de trabalho. Modelos contemporâneos de gestão de pessoas para descobrir lideranças e democratizar as relações sociais. Habilidades decisórias: razão, visão e intuição como recursos de liderança; habilidades interpessoais: gestão da influência e do poder. Habilidades de comunicação com a sociedade e a imprensa. Relacionamento com os meios de comunicação de massa. Formas de relações do Poder Judiciário com os demais Poderes, a sociedade organizada, a imprensa, as representações sociais e de mercado e os usuários do serviço público. Estrutura e metodologia do crime organizado, facções criminosas, PCC. Estruturas de apoio para o gerenciamento de situações de crise envolvendo estes organismos. Como conduzir uma investigação e um processo envolvendo tais instituições. Os sistemas de segurança do Poder Judiciário. Gerenciamento de riscos e crises; como lidar com uma crise e gerenciar o risco no cotidiano do magistrado (na condução dos processos, nas audiências que dirige, na administração da vara e na gestão do pessoal de apoio). Segurança pessoal e institucional, legislações e normas pertinentes à matéria, direção defensiva e evasiva, programa de defesa pessoal, primeiros socorros.
Tema VIII	**Relacionamento com os meios de comunicação de massa e uso de redes sociais**
Diretrizes do conteúdo programático	Treinamento de mídia/*media training*. Linguagem para comunicação com a sociedade por meio da imprensa. Compreensão técnica e política dos fenômenos de comunicação e do significado social da divulgação de decisões emanadas do Poder Judiciário. Relacionamento do magistrado com as redes sociais; o juiz e as redes sociais. Uso privado das redes sociais pelo juiz, seus amigos e familiares. Uso das redes sociais nos processos judiciais. O juiz e a segurança da informação, dados sensíveis, proteção da intimidade, exposição na mídia e em redes sociais.
Tema IX	**Métodos consensuais de resolução de conflitos, processos autocompositivos e psicologia judiciária**
Diretrizes do conteúdo programático	Incentivo e aperfeiçoamento dos métodos consensuais de resolução e prevenção de conflitos. Processo heterocompositivo e autocompositivo, sessões, audiências e reuniões de conciliação e mediação. Qualidades sociais, ambientais, técnicas e éticas dos processos autocompositivos. Capacitação, inscrição e registro de mediadores e conciliadores nos tribunais. Confidencialidade, processo justo e decisão informada. Arbitragem, conciliação e mediação e novas possibilidades de resolução adequada de conflitos. Movimento permanente pela conciliação. Sistemas adequados para administração e resolução de conflitos. Justiça restaurativa. Diretrizes do Conselho Nacional de Justiça. Psicologia judiciária. Abordagem de casos concretos envolvendo parâmetros e conceitos da psicologia judiciária no direito de família, no direito penal e na criminologia, no direito da criança e do adolescente, etc. Perspectivas gerais sobre transtornos de personalidade e violência. Elementos formativos de laudos e pareceres psicológicos. O estudo social, o estudo psicológico, o estudo psicossocial de fatos e atos intersubjetivos. As formas de encaminhamento para intervenção psicossocial.

Tema X	Impacto social, econômico e ambiental das decisões judiciais e a proteção do vulnerável
Diretrizes do conteúdo programático	Impactos em face das pretenções individuais e coletivas que se apresentam ao Estado-Juiz. Proteção dos vulneráveis. Idosos, portadores de necessidades especiais e incapazes civis. Miserabilidade, violência contra a mulher. Criança e adolescente. Ações civis públicas e ações de apuração de irregularidades previstas no ECA. Convenção Internacional de Direitos da criança e do adolescente da ONU e as convenções de proteção aos privados de liberdade – regras de Beijing e Riad. Pacto de São José da Costa Rica. Mudanças climáticas e a proteção do meio ambiente. Relação entre as decisões judiciais e o orçamento público. Impacto das decisões judiciais nas áreas de saúde pública e privada, educação, transportes, comunicação, energia, reforma agrária, economia formal e informal, ambiental, etc. Cumprimento efetivo das decisões judiciais e suas consequências econômicas, sociais e ambientais. Impacto econômico das decisões judiciais na efetivação de direitos fundamentais. Dimensões teóricas das relações entre política, Direito e Judiciário. Justiça social, democracia e Judiciário: problemas e desafios. A uniformização da jurisprudência e a força dos precedentes.
Tema XI	**Direitos Humanos**
Diretrizes do conteúdo programático	Teoria dos Direitos Fundamentais. Direitos humanos: história, fontes e formação dos direitos humanos. Panorama histórico. Tratados internacionais e função dos organismos internacionais. Investigação de violações (nacional e internacional). Direito internacional dos direitos humanos e as ordens jurídicas nacionais. O controle da convencionalidade. A internacionalização dos tratados. Jurisdição universal. Casos de repercussão no Brasil. Soberania e imunidades. Indicadores de direitos humanos. Segurança nacional, conflito armado, terrorismo e direitos humanos.
Tema XII	**Demandas repetitivas e grandes litigantes**
Diretrizes do conteúdo programático	Conceito social e jurídico de demanda repetitiva. Distinção entre demandas repetitivas de direito público e de direito privado. Demandas repetitivas oriundas de ações e omissões da administração pública. Políticas públicas, princípio da igualdade e o contencioso de massa. Demandas repetitivas oriundas de relações de consumo. Dano social e as agências reguladoras. Execução fiscal (boas práticas na gestão do acervo processual). Pesquisas do CNJ relativas aos grandes litigantes no Brasil. Conciliação interinstitucional. Análise sistêmica dos institutos processuais brasileiros para a solução das demandas repetitivas (ações coletivas, repercussão geral, IRDR, incidente de recursos repetitivos no STJ). Institutos do direito comparado para a solução dos conflitos de massa. Gestão dos processos repetitivos.
Tema XIII	**Direitos fundamentais e seguridade social**
Diretrizes do conteúdo programático	Direitos fundamentais na Constituição da República Federativa do Brasil de 1988. Direitos fundamentais sociais e sua real aplicabilidade. Modelo constitucional de seguridade social. Modelo de regulação dos direitos constitucionais de seguridade social. Modelo de financiamento e de articulação entre seguridade social e relações de trabalho. O sistema brasileiro de direitos a prestações de seguridade social nas áreas da previdência social, assistência social e saúde. Significado atual dos direitos fundamentais previdenciários: âmbito de proteção. A eficiência protetiva dos atuais mecanismos e desenhos institucionais de proteção: meios de proteção. Os perenes e novos desafios para a realização efetiva desses direitos em cenário de crise econômica e de mudanças na economia e no trabalho: proteção progressiva e melhor utilização de recursos disponíveis.

Tema XIV	O juiz e os serviços extrajudiciais
Diretrizes do conteúdo programático	Os serviços notariais e de registro no ordenamento jurídico brasileiro. Características e fundamentos da atuação do Poder Judiciário. As corregedorias-gerais da Justiça. A Corregedoria Nacional de Justiça. Tabelionato de protesto no Brasil. O registro civil das pessoas naturais. A importância do registro de nascimento e a realidade do sub-registro. Plano nacional de erradicação do sub-registro. Tabelionato de notas e os novos atos praticados, em especial a desapropriação (NCPC). Ata notarial. Escrituras de declarações. O registro de imóveis. Organização do sistema de registro de imóveis. Estrutura jurídica dos serviços de registro de imóveis. Princípios registrais. Os deveres e a responsabilidade civil, administrativa e penal dos registradores e notários. Fiscalização dos serviços extrajudiciais. Práticas correcionais no serviço extrajudicial. Aspectos comuns e particularidades dos serviços registrais e notariais.

Ademais, o § 2º do art. 11 da Resolução n. 3 da Enfam previa uma metodologia "com ênfase na formação humanística e em estudos de casos concretos", buscando atender às novas necessidades do exercício da função jurisdicional. Atualmente, com base no § 2º do art. 5º da Resolução Enfam n. 2, de 2016, essa metodologia foi mantida, nos seguintes termos: "O Programa de Formação Inicial deve fazer uso de métodos ativos que promovam a participação e a interação dos discentes [...] dando ênfase à formação humanística, interdisciplinar e à prática da atividade judicante". Ademais, conforme o parágrafo primeiro do art. 23, o módulo nacional do curso oficial de formação inicial do magistrado deverá ter conteúdos que "serão necessariamente tratados de forma transdisciplinar e integrados pelo humanismo e a ética".

Esse caráter interdisciplinar vem reforçado pelo parágrafo único do art. 31, que impõe a forma interdisciplinar de abordagem de temas nos cursos oficiais de aperfeiçoamento para fins de vitaliciamento. E nos cursos oficiais de aperfeiçoamento para fins de promoção na carreira, o art. 32 retoma essa abordagem interdisciplinar, agora como objetivo desse aperfeiçoamento.

Entretanto, a referida Resolução n. 3 da Enfam ainda mantinha a cultura da predominância de profissionais de áreas jurídicas, a mesma sobre a qual Boaventura Souza Santos (2006) formulou seus alertas, e ainda com preferência para magistrados, tal como se encontrava no art. 12: "Escolas judiciais e de magistratura manterão quadro de docentes, preferencialmente magistrados [...]". Atualmente essa restrição inexiste. Contudo, a normativa permanece considerando excepcional o credenciamento de curso não jurídico, com certa confusão quanto aos profissionais de outras áreas, nos termos do art. 53: "§ 2º Serão credenciados apenas os cursos oficiais dirigidos exclusivamente aos magistrados, com exceção daqueles que tratem de questões sobre as quais a participação de profissionais de outras áreas seja justificada pela abordagem interdisciplinar".

Por fim, as novas tecnologias, particularmente muito intensas já no final da primeira década do século XXI, exigem que o magistrado possua capacitações próprias, não apenas para manejar minimamente o estado da arte em termos tecnológicos, mas sobretudo para compreender sua dinâmica e ter condições de defender e proteger seus interesses e os da Magistratura.

Assim, a Resolução CNJ n. 305/2019 prescreveu importante papel às Escolas, no sentido de que devem divulgar informes contendo orientações sobre as novas tecnologias e ética nas redes sociais para magistrados. Esses informes devem estar sob coordenação da Enfam e da Anamat (art. 7º da referida Resolução), que definirão o conteúdo mínimo e a implementação desses informes em todos os tribunais do país. Ademais, o tema deve fazer parte, de maneira permanente, em todas as fases da formação profissional do magistrado.

4. O JUIZ NA ERA DIGITAL: O USO DAS REDES SOCIAIS

Apesar de a regulamentação do uso das redes sociais por magistrados ser reconduzível, em larga medida, às normas éticas e de conduta, a relevância que esses sistemas informáticos de comunicação ganharam na vida cotidiana recente acaba por justificar seu estudo autônomo e, ainda, preliminar, neste caso pela importância que o assunto passa a ter para a própria Magistratura como instituição.

A Resolução CNJ n. 305/2019 tratou de disciplinar o uso das redes sociais pelos magistrados por meio de uma série de novas regras de conduta ética e institucional. Trata-se de importante conjunto de normas na época atual, a guiar ações dos magistrados fora de sua atividade jurisdicional propriamente dita, ainda que em alguns momentos a Resolução ocupe-se de assuntos mais diretamente relacionados com o exercício da jurisdição, como a postagem de opiniões sobre temas que possam ser judicializados, ou mesmo que já o tenham sido.

A Resolução apoia-se na Lei Orgânica da Magistratura Nacional, no Código de Ética da Magistratura Nacional, nos Princípios de Bangalore de Conduta Judicial e no Código Ibero-Americano de Ética Judicial. O certo, porém, é que as novas tecnologias, especialmente o uso maciço e recorrente das plataformas digitais voltadas para comunicação e aproximação, as chamadas redes sociais, bem como de aplicativos de troca de mensagens em tempo real por meio de *smartphones*, ensejaram toda uma nova realidade que demanda nossa atenção, pelos impactos e efeitos que podem gerar sobre cada um de nós e sobre as instituições envolvidas, direta ou indiretamente.

A Resolução bem identificou esse problema, ao reconhecer que as novas plataformas de mídias e redes sociais "transformaram a comunicação na sociedade" de maneira a permitir "manifestações com alcance amplificado, difuso, indefinido e com efeitos permanentes e incontroláveis".

Não por outro motivo a Resolução determina que "os tribunais mantenham serviços de comunicação social para oferecer apoio técnico-profissional aos magistrados" (art. 9º).

Um dos pontos essenciais de preocupação do CNJ está exatamente nos reflexos que essas manifestações, divulgadas por magistrados, podem ter sobre o próprio sistema de Justiça brasileiro.

A Resolução considera, para fins da disciplina que impõe, "os profundos impactos, positivos e negativos, que a conduta individual do magistrado nas redes sociais pode acarretar sobre a percepção da sociedade em relação à credibilidade, à legitimidade e à respeitabilidade da atuação da Justiça". Embora o uso da tecnologia seja um importante aliado no enfrentamento de novas dinâmicas de comunicação e das complexidades por elas geradas, a presente Resolução atua em outra frente, aprimorando a relação entre as instituições e a sociedade, de maneira a colaborar com a qualificação dessas novas dinâmicas tecnológicas. Em grande medida essa é uma preocupação presente no Código de Ética e que sempre ocupou uma posição de destaque no âmbito das normas sobre os magistrados. A Resolução, porém, não adotou o caminho da vedação como regra, mas sim o da orientação com recomendações para os magistrados, de uma parte, e de outra o caminho da explicitação de vedações constitucionais e legais, agora no campo das redes sociais, de maneira a auxiliar a compreensão desse fenômeno pelo magistrado.

Ademais, a Resolução incentiva o uso das redes sociais para uso educativo e instrutivo, por magistrados. São assim consideradas as hipóteses de "divulgar publicações científicas, conteúdos de artigos de doutrina, conhecimentos teóricos, estudos técnicos, iniciativas sociais para promoção da cidadania, dos direitos humanos fundamentais e de iniciativas de acesso à justiça".

Registro, nessa linha não proibitiva, que a Resolução admite que juízes possuam páginas e perfis abertos, devendo apenas adequá-los às diretrizes e determinações contidas nessa novel Resolução (art. 10, *a contrario sensu*, da Resolução CNJ n. 305/2019).

4.1. O uso do nome da instituição, sua marca ou logomarca

Evidentemente que, ao acionar a sociedade por meio de sua participação pessoal em redes sociais ou aplicativos diversos, o juiz deve "abster-se de utilizar a marca ou logomarca da instituição" (art. 3º, inc. I, *d*, da Resolução). Assim, a norma pretende alcançar o magistrado que produz conteúdo digital e utiliza a marca ou a logomarca da instituição para validar informação e corroborar seu conhecimento ou *expertise*.

É inaceitável que cada magistrado expresse suas opiniões pessoais sobre os mais diversos assuntos utilizando, como pressão, direta ou indiretamente, sua posição oficial como magistrado ou o peso da Magistratura. É razoável ter a expectativa de que um magistrado seja capaz de compreender que seu público, não raras vezes, toma informações apenas pelas redes sociais e, nelas, busca prioritariamente por formadores de opinião, geralmente atrelando esse *status* à posição que autoridades detêm "naturalmente". Aliás, temos aqui uma regra de conduta que visa a salvaguardar o Poder Judiciário também como instituição. Apesar de o magistrado assumir deveres de conduta externas ao foro, isso não significa que nessas circunstâncias externas possa se valer do nome da instituição para abalizar, reforçar ou impor suas opiniões ou para ampliar o número de seus seguidores. Nesse sentido, o magistrado, em razão do seu saber e do cargo que ocupa, ao divulgar informações compartilháveis (e não apenas compartilhar dados com o público aberto), tem o dever de propiciar a informação mais educativa possível e em comunhão com a instituição que representa, pois aqueles que a leem a tomam, muito frequentemente, como verdade.

4.2. O domínio sobre as regras técnicas e empresariais das plataformas tecnológicas que utiliza

Determina o art. 3º, inc. III, *b*, da Resolução CNJ n. 305/2019, que deve o magistrado "conhecer as políticas, as regras e as configurações de segurança e privacidade das redes sociais que utiliza, revisando-as periodicamente".

Essa diretriz de conduta revela uma realidade pouco conhecida ou lembrada. É que as plataformas digitais, geralmente de uso gratuito em termos financeiros, são, na verdade, empresas de tecnologia, voltadas para o lucro e para a captação de dados de seus usuários. Daí que as chamadas "políticas de privacidade" sejam as regras empresariais privadas que aceitamos ao nos associarmos a cada uma das diversas plataformas de redes sociais. Ao fazê-lo, o magistrado, como agente consciente do Estado de Direito, não pode deixar de atentar para o conteúdo e alcance dessas regras privadas e seus impactos em termos de privacidade, de imagem pessoal e de segurança sua e do próprio Poder Judiciário (especialmente quando as plataformas ou aplicativos são utilizados entre colegas para transferência de conteúdos sensíveis).

Assim, a diretriz vai além de sua expressão gramatical, porque não importa apenas conhecer essas políticas e configurações, mas especialmente, a partir desse conhecimento, atuar para preservar sua imagem e privacidade, especialmente quando sua extração pelas empresas privadas detentoras da titularidade das plataformas e *softwares* possa vir a resultar em exposição inadequada ou irregular, como no caso de conteúdos sensíveis ou sigilosos, manejados pelo juiz em virtude de sua posição judicial.

Somente ao ter conhecimento de como funcionam exatamente essas plataformas digitais e esses aplicativos de comunicação tecnológica, de redes sociais ou de mero armazenamento de dados, é que o juiz poderá realizar adequadamente suas escolhas.

4.3. A comunicação virtual

Ao debruçar-se sobre manifestações jurídicas nas redes sociais, aconselhamentos, compartilhamento e disseminação de *fake news*, a Resolução tratou da comunicação *per se*. Embora não seja o tema central da resolução, nem a intenção deste estudo, as normas atribuídas às condutas dos magistrados nas redes sociais perpassam alguns tópicos da Era digital que merecem atenção.

A comunicação virtual, em um primeiro momento, pode ser caracterizada como síncrona, instantânea. Entretanto, com a incorporação das redes sociais e plataformas digitais na vida comum, a quantidade de informações imputadas dentro dessas redes cria um extenso arquivo digital sobre nossas opiniões nos mais diversos assuntos. Esse extenso arquivo de nossa vida digital pode tornar a comunicação síncrona em assíncrona (cf. Negroponte, 1995: 164-5).

A característica instantânea do uso de redes sociais, com o intuito de publicar-se uma ideia ou difundir pensamento permanece contemplada, mas, nada impede que um conteúdo – produzido em um determinado momento da história – torne-se ultrapassado, gerando incompreensões do leitor futuro. Nesse sentido, é possível afirmar que uma publicação em rede social, transmitindo uma mensagem, em um determinado momento, não necessariamente chegue ao destinatário "em tempo real" ou "no tempo imaginado". Aliás, o que pode ocorrer, e vem ocorrendo com certa habitualidade, é a retomada, por terceiros, inclusive jornalistas, de publicação antiga, que fez sentido em um determinado contexto passado, mas que, diante da evolução de uma ideia ou posicionamento, deixa de fazer sentido ou assume outro sentido, tornando-se descontextualizada e gerando ruído não programado nem pretendido pelo seu autor.

O indivíduo que lê a mensagem velha no momento presente a interpreta de forma anacrônica e, assim, uma determinada manifestação de pensamento passa a ser mal compreendida, podendo ganhar proporções extremas e incontroláveis, "viralizando", sem que esse fosse o objetivo de seu autor.

As proporções incontroláveis, típicas das plataformas escaláveis (não só em dados, mas em distribuição da informação), são outro fator de preponderância para o rigoroso agir ético nas redes.

As mídias e redes sociais possuem alto grau de interconexão e, assim, a produção ou compartilhamento de conteúdo ultrapassa as dimensões pretendidas pelo emissor da informação. A expressão de uma ideia ou linha de pensamento tem potencial para expandir-se além do destinatário inicial, criando uma rede múltipla e complexa de interações, não sendo mais possível saber quem iniciou a propagação e quem ainda está compartilhando o conteúdo. Mas não só.

As proporções massificadoras e a dinâmica do fenômeno narrado, conhecido como hipermídia, conforme Negroponte (1995: 71-73), produzem interações capazes de reformular o argumento inicial, modificar estruturas propostas no texto ou conteúdo multimídia e reordenar os fatos, descontextualizando seu sentido.

A hipermídia provoca a elasticidade na informação, na medida em que o receptor será capaz de expandir ou reduzir uma ideia a partir de suas ações e intenções. Nesse sentido, as interações intermediadas por mídias e redes sociais não são passivas, mas sim provocativas, e facilitam a livre interpretação e compartilhamento.

Em que pese a Resolução ser tratada, aqui, em um sentido estrito, para a prática e consolidação normativa da atividade jurisdicional no uso das redes, é importante considerar as inserções da comunicação com a vida social.

4.4. O aconselhamento jurídico virtual

Determina o art. 3º, inc. II, *e*, que deve o juiz "evitar expressar opiniões ou aconselhamentos em temas jurídicos concretos ou abstratos [...]".

Trata-se de norma que atinge o cerne da atividade corrente na maioria das plataformas de redes sociais, que se tem notabilizado pela difusão das mais diversas opiniões e aconselhamentos. Ao juiz, porém, dirige-se vedação supostamente mais específica, para que se abstenha de oferecer opiniões e aconselhamentos em temas jurídicos.

É certamente tarefa impossível divisar os diversos assuntos sociais judicializáveis daqueles outros supostamente não judicializáveis, considerando que aqueles se tornam automaticamente questões jurídicas. Como evitar assuntos que podem ensejar uma disputa jurídica? Isso é inviável. Desde o exemplo mais ingênuo, sobre qual a paisagem mais bela até os mais complexos e polêmicos, como o uso de células-tronco embrionárias, o direito ao aborto ou a presença e influência da religião dentro de um Governo laico, é difícil imaginar que haja uma clara distinção entre o que é jurídico e o que não seria jamais jurídico.

Presume-se que a norma queira impedir a manifestação técnica do magistrado, quer dizer, manifestações sobre sua área de formação, como bacharel em Direito. Mas, com isso, a norma acaba, da forma como redigida, por atingir a livre expressão científica do magistrado, que deve poder exercê-la minimamente.

Certamente o exercício dessa liberdade pelo juiz deve ocorrer de forma comedida, quer dizer, sem os arroubos próprios de *youtubers*, influenciadores digitais e meros caçadores de audiência (seguidores ou *likes*), que fazem do ambiente virtual seu modo de vida profissional, recorrendo a instrumentos e estratagemas incompatíveis com a moderação e o decoro exigíveis na conduta respeitosa que devem orientar o magistrado.

Sobre questões jurídicas judicializadas, vale outra vedação, que analisaremos adiante.

4.5. A moderação na linguagem

A Resolução CNJ n. 305/2019 fala, no art. 3º, inc. II, *c*, em observar, sempre,"a prudência na linguagem". A preocupação é com uma espécie de narrativa que tem prosperado largamente nas redes sociais, que abandona protocolos de etiqueta, éticos e sociais, para transformar o âmbito digital em um espaço propício à movimentação das massas, por meio de linguagem extremamente agressiva, apelativa, hiperbólica e, muitas vezes falsa, pelos seus excessos, ensejando uma categoria das chamadas *fake news* (que analiso detidamente abaixo).

Assistimos, no Brasil, recentemente, a uma mudança comportamental de autoridades públicas, especialmente do alto escalão do Poder Executivo, que passaram a se expressar para parcela de seu eleitorado, mesmo que durante o exercício do mandato e, pois, fora de período eleitoral propriamente dito, especialmente postando opiniões e mensagens em redes sociais ofensivas aos grupos políticos, ideológicos e religiosos"opostos", por vezes contra cidadãos, ou ainda com forte e agressivo conteúdo. Essa situação ensejou reprimendas por parte do Conselho de Ética da Presidência da República, demonstrando que não é a tecnologia e certas plataformas privadas que hão de ditar nosso padrão ético e de comportamento social e institucional, mas sim nossas convenções civilizatórias e nossos objetivos enquanto sociedade organizada.

4.6. Manifestações sobre questões judicializadas

É terminantemente proibido aos magistrados em geral manifestar opinião sobre processo pendente de julgamento, seja seu ou não, ou apresentar opinião depreciativa sobre despachos, votos ou sentença de órgãos judiciais. Esta vedação, constante no art. 4º inc. I, da Resolução CNJ n. 305/2019, aplica-se especialmente, mas não apenas, às redes sociais.

O magistrado, ainda que na posição de corregedor de Justiça, não pode apresentar fortuitamente suas opiniões sobre processos em julgamento e sobre decisões em geral. Poderá fazê-lo, por certo, nos autos, como excepciona o próprio dispositivo, mas não em redes sociais ou na mídia em geral. Em virtude do cargo que ocupa, e do papel social que exerce, o magistrado é reconhecido como especialista no estudo da lei, um verdadeiro *expert*, e como tal, sua manifestação acabará por infligir um peso maior aos seus argumentos, mesmo que em contraponto a uma outra manifestação, quando for esta puramente opinativa.

Contribui para sustentar essa vedação a unicidade do Poder Judiciário, pela qual não deve haver mais de uma opinião técnica final sobre o mesmo caso, por parte de juízes diversos. Mas certamente é a necessidade de respeito à atividade dos demais magistrados que fortalece o embasamento dessa vedação. Por essa razão, a Resolução tratou do tema "manifestações em questões judicializadas", no intento de resguardar o trabalho dos órgãos judiciais e atenuar os atritos entre os juízes, cuja imagem de especialistas lhes é inerente, e o cidadão leigo. A relação entre especialistas e leigos é construída pela confiança e, como observa Tom Nichols (2017: 215-8), se, por qualquer razão, fundada ou infundada, essa confiança entrar em conflito, a relação pode se fragilizar. Em um cenário de recorrente uso das redes sociais e de sua disseminação de forma instantânea e global, manifestações imprudentes ou duvidosas podem tensionar as relações entre a sociedade e as instituições, reforçando uma apatia social pelas instituições democráticas e uma polarização da sociedade.

Nada disso, porém, impede que haja a crítica teórica, a discussão e até divergência em termos acadêmicos, em obras, periódicos e até mesmo jornais, especializados na área jurídica ou não, desde que se trate de divergência ou crítica moderada de cunho teórico ou científico.

4.7. Autopromoção ou postagens comerciais e marcárias

Nos termos do art. 4º, inc. IV, da Resolução CNJ n. 305/2019, nas redes sociais os magistrados ficam proibidos de patrocinarem postagens com a finalidade de autopromoção ou com intuito comercial.

Trata-se de vedação que se dirige ao patrocínio de postagens, que exige a onerosidade, independentemente do valor desse custo, que em muitas hipóteses pode ser muito baixo.

Sobre manifestações em geral, não onerosas, que busquem também a autopromoção, a Resolução CNJ mencionada acima recomenda que o juiz evite tais manifestações, incluindo as manifestações que buscam superexposição (art. 3º, inc. II, *b*).

O magistrado fica proibido de: i) patrocinar, às suas expensas, postagens com intuito comercial, para fins próprios ou não (art. 4º, inc. IV, parte final da Resolução CNJ n. 305/2019), e de ii) receber patrocínio e atuar comercialmente nas redes sociais, para divulgar ou promover serviços ou produtos (art. 4º, inc. IV, da Resolução CNJ n. 305/2019).

Deve ser considerada postagem ou divulgação comercial, vedada, a suposta manifestação de opinião realizada mediante patrocínio. É o que se depreende do art. 4º, inc. V, da Resolução CNJ n. 305/2019. Porém, cabe aqui algum esclarecimento. A vedação há de se aplicar, nesses termos, integralmente, quando a opinião houver sido encomendada em seu conteúdo e orientação, mediante pagamento pelo interessado. Assim, por exemplo, se uma rede de cosméticos oferece financiamento para que magistradas manifestem e divulguem suas opiniões favoráveis a novos produtos da respectiva marca, ainda que estes tenham sido previamente oferecidos e utilizados pelas magistradas.

Em complemento a essa vedação está o art. 4º, inc. VI, da mesma Resolução, que impede toda e qualquer associação da imagem pessoal ou profissional do magistrado à de marca de empresas ou mesmo de certos produtos comerciais.

4.8. *Fake news*, compartilhamento próprio e apoio ao compartilhamento de terceiros

Um dos temas mais candentes trazidos pela revolução tecnológica dos últimos tempos está justamente na circulação desenfreada de notícias falsas, que comprometem os próprios pilares da Democracia.

A mínima tolerância com notícias falsas criadas e divulgadas com o propósito de causar comoção na sociedade, perseguições e perda de legitimidade, atingindo reputações, imagens e instituições as mais diversas, merece ser abandonada. Não se mostra mais possível, no quadro tecnológico atual, com produção automatizada por *softwares* de *fake news*, com propósitos inconfessáveis, admitir essas práticas como mero exercício da liberdade.

O maior problema no compartilhamento de notícias sobre as quais não haja comprovação ou certificação de fonte confiável, especialmente jornalística, é a contribuição para um contexto destrutivo, de pânico, de total desconfiança nas instituições, com ataques gratuitos à imagem, honra e reputação.

A disseminação de conteúdos sensíveis, sabendo-se verdadeiros ou falsos, sem a correta ponderação, pode ensejar um ceticismo em relação às instituições (cf. Roque, 2020). A pós-verdade é um fenômeno real (embora signifique tornar nebulosos os limites fáticos) e mais atual do que nunca. Por meio dela, atribui-se incerteza aos benefícios da verdade que costumavam compor um repertório consensual da sociedade, também conhecido como senso comum, que acabava por compor um elo ou laço social importante para o progresso e a orientação geral de todos.

Atualmente uma das faces da pós-verdade é o surpreendente negacionismo de fatos científicos, por meio do qual valores atribuídos às convicções pessoais ou experiências vividas passaram a se sobrepor aos fatos reais, aos avanços científicos construídos em benefício da sociedade, fartamente demonstrados e submetidos a criteriosos testes de veracidade. Esse fenômeno é alimentado pelas chamadas *fake news*, e significa, na prática, um distanciamento daquilo que se pretende em termos de Justiça, promovendo, ainda, grandes desvios dos problemas reais enfrentados no dia a dia. No contexto em que a Resolução se insere, o magistrado, no exercício de sua função, deve esmiuçar o conteúdo probatório para formular seu julgamento. E pela natureza distinta de sua profissão, ao produzir ou compartilhar uma informação em redes sociais, transfere-se, subjetivamente, essa responsabilidade para as redes sociais.

O juiz não pode, ainda que inconscientemente, contribuir para esse cenário de degradação geral, intelectual e científica, com impacto profundo na Democracia, na História e no senso ético geral. É impositivo como dever que o juiz evite propagar, por força de suas ações, notícias falsas (art. 3º, inc. II, *f*, da Resolução CNJ n. 305/2019). E certamente deve contribuir para combatê-las, quando estiver em condições de fazê-lo. Ademais, ao manifestar-se por meio de compartilhamento ou apoio a compartilhamento alheio, deve o juiz atentar para as demais restrições de conduta que o alcançam.

4.9. Apoio a candidatos e partidos

Nos termos do art. 4º, inc. II, da Resolução CNJ n. 305/2019, nas redes sociais os magistrados ficam proibidos de manifestar apoio ou crítica, em caráter público, a candidatos, lideranças políticas ou partidos políticos, bem como emitir opinião que demonstre atuação político-partidária.

Trata-se de decorrência direta da vedação constitucional, que proíbe "dedicar-se à atividade político-partidária". Certamente a vedação alcança a atividade em redes sociais, por vezes de maior alcance do que as atividades político-partidárias fora da rede.

4.10. Discursos discriminatórios ou de ódio

Nos termos do art. 4º, inc. III, da Resolução CNJ n. 305/2019, nas redes sociais os magistrados ficam proibidos de emitir ou compartilhar opinião que caracterize discurso discriminatório ou de ódio, especialmente racismo e outros elencados no dispositivo, de maneira exemplificativa, com base no art. 3º, inc. IV, da CB.

Trata-se de proibição que busca assegurar os pilares de uma democracia real e plural, que não tolera a exclusão arbitrária da cidadania plena, especialmente quando levada a efeito pelo próprio Estado.

A Democracia, ademais, não deve tolerar ataques à própria Democracia, devendo se considerar que o discurso intolerante, de ódio e discriminatório, também pode ter como alvo a própria Democracia, o que é vedado por muito maior razão. Sem Democracia anulam-se as individualidades, as liberdades, surge automaticamente a violência, a intolerância, o ódio e o arbítrio em todas ações supostamente de estatais. Prepondera o regime da força e do medo. O ataque à Democracia por parte de autoridades públicas não pode ser tolerado em nenhuma hipótese. Conteúdos como esse não podem jamais ser compartilhados por magistrados. Sem Democracia não existe o Estado Constitucional de Direito atual, não se legitimam as instituições nem o Poder Judiciário. Não existe poder jurisdicional, nem qualquer manifestação de poder institucionalizado, fora da Democracia.

É dever máximo do juiz não apenas a moderação na linguagem, mas também a iniciativa de jamais compartilhar ou criar conteúdos que ataquem os valores básicos da Democracia e do pluralismo político que a embasa.

5. UM NOVO PODER JUDICIÁRIO VIRTUAL EMERGE NA PANDEMIA

5.1. Adaptações do Poder Judiciário durante a Pandemia

Em março de 2020, a Organização Mundial de Saúde – OMS declarou a pandemia de Covid-19, doença causada pelo Sars-Cov-2, também conhecida como novo coronavírus. A partir dessa declaração, uma série de medidas foram adotadas pelo Mundo, de maneira a conter a disseminação desse vírus e reduzir sua capacidade letal.

Das medidas adotadas por diversos governos cumpre ressaltar algumas, como a restrição de circulação, o fechamento de setores do comércio e o distanciamento social, além da obrigatoriedade do uso de máscaras de proteção. Assim é que determinados serviços foram considerados essenciais a fim de garantia de acesso pela população.

Nesse contexto, o Poder Judiciário brasileiro emitiu uma série de resoluções para adequar a prestação de serviços judiciários a essa nova realidade e para garantir o acesso à Justiça.

Com a impossibilidade de realização de audiências presenciais, o Poder Judiciário promoveu adaptações de seus processos e procedimentos físicos para uma etapa virtual, acelerando um modelo que vinha sendo desejado há algum tempo. Foi, porém, o contexto da pandemia que inaugurou um novo momento da Justiça brasileira.

O Supremo Tribunal Federal, o Conselho Nacional de Justiça e toda a estrutura da Justiça comum e especializada se voltaram para a realização da prestação jurisdicional em ambiente virtual. Dentre as principais medidas adotadas, destaco a audiência por videoconferência. A seguir avalio alguns dos principais atos normativos que embasaram as "adaptações" do Poder Judiciário durante a pandemia, e que, superam a mera adaptação pois, como disse, em realidade, inauguraram um novo momento judicial.

5.1.1. *STF*

O Regimento Interno do Supremo Tribunal Federal já possui previsão para a realização de sessões de julgamento das Turmas e do Plenário por meio eletrônico. Anteriormente à pandemia, ficava a critério do Relator liberar os processos para julgamento em ambiente presencial ou virtual, bem como elaborar a lista de classes processuais para o modelo virtual[21].

Com a nova alteração, provocada pela Emenda Regimental n. 53 de 2020, todos os processos de competência do STF passaram a poder, a critério do Relator ou do Ministro Vistor (com anuência do Relator), ser submetidos a julgamento em listas de processos em ambiente eletrônico (art. 21-B, *caput*).

Em caso de sustentação oral, os interessados, agora, devem encaminhar o pedido por meio eletrônico, após a publicação da pauta de julgamento e até 24 horas[22] antes de iniciado o julgamento em ambiente virtual (art. 21-B, § 2º).

Com a mudança regimental, o STF editou, a seguir, diversas resoluções

---

21 Cf. RISTF. Emenda Regimental n. 52, de 14 de junho de 2019.

22 Embora o prazo descrito no Regimento Interno seja de até 48 horas, o STF editou, posteriormente, a Resolução n. 676/2020, autorizando que os pedidos de sustentação oral sejam submetidos até 24 horas antes da sessão de julgamento.

a fim de enfrentar a nova realidade do trabalho remoto e das restrições gerais na vida cotidiana, a fim de propiciar uma redução dos deslocamentos físicos, especialmente de caráter laboral. Os processos físicos, por exemplo, tiveram seus prazos processuais suspensos de 23 de março até 19 de dezembro de 2020 (Res. n. 670/2020 e Res. n. 707/2020), em medida adotada pelo Min. DIAS TOFFOLI e posteriormente prorrogada pelo Min. FUX.

Quanto aos processos não físicos, com a lista de processos liberada para julgamento, o Ministro Relator deve inserir a ementa, relatório e seu voto no ambiente virtual. E assim, iniciado o julgamento, os ministros devem se manifestar em até 6 (seis) dias úteis (Res. n. 684/2020).

Neste cenário de rápida e ampla transformação do tradicional ambiente físico para o virtual, o STF também aprovou a Resolução n. 708 de 23 de outubro de 2020, que instituiu o Laboratório de Inovação denominado Inova STF a fim de "modernizar o processo judicial no Tribunal por meio da execução centralizada de iniciativas apoiadas por tecnologias digitais".

Com as mudanças mencionadas, a produtividade do Supremo Tribunal Federal cresceu e o primeiro semestre de 2020 foi encerrado com o menor acervo de processos (29.285 processos) em tramitação dos últimos 24 anos, volume 6,4% menor se comparado ao acervo do final de 2019[23].

5.1.2. *Autonomia estadual*

Para uniformizar o funcionamento dos serviços judiciários durante a pandemia, o Conselho Nacional de Justiça editou Resolução estabelecendo parâmetros de funcionamento dos Tribunais (excetuados o STF e a Justiça Eleitoral).

O CNJ entendeu que aos Tribunais haveria de ser reconhecida sua autonomia nessa área, estabelecendo que "os tribunais definirão as atividades essenciais a serem prestadas" (art. 2º, § 1º, da Res. n. 313/2020), indicando, porém, uma observância mínima, dentre outras, para fins de distribuição de processos judiciais e administrativos com pedido de urgência.

Ademais, por meio da Portaria n. 61 de 31 de março de 2020, o CNJ criou uma plataforma emergencial de videoconferência. Resultado de acordo

---

[23] Cf. Portal de Notícias do STF. Toffoli encerra semestre agradecendo união, produtividade e empenho do Judiciário em meio à pandemia. Disponível em: <http://www.stf.jus.br/portal/cms/verNoticiaDetalhe.asp?idConteudo=446706>. Acesso em: 30-10-2020.

de cooperação técnica celebrado entre o CNJ e empresa de tecnologia da informação e redes, os órgãos do Poder Judiciário ganharam uma opção para realização de audiências e sessões de julgamento durante a pandemia. Dentre as funcionalidades apresentadas, tem-se a possibilidade da gravação de conteúdo audiovisual e armazenamento. O uso dessa plataforma foi disponibilizado, de forma facultativa, a todos os segmentos da Justiça, de juízos de primeiro grau, segundo grau e tribunais superiores.

De acordo com informações divulgadas pelo CNJ[24], o Poder Judiciário brasileiro realizou 366.278 videoconferências por meio de plataforma emergencial, durante o período de 1º de abril e 4 de agosto. O uso das plataformas deixaria de ser uma realidade apenas para comércio e serviços privados, e se tornaria também dominante no âmbito judicial. As questões envolvendo a identificação de comportamentos expostos durante o uso de uma plataforma eletrônica aplicada ao processo judicial, porém, ainda precisam ser mais profundamente enfrentadas.

5.2. Audiência de Instrução e Julgamento remotos

Além das medidas já implementadas e adaptadas pelos órgãos judiciais, o CNJ também aprovou ato normativo voltado para atos processuais realizados durante as audiências de instrução e julgamento.

A Conferência Nacional da Advocacia brasileira, por meio do Ofício n. 48-A/2020-PCO sugeriu ao CNJ que "as audiências de instrução sejam realizadas virtualmente apenas mediante concordâncias das partes e seus advogados, e que as testemunhas sejam ouvidas exclusivamente nas dependências dos foros"[25]. Em seu voto, o relator, Conselheiro André Godinho, afirmou que "alguns atos processuais, ainda que possam ser realizados por meios telemáticos, demandam um cuidado especial a fim de assegurar às partes paridade de tratamento em relação ao exercício de direitos e faculdades processuais"[26].

---

[24] Cf. CNJ. Com mais de 366 mil videoconferências, Justiça eleva produtividade na pandemia. 8 ago. 2020. Disponível em: <https://www.cnj.jus.br/com-mais-de-366-mil-videoconferencias-justica-eleva-produtividade-na-pandemia/>. Acesso em: 30-10-2020.

[25] Cf. Ofício n. 48/2020-PCO. Disponível em: <https://www.conjur.com.br/dl/oficio-oab-cnj-proposta-resolucao.pdf>. Acesso em: 30-10-2020.

[26] Cf. Voto do Conselheiro Relator. Disponível em: <https://www.conjur.com.br/dl/cnj-proposta-resolucao-aprovada.pdf>. Acesso em: 30-10-2020.

Essa proposta decorreu da dificuldade em se garantir a incomunicabilidade entre testemunhas. O voto favorável do Conselheiro foi no sentido de determinar que os Tribunais disponibilizem espaços físicos para a realização de atos processuais, tais como a oitiva de testemunhas, ainda que a audiência ocorra por videoconferência. Para tanto, deverão ser designados servidores para acompanhar os atos e garantir a incomunicabilidade entre as testemunhas.

5.2.1. *Conciliação não presencial*

A pandemia também trouxe adaptações na Justiça especial. A Lei dos Juizados n. 9.099/95 foi alterada pela Lei n. 13.994/2020 para possibilitar a realização de conciliações não presenciais nos juizados especiais cíveis.

5.3. Tribunal do Júri virtual?

Ainda em 2020, o CNJ autorizou a retomada de atividades presenciais de forma gradual por meio da Res. n. 322/2020. Como parte do que seria a primeira etapa de retomada das atividades presenciais foram autorizadas as audiências envolvendo réus presos e sessões do júri.

A retomada da audiência de instrução e julgamento em sessões do tribunal do júri trouxe diversas reflexões sobre o papel do processo judicial na contenção do vírus e a necessidade de respeitar os direitos das vítimas. A discussão envolveu a possibilidade do uso de videoconferência para esse ato processual específico. De um lado, argumentou-se pela inviabilidade de uma videoconferência com muitos usuários, isto é, jurados. Por outro lado, argumentou-se pela necessidade de atualizar as formas e procedimentos processuais também no âmbito criminal[27].

5.4. Rumo ao Juízo 100% Digital

O Conselho Nacional de Justiça, por meio da Res. n. 345 de 9 de outubro de 2020, autorizou a implementação do "Juízo 100% Digital" no Poder Judiciário.

---

[27] Cf. Carvalho, Thiago Flôres. O júri na pandemia e a resistência injustificada à videoconferência. 7 ago. 2020. Disponível em: <https://migalhas.uol.com.br/depeso/331771/o-juri-na-pandemia-e-a-resistencia-injustificada-a-videoconferencia>.

A proposta é admitir todos os atos processuais em meio remoto. Para tanto, a parte demandante poderá propor esse modelo de processo no momento da distribuição da ação, já a parte demandada poderá opor-se até o momento da contestação.

Embora a proposta seja facultativa, a adesão dos Tribunais parece iminente. O Tribunal de Justiça do Rio de Janeiro, de forma pioneira, autorizou treze unidades jurisdicionais do estado para participar do projeto[28].

Estamos diante de uma verdadeira guinada no formato de prestação jurisdicional pelo Poder Judiciário. E essas são apenas algumas das medidas editadas em virtude da pandemia, pois é certo que muitas outras serão editadas, seja por força da persistência do momento de emergência da saúde pública, seja como consequência desse novo modelo que emerge e ainda depende de muitos passos e aperfeiçoamentos até um modelo mais definitivo e claro em seus contornos.

Para avaliar essa nova prestação jurisdicional não nos pode servir apenas a métrica da produtividade, embora esta deva ser também um de seus elementos essenciais. Aplicação de tecnologia sem retornos de eficiência equivaleria ao fracasso do modelo tecnológico escolhido. Não foi o caso, como vimos. Nesse sentido, tal como tem ocorrido em outras tantas atividades humanas, a incorporação da tecnologia tem reduzido custos e realizado ganhos de celeridade, muitas vezes substituindo o que vinha sendo executado por meio de trabalho humano. Será necessário também avaliar o impacto desse novo Judiciário virtual a partir dos valores constitucionais em vigor, de maneira a continuar garantindo plenamente a dignidade da pessoa, os valores sociais do trabalho, a ampla defesa e contraditório e, sobretudo, o real acesso à tecnologia.

É necessário compreender em que medida a mudança da Justiça presencial para uma Justiça virtual impacta parcela da sociedade, inclusive de profissionais, que não possui acesso à internet, tampouco uma boa qualidade de conexão de rede de banda larga, e que se verá impedida de bem acompanhar uma audiência de instrução e julgamento e demais atos processuais.

---

28 CONJUR. TJ-RJ é o primeiro tribunal brasileiro a implantar Juízo 100% Digital. 27 out. 2020. Disponível em: <https://www.conjur.com.br/2020-out-27/tj-rj-primeiro-tribunal-implantar-juizo-100-digital>.

6. O ROBÔ JUIZ: O PODER JUDICIÁRIO ENCONTRA A INTELIGÊNCIA ARTIFICIAL

6.1. A digitalização

O contexto analisado acima, das redes sociais, das plataformas digitais de mídia social, insere-se dentro do tema maior, que é o das novas tecnologias. Neste contexto, é já praticamente mandatório tratar da inteligência artificial, seu uso no Poder Judiciário que, por vezes acaba sendo apresentada como um uso a substituir o Poder Judiciário atual.

Mas um dos primeiros aspectos a ser relembrado neste tema é o da digitalização de documentos físicos. Trata-se de importante ocorrência recente, considerando que o papel sempre foi largamente utilizado no Poder Judiciário. A digitalização oferece diversas vantagens.

Para o Poder Judiciário, reduz-se o ônus em manter amplos locais para a guarda e arquivamento dos diversos documentos gerados ao longo de décadas de processos e de cultura do conflito. Elimina-se, ainda, uma necessidade, que era comum, de reforço de estruturas, e em prédios antigos e comuns, a necessidade de constantemente averiguar a capacidade de aguentar o peso gerado pelo armazenamento do papel.

Para o juiz, advogado, promotores e demais operadores do Direito, permite-se o acesso remoto a dados e documentos, evitando o deslocamento físico, cada vez mais custoso nos mais diversos centros urbanos, nos quais a mobilidade tornou-se um dos problemas centrais no exercício da cidadania plena, mesmo antes da Pandemia de Covid-19.

Todos esses aspectos foram propiciados pelos avanços tecnológicos, que permitiram não apenas a mera digitalização, mas também a criação digital de documentos (natodigitais), originariamente falando, bem como e, sobretudo, como já disse acima, o acesso remoto, por meio da rede mundial de computadores, de plataformas digitais de intermediação e facilitação tanto desse acesso como da busca em um universo que não tem limites quanto ao registro de conteúdos.

A adoção de sistemas digitais para a tramitação processual, acima analisado, é uma das aplicações desses dois fenômenos tecnológicos (digitalização e internetização). Embora sua implantação tenha gerado certas dificuldades e até vícios consideráveis, demandado ajustes importantes que têm sido realizados, a conclusão é firme no sentido de que o efeito geral do processo digital e da Corte virtual é extremamente benéfico para a sociedade e para a Magistratura, desde que respeitadas determinadas condicionantes constitucionais.

Outro aspecto de melhoria do modelo judicial em virtude de avanço tecnológico, que não poderia deixar de ser citado, foi a capacidade de promover transmissão de dados ao vivo, a partir da infraestrutura de telecomunicações existente, permitindo que audiências *on-line* se tornassem uma realidade, operando com economia de tempo e dinheiro para todos envolvidos, sem prejuízo da qualidade na prestação jurisdicional.

Todo esse relato, porém, constitui fase tecnológica muito incipiente, uma espécie de primeira infância de um processo que há de ser bem mais amplo, verdadeiramente revolucionário, a partir de avanços tecnológicos esperados para muito em breve (a chamada característica disruptiva das tecnologias atuais).

6.2. Automação dos serviços judiciais e demais operações cartoriais e de expediente

Podemos afirmar que, em alguma medida, estamos assistindo, na atualidade, ao surgimento de diversas"máquinas de pensar", ou mais propriamente, à automatização de determinados atos, a partir de um *software* que determina a cartilha a ser seguida pela máquina a partir dos *inputs* apresentados.

Assim, algumas rotinas menos complexas, que envolvem a tomada de decisões padronizadas, a partir de elementos objetivos que podem ser bem caracterizados, estão encontrando soluções e aplicações tecnológicas que permitem eliminar a necessidade da intervenção humana.

Nesse sentido, por exemplo, o STF procura desenvolver um sistema, chamado Victor[29], em parceria com a Universidade de Brasília, para identificar se os diversos recursos carreados ao Tribunal se enquadram como de repercussão geral. Segundo o *site* do próprio STF. À época do início desse projeto, considerava-se ser o"maior e mais complexo Projeto de IA do Poder Judiciário e, talvez, de toda a Administração Pública Brasileira"[30].

Posteriormente foi criado o sistema Sócrates, no âmbito do STJ, com grande alcance na prática do Tribunal.

---

29 Em homenagem a Victor Nunes Leal.

30 http://www.stf.jus.br/portal/cms/verNoticiaDetalhe.asp?idConteudo=380038 (acessado em 29-2-2020).

Há notícias de diversos outros projetos em andamento, desenvolvidos não apenas por tribunais e até mesmo juízes, que individualmente têm desenhado por sua conta sistemas informáticos de automatização, certamente incentivados pela iniciativa pioneira no STF, mas também por *law techs* e *startups*.

Essas ocorrências, contudo, não são capazes de desautorizar a constatação, que está, dentre outros, em Tania Sourdin, no sentido de que o desenvolvimento de inteligências artificiais encontra-se, ainda em sua "infância" (Sourdin, 2018: 1115). A automatização de decisões mais complexas exigiria o pleno domínio sobre certos elementos, sobre raciocínios e sobre diversas perspectivas, o que é dificilmente alcançável na atualidade.

6.2.1. *Robôs que "auxiliam" processos decisórios: automação de operações ou raciocínios intermediários com grande impacto social*

O cenário de um robô sentenciador, substituindo o Homem, soa, ainda, algo muito futurista. A robotização de todo o processo judicial decisório, com a substituição do ser humano, depende de avanços tecnológicos seguros e transparentes, algo ainda não alcançado.

Mas é preciso considerar que em alguma medida automatizações parciais desse processo já podem ocorrer e, em realidade, estão ocorrendo em diversos níveis do Poder Público ao redor do Mundo. Nesse ponto é oportuna a advertência de Fabro Steibel, Victor Vicente e Diego de Jesus: "projetar um futuro radicalmente transformador pode obscurecer a constatação das transformações que estão em curso atualmente. Em um sentido bastante pragmático, desafios relativos a mercado de trabalho, responsabilização de intermediários, ética e transparência, contribuem para mostrar que o futuro da Inteligência Artificial desde já se confunde com o seu presente" (Steibel, Vicente, Jesus, 2019: 61).

Mais do que isso, é preciso reconhecer que ao invés de "robôs" substituindo o Homem (juiz, advogado, promotor, etc.), é bem provável que o caminho melhor e mais ético seja o de "co-bôs", como pretende Tania Sourdin, ou seja, de mecanismos "inteligentes" construídos para oferecer aos envolvidos "mais eficiência, ao invés de substituição" (Sourdin, 2018: 1130).

Este novo momento tecnológico, no qual diversos algoritmos são usados para auxiliar a tomada de decisão humana, por vezes a guiando de maneira decisiva, sem oferecer a decisão propriamente dita, pode ser também extremamente delicado e de alta complexidade, podendo impactar profundamente a vida em sociedade. Portanto, apesar de considerar que esse caminho é promissor, essa premissa não autoriza que sejamos inocentes e tecnovassalos, ignorando determinados problemas.

Nesse sentido, apesar de deixarmos de lado o ideal romantizado da substituição do Homem pelo robô, nem por isso se pode considerar que os processos de auxílio (de co-ação robotizada) sejam menores ou laterais, apenas porque não realizam o processo decisório completo, ou simplesmente porque não oferecem as decisões prontas, ainda que parciais.

Embora"apenas"auxiliem a tomada de decisão, é importante enfrentar o contexto e significado mais profundo dessas "inteligências artificiais", testando-as aos padrões e mandamentos jurídicos em vigor, para que não se criem decisões baseadas em algoritmos com vieses cognitivos. Um viés inadequado geralmente é fruto de uma aprendizagem de máquina lastreada em elementos ou *inputs* incorretos, seja do ponto de vista do grau civilizatório, seja do nível de proteção constitucional alcançado em cada país.

É importante que esses processos de automação, criando o que se tem chamado, por vezes, de "inteligência artificial", ou, mais propriamente, algoritmos que conduzem escolhas, sejam realizados com ampla publicidade e transparência de sua adoção, por parte do Poder Público, e possam ser minimamente auditáveis, na origem ou quanto aos seus resultados gerais, inclusive oferecendo a certeza de que os dados utilizados para os *outputs* automatizados não violem, de alguma maneira, direitos dos indivíduos, como os direitos de personalidade, o direito ao esquecimento e, sobretudo, a privacidade, o sigilo das comunicações, de dados e telefônico, seja no momento de formação do algoritmo.

A transparência sobre a adoção de algoritmos no Poder Judiciário é crucial. Como afirmar Zuboff, em lição que vale para o presente estudo," [o] capitalismo de vigilância prospera na ignorância do público" (Zuboff, 2018: 50). É preciso evitar que a tecnologia, com pressupostos pouco discutidos e conhecidos do cidadão, acabe por povoar a jurisdição de maneira indiscriminada, sem planejamento e acompanhamento. Isso não quer dizer que se deva recusar o uso de algoritmos, nem criar barreiras técnicas que tornem altamente improvável sua implantação. Pelo contrário, seu uso tende a ser útil e relevante, mas depende de ser adotado adequadamente.

Na medida em que cada vez mais a Administração Pública e o Poder Judiciário se utilizem de algoritmos, ainda que – e especialmente quando o façam – internamente, será cada vez mais imprescindível conhecer quem escreveu as instruções dessas máquinas inteligentes e com o que exatamente estavam comprometidos ao fazê-lo. Uma espécie de *accountability* original. Os *coders*, programadores e arquitetos de sistemas e cientistas da computação são pessoas com conhecimento jurídico avançado ou foram auxiliados por pessoas com esses conhecimentos? Está assegurado que os dados iniciais ou de alimentação foram obtidos com respeito às garantias jurídicas em vigor? Há um mecanismo de controle de erro, que possa recalibrar o sistema constantemente, e evitar desvios indevidos?

6.2.2. *Governança dos algoritmos*

Sistemas chamados de inteligência artificial estão atuando fortemente em diversas cidades pelo Mundo, gerando o que alguns chamam de uma espécie de "governança dos algoritmos".

Em texto publicado no New York Times, CADE METZ e ADAM SATARIANO alertam para o uso indiscriminado, descontrolado e não divulgado de algoritmos: "Na Philadephia, um algoritmo criado por um Professor da Universidade da Pennsylvania ajudou a prescrever a experiência de condenados em condicional pelos últimos cinco anos.

"O algoritmo é um dos muitos que decidem acerca da vida das pessoas nos Estados Unidos e Europa. Autoridades locais usam esses chamados algoritmos preditivos para organizar patrulhas policiais, sentenças prisionais e regras de condicional. Nos Países Baixos, um algoritmo etiquetou o risco de fraude social. Uma cidade britânica ranqueia quais adolescentes são mais suscetíveis a se tornarem criminosos"[31].

Em sua pesquisa, os autores descrevem um algoritmo que etiquetou um ex-prisioneiro em condicional que, em virtude dessa catalogação que recebeu de um algoritmo, foi obrigado a ter reuniões semanais com oficiais da condicional durante longo período.

A questão que se levanta em todos esses procedimentos automatizados e delegados a um algoritmo, é saber exatamente se direitos de diversas ordens (constitucionais, legais e vedações estatais) estão sendo desrespeitados ou simplesmente ignorados pelo Poder Público, que muitas vezes adota esse caminho apenas por força de uma contenção de recursos, em nome da bandeira da austeridade, ignorando suas responsabilidades.

---

[31] Cf. https://www.nytimes.com/2020/02/06/technology/predictive-algorithms-crime.html. Acessado em: 29-2-2020.

É preciso ter consciência e atuar a partir dela, acerca de como se formam esses algoritmos, sempre construídos por alguém ou algum grupo empresarial, a partir de dados selecionados e obtidos, com certas orientações e determinações para a máquina oferecer resultados que também são previamente determinados pelo ser humano, pelo programador, pelo *coder*, etc.

Não podemos ignorar que a utilização dessas tecnologias parece exercer um poder de atração e submissão social muito grande, talvez baseado na falsa ideia da neutralidade e superioridade dos mecanismos tecnológicos, ou apenas difundido pelas muitas produções hollywoodianas. É preciso estar muito atento para que o grande benefício que efetivamente pode advir da tecnologia – e que tem de ser reconhecido como resultado real usufruído pela sociedade – não acabe por gerar, a curto e médio prazo, maiores danos do que benefícios, seja para a sociedade, seja para certos direitos e liberdades individuais, alcançados após largo período de lutas e conquistas paulatinas.

6.2.2.1. O uso dos dados digitais dos cidadãos e suas implicações

Como sabemos, algoritmos como os acima exemplificados são encarregados de construir um perfil e, por que não dizer, uma imagem (digital) das pessoas, a partir dos dados colhidos e das instruções neurais determinadas pelos programadores e idealizadores do modelo. A colheita e uso de dados massivos vem anunciada (quando se torna pública a ocorrência) com a justificativa de poder melhorar os serviços e produtos que os algoritmos nos oferecem. Ainda assim, é preciso ter a clareza de que nossa imagem digital se torna um algoritmo, um perfil ao qual não temos sequer acesso e a partir do qual são gerados *outputs* desejados em cada operação (como a de determinar propensão criminosa, cumprimento das condições de uma liberdade condicional, etc.).

Colocadas as coisas em seu devido lugar e compreendendo as engrenagens mais profundas dos sistemas de inteligência virtual, as pessoas são desmaterializadas, bem como suas condutas, intenções, interesses. Viram meras representações do que são na vida real[32]. Como lembra Polany, a economia de mercado transmutou a vida em trabalho, a natureza em terra, a propriedade do capital, e a troca virou moeda. Agora, a realidade material se dissipa. A realidade vira comportamento passado, que serve de base para

[32] Firmino, 72.

cálculos estatísticos complexos que predizem ou anunciam predizerem o futuro. Como sustenta ZUBOFF (2018: 56), que tem falado, a propósito, de um "capitalismo de vigilância", a realidade vira um índice criado por um algoritmo e servirá de base (virtual) para futuras decisões (reais). O risco, portanto, é o abandono completo da realidade, para fins de decidir sobre ela própria, em completo paradoxo.

6.2.2.2. Quando a melhor governança se transforma em mais vigilância

A vigilância sem limites é uma potencialidade real no uso da tecnologia digital. Daí a expressão cunhada por ZUBOFF, acima registrada. Essa vigilância, quando implantada, afeta diversos setores jurídicos e trará muitas provocações para o Poder Judiciário.

Trago um exemplo, extraído de proposta do economista da Google, HALL VARIAN. Para ele, no futuro próximo, as companhias de seguro poderiam decidir se mantêm ou não o seguro com os dados sobre se o motorista segurado está tendo uma direção adequada. Para VARIAN seria uma nova forma de contrato. Mas isso é apenas um des-contrato, como adverte ZUBOFF (2018: 41) uma negação do Estado de direito e da privacidade. O mesmo valeria para a proposta de impedir o carro de ser acionado no caso de um *leasing* no qual uma das parcelas esteja em atraso. Não me parece apenas uma forma de reduzir processos judiciais, mas, acima de tudo, estamos diante de um novo marco, que propõe atuar fora do padrões de um Estado de Direito e dos avanços civilizatórios que este representa, abandonando-os em nome de uma celeridade e redução de custos, ainda que realizadas visivelmente com sacrifício explícito de direitos fundamentais (para citar apenas um, o devido processo, de maneira a certificar os acontecimentos e seus responsáveis, evitando a penalização de inocentes ou de casos justificados pelo Direito).

Esse modelo de vigilância, para ZOBOFF, "estabelece uma nova forma de poder em que o Estado de Direito é suplantado pelas recompensas e punições de um novo tipo de mão invisível". Com a diferença, acrescento eu, de que essa mão invisível é, agora, um algoritmo, ou uma inteligência artificial, de propriedade das grandes corporações (eventualmente concessionárias, delegatárias ou contratadas do Estado).

Regimes de privação de direitos e de aniquilação das liberdades, que redesejam a imagem do cidadão à sua revelia, devem compor o repertório a ser combatido pelo Poder Judiciário e pelos magistrados que o compõem.

6.2.3. *Os experimentos atuais com predição de decisões judiciais: robôs sentenciadores?*

Há dois estudos seminais que tratam da criação de algoritmos que permitiriam verificar com relativo grau de acerto qual seria a sentença de uma Corte.

Esses experimentos, contudo, precisam ser compreendidos em seus detalhes, para bem avaliar os altos índices que oferecem como resultado positivo.

No estudo realizado por Macha Medvedeva, Michel Vols e Martijn Wieling, na Universidade de Groningen, Holanda, publicado em 2019, utilizaram-se as decisões da Corte Europeia de Direitos Humanos para fins de predizer decisões judiciais, dentro do recorte realizado.

Para tanto, os pesquisadores realizaram análise de linguagem e extração automática de"dados"para construir uma máquina estatística de interesse jurídico. O pressuposto dessa escolha, como ocorre invariavelmente quando se fala de inteligência artificial, estava na massiva quantidade de casos julgados publicados o que, consoante os pesquisadores, torna o assunto "fisicamente impossível para pesquisadores do Direito lerem, analisarem e sistematizarem todas as decisões internacionais e nacionais da Corte".

Em alguns casos se alcançou 79% de acertos nos resultados oferecidos pelo algoritmo. Nesse experimento foi utilizado o *Support Vector Machine*, um modelo específico de *machine learning*. O aprendizado da máquina está baseado nos dados oferecidos como *inputs*, que constituíram em determinados textos, mais propriamente em um sequenciamento de palavras e no cálculo da probabilidade da presença de algumas dessas sequências para predizer determinadas decisões.

A base, portanto, é essencialmente estatística, operando a partir de dados e *inputs* conhecidos, ocorridos no passado, de uma maneira aleatória (n-grama, no caso, por tetragrama), sem utilização de representações com conteúdo normativo, ou seja, uma escolha metodológica nitidamente cega do ponto de vista do Direito e de seus operadores, mas que foi capaz de produzir resultados estatísticos "seguros", representados pelo alto índice de acertos nas respostas.

Os próprios autores alertam para esse fato, quando consideram que ser capaz de identificar os argumentos (jurídicos) é essencial para análise automática de dados jurídicos e isso pode ser utilizado para predizer decisões judiciais. Mas, reconhecem, essa é"Uma tarefa muito difícil", já que requer grandes quantidades de informações manualmente identificadas. Por isso, o interesse dos pesquisadores foi usar a informação disponível antes de a Corte decidir um caso, o que foi feito excluindo as partes dos julgamentos que contivessem os argumentos adotados ou as decisões.

Em estudo realizado anteriormente ao de Macha Medvedeva e seus colegas, por eles mencionado, Aletras, Tsarapatsanis Preotiuc-Pietro e Lampos já haviam utilizado a mesma Corte, em experimento pioneiro, deixando de lado experimentos anteriores que se baseavam em dados como gravidade do crime ou natureza do crime, ou em dados sobre os votos dos juízes. O experimento é apresentado como o"primeiro estudo sistemático de precisão de decisões futuras de casos julgados na maior corte internacional pelo processo de minerar informações textuais", para fins de estabelecer um algoritmo que opera com uso da linguagem natural e em *machine learning*. O experimento também ocorreu a partir de uma proposta binária do problema em si. E o resultado obtido indicou que a predição ocorre melhor com o uso da seção de fatos de um caso. Nesse sistema foram identificados casos e padrões (também com n-gramas) que levaram a certas decisões, obtendo, na média, 79% de acerto.

Este experimento de Aletras e seus colegas vem acompanhado de análise jurídica mais robusta, que sugere a importância dos fatos na determinação do conteúdo do Direito (como em Müller) e uma suposta comprovação do realismo jurídico (cf. Lewellyn).

Por fim, menciono recente notícia[33] de que a China implantou uma espécie de Corte digital, uma *Cyber* Corte, para auxiliar no julgamento de casos de *copyright* e de *e-commerce*.

BIBLIOGRAFIA DO CAPÍTULO I

AGRA, Walber de Moura. *A reconstrução da legitimidade do Supremo Tribunal Federal:* densificação da jurisdição constitucional brasileira. Rio de Janeiro: Forense, 2005.

ALETRAS N.; TSARAPATSANIS D.; PREOTIUC-PIETRO D.; LAMPOS V. 2016. Predicting judicial decisions of the European Court of Human

[33] https://www.japantimes.co.jp/news/2019/12/07/asia-pacific/crime-legal-asia-pacific/ai-judges-verdicts-via-chat-app-brave-new-world-chinas-digital-courts/#.Xl1Y2VJKigT. Acesso em: 2-3-2020.

Rights: a Natural Language Processing perspective. *PeerJ Computer Science*, 2:e93. https://doi.org/10.7717/peerj-cs.93.

ALMEIDA FILHO, Algassiz. *Comentários à reforma do poder judiciário*. AGRA, Walber de Moura (Coord.). Rio de Janeiro: Forense, 2005.

ANTUNES, J. Pinto. *Da limitação dos poderes*. São Paulo: Revista dos Tribunais, 1950.

ARAGÃO, Antonio Moniz Sodré de. *O Poder Judiciário na revisão constitucional*. São Paulo: Acadêmica, 1929.

BASTOS, Celso Ribeiro. *Hermenêutica e interpretação constitucional*. 3. ed. São Paulo: Celso Bastos Editor, 2002.

BERCOVICI, Gilberto. Desenvolvimento, Estado e administração pública. In: CARDOZO, José Eduardo Martins; QUIROZ, João Eduardo Lopes; SANTOS, Márcia Walquíria Batista dos. *Curso de direito administrativo econômico*. São Paulo: Malheiros, 2006, p. 19-39.

_______. A Constituição de 1988 e a teoria da Constituição. In: Tavares, André Ramos et al. *Constituição Federal:* mutação e evolução, comentários e perspectivas. São Paulo: Método, 2003, p. 9-31.

BERGER, Raoul. Mark Tushnet's Critique of Interpretivism. In: *George Washington Law Review*, v. 51, 1982-3, p. 532-50.

BERMAN, Harold J. *La formación de la tradición jurídica de Occidente*. México: FCE, 2001.

BLACKSTONE, William. *Commentaries on the laws of England:* of private wrongs. Chicago: The University of Chicago Press, 1979. v. 3.

BLACK JR., Charles L. *The people and the court judicial review in a democracy*. New York: The Macmillan Company, 1960.

BOBBIO, Norberto; MATTEUCCI, Nicola; PASQUINO, Gianfranco. *Dicionário de política*. 2. ed. Brasília: Editora Universidade de Brasília, 1986.

BONAVIDES, Paulo. *Curso de direito constitucional*. 11. ed. São Paulo: Malheiros, 2001.

BOUDIN, Louis B. *Government by judiciary:* an analysis of the real workings of the judicial power and a true history of its rise from small beginnings to practical omnipotence. New York: William Godwin, 1932. v. I-II.

BORK, Robert. *The tempting of America:* the political seduction of the law. New York: Free Press, 1990.

BRITO, Miguel Nogueira de. Originalismo e interpretação constitucional. In: *Sub Judice:* sociedade e justiça, v. 12, jan./jun. 1998 (n. duplo), p. 33-58.

CANOTILHO, J. J. Gomes. *Direito constitucional e teoria da Constituição.* 7. ed. Coimbra: Almedina, 2003.

CAPPELLETTI, Mauro. *Juízes irresponsáveis.* Trad. Carlos Alberto Álvaro de Oliveira. Porto Alegre: SAFe, 1989.

_______. *Juízes irresponsáveis.* Trad. Carlos Alberto Álvaro de Oliveira. Porto Alegre: SAFe, 1989

_______. *La giurisdizione costituzionale delle libertà.* 3. ed. Milano: Giuffrè, 1976.

CLÈVE, Clèmerson Merlin. Uso alternativo do direito e saber jurídico alternativo. In: ARRUDA Jr., Edmundo Lima de. *Lições de direito alternativo.* São Paulo: Editora Acadêmica, 1991.

COMPARATO, Fábio Konder. *Rumo à Justiça.* São Paulo: Saraiva, 2010.

DALLARI, Dalmo de Abreu. A hora do Judiciário. In: KREBS, Fernando Aurvalle (Org.). *A reforma do Poder Judiciário.* Curitiba: Juruá, 1998.

DALY, Tom Gerald. *The alchemists:* questioning our faith in courts as democracy-builders. Cambridge: Cambridge University Press, 2017.

DYZENHAUS, David. *Legality and legitimacy:* Carl Schmitt, Hans Kelsen and Hermann Heller in Weimar. Oxford: Oxford University Press, 1999.

ENTERRÍA, Eduardo García de. *La constitución como norma y el tribunal constitucional.* Madrid: Civitas, 1983: reimpressão de 1994.

ESTAGNAN, Joaquin Silguero. *La tutela jurisdiccional de los intereses colectivos a traves de la legitimación de los grupos.* Madrid: Dykinson, 1995.

FARBER, Daniel A. The originalism debate: a guide for the perplexed. In: *Ohio St. Law Journal,* n. 49. 1988-89, p. 1085-1106.

FARIA, Júlio Cezar de. *Juízes do meu tempo.* São Paulo: Martins, 1942.

FIGUEIREDO, Fran. *A reforma do Poder Judiciário.* Brasília: Brasília Jurídica, 1999.

FOLHA DE S. PAULO. Justiça Federal só soluciona 20% das ações. 14-12-2004, p. A9.

FREEMAN, Samuel. *Democracia e controle jurídico da constitucionalidade*. Lua Nova, n. 32, São Paulo: CEDEC, 1994.

GIL, Renata. Entrevista: Folha de SP, 12-1-2020, p. A8.

GLISSEN, John. *Introdução histórica ao direito*. 3. ed. Lisboa: Fundação Calouste Gulbenkian, 2001.

GOLDFORD, Dennis J. *The american constitution and the debate over originalism*. Cambridge: Cambridge Univ. Press, 2005.

HILBINK, Lisa. *Jueces y política en democracia y dictadura* (tradução). México: Flacso, 2014.

HUNTINGTON, Samuel. *A terceira onda:* a democratização no final do século XX. São Paulo: Ática, 1994.

ISSACHAROFF, Samuel. *Fragile democracies:* Contested power in the era of constitucional courts. S/l: Cambridge University Press, 2015.

KELSEN, Hans. *Jurisdição constitucional*. Trad. Maria Ermantina Galvão. São Paulo: Martins Fontes (Coleção Justiça e Direito). Tradução de: La garantie jurisdictionelle de la Constitution [debate no Instituto Internacional de Direito Público], 1928.

_______. *¿Quién debe ser el defensor de la Constitución?* Traducción y notas: Roberto J. Brie. Madrid: Tecnos, 1995. Tradução de: Wer soll der hüter der Verfassung sein? (1931).

LAMBERT, Edouard. *Le gouvernement des juges et la lutte contre la législation sociale aux États-Unis:* l'expérience américaine du contrôle judiciaire de la constitutionnalité des lois. Paris: Marcel Giard, 1921.

LIMA, Alcides de Mendonça. *O Poder Judiciário e a nova Constituição*. Rio de Janeiro: Aide, 1989.

LOUREIRO, Isabel. *A revolução alemã:* 1918-1923. São Paulo: Unesp, 2005.

MARTINS, Leonardo . Introdução à jurisprudência do Tribunal Constitucional Federal alemão. In: Leonardo Martins (Org.). *Cinquenta Anos de Jurisprudência do Tribunal Constitucional Federal Alemão*. Montevidéu: Editora da Fundação Konrad Adenauer, 2005, p. 33-128.

MAURIQUE, Jorge Antônio. Entrevista: *Folha de SP*, 12-1-2020, p. A8.

MEDVEDEVA, Macha; VOLS, Miche; WIELING, Martijn. Using machine learning to predict decisions of the European Court of Human Rights. In: *Artificial inteligence and Law*, 26-6-19.

MENDES, Fernando. Já temos quatro instâncias. In: *Folha de São Paulo*. Tendências/Debates. Opinião. 1.º-2-2020, p. A3.

MIRANDA, Jorge. *Manual de direito constitucional:* introdução à Teoria da Constituição. 2. ed. rev. reimpr. Coimbra: Coimbra Ed., 1988. t. II.

MOORE, Michael. The written constitution and interpretivism. *Harvard Journal of Law and Public Policy*. n. 12, 1989 (Symposium: Are There Unenumerated Constitutional Rights? The Seventh Annual National Federalist Society Symposium on Law and Public Policy, 1988).

MORANGE, Jean. *Direitos humanos e liberdades públicas*. 5. ed. São Paulo: Manole. Ed. original de 1985.

MOREIRA NETO, Diogo de Figueiredo. O Sistema Judiciário Brasileiro e a Reforma do Estado. São Paulo: Celso Bastos Editor, 1999.

_______. *Direito da participação política*. Rio de Janeiro: Renovar, 1992.

MÜLLER, Friedrich. *Metodologia do Direito Constitucional*. 4. ed. São Paulo: RT.

_______. *Teoria Estruturante do Direito*. 3. ed. São Paulo: RT.

_______. *O Novo Paradigma do Direito*. 3. ed. São Paulo: RT.

MÜLLER, Ingo. *Los juristas del horror: la "justicia" de Hitler:* el pasado que alemania no puede dejar atrás. Tradução de: Furchtbare Juristen (1987). Bogotá: Alvaro Norá, 2011.

NALINI, José Renato. *O juiz e o acesso à justiça*. São Paulo: Revista dos Tribunais, 1994.

NEGROPONTE, Nicholas. *A vida digital*. Trad. Sérgio Tellalori. São Paulo: Companhia das Letras, 1995.

NEUMANN, Franz. *Behemoth:* the structure and practice of national socialism. Chicago: Ivan R. Dee, 2009 (1944).

NICHOLS, Tom. *The death of expertise:* the campaign against established knowledge and why it matters. New York: Oxford University Press, 2017.

NUNES, Castro. *Teoria e prática do Poder Judiciário*. Rio de Janeiro: Forense, 1943.

OSÓRIO, Fábio Medina. O"Novo"Sistema Judicial Brasileiro: Significados e Significantes. In: OSORIO, Fábio Medina; SOUTO; Marcos Juruena Vilella. *Direito Administrativo: Estudos em Homenagem a Diogo de Figueiredo Moreira Neto*. Rio de Janeiro: Lumen Juris, 2006, p. 59-107.

PERRY, Michael J. *The constitution in the courts:* law or politics? NewYork/ Oxford: Oxford University Press, 1994.

PHILIPS, Susan U. *Ideology in the language of judges*. Oxford: Oxford University Press, 1998.

PONTES DE MIRANDA, Francisco Cavalcanti. *Comentários à Constituição de 1946*. 4. ed. Rio de Janeiro: Borsoi, 1963. t. 3.

POWELL, H. Jefferson. The original understanding of original intent. *Harvard Law Review*, v. 98. 1984-5, p. 885-948.

REHNQUIST, William H. *The supreme court:* how it was, how it is. New York: Quill William Morrow, 1987.

RICHARD, Lionel. *A República de Weimar (1919-1933)*. São Paulo: Companhia das Letras/Círculo do Livro, 1988.

RIGAUX, François. *A lei dos juízes*. São Paulo: Martins Fontes, 2000.

ROQUE, Tatiana. O negacionismo no poder: como fazer frente ao ceticismo que atinge a ciência e a política. In: *Revista Piauí*. Publicado em: 2-2020. Disponível em: < https://piaui.folha.uol.com.br/materia/o-negacionismo-no-poder/ >. Acesso em: 26-2-2020.

ROSENFELD, Michel. Constitutional adjudication in Europe and the United States: paradoxes and contrast. *International Journal of Constitutional Law*, n. 4, out./2004.

ROSSUM, Ralph A. *Antonin Scalia's jurisprudence*: text and tradition. Lawrence: Univ. Press of Kansas, 2006.

ROTHENBURG, Walter Claudius. *A dialética da democracia:* entre legisladores e jurisdição constitucional. 2007. V. CLÈVE, Clèmerson (Org.). Bibliografia: 429-40.

______. *Inconstitucionalidade por omissão e troca de sujeito:* a perda de competência como sanção à inconstitucionalidade por omissão. São Paulo: Revista dos Tribunais, 2005.

SALAZAR, Alcino. *Poder Judiciário:* bases para reorganização. Rio de Janeiro: Forense, 1975.

SANTOS, Boaventura de Sousa. A formação dos magistrados em Portugal. Que renovação? In: *Revista de Doutrina da 4ª Região,* Porto Alegre, n.12, jul. 2004. Disponível em: < http://www.revistadoutrina.trf4.jus.br/artigos/edicao012/boaventura.htm>. Acesso em: 20 fev. 2014.

______. Entrevista à Revista Diálogo e Debates, por André Deak e Giovanna Mode. Março de 2003, p. 7-11.

SARLET, Ingo Wolfgang. *A eficácia dos direitos fundamentais.* 6. ed. Porto Alegre: Livraria do Advogado, 2006.

SCHAUER, Frederick. Defining originalism. *Harvard Journal of Law and Public Policy,* v. 19, 1995-6, p. 343-6.

SCHMITT, Carl. *La defensa de la Constitución.* 2. ed. Trad. Manuel Sanchez Sarto. Prólogo: Pedro de Vega. Madrid: Tecnos, 1998. Tradução de: Der Hüter der Verfassung (1931).

______. *Teoría de la Constitución.* Reimpr. Madrid: Revista de Derecho Privado, 1928.

SCHNEIDER, Hans Meter. *Democracia y Constitución.* Madrid: Centro de Estudios Constitucionales, 1991 (Colección Estudios Constitucionales).

SEGADO, Francisco Fernández. El tribunal constitucional. Un estudio orgánico. *Revista de la Facultad de Derecho de la Universidad Complutense,* Madrid, n. 15, p. 375-423, 1989.

STAAB, James B. *The political thought of justice Antonin Scalia:* a hamiltonian on the Supreme Court. New York: Rowman & Littlefield Pub., 2006.

STEIBEL, Fabro; VICENTE; Victor Freitas; JESUS, Diego Santos Vieira. Possibilidades e potenciais da utilização da Inteligência Artificial. In: FRAZÃO, Ana; MULHOLLAND, Caitlin (Orgs.). *Inteligência Artificial e Direito:* ética, regulação e responsabilidade. São Paulo: RT, 2019, p. 53-64.

STOLLEIS, Michael. *The law under the swastika:* studies on legal history in nazi Germany. Chicago: The University of Chicago Press, 1998.

SUNSTEIN, Cass R. Five theses on originalism. *Harvard Journal of Law and Public Policy,* 1995-6, n. 19, p. 311-5.

TAVARES, André Ramos. *Curso de Direito Constitucional*. 18. ed. São Paulo: Saraiva, 2020.

_______. Facções privadas e política econômica não democrática da ditadura brasileira. *Revista Brasileira de Estudos Constitucionais – RBEC*, v. 32, p. 1047-1066, 2015.

_______. *Curso de direito constitucional*. 5. ed. São Paulo: Saraiva, 2007a.

_______. O discurso dos direitos fundamentais na legitimidade e deslegitimação de uma justiça constitucional substantiva. *Revista Brasileira de Estudos Constitucionais*, n. 2, 2007b.

_______. *Fronteiras da hermenêutica constitucional*. São Paulo: Saraiva, 2006.

_______. *Reforma do judiciário no Brasil Pós-88:* (des)estruturando a justiça: comentários completos à EC 45/2004. São Paulo: Saraiva, 2005a.

_______. *Teoria da justiça constitucional*. São Paulo: Saraiva, 2005b.

_______. *Direito constitucional econômico*. São Paulo: Método, 2003.

TEIXEIRA, Sálvio de Figueiredo. *Compromisso com o Direito e a Justiça*. Belo Horizonte: Del Rey, 2008.

THOMAS, E. W. *The judicial process:* realism, pragmatism, practical reasoning and principles. Cambridge: Cambridge University Press, 2005.

TREMPS, Pablo Perez. *Tribunal constitucional y poder judicial*. Madrid: Centro de Estudios Constitucionales, 1985. (Colección Estudios Constitucionales, dirigida por Francisco Rubio Llorente). Premio Nicolás Perez Serrano para tesis doctorales, 1984, del Centro de Estudios Constitucionales.

TRIBE, Laurence H. *American constitutional law*. 2. ed. Mineola: The Foundation Press, 1988.

TUSHNET, Mark. Following the rules laid down: a critique of interpretivism and neutral principles. *Harvard Law Review*, v. 96, n. 4, fev. 1983.

VITA, Leticia. ¿Quién debe ser el guardián de la Constitución? Una relectura del debate entre Kelsen y Schmitt a la luz del caso Prusia contra Reich de 1932. In: *Lecciones y Ensayos*, n. 99, 2017, p. 131-166.

WEIZER, Paul I. *The opinions of justice Antonin Scalia:* the caustic conservative. New York: Peter Lang, 2004 (Teaching Texts in Law and Politics, v. 13).

WOLFE, Christopher. *How to read the constitution:* originalism, constitutional interpretation, and judicial power. New York/London: Rowman & Littlefield Pub., 1996.

ZAFFARONI, Eugenio Raúl. *O Poder Judiciário:* crise, acertos e desacertos. Trad. Juarez Tavares. São Paulo: Revista dos Tribunais, 1995.

ZAMUDIO, Héctor Fix. *La protecion jurídica y processual de lós derechos humanos ante las jurisdiciones nacionales* [1. ed.]. Madrid: Civitas; México, Universidad Autónoma de México, 1982 (Estudios comparados, n. 21).

ZUBOFF, Shoshana. Big Other: Capitalismo de vigilância e perspectivas para uma civilização de informação. In: Bruno, F. et al. (Orgs.). *Tecnopolíticas da vigilância*: perspectivas da margem. São Paulo: Boitempo, 2018, p. 17-68.

CAPÍTULO II

DIREITOS JUDICIÁRIOS FUNDAMENTAIS EM ESPÉCIE

1. PROPOSTA CONCEITUAL

É especialmente relevante a realização judicial de direitos em países de economia periférica, com Estado fraco em face dos interesses predominantes do grande poder econômico e com um nível exacerbado de desigualdade. Essas e outras características das economias periféricas (como o baixíssimo nível de preparo técnico e educação da mão de obra excedente), insistentes ao longo das décadas, acabaram por deslocar o funcionamento clássico do Poder Judiciário, que de entregador do Direito previsto em Lei acabou por acoplar a função (pressuposta) de concretizador normativo do Direito, integrando normas, usualmente constitucionais, para, assim, determinar seu cumprimento imediato ao Poder Executivo e à Administração Pública.

Esse é o perfil garantista e concretizador global do Poder Judiciário. Ao seu lado, porém, há direitos a serem observados e"entregues" ao jurisdicionado pelo Poder Judiciário no curso da atuação jurisdicional. Estou me referindo, aqui, ao respeito (a diversos direitos) que se impõe ao longo da marcha processual, independentemente de seu resultado material, de maneira a considerar-se a atividade judicial, em sua marcha rumo à decisão final (de mérito ou não), como sendo *adequada* a um Estado preocupado com os direitos fundamentais e sua realização, bem como uma marcha processual que seja aderente a um Estado de Direito pleno. Os temas, portanto, estão totalmente imbricados. Falar de Direitos judiciários ou direitos fundamentais de caráter judicial não prescinde de nossa convicção e consciência sobre limites democráticos e contexto nacional do país.

Dito de outra forma, em um Estado atento aos direitos humanos, o processo judicial não será qualquer sequência de atos e fases. É imprescindível que esse andamento rumo à realização de direitos por meio do Poder Judiciário esteja cercado também de realizações próprias, de direitos específicos que garantem o processo adequado a esse modelo de Estado avançado.

Desde a primeira edição desta obra denomino esse conjunto de direitos como *direitos judiciários fundamentais*. Ou seja, os direitos judiciários fundamentais são aqueles que *avalizam uma marcha processual consistente com um Estado de Direitos* e, mais do que isso, com um Estado de Direitos judicialmente tutelado, no sentido acima indicado. A propósito, serve-nos amplamente as lições técnicas de GILMAR MENDES: "A dogmática constitucional alemã cunhou a expressão 'justizgrundrechte' para se referir a um elenco de proteções constantes da Constituição que tem por escopo proteger o indivíduo no contexto do processo judicial. Sabe-se que a expressão é imperfeita, uma vez que muitos desses direitos transcendem a esfera propriamente judicial" (MENDES, 2013: 383). O autor opta por expressão assemelhada, embora também reconheça que peca por imprecisão terminológica, qual seja: "direitos fundamentais de caráter judicial e garantias constitucionais do processo". Esta última uma velha conhecida da Doutrina nacional, mas apesar da falta de rigor máximo, o que nos importa é fixar o sentido geral, democrático, e o significado pontual desse reconhecido rol de direitos fundamentais.

Não se trata, portanto, de direitos judiciais no sentido de direitos dos juízes, nem de direitos judiciais no sentido de direitos do Poder Judiciário (instituição). Em realidade, quanto aos magistrados e à Justiça, caracterizam-se rigorosamente por serem seu oposto, quer dizer, *deveres de cumprimento estrito*, na busca por uma *Justiça qualificada*, preocupada com a forma da realização final dos direitos pleiteados e não apenas com a realização imediata, cega ou automática, desses direitos pleiteados.

Esses deveres, apresentados ao cidadão como direitos, também pretendem impedir que o Poder Judiciário se torne autoritário no exercício de seu poder, que deturpe as finalidades fundamentais de suas funções, que procure avançar ou antecipar posicionamentos pessoais ou interesses de quem quer que seja, inclusive possíveis interesses da sociedade. Em um Estado Constitucional voltado para direitos humanos é pressuposto básico que o maior interesse da sociedade está no respeito ao conjunto completo dos direitos, e não em questões de antecipação de decisões. Uma grande discussão que aqui se abre está na preocupação em garantir a integridade da prestação jurisdicional. Esta discussão pode ser desdobrada em duas outras: a preocupação com o próprio Poder Judiciário e a preocupação com prestações ou decisões judiciais tópicas.

A perspectiva na qual são apresentados esses direitos judiciais fundamentais é instrumental (mas nunca secundária ou descartável), ou seja, não como direitos concernentes ao núcleo de uma disputa judicial, mas sim como direitos paralelos ao direito em questionamento. Certamente estes direitos judiciais fundamentais podem se tornar o centro de uma disputa judicial específica, mas ainda assim sua existência é instrumental.

A realização de direitos pelo Poder Judiciário legitima-se perante a Constituição não apenas por dela emanar diretamente mas também por ocorrer em um ambiente de respeito a esses deveres judiciários, que envolvem atos e ações dos magistrados e das partes.

2. DIREITO DE ACESSO AO PODER JUDICIÁRIO E À JUSTIÇA

A independência dos juízes, na concepção de Boaventura de Sousa Santos (2003: 8, 2ª col.),"só existe para que o acesso à Justiça se amplie". Realmente, um dos pilares de apoio ou legitimação da referida independência é justamente a ampliação e manutenção do acesso à Justiça. Não se pode cogitar de uma independência judicial pela mera independência. Na realidade, a independência serve a um objetivo, que é a existência de um Poder capaz de fazer impor e respeitar os direitos e, nesse exato sentido é que se fala em acesso à Justiça.

É que o acesso ao Poder Judiciário não se reduz à possibilidade de demandar do Poder Judiciário. É imprescindível, para fins de acesso pleno, um Poder Judiciário capaz de responder e satisfazer todos tipos de demanda, o que exige, como pressuposto básico, a independência do juiz, especialmente em relação a outros poderes.

Anotam Mauro Cappelletti e Bryant Garth que a expressão *acesso à Justiça*"serve para determinar duas finalidades básicas do sistema jurídico – o sistema pelo qual as pessoas podem reivindicar seus direitos e/ou resolver seus litígios sob os auspícios do Estado. Primeiro, o sistema deve ser igualmente acessível a todos; segundo, ele deve produzir resultados que sejam individual e socialmente justos. (...) uma premissa básica será a de que a justiça social, tal como desejada por nossas sociedades modernas, pressupõe o acesso efetivo" (1988: 8). Vale lembrar, preliminarmente ao estudo do tema, que por muito tempo a máquina judiciária só poderia ser "obtida" por aqueles que pudessem fazer frente aos seus altos custos.

O princípio do amplo acesso ao Poder Judiciário remonta, na História constitucional pátria, à Constituição de 1946, que foi a primeira a expressamente determinar que "a lei não poderá excluir da apreciação do Poder Judiciário qualquer lesão de direito individual". Dessa específica construção redacional tem-se por tradição alocar o chamado "princípio do acesso".

Esse princípio é um dos pilares sobre os quais se ergue o Estado de Direito, pois de nada adiantariam leis regularmente votadas pelos representantes populares se, no dia a dia, fossem elas desrespeitadas, sem que qualquer órgão estivesse legitimado a exercer o controle e a imposição de sua observância. E pelo enunciado da legalidade deve haver a apreciação de lesão ou ameaça a direito pelo órgão competente.

Incumbe ao Poder Judiciário a função fundamental de se manifestar, como última instância, sobre as lesões ou ameaças de lesões a direito.

O princípio em questão significa que toda controvérsia sobre direito, incluindo a ameaça de lesão, não pode ser subtraída da apreciação do Poder Judiciário. Sob esse enfoque, o comando constitucional dirige-se diretamente ao legislador, que não pode pretender, por meio de lei, delimitar o âmbito de atividade do Poder Judiciário. Essa função fundamental do Poder Judiciário encontra seu fundamento diretamente na Constituição, não podendo a lei nem aumentar nem reduzir sua esfera central de atuação, que pode ser indicada, sinteticamente, em duas grandes frentes: i) a da defesa da Constituição; e ii) a de dizer o direito aos casos concretos que lhe são submetidos a análise.

Nesse sentido, anota Celso Bastos (2000: 214): "Isto significa que lei alguma poderá autoexcluir-se da apreciação do Poder Judiciário quanto à sua constitucionalidade, nem poderá dizer que ela seja ininvocável pelos interessados perante o Poder Judiciário para resolução das controvérsias que surjam da sua aplicação".

Consequência direta do princípio é a não aceitação da chamada instância administrativa forçada, ou jurisdição condicionada. Os países nos quais há contencioso administrativo obrigatório impõem a discussão administrativa prévia nas hipóteses que envolvam a Administração Pública, ou seja, a necessidade de recorrer primeiramente às vias administrativas e, somente uma vez esgotado este meio e em não sendo satisfatória a resposta, lançar-se às vias judiciais (acesso postergado no tempo).

No Brasil, o contencioso administrativo obrigatório prévio foi permitido pela Emenda Constitucional n. 7/77 à Constituição de 1967/69, mas nunca chegou a ser implementado na prática. Essa Emenda apenas permitia que a Lei condicionasse validamente o ingresso em juízo à exaustão das vias administrativas, não tendo estabelecido diretamente o contencioso no país.

Dados os termos amplos em que é colocado o direito de acesso ao Judiciário na Constituição de 1988, não há mais lugar para esse tipo de imposição, que cria, nas palavras de Celso Bastos, um "contencioso completamente desfigurado", especialmente em países com estrutura administrativa como a brasileira, porque é a parte envolvida e interessada aquela que deverá proceder à apreciação da demanda do interessado ou lesado para lhe responder. Governos distanciam-se do interesse público primário, da sociedade, para construírem interesses próprios, secundários, alinhados à sua ideologia e às eleições.

O único caso admitido (e, por isso, excepcional) no Direito pátrio é o referente à Justiça Desportiva, no qual a própria Constituição impõe o prévio esgotamento das instâncias administrativas próprias, no caso de ações relativas à disciplina e às competições desportivas (art. 217, § 1º). No entanto, para que não houvesse procrastinação no trâmite do feito e, por conseguinte, impedimento indireto de acesso ao Poder Judiciário, a Constituição impõe diretamente um prazo máximo de sessenta dias para a manifestação final dessa instância jurisdicional administrativa (art. 217, § 2º). Esse prazo tem início com a instauração do processo e após seu transcurso sem decisão administrativa definitiva desfaz-se a necessidade do prévio esgotamento, vale dizer, subentende-se já estar cumprido o curso administrativo forçado, que, no caso, é temporalmente delimitado.

Emergindo a lesão, ou caracterizando-se a ameaça de lesão a direito, surge, a seu titular, a possibilidade de tutela pela via judiciária.

Discordo, neste ponto, da posição daqueles que entendem que apenas o Poder Judiciário exerce jurisdição no sentido de que "toda decisão definitiva sobre uma controvérsia jurídica, só poderia ser exercida pelo Poder Judiciário" (Bastos, 2000: 213).

É que casos há – e necessariamente previstos na Constituição – nos quais há jurisdição exercida por órgãos fora da estrutura orgânica própria do Poder Judiciário. Como exemplos, há o caso do julgamento de *impeachment*, realizado pelo Poder Legislativo, e também as decisões finais das Casas legislativas quanto à manutenção de parlamentar preso ou quanto ao seguimento de processo contra o Presidente da República. Há também as decisões que acabei de mencionar, da jurisdição administrativa, onde uma decisão pode, evidentemente, acabar assumindo o papel de definitiva (dada a preclusão que ocorre para a Administração Pública, especialmente quando satisfaz o pedido administrativo dos interessados e, eventualmente, a prescrição da ação judicial competente para proceder à revisão daquela decisão administrativa, inclusive mediante conformação dos envolvidos). Há ainda a jurisdição "privada", admitida que é a arbitragem no Direito pátrio.

O primeiro sentido de jurisdição é o de "dizer o Direito", atividade que é desempenhada não apenas pelos órgãos judiciários. Pode-se afirmar, pois, que o Poder Judiciário exerce função jurisdicional, mas nem toda função jurisdicional é ditada pelo Poder Judiciário e nem toda decisão final de uma demanda ou de uma disputa pertence à esfera exclusiva do Poder Judiciário, embora esta esfera seja a regra geral para a quase totalidade das hipóteses da vida privada.

A inafastabilidade da jurisdição deve ser analisada em conjunto com a indeclinabilidade da prestação jurisdicional pelo Poder Judiciário, segundo a qual este não pode abster-se de julgar, seja qual for o possível motivo ou razão para a tentativa de declinar do exercício dessa função fundamental.

A indeclinabilidade da jurisdição-judicial explica-se por força do modelo no qual nos inserimos de Estado Constitucional. O poder Judiciário como garante máximo da normatividade, e todas as garantias judiciárias quedariam insignificantes se se permitisse ao magistrado quedar-se inerte em sua função de proteção do Direito.

Na compreensão de "acesso à Justiça", mesmo em sua leitura mais arrojada, desenvolvida na década de setenta por CAPPELLETTI e GARTH, devemos reconhecer um *sentido interno do acesso à Justiça*. Já abordei essa questão inicialmente, ao propor que o acesso deve ser sempre um acesso qualificado pelas garantias, pelo modo específico de desenrolar-se o processo. Mais do que isso, esse acesso deve ser, tanto quanto possível, orientado internamente pelo *padrão constitucional de atuação e atenção às metas*. Explico.

O Poder Judiciário é um dos atores responsáveis (ônus funcional da magistratura) pela realização das prescrições constitucionais. Assim, superada que já está a ideia de que bastaria proclamar a abertura do Poder Judiciário a todos, posto que deve ser acompanhada de medidas instrumentais que efetivem esse postulado, impõe-se, adicionalmente, reconhecer que também não basta a efetivação do acesso caso a Justiça, especialmente a Justiça Constitucional, não esteja consciente de seu papel na realização do Estado Constitucional, e, com ela, na implementação do Estado social e na destacada tarefa de combater as causas que conduzem nossa sociedade a permanecer reproduzindo e perpetuar miséria, pobreza e discriminação, de maneira a reforçar a extrema desigualdade material e educacional existente. Recorde-se, aqui, que no Brasil todo magistrado é um juiz constitucional, carregando em seu cargo o dever mencionado.

3. DIREITO DE AÇÃO

Desde que o Estado reclamou para si o monopólio do uso da força (proibindo a autotutela privada), assumiu o dever de assegurar sempre uma prestação jurisdicional.

O direito de ação significa a possibilidade de qualquer pessoa dirigir-se ao Judiciário, provocando o exercício da jurisdição. Como bem afirma EDUARDO CAMBI, o direito de ação "assegura a efetividade dos instrumentos necessários à obtenção da tutela jurisdicional" (CAMBI, 2001: 115).

Nesse sentido, é preciso esclarecer que para provocar a jurisdição não se exige que o arguente seja o verdadeiro titular do direito substancial envolvido. É suficiente, para obter o acesso (e exercer o direito de ação), sustentar (afirmar) a existência de um direito substantivo e sua titularidade.

A Constituição do Brasil, em seu art. 5º, XXXV, declara que "a lei não excluirá da apreciação do Poder Judiciário lesão ou ameaça a direito".

Ademais, como anota MARINONI, o direito de acesso não é apenas o direito de ir a juízo, "mas também quer significar que todos têm direito à adequada tutela jurisdicional ou à tutela jurisdicional efetiva, adequada e tempestiva" (MARINONI, 1997: 20).

Discute-se, ainda, dentro deste temário, o ponto relativo às condições da ação e pressupostos processuais, cuja presença é reclamada por lei, para que haja conhecimento da demanda por parte do Poder Judiciário. A questão é a de saber se tais exigências ferem o amplo e irrestrito direito de acesso ao Judiciário, tal como previsto na Constituição Federal.

Ora, ao se garantir o acesso à Justiça e, com ele, o amplo direito de ação, na realidade, não se pretende garantir o desenvolvimento de qualquer processo sem fundamentação material. A Constituição não tem como escopo assegurar um direito abstrato de acesso à Justiça.

Mas, sendo o direito de ação a possibilidade de exercer todos os meios necessários à obtenção de uma solução jurisdicional definitiva, como visto acima, evidentemente que esse direito não se esgota na mera possibilidade de ingressar em juízo, alcançando, além da provocação ampla já assinalada, também a possibilidade de desenvolver uma participação processual ampla, envolvendo a argumentação e a produção probatória, bem como a própria decisão final em si, colocando termo ao litígio da maneira mais adequada possível (forma de tutela específica, consoante o direito material envolvido).

Assim, direito de ação não é apenas a possibilidade de provocar o processo judicial, mas também o direito de acompanhá-lo, com todas as implicações daí decorrentes.

Esse direito de acompanhamento processual não é apenas o direito de assistir inerte ao desenrolar do rito processual, até porque para que isso ocorra a parte é elemento essencial, provocando, a cada etapa, o magistrado da causa. O direito de acompanhamento de que se fala aqui envolve, especialmente, o direito de apresentação de alegações, de provas, de sustentações. É nesse sentido que Eduardo Cambi conclui: "a garantia da ação, em uma perspectiva constitucional, compreende um complexo tecnicamente indeterminado de situações processuais ativas" (Cambi, 2001: 117), ou seja, a possibilidade de participação processual efetiva, a ser vivenciada por meio de sustentações e produção probatória ampla.

Em síntese que exprime com clareza e completude a ideia acima, Eduardo Cambi anota que, "sob o enfoque constitucional, o direito de ação não é apenas um poder genérico de provocar a atuação jurisdicional, mas implica a concessão de poderes específicos de agir em juízo, compreendendo um conjunto de iniciativas e de faculdades, que vão além do mero ato de introdução da demanda no processo, abrangendo outro complexo de atividades das partes, consideradas indispensáveis à obtenção da tutela efetiva do direito material ou do interesse lesado. A garantia constitucional da ação não assegura o mero direito ao processo, mas o direito ao processo *justo*, dentro do qual está compreendido o direito à prova, com o reconhecimento da possibilidade de fazer admitir e experimentar todos os meios probatórios permitidos (ou não vedados) pelo sistema, desde que relevantes para a demonstração dos fatos que servem de fundamento para a pretensão" (Cambi, 2001: 118).

Como se perceberá, as categorias analisadas aqui, como direitos judiciais fundamentais, são, em alguns momentos, intercambiáveis. Há certa sobreposição de categorias orientadas para uma mesma e única finalidade.

4. DIREITO DE PETIÇÃO E DE OBTENÇÃO DE CERTIDÕES

O direito de petição, como categoria destacada do direito de ação, permite-nos um vislumbre mais adequado quanto ao sentido do próprio direito de ação acima trabalhado.

4.1. Origem do direito de petição

Sua origem remonta à Inglaterra, durante a Idade Média, por meio do *right of petition*, que se consolidou no *Bill of Rights*, de 1689. Por meio deste, foi prevista a possibilidade de os súditos dirigirem petições contra a realeza.

A Constituição Brasileira de 1824, em seu art. 179, XXX, dispunha:

"Todo o cidadão poderá apresentar, por escrito, ao Poder Legislativo e ao Executivo, reclamações, queixas ou petições, e até expor qualquer infração da Constituição, requerendo perante a competente autoridade a efetiva responsabilidade aos infratores" (grafia adaptada).

Já houve quem, na literatura brasileira, encontrasse nesse dispositivo uma origem remota de um surpreendente controle de constitucionalidade popular no Brasil. O texto, porém, não autoriza essa conclusão. Trata-se de mecanismo genérico, não judicial, que procura acentuar a possibilidade de o cidadão, no Império, aproximar-se das autoridades legislativas e executivas, para fins de apontar irregularidades.

4.2. Previsão constitucional dos direitos de petição e de obtenção de certidões

O *direito de petição* é o direito a todos assegurado de provocar o Poder Público, independentemente do pagamento de taxas, para a defesa de direitos ou contra a ilegalidade ou abuso de poder. É o caso de "reclamação" dirigida ao Estado, que se instrumentaliza por meio do direito de petição.

Historicamente, o direito de petição tem sido denominado, no Brasil, também como direito de representação, como ocorria na Constituição de 1937, art. 122, § 7º, e Constituição de 1967/1969, art. 153, § 30.

Na realidade, como observa Celso Bastos, "do ponto de vista doutrinário, o direito de petição é mais abrangente e abraça dentro de si a representação, a reclamação e a queixa" (Bastos, 2001, v. 2: 182). E conclui a seguir: "Constata-se assim que a partir de um tronco comum, nascido no direito inglês, o direito de petição aos Poderes Públicos desdobrou-se em nosso sistema constitucional para abranger também o direito de representar. O primeiro se preordena à defesa dos direitos particulares ou públicos, e o segundo é mais apto à denúncia de abusos de autoridade" (Bastos, 2001, v. 2: 182).

Contempla o art. 5º, XXXIV, da Constituição: "são a todos assegurados, independentemente do pagamento de taxas: *a*) o direito de petição aos Poderes Públicos em defesa de direitos ou contra ilegalidade ou abuso de poder; *b*) a obtenção de certidões em repartições públicas, para defesa de direitos e esclarecimento de situações de interesse pessoal".

Atualmente, pois, a representação encontra-se implícita na fórmula mais ampla do direito de petição. Percebe-se, ademais, que a Constituição neste passo reconheceu a importância das fórmulas não judiciais de solução de conflitos.

Sob a mesma preocupação de tornar a Administração acessível ao indivíduo (cf. Bastos, 2001, v.2: 183) se insere *o direito de obter certidões* para defesa de direitos e esclarecer situações de natureza pessoal, conforme previsão da alínea *b* do art. 5º, XXXIV, supratranscrito.

4.3. Natureza jurídica do direito de petição

A natureza jurídica do direito de petição é a de prerrogativa de cunho democrático-participativo. Em virtude de não se constituir em ação judicial, e apesar de exigir forma escrita, o direito de petição é absolutamente informal no que se refere aos seus requisitos e pressupostos para apresentação. Assim é que, embora dirigida à autoridade incorreta, esta, recebendo-a, deverá encaminhá-la à autoridade competente, e não simplesmente deixar ao desamparo o direito violado.

Está legitimada a propor a petição qualquer pessoa, jurídica ou física, nacional ou estrangeira.

4.4. Destinatário do direito de petição

A reclamação-petição poderá voltar-se contra qualquer dos três poderes ou órgãos do Estado brasileiro.

Quanto ao Poder Judiciário, o CNJ e as corregedorias de Justiça são os principais órgãos responsáveis pela verificação das reclamações e representações veiculadas por direito de petição.

4.5. Ilegalidade ou abuso de poder

Um dos fundamentos do direito de petição está na eventual prática de fato ilícito ou abusivo por agente ou funcionário do Poder Público. Seu objeto, portanto, direciona-se à reparação dessa situação. Há, aqui, identidade com o objeto tutelável por mandado de segurança (inciso LXIX do art. 5º).

4.6. Prazo prescricional do direito de petição

Embora não haja prazo específico para obter-se resposta por parte do Poder Público, este está obrigado a apresentá-la dentro em tempo razoável, sob pena de sujeitar-se ao mandado de segurança, por violação de direito líquido e certo, de ordem constitucional, do peticionário, em obter, por meio do direito em apreço, a apreciação de sua petição.

Nos casos de processos administrativos, para o âmbito da Administração Federal, a Lei n. 9.784/99 estabelece prazo de até trinta dias (após a instrução do processo) para que haja o julgamento, vale dizer, para que seja apresentada a decisão sobre solicitações ou reclamações em matérias de sua competência.

E, embora não se possa obrigar o Poder Público a adotar as medidas pleiteadas, restará a via judicial, não apenas para obter isso, mas igualmente como forma de responsabilizar o funcionário ou agente omisso em tomar a providência apontada pelo peticionário, quando da ilegalidade ou abuso tomou conhecimento por meio da petição.

4.7. Regulamentação do direito de petição

O direito de petição encontra-se, em parte, disciplinado em seu uso na Lei n. 4.898/65, ao tratar da repressão ao abuso de autoridade. Consoante seu art. 1º: "O direito de representação e o processo de responsabilidade administrativa, civil e penal, contra autoridades que, no exercício de suas funções, cometerem abusos, são regulados pela presente lei".

4.8. Direito de obtenção de certidões para defesa de direitos e/ou esclarecimentos de situações de interesse pessoal

De acordo com Gilmar Ferreira Mendes (Mendes, Branco, 2012: 526) apesar de o texto constitucional não se referir, no ponto que trata do direito de petição, ao direito de informação, "parece corolário do direito de petição essa consequência" (adaptei a grafia). Essa informação a que se refere Mendes é aquela que diz respeito ao resultado da apreciação da petição, decorrente da alínea *a*, do art. 5º, XXXIV.

Entretanto, no que diz respeito ao direito de obter certidões independentemente de taxas, direito esse previsto no inciso XXXIV, alínea *b*, tenho que a perspectiva do direito à informação é mais direta. De acordo com Celso Ribeiro Bastos essa alínea assegura "o direito à obtenção de informações, que confere sem dúvida uma dimensão nova que o tradicional direito de petição não oferece" (Bastos, 2001: 183).

A Lei n. 9.051/95 dispõe, em seu art. 1º, que as certidões para defesa de direitos e esclarecimentos de situações deverão ser expedidas no prazo, considerado expressamente como improrrogável, de 15 (quinze) dias contado do registro do pedido.

5. DIREITO À INDECLINABILIDADE DA PRESTAÇÃO JURISDICIONAL

A conhecida indeclinabilidade da prestação jurisdicional é direito de toda e qualquer pessoa interessada em solução preventiva para possível violação de um suposto direito do qual é titular ou em nome de quem o titularize.

Muitos dos direitos aqui estudados, juntamente com os deveres e as vedações analisadas em capítulos seguintes, encontram-se intimamente relacionados. Em inúmeras hipóteses há bases comuns e, em outras, uma complementação entre os direitos.

A indeclinabilidade da prestação jurisdicional tem suporte na presença do Estado como árbitro universal, detentor do monopólio da força e para o qual devem ser carreadas todas as divergências sociais que não encontrem solução na livre conformação das partes interessadas.

Apresentada uma demanda ao Poder Judiciário, pela indeclinabilidade jurisdicional, não pode haver negativa de prestação. Contudo, considerando-se algumas exigências processuais, que são "condições" para o endereçamento dessas demandas, pode haver recusas legítimas, que, conforme o caso, merecerão uma solução processual pelo suposto interessado para fins de reunir as "condições" dentro das quais se pode falar em indeclinabilidade da prestação jurisdicional.

A indeclinabilidade da prestação jurisdicional como princípio inclui a impossibilidade de o Judiciário alegar, em qualquer instância, estado de anomia, ou seja, estado de ausência de lei, como fundamento para uma impossível fuga do dever de julgar.

6. DIREITO AO DEVIDO PROCESSO LEGAL

6.1. Previsão

O art. XI, n. 1, da Declaração Universal dos Direitos do Homem assegura que "toda pessoa acusada de um ato delituoso tem o direito de ser presumida inocente até que a sua culpabilidade tenha sido provada de acordo com a lei, em julgamento público no qual lhe tenham sido asseguradas todas as garantias necessárias à sua defesa".

O princípio do devido processo legal acabou sendo inserido de forma expressa na Constituição de 1988, no art. 5º, que foi a primeira a referir-se expressamente ao "devido processo legal", nos casos de privação da liberdade ou dos bens. Preceitua a Constituição: "LIV – ninguém será privado da liberdade ou de seus bens sem o devido processo legal".

6.2. Conteúdo

6.2.1. *Aspecto material e formal*

É imprescindível, preliminarmente, destrinchar os elementos da consagrada expressão "devido processo legal". Para tanto, proceder-se-á, preliminarmente, à verificação do conteúdo de cada termo componente da expressão.

Assim, considera-se que o termo "devido" assume o sentido de algo "previsto", "tipificado". Mas não é só. Também requer que seja justo.

"Processo", na expressão consagrada constitucionalmente, refere-se aos trâmites, formalidades, procedimentos, garantias. São as práticas do mundo jurídico em geral.

"Legal", aqui, assume conotação ampla, significando tanto a Constituição como a legislação.

Reunindo, nesses termos, os componentes, tem-se: "garantias previstas juridicamente". Esse, sucintamente, o significado da expressão "devido processo legal".

A ampla defesa, assim como o contraditório, que compõem o inciso seguinte, bem como inúmeros outros princípios enunciados na Constituição, referentemente ao processo, em realidade, estão compreendidos na noção de devido processo legal (Pamplona, 2004: 27 e 28).

Para muitos autores, a referência ao princípio faz sentido apenas no Direito Constitucional norte-americano, de onde promanou a doutrina do devido processo legal. Isso ocorre já que a Constituição daquele país é essencialmente principiológica, e, como se sabe, o Judiciário faz decorrer dele inúmeras normas não expressamente inscritas no texto da Constituição de 1789 e posteriores emendas. No Brasil, esse direito já se encontra "especificado" em inúmeras outras cláusulas constitucionais (direitos e garantias).

O princípio do devido processo legal biparte-se, contudo, passando a ser agregado um aspecto material (substancial) ao lado do processual propriamente dito.

O devido processo legal, no âmbito processual, significa a garantia concedida à parte processual para utilizar-se da plenitude dos meios jurídicos existentes. É, em realidade, o próprio contraditório.

Já o devido processo legal aplicado no âmbito material diz respeito à necessidade de observar o critério da proporcionalidade, resguardando a vida, a liberdade e a propriedade.

Em sede de ação direta de inconstitucionalidade, em concessão de medida liminar, o Min. Celso de Mello entendeu que o princípio da razoabilidade infere-se "enquanto projeção concretizadora do 'substantive due process of law', como insuperável limitação ao poder normativo do Estado" (*DJ*, 12-6-1995, p. 15154).

Consoante Antônio Roberto Sampaio Dória, tratando da doutrina norte-americana, "a busca de preceito constitucional explícito, para servir de veículo de atuação de todo um indefinido e indefinível corpo de 'leis naturais', não tardou em deparar com o único dispositivo da constituição, que se prestava idoneamente a essa finalidade: a cláusula *due process of law*. Convenientemente vaga em sua expressão literal (embora, conforme vimos, com nítido sentido processual em sua tradição histórica), proibindo a infringência a direitos relativos à vida, liberdade e propriedade, a cláusula em apreço vinha a talhe de foice para se constituir em instrumento hábil a amparar a expansão das limitações constitucionais ao exercício do poder legislativo federal e estadual" (Dória, 1986: 30).

O devido processo legal, em seu âmbito material, abrange aspectos que se classificam como formais. É o caso do respeito às regras do processo legislativo.

6.2.2. *Âmbito de incidência*

O princípio do devido processo legal vale para qualquer processo judicial (seja criminal ou civil), e mesmo para os processos administrativos, inclusive os disciplinares e os militares, bem como nos processos administrativos previstos no ECA.

Quanto ao ECA, já que visa à aplicação de medida socioeducativa, que se assemelha, para tais fins, a verdadeira sanção administrativa, não há como negar a incidência do princípio do devido processo legal (nesse sentido: Nery Junior, 1999: 127).

7. DIREITO À CELERIDADE JUDICIAL E PROCESSUAL

Na EC n. 45/2004, vislumbra-se uma referência constante à celeridade processual, consagrada em duas perspectivas que se complementam: (i) como direito fundamental e (ii) como diretriz estrutural do Judiciário.

No primeiro aspecto mencionado, consoante o novel inciso LXXVIII do art. 5º da CF, a todos, no âmbito judicial e administrativo, passam a ser assegurados "a razoável duração do processo e os meios que garantam a celeridade de sua tramitação". Presencia-se, nesta parte da reforma do Judiciário, carreada pela emenda acima, o surgimento de novos (formalmente falando) direitos fundamentais neste único inciso, a saber: (i) razoável duração do processo judicial; (ii) razoável duração do processo administrativo; (iii) os meios que garantam a celeridade da tramitação do processo judicial; e (iv) os meios que garantam a celeridade da tramitação do processo administrativo.

Enfatiza-se, aqui, que tais direitos são inovações meramente formais, na exata medida em que se poderia encontrá-los no princípio mais genérico do *devido processo legal*. Neste grau, pois, é possível considerar a inserção do inciso LXXVIII, pela novel Reforma, como repetição e especificação desnecessárias (talvez admissíveis numa cultura de massificação). Se todos têm direito a um devido processo legal, está nele inerente a necessidade de um processo com duração razoável, pela abertura conceitual daquela garantia plasmada constitucionalmente, conforme dito acima.

Note-se que, apesar de utilizar conceitos indeterminados, a demandar uma concreção posterior, o inciso LXXVIII refere-se à *razoável duração*. Isso inculca a ideia de celeridade, a qual, muito embora não esteja referida diretamente, apresentou-se, inegavelmente, como móbil do poder constituinte derivado, responsável pela EC n. 45.

Sem embargo, a *razoabilidade* referida representa uma quebra dessa preocupação exclusiva com a rapidez, pois o processo deverá durar o mínimo, mas também todo o tempo necessário para que não haja violação da qualidade na prestação jurisdicional.

Ainda assim, não há como negar a importância da celeridade quando se fala em razoável duração. A celeridade na obtenção das decisões judiciais, aliás, tem sido uma constante também na Europa. A esse respeito, vale registrar a decisão do Tribunal Europeu de Direitos Humanos (caso *Pammel*), em 1997, condenando a Alemanha pela excessiva duração dos processos.

Na realidade, encontra-se no art. 6º, 1, da Convenção Europeia pela Salvaguarda dos Direitos do Homem e das Liberdades Fundamentais, de 1950, o direito ao "prazo razoável". Assim também a Convenção Americana sobre Direitos Humanos (Pacto de São José da Costa Rica, de 1969), em seu art. 8º, 1, usa a expressão "prazo razoável", referindo-se ao direito de toda pessoa ser ouvida por um juiz ou tribunal competente. No mesmo sentido operou a Carta dos Direitos Fundamentais da União Europeia, de 2000, cujo parágrafo do art. 47 afirma que "toda pessoa tem direito a que sua causa seja julgada de forma equitativa, publicamente e num prazo razoável". Por fim, a própria Constituição europeia veio a reafirmar de forma idêntica tal determinação, estabelecendo-a em seu art. II-107.

Tornando a celeridade do processo (judicial e administrativo) e os meios necessários para alcançar esse objetivo, explicitamente, direitos fundamentais, resta, ainda, enfrentar outra possível dúvida: saber se essa será mais uma daquelas normas meramente programáticas, desprovidas de eficácia prática e de sanção pelo não cumprimento imediato. É preciso saber, conforme bem pontua Flávio Luiz Yarshell, "se a norma não passa de uma promessa vã; que, diante de uma realidade de mais de cinco anos de espera para distribuição de um recurso (como ocorre em São Paulo), soa como uma espécie de escárnio em relação ao jurisdicionado, de quem se subtraiu o poder de fazer justiça pelas próprias mãos e de quem são cobrados tributos, inclusive taxa judiciária" (Yarshell, 2004: 28 e 32).

Uma vez que as condições estruturais do sistema judiciário não podem ser alteradas por um passe de mágica, pois o "legislador todo-poderoso" não passa de uma ilusão abstratamente concebida pelas revoluções burguesas do final do século XVIII, reforça-se a desconfiança na efetividade desse novo direito.

Assim, esses direitos, ainda que de natureza especial, desacompanhados de outras medidas (até fáticas) que lhes confiram sustentação e realizabilidade, acabarão ecoando no vazio, como um conjunto de palavras estéreis, com a agravante de fragilizarem ainda mais a imagem do Poder Judiciário (e, eventualmente, da Constituição, aprofundando a crise de constitucionalidade) ante a população, especialmente no caso de este não apresentar as respostas que estão pressupostas (pelo senso comum) no direito fundamental "à razoável duração do processo". Some-se a isso a banalização que se promove ao inserir uma especificação de algo que já se deveria considerar inerente à cláusula constitucional do devido processo legal, e que nada mais é do que parte daquela crise de constitucionalidade já referida, gerando aquilo que Guilherme Amorim Campos da Silva alcunha de "paradoxo da dispersão dos enfoques" (Silva, 2003: 228-40).

Por fim, no que tange à celeridade em sua perspectiva como diretriz estrutural do Judiciário (para além de um direito da cidadania plena), e que bem pode ser considerada como instrumental/complementar à inserção do direito à razoável duração do processo como direito fundamental, há algumas novidades dignas de registro que foram inseridas pela EC n. 45/2004: (i) a busca da redução no número de processos pela redução do número de recursos extraordinários a serem conhecidos (art. 102, § 3º, pelo qual se estabelece, para o recurso extraordinário, a necessidade de o recorrente demonstrar "repercussão geral das questões constitucionais discutidas no caso"); (ii) súmula vinculante, fazendo com que as decisões sejam mais "previsíveis" e, assim, mais céleres; (iii) atuação do Conselho Nacional de Justiça; (iv) atividade jurisdicional ininterrupta, com o fim das férias coletivas; (v) distribuição imediata de processo em todos os graus da jurisdição; (vi) Justiça funcionando descentralizadamente; (vii) Justiça itinerante; (viii) possibilidade de despachos ordinatórios do processo pelos serventuários da Justiça; (ix) aumento do número de juízes, proporcionalmente em relação à demanda e população. São elementos estruturais que, de certa forma, procuram viabilizar a dimensão garantística (de direito fundamental) da celeridade (item i). E, por isso, instrumentais.

8. DIREITO AO JUIZ NATURAL

A Constituição de 1988 incorporou a ideia do direito fundamental do juiz natural em dois dispositivos diversos. Inicialmente, no próprio inciso XXXVII do art. 5º, que determina expressamente que "não haverá juízo ou tribunal de exceção". Ademais, o inciso LIII declara também que "ninguém será processado nem sentenciado senão pela autoridade competente".

O princípio do juiz natural é também conhecido como princípio do juiz legal.

Fundamentalmente, pelo princípio do juiz natural quer-se revelar a especial importância de que se reveste, em um Estado de Direito, ter órgãos judiciários predeterminados quanto aos litígios que venham a, eventualmente, surgir.

Veda-se, portanto, que surjam tribunais ou juízos singulares, ou quaisquer outros órgãos julgadores, após a ocorrência dos fatos a serem apreciados. Também fica proscrita a indicação de órgãos para o julgamento de casos determinados.

O destinatário da proibição é, em um primeiro momento, o próprio Estado, o qual fica impedido de criar juízos de exceção. Neste ponto, trata-se de direito (garantia) do indivíduo e do cumprimento, concomitante, da igualdade, vedando-se a distinção de julgamento para os cidadãos que se encontrem em circunstâncias idênticas. Assim, dirige-se também ao cidadão, que não poderá pretender senão submeter-se ao juízo preconcebido que lhe é apresentado para a solução de seu litígio, sem a possibilidade de apontar ou indicar um ou outro julgador de sua preferência ou de sua rejeição.

Não basta a existência de um juízo ou tribunal prévio, mas também são necessárias regras prévias e objetivas para determinação da competência dos órgãos julgadores.

Pela aplicação do princípio ora em apreço não se afasta a possibilidade de juízos especializados, tal como aquele admitido expressamente pela Constituição para dirimir conflitos fundiários em questões agrárias (art. 126, *caput*).

Também alinha-se a este direito, concretizando-o plenamente, a existência de um juiz das garantias, determinado conforme um modelo previamente positivado e com um feixe de competências devidamente arroladas em Lei. A bipartição de juízes, promovida pela Lei n. 13.964/2019, estabelece como juiz natural da fase investigatória o juiz das garantias, e como juiz natural da fase ou momento da instrução e julgamento, o juiz final.

9. DIREITO AO JUIZ IMPARCIAL

A imparcialidade do magistrado é uma das bases nas quais se assenta toda a estrutura do Estado de Direito e do monopólio do uso da força pelo Estado. O direito à imparcialidade judicial decorre justamente da segurança jurídica e tem, como contraface, o dever do magistrado no mesmo sentido.

Não há segurança jurídica, em termos de previsibilidade do Direito, quando se admite uma Justiça compromissada com as partes envolvidas nos processos ou seus interesses.

Afastada a imparcialidade, na prática ou na teoria, rui a principal base de sustentáculo do Direito. No momento em que magistrados tenham interesse ou assumam o interesse de uma das partes do processo (vale dizer, deixem de ser imparciais), seja qual for o motivo, a jurisdição deixará de cumprir sua função básica de dizer o Direito ao caso concreto.

A imparcialidade do juiz e da respectiva decisão judicial constituem direito dos envolvidos e dever do magistrado.

É exatamente nesse dever imposto ao magistrado que se ancoram as regras processuais de suspeição e impedimento.

9.1. Garantias, vedações e impedimentos que sustentam a imparcialidade

A Constituição fez constar uma série de direitos constitucionais dos magistrados que concatenados conformam um sistema que sustenta a imparcialidade. É o caso da irredutibilidade de vencimentos, da vitaliciedade, da inamovibilidade. Mas não é só.

Há, ainda, uma série de vedações orientadas para o mesmo objetivo. É o caso da proibição de receber qualquer tipo de participação no processo, dedicar-se à atividade político-partidária ou receber auxílios e contribuições.

Dentro deste contexto, há uma causa de impedimento do exercício da advocacia para ex-integrantes do Poder Judiciário, a chamada "quarentena", que será tratada juntamente com os demais deveres dos magistrados como requisito de imparcialidade, no capítulo VII.

9.1.1. *A "quarentena"*

Novidade perpetrada pela EC n. 45/2004, ao menos no que tange às vedações constitucionais dirigidas ao magistrado que deixa seu cargo, é a chamada quarentena. Não se trata, aqui, propriamente, de dever imposto ao magistrado, visto que dirigida é justamente a quem deixa a Magistratura. Tampouco se pode conceber como vedação constitucional propriamente dita, em sentido estrito, pelo mesmo fundamento. Apesar disso, a Constituição a elenca dentre as vedações constitucionais, confundindo *vedações funcionais* com *impedimentos profissionais*. Basta atentar para a redação do dispositivo, que se inicia com uma incisiva orientação "aos juízes é vedado" e termina falando de impedimento para determinados advogados.

É no novel inciso V do parágrafo único do art. 95 que se previu a proibição ao magistrado de exercer a advocacia no juízo ou tribunal do qual se tenha afastado, antes de decorrido o período de três anos, contados do afastamento do cargo, tenha este ocorrido por aposentadoria ou exoneração.

A finalidade de uma limitação profissional desse quilate parece ter sido, realmente, a de preservar a imparcialidade dos juízes e tribunais nos quais o ex-juiz ou ex-promotor tenha atuado. É sabido que o trabalho diário cria laços de companheirismo com os colegas de profissão, por vezes até imperceptíveis, que poderiam levar a atitudes prejudiciais ao distanciamento que se exige do julgador que permanece no exercício da jurisdição após o afastamento de seu colega, amigo ou inimigo. Este parece ser o pressuposto com o qual trabalhou o constituinte reformador para tecer a norma aqui analisada.

Contudo, o elo entre a proibição implantada e o objetivo almejado, ou seja, a medida jurídica empregada e a realização objetivada, parece fraco, falecendo a necessária correlação lógica que se faz pressupor entre ambos os elementos. Em outras palavras, falta proporcionalidade. É que a presente medida não apresenta o salutar equilíbrio que há de existir entre os meios e o fim a que se pretende atingir; é dizer, meios escolhidos não se afiguram aptos a atingir o fim determinado.

Primeiramente, a norma não se apresenta apta a inibir o exercício da advocacia desviado de seus pressupostos éticos, uma vez que ex-juízes (e ex-promotores) poderão estar integrados em escritórios de advocacia com atuação que será irrestrita, por parte de outros sócios e integrantes da pessoa jurídica (considerada distinta da pessoa de seus sócios).

Ademais, não será pelo mero decurso do período de três anos (prazo temporal desacompanhado de qualquer outra exigência mais firme) que os possíveis laços de amizade e influência de um magistrado desaparecerão. Pelo contrário, o comum é que a mera passagem do tempo os fortaleça, se já existiam realmente. Se não existiam, o problema não se põe e a restrição é inadmissível. Assim, a medida não se mostra eficaz na prática, criando uma vedação que, em termos de garantias gerais da sociedade, é mais aparente do que efetiva e pode causar um falso sentimento de isenção (e até de imunização do ex-magistrado) pelo simples cumprimento do lapso temporal.

Além disso, há um pressuposto, sinistro, de que juízes e promotores, que até então eram responsáveis pela prestação da Justiça, imediatamente passariam a adotar atitudes imorais e desonestas, para atenderem a interesses pessoais escusos e atentarem contra o Poder Judiciário. Nesse sentido, a vedação pouco se sustenta em termos de validade e adequação.

Por fim, impedir, pura e simplesmente, o exercício da advocacia, por juízes ou promotores que se aposentaram ou foram exonerados, significa restringir direitos individuais, o que só tem sentido se for para salvaguardar o interesse público, o que não parece ser facilmente demonstrável no caso deste impedimento temporário parcial ao exercício da Advocacia.

A cláusula constitucional impeditiva é expressa quanto às hipóteses que se consideram como afastamento para fins de início de contagem do prazo trienal: aposentadoria ou exoneração. Quem se afastou, anteriormente à EC n. 45/2004, por outros motivos, e acabou, após a publicação desta, sendo exonerado ou aposentando-se, insere-se na hipótese de incidência restritiva.

Ademais, o comando constitucional dirige-se tanto ao Judiciário estadual quanto ao federal, de qualquer instância, inclusive tribunais superiores (TST, STM, TSE) e de superposição (STJ e STF).

À OAB, em termos operacionais, restou o dever de averiguar e controlar o triênio na atribuição e registro funcional aos ex-integrantes do Poder Judiciário (e Ministério Público).

10. DIREITO AO JULGAMENTO PELO TRIBUNAL DO JÚRI

A Constituição estabelece, no art. 5º, XXXVIII, o júri, como direito fundamental de todo cidadão, para o julgamento dos crimes dolosos contra a vida.

Esse, pois, o juiz natural nos casos de processos penais envolvendo acusações de crimes dolosos contra a vida.

Admite-se, contudo, a hipótese de desaforamento, contemplada no art. 427 do CPP, por força do interesse da ordem pública ou de dúvida sobre a imparcialidade do júri ou, ainda, sobre a segurança pessoal do acusado. Nesses casos, "o Tribunal (...) poderá determinar o desaforamento do julgamento para outra comarca da mesma região, onde não existam aqueles motivos, preferindo-se as mais próximas" (redação dada pela Lei n. 11.689/2008).

A previsão de competência jurisdicional do Tribunal do Júri não prevalece sobre as previsões aparentemente conflitantes relacionadas a competências jurisdicionais especiais por prerrogativa de função.

A Constituição assegurou a soberania do veredicto proferido pelo Tribunal do Júri, que comporta a recorribilidade dessa decisão na hipótese de ela ser manifestamente contrária à prova dos autos, recurso que, contudo, mantém a soberania na medida em que a decisão reformadora será proferida por Tribunal do Júri. Admite-se, igualmente, a revisão criminal.

11. DIREITO À MOTIVAÇÃO DAS DECISÕES DO PODER JUDICIÁRIO

A Carta de 1967, assim como a Emenda Constitucional n. 1/69, não acolhia expressamente a garantia da motivação das decisões do Poder Judiciário.

Assegura a Constituição de 1988, em seu art. 93, IX, que "todos os julgamentos dos órgãos do Poder Judiciário serão públicos, e fundamentadas todas as decisões, sob pena de nulidade (...)".

Essa garantia tem gênese no Estado de Direito. O exercício da jurisdição envolve, necessariamente, função pública, porque é também ela expressão do poder político.

A motivação é um pressuposto para que possa haver o controle das decisões judiciais.

A exigência de motivar significa a imposição de que os atos decisórios sejam justificados, isto é, de que as razões do ato sejam explicitadas, reveladas. É fundamentar de maneira clara.

Questiona-se, pois, a validade de decisão que se utiliza abusivamente de citações, todas em sua língua original, que pode ser o russo, o sânscrito ou outra qualquer. Haveria aqui obediência ao enunciado constitucional da motivação e da publicidade?

A garantia da motivação está englobada pelo princípio do devido processo legal, embora muito mais a seu aspecto formal.

Há, ainda, que distinguir entre sentenças e acórdãos, decisões interlocutórias, despachos de mero expediente e atos de revisão.

Os atos de mero expediente seriam atos ordinatórios, não mais de competência do magistrado, mas sim dos cartórios, e, assim, quanto a estes, estaria afastada a garantia em apreço. Questiona-se se isso constituiria uma forma de contornar, parcialmente, o enunciado constitucional, deixando de cumprir o mandamento constitucional que exige a motivação das decisões judiciais. É-se obrigado, pois, a discutir o conceito do que seja "decisão" para fins de exigência da respectiva motivação. De qualquer sorte, na revisão de despachos de mero expediente o juiz deverá fundamentar o novo despacho, declarando os motivos da revisão. Aliás, isso deixa certo que, se do despacho houver impugnação, já deixa de ser mero despacho.

De outra parte, é preciso esclarecer se o enunciado alcança também o exercício das"jurisdições não estatais", como aquela decorrente do juízo arbitral. Estaria a decisão arbitral englobada no enunciado ora em apreço?

O aspecto processual dessa garantia é evidente, já que as partes têm necessidade de apreender a noção exata daquilo no que o magistrado se baseou, para fins de poder recorrer às instâncias superiores. E isso vale até mesmo para o magistrado ou órgão que for reapreciar a matéria, no juízo *ad quem*, visto que só terá possibilidade de reavaliar a decisão, reformando-a, se for o caso, quando puder identificar as bases sobre as quais se assentou.

Contudo, sob o mero prisma instrumental-recursal não se justificaria a garantia da motivação, já que há possibilidade de decisões irrecorríveis no sistema jurídico pátrio (como as proferidas pelo STF), ou, ainda, os casos das decisões das quais não se recorre. Quanto a este último aspecto, vale ressaltar que se poderia concluir que apenas no momento em que a parte manifestasse seu interesse recursal é que se tornaria exigível a fundamentação da decisão judicial. Portanto, é de concluir, aqui, que a exigência da motivação não é apenas para finalidades recursais, como poderia soar num primeiro momento.

Parece, todavia, que não se poderia falar em interesse extraprocessual, já que isso levaria, inevitavelmente, a caracterizar, sempre, o interesse dos terceiros em recorrer. Assim, ainda que se vincule essa garantia ao próprio Estado Democrático de Direito, e ainda que isso se revele como dado extraprocessual que justifica a exigência da motivação, ainda assim não se poderá caracterizar o interesse processual de todo e qualquer indivíduo recorrer das decisões não motivadas. Há que prevalecer, portanto, o aspecto processual da garantia, com as ressalvas acima colocadas.

O enunciado da motivação dirige-se também ao próprio juiz, e não apenas à parte, por se tratar de decorrência do enunciado do livre convencimento do magistrado. Nesse sentido, há o dever de motivar as decisões, para os magistrados e, pois, de expor os processos intelectuais que conduziram àquela decisão (livre convicção).

O inconveniente por muitos apontado quanto à exigência de uma fundamentação precisa, bem desenvolvida, pelo próprio magistrado é o excesso de processos no qual esbarra tal garantia.

Como se sabe, na jurisdição voluntária o juiz não precisa adotar o princípio da legalidade estrita. É mais discricionário, e, por isso, é necessário, por muito maior razão, que haja fundamentação racionalmente controlável de suas decisões.

Caso interessante é o "cite-se" emitido pelo juiz, e que significa, na verdade, que o juiz averiguou que a ação está "em termos". Tecnicamente falando, essa determinação judicial traz consigo a decisão do juiz de que analisou as condições da ação e seus pressupostos processuais, entendendo estarem regulares. Daí o questionar se seria possível recurso contra a citação, como o agravo. A resposta aqui é negativa, já que, neste caso, basta contestar e levantar algumas preliminares. Caso semelhante é a decisão de pagamento expedida no seio de ação monitória, e que se torna título executivo. Aqui, contudo, ao contrário do que ocorre com a decisão de citação, não há oportunidade para a defesa. Daí entender-se cabível o recurso, sendo essa a posição de Nelson Nery, embora se situe em posição contrária José Rogério Cruz e Tucci.

Entretanto, independentemente de recurso, a falta de fundamentação das decisões judiciais gera a nulidade, nos termos do próprio texto constitucional.

12. DIREITO À PUBLICIDADE E AO SIGILO PROCESSUAL

A Constituição de 1988, em seu art. 93, IX (alterado pela EC n. 45/2004), declara que "todos os julgamentos dos órgãos do Poder Judiciário serão públicos (...), sob pena de nulidade, podendo a lei limitar a presença, em determinados atos, às próprias partes e a seus advogados, ou somente a estes, em casos nos quais a preservação do direito à intimidade do interessado no sigilo não prejudique o interesse público à informação".

A falta de uma completa fundamentação da decisão judicial já é, por si mesma, uma violação ao princípio da publicidade, embora, no caso, seja mais adequado falar em violação do princípio específico em questão (garantia da motivação). De qualquer forma, não deixa de ser também uma violação ao princípio da publicidade, tendo em vista que a motivação propicia a comunicação ou divulgação do *iter* seguido pelo magistrado para prolatar sua decisão neste ou naquele sentido.

Já se acentuou que o excesso de publicidade pode violar o direito de intimidade dos magistrados. Trata-se, pois, do choque entre dois princípios, vale dizer, o da publicidade e o do livre convencimento do órgão julgador.

Toda precaução é necessária contra a exasperação do princípio da publicidade (Silva, p. 122).

O princípio da publicidade, exacerbado, pode não atingir com tanto impacto os magistrados de carreira, mas alcança, dentre outros, os jurados, que estão sujeitos à força da mídia, por serem leigos. Na mesma situação se encontram os juízes classistas.

Ademais, há atos que não podem ser publicados, por força de lei, o que decorre da circunstância de que nenhum princípio é absoluto em sua declaração genérica. Há exemplos no Estatuto da Criança e do Adolescente e no próprio Estatuto da Advocacia, no caso de sigilo profissional.

Os casos das CPIs, como a do Judiciário, são prova de que a publicidade excessiva pode ser tão ou mais perigosa que o próprio sigilo. Para citar um exemplo internacional, veja-se o caso O. J. Simpson, ocorrido nos Estados Unidos da América do Norte. O excesso de publicidade pode prejudicar em qualquer sentido, tanto na defesa quanto na acusação. Cite-se, ainda, o rumoroso caso Daniella Perez, no qual houve claro clamor popular, incitado por interessados e pelos meios de comunicação.

Ainda quanto à publicidade, é preciso sublinhar que esta requer linguagem adequada, vale dizer, apropriada para transmitir a mensagem.

Decorre do princípio da responsabilidade estatal, já que o magistrado exerce um *munus* público.

O Conselho Federal da OAB propôs a Ação Direta de Inconstitucionalidade, ADI n. 3.880, que foi distribuída ao Ministro Ricardo Lewandowski. Referida ação tem por objeto declarar a inconstitucionalidade de parte da Lei n. 11.419/2009, como no ponto em que estabelece publicações apenas por meio do *Diário de Justiça Eletrônico*, restringindo a publicidade, extinguindo os meios físicos de publicação. O CFOAB considerou, aqui, haver violação da norma constitucional que impõe a publicidade dos atos processuais.

A disposição legal afeta pessoas que não têm acesso qualificado à internet por impossibilidade financeira, por necessidades especiais, ou por dificuldades em lidar com a tecnologia.

O art. 5º, LX, da CB só permite a redução da publicidade "quando a defesa da intimidade ou o interesse social o exigirem". A redução da publicidade exclusivamente à internet não atende a qualquer dessas motivações. Em sentido oposto ao da norma, o interesse social é, sim, pela ampla publicidade, de forma a possibilitar o acesso dos que ainda encontram na tecnologia mais avançada uma barreira.

Consoante determina a nova redação do inciso IX do art. 93 da CB, continua sendo possível limitar a presença no processo, em determinados atos, às próprias partes e/ou a seus advogados. A partir da EC n. 45/2004 passou-se a exigir, cumulativamente, que: (i) o fundamento da limitação à publicidade seja o direito à intimidade do interessado; e (ii) que a limitação imposta não prejudique o direito público à informação.

Há dois problemas teóricos nesse dispositivo. Em primeiro lugar, o que fez o legislador reformador da Constituição, nesse caso, foi explicitar parte da incompatibilidade que pode ocorrer e que demanda a aplicação dos postulados da ponderação, da concordância prática e da proporcionalidade, ou seja, entre o interesse ao processo público e o direito à informação, de um lado, e o direito à intimidade, de outro, deve haver uma ponderação, em cada caso concreto, para fazer incidir o princípio (direito) mais adequado (sobre o tema, cf. TAVARES, 2003c: 531-545). E para isso era desnecessária a Reforma.

De outra parte, a incongruência nem sempre operará entre os princípios indicados pelo dispositivo. Há inúmeros outros que podem entrar em cena, em cada caso concreto (no respectivo processo), tais como: dignidade da pessoa humana, privacidade, honra e direito à imagem.

Em virtude disso, seria possível imaginar que a Reforma pretendeu apenas equacionar (previamente) a colisão entre os específicos princípios que mencionou. Mesmo sendo essa a solução adotada, como se percebe, houve apenas uma preferência pelo interesse público à informação, mas, por força da teoria constitucional, há, ainda, de passar pela ponderação em cada caso concreto para aferir eventual (e verdadeiro) prejuízo do interesse público à informação. Torna-se, assim, inconstitucional ou incapaz de alcançar o objetivo pretendido, conforme a interpretação que se adote.

Na realidade, quanto ao tema do sigilo processual, pode-se dizer que a Reforma foi absolutamente irrelevante e desnecessária, dando azo a que interpretações transgressoras dos direitos fundamentais sejam acolhidas na prática jurisdicional.

13. DIREITO AO DUPLO GRAU DE JURISDIÇÃO COMO MÍNIMO RECURSAL OU REVISIONAL

13.1. Introito

É absolutamente correto dizer que a própria Constituição prevê a existência de diversos juízos, distribuídos em diferentes instâncias e graus de jurisdição, dentro de uma estrutura hierárquica própria.

Também não é menos correto dizer que é a própria Constituição que prevê determinados recursos, como o recurso ordinário, o especial e o extraordinário. Também prevê que para determinadas instâncias acodem certos recursos das instâncias que lhes são inferiores.

Contudo, desse conjunto normativo referido não surge, como pretendem alguns autores de nomeada, o chamado duplo grau obrigatório de jurisdição como princípio constitucional amplo.

13.2. Fundamentos

O postulado do duplo grau de jurisdição, adiante analisado, desenvolve-se sob o pressuposto de que os conflitos de interesses são mais justamente decididos quando passam pela apreciação de dois juízos diferentes. Resulta, pois, da certeza na falibilidade humana.

Se é certo dizer, com Moacyr Amaral Santos, que faz parte da própria natureza humana o não se contentar com uma única decisão, e recorrer a uma segunda opinião, nem por isso se pode *presumir* que essa possibilidade esteja também assegurada no âmbito jurídico.

13.3. Escorço histórico

O art. 158 da Constituição do Império, de 1824, dispunha expressamente sobre a possibilidade de que a causa fosse apreciada sempre que a parte demonstrasse seu interesse, pelo chamado Tribunal da Relação. Contudo, as Constituições seguintes deixaram de contemplar de maneira explícita a possibilidade do duplo grau de jurisdição. Apenas se prevê a existência de tribunais e de recursos, cometendo àqueles a competência recursal. Tome-se o exemplo muito elucidativo dos Tribunais Regionais Eleitorais, cuja competência depende de disciplina estabelecida em Lei Complementar (art. 121, *caput*, da CB de 1988). Ora, resta claro que está previsto o Tribunal e, ademais, a possibilidade de que seja instância recursal, mas não necessariamente a abertura de um duplo grau de jurisdição, via recurso das decisões de primeira instância.

Chega-se a um ponto no qual se torna necessário apresentar a noção precisa do que se entende por "duplo grau de jurisdição".

13.4. Significado equívoco da expressão "duplo grau de jurisdição"

Desde logo, é preciso observar que a expressão "duplo grau de jurisdição", embora de uso corrente e consagrado, é tecnicamente incorreta, já que a jurisdição, reflexo da soberania, é una. Não há como falar, com todo o rigor, em duplo grau de jurisdição, o que conduziria à aceitação de um duplo grau de soberania. Mais apropriado seria falar em duplo grau de cognição ou julgamento das lides, o que significa que a pluralidade (ou duplicidade) é de instâncias ou de juízos, e não de jurisdições (Chiovenda, 1943: 744).

Ademais, "grau" remete à ideia de hierarquia, o que não é absolutamente necessário. Deve-se entender "grau" no sentido de fase, de etapa.

Nesse sentido, ainda que haja a reapreciação da causa por um outro órgão julgador, embora situado no mesmo grau do juízo anterior, caracteriza-se o denominado "duplo grau de jurisdição". É o que ocorre no Juizado Especial Cível, no qual os recursos são endereçados ao denominado "Colégio Recursal", que é composto por juízes de primeira instância do próprio Juizado.

13.5. Diferença entre direito de recurso e direito ao duplo grau de jurisdição

É comum confundirem-se os conceitos de duplo grau de jurisdição e direito de recorrer. Contudo, são realidades distintas. Embora haja o direito de recorrer, não necessariamente há o duplo grau de jurisdição, e, em outras hipóteses, embora haja o duplo grau de jurisdição, não há recurso concomitante.

Basta verificar que o recurso, sendo um ato de vontade da parte, pode não existir, e nem por isso fica afastado o duplo grau de jurisdição, que pode ser obrigatório, como ocorre nos casos arrolados pelo art. 475 do CPC, hipóteses nas quais incumbe ao próprio juiz da causa remetê-la para apreciação da instância superior.

Ademais, vários são os recursos que se dirigem contra o órgão que proferiu a decisão recorrida, o que não caracteriza duplo grau de jurisdição (já que esses recursos não deslocam a apreciação da lide para outra instância ou órgão). É o que ocorre com os embargos de declaração. Neste caso, não há duplicidade de juízo.

É preciso insistir que isso não significa que se exija, para caracterizar-se o duplo grau de jurisdição, uma revisão da causa por órgão de instância superior. Impõe-se, apenas, que se trate de outro órgão ou juízo. É por isso que, como dito linhas atrás, recursos como o que se prevê nos Juizados Especiais, para órgãos colegiados (Colégio Recursal), composto por juízes da mesma instância dos que proferiram as decisões, enquadram-se como duplo grau de jurisdição.

Nelson Nery, após verificar que o art. 158 da Constituição de 1824 dispunha expressamente sobre o duplo grau, anota:

"As constituições que se lhe seguiram limitaram-se a apenas mencionar a existência de tribunais, conferindo-lhes competência recursal. Implicitamente, portanto, havia previsão para a existência de recurso. Mas, frise-se, não garantia absoluta ao duplo grau de jurisdição.

"A diferença é sutil, reconheçamos, mas de grande importância prática. Com isto queremos dizer que, não havendo garantia constitucional do duplo grau, mas mera previsão, o legislador infraconstitucional pode limitar o direito de recurso, dizendo, por exemplo, não caber apelação nas execuções fiscais de valor igual ou inferior a 50 OTNs (art. 34, da Lei n. 6.830/80) e nas causas, de qualquer natureza, nas mesmas condições, que forem julgadas pela Justiça Federal (art. 4º, da Lei n. 6.825/80), ou, ainda, não caber recurso dos despachos (art. 504, CPC).

"Estes artigos não são inconstitucionais justamente em face da ausência de 'garantia' do duplo grau de jurisdição. (...)" (Nery Junior, 1999: 167-168).

13.6. A previsão constitucional de diversos juízos e instâncias jurisdicionais

Para determinar se a regra do duplo grau de jurisdição encontra-se presente na Constituição Federal de 1988, é preciso partir de uma análise detida de seus dispositivos constantes tanto do art. 5º como do Capítulo III do Título IV, que trata de estruturar o Poder Judiciário brasileiro.

A só existência de competências originárias do Supremo Tribunal já afasta a possibilidade de um mandamento amplo e irrestrito do duplo grau de jurisdição em sua pureza. Para que assim fosse, não poderiam existir feitos originários da instância máxima (STF), para a qual não há possibilidade de recurso da decisão para outros juízos.

Ademais, o fato de a Constituição prever, no caso específico da Justiça Federal, seus órgãos e instâncias (como faz, aliás, em relação a toda a Justiça), e acometer aos Tribunais dessa Justiça a competência para processar e julgar, em grau de recurso, as causas decididas pelos juízes de primeira instância, em nada assegura que *todas* as decisões de primeira instância sejam passíveis, sempre, de recurso.

O que resta impedida, nesta hipótese, é a supressão, pura e simples, de todo e qualquer recurso para os Tribunais Regionais Federais, já que a Constituição diz que esses órgãos, além da competência originária, também possuem competência *recursal* das decisões dos juízes federais (e estaduais, quando do exercício de competência federal). O ponto crucial é que a Constituição, aqui, não discrimina quais são essas causas, decididas pelos juízes de primeiro grau, que os Tribunais devem estar aptos e autorizados a rever, em grau de recurso, quando a parte insatisfeita o desejar.

Com relação ao restante da estrutura do Judiciário, contemplada constitucionalmente (Varas do Trabalho, juízes eleitorais, juízes militares, juízes estaduais e respectivos Tribunais), não há, como no caso da Justiça Federal, a previsão de competência recursal para os Tribunais, de forma que poderiam as leis processuais – e de organização judiciária – é certo, em um rigor exagerado – prever apenas competências originárias, dividindo-as entre os órgãos inferiores e os Tribunais, de forma a não contemplar nenhuma via de recurso daqueles para estes.

De concluir, pois, que todos os casos de competência da Justiça Federal são delineados pela legislação ordinária, que só não poderá suprimir por completo a competência recursal dos referidos Tribunais. Assim, desde que haja ao menos uma possibilidade de recurso, cumprido estará o comando constitucional que prevê a competência recursal do Tribunal, sem que, com isso, esteja igualmente garantido o duplo grau. Quanto às demais Justiças, admissível seria, caso se entendesse desejável, que se destinassem aos Tribunais determinadas causas, diretamente (originariamente), suprimindo qualquer forma de apreciação por via recursal.

O mesmo já não ocorre nos casos do recurso extraordinário, especial e ordinário, onde se encontram delineadas expressamente quais as causas suscetíveis de provocar esse tipo de recurso. Ou seja, não há, para essas espécies recursais, a possibilidade de suprimir suas hipóteses, visto que, neste ponto, a Constituição acabou por introduzir um direito ao duplo grau de jurisdição, desde que atendidas às demais condicionantes processuais.

Oreste Nestor de Souza Laspro, a respeito, apresenta raciocínio digno de nota:"(...) pode-se mesmo dizer que a Constituição em vigor incentivou o legislador ordinário a restringir o direito de apelação. Com efeito, a Carta Política anterior determinava que o recurso extraordinário somente fosse admissível contra as decisões de Tribunal (...).

"Ao ampliar o seu cabimento contra qualquer decisão, a Constituição tacitamente admitiu que a supressão do direito de apelar não ofende o direito ao devido processo legal, na medida em que garantido está o acesso à mais alta Corte, a fim de proteger os direitos fundamentais.

"De outra parte, ainda que se parta do pressuposto (falso em nossa opinião) de que indiretamente está garantido constitucionalmente o direito de apelar (como forma de não obstaculizar a interposição do recurso especial), não se pode daí extrair a conclusão de que a apelação tem que se desenvolver em respeito absoluto ao duplo grau de jurisdição.

"De fato, não haveria nenhum impedimento a que o legislador ordinário determinasse que a apelação somente fosse admitida em matéria de direito ou em determinadas situações de fato" (LASPRO, 1999: 205).

Realmente, ainda que se entendesse necessária a existência da apelação, em nada fica impedida a criação de restrições, como apelar apenas em questões de direito, ou em algumas poucas questões de fato, em causas de certa natureza, ou com determinado valor, ou alguma combinação de vários requisitos. É que, como se disse, embora necessária a apelação, isso não implica dizer que se faz necessária para todos os casos. Uma coisa é a previsão em abstrato de um órgão para o qual necessariamente têm de se dirigir recursos; outra coisa, absolutamente diversa, é a possibilidade de recorrer, em todas as causas, para esse outro órgão. A primeira hipótese não implica a segunda e nem esta aquela.

Quanto ao recurso especial, sabe-se que, se a causa não for decidida em única ou última instância em Tribunais, como quer o inciso III do art. 105 da CF, não será ele sequer apreciado. Neste caso, argumenta-se que, ao se impedir a apreciação recursal, pelos Tribunais, de determinadas causas, em função de certos condicionamentos, estar-se-ia, indireta e automaticamente, vedando, igualmente, para essas causas que não perfizessem tais condições, o acesso ao Superior Tribunal de Justiça (mas não ao STF). A questão é a de saber se isso viola a Constituição. A resposta só pode ser negativa. E o raciocínio apresentado no parágrafo anterior é, ainda, válido também aqui. A Constituição apenas assegurou que, dentre aquelas causas que podem chegar aos Tribunais (e nada se diz sobre quais são essas causas, e muito menos que seriam todas), poderá ser interposto o recurso especial, que será admitido desde que enquadrada a hipótese em alguma das previsões apresentadas pelas alíneas do inciso III do referido art. 105. Aliás, se assim não fosse, a Lei n. 9.099/95 seria inconstitucional, ao impedir que haja interposição de recurso para o Tribunal de Justiça, colocando, em seu lugar, os referidos "Colégios Recursais".

Aliás, este último exemplo é interessante para lembrar que nenhum princípio é absoluto. E também não o seria – acaso existente em sede constitucional – o duplo grau de jurisdição, podendo o legislador, quando o fator "celeridade" fosse mais importante que o fator "segurança" (que pretensamente se obtém com a análise da causa com o envolvimento de vários órgãos – essência do duplo grau), afastar o cabimento de tantos recursos como previstos pela legislação atual, ainda que com repercussões em sua apreciação pelas superiores instâncias. É o que esclarece, com toda a propriedade, ROBERTO ROSAS, quanto à comumente invocada perfeição da decisão:

"O argumento não é suficiente para a instituição do duplo grau de jurisdição. Os erros podem ser cometidos em vários graus. Ao lado da perfeição é necessário dar-se celeridade e mobilidade ao processo, evitando-se a perpetuação de demandas, e desprestígio ou desinteresse pelas soluções afinal dadas.

"Evidente o aprimoramento de uma decisão se ela é revista por outras pessoas ou órgãos, no caso, os tribunais. Não significa, no entanto, barreira intransponível à exclusão desse duplo grau em determinadas causas (CHIOVENDA, *Instituições*. 2. ed. Bras., II/99; HÉLIO TORNAGHI. *Comentários ao Código de Processo Civil*, 1/317). (...)

"Enfim, o desejo da justiça plena e perfeita é um ideal. Mas não é o reexame que impõe o selo da veracidade, da correção. Já Ulpiano observava que a instância superior reformava para pior, em muitos casos (*neque enim utique melius promitiat, qui novissimus sententiam laturus est*, Dig. 49, 11 – L.I, de *Appelationibus*). Como acentua ALCIDES DE MENDONÇA LIMA, há no recurso uma finalidade eminentemente política, como meio de resguardar as liberdades individuais contra o arbítrio, o despotismo e as fraquezas dos juízes de primeira instância (*Introdução aos Recursos Cíveis*. 2. ed., p. 135, 1976; CHIOVENDA. *Instituições de Direito Processual Civil*, 2/99, 2. ed., 1965)" (ROSAS, 1997).

Merece abordagem, ainda, quanto às hipóteses de cabimento dos recursos extraordinário, especial e ordinário, constitucionalmente acabadas, a indagação se isso constitui direito individual, ou se, ao contrário, trata-se apenas de uma questão estrutural. E, em se tratando de mera estruturação do Judiciário, é preciso, ainda, analisar se é o caso de uma divisão de funções que diz respeito à essência de um dos poderes e, neste caso, imodificável, ou se, ao contrário, é previsão que não importa, necessariamente, em delinear a essência de um dos poderes.

Quanto a saber se consistem em direito fundamental as hipóteses de recurso previstas constitucionalmente, tem-se de sublinhar que a importância dessa indagação, assim como da segunda, está em saber se se poderá proceder à alteração constitucional (via emenda modificativa) de referidas hipóteses, para restringi-las.

Tem-se de distinguir duas hipóteses diversas. No caso do Supremo Tribunal Federal, a alteração é absolutamente inviável. É que a competência recursal, neste caso, está diretamente envolvida com a essência do Poder Judiciário e, em particular, do Supremo Tribunal Federal, que, como Tribunal Constitucional brasileiro, deve, necessariamente, reter competência para poder receber e apreciar toda e qualquer violação à Constituição pelas demais decisões judiciais, pela via recursal. Nas demais hipóteses, admitir-se-iam as alterações, sob esse prisma. Contudo, está-se diante de hipóteses recursais mínimas, que se integram na estrutura dos direitos fundamentais (o devido processo legal e a ampla defesa, com os meios e recursos a ela inerentes), e, nessa medida, não poderiam ser suprimidas. Mas, de qualquer forma, não é inviável uma reforma do Poder Judiciário, com o redirecionamento de alguns recursos constitucionais para determinados órgãos.

13.7. Devolução integral da matéria como elemento ínsito ao duplo grau de jurisdição

Não é suficiente, para que se caracterize o duplo grau de jurisdição, que haja a possibilidade de análise da causa por outro juízo. É necessário que ocorra a devolução de toda a matéria objeto da demanda à apreciação do segundo juízo. Essa devolução há, pois, de ser integral (nesse sentido: Laspro, 1999: 193) para que se reconheça efetivamente um completo duplo grau de jurisdição.

Dessa forma, tem-se, como primeira conclusão, que os recursos que apenas devolvem o conhecimento da "matéria de Direito", como o recurso extraordinário e o recurso especial, não se prestam a assegurar um duplo grau de jurisdição pleno.

Realmente, no julgamento do recurso especial, pelo Superior Tribunal de Justiça, e do recurso extraordinário, pelo Supremo Tribunal Federal, há reexame da matéria objeto do processo, embora não seja necessariamente completa, já que não envolve senão as matérias de âmbito federal e constitucional, respectivamente, e sempre com exclusão de matéria dependente de prova.

Dentro de um rigorismo absoluto, haveria que observar, aqui, que as causas que envolvem, única e exclusivamente, desde o princípio (desde a petição inicial), questões de direito – única e exclusivamente – e de âmbito federal ou constitucional é que têm assegurado, constitucionalmente, o duplo grau de jurisdição. É que, se esses recursos, que estão plasmados constitucionalmente, são apenas parciais (quanto a questões de direito), e se a ação apenas disser respeito, desde seu momento inicial, a questões de direito, tem-se, como decorrência lógica, assegurado o duplo grau de jurisdição. Contudo, dado o casuísmo dessa proposição, tem-se de afastá-la como conclusão científica abstratamente aceitável.

É preciso anotar, contudo, que essa exigência de que a devolução da matéria para a revisão seja ampla (irrestrita) é, ainda, controvertida. Há quem entenda *não* ser necessário, para caracterizar o duplo grau de jurisdição, que seja possível uma cognição exauriente por parte do segundo "grau". Para os que assim se posicionam, haverá de se reconhecer o duplo grau como garantia constitucional. E isso não pelo simples fato de a Constituição prever recursos e órgãos próprios para apreciá-los, uma vez que isso não seria suficiente para admitir que a Constituição tenha encampado o duplo grau de jurisdição (já que não obriga, mas apenas prevê sua possibilidade de existência na legislação infraconstitucional). Haveria duplo grau, sim, ao menos no que tange ao recurso especial e extraordinário, além do ordinário, cujas hipóteses de cabimento estão constitucionalmente consagradas.

Em conclusão, parece mais apropriado não confundir duplo grau com mero reexame, pois é ínsito ao duplo grau o conferir a dois juízos diversos a possibilidade de apreciar *em sua totalidade* a mesma causa, de forma que a possibilidade de remeter apenas parcela da matéria objeto da controvérsia para uma outra apreciação não satisfaz o mandamento de um duplo grau de jurisdição em sua completude, embora configure reexame (que, no caso, é parcial).

Nesse sentido, quando a Constituição de 1967 previa o recurso extraordinário não em face de qualquer decisão, mas sim de decisão de tribunal, acabava cumprindo um papel de cláusula garantidora do duplo grau de jurisdição, pois impedir o recurso ao Tribunal de Justiça ou ao Tribunal Regional Eleitoral significaria liquidar, automaticamente, o recurso extraordinário, o que seria inconstitucional. Esse raciocínio não é mais aplicável, tendo em vista a mudança da redação do cabimento do recurso extraordinário na Constituição de 1988.

Ainda dentro dessa discussão, é preciso tecer alguns comentários sobre o recurso ordinário. Em princípio, o recurso ordinário, como recurso constitucionalmente contemplado, é um caso em que o duplo grau de jurisdição está plasmado constitucionalmente no Direito pátrio. Nesse sentido, não se admitem supressões às hipóteses já garantidas.

13.8. Decisões dentro do mesmo processo como elemento ínsito ao duplo grau de jurisdição

Além de tudo quanto já foi observado, necessário, ainda, para caracterizar o duplo grau, que as duas decisões sejam proferidas dentro de um mesmo processo.

Isso exclui – e seria até desnecessário dizê-lo – as decisões proferidas em sede de ação rescisória. A previsão de ação rescisória não assegura, pois, de forma alguma, o duplo grau de jurisdição.

Aliás, a previsão legal da ação rescisória é uma exceção ao princípio da coisa julgada, previsto no inciso XXXVI do art. 5º. Prevalece, pois, nas hipóteses em que se garante o cabimento da ação modificativa, a necessidade de uma decisão justa, em prejuízo da segurança jurídica (para a qual concorre a coisa julgada). Não se trata do problema de mais de um juízo pronunciando-se sobre o mesmo caso, como no duplo grau de jurisdição.

13.9. Pacto de São José da Costa Rica

É preciso analisar, ainda, nesta esfera jurídica, a previsão do duplo grau de jurisdição na Convenção Americana sobre Direitos Humanos (Pacto de São José da Costa Rica), que garante, em seu art. 8º, n. 2, *h*, documento ratificado pelo Brasil e promulgado pelo Decreto Presidencial n. 678, de 6 de novembro de 1992. É o seguinte o teor do preceito: "(...) Durante o processo, toda pessoa tem direito, em plena igualdade, às seguintes garantias mínimas: (...) *h*) direito de recorrer da sentença para juiz ou tribunal superior".

Mas, quanto a esse preceito, comumente invocado, é preciso recordar, antes de mais nada, que o direito de recorrer não se confunde com o duplo grau de jurisdição. É que impõe, necessariamente, a possibilidade de reexame total da matéria já analisada em um primeiro momento, o que não está garantido, necessariamente, pela previsão de recursos.

Ademais, de acordo com a posição do Supremo, os tratados de direitos humanos aprovados antes da Emenda Constitucional n. 45/2004, que inseriu o § 3º ao art. 5º da CB, têm caráter supralegal e não constitucional (cf. RE 349.703-1/RS, Relator Min. Carlos Britto, Relator para o Acórdão Min. Gilmar Mendes, j. em 2-12-2008). Ou seja, não vingou a tese, por alguns sustentada, de que os direitos assegurados em tratados e convenções internacionais gozam de hierarquia constitucional, por força do disposto no § 2º do art. 5º. Dessa forma, não há como admitir, por essa via, que o duplo grau de jurisdição seja um princípio constitucional explícito.

13.10. Síntese

Não há o mandamento do duplo grau de jurisdição no sistema constitucional pátrio atual, abstratamente falando, salvo no caso restritíssimo, já mencionado, do recurso ordinário, e, se se quiser, no caso do recurso especial e do extraordinário, quando a causa, desde sua propositura, só envolva, exclusivamente, questões de direito.

O duplo grau de jurisdição é encontrado, contudo, como grau obrigatório de cognição por um outro juízo, no art. 475 do CPC e, no CPP, nos arts. 411, 574 e 746.

Por fim, ainda que presente na Constituição, de modo implícito, o duplo grau de jurisdição, como princípio decorrente do devido processo legal, como pretendem alguns autores, ainda assim não se poderia considerá-lo, tal como ocorre com qualquer outro princípio, como direito absoluto. Para chegar a tal conclusão, basta atentar para exceções presentes na própria Lei Maior, como os casos de competência originária para conhecimento e julgamento de causas pelo próprio Supremo Tribunal Federal, onde ocorrem decisões das quais não cabe qualquer recurso para qualquer outro tribunal ou juízo, ou mesmo para a própria Corte Suprema.

A conclusão a que aqui se chegou assume grandes proporções no campo jurídico, na medida em que muitas das propostas que comumente se apresentam para a reforma do Judiciário implicam a mudança do sistema recursal e, máxime, a possibilidade de acesso aos Tribunais Superiores.

14. DIREITO AO CONTRADITÓRIO E À AMPLA DEFESA

Ampla defesa é o asseguramento de condições que possibilitam ao réu apresentar, no processo, todos os elementos de que dispõe.

Entre as cláusulas que integram a garantia da ampla defesa encontra-se o direito à defesa técnica, a fim de garantir a paridade de armas (*par conditio*), evitando o desequilíbrio processual, a desigualdade e injustiça processuais. Assim, já teve a oportunidade de decidir o STF que "a presença formal de um defensor dativo, sem que a ela corresponda a existência efetiva da defesa substancial, nada significa no plano do processo penal e no domínio tutelar das liberdades públicas" (STF, HC 71961-9/SC, rel. Min. Marco Aurélio, j. 6-12-1994).

Consoante a Súmula 523 do STF: "No processo penal, falta da defesa constitui nulidade absoluta, mas sua deficiência só o anulará se houver prova do prejuízo para o réu".

Também integra a ampla defesa o direito a ser informado da acusação inicial (o que é praticamente um pressuposto para que haja direito de defesa) e de todos os fatos arrolados, assim como do impulso oficial e dos demais atos da outra parte, o que envolve o direito à publicidade ou, no caso de processo sigiloso, o direito de acesso (processo que corra em segredo de justiça, como algumas questões atinentes ao Direito de Família e menores).

No âmbito do processo penal, esse direito à informação implica que as imputações não possam ser "indeterminadas, vagas, contraditórias, omissas ou ambíguas (...) ou deficiente" (STF, HC 70763/DF, rel. Min. Celso de Mello, *DJ*, 23-9-1994, p. 25328).

Ainda no processo penal, "o acusado revel, embora não fique impedido de comparecer aos atos processuais supervenientes à configuração da contumácia, perde, no entanto, o direito de ser cientificado para qualquer novo ato do procedimento penal-persecutório" (STF, HC 68412/DF, rel. Min. Celso de Mello, *DJ*, 8-3-1991, p. 2204).

O direito ao contraditório vincula-se ao princípio maior da igualdade substancial (no caso, entre as partes envolvidas). Contudo, para o STF, "o interrogatório não está sujeito ao princípio do contraditório" (STF, HC 68.929-9/SP, rel. Min. Celso de Mello, *DJ*, 28-8-1992, p. 13453). E, ainda: "a investigação policial, em razão de sua própria natureza, não se efetiva sob o crivo do contraditório, eis que é somente em juízo que se torna plenamente exigível o dever estatal de observância do postulado da bilateralidade dos atos processuais e da instrução criminal. (...) A prerrogativa inafastável da ampla defesa traduz elemento essencial e exclusivo da persecução penal em juízo" (STF, HC 69372/SP, rel. Min. Celso de Mello, *DJ*, 7-5-1993, p. 8328).

Todo o ato ou fato produzido ou reproduzido no processo por qualquer de suas partes deve dar ensejo ao direito da outra de se opor, de debater, de produzir contraprova ou fornecer sua versão, ou interpretação daquele ato ou fato apresentado.

O contraditório exige, ainda, a igualdade de possibilidades no processo. Quanto às iguais possibilidades conferidas ao autor e ao réu em juízo, pondera Celso Bastos: "A própria posição específica de cada um já lhe confere vantagens e ônus processuais. O autor pode escolher o momento da propositura da ação. Cabe-lhe, pois, o privilégio da iniciativa, e é óbvio que esse privilégio não pode ser estendido ao réu, que há de acatá-lo e a ele submeter-se. Daí a necessidade de a defesa poder propiciar meios compensatórios da perda da iniciativa. A ampla defesa visa pois a restaurar um princípio da igualdade entre as partes que são essencialmente diferentes" (Bastos, 2000: 227).

Fica claro, portanto, que, em decorrência da própria posição diametralmente oposta dos beneficiários do princípio em apreço, este não pode significar sempre o estabelecimento de uma simetria absoluta no tratamento deferido às partes.

E. Couture fala, a propósito, de uma tutela constitucional do processo: "existência de um processo contemplado na própria Constituição. Em seguida, a lei deve instituir este processo, ficando-lhe vedada qualquer forma que torne ilusória a garantia materializada na Constituição.

"Qualquer lei que burle este propósito é inconstitucional.

"Finalmente, devem existir meios efetivos de controle da constitucionalidade das leis a fim de anular estas tentativas de desnaturação" (Couture, 1993: 148).

Modernamente, vê-se na cláusula do devido processo legal, especialmente quanto ao contraditório, não apenas um direito subjetivo da parte interessada, mas uma garantia objetiva do próprio processo em si.

15. DIREITO À PROVA LÍCITA

O Estado não pode violar o princípio da impossibilidade das provas ilícitas. Isso porque à Administração só está franqueado realizar aquilo que a lei autoriza.

Verificada a ilicitude da prova ou dos meios empregados para obtê-la, realiza-se um sopesamento de valores, por força da aplicação do critério da proporcionalidade.

No caso da prova emprestada, o tema encontra-se ligado ao princípio do contraditório. Isso porque quando se toma emprestada a prova do processo penal, no seio do qual uma das partes é o Ministério Público, como se pode falar em contraditório quanto ao processo para o qual é "exportada" a prova anteriormente produzida?

No processo penal, por força do critério da proporcionalidade, algumas provas que podem ser admitidas (já que os valores liberdade e dignidade sempre estarão presentes), jamais o seriam se se tratasse de processo civil. Nesses casos, parece, inicialmente, que se deva vedar o instituto da prova emprestada. Contudo, o que está vedado é a produção de prova, e, no caso, o processo civil só irá "utilizar" a prova já anteriormente produzida.

16. DIREITO À SEGURANÇA JURÍDICO-JUDICIAL: PREVISIBILIDADE E TEMPORALIDADE DAS DECISÕES JUDICIAIS

16.1. Conteúdo e fundamentos

A segurança jurídica decorre diretamente do Estado Constitucional de Direito. Embora comumente se invoque a irretroatividade das leis quando se menciona a segurança jurídica, esta tutela uma gama muito maior de direitos.

Como primeira "densificação" do princípio da segurança jurídica, tem-se: i) a necessidade de certeza, de conhecimento do Direito vigente, e de acesso ao conteúdo desse Direito; ii) a calculabilidade, quer dizer, a possibilidade de conhecer, de antemão, as consequências pelas atividades e pelos atos adotados; iii) a estabilidade da ordem jurídica.

Considero como central no âmbito da segurança jurídica o direito à estabilidade mínima da ordem jurídica, que é realizado em especial pela existência de cláusulas de eternidade na Constituição dotada de supremacia. A eternização dos direitos fundamentais positivados atende, em parte, àquele mínimo de continuidade (e identidade) da ordem jurídica vigente, apesar das constantes edições e revogações de atos normativos que se verificam em todos os ordenamentos jurídicos em vigor. Pode-se afirmar que, assim como a segurança jurídica se projeta para o passado (irretroatividade das leis e das emendas à Constituição), ela também se lança para o futuro (com a pretensão de estabilidade mínima do Direito e com seus institutos destinados a alcançar esta finalidade, como cláusulas pétreas, usucapião etc.). Estabilidade não deve ser confundida, aqui, com estancamento do Direito. Não há e nunca houve um direito à petrificação da ordem jurídica vigente.

Pode-se falar em proteção da confiança do cidadão, como elemento integrante da segurança jurídica a ser tutelada pelo Estado, inclusive e especialmente pelo Estado-juiz.

Um direito à segurança jurídica, especificamente no âmbito de direitos fundamentais judiciais, poderá abranger: i) a garantia da coisa julgada; ii) o devido processo legal; iii) o juiz natural; iv) o direito contra a violação de direitos; v) o direito à efetividade dos direitos previstos e declarados solenemente (pela via da concretização judicial de direitos); vi) o direito à estabilidade máxima da ordem jurídica e da ordem constitucional.

Leciona Paulo de Barros Carvalho, tratando do tema no âmbito do Direito tributário, que há diversos valores constitucionais que operam para concretizar o sobrevalor da segurança jurídica, que "são, basicamente, a igualdade, a legalidade e a legalidade estrita, a universalidade da jurisdição, a vedação do emprego do tributo com efeitos confiscatórios, a irretroatividade e anterioridade, ao lado do princípio que consagra o direito à ampla defesa e ao devido processo legal" (Carvalho, 2008: 264).

Como já escrevi anteriormente, no âmbito da segurança jurídico-judicial deve-se incluir um recente instrumento disponibilizado à cúpula do Poder Judiciário nacional, qual seja, a súmula vinculante (nesse sentido: Tavares, 2010: 759).

16.2. Direito à imutabilidade da decisão judicial: coisa julgada

Consoante a Lei de Introdução às Normas do Direito Brasileiro: "Chama-se coisa julgada ou caso julgado a decisão judicial de que já não caiba recurso" (art. 6º, § 3º – este parágrafo foi incluído pela Lei n. 3.238/97).

Na lição precisa de Antonio Gidi, a coisa julgada formal trata-se de um problema de preclusão e a coisa julgada material incide sobre a própria lide, assim, "a coisa julgada formal é uma preclusão comum, como outra qualquer (gerada pelo simples fato da preclusão dos recursos ou dos prazos de recurso), e (...) a coisa julgada material ocorre sempre que a lide (o mérito, que, em geral, se reporta ao direito substancial ou material) seja julgada" (Gidi, 1995: 10).

A coisa julgada é o corolário do princípio da segurança jurídica e estabilidade das relações sociais transportado para o campo judicial.

16.3. Direito à temporalidade da decisão judicial

A decisão judicial deve ter o tempo da causa posta em juízo. Não se pode falar em irretroatividade da decisão judicial, já que, posta em juízo uma lide, um conflito de interesses resistido por um dos interessados, o Judiciário há de proclamar o direito envolvido e seu respectivo titular, recompondo o direito violado desde a data de sua violação, sempre anterior à decisão judicial e, na maioria dos casos, anterior ao próprio ingresso da ação judicial.

Nesse sentido é que a decisão judicial deve ter o tempo do direito envolvido, ou seja, deve corresponder à necessidade temporal do titular do direito envolvido.

17. DIREITO À DECISÃO JUDICIAL LEGAL E CONSTITUCIONAL

O direito a uma decisão judicial, ainda que sem julgamento de mérito, ou mesmo uma decisão de mérito mas de improcedência do pedido, é um direito constitucional decorrente do direito de acesso ao Judiciário.

Proclamar o direito de acesso sem assegurar uma resposta significaria permitir que o direito de acesso ficasse bloqueado, transformado em um direito precário. O ingresso significa não apenas a abertura do Judiciário a todos que dele necessitem. Aqui, o direito à decisão judicial complementa o direito de acesso, assegurando que todos ingressantes tenham uma indicação de "saída", ainda que não corresponda à pretensão de cada interessado.

O direito à decisão judicial inclui o direito a uma decisão legal e constitucional. É dever do magistrado averiguar a legalidade de atos normativos secundários e a constitucionalidade de todas leis e demais atos normativos.

17.1. Delegalidade exclusiva para atos sem caráter decisório

O direito à decisão judicial impede que se admitam decisões redigidas ou proferidas por servidores da Justiça, não habilitados, perante o Estado de Direito e perante a sociedade, a proferirem decisões judiciais.

Mas os servidores, conforme proclamou abertamente a EC n. 45/2004, têm delegação para a prática de atos de administração e atos de mero expediente sem caráter decisório (art. 93, XIV, da CB).

Houve, aqui, incorporação constitucional de diretriz processual, prática de há muito adotada no Brasil, tanto que já havia sido consagrada pela Lei n. 8.952/94 (reforma do processo civil) que, alterando o art. 162, § 4º, do CPC, fez constar que os atos meramente ordinatórios, como a juntada e a vista obrigatória, independem de despacho, devendo ser praticados de ofício pelo servidor e revistos pelo juiz quando necessários.

A orientação passou a ser constitucional: "os servidores receberão delegação para a prática de atos de administração e atos de mero expediente sem caráter decisório".

O CPC chama os atos de "meramente ordinatórios" e a CB de "atos de administração e de mero expediente". A terminologia constitucional parece ser mais completa. Os atos de mero expediente dizem respeito ao próprio processo judicial, como a juntada de documento, a vista obrigatória, cobrança de autos em poder da parte além do prazo, e outros. Os atos de administração referem-se à atividade extrajudicial do juízo. Em ambos pretende-se implantar um sistema de relativo *automatismo*, por parte do serventuário da Justiça, sem a necessidade da participação direta do juiz (cf. DINAMARCO, 1995: 80).

Lembre-se, a respeito, que a LOMAN, em seu art. 35, estabelece que compete ao magistrado "VII – exercer assídua fiscalização sobre os subordinados, especialmente no que se refere à cobrança de custas e emolumentos, embora não haja reclamação das partes". Portanto, não poderá o magistrado eximir-se, sob o argumento de que praticou delegação ao funcionário, ainda que autorizada constitucionalmente, do seu dever de fiscalização sobre o servidor da Justiça, que lhe compete de ofício.

18. PROTEÇÃO SUPRANACIONAL DOS DIREITOS FUNDAMENTAIS

Não há como contestar que a inserção, no constitucionalismo brasileiro, da possibilidade de se equiparar os tratados internacionais referentes aos direitos humanos às emendas constitucionais (§ 3º do art. 5º da CB, inserido pela EC n. 45/2004) representou um importante avanço. E, a bem da verdade, não só na seara dos direitos fundamentais, por prever mais uma fonte provedora, mas, igualmente, no âmbito do Direito internacional, na exata medida em que os coloca (os tratados) ao abrigo da vontade legislativa comum revogadora.

A sujeição à jurisdição de um Tribunal Penal Internacional a cuja criação tenha manifestado adesão (previsão do novel § 4º do art. 5º da CB) reforça esse movimento integracionista brasileiro, na esfera externa. De resto, é algo semelhante aos movimentos constitucionais que se observaram recentemente em Portugal (art. 7º, § 7º, da Constituição de Portugal, inserido pela Lei Constitucional n. 1, de 2001), Alemanha (com a reforma constitucional de 2000) e França (art. 53-2 alterado com a Lei Constitucional n. 99-568, de 1999) (fonte: DIMOULIS; SABADELL, 2003: 256), fazendo com que se lembre, aqui, do constitucionalismo globalizado (cf. TAVARES, 2003: 15), que consagra uma"normatividade de direito internacional sobre os direitos humanos através de uma dupla lógica: a lógica da supremacia do indivíduo, como ideal do Direito internacional, e a lógica realista, da busca da convivência e cooperação pacífica entre os povos" (Ramos, 2004: 33).

Do ponto de vista da política externa, a Reforma do Judiciário, neste ponto, alça o Brasil a uma posição de vanguarda na defesa internacionalista de direitos humanos. Esse Tribunal, cuja existência foi prevista no Estatuto de Roma, de 1998, conforme aduz Perrone-Moisés (2000: 3):"insere-se na evolução do Direito Internacional como sistema de coexistência e cooperação entre os Estados". Esse é, pois, o cenário, de cunho internacional, que vem reforçado pela Reforma e para o qual se dirigiu a previsão do referido § 4º do art. 5º.

Do ponto de vista da dogmática constitucional, a presente previsão tem alcance muito maior do que a absorção constitucional de tratados sobre direitos humanos (do § 3º do art. 5º da CB). É que apesar da recente ideia de soberania compartilhada, resultante da realização de comunidades de estados (como a europeia), a submissão a um tribunal *penal* internacional não deixa de ser um paradoxo à declaração constitucional de soberania (art. 1º, I, e art. 4º, I, da CB). Soa, a EC n. 45/2004, neste ponto, muito mais como uma autorrejeição de soberania, paradigma este que pode, ainda hoje, ser seriamente contestado em face do Direito constitucional positivo.

Sabe-se que a idealização de tribunais *penais* internacionais deu-se com o pulular das grandes guerras e dos conflitos étnicos (conflitos estes, via de regra, intestinos), no século XX, potencializados, é certo, por uma profunda revolução na tecnologia bélica (cf. Biato, 2001/2002: 133).

Sem embargo, tais tribunais, por apresentarem natureza *ad hoc*, sempre tiveram sua legitimidade, imparcialidade e, por conseguinte, seriedade contestadas. Tribunais como o de Nuremberg e Tóquio caracterizaram-se muito mais como mecanismos de uma velada vingança, promovida abertamente pelos países vencedores, do que propriamente como instituições de defesa dos direitos humanos. Sua criação atual, por via do Conselho de Segurança da ONU, bem denota, pelo poder de veto dos cinco membros permanentes, essa característica política que lhes tem perseguido a existência. Em virtude disto, surgiu uma demanda mundial por um órgão julgador *imparcial* e *independente*, o qual, para tanto, deveria atender a um pressuposto básico: ser permanente (nesse sentido: Biato, 2001/2002: 135-136). O resultado desse movimento foi, para muitos, alcançado justamente com o Estatuto de Roma, do qual o Brasil é signatário (Decreto legislativo

n. 112, de 2002, e Decreto presidencial n. 4.388, de 25-9-2002). E não há dúvida de que, apesar da redação genérica do mencionado § 4º do art. 5º da CB, foi o mesmo concebido para conferir um manto de constitucionalidade à adesão, previamente manifestada, ao TPI do Estatuto de Roma. É por esse motivo que se passará, adiante, ao estudo concentrado neste específico TPI.

A mencionada preocupação mundial pode ser vislumbrada nos *considerandos* do referido Estatuto, nos quais se lê, dentre outros: "Conscientes de que todos os povos estão unidos por laços comuns e de que suas culturas foram construídas sobre uma herança que partilham, e preocupados com o fato deste delicado mosaico pode[r] vir a quebrar-se a qualquer instante" e "Decididos a garantir o respeito duradouro pela efetivação da justiça internacional".

Em seu âmago, o Estatuto contém disposições que certamente enfraquecerão a soberania dos países que o absorvam. O caso brasileiro não foge dessa situação (por uma relativa soberania do Brasil, cf. JAGUARIBE, 2000: 18), podendo ser considerado ainda mais constrangedor, pois o referido Estatuto de Roma já havia ingressado na ordem jurídica interna por meio de decreto legislativo e presidencial. Sua constitucionalidade, contudo, seja um decreto, seja uma emenda constitucional, poderá continuar a ser contestada e averiguada pelo Judiciário (embora, é certo, não com a mesma extensão em ambas as hipóteses), nos termos a seguir declinados.

Na atual redação constitucional tem-se a inusitada expressão "o Brasil se submete à jurisdição", como se o choque da terminologia pudesse sepultar todas as incongruências do TPI. Veja-se que o emprego da terminologia denota, claramente, a ideia de submissão, o que só se admite se se afastar, nesse exato ponto, peremptoriamente, a soberania do país. Um Estado soberano não se submete a nenhum outro Estado ou órgão. Suas decisões são baseadas em critérios próprios, e não em comandos externos. Daí falar-se em soberania. Do contrário, tem-se submissão. Essa dualidade soberania/submissão não pode ser ignorada. De resto, a mesma expressão refere-se, ainda, à outra jurisdição, à qual estaria o Brasil (leia-se: todos que se submetam ao seu ordenamento jurídico) submisso.

Nesse sentido, merece um estudo mais aprofundado o *princípio da complementaridade*, presente tanto no preâmbulo do Estatuto de Roma, em que se sublinha que "o Tribunal Penal Internacional, criado pelo presente Estatuto, será complementar às jurisdições penais nacionais", como, de forma mais técnica, pelo art. 1º, no qual se indica a complementaridade do

TPI em face das jurisdições penais nacionais, e, mais precisamente, pelos arts. 17, 18 e 19, os quais tratam dos critérios de admissibilidade da jurisdição complementar do Tribunal Penal Internacional, bem como de sua impugnação.

Dentro do objetivo desta obra, mister apenas observar que a regra para que a atuação do Tribunal Penal Internacional possa ocorrer é a suposta *omissão* do Estado-parte. Em outras palavras, aciona-se o TPI quando se verifica uma das seguintes hipóteses: (i) a paralisia consciente do Estado em responsabilizar penalmente os suspeitos dos crimes capitulados no art. 5º do Estatuto (crime de genocídio, crimes contra a humanidade, crimes de guerra e crimes de agressão, os quais são, aliás, nos termos do art. 29, imprescritíveis), ou, (ii) a falência estrutural, das condições necessárias para proceder à persecução penal (o art. 17, em seu § 3º, arrola as hipóteses que configuram a ausência de condição estatal para proceder à responsabilização penal, a saber:"por colapso total ou substancial da respectiva administração da Justiça ou por indisponibilidade desta").

Portanto, a atuação legítima do TPI encontra-se condicionada a dois fatores, que devem operar concomitantemente: (i) que o crime seja de genocídio, contra a humanidade, de guerra ou crime de agressão; e (ii) que haja inação por parte do Estado em que tenha ocorrido a infração penal ou de onde seja proveniente o agente criminoso.

Nesse diapasão, é questionável a utilização da ideia de complementaridade, pedra de toque da atuação do TPI. Isto porque o termo *complementar*, a bem da verdade, está a significar o que acompanha o essencial, adicionando-lhe algo. Nos ditames lógicos, se o essencial não existe, seu complemento seria, na realidade, a própria essência (não uma adição, mas a própria unidade). Ao que tudo indica, esse termo teria sido escolhido tão somente em razão de sua conotação benéfica ao sentido clássico de soberania, na medida em que repassa um aparente respeito às determinações do próprio Estado, supostamente não contrariando suas decisões próprias.

Nada obstante este fator, parece que seria mais adequado, ao menos etimologicamente, ter como princípio do TPI o da subsidiariedade, cuja tônica é a ajuda, o reforço, em caso de falência do principal. É terminologia que, de forma mais pontual, denota *secundariedade*. Afinal, é exatamente na ausência do ânimo persecutório do Estado-parte que se afigura pertinente deflagrar a atuação do TPI. Ademais, assim como ocorre ao termo complementaridade, manter-se-ia a ideia (resistente) de soberania, conferindo-lhe uma (fantasiosa) sobrevida, na medida em que o TPI não substituiria os tribunais nacionais, mas apenas operaria nos casos topicamente indicados, como bem lembra Perrone-Moisés (2000: 5).

Quanto à subordinação, doravante constitucionalmente determinada, ao TPI, é necessário, numa análise estritamente constitucional, verificar eventual violação de cláusula pétrea, especialmente no ponto em que o TPI sobrepor-se-á ao princípio da nacionalidade.

Poder-se-ia falar, também, em princípio da territorialidade, mas seria bulir com um princípio ligado a um conceito que muitos consideram como anacrônico, o de soberania. Tal obstáculo parece ter sido superado pela conjuntura atual: "O dogma da soberania do Estado não poderá ser aqui validamente invocado e, mais uma vez, revela-se imprestável perante a atual conjuntura mundial. É que de nada adianta a soberania estatal se é ela impotente para, por si só, enfrentar os problemas que surgem e desafiam-lhe a própria subsistência neste final de milênio" (Tavares: 2000, 394). O conceito de soberania é um conceito forjado pelo Homem, que demanda justamente um "acertamento" de seu conteúdo atual.

O princípio da nacionalidade e da proteção nacional, por outro lado, encontra-se arraigado na Constituição de 1988: (i) nenhum brasileiro nato será extraditado (art. 5º, LI); (ii) o brasileiro naturalizado só poderá ser extraditado em caso de crime comum praticado antes da naturalização ou comprovado envolvimento em tráfico ilícito de substâncias entorpecentes ou drogas (art. 5º, LI), e; (iii) não será concedida extradição baseada em crime político ou de opinião (art. 5º, LII, da CB). E, como direitos fundamentais que são, não se lhes pode negar a característica de ser cláusula pétrea.

Com efeito, o art. 89 do Estatuto de Roma prevê a entrega de pessoas ao TPI pelos Estados, bem como o seu art. 103, o qual dispõe acerca da execução da pena em um Estado indicado pelo TPI.

Diante da vedação constitucional, o TPI, *a priori*, dirigindo um pedido de detenção e entrega ao Brasil, quando o agente do crime for um brasileiro nato ou naturalizado (salvo os casos mencionados), ou quando se entenda ser o caso de crime político ou de opinião, não poderia ter sua solicitação atendida.

Note-se, contudo, que o termo utilizado no Estatuto é *entrega*, e não *extradição*. A distinção é, contudo, meramente grafológica, não se podendo considerar, seriamente, ser ontológica, nem mesmo para os mais entusiastas defensores do TPI. O Estatuto parece tratar os termos como não sendo sinonímicos, conforme se depreende do art. 90, § 1º:"Um Estado parte que, nos termos do art. 89, receba um pedido de *entrega* de uma pessoa formulado pelo Tribunal, e receba igualmente, de qualquer outro Estado, um pedido de *extradição* relativo à mesma pessoa, pelos mesmos fatos que motivaram o pedido de entrega por parte do Tribunal, deverá notificar o Tribunal e o Estado requerente de tal fato".

A única diferença entre entrega e extradição encontrar-se-ia na qualidade do órgão requerente. A extradição é solicitada pelo sujeito de Direito internacional, o Estado, é dizer, "extradição é o ato pelo qual um Estado entrega um indivíduo acusado de fato delituoso ou já condenado *como* criminoso à justiça de outro *Estado*" (Accioly, 1958: 125, original não grifado). A entrega, por sua vez, voltar-se-ia para um organismo internacional, a saber, o TPI. O outro possível fator de discriminação estaria reduzido ao termo utilizado, um termo mais suave que o já carregado termo *extradição*.

A respeito, aduzia Grocio (Livro II, cap. XXI, § 4º, n. 3): "ou entregar ou castigar", o que é de aplicar-se à dualidade acima apresentada. Se se entrega para punir, a distinção esvai-se. Consequentemente, as vedações que se aplicam a um caso, necessariamente, aplicar-se-ão ao outro. Isto porque o que se pretendeu com a mencionada proibição constitucional, além de asseverar a soberania do Estado brasileiro, ao reforçar a sua própria jurisdição sobre os nacionais, foi, também, protegê-los. Está no âmago da discussão a ideia de proteção de um nacional, pelo seu Estado. Proteção, mas não acobertamento. A proteção, contudo, foi a opção constitucional, que merece ser respeitada, embora possa e deva ser submetida à crítica.

Nesse sentido, cumpre destacar, aqui, as causas colacionadas por Accioly (1958: 127-128):

"1ª) os Estados devem proteção a seus nacionais e, por conseguinte, têm a obrigação de lhes garantir uma justiça imparcial; ora, essa imparcialidade pode faltar nos juízes estrangeiros; 2ª) (...) a entrega de um nacional a uma justiça estrangeira constitui uma espécie de renúncia a direitos inerentes à soberania; 3ª) todo indivíduo tem o direito de viver no território e sob a proteção do Estado de que é nacional (...)".

Decerto, é possível argumentar que, por ser o Brasil signatário deste Estatuto, e, mais, em virtude de circunstâncias temporais, os motivos ensejadores da vedação constitucional em causa não seriam vocacionados a um tribunal penal internacional. E tal argumentação, a bem da verdade e de forma irretorquível, será válida. Contudo, ainda assim, não se poderá admiti-la, no Brasil, porquanto este é o risco que se corre ao se adotar uma Constituição com cláusulas mais do que rígidas (cf. Tavares, 2003: 68-9), em que se preveem cláusulas imodificáveis, conforme já bem criticara Paine (1792: 41-45). Ainda que a proteção concedida pelo texto constitucional aos brasileiros se afigure, hodiernamente, anacrônica, tal foi envernizada pela imutabilidade, para o bem ou para o mal.

As interpretações que visem a conceder (contornando) sentido diverso à vedação constitucional que ora se comenta, afastando-a da hipótese de *entrega*, não poderão prevalecer, uma vez que, conforme já se viu acima, a única diferença entre o presente instituto e o da extradição, além da terminológica, reside no ente que a solicita. Sendo assim, qualquer elucubração exegética nesse sentido produzirá o único efeito da sustentação do ridículo hermenêutico.

A única forma de se admitir a extradição, entrega, ou qualquer outro nome que pretenda conferir a este único e idêntico fenômeno, será por meio da criação de uma nova Constituição via constituinte originário, ou deturpação da cláusula pétrea constante do art. 60, § 4º, IV, da CB, compreendendo como não tendente a abolir esses delicados direitos fundamentais a entrega de indivíduos para serem submetidos a jurisdição outra que não a nacional.

A imprescritibilidade dos crimes, acenada pelo Estatuto de Roma, é outro ponto que se apresenta em contradição com o texto da CB, além de tornar vulneráveis as situações jurídicas consolidadas com o decurso de longo período de tempo, destruindo um dos primeiros pilares do Direito, que é a pacificação dos conflitos sociais e das relações jurídicas gerais. Ademais, conflita com a sistemática constitucional, que sempre se referiu expressamente aos casos de crimes imprescritíveis (cf. art. 5º, XLII e XLIX, da CB), sendo a extrapolação para outras hipóteses inadmissível. Portanto, trata-se de dispositivo que infirma não apenas o Direito constitucional como a própria finalidade do Direito. Evidentemente que, no caso desse dispositivo do Estatuto, bastaria (embora não seja assim tão simples) sua declaração de inconstitucionalidade no Brasil para, afastando sua incidência, salvar a própria existência do TPI nas demais dimensões. Em outras palavras, não se trata de vício que atinja diretamente o TPI, que muito bem poderia funcionar sem que se aplicasse tal extensão temporal de sua "jurisdição", ao contrário do que ocorre com o vício apontado anteriormente.

Não é só. O Estatuto, em sua estrutura, conta com um grau muito precário de tipicidade, inadmissível a qualquer Estado Constitucional de Direito, como o brasileiro. É que não há a previsão exata dos crimes (dos tipos penais em seus elementos) perante os quais seriam julgados os indivíduos sujeitos a sua "jurisdição", nem tampouco há previsão exata, como seria desejável, das penalidades a serem aplicadas. Nem seria necessário dizer que esse tipo de estrutura, caso se pretenda aplicá-la diretamente para fins da referida "entrega", viola frontalmente dispositivos da Constituição de 1988 que se caracterizam, inegavelmente, como direitos fundamentais "petrificados" (cf. art. 5º, II e XXXIX, da CB). Isto inviabiliza a própria manutenção do TPI, que, sem estar vinculado a crimes e penas previamente determinados, teria atuação sempre inconstitucional aos olhos da CB.

Por fim, outro ponto do Estatuto de Roma que conflita, *a priori*, com a Constituição de 1988, é o art. 77, § 1º, *b*, o qual prevê a possibilidade de se aplicar pena de prisão perpétua, nos casos em que houver elevado grau de ilicitude do fato e as condições pessoais do condenado a justificarem. Ora, como é sabido, o art. 5º da CB, em seu inciso XLVII, *b*, obsta qualquer possibilidade de se instaurar penas de caráter perpétuo. E, como se sabe, esse dispositivo aplica-se a qualquer tipo de crime, a qualquer pessoa que se encontre sob a jurisdição punitiva brasileira e em qualquer época. A dúvida que poderia surgir é a de se saber se esta vedação, no entanto, seria *ratione locus*, quer dizer, se somente se aplicaria no Brasil ou, ao contrário, se seria uma garantia subjetiva, estendendo-se ao novel caso da entrega.

O STF, no pedido de extradição n. 811-1 (*DJ* de 28-2-2003), feito pelo Peru, entendeu, por maioria, possível "o Governo brasileiro extraditar o súdito estrangeiro reclamado, mesmo nos casos em que este possa sofrer pena de prisão perpétua no Estado requerente. Ressalva da posição pessoal do Relator (Min. Celso de Mello), que entende necessário comutar, a pena de prisão perpétua, em privação temporária da liberdade, em obséquio ao que determina a Constituição do Brasil". Mas o próprio STF, em posição diversa, já decidiu por condicionar a extradição "à formalização de compromisso, pelo Estado requerente, de comutar em pena não superior a 30 (trinta) anos, as penas de prisão perpétua eventualmente impostas ao extraditando" (Pedido de Extradição 1306/DF, 2ª Turma, Rel. Min. Ricardo Lewandowski, j. em 29-10-2013, *DJe*-236, publ. 2-12-2013; no mesmo sentido Pedido de Extradição 1234, 1ª Turma, Relator Min. Dias Toffoli, j. em 8-1-2011, *DJe*-230, publ. 5-12-2011).

Exigência semelhante poderia ser imposta ao TPI em caso de "entrega". Assim, em qualquer das hipóteses, seja pela entrega para possível cumprimento de perpétua, seja a entrega condicionada ao respeito do prazo máximo de trinta anos de prisão, não haveria qualquer contradição no Estatuto de Roma, com a Constituição de 1988. Sendo assim, a celeuma se resume à vedação de se extraditar ou, caso se prefira o termo recém-criado, de *entregar* um *nacional* ao TPI, para que o cidadão cumpra a pena definida por um tribunal formado fora dos limites nacionais. Para admiti-la nesses termos (com a penalidade indefinida mencionada), seria, então, necessário criar uma nova Constituição com a inserção desta permissibilidade.

Para encerrar o assunto, cumpre frisar que a presente vedação não obsta, tão somente, a efetivação do Estatuto de Roma, no país. Dirige-se a toda e qualquer previsão de um tribunal internacional com caráter *penal*, ao qual o Brasil pretenda integrar-se, pois, ainda que o tratado em que se preveja a sua criação venha a admitir a adoção, pelos Estados-partes, de reservas a uma de suas cláusulas (o que não é admitido pelo Estatuto de Roma, nos termos de seu art. 120), a extradição ou entrega sempre se constituirá em condição *sine qua non* para a existência e plena efetividade de um tribunal com essa natureza, uma vez que não seria coerente que um órgão desses, cujo princípio elementar é o da complementaridade, viesse a admitir que o agente criminoso pudesse cumprir pena exatamente no país em que, em razão de sua ausência de ânimo punitivo ou de condições efetivas para tanto, findou por franquear a atuação do tribunal penal internacional. E a própria previsão dos crimes, respectivas penas e prescrição, a serem julgados pelo TPI é, para qualquer Estado de Direito, condição inafastável para a admissão de um tribunal internacional.

Em outras palavras, enquanto houver a previsão de direitos fundamentais como a prescritibilidade dos crimes, impossibilidade de extradição de certas pessoas e em certas situações, garantia da legalidade, e outras, a redação do § 4º do mesmo art. 5º da CB adentrará no rol das normas constitucionais com vícios de conteúdo. E nem se poderia invocar o disposto no art. 7º do Ato das Disposições Constitucionais Transitórias, que estabelece que "o Brasil propugnará pela formação de um tribunal internacional dos direitos humanos", e art. 4º da CB, que propugna pela prevalência dos direitos humanos (inciso II), cooperação entre os povos (inciso IX) e integração internacional (parágrafo único), porque nada há, nesses dispositivos, que autorize a submissão do País a tribunal de *natureza penal*, para entregar pessoas que se encontrem sob sua jurisdição, independentemente de sua nacionalidade ou do tipo de crime por elas supostamente praticado. O dispositivo constitucional mais próximo, do art. 7º do ADCT, apenas propugna pela formação de um tribunal internacional dos direitos humanos. A formação de um tribunal internacional de direitos humanos não requer, necessariamente, a formação de um com caráter punitivo, nos termos em que foi firmado o Estatuto de Roma.

Assim, a inserção de qualquer tribunal penal internacional no seio da Constituição de 1988, como foi feito no indicado § 4º do art. 5º, por meio da Reforma, em muito pouco altera a situação anterior, pela qual especificamente o TPI criado pelo Estatuto de Roma havia sido internalizado via decreto, no ordenamento jurídico pátrio. É que todos os pontos de inconstitucionalidade que afrontavam cláusulas pétreas continuam passíveis de infirmar a novel previsão constitucional especificamente quanto ao Estatuto de Roma. Assim ocorre com: (i) a "entrega" ou extradição de nacionais; (ii) a "entrega" ou extradição de estrangeiros por crimes políticos ou de opinião; (iii) a falta de tipificação dos crimes no Estatuto; (iv) a falta de prévia previsão das punições cabíveis; (v) a imprescritibilidade dos crimes; e (vi) as penas perpétuas admitidas.

É evidente que a previsão constitucional inserida no art. 5º da CB, pela Reforma, não se refere especificamente ao TPI ou ao Estatuto de Roma, falando, antes, em termos genéricos, de uma "jurisdição de Tribunal Penal Internacional". Contudo, é inimaginável (ou, ao menos, esvaziaria dramaticamente, aos olhos do Direito internacional, essa "jurisdição") a falta, em qualquer tribunal desse corte, da previsão de entrega incondicional, consoante n. (i) *supra*. Logo, esse dispositivo, introduzido por Emenda Constitucional, apenas fez ressaltar as incongruências que qualquer tribunal desse jaez terá com a Constituição de 1988, não equacionando a questão.

Além desses sérios problemas, a possibilidade de o Brasil vir a aderir a um tribunal penal internacional (ou a suposta confirmação constitucional da submissão ao TPI do Estatuto de Roma) representa: (i) a adesão do Estado aos *standards* internacionais (cf. Perrone-Moisés, 2000: 4) que, não obstante sua importância, ignoram importantes avanços jurídicos da humanidade; (ii) provocando por indução comportamentos desejados (Biato, 2001/2002: 133), como incentivo à celeridade jurisdicional do país, numa perspectiva nitidamente pedagógica (Biato, 2001/2002: 139), mas pela via transversa da intimidação e amedrontamento nacional.

BIBLIOGRAFIA DO CAPÍTULO II

ACCIOLY, Hildebrando. *Direito internacional público*. 4. ed. São Paulo: Saraiva, 1958.

AGRA, Walber de Moura. *A reconstrução da legitimidade do Supremo Tribunal Federal:* densificação da jurisdição constitucional brasileira. Rio de Janeiro: Forense, 2005.

ANTUNES, J. Pinto. *Da Limitação dos Poderes*. São Paulo: RT, 1950.

ARAGÃO, Antonio Moniz Sodré de. *O poder judiciário na revisão constitucional*. São Paulo: Acadêmica, 1929.

BASTOS, Celso. *Curso de direito constitucional*. 3. ed. São Paulo: Saraiva, 2000.

______. *Hermenêutica e interpretação constitucional*. 3. ed. São Paulo: Celso Bastos Editora, 2002.

______. *Comentários à Constituição do Brasil*. 2. ed. São Paulo: Saraiva, 2001. v. 2.

BELAUNDE, D. García; SEGADO, F. Fernádez (Coords.). *La jurisdicción constitucional en Iberoamerica*. Madrid: Dykinson, 1997.

BERCOVICI, Gilberto. A Constituição de 1988 e a teoria da Constituição. In: Tavares, André Ramos et al. *Constituição Federal:* mutação e evolução, comentários e perspectivas. São Paulo, Método, 2003. Bibliografia: 9-31.

BERMAN, Harold J. *La formación de la tradición jurídica de Occidente*. México: FCE, 2001.

BIATO, Marcel. *O Tribunal Penal Internacional e a segurança coletiva*. Política Externa, v. 10, n. 3, p. 132-147, dez./fev. 2001/2002.

BLACHÈR, Philippe. *Contrôle de constitutionnalité et volonté générale*. Paris: PUF, 2001 (Collection Les Grandes Thèses du Droit Français).

BLACK JR., Charles L. *The people and the court:* judicial review in a democracy. New York: The Macmillan Company, 1960.

BLACKSTONE, William. *Commentaries on the laws of England:* of private wrongs, v. 3. Chicago: The University of Chicago Press, 1979.

BOBBIO, Norberto; MATTEUCCI, Nicola; PASQUINO, Gianfranco. *Dicionário de Política*. 2. ed. Brasília: Editora Universidade de Brasília, 1986.

BOHMN, James. *Public Deliberation:* pluralism, complexity and democracy. Cambridge/London: MIT, 1996.

BONAVIDES, Paulo. *Curso de Direito Constitucional*. 11. ed. São Paulo: Malheiros, 2001.

BORK, Robert. *The tempting of America:* the political seduction of the law. New York: Free Press, 1990.

BOUDIN, Louis B. *Government by judiciary:* an analysis of the real workings of the judicial power and a true history of its rise from small beginnings to practical omnipotence. New York: William Godwin, 1932. V. I-II.

BRITO, Miguel Nogueira de. Originalismo e interpretação constitucional. In: *Sub Judice:* sociedade e Justiça, v. 12, jan./jun. 1998 (n. duplo). Bibliografia: 33-58.

CAMBI, Eduardo. *Direito Constitucional à Prova no Processo Civil.* São Paulo: Revista dos Tribunais, 2001 (Coleção Temas Atuais de Direito Processual Civil, v. 3).

CAPPELLETTI, Mauro. *La giurisdizione costituzionale delle libertà.* 3. ed. Milano: Giuffrè, 1976.

_______. *Juízes legisladores?* Trad. Carlos Alberto Alvaro de Oliveira. Porto Alegre: Sérgio Antonio Fabris Editor, 1993. Trad. Giudici legislatori? (Estudo dedicado à memória de Tullio Ascarelli e Alessandro Pekelis).

_______. *Juízes Irresponsáveis.* Trad. Carlos Alberto Alvaro de Oliveira. Porto Alegre: SAFe, 1989.

CAPPELLETTI, Mauro; GARTH, Bryant. *Acesso à Justiça.* Trad. Ellen Gracie Northfleet. Porto Alegre: Sergio A. Fabris, Editor, 1988. Trad. Access to Justice.

CARDOZO, José Eduardo Martins. Da Retroatividade da Lei. São Paulo: Revista dos Tribunais, 1995 (Coleção Estudos em Homenagem ao Ministro e Professor Moreira Alves, v. 2).

CARVALHO, Paulo de Barros. *Direito tributário, linguagem e método.* São Paulo: Noeses, 2008.

CASTRO, José L. Cascajo; SENDRA, Vicente Gimeno. *El recurso de amparo.* 2. ed. 2. reimpr. Madrid: Tecnos, 1992 (Temas Clave de la Constitución Española).

CHIOVENDA, Giuseppe. *Instituições de direito processual civil.* São Paulo: Saraiva, 1943. v. 4.

CLÈVE, Clèmerson Merlin. Uso Alternativo do Direito e Saber Jurídico Alternativo. In: ARRUDA Jr., Edmundo Lima de. *Lições de Direito Alternativo.* São Paulo: Editora Acadêmica, 1991.

CLÈVE, Clèmerson Merlin; SARLET, Ingo Wolfgang; PAGLIARINI, Alexandre Coutinho (Orgs.). *Direitos humanos e democracia*. Rio de Janeiro: Forense, 2007.

COUTURE, Eduardo J. *Fundamentos del derecho procesal civil*. 3. ed. Buenos Aires: Depalma, 1993.

DALLARI, Dalmo de Abreu. A Hora do Judiciário. In: KREBS, Fernando Aurvalle (Org.). A Reforma do Poder Judiciário. Curitiba: Juruá, 1998.

DIMOULIS, Dimitri; LUNARDI, Soraya Regina Gasparetto. Dimensões do processo objetivo. Autocriação e heteroreferência. In: AGRA, Walber de Moura. *Densificação e Concretização da Constituição*.

DIMOULIS, Dimitri; SABADELL, Ana Lúcia. Tribunal Penal Internacional e direitos fundamentais: problemas de constitucionalidade. *Cadernos de Direito*. Cadernos do Curso de Mestrado em Direito da Universidade Metodista de Piracicaba, v. 3, n. 5, dez. 2003, p. 241-259.

DINAMARCO, Cândido Rangel. *A reforma do Código de Processo Civil*. São Paulo: Malheiros, 1995.

DÓRIA, Antonio Roberto Sampaio. *Direito constitucional tributário e "due process of law"*. 2. ed. Rio de Janeiro: Forense, 1986.

ENTERRÍA, Eduardo García de. *La constitución como norma y el tribunal constitucional*. Madrid: Civitas, 1983: reimpressão de 1994.

ESTAGNAN, Joaquin Silguero. *La Tutela Jurisdiccional de los Intereses Colectivos a traves de la Legitimación de los Grupos*. Madrid: Dykinson, 1995.

FARBER, Daniel A. The originalism debate: a guide for the perplexed. In: *Ohio St. Law Journal*, n. 49, 1988-89. Bibliografia: 1085-1106.

FARIA, Júlio Cezar de. *Juízes do meu tempo*. São Paulo: Martins, 1942.

FIGUEIREDO, Fran. *A Reforma do Poder Judiciário*. Brasília: Brasília Jurídica, 1999.

FOLHA DE SÃO PAULO. Congresso ratifica dissolução de Corte Suprema do Equador. São Paulo, 19 abr. 2005. Mundo.

GIDI, Antonio. *Coisa julgada e litispendência em ações coletivas*. São Paulo: Saraiva, 1995.

GLISSEN, John. *Introdução Histórica ao Direito*. 3. ed. Lisboa: Fundação Calouste Gulbenkian, 2001.

GOLDFORD, Dennis J. *The american constitution and the debate over originalism*. Cambridge: Cambridge Univ. Press., 2005.

GROCIO, Hugo. *Derecho de la guerra y la paz*. Madrid: Reus, 1925.

GUTMANN, Amy; THOMPSON, Dennis. *Why deliberative democracy?* Princeton: Princeton Univ. Press, 2004.

JAGUARIBE, Hélio. Brasil e mundo na perspectiva do século XXI. *Política Externa*, v. 9, n. 1, p. 3-21, jun./ago. 2000.

JAN, Pascal. *Le procès constitutionnel*. Paris: L.G.D.J., 2001 (Collection Systèmes).

KELSEN, Hans. *Jurisdição constitucional*. Trad. Maria Ermantina Galvão. São Paulo: Martins Fontes (Coleção Justiça e Direito). Tradução de: La garantie jurisdictionelle de la Constitution [debate no Instituto Internacional de Direito Público], 1928.

LAMBERT, Edouard. *Le gouvernement des juges et la lutte contre la législation sociale aux États-Unis*. L'expérience américaine du controle judiciaire de la constitutionnalité des lois. Paris: Marcel Giard, 1921.

LASPRO, Oreste Nestor de Souza. Garantia do duplo grau de jurisdição. In: *Garantias constitucionais do processo civil*. São Paulo: Revista dos Tribunais, 1999.

LIMA, Alcides de Mendonça. *O poder judiciário e a nova constituição*. Rio de Janeiro: Aide, 1989.

LUCIANI, Massino. In: *Parlamento, Corte Costituzionale e sviluppo della forma di governo in Itália*. 1991, Milano: Giuffrè, Associazione per gli Studi e le Ricerche Parlamentari, v. 2, 1991. Bibliografia: 13-31.

MAFFINI, Rafael. *Princípio da Proteção Substancial da Confiança no Direito Administrativo Brasileiro*. Porto Alegre: Verbo Jurídico, 2006.

MARINONI, Luiz Guilherme. *Tutela Antecipatória*. São Paulo: Revista dos Tribunais, 1997.

MARTINS, Ives Gandra da Silva; MENDES, Gilmar Ferreira. *Controle concentrado de constitucionalidade*. São Paulo: Saraiva, 2001.

MARTINS, Leonardo. Organização e introdução a: SCHWABE, Jürgen. *Cinquenta anos de Jurisprudência do Tribunal Constitucional federal alemão*. Montevideo: Konrad Adenauer-Stiftung, 2005.

MENDES, Gilmar Ferreira; BRANCO, Paulo Gustavo Gonet. *Curso de direito constitucional*. 8. ed. São Paulo: Saraiva, 2013.

MORAES, Alexandre de. *Direitos Humanos Fundamentais*. 3. ed. São Paulo: Atlas, 2000.

MORANGE, Jean. *Direitos humanos e liberdades públicas*. 5. ed. São Paulo: Manole. Ed. original de 1985.

MOREIRA NETO, Diogo de Figueiredo. *Direito da Participação Política*. Rio de Janeiro: Renovar, 1992.

______. *O Sistema Judiciário Brasileiro e a reforma do Estado*. São Paulo: Instituto Brasileiro de Direito Constitucional, 1999.

MOORE, Michael. The written constitution and interpretivism. In: *Harvard Journal of Law and Public Policy*, n. 12, 1989 (Symposium: Are There Unenumerated Constitutional Rights? The Seventh Annual National Federalist Society Symposium on Law and Public Policy - 1988).

NALINI, José Renato. *O juiz e o acesso à justiça*. São Paulo: Revista dos Tribunais, 1994.

NERY JUNIOR, Nelson. *Princípios do processo na constituição*. 5. ed. rev. ampl. São Paulo: Revista dos Tribunais, 1999 (Coleção Enrico Tullio Liebman, v. 21).

______. *Princípios do processo na Constituição Federal:* processo civil, penal e administrativo. 9. ed. rev. ampl. São Paulo: Revista dos Tribunais, 2009.

NEVES, Marcelo. *Entre Têmis e Leviatã:* uma relação difícil: O Estado democrático de Direito a partir e além de Luhmann e Habermas. São Paulo: Martins Fontes, 2006.

NUNES, Castro. *Teoria e prática do poder judiciário*. Rio de Janeiro: Forense, 1943.

PAINE, Thomas. *Rights of man*. New York: Penguin. Part One, 1. ed. 1792.

______. *Rights of man*. New York: Penguin. Part Two, 1. ed. 1792.

PAMPLONA, Danielle Anne. *Devido processo legal:* aspecto material. Curitiba: Juruá, 2004.

PERRONE-MOISÉS, Cláudia. O princípio da complementaridade no Estatuto do Tribunal Penal Internacional e a soberania contemporânea. *Política Externa*, v. 8, n. 4, p. 3-11, mar./maio 2000.

PERRY, Michael J. *The constitution in the courts:* Law or Politics? NewYork/ Oxford: Oxford University Press, 1994.

PORTALIS, Jean Etienne Marie. *Discurso Preliminar al Código Civil Francés*. Trad. I. Cremades e L. Gutiérrez-Masson. 1. ed. Madrid: Cuadernos Civitas, 1997.

POST JR., Charles Gordon. *The supreme cort and political questions*. Baltimore: The Johns Hopkins Press, 1936.

PHILIPS, Susan U. *Ideology in the Language of Judges*. Oxford: Oxford University Press, 1998.

PONTES DE MIRANDA, Francisco Cavalcanti. *Comentários à Constituição de 1946*. 4. ed. Rio de Janeiro: Borsoi, 1963, t. 3.

POWELL, H. Jefferson. The original understanding of original intent. In: *Harvard Law Review*, v. 98. 1984-5. Bibliografia: 885-948.

RAMOS, André de Carvalho. *Responsabilidade internacional por violação de direitos humanos*. Rio de Janeiro: Renovar, 2004

RÁO, Vicente. *O Direito e a Vida dos Direitos*. São Paulo: Resenha Universitária, 1977. v. 1, t. 3.

REHNQUIST, William H. *The supreme court:* how it was, how it is. New York: Quill William Morrow, 1987.

RIGAUX, François. *A Lei dos Juízes*. São Paulo: Martins Fontes, 2000.

ROSAS, Roberto. *Direito processual constitucional: princípios constitucionais do processo civil*. 2. ed. rev. atual. ampl. São Paulo: Revista dos Tribunais, 1997.

ROSENFELD, Michel. Constitutional Adjudication in Europe and the United States: Paradoxes and Contrast. In: *International Journal of Constitutional Law*, n. 4., out./2004.

ROSSUM, Ralph A. *Antonin Scalia's jurisprudence:* text and tradition. Lawrence: Univ. Press of Kansas, 2006.

ROTHENBURG, Walter Claudius. *Inconstitucionalidade por omissão e troca de sujeito:* a perda de competencia como sanção à inconstitucionalidade por omissão. São Paulo: RT, 2005.

_______. *A dialética da democracia:* entre legisladores e jurisdição constitucional. 2007. V. CLÈVE, Clèmerson (Org.). Bibliografia: 429-40.

SALAZAR, Alcino. *Poder judiciário:* bases para reorganização. Rio de Janeiro: Forense, 1975.

SANTOS, Boaventura de Sousa. Entrevista à revista *Diálogo e Debates*, por André Deak e Giovanna Mode, março de 2003, p. 7-11.

SARLET, Ingo. *A eficácia dos direitos fundamentais.* 6. ed. Porto Alegre: Livraria do Advogado ed., 2006.

_______. Direitos Fundamentais Sociais e Proibição de Retrocesso: Algumas Notas sobre o Desafio da Sobrevivência dos Direitos Sociais num Contexto de Crise. *Revista Brasileira de Direito Constitucional*, v. 4. São Paulo: ESDC, jul./dez. 2004. Bibliografia: 241-71.

SCALIA, Antonin. *A Matter of Interpretation*. Princeton Univ. Press, 1998.

SCHNEIDER, Hans Meter. *Democracia y Constitución.* Madrid: Centro de Estudios Constitucionales, 1991 (Colección Estudios Constitucionales).

SEGADO, Francisco Fernández. El tribunal constitucional. Un estudio orgánico. *Revista de la Facultad de Derecho de la Universidad Complutense*, Madrid, n. 15, p. 375-423, 1989.

SHAUER, Frederick. Defining originalism. In: *Harvard Journal of Law and Public Policy*, v. 19, 1995-6. Bibliografia: 343-6.

SILVA, Guilherme Amorim Campos da. Os direitos humanos são absolutos? A tendência inflacionária do processo de positivação e o paradoxo da dispersão dos enfoques. *Cadernos de Direito.* Cadernos do Curso de Mestrado em Direito da Universidade Metodista de Piracicaba, v. 3, n. 5, dez. 2003, p. 228-40.

SILVA, Jorge Araken Faria da. Do princípio da publicidade dos atos processuais. *RF*, v. 333. Bibliografia: 122.

STAAB, James B. *The political thought of justice Antonin Scalia:* a hamiltonian on the supreme court. New York: Rowman & Littlefield Pub., 2006.

SUNSTEIN, Cass R. Five theses on originalism. In: *Harvard Journal of Law and Public Policy*, 1995-6, n. 19. Bibliografia: 311-5.

TAVARES, André Ramos. *Curso de Direito Constitucional.* 8. ed. São Paulo: Saraiva, 2010.

_______. *Curso de Direito Constitucional.* 5. ed. São Paulo: Saraiva, 2007.

_______. *Fronteiras da hermenêutica constitucional.* São Paulo: Saraiva, 2006.

_______. *Teoria da Justiça Constitucional.* São Paulo: Saraiva, 2005.

______. *Direito Constitucional Econômico.* São Paulo: Método, 2003b.

______. Elementos para uma Teoria Geral dos Princípios na Perspectiva Constitucional. In: LEITE, George Salomão (Org.). *Dos Princípios Constitucionais.* São Paulo: Malheiros, 2003c.

______. *Tratado da arguição de preceito fundamental.* São Paulo: Saraiva, 2001.

______. *Tribunal e jurisdição constitucional.* São Paulo: IBDC, 1998.

TAVARES, André Ramos; BASTOS, Celso Ribeiro. *As tendências do direito público no limiar de um novo milênio.* São Paulo: Saraiva, 2000.

TORRES, Ricardo Lobo. *Tratado de Direito Constitucional, Financeiro e Tributário:* Valores e Princípios Constitucionais Tributários, v. 2, Rio de Janeiro: Renovar, 2005.

TRIBE, Laurence H. *American Constitutional Law.* 2nd ed. Mineola: The Foundation Press, 1988.

TUSHNET, Mark. Following the rules laid down: a critique of interpretivism and neutral principles. In: *Harvard Law Review,* v. 96, n. 4, fev. 1983. Bibliografia: 781-827.

WEIZER, Paul I. *The opinions of justice Antonin Scalia:* the caustic conservative. New York: Peter Lang, 2004 (Teaching Texts in Law and Politics, v. 13)

WOLFE, Christopher. *How to read the constitution:* originalism, constitutional interpretation, and judicial power. New York/London: Rowman & Littlefield Pub., 1996.

YARSHELL, Flávio Luiz. A reforma do Judiciário e a promessa de "duração razoável do processo". *Revista do Advogado,* São Paulo, ano XXIV, n. 75, abril de 2004.

ZAFFARONI, Eugenio Raúl. *O Poder Judiciário, crises, acertos e desacertos.* Trad. Juarez Tavares. São Paulo: RT, 1995.

ZAGREBELSKY, Gustavo. *La giustizia costituzionale* [S. l.]: Il Mulino, 1989.

ZAMUDIO, Héctor Fix. *Veinticinco años de evolución de la justicia constitucional.* 1940-1965. [1. ed.]. México: Universidad Nacional Autónoma de México, 1968 (Publicaciones del XXV Aniversario, n. 3-A).

CAPÍTULO III

DIREITO DA MAGISTRATURA: LEIS E COMPETÊNCIAS NORMATIVAS

1. PRINCÍPIOS CONSTITUCIONAIS DA MAGISTRATURA

O regime jurídico da Magistratura, seja suas garantias, seja o conjunto específico de direitos dos magistrados, seja os deveres, têm assento direto na Constituição, assim como ocorre com os direitos judiciais fundamentais e com toda discussão em torno de um Estado de Direitos com realizabilidade judicial.

Pressuposto geral, contudo, ainda no campo dos chamados "princípios constitucionais da Magistratura" é a centralidade dos direitos humanos fundamentais.

A própria Constituição brasileira, contudo, refere-se expressamente a um "Estatuto da Magistratura" (art. 93, *caput*), que deve ser editado na forma de *lei complementar*, ou seja, uma lei reforçada pela exigência de quórum *qualificado* para aprovação parlamentar, quer dizer, quórum com exigências maiores em relação àquele próprio das leis ordinárias.

Os "princípios" desse Estatuto, contudo, encontram-se definidos na própria Constituição, que utiliza, neste passo, o termo "princípios" em sentido amplo e indicativo de normas com maior relevância no sistema ou de larga aplicabilidade no setor-alvo.

Assim, são indicados como princípios tanto aspectos da carreira da magistratura (ingresso, promoção, remoção) como questões propriamente orgânicas (existência de órgão especial, número de juízes por unidade, atividade ininterrupta) e assuntos relacionados a garantias da sociedade (como o julgamento público e a decisão fundamentada), além de temas variados (como a residência na comarca, as escolas judiciais etc.).

Embora essa remissão aos princípios estabelecidos na Constituição do Brasil possa erroneamente levar *os centralistas* a defender a insubsistência de qualquer tentativa estadual que não esteja disposta textual e explicitamente na Constituição do Brasil ou, até mesmo, na legislação federal, a realidade constitucional é diversa, privilegiando a autonomia constitucional estadual, no que diz respeito à organização de sua unidade judicial.

Ponto central, porém, neste capítulo, é bem identificar um desses princípios, que é o da chamada "independência" do Poder Judiciário, e seu consectário, uma capacidade para editar normas próprias. O Regimento interno dos tribunais instrumentaliza, em grande medida, essa face da nova Justiça brasileira.

É sempre oportuno, porém, recordar que não há efetiva independência, em sentido rigoroso, nem seria desejável que assim fosse, posto que a decorrência automática de uma situação dessas haveria de ser a ingovernabilidade do país, com cada poder atuando em desconhecimento das ações próprias dos demais e sem os controles mútuos que hão de existir.

Dentro de um campo de análise que pretende superar a visão clássica da chamada "separação" de poderes, autores se posicionam para (re)construir uma teoria que, reconhecendo os poderes organicamente organizados, habilita para atuar aquele que estiver mais bem capacitado naquele momento, afastando-se, assim, radicalmente, de uma teoria tradicional e isolacionista das funções, que, como se sabe, pretende engessar cada uma dessas funções a uma determinada instituição (geralmente com foco nos três reconhecidos "poderes").

2. AS INICIATIVAS LEGISLATIVAS DO PODER JUDICIÁRIO

O Poder Judiciário foi aquinhoado com o poder de iniciativa legislativa, quer dizer, com a prerrogativa de deflagrar o processo legislativo relacionado a determinados temas especificados expressamente na Constituição.

Por se tratar de exceção à regra ampla e universal de que a iniciativa das leis cabe ao Poder Legislativo, este conjunto de prerrogativas deve ser expresso e *numerus clausus*; ademais, quando atribuído com exclusividade (a chamada iniciativa privativa), deve ser compreendido de forma restritiva.

Contudo, falar genericamente em iniciativa do Poder Judiciário demanda, no âmbito concreto, esclarecimento tópico sobre os órgãos exatos e suas respectivas prerrogativas nessa área, o que passo a fazer adiante, de maneira breve.

2.1. Iniciativa referente ao Estatuto da Magistratura

Consoante determina o art. 93, *caput,* da Constituição, a lei complementar que disporá sobre o Estatuto da Magistratura é de iniciativa do Supremo Tribunal Federal.

Atualmente vigora a Lei Orgânica da Magistratura, a Lei Complementar n. 35, de 1979, recepcionada naquilo que não viole a nova concepção constitucional de Poder Judiciário, especialmente de suas garantias e deveres dos magistrados. Abaixo traço a distinção entre um Estatuto e uma Lei Orgânica, cumprindo sempre ressaltar que em 1988 optamos pela concepção estatutária.

2.2. Iniciativa para a criação de novas varas judiciárias

Consoante o art. 96, I, *d,* é da competência *privativa* de cada Tribunal "propor a criação de novas varas judiciárias". Trata-se de proposta que deverá ser apresentada na forma de iniciativa de projeto de lei. A iniciativa é privativa do Judiciário e só os tribunais podem deflagrar esse processo legislativo.

A hipótese em comento significa, necessariamente, aumento de despesa. E isso, "na lógica constitucional, requer manifestação legislativa" (Amaral Júnior, 2009: 1212).

Por tribunais, aqui, incluem-se os Tribunais de Justiça e os Tribunais Regionais Federais, do Trabalho e Militares.

No âmbito da Justiça eleitoral, o Tribunal Regional Eleitoral é a segunda instância em matéria eleitoral, não havendo, porém, varas eleitorais. A Justiça eleitoral de primeira instância é desenvolvida, integralmente, pelo juiz de direito, como determina expressamente a Constituição, assim considerado o juiz estadual.

2.2.1. *Iniciativa para criar varas especializadas para dirimir conflitos fundiários*

Determina o art. 126, em redação dada pela Emenda Constitucional n. 45, que o Tribunal de Justiça deverá propor a criação de varas especializadas, para dirimir conflitos fundiários, com competência exclusiva para questões agrárias.

2.3. Iniciativa para alterar o número dos membros dos tribunais inferiores

Em consonância com o que determina o art. 96, II, *a*, compete ao STF e aos tribunais superiores, bem como aos Tribunais de Justiça, propor ao Congresso Nacional ou à Assembleia Legislativa, respectivamente, "a alteração no número de membros dos tribunais inferiores".

Assim, por exemplo, compete ao Tribunal Superior do Trabalho propor a alteração, ao Congresso Nacional, por se tratar de Justiça federal, do número de membros de Tribunal Regional do Trabalho.

2.4. Iniciativa para criar e extinguir cargos e remuneração

Nos termos do que determina o art. 96, II, *b*, compete ao STF e aos tribunais superiores, bem como aos Tribunais de Justiça, propor ao Congresso Nacional ou à Assembleia Legislativa, respectivamente, "a criação e a extinção de cargos e a remuneração dos seus serviços auxiliares e dos juízos que lhe forem vinculados".

2.5. Iniciativa para fixar o valor de subsídio

Nos termos do que determina, ainda, o art. 96, II, *b*, parte final, compete ao STF e aos tribunais superiores, bem como aos Tribunais de Justiça, propor ao Congresso Nacional ou à Assembleia Legislativa, respectivamente, "a fixação do subsídio de seus membros e dos juízes, inclusive dos tribunais inferiores".

2.6. Iniciativa para criar ou extinguir tribunais inferiores

Em consonância com o que determina o art. 96, II, *c*, compete ao STF e aos tribunais superiores, bem como aos Tribunais de Justiça, propor ao Congresso Nacional ou à Assembleia Legislativa, respectivamente, "a criação ou extinção dos tribunais inferiores".

2.7. Iniciativa para alterar a organização e divisão judiciárias

Em consonância com o que determina o art. 96, II, *c*, compete ao STF e aos tribunais superiores, bem como aos Tribunais de Justiça, propor ao Congresso Nacional ou à Assembleia Legislativa, respectivamente, "a alteração da organização e da divisão judiciárias".

Trata-se, aqui, de dispositivo que pressupõe ser a competência para organização judiciária de regime legal em sentido formal, mas cuja elaboração deve originar-se do Poder Judiciário.

O art. 63, II, reforça o sentido acima indicado. Nele está previsto que os projetos de organização dos tribunais federais não admitem aumento de despesa em sua tramitação como projeto de lei.

Na decisão proferida na ADI n. 3711 o relator, Min. FUX, consignou que "as normas de organização judiciária diferem ontologicamente daquelas de natureza processual", aduzindo, ainda, que a "norma de Direito Processual se peculiariza por afetar aspectos umbilicalmente ligados à tríade jurisdição, ação e processo" (j. 5-8-2015)[34]. Apenas fora desses limites é que se poderá falar adequadamente de norma de organização judiciária, cuja deflagração ficou a cargo do próprio Poder Judiciário.

2.8. Iniciativa orçamentária

O art. 99 da CB assegurou ao Poder Judiciário a imprescindível e delicada "autonomia administrativa e financeira".

Nos termos do regime jurídico constitucional da matéria, é da competência dos tribunais elaborar "suas propostas orçamentárias dentro dos limites estipulados conjuntamente com os demais Poderes na lei de diretrizes orçamentárias" (§ 1º do art. 99).

Essas propostas orçamentárias devem, no Brasil, tomar a forma de lei em sentido formal, ou seja, não basta o ato administrativo do Poder Judiciário. Assim, a Proposta elaborada no seio do Poder Judiciário deve ser encaminhada ao respectivo Poder Legislativo.

Quanto à Proposta em si, compete, no âmbito da União, aos Presidentes do Supremo Tribunal Federal e dos Tribunais Superiores, com a aprovação dos respectivos tribunais e, no âmbito dos Estados e no do Distrito Federal e Territórios, aos Presidentes dos Tribunais de Justiça, com a aprovação dos respectivos tribunais.

Em todos os casos devem ser ouvidos os tribunais interessados, prerrogativa constitucional expressa, que não pode ser ignorada pelo STF ou pelos tribunais superiores.

---

[34] O mesmo sentido já havia sido adotado na ADI 4.414, rel. Min. LUIZ FUX, j. 31-5-2012.

Na eventualidade de os órgãos referidos não encaminharem as respectivas propostas orçamentárias dentro do prazo estabelecido na lei de diretrizes orçamentárias, o Poder Executivo considerará, para fins de consolidação da proposta orçamentária anual, os valores aprovados na lei orçamentária vigente (cf. art. 99, § 3º da CB, incluído pela EC n. 45/2004).

2.9. Iniciativa referente à matéria de gratuidade ou de redução de emolumentos

A definição de normas específicas referentes aos valores dos emolumentos, que estipulem valores fixos e métodos estáticos de composição dos emolumentos, é de competência privativa dos Estados-membros e do Distrito Federal, respeitadas as normas gerais estabelecidas em Lei federal nos termos do art. 236, § 2º, da CB.

Esta constatação, porém, *não atribui uma autorização imediata aos entes federativos subnacionais em determinar, por exemplo, a gratuidade ou a redução dos valores dos emolumentos relativos a atos praticados pelos serviços notariais e de registro*. Isto porque os emolumentos são elementos integrantes da autonomia financeira da Justiça Estadual, além de componentes da remuneração de um serviço específico, delegado aos particulares.

Com efeito, mesmo que o Estado-membro pretendesse definir, ilustrativamente, a gratuidade e a redução dos valores dos emolumentos relativos aos atos de abertura de matrícula, registro de incorporação, parcelamento do solo, averbação de construção, instituição de condomínio, registro da carta de habite-se, bem como de registro de alienação de imóvel, uma previsão legal dessa envergadura haveria de ser gestada inicialmente no âmbito do Poder Judiciário estadual.

Em outras palavras, considero que a Justiça Estadual – mais precisamente os seus Tribunais de Justiça – *detém a iniciativa do processo legislativo referente às normas que concedam gratuidade ou redução aos valores dos emolumentos relativos à atividade notarial e de registro*, exatamente em razão da relevância e impacto inegáveis destes para a sua própria autonomia financeira e, em termos finais, para a sua composição orçamentária.

Outra não é a conclusão a que se chega validamente a partir do art. 99 da CB, já analisado anteriormente.

Uma vez que, no âmbito estadual, a iniciativa de encaminhamento das propostas orçamentárias e demais proposições que afetem o orçamento é reservada ao Presidente do Tribunal de Justiça (cf. art. 99, § 2º, II, da CB), tem-se como conclusão indeclinável que as proposições normativas referentes à gratuidade ou redução dos valores dos emolumentos deverão ser apresentadas necessariamente pelo Tribunal de Justiça, por meio de seu Presidente.

A exigência do art. 99, § 2º, II, da CB, é no sentido de que proposições normativas específicas quanto ao regime de emolumentos, praticável no bojo de uma política pública governamental mais ampla, e que se destinam ao Poder Judiciário, tenham início neste exato Poder. Nada mais do que isso.

Nessa nova hipótese forma-se uma *iniciativa legislativa conjunta*, nos moldes daquela outrora adotada expressamente pelo art. 48, XV, da CB, sob a redação então atribuída pela EC n. 19/98, e que impunha a iniciativa conjunta dos Presidentes da República, da Câmara dos Deputados, do Senado Federal e do Supremo Tribunal, no que se referia ao projeto de lei que fosse fixar o subsídio dos ministros do STF.

3. DIPLOMAS NORMATIVOS DA MAGISTRATURA COM ASSENTO CONSTITUCIONAL

3.1. Estatuto da Magistratura ou Lei Orgânica da Magistratura?

3.1.1. *As diretrizes constitucionais para a Magistratura e o conteúdo de um Estatuto da Magistratura*

Há uma questão terminológica preliminar, relativa à designação do Diploma legal básico da Magistratura, que tanto tem sido identificado com a expressão "Lei Orgânica" como também "Estatuto" da Magistratura.

Na dicção de seu art. 93, a Constituição de 1988 fala expressamente em "Estatuto da Magistratura" que é normativamente introduzido no Ordenamento infraconstitucional sob a roupagem de lei complementar. Como cediço, o Supremo Tribunal Federal, em pronunciamentos reiterados[35] – mas

---

[35] Cf. ADI n. 1.985-6, Relator o Ministro Eros Grau, *DJ* de 13-5-2005; ADI/MC n. 2.370, Relator o Ministro Sepúlveda Pertence, *DJ* de 9-1-2001; ADI n. 1.503, Relator o Ministro Maurício Corrêa, *DJ* de 18-5-2001; ADI n. 1.422, Relator o Ministro Ilmar Galvão, *DJ* de 12-11-1999; ADI n. 2.753, Relator o Ministro Carlos Velloso, *DJ* de 11-4-2003; AO n. 185, Relatora a Ministra Ellen Gracie, *DJ* de 2-8-2002.

já submetidos processualmente à revisão de entendimento[36] –, assentou que até o advento dessa lei complementar, o Estatuto da Magistratura será acolhido pelo texto da (parte) recepcionada da"Lei Orgânica da Magistratura Nacional – LOMAN"(Lei Complementar n. 35, de 14-3-1979). Esta Lei foi trazida ao arcabouço normativo brasileiro na vigência da Carta de 1967, na redação que lhe foi dada pela Emenda Constitucional n. 1/69, daí a importância não apenas em ter cuidado para identificar o que foi não recepcionado em 1988, mas também para refazer o sentido desse conjunto normativo a partir do novo pressuposto constitucional, operando a chamada novação (devida à mudança de seu fundamento normativo) na parcela das normas recepcionadas.

Quanto a ser viável juridicamente e ter ocorrido efetivamente o fenômeno da recepção parcial da LOMAN pela Constituição de 1988, não se vislumbram inconformismos motivados a instaurar celeuma jurídica com resultados práticos relevantes. Partindo-se, então, da premissa de que a Lei em comento deve ser avaliada sob o critério da recepção, o que resta na esfera da celeuma é o saber-se em que"medida" (em termos quantitativos e qualitativos) os dispositivos da Lei Orgânica compatibilizam-se com os preceitos da Constituição da República. Com esse intuito realizo algumas observações e advertências.

Não se pode olvidar que o art. 93 da CB reporta-se, efetivamente, a um *Estatuto*, que supere a simplória visão meramente organizativa ("lei orgânica") de um dos"poderes", posto que deveres e direitos correlatos devem integrar a pauta central desse documento legislativo, de sua concepção e de seu alcance. É superado o momento em que importava apenas realçar a questão organizativa ou a"ordem"de determinado agrupamento (ou profissão). No caso da atividade jurisdicional, é preciso agregar-lhe, em cada etapa e em todo o ato, a perspectiva humanista e garantista presente em 1988, uma Constituição-resposta ao momento ditatorial imediatamente anterior, que nos ceifou liberdade e cidadania.

Quanto ao conteúdo deste preceito, a Constituição do Brasil, de *maneira taxativa e didática*, com o propósito de definir limites ao âmbito da atuação nacional dessa normativa e, nesse sentido, de definir limites à própria competência, *prima facie*, do Congresso Nacional, delineou como comandos gerais, dentre outros: (i) as regras de ingresso na carreira; (ii) os critérios de

---

[36] Cf. Rcl n. 13.115 MC-AgR, Relator o Min. Luiz Fux; MS n. 32.451, Relator o Min. Ricardo Lewandowski.

promoção; (iii) a exigência de cursos de preparação, aperfeiçoamento e promoção; (iv) o regime previdenciário – o qual será ditado pelas regras constantes do art. 40 da CB; (v) o requisito judicial para a remoção e disponibilidade de magistrado, por interesse público; (vi) a obrigatória publicidade e fundamentação das decisões judiciais e administrativas dos tribunais; (vii) o caráter ininterrupto do serviço judicial; (viii) a proibição de férias coletivas em juízos e tribunais de segundo grau; (ix) a excelente relação entre magistrados e demanda judicial e entre aqueles e a população da unidade jurisdicional respectiva; e (x) a imperiosidade do quinto constitucional.

Nos termos do voto do Min. Marco Aurélio, prolatado na Rcl n. 13.115 MC-AgR, de relatoria do Min. Luiz Fux – que será adiante analisada detidamente –, asseverou-se: "No art. 93, tem-se a previsão quanto aos princípios a serem levados em conta pela Lei Orgânica da Magistratura. E no *rol – que, para mim, é exaustivo, como são os presentes na Carta de 1988, porque não é exemplificativa, é exaustiva* – inexiste referência, como princípio a ser adotado pela LOMAN, à regência dos cargos de direção" (original não grifado).

Para além dos parâmetros constitucionais nacionais impostos à LOMAN, a Constituição de 1988, determina a compulsoriedade de outros preceitos, em relação à organização constitucional do ramo judicial, por parte dos Estados-membros. Conforme já restou consignado pelo STF, o *caput* do art. 37 da CB figura como uma das cláusulas delimitadoras da autonomia estadual em sua tarefa de estabelecer, constitucionalmente, a organização de sua unidade judicial (cf. ADC/MC n. 12-7/DF, rel. Min. Carlos Britto, j. em 16-2-2006, *DJ* de 1º-9-2006 e ADC n. 12-7/DF, rel. Min. Carlos Britto, j. em 20-8-2008, *DJ* de 18-12-2009). Apresenta-se igualmente às garantias e obrigações dos magistrados (art. 95 da CB).

As diretrizes constitucionais para a Magistratura, de caráter nacional, como já foi acentuado anteriormente, não podem conduzir a uma negação da *autonomia* da disciplina estadual de sua respectiva Justiça, a qual, conforme reconhece a Constituição do Brasil, nos termos do art. 125, § 1º, detém sua própria lei de organização, de iniciativa do Tribunal de Justiça. A LOMAN e os preceitos constitucionais (da respectiva Constituição estadual) hão de conviver harmoniosamente com o modelo constitucional maior.

No esteio de tudo o que foi dito até aqui, é imperioso concluir que a *gestão de recursos humanos, por parte dos órgãos diretivos do Judiciário, não se submete às hipóteses (competenciais) de regulamentação nacional obrigatória.*

Eis que tal atividade há de partir de variáveis que estão, claramente, *lastreadas nas peculiaridades de cada rincão federativo*, tais como (i) o número de magistrados de cada unidade jurisdicional; (ii) a carga respectiva de serviço judicial; (iii) a forma de definição das listas de férias (com datas e nomes dos magistrados a serem agraciados com este direito constitucional); e igualmente (iv) a aferição da relação adequada entre o montante numérico de magistrados e a demanda judicial respectiva.

3.1.2. *A LOMAN e as condições para ser aceita como Estatuto da Magistratura*

Aprofundando a questão da recepção da LOMAN pela Constituição da República, é preciso recordar que o mecanismo da recepção é absolutamente diverso do da inconstitucionalidade, sendo o caso de diversas cláusulas da LOMAN e práticas supostamente nela apoiadas que não foram recepcionadas pela Constituição em 1988.

Como tenho reiteradamente lecionado, o problema da recepção situa-se no plano da existência das normas, e não no campo da validade. É que ocorre um fenômeno peculiar no caso da recepção (ao contrário do caso da "validação"com a Constituição). Trata-se da novação da legislação anterior que esteja em compatibilidade com a novel Constituição.

Assim, temos de operar mentalmente uma avaliação, do ponto de vista da conformidade das normas anteriores, com a Constituição posterior, para fins de admitir aquelas que não sejam incompatíveis. Ou, em outros termos, há uma avaliação das normas anteriores de acordo com os requisitos de validade materiais da nova Constituição. Se desconformes, simplesmente se desconsidera sua existência. São reputadas, para todos os efeitos, como não normas. Surge e se ratifica, no caso, em toda a sua intensidade, o pressuposto de que a Constituição inaugura uma nova ordem jurídica e a anterior simplesmente desaparece, como tal, ou seja, é desconstituída como fenômeno jurídico (remanescendo apenas como acontecimento histórico).

Assim, os elementos de validade da lei exigidos pelo novo ordenamento são perscrutados nas leis anteriores para fins de considerar estas existentes e válidas, por um processo de"novação legislativa". As leis que sejam desconformes a essas exigências são simplesmente reputadas inexistentes como normas jurídicas e as compatíveis sofrem uma renovação de sentido e alcance (e, eventualmente, de forma), conforme os novos comandos constitucionais.

Ressalto, por oportuno, que esse processo de verificação de compatibilidade de lei anterior aos comandos da nova ordem jurídico-constitucional não se esgota num primeiro e breve lapso temporal de vigência da Constituição; enquanto processo que é, o transcurso do tempo e o amadurecimento da ideia de (nova) Constituição que se pretendeu implementar são condições indispensáveis a que se obtenha conclusão segura pela recepção ou não de uma lei pretérita determinada.

O Supremo Tribunal Federal, em pronunciamentos reiterados – que já se submetem à crítica intestina –, assentou entendimento pela recepção da "Lei Orgânica da Magistratura Nacional" para servir como *Estatuto da Magistratura até o advento da lei complementar – que criaria o Estatuto autêntico – exigida pelo art. 93 da Constituição da República*. Observe-se que o caráter generalizante desse posicionamento, prematuramente firmado acerca da recepção aparentemente total da referida Lei, talvez se justificasse no contexto de transição de Ordem Jurídica deflagrada pela promulgação da Constituição ora vigente.

É que há, usualmente, como se sabe, uma tendência à preservação e continuidade ("natural") da legislação infraconstitucional no Ordenamento Jurídico que se inaugura, como fórmula, inclusive, de evitar o aparecimento de indesejáveis "vazios normativos" na disciplina jurídica de certa estrutura social-estatal essencial.

3.2. Lei dos Juizados de Pequenas Causas (Juizados especiais), Juizados Especiais da Fazenda Pública e Juizados Especiais Adjuntos

A Constituição refere-se especificamente a uma Lei que crie, determine o funcionamento e o processo do juizado de pequenas causas (art. 24, X).

No âmbito estadual, o tema foi disciplinado pela Lei n. 9.099/95, que criou os Juizados especiais de causas cíveis e criminais.

Com a promulgação da Lei nacional n. 12.153/2009, o sistema dos Juizados Especiais dos Estados e do Distrito Federal passou a ser formado pelos Juizados Especiais Cíveis, Juizados Especiais Criminais e, ainda, pelos *Juizados Especiais da Fazenda Pública*. Admite-se, ainda, a criação de Juizados Especiais da Fazenda Pública Adjuntos, nos termos do parágrafo único do art. 14 da referida Lei.

Os Juizados Especiais da Fazenda Pública são, pois, considerados órgãos da Justiça comum e integram o Sistema dos Juizados Especiais. Esses juizados devem, contudo, ser criados pela União, no Distrito Federal e nos Territórios, e pelos Estados, em suas respectivas regiões, para conciliação, processo, julgamento e execução, nas causas de sua competência.

A competência dos Juizados Especiais da Fazenda Pública refere-se às causas cíveis de interesse dos Estados, do Distrito Federal, dos Territórios e dos Municípios, até o valor de sessenta salários mínimos. Mas a Lei expressamente retira de sua esfera de competência jurisdicional: "i) as ações de mandado de segurança, de desapropriação, de divisão e demarcação, populares, por improbidade administrativa, execuções fiscais e as demandas sobre direitos ou interesses difusos e coletivos; ii) as causas sobre bens imóveis dos Estados, Distrito Federal, Territórios e Municípios, autarquias e fundações públicas a eles vinculadas; iii) as causas que tenham como objeto a impugnação da pena de demissão imposta a servidores públicos civis ou sanções disciplinares aplicadas a militares".

No foro onde estiver instalado Juizado Especial da Fazenda Pública, a sua competência é considerada absoluta.

No âmbito federal, os juizados especiais são disciplinados pela Lei n. 10.259/2001.

3.3. Leis Orçamentárias do Poder Judiciário

Consoante já foi indicado anteriormente, a Constituição reporta-se expressa e especificamente a uma Lei Orçamentária contemplativa da Proposta orçamentária do Poder Judiciário, em cada uma de suas respectivas esferas (art. 99).

3.4. Regimento Interno dos Tribunais

O Regimento interno é o documento normativo, de elaboração do respectivo órgão, que disciplina o seu funcionamento. Ele pode ser equiparado ao *status* do Decreto legislativo quanto ao Parlamento.

A Constituição de 1988 previu expressamente a figura do Regimento Interno como competência privativa dos tribunais (art. 96, I, *a*). A matéria de Regimento Interno não pode ser veiculada por lei, sob pena de violação da separação de poderes.

As diretrizes constitucionais para a Magistratura, de caráter nacional como já foi acentuado anteriormente, não podem conduzir a uma negação da *autonomia* da disciplina estadual de sua respectiva Justiça, a qual, conforme reconhece a própria Constituição do Brasil, nos termos do art. 125, § 1º, detém sua própria lei de organização, de iniciativa do Tribunal de Justiça, a qual há de conviver, de maneira harmoniosa, com a LOMAN e com os preceitos constitucionais (da respectiva Constituição estadual e da Constituição do Brasil).

A título ilustrativo importa registrar, uma vez mais, que a *gestão de recursos humanos, por parte dos órgãos diretivos do Judiciário, não se submete às hipóteses (competenciais) de regulamentação nacional obrigatória*, restando no âmbito autonômico dos Estados-membros a respectiva disciplina.

3.5. Resoluções do CNJ

A Constituição previu expressamente que o CNJ pode expedir "atos regulamentares", no âmbito de sua competência, que inclui a competência normativa secundária, especialmente para zelar pelo cumprimento do Estatuto da Magistratura (art. 103-B, § 4º, I). Não há previsão expressa do instrumental "resolução", mas este se encontra dentro da esfera indicada constitucionalmente, desde que circunscrito às competências próprias do Conselho.

Há, ainda, referência expressa aos relatórios estatísticos e anuais que devem ser prestados pelo CNJ dentro de suas obrigações.

4. ÂMBITO DAS NORMAS DA MAGISTRATURA

4.1. Lei nacional: Estatuto da Magistratura

O Estatuto da Magistratura é Lei de âmbito federal. Embora editada com base em competência da União, sua abrangência extrapola os órgãos do Poder Judiciário federal, pois se trata da Lei geral da Magistratura nacional.

Ressalta, pois, o caráter nacional da própria Magistratura, pois suas divisões internas não devem significar fragmentação jurídica da Justiça.

4.2. Lei federal: Poder Judiciário federal

Todo o Poder Judiciário de nível federal encontra disciplina em leis necessariamente federais, além da já mencionada Lei nacional. Esse é o caso, ilustrativamente, das leis dos juizados especiais federais.

4.3. Lei estadual: Poder Judiciário estadual

A Lei nacional contempla diretrizes e regras próprias da Magistratura brasileira, aplicando-se, pois, à Justiça estadual. No restante da disciplina, compete aos Estados-membros editarem as respectivas leis judiciárias locais.

5. TITULARIDADE DAS COMPETÊNCIAS LEGISLATIVAS JUDICIÁRIAS EM RAZÃO DA MATÉRIA

5.1. Competência privativa

Via de regra, a competência será privativa, caso não haja indicação de compartilhamento de competências, quer dizer, não se forma o chamado "condomínio legislativo", restando a um único ente a atribuição para processar o respectivo tema. É o que ocorre com o Estatuto da Magistratura, cuja competência é privativa da União. O mesmo aplica-se para as leis judiciárias federal e estaduais, cada qual contemplativa de seus específicos e respectivos órgãos (federais ou estaduais).

5.2. Competência legislativa comum

5.2.1. *Lei dos Juizados de Pequenas Causas*

A Constituição prevê competência legislativa comum entre União e Estados-membros para editar a Lei dos Juizados de Pequenas Causas.

5.2.2. *Direito notarial e de registros e serviço forense*

O Direito Notarial e de Registros mereceu a atenção constitucional em diversas oportunidades, sendo objeto de capítulos diversos da Constituição do Brasil. Destacam-se, aqui, o art. 5º, LXXVI; art. 22, XXV; e especialmente o art. 236, todos da Constituição do Brasil.

Coube especificamente aos arts. 22, XXV, e 236, §§ 1º e 2º, a tarefa de designar o ente federativo detentor da competência legislativa para regulamentar os diversos aspectos das atividades de registro e notarial. A leitura inicial desta composição normativa poderia sugerir o monopólio competencial pleno de competência da União na matéria. *Alerte-se, de pronto, que essa conclusão raia o simplismo e nulifica a estrutura federativa (bem como a separação de poderes, conforme se verificará) delineada pela Constituição do Brasil*. É o que se passa a analisar com a necessária verticalização que o estudo do tema está a demandar.

Com efeito, nos termos do art. 22, XXV, da Constituição de 1988, compete à União legislar sobre registro público. De outra parte, o art. 236, § 1º, da mesma Constituição, delega igualmente à União a competência para (i) regular as atividades notariais e de registro; (ii) disciplinar a responsabilidade civil e criminal dos notários, dos oficiais de registro e de seus prepostos; e (iii) definir a fiscalização dos atos concernentes ao serviço pelo Poder Judiciário.

Por derradeiro, dentro de uma perspectiva meramente descritiva e necessariamente preliminar, tem-se o art. 236, § 2º, que delega à legislação federal a tarefa de estabelecer as *normas gerais* para fixação de emolumentos relativos aos atos praticados pelos serviços notariais e de registro.

Cada um destes dispositivos foi objeto de disciplina própria por uma lei federal. Tem-se na Lei federal n. 6.015/73 a disciplina da matéria de registros públicos; na Lei federal n. 8.935/94 a fixação da *Lei Orgânica dos Notários e Registradores* e na Lei federal n. 10.169/2000 o estabelecimento de normas gerais para a fixação de emolumentos relativos aos atos praticados pelos serviços notariais e de registros.

A ausência de qualquer referência expressa e explícita aos demais entes federativos pode conduzir à (falaciosa) conclusão de que a matéria encontra-se reservada exclusivamente à União. *Tal ilação é retumbantemente equivocada e reverbera, por isso, para a inconstitucionalidade das eventuais práticas que pretendam conceder-lhe concreção normativa.*

A circunstância de a Constituição do Brasil reservar a matéria referente ao registro público à legislação federal não retira dos Estados a competência para organizar as suas próprias serventias.

Esta conclusão se ancora (i) na própria redação do art. 236, § 2º, da CB, e (ii) na inserção histórica do serviço notarial e de registros na estrutura do Poder Judiciário, proximidade esta que se mantém até os dias atuais e que pode ser observada e constatada no art. 236, § 1º, da Constituição, o qual sujeita os atos dos tabeliães, oficiais de registro e seus prepostos à fiscalização do Poder Judiciário (esta relação entre a instituição notarial e de registros será mais bem explorada oportunamente, em tópico referente à separação de poderes).

No que diz respeito ao art. 236, § 2º, da CB, a redução da esfera própria da lei federal (nacional) ao estabelecimento das nominadas normas gerais para a fixação de emolumentos relativos aos atos praticados pelos serviços notariais e de registro sinaliza o reconhecimento explícito, por parte da Constituição de 1988, acerca da *autonomia legislativa dos Estados-membros em regular certos aspectos do serviço notarial e de registros*, como a competência para fixar os emolumentos relativos à atividade notarial e de registro praticada em âmbito estadual. Outro não poderia ser o sentido de restrição expressa, de envergadura constitucional.

Exemplificativamente, podem-se arrolar na seara infraconstitucional dispositivos constantes de lei federal fazendo referência expressa à atuação legislativa estadual no âmbito dos serviços notariais e de registro. É o caso do art. 37, *caput*, da *Lei Orgânica dos Notários e Registradores*, concernente à fiscalização judiciária dos atos notariais e de registro.

Assim, o aludido regime de emolumentos relativos aos atos praticados pelos serviços notariais e de registro foi disciplinado pela Constituição do Brasil como matéria afeta ao *condomínio legislativo*, quer dizer, à chamada competência (legislativa) "concorrente" da União, Estados-membros e Distrito Federal. Esta é, portanto, a inteligência do art. 236, § 2º, da CB. Nesse modelo de distribuição de competências, fica reservado à lei federal o *estabelecimento apenas de normas gerais para fixação de emolumentos*. Normas específicas sobre o tema, lastreadas em fatores socioeconômicos regionais, por sua vez, são constritas à esfera de competência legislativa dos entes federativos subnacionais (Estados e Distrito Federal).

Em outras palavras, emolumentos afiguram-se como itens normativos sujeitos à dinâmica competencial estabelecida pelo art. 24 da CB, dispositivo este que aborda paralelamente o temário em apreço por meio de seu inciso V, concernente à competência *temática simultânea da União, Estados e Distrito Federal para legislar sobre "custas dos serviços forenses"* (eis, aqui, mais um ponto de contato entre, de uma parte, os serviços notariais e de registros e, de outra, o Poder Judiciário, ponto este a ser explorado oportunamente em tópico próprio). Essa competência simultânea, contudo, permite que todas as entidades federativas referidas tenham sua parcela própria de atuação dentro do condomínio legislativo, apesar da identidade temática. Ou seja, não há concorrência no sentido comum da palavra, quanto ao conteúdo das leis a serem editadas por cada ente, já que a divisão ocorre, como visto, entre normas gerais e normas específicas, ainda que todas pertencentes a uma só temática, a dos emolumentos.

Competirá, assim, ao legislador estadual ou distrital satisfazer, em conformidade com a atuação normativa da União, as peculiaridades socioeconômicas regionais, levando em consideração critérios como o movimento e a estatística do serviço prestado, dentro das faixas de aplicação fixadas nacionalmente (*v.*, nesse sentido, Ceneviva, 2009: 214).

Frise-se, aqui, que o fato de a referência às normas gerais do regime de emolumentos figurar em dispositivo diverso do art. 24 da CB e de seu rol de matérias concorrentes não descaracteriza o art. 236, § 2º, como *locus* constitucional igualmente apto a fixar competência legislativa concorrente entre União, Estados-membros e Distrito Federal.

Outras normas constitucionais encontram-se alinhadas a esse mesmo padrão e nem por isso sofrem uma descaracterização em seu *status* de norma fixadora de competência legislativa concorrente. Serve como exemplo paradigmático o art. 22, XXVII, da Constituição, que, nada obstante a circunstância de se situar no rol das *competências privativas* da União, estabelece um regime concorrencial de competências entre União, Estados e Municípios, no que diz respeito à licitação e contratação pública.

O enquadramento da matéria como temário submetido à deliberação legislativa de mais de um ente federativo produz consequências práticas importantes e para as quais se deve atentar, no que se refere à relação que será estabelecida entre União, Estados-membros e Distrito Federal, enquanto fontes legítimas de emanação do Direito, uma vez que esse enquadramento delineia limites à atuação normativa da União e, concomitantemente, à dos demais entes federativos. A primeira não poderá ultrapassar a generalidade típica de normas "comuns"; aos últimos, determina-se o dever de agir dentro dos limites fixados pelas normas gerais federais, acobertando as preocupações mais específicas e particularidades regionais.

O desrespeito a estas pautas por um ente ou por outro implicará a inconstitucionalidade formal do ato normativo, seja ele federal, estadual ou distrital (ou mesmo municipal), em virtude exatamente da discordância com o rateio federativo de competências legislativas. Depreende-se, portanto, que não há superioridade hierárquica entre o disposto em lei federal em relação ao disposto na legislação estadual ou distrital. O que há são espaços próprios de atuação de um ou outro ente federativo, sob pena de anulabilidade ou nulidade da lei.

Outro, aliás, não foi o destino de dispositivos legais presentes na Lei nacional de Licitações, Lei n. 8.666/93, cuja situação, conforme visto, é semelhante ao regramento constitucional relativo às competências acerca dos emolumentos em sede de serviços notariais e de registros. O STF, ao apreciar a ADI-MC 927-3/RS, que impugnava o art. 17, II, *b*, da Lei de Licitações, entendeu que a proibição de promover a permuta de bens móveis da Administração Pública somente poderia se ater ao âmbito federal, dada a necessidade constitucional de a legislação federal de caráter nacional se ater exclusivamente às normas gerais.

A Lei federal n. 10.169/00 trata da questão do valor dos emolumentos e contempla diretrizes gerais que deverão ser levadas necessariamente em conta pelos Estados-membros e pelo Distrito Federal, quando da fixação do valor dos emolumentos. O assunto é financeiramente relevante para o Judiciário e se situa exatamente na garantia do autogoverno.

As pautas que essa lei federal estabelece, nada obstante a sua compulsoriedade, franqueiam à legislação dos Estados e do Distrito Federal uma relevante margem de discricionariedade, dentro da qual os entes federativos são capazes de acomodar as suas próprias realidades socioeconômicas.

É essa a inteligência adequada do art. 1º, parágrafo único, da mesma Lei federal n. 10.169/2000, cujo teor determina que o valor fixado para os emolumentos deve corresponder às seguintes pautas: (a) efetivo custo do serviço notarial e de registro desempenhado; e (b) adequada e suficiente remuneração dos serviços ora referidos.

Outra tarefa usualmente reservada *às* e desempenhadas *pelas* normas gerais, no que concerne à fixação dos valores dos emolumentos, reside na definição daquilo que poderá figurar como a base de cálculo do valor monetário que traduzirá os emolumentos a serem cobrados. Na esteira destas considerações, a Lei federal indicada validamente *veda a fixação do valor dos emolumentos de acordo com percentuais incidentes sobre o valor dos negócios jurídicos a serem formalizados* pelos serviços notariais e de registro (art. 3º, II).

Eis, em termos sintéticos, o escopo das normas gerais quando consideradas sob o art. 236, § 2º, da CB. Cabe à norma geral definir (i) *o critério a ser operado na tarefa de determinação dos valores dos emolumentos*, os quais (ii) *deverão permitir que as realidades socioeconômicas de cada unidade federativa sejam devidamente acomodadas na estrutura de determinação do valor monetário traduzido pelos emolumentos*.

Tais imposições, percebe-se, não engessam os demais entes federativos em sua competência de fixar o valor dos emolumentos. Pelo contrário, visam a atribuir-lhes uma importante margem de autonomia propriamente dita, respeitando o autogoverno como base constitucional de sustentação do Poder Judiciário. Nesse sentido, é significativa a previsão legal que estabelece a necessidade de os emolumentos atenderem as peculiaridades socioeconômicas de cada região (art. 2º, III, *a*, da Lei n. 10.169/2000).

Posto está o significado constitucional das normas gerais para fins da fixação dos emolumentos relativos aos atos praticados pelos serviços notariais e de registros no âmbito do art. 236 da CB: normas federais que estabelecem parâmetros de composição dos valores dos emolumentos, *mas que estão impossibilitadas de determinar representações numéricas fixas ou critérios de composição destes valores que adotem um método estático, eis que tal modelagem se afigura alheia à determinação constitucional de fracionamento de competências entre entidades autonômicas*.

Repise-se que a consistência desta conclusão ultrapassa o campo doutrinário. *Concretamente*, lei federal que contrariava o rateio constitucional imposto pelo art. 236, § 2º, da CB, recebeu a censura judicial e, igualmente, legislativa, em razão de sua intromissão no âmbito autonômico dos Estados-membros e do Distrito Federal *exatamente por ter adotado método estático de composição dos valores referentes aos emolumentos decorrentes da atividade notarial e de registros.*

Estou me referindo, aqui, à Lei federal n. 10.150/2000, de conteúdo semelhante à Lei n. 11.977/2009. Mencionada lei alterou, por meio de seu art. 24, a redação do art. 21 da Lei federal n. 8.692/93, impondo que, no registro e averbação de contratos de financiamento para moradia, os emolumentos fossem fixados e, por conseguinte, cobrados com base em dois critérios: a) até 0,1% sobre o valor do financiamento, quando os contratos fossem celebrados no âmbito de programas custeados com recursos do FGTS; e b) até 1% sobre o valor do negócio jurídico, nos demais contratos pactuados no âmbito do SFH.

O dispositivo em apreço, diferentemente dos critérios fixados pelas normas gerais constantes da Lei n. 10.169/2000, estabeleceu um método *estático* de definição dos valores relativos aos emolumentos devidos pela averbação e registro dos contratos de financiamento para moradia. Ainda que a realidade socioeconômica entre os Estados varie – como de fato varia –, impôs indevidamente a legislação em referência o mesmo critério de composição do valor dos emolumentos, o qual permaneceria alheio às peculiaridades de cada região.

No esteio destas considerações, o dispositivo em apreço foi objeto da ADI 1.667-9/DF, sendo logo em seguida revogado pela lei federal que definiu as normas gerais referentes à fixação dos emolumentos devidos pelos atos praticados pelos serviços notariais e de registro, qual seja, a já mencionada Lei federal n. 10.169/2000. Ainda que a ADI tenha perdido o seu objeto, dada a revogação perpetrada por esta última Lei, é importante ressaltar que o Min. Ilmar Galvão, relator da contenda, manifestou-se, em seu voto, acerca do escopo das normas gerais, para fins de fixação de emolumentos. Sua conclusão desenvolveu-se no sentido já anotado aqui: "No presente caso, o que fez o legislador ordinário? Por meio de medida provisória (convertida na Lei n. 10.150/2000), antes da expedição de normas gerais reguladoras da fixação dos emolumentos das serventias privatizadas, estabeleceu teto para os emolumentos relativos a certos atos cartorários, no caso, o registro e averbação de contratos de aquisição de imóveis residenciais.

"*Ao fazê-lo, parece fora de dúvida que adentrou no campo da especificação, que a Constituição, na conformidade da conclusão acima exposta, reservou aos Estados e ao Distrito Federal, ofendendo, por esse modo, o § 2º do art. 236 da Constituição*" (ADI 1.667-9/DF, rel. Min. ILMAR GALVÃO; red. para o Acórdão Min. ELLEN GRACIE, j. em 3-4-2003, *DJ* de 9-5-2003, original não grifado).

Tem-se, portanto, a impossibilidade de normas gerais federais estabelecerem valores *determinados de emolumentos ou critérios estáticos de composição dos valores* para os emolumentos praticados e definidos por leis dos Estados e do Distrito Federal, porquanto tais determinações serão *estranhas à realidade socioeconômica de cada região* e, por conseguinte, atentatórias ao conteúdo do art. 236, § 2º, da CB.

Cumpre ressalvar, por derradeiro, que apenas situações excepcionais, taxativamente previstas na Constituição, autorizam a determinação federal de valores fixos ou de métodos estáticos de composição dos emolumentos, com cumprimento obrigatório pelos Judiciários dos Estados e do Distrito Federal.

Nada obstante, a diretriz federativa no que se refere ao estabelecimento de normas gerais *federais* para fixação de emolumentos relativos aos atos praticados pelos serviços notariais e de registro em sede estadual, *que resulta da vedação implícita de a legislação federal estabelecer, à realidade estadual, valores fixos e engessados relativos aos emolumentos*, há algumas exceções a esta regra, que contam com assento constitucional expresso, como não poderia deixar de ser.

Em outras palavras, a Constituição do Brasil permite – excepcionalmente – que a legislação federal se imiscua no âmbito autonômico *a priori* determinado para os Estados-membros e Distrito Federal, superando a vedação ao estabelecimento de valores fixos aos emolumentos relativos à atividade notarial e de registro. Esta ressalva à regra, porém, demanda um importante requisito constitucional, referente à *necessária previsão constitucional expressa* (a redundância, aqui, é de porte meramente pedagógico) *a esta situação de excepcionalidade à autonomia estadual e do Distrito Federal*.

É no esteio destas considerações que veio a lume a Lei federal n. 9.534/97, cujo teor determina, no bojo do arcabouço jurídico aplicável ao serviço notarial e de registros, a gratuidade – quer dizer, a não cobrança – dos emolumentos usualmente devidos pelos atos de registro civil de nascimento e pelo assento de óbito. Referida legislação encontra seu fundamento de validade em norma constitucional expressa, qual seja, o art. 5º,

LXXVI, da CB, único fator capaz de torná-la constitucional nesse contexto aqui analisado.

A rigor, toda e qualquer exceção ao regime de rateio de competências fixado pelo art. 236, § 2º, da CB, haverá de ser prevista na própria Constituição e, ademais, *deverá ser explícita*. Esta conclusão não passou despercebida pelo ínclito Min. Ricardo Lewandowski, quando do julgamento da ADI 1.800-1/DF, o qual argutamente afirmou que, no tema em comento:"Parece-me não gerar maiores dúvidas que o legislador federal, como lídimo representante da soberania popular, pode estatuir proibição legal com fundamento em garantia constitucional" (ADI 1.800-1/DF, rel. para o Acórdão Min. Ricardo Lewandowski, j. em 11-6-2007, *DJ* de 28-9-2007).

Em termos finais, depreende-se que o estabelecimento de exceções ao regime de competências determinado pelo art. 236, § 2º, demanda previsões constitucionais expressas e pormenorizadas, restando proibidas interpretações que visem a identificar novas exceções em dispositivos constitucionais imprecisos, lastreadas, por exemplo, em diretrizes constitucionais largas e não diretamente relacionadas ao tema, como aquelas constantes do art. 3º, I, e até mesmo do art. 6º da CB.

Assim, pode-se concluir que os arts. 42 e 43 da Lei federal n. 11.977/2009, com redação dada pela Lei n. 12.424/2011, incidem em iniludível inconstitucionalidade formal, por afronta ao art. 236, § 2º, da CB. Os descontos previstos nessa lei – divididos em duas faixas, de 75% e 50% – referem-se às custas e emolumentos devidos pelos mais variados atos relacionados à construção de empreendimentos no âmbito do Programa Minha Casa, Minha Vida, tal como o de abertura de matrícula, registro de incorporação, parcelamento do solo, averbação de construção, instituição de condomínio e averbação da carta de habite-se (cf. art. 42 da Lei n. 11.977/2009, com redação dada pela Lei n. 12.424/2011).

A lógica de desoneração imposta pela lei afetou, igualmente, os atos de lavratura de escritura pública e de registro dos contratos de aquisição e de garantia imobiliária, que também foram reduzidos em 75% e 50% conforme a origem dos recursos, que são *gratuitos* para os beneficiários ou adquirentes com renda mensal de até três salários mínimos, e *sujeitos a descontos de 80% e 90%* para aqueles que auferem, respectivamente, renda mensal situada entre seis e dez salários mínimos e entre três e seis salários mínimos (cf. art. 43 da Lei n. 11.977/2009, com redação dada pela Lei n. 12.424/2011).

Dois foram os fatores preponderantes para a apresentação deste resultado. O *primeiro se refere à circunstância normativa de estes dispositivos legais*, ao disporem sobre os descontos ou a gratuidade aplicáveis a certos atos, *fixarem critérios estáticos de composição dos emolumentos devidos nestes serviços*, indubitavelmente alheios à realidade socioeconômica de cada Estado-membro e do Distrito Federal e à necessidade de custeio da atividade fim.

As faixas de redução linear (faixas inflexíveis) de 75% a 90% e, igualmente, a previsão de gratuidade dos valores dos emolumentos relativos aos atos a que se referem os dispositivos suprarreferidos, não se preocupam com as inafastáveis peculiaridades autonômicas de cada Estado-membro, no que se refere aos fatores que compõem os custos efetivos do serviço notarial e de registro em cada rincão regional e que influenciam a noção de adequada e suficiente remuneração, ambos os elementos (peculiaridades e custos efetivos) mencionados no art. 1º, parágrafo único, da Lei federal n. 10.169/2000, zelosa quanto ao rateio de competências fixado pelo art. 236, § 2º, da CB.

Nesse sentido, descambam os dispositivos da Lei n. 11.977/2009 em indevida invasão de domínio específico dos Estados-membros e do Distrito Federal, em clara desconformidade com o rateio de competências concorrentes perpetrado pela Constituição do Brasil, mormente por meio de seu art. 236, § 2º.

Como fator derradeiro, que contribui para eivar os arts. 42 e 43 da legislação federal mencionada, está a ausência de previsão constitucional que permita à União estabelecer valores fixos ou critérios estáticos de composição destes valores. Ao contrário da previsão de gratuidade para as certidões de registro civil e de assentamento de óbito, lastreados no art. 5º, LXXVI, da CB, as reduções e gratuidade previstas nos dispositivos legais referidos, independentemente de sua inspiração ou objetivos, não encontram supedâneo constitucional.

Nesse sentido, a Lei n. 11.977/2009, em seus arts. 42 e 43, constitui mais um exemplo de políticas públicas com fins constitucionalmente admitidos, mas que optam por trilhar meios constitucionalmente duvidosos e, como no caso, francamente vedados, por opção da própria Constituição de 1988.

Ademais, a legislação, ao estabelecer critérios estáticos para a fixação de emolumentos, acaba por atingir uma das fontes do próprio Poder Judiciário, como será oportunamente analisado.

6. COMPETÊNCIA REGULAMENTAR

Compete a todas instâncias judiciárias o poder de editar atos de caráter normativo secundário, para bem e fielmente exercer suas atribuições, cumprir seus deveres funcionais, organizar seus serviços etc.

6.1. O caso das Escolas judiciais e judiciárias

Questão relevante diz respeito à disciplina normativa das Escolas judiciárias. Há, aqui, duas questões centrais: i) competência para expedir regulamentações; ii) sobreposição de instâncias competentes.

A competência para disciplinar as Escolas do Poder Judiciário pertence a cada um dos Tribunais aos quais estejam vinculadas. A partir da sua disciplina, regulamentar, as Escolas têm funcionado em regime de intensa atividade acadêmico-funcional.

A Resolução n. 126 do CNJ havia disciplinado, de maneira inovadora, o tema das escolas judiciais. No entanto essa Resolução foi revogada pela Resolução n. 178/2013 do CNJ. Desde então, o tema passou a ser regulamentado, no âmbito do CNJ, apenas pela Resolução n. 159/2012 do CNJ.

A revogada Resolução n. 126/2012 do CNJ era mais abrangente e estabelecia o conteúdo mínimo das disciplinas a serem ministradas pelas escolas para formação de magistrados. De acordo com a Resolução n. 159/2012 do CNJ, esse conteúdo passa a ser definido pelas próprias Escolas Judiciais da Magistratura e Tribunais nos termos das diretrizes emanadas pelo Conselho Nacional de Justiça (caso sejam editadas novas normas a respeito), Escola Nacional de Formação e Aperfeiçoamento de Magistrados – Enfam, pela Escola Nacional de Formação e Aperfeiçoamento de Magistrados do Trabalho – Enamat e pelo Centro de Estudos Judiciários da Justiça Militar da União – CEJUM, conforme os respectivos âmbitos de atuação.

A Resolução n. 159 do CNJ outorga às Escolas Nacionais e ao CEAJud – Centro de Formação e Aperfeiçoamento de Servidores do Poder Judiciário, a definição dos parâmetros para a remuneração de professores e membros de bancas examinadoras de concursos. Essa matéria, nos termos da revogada Resolução n. 126, era de competência do próprio CNJ. Como resultado, o assunto fica sem uma regulamentação nacional do CNJ.

Na primeira edição desta obra, assinalei que eu considerava "imprescindível uma discussão imediata sobre o controle de qualidade das Escolas judiciais e judiciárias, de seus cursos, em termos de conteúdo e aderência para o exercício da função judicial e administrativa, a partir de uma métrica educacional apresentada pelo CNJ. Trata-se de uma proposta aberta, não como forma de impor conteúdos próprios, mas apenas de criar métodos empiricamente desenvolvidos e próprios para fins de apreciação da atividade desenvolvida pelas escolas e recebida pelos juízes no país. Estes critérios devem atender às particularidades do ensino dirigido aos magistrados, como forma de alcançar os específicos objetivos constitucionais nessa área". O assunto, como visto, acabou encontrando disciplina específica na Resolução Enfam n. 2, de 2016.

7. DIREITO INTERTEMPORAL DO DIREITO DA MAGISTRATURA

A discussão acerca da incidência imediata das regras que alteram competências judiciais e outras mudanças significativas em termos de órgãos habilitados a julgar determinadas causas, merece atenção especial.

O art. 87 do CPC determina que incidem as novas regras sobre os processos em curso, no estado em que se encontrarem. A regra geral, de que se determina a competência no momento em que a ação é proposta, tem como uma das poucas exceções a situação em que a competência em razão da matéria é modificada posteriormente, especialmente se a mudança ocorre por força de alteração constitucional. Em outras palavras, não se aplica a regra da *perpetuatio jurisdictionis* à hipótese de competência absoluta em razão da matéria.

Em se tratando de competência em razão da matéria é ela absoluta, não disponível, inderrogável por vontade das partes (cf. art. 111 do CPC). E não se fala, pois, em preclusão da matéria, pela sua natureza de ordem pública.

Nessa hipótese, o magistrado poderá (= deverá), *ex officio*, reconhecer a incompetência absoluta do juízo para o julgamento da causa, a qualquer tempo e instância, por força de mudança constitucional.

BIBLIOGRAFIA DO CAPÍTULO III

AMARAL JÚNIOR, José Levi Mello. In: Bonavides, Paulo, Miranda, Jorge, Agra, Walber de Moura (Org.). *Comentários à Constituição Federal de 1988*. 1. ed. Rio de Janeiro: Forense/Gen, 2009.

BONAVIDES, Paulo; MIRANDA, Jorge; AGRA, Walber de Moura (Orgs.). *Comentários à Constituição Federal de 1988*. 1. ed. Rio de Janeiro: Forense/Gen, 2009.

CENEVIVA, Walter. *Lei dos Notários e dos Registradores Comentada*. 7. ed. São Paulo: Saraiva, 2009.

TAVARES, André Ramos. *Curso de Direito Constitucional*. 8. ed. São Paulo: Saraiva, 2010.

_______. Aporias acerca do "condomínio legislativo" no Brasil: uma análise a partir do STF. *Revista Brasileira de Estudos Constitucionais*, Belo Horizonte, v. 2, n. 6, abr. 2008.

CAPÍTULO IV

O FIGURINO DO ESTADO-JUIZ

1. A "SEPARAÇÃO DE PODERES"

1.1. O papel das garantias da Magistratura como parte da independência do Poder Judiciário

O estudo sistemático da separação (*rectius*: divisão) de Poderes do Estado, cujos traços já se encontravam delineados pelo Barão de MONTESQUIEU, que, inspirado pelas ideias de JOHN LOCKE, em 1748, escreveu o *Espírito das leis*, pode mais corretamente ser indicada, na atualidade, como uma cláusula constitucional complexa, cujo conteúdo exato depende da positivação constitucional promovida em cada Estado analisado.

Na ocasião em que se formou a ideia, o grande trunfo da chamada "separação"foi a inserção do Poder Judiciário como um terceiro Poder. Embora, na época, a visão que aproveitava ao Judiciário o resumisse a uma espécie de autômato, de aplicador automático de leis, a inclusão do Judiciário não deixou de ser um importante diferencial das teorias conhecidas até então.

A separação tripartite de poderes se vinculou ao constitucionalismo e encontrou sua formulação clássica na sempre relembrada Declaração Francesa dos Direitos do homem, de 1789, cujo art. 16 dispõe:"*Art. 16 º A sociedade em que não esteja assegurada a garantia dos direitos nem estabelecida a separação dos poderes não tem Constituição*".

Passados mais de dois séculos, a essência dessa teoria da separação dos poderes manteve-se firme como um dos principais paradigmas do Estado Constitucional de Direito, cuja finalidade máxima está em limitar o Poder pelo próprio Poder.

Atualmente, o paradigma da divisão de funções estatais deve ser entendido como uma técnica de arranjo da estrutura política do Estado, implicando a distribuição dessas funções por diversos órgãos de forma não exclusiva, permitindo o controle recíproco, tendo em vista a manutenção dos direitos fundamentais consagrados no decorrer do desenvolvimento humano.

Do estudo da cláusula positivada da divisão de funções estatais no Brasil pode-se constatar que se está perante uma cláusula de eternidade (art. 60, § 4º, III, da CB), cuja *violação* a essa cláusula *pode assumir diversas formas*, algumas mais diretas, outras mais sutis e insidiosas, merecendo destaque, aqui, a menção a duas possíveis ocorrências.

A primeira consiste em ingerência nas funções estatais. Neste caso, viola-se o espaço próprio delineado a partir de uma divisão de funções, já que se atesta uma intromissão injustificada, por parte de algum dos "Poderes".

Outra hipótese de violação surge do enfraquecimento de determinada função estatal. Desta feita, pode-se violar a cláusula em apreço tornando débeis os pilares que sustam determinada função estatal e suas salvaguardas para bem cumprir esse mister, permitindo corroer lentamente sua estrutura até suprimir sua força, impedindo, assim, a manutenção de paridade quanto aos demais Poderes o adequado exercício de sua atividade.

Em ambas as hipóteses ficam totalmente comprometidas as principais finalidades da divisão de funções estatais, quais sejam: o controle recíproco e a manutenção, por essa via, das garantias individuais e direitos fundamentais, consagrados no percurso do desenvolvimento humano. É que, como bem aponta José Levi Amaral Júnior, as "garantias da magistratura são, em verdade, desdobramentos ou especificações da independência da magistratura" (Amaral Júnior, 2009: 1203).

Assim, a chamada cláusula da "separação de poderes" remete, inexoravelmente, a um conjunto de garantias da Magistratura. A imbricação entre esses dois aspectos é inegável. Não há separação de poderes, do ponto de vista do Poder Judiciário, sem que se reserve a este um conjunto de garantias próprias.

Mas tanto a "separação de poderes" como as garantias da Magistratura que lhe são inerentes devem estar a serviço imediato e último dos direitos humanos fundamentais, da sociedade.

A propósito, e a título ilustrativo, cumpre demonstrar a forte ligação entre vitaliciedade, como apresentada adiante, e a "separação de poderes", que vem de longa data assentada pelo constitucionalismo. Em 1915, em sua obra clássica, PEDRO LESSA fazia constar, a esse propósito, que: "Tão essencial é a vitaliciedade ao poder judiciário, como ao poder legislativo a temporariedade. A vitaliciedade, condição necessária da independência dos juízes, é hoje um dogma do direito constitucional" (cf. LESSA, 1915: 29). Qualquer pretensão atentatória à legitimidade redunda em igual ofensa à "separação de poderes".

O Poder reformador que pretenda atentar contra o sentido útil e último da cláusula de divisão funcional se depara com uma vedação material explícita, que é incapaz de transpor legitimamente.

1.2. A ingerência externa via controle do Poder: cuidados com a gramática constitucional

Quando se trata da limitação dos Poderes Políticos, em face da chamada "independência" do Poder Judiciário, o constituinte é direto e explícito, para evitar deixar margem de dúvida de que institui, quando efetivamente o faz, algum controle de Poder.

Nesses termos e bem a propósito, o Supremo Tribunal Federal estabeleceu que o mecanismo do sistema de freios e contrapesos legitima-se nos termos definidos pela própria Lei Maior, porquanto, como indica o Min. DIAS TOFFOLI: "(...) a Carta da República, ao positivar o princípio da separação dos Poderes, nos termos do seu art. 2º ("são Poderes da União, independentes e harmônicos entre si, o Legislativo, o Executivo e o Judiciário"), conferiu a ele delineamento próprio, cuja formulação adotada há de ser imposta a todos os estados-membros da Federação" (ADI 775/RS, Min. DIAS TOFFOLI, j. 3-4-2014).

Segue-se, pois, que nas decisões "quanto à forma de distribuição e exercício desses controles reside o tipo de poder que se quer estabelecer ou se aceita tolerar" (DIEGO VALADÉS, *El control del poder*. México: UNAM, 1998, p. 96, tradução livre). De tal maneira que nenhum Poder estranha a ingerência externa advinda de um controle institucionalizado, e deixa às claras a sua condição excepcional ou consequente do postulado da separação de poderes. Em termos práticos, *a transparência neutraliza zonas latentes de retaliações ou enfraquecimento da autonomia funcional dos Poderes.*

O mesmo se diz, sem dúvida, ao modo como os Poderes, e mesmo o Conselho Nacional de Justiça, atuam em relação aos temas pertinentes ao Poder Judiciário. Não podem, de maneira nenhuma, posicionar-se a respeito deste Poder criando-lhe, pela via formal ou informal, um *controle por (auto) limitação* que não encontre respaldo na Constituição.

2. O ESTADO-JUIZ

2.1. A unidade do Poder Judiciário

A se tomar o modelo esculpido na Constituição vigente, não há dúvida de que a estrutura judiciária brasileira é *unitária, nacional*. A presença de um espaço próprio para atuação (competência jurisdicional) de cada uma das chamadas vulgarmente "Justiças" não pode conduzir à conclusão, que seria de todo equivocada e indesejável, de que o Poder Judiciário no Brasil é fragmentado.

A esse respeito, não é outra a orientação que se pode recolher no voto proferido na ADI 3.367-1/DF e transcrito na ADI 3.854-1, ambas relatadas pelo Min. Cezar Peluso, "a Jurisdição, enquanto manifestação da unidade do poder soberano do Estado, tampouco pode deixar de ser una e indivisível, é doutrina assente que o Poder Judiciário tem caráter nacional, não existindo, senão por metáforas e metonímias, '*Judiciários estaduais*' ao lado de um '*Judiciário federal*'. A divisão da estrutura judiciária brasileira, sob tradicional, mas equívoca denominação, em *Justiças*, é só o resultado da repartição racional do trabalho da mesma natureza entre distintos órgãos jurisdicionais" (ADI 3.854-1/DF, rel. Min. Cezar Peluso, decisão de 28-2-2007; original não grifado).

É importante não perder de vista que o fundamento dessa inferência está justamente na concretização estritamente constitucional do princípio (estruturante) da independência do Poder Judiciário pelo (sub) princípio da *unidade de jurisdição*. Esta foi a opção do Constituinte de 1988, já que, seguindo uma longa tradição brasileira, rejeitamos o figurino da *pluralidade de jurisdição*, como ocorre em alguns países. São exemplos Portugal e França, onde concorrem com a jurisdição ordinária, uma magistratura administrativa e fiscal e uma magistratura constitucional. A esse respeito, J. J. Gomes Canotilho bem anota que: "O poder jurisdicional pode estruturar-se com base em dois princípios opostos: *o princípio da unidade de jurisdição* e o *princípio da pluralidade*. Existe princípio da unidade quando se verifica uma concentração da função de julgar numa única organização judiciária. Consagra-se o princípio da pluralidade de jurisdições quando as funções judiciais são atribuídas a vários órgãos enquadrados em jurisdições diferenciadas e independentes entre si" (CANOTILHO, 1993: 662).

Somente a previsão constitucional expressa de jurisdições autônomas e independentes entre si é que poderia justificar a defesa de uma estrutura fragmentada da Justiça brasileira. Mas a Constituição do Brasil foi coerente neste ponto, externando um modelo fortemente unitário, seja verticalmente (com a incorporação de funções do Tribunal Constitucional em um tribunal judicial de cúpula, ou seja, interno ao próprio Poder Judiciário), seja horizontalmente, afastando jurisdições administrativas e alimentando, como veremos, a possibilidade de permuta na única jurisdição jurídico-judicial existente. Estrutura assentada na opção histórica brasileira por um Poder Judiciário, cujo fundamento está, como lembra JOÃO MENDES DE ALMEIDA JÚNIOR, "na soberania nacional", razão porque, continua o eminente jurista, "na República Federal em que vivemos, tanto a União como os Estados federados, administram a Justiça em nome da União" (*Direito Judiciário Brazileiro*. 2 ed. Rio de Janeiro: Baptista de Souza, 1918, p. 33) ou, mais propriamente, em nome do Estado nacional.

O que pretendo afirmar com isso é que a estrutura jurisdicional descentralizada não dissolve a unicidade. Ou seja, ao vislumbrar descentralização não estamos diante de característica capaz de remanejar categorias e modelos, a ponto de inviabilizar um modelo de unidade. No âmbito que estamos tratando, denomino esse fenômeno ou característica como "compartilhamento intrajudiciário do espaço de decisão", que analiso adiante. Essa característica, adianto, não promove o pluralismo de jurisdições, mas apenas, como também assinalou CEZAR PELUSO, a "repartição racional do trabalho" (ADI 3.367-1/DF).

Adotamos, com a Constituição de 1988, uma Justiça *federal* e, paralelamente, uma Justiça *local* (estadual), cada qual com organicidades próprias. Mas essa coexistência aparentemente plural em termos autonômicos *não irrompe o âmbito nacional da ordem jurisdicional*. A federalização jurisdicional estadual, bem captada na Constituição, é estruturada exatamente ao modo clássico, e bem conhecido, de subordens autônomas de cuja integração indissolúvel emerge um ente diverso de seus componentes, que os reúne sob uma mesma designação. É que a forma federativa se coaduna com o Poder Judiciário, na medida máxima de *uma federalização como descentralização funcional-organizacional*.

Há que se considerar que o Conselho Nacional de Justiça *iluminou ainda mais a unicidade* do Poder Judiciário, concretizando-a e consolidando-a em nossa vivência constitucional das instituições. E o fez justamente com sua atividade institucional diuturna dirigida à higidez desse Poder e, mais precisamente, por supervisionar e tutelar o adequado uso das garantias, para que não se confundam nem sejam transformadas, na prática, em privilégios inaceitáveis e contrários ao adequado (e constitucionalmente conforme) funcionamento da Justiça, como também o fez no estabelecer e executar o controle administrativo, financeiro e disciplinar da Magistratura. Enfim e em síntese, o CNJ atuou com o seu "papel de órgão formulador de uma indeclinável política judiciária nacional" (ADI 3367), reforçando os pilares da unidade nacional.

2.2. O Poder Judiciário na Federação

O Poder Judiciário inclui o STF, tribunais superiores, uma estrutura de Justiça Federal e, sobretudo, as "Justiças" dos diversos Estados-membros, concretizado, com esta última realidade, o modelo federativo de Estado brasileiro.

O art. 125 da CB/88 estabelece que cabe aos Estados organizarem sua Justiça, observados os princípios estabelecidos nesta Constituição, dentre os quais – mas não só – está o princípio da federação.

Não significa, no entanto, que está autorizado o Poder Judiciário a desempenhar o pacto federativo brasileiro com a mesma margem de expansividade colhida na organicidade dos demais Poderes, considerados políticos.

As diferenças se impõem, a começar pela circunstância de que, no Poder Executivo e no Poder Legislativo, agentes e servidores não estão sujeitos a uma lei orgânica nacional. Isso ocasionou decisão do Supremo Tribunal Federal que adverte para esses estágios de divergência dentro do mesmo instituto (o federativo): "O pacto federativo não se desenha nem expressa, em relação ao Poder Judiciário, de forma normativa idêntica à que atua sobre os demais Poderes da República" (Min. Cezar Peluso, ADI. 3.854-MC/DF, j. 28-02-2007).

Não se está, com isso, atentando-se contra o comando do art. 125, mas bem dimensionando, de acordo com o próprio diagrama constitucional do Poder Judiciário, a autonomia do Estado-membro na auto-organização da sua Justiça local. Ou seja, promovo, aqui, o justo equilíbrio entre a necessária autonomia de organização e a também necessária preservação da unicidade judiciária nacional.

Daí ser absolutamente certo e inquestionável que, quando se fala em Justiça estadual, isso não signifique que a jurisdição nesse caso derive das leis estaduais. Não deriva e nelas não encontra sua base de funcionamento. Toda a descentralização da Justiça tem origem na Constituição nacional. Isso vale desde a organização judicial (art. 92), o regime funcional *uniforme* (art. 93), passando pela previsão das mesmas garantias e vedações dos magistrados (art. 95), até o seu funcionamento que, em todos os âmbitos materiais e níveis, obedece iguais leis processuais criadas exclusivamente pela União (art. 22, I), com âmbito nacional e não meramente federal.

Quanto à partilha do espaço de decisão, as competências da Justiça *federal*, de regra, encontram-se previstas expressa e taxativamente, cabendo à Justiça *estadual* a competência residual. Enfim, essa dualidade de estrutura, com tribunais nacionais e federais, compõe o Poder Judiciário brasileiro por uma complexa descentralização, sem, contudo, fragmentá-lo em unidades judiciárias independentes e autônomas entre si, como expliquei acima. Tratou da questão o Min. Cezar Peluso, na ADI 3.367-DF, para quem não pensar dessa maneira, ou seja, "[n]egar a unicidade do Poder Judiciário importaria desconhecer o unitário tratamento orgânico que, em termos gerais, lhe dá a Constituição da República. Uma única lei nacional, um único estatuto, rege todos os membros da magistratura. Independentemente da qualidade e denominação da *Justiça* em que exerçam a função (Lei Complementar n. 35, de 14-3-1979; art. 93, *caput*, da CF). A todos aplicam-se as mesmas garantias e restrições, concebidas em defesa da independência e da imparcialidade" (Min. Cezar Peluso, ADI 3.854-MC/DF, j. 28-2-2007).

Os Estados-membros no desempenho do poder de organização da sua Justiça local estão presos a esse diagrama. Tanto é que os Estados-membros não podem avançar, sob a invocação da autonomia e auto-organização, na criação de uma Justiça municipal. Não que se trate de uma ideia desde sempre a desprezar. Mas, de fato, só poderia ser implementada por autorização expressa da Constituição. A mesma razão justifica a vedação aos Estados, como já reconheceu[37] o Supremo Tribunal Federal, "para ins-

[37] Embora essa restrição tenha sido exposta pelo STF com hesitação inicial.

tituir, como órgão interno ou externo do Judiciário, conselho destinado ao controle de atividade administrativa, financeira ou disciplinar da respectiva *Justiça*" (ADI 3.367-DF).

Ademais, o acréscimo de mais um órgão do Poder Judiciário, com a EC n. 45/04 – o Conselho Nacional de Justiça – e sua "legitimação constitucional" posterior, pelo STF, trouxeram, irrefutavelmente, a dimensão exata de que realmente não é possível sustentar aos Estados na organização da correspondente Justiça Estadual as prerrogativas federalistas da auto-organização, autogoverno e autoadministração, na mesma medida da conformação dos demais Poderes de Estado. Há, na verdade, uma inversão nesta ordem. Ao Poder Judiciário é que se asseguram garantias constitucionais (orgânicas) consistentes em certas autonomias de governo, financeira e normativa. A viabilização desse conjunto autonômico-judicial, no âmbito estadual, não se encontra na dependência de haver autonomia plena e amplíssima dos Estados para a organização da Justiça local.

Caso fosse correto falar em prioridade do poder autonômico dos Estado-membros, na engenharia constitucional de 1988 e em vigor para o Poder Judiciário, a contemplar as prerrogativas federalistas da auto-organização, autogoverno e autoadministração, haveria de se admitir o que o Supremo Tribunal Federal rejeitou, que é a inconstitucionalidade do CNJ por sua atuação de maneira unitária sobre todas as estruturas descentralizadas do Poder Judiciário. *O próprio pacto federativo criaria nos Estados-membros uma zona impenetrável ao Conselho Nacional de Justiça e seria capaz de superpor-se à unidade do Poder Judiciário, quando, em realidade, é a independência do Poder Judiciário que se sobreleva aos demais poderes dos Estados-membros*. O STF e a própria EC n. 45/04 deixaram evidenciado que nos encontramos nesta última modelagem.

2.2.1. *Unidade e igualdade de tratamento na carreira da magistratura*

O caráter nacional do Poder Judiciário brasileiro não permite reconhecer a divisão do Poder Judiciário dos Estados em tantas carreiras da magistratura quantos forem os Estados-membros.

É comum entre os administrativistas diferenciar os espaços ou "postos" inerentes à organização jurídica dos servidores públicos, como "cargo público", "classe", "emprego público", "carreira pública", dentre outros. Não vem ao caso nem detalhar nem enfrentar as controvérsias significativas existentes nesse segmento técnico, porque basta retomar a definição simples e básica que nos fornece Hely Lopes Meirelles: "Carreira – é o agrupamento de classes da mesma profissão ou atividade, escalonadas segundo a hierarquia do serviço, para acesso privativo dos titulares dos cargos que a integram" (*Direito Administrativo Brasileiro*. 23 ed. São Paulo: Malheiros, 1998, p. 349). Entendo que essa clássica e corrente definição vem no sentido de reforçar o argumento do caráter unitário da carreira da magistratura, em tudo muito própria, a principiar por seu assento constitucional e sentidos originais também constitucionais.

Considere-se, ainda, que cargo público, em consonância com as mesmas lições clássicas,"é o lugar instituído na organização do serviço público", que pode ser estruturado em carreira (como ocorre com os juízes de direito) ou isolado (neste caso, o exemplo, ainda judicial, é o cargo de ministro do Supremo Tribunal Federal). Assim, entre os juízes do Poder Judiciário, há um específico quadro, ou seja, um conjunto de cargos isolados e de carreira. Nesta última categoria está o conjunto de cargos dos juízes de direito, estruturados por entrâncias, cujo ápice é segunda instância, instante em que o magistrado passa a ocupar o cargo de desembargador.

A par disso, pode-se dizer que a regra geral para ingressar na carreira da Magistratura é o concurso público. Esse"geral", aqui, deve ser compreendido como expressão parcial do referido caráter unitário, que venho explicitando neste Parecer. Mais uma vez, a exemplo do que ocorre com a decisão sobre haver um Conselho nacional para a magistratura (no caso, o CNJ), também aqui a decisão sobre o caráter geral do ingresso não é um acaso ou uma regra fortuita. Ela integra o coração do que se vem estabelecendo aqui, em termos de contarmos efetivamente com uma magistratura nacional, que se fraciona apenas e especificamente nos tópicos permitidos pela engenharia constitucional de 1988. Assim, no tema do caráter nacional, a exigência de concurso público para ingresso, estabelecida no art. 93, inciso I, da CB/88, na novel redação dada pela EC n. 45/04, gerou um desses espaços vedados pela engenharia constitucional à diversidade, no art. 93: "I – ingresso na carreira, cujo cargo inicial será o de juiz substituto, mediante concurso público de provas e títulos, com a participação da Ordem dos Advogados do Brasil em todas as fases, exigindo-se do bacharel em direito, no mínimos, três anos de atividade jurídica e obedecendo-se, nas nomeações, a ordem de classificação".

A autorização constitucional para que cada Estado-membro organize a sua Justiça estadual (art. 125, CB) criou uma multiplicação de concursos públicos para ingresso na magistratura. Ocasionou, como já considerou o Conselho Nacional de Justiça, "uma multiplicidade de normas e procedimentos distintos por que se pautam os Tribunais brasileiros na realização dos concursos para ingresso na magistratura" (Res. n. 75/09).

Daí a inciativa deste Conselho de elaborar, utilizando suas prerrogativas constitucionais, a Resolução n. 75, de 12-5-2009. Com este diploma, resolveu "editar normas destinadas a regulamentar e a uniformizar o procedimento e os critérios relacionados ao concurso de ingresso na carreira da magistratura do Poder nacional". E em seu primeiro artigo já anuncia: "Art. 1º O concurso público para ingresso na carreira da magistratura é regulamentado por esta Resolução".

Esse movimento normativo só reforça o assentamento constitucional da unidade do Poder Judiciário, como também o correto sentido administrativo para "carreira", não deixando dúvida de que a mera descentralização dos concursos públicos não significa a multiplicação de carreiras da Magistratura. Trata-se, já agora de maneira bem nítida, de projeção da unidade sobre meros centros de execução, que são diversos devido às divisões federativas, mas que devem atender, como primeiro chamado, à sua vocação nacional, quer dizer, à circunstância – estampada desde a Constituição, na EC n. 45/04 e na referida Resolução CNJ – de estarem atendendo a uma missão nacional e não a desejos conformados estadualmente.

Em precedente recente, ao analisar a constitucionalidade do art. 1º, inciso I, da Lei n. 7.746/89, em comparação com o parágrafo único, inciso I do art. 104 da CB/88, envolvendo o modo de escolha de magistrados pelo "quinto constitucional", a Min. Cármen Lúcia afirmou a vedação a qualquer leitura normativa que promova a ***distinção entre magistrados***. Com isso, acaba-se por reforçar o respeito à unicidade da carreira da Magistratura, pois a não unicidade significa a diferenciação entre iguais, entre posições ou postos que não podem ser diferenciados ou distanciados salvo por exceção constitucional (que não existe): "(...) afirmar que aqueles que viessem da Advocacia para o Tribunal Regional Federal, para o Tribunal de Justiça, por serem egressos da carreira da Advocacia, teriam de ter tratamento diferenciado criaria desembargadores e juízes de duas categorias. Quer dizer, a pessoa não é mais advogado, é juiz, mas não tem os mesmos direitos dos outros juízes ou desembargadores. Aí sim, a meu ver, estaria criada uma desonomia, que não tem base não apenas no art. 104, mas, a meu ver, Ministro Fux, aí sim, estaria em desacordo com os princípios fundamentais da Constituição da República, um dos quais, o mais repetido, é exatamente a igualdade daqueles que estejam em igualdade de condições. Ora, quem foi empossado na condição de desembargador e juiz de um Tribunal Regional Federal é juiz" (ADI 4.087/DF).

Insisto no argumento da Ministra e em sua projeção inevitável (em coerência e aderência) para o caso da permuta entre juízes estaduais, que analisado em outro item desta obra. Juízes de direito de *diferentes* Estados são todos *igualmente* juízes, inseridos em uma *mesma* carreira, a carreira da Magistratura. Qualquer tentativa de categorizar para diferenciar o juiz, como seria a de tomar os juízes de direito por diferentes carreiras estaduais ou mesmo admitir diferenças de garantias entre estes e os juízes federais, implicaria uma distinção não sustentável à luz dos princípios constitucionais orientadores do Poder Judiciário. A unidade nacional não é compatível com uma sua invocação episódica.

2.3. O compartilhamento intrajudiciário do espaço de decisão

No sistema judiciário pátrio existem, basicamente, duas ordens judiciárias distintas. Quanto a esse aspecto, a estrutura do Judiciário encontra-se calcada na forma federativa clássica, que admite duas ordens de organizações: a federal e a estadual. Assim, no campo judicial, tem-se a organização da Justiça federal e, paralelamente, da Justiça estadual. Coexistem, portanto, duas estruturas: a justiça *local* (estadual) e a justiça *federal*. Trata-se de critério que se arrima na maior ou menor extensão da jurisdição. Aqui, contudo, cabe uma explicação mais apurada.

É que, por vezes, a decisão da Justiça estadual pode ter alcance mais amplo que uma decisão proferida no âmbito da Justiça federal. Para bem ilustrar, basta cogitar de uma ação civil pública, proposta perante a Justiça estadual, para a qual o juiz de primeiro grau, competente para conhecer e julgar ações desse jaez, profira decisão de procedência. Essa decisão terá, pela própria natureza do direito envolvido, um caráter nacional. De outra parte, pode haver decisões da Justiça Federal exclusivas da Administração Pública federal.

Quanto à partilha do espaço de decisão, as competências da Justiça federal, de regra, encontram-se previstas expressa e taxativamente, cabendo à Justiça estadual a competência *residual*.

A Justiça federal, por sua vez, pode ser *comum* ou *especializada*. Entende-se por especializada a parcela do Judiciário que trata com exclusividade de determinado segmento temático. Neste último caso, têm-se a Justiça do Trabalho, a Justiça Militar e a Justiça Eleitoral. Na Justiça estadual, prevê-se apenas a possibilidade de Justiça militar especializada.

Em termos classificatórios, pode-se dizer que, tomando como critério o aspecto federativo, o Judiciário estrutura-se em dois âmbitos: federal e estadual. Tomando como critério a competência constitucionalmente atribuída, tem-se o Judiciário estruturado igualmente em dois âmbitos: o especializado e o comum (ambos exercidos tanto pelo juiz estadual como pelo federal). Todos, como visto, entrelaçam-se para formar a complexa estrutura estatal de Justiça.

Ademais, quando se fala em Justiça estadual, isso não significa que a jurisdição, nesses casos, derive das leis estaduais. Toda a divisão da Justiça tem origem na Constituição Federal. Como regra, a competência será da Justiça estadual, salvo os casos em que a Constituição especificou a competência federal ou especializada. Para Mário Guimarães, disso "se infere um preceito de ordem prática: na dúvida, em caso de conflito, interprete-se em favor da regra, e não da exceção" (1958: 68).

Não existe, no Brasil, o denominado contencioso administrativo, muito difundido na França e em outros países da Europa continental-ocidental. Ao Poder Judiciário, no Brasil, caberá a solução das situações sociais litigiosas, com força de definitividade, independentemente de pronunciamento ou questionamento perante as "instâncias" administrativas acaso existentes. A única concessão constitucional, a esse respeito, foi quanto à chamada "Justiça" *desportiva*, de âmbito administrativo, apesar da expressão equívoca que a designa.

De outra parte, não existe no Brasil uma Justiça municipal que pudesse corresponder ao âmbito federativo dos municípios. A Justiça local, portanto, é apenas aquela de âmbito estadual. Passível de crítica, nesse ponto, a Constituição, porque poderia ter implementado uma descentralização mais forte da Justiça estadual, aproximando ainda mais do cidadão (munícipe). Cumpre registrar, desde logo, que o juiz estadual conta com grande capilaridade no país, atendendo a rincões afastados dos grandes centros urbanos e capitais. Contudo, um reforço dessa perspectiva de uma Justiça estadual fortemente disseminada poderia ter se constituído em determinação constitucional mais explícita.

Por fim, cumpre acentuar que existem Tribunais denominados superposição, como o Superior Tribunal de Justiça e o Supremo Tribunal Federal, que, com mais propriedade, devem ser denominados Tribunais *nacionais*. O Superior Tribunal de Justiça é a última instância do Judiciário em matéria de leis (federais e nacionais). O Supremo Tribunal Federal é o órgão de cúpula do Poder Judiciário, decidindo em última instância sobre os litígios intersubjetivos nos quais haja questionamento constitucional.

Em patamar idêntico ao do STJ, contudo, existem Tribunais nacionais especializados. É o caso do Tribunal Superior Eleitoral, do Superior

Tribunal Militar e do Tribunal Superior do Trabalho. Não há, pois, hierarquia recursal entre esses Tribunais.

Verifica-se uma mudança na estrutura do Poder Judiciário com a Constituição de 1988 (embora, ainda, com severas críticas quanto ao STF), com sensível reformulação quanto às competências, especialmente para admiti-las no que se refere aos interesses difusos e coletivos. Como bem analisa o tema Rosalina Corrêa de Araújo: "Neste sentido, a Constituição de 1988 criou e consolidou instrumentos que lhe permitiram superar os modelos processuais clássicos, destinados exclusivamente à proteção dos direitos individuais isoladamente, ou em conjunto, nos limites da legislação processual. A viabilização legislativa e judicial dos interesses difusos e coletivos esvaziou a força dos conflitos de maior complexidade, pois, à medida em que o texto constitucional possibilitou judicialmente a discussão desses conflitos, não apenas requalificou o papel do Poder Judiciário no processo de transformação da sociedade, como também tornou possível de avaliação jurídica outras complexidades, com natureza inclusive política e social" (2000: 428).

Quanto à estrutura do Judiciário, criada pela Constituição de 1988, pode-se assegurar que não é indene de críticas, como bem pondera o Min. Carlos Mário da Silva Velloso, porque realmente diversas são as situações críticas que a prática encarregou-se de exibir, sublinhando a fraqueza do modelo adotado. Realiza Diogo de Figueiredo Moreira Neto uma apreciação crítica dessa estrutura, apontando, especialmente, que: "A simples leitura do Capítulo dedicado ao Poder Judiciário na Constituição de 1988, desfiando uma longa enumeração de órgãos federais e estaduais, evidencia mesmo ao leigo, um sistema pesado e complexo. Multiplicam-se as instâncias e tribunais em grande número, criados sem maiores preocupações com a carga de trabalho cometida a cada um desses órgãos, o que explica, sem muito perquirir, por que a Justiça brasileira, em seu conjunto, é cada vez mais cara, morosa e complicada, tudo agravado com uma processualística hermética e tecnicista, mais voltada a si própria que a resultados práticos. Encabeça a relação das cortes federais e estaduais o Supremo Tribunal Federal, um órgão notoriamente assoberbado de atribuições e afogado em acervo que cresce à razão de quase sessenta mil novas distribuições por ano, um problema que se imaginava ter dado solução com a criação do Superior Tribunal de Justiça, que lhe repartiu a carga, sem se contar com a explosão de demanda ao Judiciário que a própria Constituição de 1988 desdobraria" (Moreira Neto, 1999: 37).

Com uma dualidade de estrutura judiciária (estadual e federal), com tribunais de sobreposição e, ainda, com tribunais nacionais, o Judiciário brasileiro é um composto complexo de unidades judiciárias. A existência e persistência de certas unidades de atuação e sua configuração (como a Justiça militar) bem como a inexistência de outras (como uma Justiça eleitoral especializada), assim como o grande volume de processos em diversas instâncias pelo país, denotam a falta de um estudo prévio que pudesse servir de amparo para bem determinar o tipo de figurino mais apropriado à realidade do país, em suas diversas realidades regionais. A distribuição de competências entre as unidades jurisdicionais a partir de uma repartição exclusivamente teorética, sem maiores preocupações práticas ou de política judiciária (como a priorização de questões relevantes nacionalmente, a ponto de merecerem uma estrutura própria e especializada), fragilizou a proposta constante judiciária da Constituição de 1988 e, mais do que isso, fragilizou o próprio Judiciário nacional.

2.4. Possibilidade de mudança, por meio de emenda constitucional, de competência constitucionalmente estabelecida

A mudança (transferência) de competência por meio de emenda constitucional foi diretamente analisada e admitida pelo STF como juridicamente possível (cf. STF, HC 78418-3/RS, rel. Min. Marco Aurélio, *DJ* de 28-5-1999).

A mudança produzida por meio da EC n. 22/99, alterando a competência do STF, retirando-lhe a atribuição de apreciar diretamente *habeas corpus* quando o coator ou o paciente fosse tribunal não superior, e a mudança pela EC n. 23/99, que passou essa mesma competência para o STJ (cf. art. 102, I, *i*, para o STF e art. 105, I, *c*, para o STJ, ambos da CB), foram consideradas legítimas.

A dúvida residia na circunstância de um dos "Poderes", no caso, o Legislativo, por meio do Congresso Nacional, alterar, por força de PEC aprovada, as competências constitucionais de outro "Poder", o Judiciário.

3. DEMOCRATIZAÇÃO VERTICAL DA MAGISTRATURA NACIONAL

3.1. Democratização *v. status quo*

O ponto central da chamada "democratização" interna do Poder Judiciário é a implementação, pela *via, precipuamente, regimental,* do sistema da *universalidade* do voto no certame eleitoral *interna corporis*, objetivando, com isso, a ampliação do colégio eleitoral para decidir sobre a composição dos órgãos de direção de cada Tribunal. Tomo esse assunto como uma das possibilidades de efetivação do Estado Democrático de Direito e, igualmente, da eficiência administrativa, no âmbito judiciário.

Assim, o significado de um *processo de democratização do Poder Judiciário* não se dá apenas em termos de participação numérica. Esse processo deve ser captado como vocacionado à busca de eficiência administrativa e prestação jurisdicional enquanto realização de Justiça, dentro de um contexto de ratificação da unidade jurisdicional.

Resta evidente, desde logo, que essa referida democratização *interna corporis* dos "tribunais" está longe de representar um debate acadêmico estéril e idiossincrático pois, ao contrário, a *eficiência* administrativa imprescindível também ao Poder Judiciário, – porque não se trata de um comando constitucional afeto exclusivamente à Administração Pública –, vem ao encontro da tão almejada prestação jurisdicional célere e justa e pode passar pela referida democratização, nos termos que serão aqui avaliados e apresentados. Nesse sentido, pode haver – este é um dos objetos de estudo necessários à construção de soluções para demandas como esta – a imbricação entre as atribuições do magistrado gestor e do magistrado juiz, em um sentido que também inclui referida democratização.

Nessa linha de considerações é que se deve rever o atual modelo de administração autocentrada em segundo grau. O Conselho Nacional de Justiça vem constatando que os órgãos diretivos dos "tribunais" manifestam certa tendência de prestigiar a segunda instância, muitas vezes em detrimento de demandas reais ou urgentes da primeira instância como, *v.g.*, no que se refere à disponibilização de estrutura e condições materiais para o exercício da jurisdição[38]. Trata-se, é certo, não necessariamente de uma opção consciente de prejudicar a primeira instância, nem tampouco de uma ocorrência universalmente verificável. O que há é uma verificação da tendência de o modelo atual operar, rotineiramente, no sentido indicado, portanto, um modelo que pode carrear prejuízo ao próprio sistema como um todo e à sua finalidade precípua, que é o atendimento aos direitos das pessoas.

Poder-se-ia, de maneira equivocada, compreender como questão central da problemática suscitada a da (in)constitucionalidade de se atribuir,

---

[38] Nesse sentido, a Portaria do CNJ n. 155/2013 criou grupo de trabalho para alterar determinados cenários, considerando a existência de "uma inadequada distribuição de servidores entre o primeiro e o segundo graus de jurisdição, desproporcional à demanda de processos, em aparente afronta aos princípios constitucionais da eficiência e proporcionalidade".

seja por qual for o instrumento normativo (lei ou regimento interno), *capacidade eleitoral ativa (interna corporis)* aos magistrados de primeiro grau de jurisdição para elegerem, dentre desembargadores que se apresentarem como candidatos, os membros do *órgão diretivo* do respectivo Tribunal a que estejam vinculados.

A problematização formatada nesses termos, porém, deita raízes em uma prática nacional consolidada – mas nem por isso definitiva em termos jurídicos – que considera como colégio eleitoral *exclusivamente* magistrados de segunda instância. Essa situação histórica gera uma orientação contra-intuitiva quando se fala em ampliação, uma repulsa imediata que, como visto, pode acabar por comprometer a própria análise do tema e seu adequado enquadramento.

Suscitar o tema da chamada "democratização" nas eleições para dirigentes judiciais significa afrontar um *status quo*, uma determinada e rotineira recorrência restritiva. Logo, é compreensível que as indagações dirijam-se, de imediato, à *constitucionalidade da mudança* em si, quando, em realidade, a questão deve ser equacionada em termos de compatibilidade constitucional dentro de um quadro geral de opções válidas, ou seja, tanto considerar-se legítimo o que se tem praticado como *um novel modelo que se pretenda implementar em cada estado ou região.*

Registro, desde logo, que essa discussão é absolutamente circunscrita à ampliação do colégio eleitoral para os atuais cargos eletivos, não compondo qualquer proposta ou sinalização de mudança das demais formas de indicação e composição existentes para alguns cargos em tribunais, como o caso do quinto constitucional e das demais indicações de magistrados efetivadas diretamente pelo Poder Executivo.

3.2. A compreensão do STF para fins de eleição de órgãos diretivos dos tribunais

A tese que aqui será desenvolvida, *pela ampliação do modelo vigente,* confronta, *prima facie,* com o quanto ficou decidido no bojo da ADI 2.012/SP, de relatoria do Min. Ricardo Lewandowski. Essa ação foi julgada em 27-10-2011. Mas minha posição e as observações que se seguem não excluem todas as premissas fixadas na fundamentação desse *decisum.*

A referida ADI, em termos mais específicos, foi proposta pelo Procurador Geral da República com o objetivo de obter a declaração de inconstitucionalidade do art. 62 da Constituição do Estado de São Paulo, na redação que lhe foi dada pela Emenda Constitucional Estadual n. 7/99.

Para a melhor compreensão da questão aqui enfrentada, depreende-se que a redação original do art. 62 da Constituição Estadual Paulista assim encontra(va)-se delineada:"Art. 62. O Presidente e o 1º Vice-Presidente do Tribunal de Justiça e o Corregedor Geral da Justiça, eleitos, a cada biênio, pela totalidade dos Desembargadores, dentre os integrantes do órgão especial, comporão o Conselho Superior da Magistratura". Este artigo, no seu texto original, foi suspenso por medida cautelar deferida no processo da ADI 3.976/SP, em decisão de 14-11-2007, tendo sido relator o Min. Ricardo Lewandowski.

Com efeito, a Emenda n. 7/99 alterou o texto desse artigo para fixá-lo nos seguintes termos: "Art. 62. O Presidente e o 1º Vice-Presidente do Tribunal de Justiça e o Corregedor Geral da Justiça comporão o Conselho Geral da Magistratura, e serão eleitos a cada biênio, dentre os integrantes do órgão especial, pelos Desembargadores, *Juízes dos Tribunais de Alçada e Juízes vitalícios*" (original não grifado).

A inconstitucionalidade alegada pelo Procurador Geral da República da ADI 2012 consistiria na ofensa da Emenda (estadual) n. 7/99 ao art. 96, I, *a*, da Constituição de 1988, que dispõe ser da *competência privativa dos tribunais "elegerem seus órgãos diretivos"*. No entendimento do *Parquet*, esse artigo vedaria a participação de membros do Tribunal de Alçada[39] e de Juízes vitalícios na eleição dos órgãos diretivos dos Tribunais.

De acordo com o voto condutor de referida ADI, a Constituição de 1988 ao empregar o termo "tribunais" em seu texto, fê-lo no sentido de atribuir-lhe o significado de "órgão colegiado", o que se verificaria, por exemplo, na dicção do seu art. 92, quando distingue *tribunais* de *juízes*, ao indicar quais são os órgãos do Poder Judiciário: "VII – os *Tribunais* e *Juízes* dos Estados e do Distrito Federal e Territórios" (original não grifado).

Como se depreende da decisão, a Constituição: "[...] ao elencar os órgãos do Poder Judiciário [...] distinguiu expressamente tribunais, órgão colegiado, de juízes, isto é, se a expressão 'tribunais' correspondesse a toda a magistratura de um determinado ramo do Judiciário não seria necessária a diferenciação".

Assim, na referida ADI firmou-se o entendimento que a *competência para eleição dos órgãos diretivos é dos próprios Tribunais*, compreendidos estes

---

[39] À época da propositura da ADI referida, os Tribunais de Alçada ainda não estavam extintos, fato que ocorreu com o advento da EC n. 45/2004.

como órgãos colegiados, de modo que os juízes de primeira instância estariam excluídos do certame eleitoral *interna corporis*. Fala-se, portanto, diretamente da competência para eleger, e não da competência para dispor (normativa) sobre a eleição (e o colégio eleitoral).

Ao final, o STF julgou procedente a ADI, por maioria de votos (vencido o Min. Marco Aurélio), para declarar a inconstitucionalidade da Emenda n. 7/99 à Constituição do Estado de São Paulo.

Ocorre que, na linha do que decidido pelo STF no processo referido, ressalto que não há, aqui, em minha posição, qualquer discordância acerca da premissa. Pelo contrário, adoto também o mesmo entendimento exposto pelo STF, no exato sentido de serem *os próprios tribunais os órgãos competentes para elegerem seus órgãos diretivos*.

A questão posta em debate na ADI referida residiu na definição (de sentido) do termo"tribunais", e isso, no caso, especificamente para fins de fixação da extensão do colégio eleitoral que fará a escolha de seus órgãos diretivos. Esse ponto específico será, aqui, submetido ao teste jushermenêutico tendo como parâmetro o sistema constitucional brasileiro.

Também não adoto controvérsia quanto à razão de o art. 96, I, *a*, da Constituição de 1988 atribuir aquela competência aos"tribunais". Nessa atribuição própria é que se encontra o cerne da *capacidade de autogoverno* dos órgãos do Poder Judiciário, expressão capacitatória extremamente relevante e analiso pormenorizadamente nesta obra (cf. Capítulo V).

Essa autonomia administrativa dos tribunais é reforçada pela sua *capacidade* ou *autonomia normativa* para a elaboração de seu Regimento Interno próprio, de modo que os"tribunais"são providos, como cediço, de função normativa para estabelecer, sem ingerências indesejadas dos demais Poderes, as chamadas condições, – para usar, aqui, de terminologia afeta aos direitos políticos –, de alistabilidade e eletividade a serem observadas no processo eleitoral de escolha de seus órgãos diretivos. Esta é a tese que compreendo ser a mais consentânea com a autonomia do Poder Judiciário, sua democratização vertical e eficiência administrativa.

Reforço que o STF considerou inconstitucional, no julgamento da ADI 2.012/SP, uma Emenda específica à Constituição de um Estado, que pretendia *determinar a forma do colégio eleitoral* das eleições no Tribunal de Justiça de São Paulo. Tendo em vista, como se constatou, que a controvérsia centrou-se mais diretamente na interpretação e concretização do sentido do termo"tribunais", e que não houve enfrentamento de questões de competência normativa a partir da Constituição do Brasil, permanece aberta a discussão acerca da constitucionalidade da disciplina do certame eleitoral dos órgãos diretivos dos "tribunais" por meio de Regimento Interno.

Ademais, e a despeito de referida decisão, ainda pairam inúmeras controvérsias no cenário jurídico acerca do delineamento da extensão dos colégios eleitorais a partir do que sejam os "tribunais".

Com efeito, em busca da compreensão do conteúdo e alcance do dispositivo constitucional que preceitua competir privativamente aos "tribunais" elegerem seus órgãos diretivos (cf. art. 96, I, *a*), realmente faz-se mister compreender, a partir de um enfoque sistemático, que a Constituição não atribui ao termo "tribunais" um significado único, o que desenvolvo abaixo em subitem próprio.

A plurivocidade do termo "tribunais" na Constituição é inequívoca, e será exposta mais detalhadamente adiante. Por outro lado, é preciso consignar que eventual argumento que sustente peremptoriamente que não possam ser os magistrados de primeiro grau considerados por norma infraconstitucional integrantes do "tribunal" não encontra abrigo constitucional por essa exata razão da plurivocidade. O mesmo deve ser dito quanto ao argumento de que, imperativamente estejam excluídos os magistrados de primeira instância de qualquer viabilidade constitucional para integrarem colégio eleitoral para órgãos diretivos (uma suposta norma constitucional restritiva implícita). O tema está reservado à concretização infraconstitucional.

A título de reforço de argumentação, observe-se que em consonância com o quanto dispõe o conhecido inciso XI, do art. 93 da CB/88, os "tribunais" podem, por meio de interposição normativa infraconstitucional, constituir órgão especial para o exercício das atribuições administrativas e jurisdicionais delegadas da competência do próprio tribunal pleno. Na literalidade do texto temos o seguinte: "[...] nos tribunais com número superior a vinte e cinco julgadores, *poderá ser constituído órgão especial*, com o mínimo de onze e o máximo de vinte e cinco membros, para o exercício das atribuições administrativas e jurisdicionais delegadas da competência do tribunal pleno [...]". Com efeito, nesse cenário normativo-constitucional de indefinição do significado do vocábulo "tribunal", pela dicção do art. 93, inc. XI referido, poder-se-ia sustentar que a constituição desse órgão especial representaria a criação (intestina) de um "tribunal" no interior de um mesmo "tribunal". Um tribunal pleno e um tribunal, *a contrario sensu*, não pleno, para ser bem direto. Mas, ainda assim, temos aí um "tribunal". Daí a *plurivocidade absoluta* com que o termo foi empregado constitucionalmente, conformando uma categoria plena, que nos impõe uma série de dificuldades e possíveis generalizações indevidas.

3.3. A não recepção do art. 102 da LOMAN, universo de elegíveis e colégio eleitoral

Com efeito, o que se depreende agora, pelo cotejo mais direto e detalhado da Constituição de 1988 com a LOMAN, é a não recepção de seu art. 102, que disciplinava o certame eleitoral dos membros de direção dos tribunais, por estar em desacordo ao novo regime constitucional da Magistratura, que propugna, dentre outras diretrizes, a autonomia administrativa do Poder Judiciário para, nos termos do art. 93 da CB, dispor sobre a forma de escolha dos seus órgãos diretivos.

A gestão de recursos humanos, por parte dos órgãos diretivos do Judiciário, não se submete às hipóteses (competenciais) de regulamentação legislativa nacional obrigatória, como já afirmei anteriormente nesta obra, ao analisar a LOMAN, eis que um entendimento desses violaria frontalmente as peculiaridades de cada entidade federativo, bem como a capacidade de autogoverno em termos de Democracia Constitucional pós-1988.

Ora, se as decisões administrativas dos tribunais são de responsabilidade de seus órgãos diretivos, a definição da *forma* do processo (próprio) eleitoral dos dirigentes dos diversos ramos do Judiciário não deve se submeter – até porque não consta do rol taxativo do art. 93 –, por ausência de comando constitucional, a uma regulamentação legislativa nacional impositiva, ainda mais quando as balizas normativas são determinadas por legislação pretérita em possível descompasso ao ideário de Estado descentralizado.

A celeuma acerca da (não) recepção do art. 102 da LOMAN reverbera em alguns julgamentos recentes do Supremo Tribunal Federal, em relação aos quais desenvolvo, a seguir, algumas considerações que alinhar-se-ão ao eixo central que adoto neste estudo.

Refiro-me, inicialmente, ao que ficou decidido no Agravo Regimental na Medida Cautelar na Reclamação n. 13.115, de relatoria do Min. Luiz Fux, mas cujo relator para o acórdão foi o Min. Marco Aurélio. A liminar deferida nos autos dessa Reclamação, e contra a qual se manejou o Agravo Regimental referido, impedia a posse de corregedor do TJ/RS por terem sido as eleições realizadas em contrariedade ao art. 102 da LOMAN, que determina que nas eleições para os órgãos diretivos dos tribunais concorrerão desembargadores – *dentre os mais antigos* – em número correspondente ao número de cargos. Nesse sentido, consta do relatório do *decisum* fórmula dessa (inad)equação, nos termos seguintes: "Então se o número de cargos for de três, concorrerão os três mais antigos; se o número de cargos for de cinco, concorrerão os cinco mais antigos. Isso é o que diz a Loman. E aqui, então, basicamente é isso".

Como argumento metajurídico [de reforço] que não explicaria de *per si* a recepção do art. 102 da LOMAN, mas que certamente causa alguma perplexidade, asseverou, ainda, o relator que o Tribunal de Justiça estaria impedido de estabelecer a *universalidade dos elegíveis* como forma de evitar a *politização* do Poder Judiciário.

Ocorre que no julgamento do Agravo Regimental, que ocorreu em 12-12-2012, o Min. Luiz Fux restou vencido, sendo cassada a liminar por ele deferida, nos termos do voto[40] do Min. Marco Aurélio ao sustentar que, ao contrário do art. 112 da Carta de 1967 (EC n. 1/69), a Constituição de 1988 não remete mais à Lei Orgânica da Magistratura Nacional a regência da direção dos tribunais, sendo que agora a disciplina do tema deve ser levada a efeito por *Regimento Interno*.

Mais especificamente ainda, no que interessa exatamente neste item, para o Min. Marco Aurélio, no atual regime constitucional, a subordinação das eleições dos tribunais à LOMAN não se mostra compatível com a autonomia administrativa dos tribunais, prestigiada no art. 99 da CB/88. À toda evidência, portanto, o entendimento de que a LOMAN não foi recepcionada nesse ponto transita para a sua consolidação no julgamento final da reclamação anotada.

Ainda, a propósito do tema, faz-se mister escandir o suporte jurídico da decisão liminar concedida no Mandado de Segurança autuado sob o n. 32.451, impetrado pelo Estado de São Paulo, representando o Tribunal de Justiça dessa unidade da federação, contra decisão do Conselho Nacional de Justiça – CNJ, proferida nos autos do Pedido de Providências n. 0005039-51.2013.2.00.0000.

Da análise dos atos processuais desse *mandamus*, depreendo que a decisão impugnada ratificou, por maioria, liminar anteriormente deferida pelo Relator, Conselheiro Guilherme Calmon Nogueira da Gama,

---

40 O Min. Marco Aurélio foi acompanhado pelos Ministros Ricardo Lewandowski, Cármen Lúcia, Dias Toffoli, Rosa Weber e Teori Zavascki, ficando vencidos os Ministros Luiz Fux, Gilmar Mendes e Joaquim Barbosa.

consistente na determinação de que o Tribunal paulista se abstivesse de dar abertura ao procedimento eleitoral para os seus cargos diretivos, com fundamento na Resolução n. 606/2013/TJSP[41]*, por seu "aparente" confronto com o teor do que dispõe o art. 102 da Lei Orgânica da Magistratura Nacional (LC n. 35/79)* (os candidatos aos órgãos de direção dos Tribunais deverão estar "dentre seus Juízes mais antigos", como acabamos de ver na análise acima).

Importa consignar que a Resolução n. 606/2013 teria promovido essa abertura do certame eleitoral do TJ/SP ao *estender a todos os desembargadores a possibilidade de se candidatarem aos cargos de direção*, nos termos seguintes: "Art. 1º – Para os cargos de direção, concorrem todos os Desembargadores do Tribunal, mediante inscrição, no prazo do art. 18 do Regimento Interno[42], vedada a inscrição simultânea para mais de um cargo" (original não grifado).

Entrementes, o STF em decisão liminar, deferida em 10-10-2013, da lavra do Min. Ricardo Lewandowski, no bojo do Mandado de Segurança em testilha, suspendeu os efeitos da decisão do CNJ, reestabelecendo a eficácia da Resolução n. 606/2013 do TJ/SP.

Como razão de decidir, ponderou-se em juízo liminar que *o art. 102 da LOMAN*, ao conferir capacidade eleitoral passiva *(elegibilidade)* apenas aos desembargadores mais antigos, *não teria sido recepcionado* pela atual Constituição da República, haja vista incompatibilizar-se com o seu art. 93, XI, agora na redação que lhe foi dada pela EC n. 45/2004. Por oportuno, transcrevo para melhor compreensão da problemática excerto que integra o *decisum*: "Ressalto, nesse sentido, que *não considero recepcionado o art. 102 da Loman* somente no que diz respeito à eleição para os cargos de direção dos desembargadores mais antigos. [...]" (original não grifado).

Portanto, nessa decisão, restou assentado que a ampliação da capacidade eleitoral passiva (elegibilidade) para alcançar todos os desembargadores – que poderiam assim concorrer aos cargos diretivos do Tribunal

---

41 O Órgão Especial da Corte bandeirante baseou-se nas premissas assentadas na Rcl n. 13.115-MC-AgR/RS para a edição desta Resolução.

42 Esse artigo tem a seguinte redação:

"Art. 18. Vinte e cinco dias antes da data prevista para a eleição, será aberto o prazo de dez dias, para renúncia expressa dos candidatos Elegíveis.

Parágrafo único. Por ofício ou meio eletrônico, todos os desembargadores serão convocados para votar e informados dos nomes dos candidatos e dos renunciantes".

bandeirante –, levada a efeito pela Resolução n. 606/2013, não desafia a Constituição da República, e que, ademais, sobre o art. 102 da LOMAN recai, mesmo que em análise processual particularizada, a pecha da não recepção.

Não obstante as especificidades dos julgados do Supremo Tribunal Federal que enfrentaram de forma perfunctória ou exaustiva a questão (ampla) de qual seja a disciplina do processo eleitoral para a escolha dos órgãos diretivos dos tribunais, é possível, considerando o *estado da arte* e adaptando-se essas análises ao presente caso, traçar algumas diretivas à compreensão do tema do colégio eleitoral, sobretudo em virtude da identidade de fundamento, seja para admitir-se disciplina sobre o universo de elegíveis, seja para o colégio eleitoral.

3.4. Democratização vertical pela ampliação máxima do colégio judicial eleitoral

Com efeito, se, a título de ilustração, um determinado Tribunal de Justiça da federação, – expressando a sua capacidade de autogoverno –, vier a disciplinar em seu Regimento Interno que o "tribunal" define-se, *para fins administrativo-eletivos*, como o conjunto de todos os membros a ele pertencentes, – incluídos os juízes de primeiro grau, portanto –, exsurge uma consequência prática da mais alta relevância: haverá a ampliação do colégio eleitoral, de modo que, nos termos do art. 96, I, *a*, todos os magistrados investidos serão titulares do direito ao voto na eleição dos órgãos diretivos do Tribunal referido.

Na eventualidade de uma previsão regimental nesses moldes, não há como negar que se está a promover a democratização do Poder Judiciário a partir da perspectiva vernacular da *inclusão*, compondo um contexto inclusivo de toda Magistratura no seu próprio processo de escolha dos dirigentes, com uma inexorável ampliação do colégio eleitoral dos Tribunais e, ainda, com a efetivação, pela via precipuamente regimental e *interna corporis*, do *valor constitucional da universalidade da capacidade administrativa e, sobretudo, da responsabilidade participativa* (um caso de capacidade eleitoral ativa) dos magistrados.

O sentido de "democratização" aqui, certamente, alcança, inicialmente, a proposição de integrar no núcleo diário de preocupações das propostas de direção e gestão as demandas e necessidades da Magistratura de primeira instância. Mas também de inclusão e diálogo. Não se trata, portanto, de estabelecer um processo eleitoral aberto à população, como ocorre no modelo de alguns judiciários ao redor do Mundo. Mas a abertura, aqui indicada, do processo eleitoral, para os juízes em geral, enriquece o modelo posterior de funcionamento da própria Magistratura e reitera o sentido da responsabilidade e participação de todos integrantes da Magistratura em seu funcionamento e funcionalidade.

Ademais, em reforço aos argumentos acima escandidos, trago à colação, quanto ao tema, excerto de voto prolatado no bojo da Reclamação n. 13.115 referida, *verbis*: "*A interpretação sistemática da Carta* – segundo o ministro Sepúlveda Pertence –, da decaída e da atual, *é conducente a concluir-se que esta última não submete mais à Loman a eleição dos dirigentes do tribunal*. O silêncio mostra-se, como disse, eloquente. Não há, na Constituição de 1988, mais precisamente no art. 96, inciso I – ao contrário do que ocorria na Carta anterior, no art. 115, inciso I[43], que versava a eleição dos dirigentes dos tribunais –, a remessa ao que previsto na Loman.

"Por isso, sustentei, já no Plenário, que *o art. 102 da Loman não foi recepcionado pela Constituição de 1988*, a não ser que partamos – e tanto vulnera a lei aquele que inclui, no campo de aplicação, hipótese não contemplada como o que exclui – para a mesclagem dos dois sistemas: o anterior, que remetia realmente, quanto à escolha dos dirigentes, à Loman, e o atual, que já não remete, é silente. E mais do que isso: *não se tem, entre os princípios a serem observados quando da aprovação na nova Lei Orgânica da Magistratura, qualquer alusão, ao contrário do que ocorria na Carta de 1969, à regência da escolha dos dirigentes*. [...]" (Min. Marco Aurélio).

Com suporte nas consistentes ponderações acima, reforço, ainda aqui, o quanto foi anteriormente assentado, de que a Constituição do Brasil conferiu aos tribunais *competência privativa plena* para disciplinar, por meio de regimento interno e integralmente, o processo eleitoral *interna corporis* para a escolha de seus órgãos diretivos, como expressão autêntica de um autogoverno voltado à democratização vertical, unidade de Poder pela inclusão e funcionalidade total da Magistratura, com reflexos na qualidade da prestação jurisdicional.

Advirto, por oportuno, que a deflagração de processo legislativo de emenda, quanto ao art. 96, I, *a*, da Carta da República, levada a efeito, na

---

[43] *Verbis*: "Art. 115. Compete aos Tribunais: I – eleger seus Presidentes e demais titulares de sua direção, *observado o disposto na Lei Orgânica da Magistratura Nacional*" (original não grifado).

Câmara dos Deputados, pela PEC 187/2012, e, no Senado Federal, pela PEC 15/2012, no sentido da ampliação do colégio eleitoral dos tribunais, não infirma os argumentos apresentados e desenvolvidos no presente parecer.

Forçoso convir que a finalidade precípua das propostas de emenda referidas é a de *uniformizar*, para a democratização da gestão dos tribunais, o processo de eleição dos órgãos diretivos nos diversos ramos do Poder Judiciário, pela *expressa e impositiva* extensão da capacidade eleitoral ativa *interna corporis* aos juízes de primeira instância.

Com efeito, a eventualidade da não aprovação das PECs em comento mantém íntegra a Constituição da República nos seus termos vigentes, conferindo aos tribunais a competência privativa para, por meio de normativa regimental interna, disciplinar o processo de escolha dos seus cargos de direção, para nele incluir os juízes de primeira instância.

A mera tramitação dessas propostas legislativas está a indicar não a necessidade de uma mudança formal da Constituição, como condicionante impositiva para fins de admitir-se a ampliação eleitoral aqui tratada. Em verdade, a mera tramitação de referidas propostas suscita discussão totalmente diversa, acerca da disputa entre autonomia judiciária e a uniformização (padronização) por tratamento jurídico único (nacional) sobre o tema "colégio eleitoral".

É um raciocínio falacioso, pois, concluir-se que a mera tramitação de proposta de emenda constitucional esteja a comprovar ou ratificar a tese da necessidade de mudança legislativa formal (ainda que da Lei máxima) para fins de alterar-se o modelo vigente de colégio eleitoral de magistrados, pelos motivos amplamente apresentados ao longo do presente estudo.

3.5. Além do formalismo da regimentalidade: unidade, gestão e responsabilidade participativa

Penso que eventual *atribuição de capacidade eleitoral ativa (interna corporis) aos juízes de primeira instância, ampliando-se o colégio eleitoral dos tribunais, revela-se imprescindível ao projeto de Poder Judiciário uno, à consolidação do processo de democratização da Magistratura, modelo que deve ser considerado, ainda, como destinado à eficiência administrativa pela responsabilidade decorrente da integração universal dos juízes,* enquanto condição de reforço da prestação jurisdicional célere e justa.

A adoção de um *novo paradigma* de eleição dos órgãos diretivos dos tribunais, consubstanciado no reconhecimento do valor constitucional do autogoverno pela ampliação do colégio eleitoral *interna corporis* via regimento interno, exige do Poder Judiciário a coragem para a tomada de uma decisão diferenciada, apropriada à sua realidade e conforme os ditames democráticos (descentralização e integração), abstendo-se de uma inércia tendente ao colapso.

4. SIGNIFICADOS DE "TRIBUNAL" NA CONSTITUIÇÃO DE 1988

Neste tópico pretendo realizar um estudo sistemático da Constituição do Brasil quanto ao tema "tribunais". Registro que não se trata de estudo exaustivo de sistematização, mas apenas de uma (possível) abordagem crítica, capaz de, por si só, demonstrar de maneira consistente, a não especificidade ou definitividade do vocábulo *Tribunal*, na Constituição de 1988.

Quanto à (possível) sistematização do termo "tribunais" pela Constituição, como alguns podem supor existir, consigno, preliminarmente, quatro pontos constitucionais incontroversos sobre o assunto, decorrentes de uma análise crítico-descritiva da composição textual e sistêmica da Constituição em vigor:

i) artigos que empregam o vocábulo *tribunal*, – nas variações *Tribunais, tribunais, tribunal* –, mas que a ele se referem no sentido, precipuamente, de *jurisdição*: 92, III a VII; 106, I; 108, I, *a* (também no sentido administrativo); 111, I a III; 118, I a IV; 121, § 1º (também no sentido administrativo); 122, I e II; 125, § 6º (plurívoco, pois aqui adquire, concomitantemente, o sentido administrativo); 27, § 11 do ADCT;

ii) artigos que empregam o vocábulo *tribunal*, – nas variações *Tribunais, tribunais, tribunal* –, mas que especificam seu conteúdo, reduzindo-o expressamente à sua *composição* (referem-se aos membros *stricto sensu* ou a desembargadores dos tribunais): 94; 97; 103-B, § 4º, V e § 5º, III; 104, parágrafo único, I e II; 105, I, *a*; 107, I e II; 111-A, II; 115, II;

iii) artigo no qual o termo tem significado especificamente plurívoco em termos de composição: art. 93, XI, que, embora, aluda ao termo "tribunal" com a conotação de órgão colegiado ao se referir ao número de julgadores no trecho "nos tribunais com mais de 25 julgadores", faz referência ao "tribunal pleno", remetendo a dois tipos de "tribunal", um "pleno", outro *não pleno*, esse último, mesmo que não composto pela integralidade dos membros do órgão colegiado, ainda assim é Tribunal, conforme concepção retomarei adiante;

iv) artigo no qual o vocábulo *tribunal,* – na variação *tribunais* –, é empregado no sentido administrativo, assim compreendido como o conjunto de *todos os magistrados* (incluídos os juízes da primeira instância): 96, I, *a*. Este artigo, vale recordar, foi objeto da ADI 2012 referida inicialmente.

Diante desse quadro normativo-constitucional, não obstante certo direcionamento preliminar conferido pelo STF ao tema, verifico, como primeiro pressuposto, em análise específica voltada à questão aqui analisada, que o termo (ou vocábulo) "tribunais", na Carta da República, não dispõe de univocidade de sentido[44].

Ao contrário, depreende-se que, em razão das diversas ocorrências de significantes e significados no Texto constitucional, o termo referido é *plurívoco e não definitivo,* porque (i) altera-se conforme o contexto constitucional em análise, ou (ii) é carecedor de elementos normativos necessários para um congelamento, detalhamento, especificação ou determinação (sentido não definido) com todos limites ou possibilidades a partir da própria Constituição.

Considerada, portanto, essa moldura normativo-constitucional, forçoso convir que a Constituição de 1988 demanda, em inúmeras situações relacionadas ao tema "tribunais", a interposição normativa infraconstitucional para delineamento preciso e possível do conteúdo jurídico do vocábulo. Algumas opções, *prima facie* justificáveis, são a de delinear "tribunais" como sendo (i) o *conjunto de todos os magistrados pertencentes à estrutura de um ramo do Poder Judiciário* – incluindo-se os juízes de primeira instância, portanto –, e como apenas (ii) o *órgão colegiado* reduzido ao *conjunto exclusivamente formado por desembargadores.* Apesar dos membros dos órgãos colegiados dos Tribunais Regionais do Trabalho também serem designados simplesmente como "juízes" (cf. art. 115, *caput*, da CF) e como a expressão "desembargadores" é mais própria ao contexto da Justiça Estadual, terei como foco esta, para reduzir as dúvidas interpretativas e as dificuldades terminológicas.

É certo, pois, que a diversidade de ocorrências de vocábulos como "tribunal, tribunais, Tribunais etc." na Carta da República não conduz (com

---

44 Registro, por oportuno, que não há tampouco no Texto Constitucional uniformidade de significantes. Com efeito, são empregados os termos *Tribunais, tribunal, tribunais, Juízes, juiz, magistrado, membros* etc. sem qualquer critério consistente para tais divergências.

precisão ou certeza) a um pressuposto universal segundo o qual, por exemplo, em seu significado não estariam inseridos os juízes de primeiro grau de jurisdição. Pelo contrário.

5. SUPREMO TRIBUNAL FEDERAL

5.1. As crises do STF

5.1.1. *A primeira grande crise: crise dos números*

A partir de 1965, o STF passou a funcionar como Tribunal Constitucional em tempo parcial (FAVOREU, 1997: 105), acumulando a tarefa de tribunal comum de última instância, mero tribunal recursal (corte de superposição do Judiciário ou corte de cassação geral, na terminologia europeia) e, por vezes, até instância comum originária para causas que não envolvem temas constitucionais (como a competência para apreciar certas ações envolvendo "altas" autoridades do Estado).

Essa modelagem acabou sendo composta pela conjugação (sem maiores preocupações de compatibilização e acertamento dos inevitáveis atritos, significando um modelo múltiplo, não uma mixagem) de elementos e traços próprios do modelo norte-americano (de controle concreto-difuso) concomitantemente com elementos e traços próprios do modelo austríaco (de controle abstrato-concentrado).

Foi a permanência dessa situação, ao longo dos anos, contudo, que sobrecarregou cada vez mais o STF, sendo consensual não ter havido um adequado equacionamento do problema na Constituição de 1988.

A EC n. 45/2004 estabeleceu certa redução de volume pela *limitação de acesso*, sem excluir o recurso extraordinário como instrumento do controle difuso-concreto, como muitos pretendiam, ao proporem a conversão do modelo brasileiro histórico de controle via causas reais e concretas, para um modelo de matriz europeia-austríaca-alemã. Mas a Reforma avançou para procurar oferecer algumas limitações que pudessem contribuir para a redução da chamada avalanche de processos submetidos ao STF.

Diversas eram, porém, as opiniões e estudos demonstrando a inviabilidade de um sistema recursal (difuso-concreto) de ampla admissibilidade, bem próximo de um controle popular (TAVARES, 1998: 88), como vigorava anteriormente à EC n. 45/04 e como já havia existido em outros momentos da História jurídica nacional pré-88 (cf. SALAZAR, 1975: 203). É que "um grande volume de processos não significa exatamente um incremento na defesa da Constituição" (TAVARES, 2005a: 411). Além disso, era necessário, como pretendeu a Reforma do Judiciário, resgatar a "excepcionalidade" do recurso extraordinário no sistema jurídico pátrio, permitindo ao Tribunal criar "espaços próprios" (MORELLO, 1997: 4) de atuação.

Foi assim que se pôde reduzir a chamada crise dos números do STF, com o recrudescimento da admissibilidade do RE, por meio da repercussão geral. Mas não apenas isso, já que o STF nitidamente passou a ser generoso com os temas considerados de repercussão geral. Foi a introdução de mecanismos processuais de sobrestamento geral, de maneira a impedir a subida de recursos semelhantes, que deveriam aguardar o julgamento do recurso-paradigma pelo STF, que se pode impedir que a avalanche de processos que chega às demais instâncias chegasse também à nossa última instância judicial.

5.1.2. *A segunda grande crise: crise dos limites*

O STF, ao praticar amplamente os instrumentos com os quais havia sido municiado pela Constituição de 1988 e, ainda, com outros tantos que recebeu, posteriormente, do próprio Congresso Nacional, passou a atuar e interferir diretamente em esferas consideradas, por muitos, como próprias ou internas aos demais poderes. Em dado momento, porém, mais do que promover conflito ou atrito com os demais poderes, um assunto velho conhecido da teoria constitucional, o STF aparentou estar em guerra com os demais poderes, com uma atuação que a muitos soava excessivamente provocativa, desproporcional e sem base constitucional.

Essa atuação rendeu, em muitos momentos da história recente do Brasil, grande tensão e angústia institucional, especialmente quando eram decisões monocráticas – aqui antecipando uma nova crise que se avizinhava – a fustigar o mínimo de harmonia necessária entre os Poderes.

Foram estranhamentos entre STF e demais poderes, como a decisão de prender um Senador da República em exercício de seu cargo constitucional, em 25 de novembro de 2015, sem haver caso de flagrante delito. Ou, ainda, a determinação do Ministro MARCO AURÉLIO, do STF, em 5 de dezembro de 2016, para afastar o Presidente do Senado, por força de inovação jurisprudencial, de maneira a impedir que pudesse um Senador, réu em ação penal, ocupar cargo que o colocasse na linha sucessória automática da Presidência da República.

Em relação ao Poder Executivo, liminar da Ministra CARMEN LÚCIA, posteriormente confirmada pelo Min. BARROSO, suspendeu o Decreto

Presidencial n. 9.246, de 2017, pelo qual o Presidente da República havia exercido sua prerrogativa, constitucional e histórica, de conceder indulto natalino.

Mas os casos em que muitos acusaram o STF de não ser mais capaz de encontrar seus próprios limites não se confinaram a decisões com impedimentos ou constrangimentos a autoridades em exercício nos demais poderes.

Houve, ainda, o bloqueio da tramitação de diversos projetos de lei, como o PL n. 4.850, de grande interesse da sociedade, que tratava das "10 medidas de combate à corrupção", pelo Min. Luiz Fux, determinando seu retorno à Casa de origem para tramitar atendendo às condicionantes processuais, em virtude da sua origem popular.

Não foi só. O STF assumiu protagonismo com diversas decisões que aparentavam substituir-se ao debate esperado para ocorrer, em regimes democráticos, no Congresso Nacional. E a ADPF tornou-se a ação que centralizou questões polêmicas, concentrando os grandes desacordos morais e as grandes questões democráticas. Assim, por meio dessa ação, o STF foi convidado a decidir sobre Lei da anistia, políticos donos de rádios, marcha da maconha, aborto em novas hipóteses não contempladas em Lei, união civil de pessoas do mesmo sexo, quotas raciais nas universidades, sistema prisional e estado de coisas inconstitucional, legalização do jogo. E isso para não falar de tantas outras decisões dessa ordem, advindas da Corte, como a criminalização da homofobia e a mudança da regra de foro "privilegiado".

Ainda que sejam decisões progressistas e alinhadas à Constituição de 1988, sua adoção pelo STF não está imune a gerar o sentimento de que tenha havido usurpação, agravando uma crise, que já havia se estabelecido, com os demais Poderes e, em especial, com algumas autoridades, parlamentares e, agora, com segmentos inteiros da sociedade organizada.

Todas essas ocorrências geraram reações institucionais dos demais Poderes, algumas delas excessivas e temerárias em termos de independência do Poder Judiciário e manutenção dos pilares da Democracia e do Estado de Direito. Ilustrativamente, a PEC n. 33, apresentada já em 2011, pretende alterar a quantidade mínima de votos de membros de tribunais para declaração de inconstitucionalidade de leis, condicionar o efeito vinculante de súmulas aprovadas pelo STF ao Congresso Nacional e, ainda, submeter a este a validade da decisão sobre a inconstitucionalidade de Emendas à Constituição proferida pelo STF.

Ainda na mesma linha, tivemos o Projeto de Lei n. 10.042/2019, da Câmara dos Deputados, que chegou a ser aprovado e enviado à sanção, mas foi vetado, e cujo veto acabou sendo mantido no Congresso Nacional. Esse PL estabeleceu o prazo de 180 dias para julgamento de mérito das ações diretas de controle de constitucionalidade no STF.

Por fim, dentre outros tantos projetos e propostas normativas que poderiam ser relembradas, colaciono a PEC n. 35/15, em tramitação no início de 2020, que pretende alterar a forma de indicação dos ministros do STF.

5.1.2.1. Novas respostas do velho STF

Ao longo desse processo em que passou a ser duramente criticado, em face de seu novo protagonismo, houve certa banalização das instituições e, como não poderia deixar de ser, o STF também acabou se tornando alvo de inúmeros grupos de interesse e precisou defender-se institucionalmente.

Assim, todo esse processo de desgaste que se seguiu ao imenso protagonismo do STF permitiu ataques excessivos e antidemocráticos contra a Corte.

O auge desse processo, até agora, talvez possa ser localizado em texto do Ministro Celso de Mello, no qual o Decano identificou, nesses ataques: "a face sombria de um presidente da República que desconhece o valor da ordem constitucional, que ignora o sentido fundamental da separação de Poderes, que demonstra uma visão indigna de quem não está à altura do altíssimo cargo que exerce e cujo ato de inequívoca hostilidade aos demais Poderes da República traduz gesto de ominoso desapreço e de inaceitável degradação do princípio democrático!!!". Mensagem direta, inequívoca e extremamente dura, que procura realizar a defesa intransigente da Democracia e dos direitos fundamentais.

A pergunta que se deve fazer, aqui, é a seguinte: será esse permanente e visceral embate uma nova normalidade? Para responder adequadamente a essa indagação será preciso considerar seriamente que tribunais têm se mostrado vulneráveis à pressão política persistente, na advertência feita por Samuel Issacharoff para as "novas" cortes constitucionais[45].

---

[45] Samuel Issacharoff, *Fragile democracies*, 2015, p. 193.

5.1.2.2. *Court-curbing e backlash*

Ao tratar das decisões adotadas pelo STF em matérias de forte desacordo moral, acentuei o perigo que podem representar. Neste item cumpre esclarecer parte desse perigo, que está no retrocesso que pode surgir posteriormente a essas decisões, justamente em virtude de terem sido adotadas.

Um dos perigos é identificado como *Court-curbing*, ou seja, a tentativa do Congresso Nacional em limitar ou remover poderes do STF, como ocorreu nos casos concretos que enumerei anteriormente. O fenômeno, conceitualmente falando, está relatado na literatura desde 1965, em estudo da autoria de Harry Stumpf, que deu seguimento a ensaios sobre o que sucede após as decisões finais e como o processo político continua para além dessas decisões judiciais. O autor fala também em respostas parlamentares "anti-Corte" para identificar o fenômeno, que define como "qualquer projeto de lei que tenha como seu propósito ou efeito, seja expresso ou implícito, uma alteração na estrutura ou funcionamento da Corte Suprema como uma instituição dentro do contesto do conflito legislativo-judicial" (Stumpf, 1965: 382).

É interessante, ainda, nesse tipo de análise, verificar quais as forças ideológicas e partidárias que agem, de tempos em tempos, nos bastidores dessas reações, como bem observa, em sua atenta análise, Tom Clark (2011).

O *court-curbing*, portanto, distancia-se do mecanismo de *overruling* congressional, tradicionalmente estudado pela teoria constitucional, mas que significa afetar uma decisão específica adotada pela Corte, por meio da sua superação democrática, aprovando uma nova Lei ou até mesmo uma Emenda Constitucional (algo mais raro no modelo norte-americano). No *court-curbing* mina-se o poder da fonte que adotou uma decisão incômoda ou indesejada pelos parlamentares, geralmente impulsionados a tanto por pressão da opinião pública ou para estimular um eleitorado específico.

Entendo que o *court-curbing* tipicamente desenha-se como um mecanismo de conflito, de enfrentamento do desenho de separação de poderes positivado em dado momento na Constituição, de maneira a recolher ou minar poderes atribuídos à Corte, e pode colocar em risco a própria Democracia.

Já o chamado *backlash* indica uma forte reação social a uma decisão judicial. Esta serve justamente de gatilho para iniciar um movimento social de forte reação, que tenderá não apenas a reverter a decisão mas também provocará um retrocesso do tema. Regressões a fases ou momentos anteriores ao que se vivenciava quando da adoção da decisão são considerados como resultados típicos de *backlash*. Ou seja, a decisão progressista, aplaudida por setores mais "avançados" da sociedade, acaba por piorar até mesmo a situação e regime anteriormente existentes, resultando, a médio e longo prazo, em retrocessos históricos.

Um exemplo comumente citado é o da Corte Warren, essencialmente garantista, que avançou sensivelmente no tema dos direitos fundamentais de todos, mas que teria, com isso, provocado, a seguir, leis penais extremamente severas, punitivistas, que contrastaram com as decisões da Era Warren.

A ideia do risco de um *backlash* acaba por alinhar-se à tese de que os tribunais não são o foro adequado e capacitado para promover as transformações culturais supostamente necessárias em dada sociedade[46]. Ou seja, não são os tribunais que irão desenhar o futuro de uma nação, ao menos não sem a colaboração consciente da respectiva sociedade. Trata-se de argumento extremamente delicado e caro à sobrevivência das cortes constitucionais, porque sua inserção como novos agentes políticos ou, se se quiser, de governo, conduz inevitavelmente ao risco dos excessos e das decisões perigosas em assuntos de radical divisão moral na sociedade.

5.1.3. *A terceira grande crise: crise de identidade*

O STF, especialmente nos últimos anos, passou a enfrentar uma crise interna, provocada também internamente, por seus integrantes.

A ampla abertura concedida à atividade processual do STF, ensejada, dentre outros fatores, pela falta de um Código de Processo Constitucional e por um Regimento Interno fraco, foi permitindo a consolidação de um modelo individualista, no qual cada Ministro assumia plenas capacidades decisórias típicas do colegiado.

Nessa situação, proliferaram, em casos rumorosos e de grande interesse nacional, decisões meramente monocráticas, que, em alguns casos, determinaram os rumos do país. Dentre essas decisões, incluem-se os pedidos de vista, que se tornaram permanentes e, com isso, passaram a significar uma decisão, que era a de nada decidir, permitindo que determinadas situações permanecessem imunizadas de qualquer outro juízo judicial de mérito.

---

[46] O tema encontra-se exemplarmente desenvolvido por Samuel Fonteles (2019).

Essas situações, apesar de poderem representar, no calor dos acontecimentos, caminhos imprescindíveis aos olhos dos que a adotaram (e dos que eventualmente as solicitaram), na prática representaram a fragmentação total do STF, que passou a perder sua imagem de unidade e coerência, tão essencial à sobrevivência e legitimidade de qualquer corte, especialmente de uma com funções constitucionais como o STF no Brasil.

A visão de que Cortes Constitucionais ou Supremas evitam a fragmentação do Direito, promovendo sua estabilização final, tem perecido, ainda que parcialmente, quando se trata do STF. A imagem da unidade e pacificação passou a ser dissolvida, rotineiramente, pela individualidade dos seus componentes, pelas decisões monocráticas com *status* de permanentes, pela falta de colegialidade.

A pluralidade na composição, fator crucial e não circunstancial para uma Corte essencialmente democrática, transformou-se em antagonismo interno de seus integrantes e de grupos deles, com base em possíveis posições individuais de ordem cultural e até conceitual, diversas e divergentes, que não necessariamente deveriam levar ao antagonismo como forma de decisão.

5.2. Escolha dos integrantes

O modelo de escolha dos integrantes do STF segue a linha norte-americana, incorporada ao Brasil a partir da Constituição de 1891, permanecendo até os dias atuais.

Em consonância com esse sistema, o chefe do Poder Executivo indica, por decisão unilateral, nome para compor a Corte, submetendo-o ao escrutínio e aprovação senatorial. Após aprovação do Senado Federal, a pessoa é nomeada pelo Chefe do Executivo nacional.

É ainda necessário repensar a forma de indicação e nomeação dos ministros do STF, pois o modelo centenário adotado não está isento de críticas consistentes e riscos inadmissíveis para o Direito, a Constituição e o País.

Um modelo alternativo precisa contemplar o fortalecimento da independência dos integrantes do STF, por meio da desvinculação unipessoal da indicação monocrática e o pluralismo cultural em sua composição subjetiva (cf. Tavares, 2005a: 381-3).

São condições constitucionais mínimas para indicação à vaga de Ministro do STF: i) ser brasileiro nato; ii) ser cidadão, no pleno gozo de seus direitos políticos; iii) contar com mais de trinta e cinco anos e menos de sessenta e cinco anos de idade; iv) ter reconhecido seu notável saber jurídico; e v) apresentar reputação ilibada. A Constituição, como se percebe, foi tímida e absteve-se de inovar no tema, apresentando exigências mais severas e consentâneas com o Mundo atual.

Ademais, não há, portanto, como ocorre em muitos países, a exigência de que os membros da cúpula do Judiciário provenham (ao menos em parte) da magistratura ordinária ou superior, nem que contem com um mínimo de experiência de alto nível na área jurídica, fator mais relevante do que a idade mínima agasalhada na Constituição.

O requisito do notável saber jurídico é condição extremamente subjetiva e imprecisa, que acaba por ficar definida pelo Senado Federal e pelo Presidente da República, poderes para os quais não necessariamente se necessita de formação jurídica. E define-se, para agravar, não em norma ou prática consolidada, mas caso a caso aumentando o subjetivismo do processo, que o expõe invariavelmente a severas críticas da sociedade.

5.3. As competências originárias

As competências originárias da Corte Suprema encontram-se arroladas no art. 102, I, da Constituição. São as seguintes:"a) a ação direta de inconstitucionalidade de lei ou ato normativo federal ou estadual e a ação declaratória de constitucionalidade de lei ou ato normativo federal; b) nas infrações penais comuns, o Presidente da República, o Vice-Presidente, os membros do Congresso Nacional, seus próprios Ministros e o Procurador-Geral da República; c) nas infrações penais comuns e nos crimes de responsabilidade, os Ministros de Estado e os Comandantes da Marinha, do Exército e da Aeronáutica, ressalvado o disposto no art. 52, I, os membros dos Tribunais Superiores, os do Tribunal de Contas da União e os chefes de missão diplomática de caráter permanente; d) o *habeas corpus*, sendo paciente qualquer das pessoas referidas nas alíneas anteriores; o mandado de segurança e o *habeas data* contra atos do Presidente da República, das Mesas da Câmara dos Deputados e do Senado Federal, do Tribunal de Contas da União, do Procurador-Geral da República e do próprio Supremo Tribunal Federal; e) o litígio entre Estado estrangeiro ou organismo internacional e a União, o Estado, o Distrito Federal ou o Território; f) as causas e os conflitos entre a União e os Estados, a União e o Distrito Federal, ou entre uns e outros, inclusive as respectivas entidades da administração indireta; g) a extradição solicitada por Estado estrangeiro; (...) i) o *habeas corpus*, quando o coator for Tribunal Superior ou quando o coator ou o paciente for autoridade ou funcionário cujos atos estejam sujeitos diretamente à jurisdição do Supremo Tribunal Federal, ou se trate de crime sujeito à mesma jurisdição em uma única instância; j) a revisão criminal e a ação rescisória de seus julgados; l) a reclamação para a preservação de sua competência e garantia da autoridade de suas decisões; m) a execução de sentença nas causas de sua competência originária, facultada a delegação de atribuições para a prática de atos processuais; n) a ação em que todos os membros da magistratura sejam direta ou indiretamente interessados, e aquela em que mais da metade dos membros do tribunal de origem estejam impedidos ou sejam direta ou indiretamente interessados; o) os conflitos de competência entre o Superior Tribunal de Justiça e quaisquer tribunais, entre Tribunais Superiores, ou entre estes e qualquer outro tribunal; p) o pedido de medida cautelar das ações diretas de inconstitucionalidade; q) o mandado de injunção, quando a elaboração da norma regulamentadora for atribuição do Presidente da República, do Congresso Nacional, da Câmara dos Deputados, do Senado Federal, das Mesas de uma dessas Casas Legislativas, do Tribunal de Contas da União, de um dos Tribunais Superiores, ou do próprio Supremo Tribunal Federal; r) as ações contra o Conselho Nacional de Justiça e contra o Conselho Nacional do Ministério Público".

Foi suprimido, com a Reforma do Judiciário, o art. 102, I, *h*, da CB, cujo conteúdo (atribuição), deixando o STF, foi transferido para o STJ. A referência em questão diz respeito a duas hipóteses: (i) homologação de sentença estrangeira; e (ii) concessão de *exequatur* às cartas rogatórias.

Para que esses atos de outros Estados possam contar com juridicidade no Brasil devem, realmente, passar previamente pelo crivo do Judiciário. Que o órgão a realizar o juízo de verificação desses atos (de sua compatibilidade com o Ordenamento nacional) não seja mais o STF é orientação que atende à ideia de contarmos com uma Justiça constitucional constrita, ainda que se trate de órgão de cúpula do Judiciário brasileiro. Basta verificar que um dos paradigmas jurídicos a serem utilizados pelo Tribunal é o art. 17 da LINDB, o qual dispõe: "As leis, atos e sentenças de outro país, bem como quaisquer declarações de vontade, não terão eficácia no Brasil quando ofenderem a soberania nacional, a ordem pública e os bons costumes". Exatamente no mesmo sentido prescreve o RISTF, art. 216. Contudo, como se percebe, não se trata, em sua essência, de questão que demande a atuação da Justiça Constitucional.

Cumpre registrar que nessa mudança houve a supressão do referido inciso em sua integralidade, e, assim sendo, suprimiu-se sua parte final que permitia ao RI do STF conferir a homologação ou a concessão do *exequatur* ao seu Presidente.

Por fim, lembre-se que essa competência, doravante do STJ, não se confunde com a competência para o julgamento dos crimes de ingresso ou permanência irregular de estrangeiro e para a execução de carta rogatória ou da sentença estrangeira, que ainda permanecem com a Justiça federal de primeira instância (art. 109, X, da CB).

Acrescentou-se, à competência do STF, a alínea *r* ao inciso I do art. 102 da CB. Infelizmente isso foi feito seguindo a tese ultrapassada de que alguns cargos de primeiro escalão do Governo federal geram competência do STF (cf. Tavares, 2005a: 209-12). Evidentemente que uma emenda constitucional teria condições de modificar essa perversa inclinação do Direito Constitucional positivo brasileiro pós-88. Mas acabou por incidir na mesma sistemática, atribuindo, doravante, ao STF, a competência para julgar as ações contra o Conselho Nacional de Justiça e do MP. Essa nova inserção amolda-se à formatação geral das competências do STF, nas quais se observam as ações originárias contra altas autoridades. Perdeu-se, pois, uma oportunidade para alterar essa cultura nacional. Com essa previsão, a Reforma acabou, conscientemente ou não, reconhecendo aos conselhos capacidade para estarem em juízo.

Uma das questões mais delicadas sobre o assunto é justamente a de se estabelecer os limites dessa competência originária. A redação genérica permite supor que *qualquer ação*, de qualquer natureza, proposta contra o CNJ ou o CNMP, encontrará o STF como competente. De outra parte, quando proposta contra integrante do CNJ ou do CNMP, fica a dúvida sobre essa mesma competência. É possível estabelecer algum liame para fixar essa competência no STF, como a exigência de que se trate de ação contra ato ou decisão monocrática de componente de algum desses conselhos, adotados no exercício da função de integrante de conselho (como, *v.g.*, ato do ministro-corregedor).

O STF entendeu que a sua competência para ações contra deliberações do CNJ só se verifica quando se cuidar de mandado de segurança, *habeas data, habeas corpus*, ou mandado de injunção. Por tal razão o Supremo não conheceu a ação originária (Agr. Reg. na Ação Ordinária n. 1.706, rel. Min. Celso Melo, j. em 18-12-2013). Ou seja, a leitura do Supremo Tribunal Federal para o termo "ações" do art. 102, I, *r*, da CB, limita-se às modalidades processuais assim referidas. Fazendo-se uma interpretação constitucionalmente coerente (ou sistemática) de referido artigo, percebe-se que em hipóteses supostamente idênticas, ou seja, quando a Constituição entendeu necessária a delimitação de um tipo específico de ação, ela, em realidade, exerceu sempre seu poder de determinação expressa, como se depreende, *v.g.*, do caso das alíneas *d, i* e *q*, exatamente do mesmo art. 102, I, da CB. Assim sendo, entendo que não se justifica, em termos de coerência constitucional, a limitação imposta pelo STF, quando a Constituição assumiu, nitidamente, um caráter mais abrangente nesse item.

O STF se defrontou com a mesma questão na Ação Originária n. 1.814, de relatoria do Ministro Marco Aurélio, na qual, em questão de ordem, a Corte considerou ser competente a Justiça Federal, ainda que presente ato do CNJ, posto que, supostamente, "a Carta da República, interpretada de forma sistemática, revela a competência do Supremo apenas para os mandados de segurança".

Ademais, a EC n. 45/2004 unificou, no STF, hipótese de cabimento da representação interventiva que era, anteriormente, da competência do STJ. Trata-se da hipótese de descumprimento de lei federal, que, antes da EC n. 45/2004, dependia de provimento do STJ, mediante representação apresentada pelo Procurador-Geral da República. A hipótese de inexecução de lei federal, por simetria com a distribuição de competências entre STF e STJ, inclusive a recursal, cabia ao STJ (que também aprecia – e continuará apreciando – recurso especial por violação de lei federal, com as ressalvas feitas adiante). Com a mudança, promoveu-se uma absoluta concentração no STF das hipóteses de *representação* (ação) interventiva. Embora ao STJ continue contemplada a possibilidade de requisitar a intervenção quando do descumprimento de decisão judicial, esta hipótese não demanda a instauração de processo judicial mediante a representação proposta pelo PGR, como ocorre nas duas hipóteses indicadas inicialmente. Em síntese, pois, realizou-se uma transferência de atribuições, do STJ para o STF, promovendo, automaticamente, uma concentração ainda maior neste das situações ensejadoras da intervenção.

Contudo, a representação interventiva por inexecução de decisão judicial não importa em qualquer análise de constitucionalidade. O único sentido que se poderia resgatar para a mudança imposta pela EC n. 45/2004, neste ponto, é o de que a representação por violação de princípio sensível (criada com a Constituição de 1934, assim como diversos outros mecanismos do controle de constitucionalidade), que já era da competência do STF (e que em nada foi alterada pela Reforma), havia sido esvaziada em sua utilidade prática, de há muito, pela ação direta de inconstitucionalidade genérica (admitida desde a EC n. 16/65) e, mais recentemente, pela ADPF (cf. TAVARES, 2001: 233-236). Assim, a atribuição da competência que pertencia ao STJ estaria"compensando"o STF da perda do significado daquela outra hipótese de representação interventiva, especialmente porque estas ações têm significativa importância política. Essa conclusão, se correta, apenas ratifica a tese da concentração de poderes que se promoveu, com a EC n. 45/2004, em benefício do STF.

Por fim, e ainda em relação a essa mudança na representação interventiva, a EC n. 45/2004 manteve a legitimidade ativa exclusiva do PGR para esta ação, deixando passar uma oportunidade ímpar para trilhar a orientação já adotada em 1988 quanto à ação direta de inconstitucionalidade, alargando a sua legitimidade ativa.

Embora fora do inciso I, há mais uma competência judicial originária do STF, contemplada no § 1º do mesmo art. 102, relativa ao conhecimento e julgamento da ADPF.

5.4. As competências recursais

O STF apresenta, como se sabe, competências recursais, o que se explica justamente pela sua posição como Corte recursal final e, por vezes, como corte de segunda instância em relação a causas de competência originária de tribunais.

Assim, a competência recursal do STF está, conceitualmente falando, atrelada a sua posição hierárquica na estrutura judiciária nacional, como Corte que desempenha a função de Tribunal de supercassação.

Em termos mais concretos, a competência recursal se classifica em competência recursal ordinária e extraordinária.

Nos termos do art. 102, II, da Constituição, a competência ordinária tem lugar para julgar "*a*) o *habeas corpus*, o mandado de segurança, o *habeas data* e o mandado de injunção decididos em única instância pelos Tribunais Superiores, se denegatória a decisão; *b*) o crime político".

Em consonância com o art. 102, III, compete ao STF julgar, por meio do recurso extraordinário, as causas de única ou última instância nas hipóteses de:"*a*) contrariar dispositivo desta Constituição; *b*) declarar a inconstitucionalidade de tratado ou lei federal; *c*) julgar válida lei ou ato de governo local contestado em face desta Constituição; *d*) julgar válida lei local contestada em face de lei federal".

5.5. A novíssima jurisdição constitucional brasileira

Não é mais uma novidade falar-se em jurisdição constitucional ou controle judicial de constitucionalidade de leis. Desde 1889 e, constitucionalmente, a partir da Constituição de 1891, admite-se, no País, por incorporação do modelo norte-americano, o controle judicial das leis *prima facie* aplicáveis ao caso concreto submetido à apreciação e decisão judiciais.

Esse modelo foi incrementado a partir da década de sessenta, com a incorporação, por meio da EC n. 26/65, do chamado controle geral da compatibilidade das leis com a Constituição do Brasil, o controle via ação direta, realizado exclusivamente pelo STF.

A partir de 1988, contudo, o perfil dessa jurisdição, que até então era fundamentalmente concreto, passou a indicar forte tendência ao controle abstrato. Muitos passaram a falar, então, de uma nova jurisdição constitucional.

A partir da Reforma do Judiciário, contudo, mudanças significativas passaram a ser incorporadas ao controle de constitucionalidade. A combinação da súmula vinculante com o instituto da repercussão geral cria uma nítida conexão entre o modelo de controle difuso-concreto e o modelo de controle abstrato-concentrado (cf. Tavares, 2004b: 56-58), aproximando aquele das características próprias deste último, uma preocupação adequada para países que pretendam manter ambos modelos concomitantemente.

É importantíssimo habilitar o STF a concentrar-se em questões jurídicas de maior relevância, o que é realizado, em parte, pela nova exigência da repercussão geral para o RE. Falta, porém, uma reorganização das demais competências originárias e recursais do STF, capaz de liberá-lo das amarras, muitas vezes políticas, que o inviabilizam em termos numéricos.

Em 2010 foi comemorado o fato de haver menos de 100.000 ações em andamento nessa Corte Suprema, alcançando a marca histórica de 98.652, a menor quantidade de ações nos últimos dez anos (cf. "Estatísticas: há menos de 100 mil processos em tramitação hoje no Supremo" notícia extraída no dia 7-4-2010 do *site* oficial do STF).

Analisando a tabela a seguir, constata-se a diminuição na quantidade de processos distribuídos e o aumento dos processos julgados, diminuindo assim aquele enorme e conhecido "estoque" de processos, que exigia (e justificava) um lamentável contingenciamento de decisões relevantes e urgentes. Caso essa equação se mantenha (número de *novas ações* x número de *julgamentos*) poderá haver, muito proximamente, a eliminação de processos antigos pendentes de julgamento no STF.

Movimentação STF	2000	2001	2002	2003	2004	2005	2006	2007	2008	2009
Proc. Protocolados	105.307	110.771	160.453	87.186	83.667	95.212	127.535	119.324	100.781	84.369
Proc. Distribuídos	90.839	89.574	87.313	109.965	69.171	79.577	116.216	112.938	66.873	42.729
Julgamentos	86.138	109.692	83.097	107.867	101.690	103.700	110.284	159.522	130.747	121.316
Acórdãos publicados	10.770	11.407	11.685	10.840	10.674	14.173	11.421	22.257	19.377	17.704

Além da questão numérica, é igualmente importante atentar para a necessidade de algum mecanismo (processual) capaz de enfrentar a chamada"fragmentação do Direito", derivada da livre convicção judicial, sem nulificar esta importante esfera de liberdade judicial e garantia do cidadão. Esse é, basicamente, o papel a ser desempenhado pelo instituto da *súmula vinculante*.

Ou seja, há, agora, uma nítida (e significativa) mudança da estrutura do controle de constitucionalidade no Brasil, por força do chamado"efeito vinculante". Só serão apreciadas pelo STF questões consideradas importantes e, das decisões proferidas nesses processos, poderá surgir uma súmula vinculante. Há, nesses mecanismos, uma dupla implicação: (i) o controle difuso da constitucionalidade no STF torna-se mais restrito e poderoso; (ii) com a súmula aproximam-se efeitos do controle difuso e concentrado.

Mas não é só. É preciso fazer referência a uma mudança silenciosa que ocorreu, chamada, por alguns, de"abstrativização" ou"abstrativização" do controle concreto e também a concretização ou singularização do controle abstrato. Essa verdadeira mudança paradigmática operou tanto por meio de leis como por parte da jurisprudência do STF e encontrou na súmula vinculante, na repercussão geral institutos que são canais de realização desse novo perfil, que é pela aproximação, pela recíproca influência do concreto e do abstrato. Um certo ativismo do STF também tem se utilizado dessa mesma aproximação para impor-se em muitas situações, permitindo que decisões de casos concretos sejam tornadas normas gerais para a sociedade, muitas vezes sem haver sequer grande maturação dos temas ou reflexão por parte do próprio STF.

6. SUPERIOR TRIBUNAL DE JUSTIÇA

6.1. Das propostas e justificativas para a criação de um Superior Tribunal

José Afonso da Silva, em obra datada de 1963, propunha a mudança da estrutura do Poder Judiciário da época: "falta um Tribunal Superior correspondente ao TSE e ao TST para compor as estruturas judiciárias do Direito comum, do Direito fiscal federal e questões de interesse da União e do Direito penal militar. Já salientamos que essas estruturas até aqui se compõem com o STF" (1963: 456).

Em 1965, reuniram-se na FGV alguns juristas para debater, dentre outros temas, a formação de um Tribunal Superior. Referido debate fora presidido pelo Min. Themístocles Brandão Cavalcanti e composta, dentre outros, por Caio Tácito, Miguel Seabra Fagundes, José Frederico Marques, Gilberto de Ulhoa Canto e Miguel Reale. No relatório, pode-se ler: "9. Decidiu-se, sem maior dificuldade, pela criação de um novo Tribunal. As divergências sobre a sua natureza e o número de tribunais, que a princípio suscitaram debates, pouco a pouco se encaminharam por uma solução que mereceu, afinal, o assentimento de todos. Seria criado um único Tribunal, que teria uma função eminente como instância federal sobre matéria que não tivesse, com especificidade, natureza constitucional, ao mesmo tempo que teria a tarefa de apreciar os mandados de segurança e *habeas corpus* originários, os contra atos dos Ministros de Estado e os recursos ordinários das decisões denegatórias em última instância federal ou dos Estados" (*Revista de Direito Público e Ciência Política*, VIII, 2/134, FGV, maio/ago. 1965).

Em 1985, Carlos Mário da Silva Velloso admitia a "instituição de Tribunais Superiores de Direito Público, de Direito Privado e de Direito Penal, estruturando-se a Justiça Comum, Federal e Estadual, segundo o modelo das Justiças Eleitoral e do Trabalho. Ora, se o Direito Eleitoral e o Direito do Trabalho já têm os seus Tribunais de recurso especial, por que não tê-los, também, a Justiça Comum, nos seus três campos: de Direito Público, de Direito Privado e de Direito Penal. Nessa ordem de ideias, o Tribunal Federal de Recursos, Tribunal Superior da Justiça Federal, seria o Tribunal Superior de Direito Público da Justiça Comum, Federal e Estadual, instituindo-se mais dois outros, de Direito Privado (Civil e Comercial) e de Direito Penal, que abrangeriam, também, a Justiça Comum Federal e Estadual" ("O Poder Judiciário na Constituição: uma proposta de reforma", RDA 160/32. 1985).

A criação do STJ e o encaminhamento de recursos que anteriormente seriam da competência do STF para aquele novo Tribunal pretendiam, ademais, amenizar o colapso iminente do STF, assoberbado por uma quantidade imensa de processos. Esse objetivo, contudo, na prática, foi desprezado pela Constituição, que, se de um lado criou o STJ, aliviando parcialmente a carga de tarefas de incumbência anterior do STF, de outra parte foi extremamente analítica, tratando de diversos temas e, com isso, aumentando as possibilidades de que qualquer causa possa ascender ao STF, por ventilar matéria constitucional.

6.2. Um novo Tribunal da Federação

Insólita discussão travou-se, na doutrina brasileira, quando da criação desse novo Tribunal, entendendo alguns que isso significaria uma *capitis diminutio* da importância do STF. Contudo, o efeito haveria de ser o inverso, pois a desvinculação da matéria infraconstitucional, quanto ao STF, reforça a importância e a posição deste Tribunal máximo.

Na base dessa nova configuração constitucional encontra-se uma ideia-base: ao STF a tarefa de defesa da Constituição, e ao STJ a defesa da unidade do Direito federal. Essa indicação, contudo, não esgota as competências múltiplas e excessivas que foram reconhecidas a cada um desses tribunais.

Ainda que sua preocupação seja a manutenção de certa unidade nacional na interpretação e aplicação da legislação federal, nem por isso deve-se deixar de considerar o STJ como um verdadeiro e próprio *Tribunal da Federação*. Isso porque não se pode desconsiderar o caráter *nacional* (e não meramente federal) de grande parte das leis federais.

Cumpre analisar se se tratou da criação de um novo Tribunal, ou se apenas se alterou a denominação do extinto Tribunal Federal de Recursos. Mancuso (1998: 64) tende a considerar que se trata de um novo Tribunal. É preciso registrar, a propósito, alguns elementos relevantes para esse encaminhamento.

Em primeiro lugar, consoante o art. 27, § 2º, I, do ADCT da CF/88, foram aproveitados os ministros do TFR para a composição inicial do STJ. Isso, contudo, não permite concluir precipitadamente que se trataria do antigo TFR. E, realmente, a mudança foi muito mais profunda, já que se instaura, a partir de 1988, um segundo Tribunal, ao lado do STF, com âmbito nacional, posicionando-se entre este e os Tribunais de segunda instância, funcionando como um Tribunal nacional de cassação ou revisão, à semelhança do que ocorre na Europa.

Ademais, o cotejo das competências do antigo TFR (art. 122 da EC n. 1/69) e dos atuais TRF's (art. 108 da CB) demonstra que há de se considerar que o papel de sucessor competencial do extinto TFR foi cometido aos TRF's.

6.3. Competências

As competências reconhecidas ao STJ podem ser classificadas em originárias e recursais.

São competências originárias aquelas indicadas no art. 105, I, da CB, para julgar: "*a*) nos crimes comuns, os Governadores dos Estados e do Distrito Federal, e, nestes e nos de responsabilidade, os desembargadores dos Tribunais de Justiça dos Estados e do Distrito Federal, os membros dos Tribunais de Contas dos Estados e do Distrito Federal, os dos Tribunais Regionais Federais, dos Tribunais Regionais Eleitorais e do Trabalho, os membros dos Conselhos ou Tribunais de Contas dos Municípios e os do Ministério Público da União que oficiem perante tribunais; *b*) os mandados de segurança e os *habeas data* contra ato de Ministro de Estado, dos Comandantes da Marinha, do Exército e da Aeronáutica ou do próprio Tribunal; *c*) os *habeas corpus*, quando o coator ou paciente for qualquer das pessoas mencionadas na alínea *a*, ou quando o coator for tribunal sujeito à sua jurisdição, Ministro de Estado ou Comandante da Marinha, do Exército ou da Aeronáutica, ressalvada a competência da Justiça Eleitoral; *d*) os conflitos de competência entre quaisquer tribunais, ressalvado o disposto no art. 102, I, *o*, bem como entre tribunal e juízes a ele não vinculados e entre juízes vinculados a tribunais diversos; *e*) as revisões criminais e as ações rescisórias de seus julgados; *f*) a reclamação para a preservação de sua competência e garantia da autoridade de suas decisões; *g*) os conflitos de atribuições entre autoridades administrativas e judiciárias da União, ou entre autoridades judiciárias de um Estado e administrativas de outro ou do Distrito Federal, ou entre as deste e da União; *h*) o mandado de injunção, quando a elaboração da norma regulamentadora for atribuição de órgão, entidade ou autoridade federal, da administração direta ou indireta, excetuados os casos de competência do Supremo Tribunal Federal e dos órgãos da Justiça Militar, da Justiça Eleitoral, da Justiça do Trabalho e da Justiça Federal; *i*) a homologação de sentenças estrangeiras e a concessão de *exequatur* às cartas rogatórias".

São recursais aquelas contempladas no art. 105, II e III, da CB, que tratam, respectivamente, do recurso ordinário e do recurso especial. No primeiro caso, para julgar: "*a*) os *habeas corpus* decididos em única ou última instância pelos Tribunais Regionais Federais ou pelos tribunais dos Estados, do Distrito Federal e Territórios, quando a decisão for denegatória; *b*) os mandados de segurança decididos em única instância pelos Tribunais Regionais Federais ou pelos tribunais dos Estados, do Distrito Federal e Territórios, quando denegatória a decisão; *c*) as causas em que forem partes

Estado estrangeiro ou organismo internacional, de um lado, e, do outro, Município ou pessoa residente ou domiciliada no País".

Por fim, são competências recursais especiais as hipóteses de julgamento quando a decisão recorrida, de tribunal: "a) contrariar tratado ou lei federal, ou negar-lhes vigência; b) julgar válido ato de governo local contestado em face de lei federal; c) der a lei federal interpretação divergente da que lhe haja atribuído outro tribunal".

6.4. Escolha dos integrantes

A Constituição determinou que o Superior Tribunal de Justiça fosse composto por, pelo menos, trinta e três ministros.

Os ministros do Superior Tribunal de Justiça são nomeados pelo Presidente da República, depois de aprovada sua escolha pelo Senado Federal, em votação por maioria absoluta (cf. EC n. 45/2004).

Sua conformação interna obedece a regras precisas de composição do Tribunal. O STJ deve ser composto, necessariamente, de: i) 1/3 de juízes dos Tribunais Regionais Federais; ii) 1/3 de desembargadores dos Tribunais de Justiça estaduais; iii) 1/3 restante dividido da seguinte maneira: 1/6 de advogados e 1/6 de membros do Ministério Público federal, estadual e distrital.

São exigências constitucionais para a indicação: i) ser brasileiro nato ou naturalizado; ii) ter entre trinta e cinco e sessenta e cinco anos de idade; iii) ter notável saber jurídico; iv) apresentar reputação ilibada.

No caso de os nomes a serem indicados pertencerem já à Magistratura, é o próprio STJ que elabora a respectiva lista tríplice, livremente, enviando-a ao Presidente da República, que também livremente indicará um dentre os nomes nela apresentados. Os nomes que podem figurar nessa lista são todos aqueles que preencham as condições constitucionais de indicação e que integrem a Magistratura no momento da formação dessa lista, independentemente de serem magistrados de carreira ou magistrados ingressantes por meio do chamado "quinto constitucional" nos tribunais. Não há distinção aqui para fins de preenchimento dessas cadeiras.

Nos demais casos, vale dizer, quando a origem dos integrantes deva ser do Ministério Público ou da Advocacia, cada uma das respectivas instituições é incumbida de elaborar a lista sêxtupla e encaminhá-la ao próprio Superior Tribunal de Justiça. O Tribunal, por sua vez, irá reduzi-la a uma lista tríplice, mediante votação interna, e submetê-la, a seguir, ao Presidente da República, que deverá proceder à escolha dentre os nomes previamente selecionados.

A este respeito, é preciso observar que a formação das listas, em sua origem, não depende da vontade do STJ, que se manifesta no *iter* de encaminhamento da lista para fins de reduzi-la.

Vale lembrar que, inicialmente, houve uma regra de transição, pela qual foram "transferidos" os ministros do antigo Tribunal Federal de Recursos, que se extinguiu com a Constituição de 1988. Além disso, até a completa estruturação do STJ, o STF acumulou a suas competências as do STJ (art. 27 do ADCT).

7. JUSTIÇA FEDERAL ELEITORAL

7.1. Estrutura

São órgãos constitucionais da Justiça Eleitoral (art. 118): i) o Tribunal Superior Eleitoral; ii) os Tribunais Regionais Eleitorais; iii) os juízes eleitorais; iv) as Juntas Eleitorais.

Consoante o art. 121 da CB, é por meio de lei complementar que se disporá sobre a organização e a competência dos Tribunais, dos juízes e das Juntas Eleitorais.

É sempre importante registrar que a Justiça eleitoral não possui corpo próprio de juízes. Nela atuam magistrados de outras "Justiças" e Advogados, nos termos constitucionalmente indicados. Incide, aqui, na proposta de José Jairo Gomes, "importante manifestação do princípio cooperativo, haja vista que outros órgãos disponibilizam seus integrantes para assegurar o regular funcionamento da Justiça Eleitoral" (Gomes, 2010: 58). Contudo, sua linhagem é federal e os servidores que atuam na Justiça eleitoral, ainda que não sejam servidores próprios, mas sim cedidos, estarão atuando em Justiça que é Federal. A estrutura é suportada, economicamente, pela União, incluindo o pagamento de gratificação pecuniária aos magistrados e promotores.

7.2. Composição do Tribunal Superior Eleitoral e Tribunais Regionais Eleitorais

O TSE é composto por sete ministros, com a seguinte configuração interna: i) três ministros do STF; ii) dois ministros do STJ; e iii) dois advogados de notável saber jurídico e idoneidade moral.

A indicação dos ministros advindos dos Tribunais ocorre por eleição interna nos respectivos Tribunais (STF e STJ). Quanto aos advogados, é o STF que deve elaborar a lista, no caso, tríplice, encaminhando-a ao Presidente da República, que, livremente, indicará um, nomeando-o diretamente.

O Presidente do TSE necessariamente deverá ser eleito pelo TSE dentre os ministros integrantes do STF. Assim também seu Vice. E o Corregedor-Geral eleitoral deverá ser eleito dentre os dois ministros do STJ.

A composição dos Tribunais Regionais Eleitorais, um por Estado da federação, é igualmente híbrida: i) dois desembargadores do TJ; ii) dois juízes de direito; iii) um juiz do TRF ou juiz federal; iv) dois advogados de notável saber jurídico e idoneidade moral.

7.3. Competência

A Justiça eleitoral decide acerca das lides eleitorais. A competência judicial vem prevista em lei complementar (art. 121, *caput*, da Constituição).

Contudo, a própria Constituição determina as hipóteses nas quais poderá caber recurso das decisões dos TRE's, admitindo-o quando as decisões: i) forem proferidas contra disposição expressa da Constituição ou de lei; ii) estiverem em divergência de interpretação com outro tribunal eleitoral; iii) versarem sobre inelegibilidade ou expedição de diploma em eleições federais ou estaduais; iv) anularem diplomas ou decretarem a perda de mandatos eletivos federais ou estaduais; v) denegarem *habeas corpus*, mandado de segurança, *habeas data* ou mandado de injunção.

Observe-se, ainda, que a Justiça eleitoral é a instância definitiva em matéria de interpretação da lei eleitoral. Nas hipóteses indicadas acima, será o TSE a instância final, salvo hipótese que envolva discussão constitucional, quando será cabível o recurso extraordinário para o STF.

8. JUSTIÇA FEDERAL MILITAR

8.1. Considerações gerais

Como Justiça especializada, muito se cogitou acerca da sua extinção, pelo menos em tempos de paz, ocasião em que seria absorvida pela Justiça comum, federal e estadual. No entanto, a Reforma preservou a Justiça Militar, modificando algumas de suas competências e mantendo-a extensiva às milícias auxiliares estaduais (policial militar e bombeiro militar).

Como se sabe, a Justiça Militar da União distingue-se da dos Estados na medida em que estas não podem julgar os civis, apenas os militares estaduais. Assim, se um civil invadir local reservado da polícia militar, ou roubar bens desta, será julgado pela Justiça comum (estadual), conforme o CC ou o CP comuns. O mesmo já não ocorreria no caso de estar envolvida qualquer das forças armadas. É certo que não há mais o temor, como no período militar da História nacional, de a Justiça Militar (exclusivamente da União, como era o caso) "julgar" os civis acusados da prática de crimes políticos (cf. art. 56 do Decreto-Lei n. 477/69 e art. 129, § 1º da Carta de 1967 com a EC n. 1/69) ou contra a segurança nacional (sobre o tema: Pessoa, 1978), conforme a Lei de Segurança Nacional (cf. Decreto-Lei n. 898/69). Essa competência, desde 1988, passou à Justiça federal (art. 109, IV, da CB).

Contudo, não parece compreensível, na sistemática atual e com os pressupostos de cidadania da Constituição de 1988, que a Justiça Militar da União continue a deter a competência para julgar civis, sabendo-se que sua existência só se justifica em virtude de sua especialização (que pressupõe questões *exclusivamente* relacionadas aos membros das forças armadas). Nesse sentido, teria sido apropriado e adequado que a Reforma do Judiciário de 2004 houvesse reformado e, nesse sentido, reduzido a esfera de interferência da Justiça Militar da União.

8.2. Estrutura

São órgãos da Justiça Federal Militar: i) o Superior Tribunal Militar; ii) os Tribunais Militares instituídos por lei; e iii) os juízes militares, conforme instituído por lei. A estrutura da Justiça Militar da União é semelhante à dos Estados na primeira instância. Existem os denominados conselhos de justiça que se subdividem em conselhos permanentes e especiais, sendo os permanentes encarregados do julgamento dos praças, e aos especiais fica atribuída a competência para julgar os oficiais.

Esses conselhos de Justiça são (e permanecem sendo) formados por cinco membros, sendo quatro oficiais militares e um civil. O componente civil é comumente conhecido como juiz auditor-militar.

A segunda instância diversifica-se. Na Justiça Militar da União, é representada pelo próprio STM. Já na Justiça estadual, é formada ou por câmaras especializadas do TJ, ou por um específico TJM, como ocorre no Estado de São Paulo. A criação do TJM, contudo, só está constitucionalmente autorizada "nos Estados em que o efetivo militar seja superior a vinte mil integrantes" (art. 125, § 3º, da CB, redação da EC n. 45/2004). Note-se, nesta expressão, uma mudança de estilo que acompanha a terminologia adotada desde a EC n. 18/98, que procedendo à mudança do art. 42, deixou certo que "os membros das Polícias Militares e Corpos de Bombeiros Militares (...) são militares dos Estados". Ademais, a Reforma do Judiciário substituiu a antiga expressão "efetivo da polícia militar" para "efetivo militar", o que é suficiente para abranger a polícia, pois os militares dos Estados são: i) os policiais militares; e ii) os bombeiros militares (há também a possibilidade de um corpo de voluntariado civil). Assim, mais adequado falar, realmente, efetivo militar, e não em efetivo da *polícia* militar, o que poderia levantar (pequena) margem de dúvida quanto ao corpo de bombeiros (militar).

8.3. Escolha dos integrantes do STM

É composto por quinze ministros, sendo distribuídos da seguinte maneira: a) dez são militares; e b) cinco são civis.

Os militares são escolhidos obedecendo-se à seguinte distribuição: a) quatro entre oficiais-generais do Exército; b) três entre oficiais-generais da Marinha; c) três entre oficiais-generais da Aeronáutica. Lembre-se, ainda, que para atingir a patente de oficial-general é preciso atender, dentre outras condições, à de ser brasileiro nato (art. 12, § 3º, VI, da Constituição).

Os civis são indicados obedecendo-se à seguinte distribuição: a) três advogados; b) um juiz auditor; c) um membro do Ministério Público Militar.

Os ministros civis devem preencher as seguintes condições exigidas constitucionalmente: a) ser brasileiro nato ou naturalizado; b) contar com mais de trinta e cinco anos de idade. No caso das vagas preenchidas pelos advogados (três), exige-se, ainda: a) ter notório saber jurídico; b) apresentar conduta ilibada; c) contar com pelo menos dez anos de efetiva atividade profissional.

8.4. Competências

À Justiça Militar compete processar e julgar os crimes militares definidos em lei (art. 124, *caput*, da CB). Ademais, a lei disporá sobre a sua competência (art. 124, parágrafo único, da CB).

É possível, perante o STF, a mudança, por meio de emenda constitucional, de competências da Constituição de 1988 (cf. STF, HC 78418-3/RS).

Assim, consoante o disposto na nova redação do § 4º do art. 125 (redação da EC n. 45/2004), fica ressalvada da competência da Justiça militar dos estados aquela própria do tribunal do júri quando a vítima for civil.

A Lei n. 9.299/96 já havia, em seu art. 1º (alterando o art. 9º, em seu parágrafo único, do CPM – Decreto-Lei n. 1.001/69), promovido essa ressalva, sendo a mesma, contudo, supostamente inconstitucional. Doravante, nesse ponto, não haverá mais polêmica acerca da correta competência, que há de permanecer com a Justiça comum, especificamente com o tribunal do júri. Deverá seguir essa transferência de competência judicial a competência do Ministério Público para apurar e promover a ação penal.

A Reforma do Judiciário de 2004 introduziu previsão expressa na Constituição para constar como competência da Justiça Militar o processar e julgar os militares dos Estados *nas ações judiciais contra atos disciplinares militares*. Aqui, ao contrário de outras mudanças promovidas pela Reforma do Judiciário, houve um alargamento da competência da Justiça Militar estadual. Dessa maneira, essa hipótese de nova competência tornou-se comando constitucional de incidência imediata, devendo as ações referentes a atos disciplinares ser julgadas pela Justiça castrense estadual. Assim, qualquer ação que tenha por base o questionamento de atos disciplinares, mesmo as de natureza administrativa ou indenizatória, passa para a competência da Justiça Militar. Cessa, pois, a competência que até então vinha sendo exercida pela Justiça estadual comum, para passar à Justiça Militar estadual e, como se verá adiante, mais especificamente, em primeiro grau, ao juiz de direito dos conselhos militares, aos quais foi deferida em exclusividade a competência para apreciar essas hipóteses.

Cumpre, pois, indicar mais precisamente o que se deva entender por "ato disciplinar", base da definição dessa nova competência estadual da Justiça Militar, e que não se confunde com a prisão administrativa (cf. LINHARES, 1974: 32).

Também está contemplada a competência dos conselhos de justiça militar para o processamento e julgamento dos crimes militares, excepcionados os crimes militares cometidos contra civis (caso em que a competência será do juiz de direito, singularmente).

Em qualquer caso, foi mantida a previsão já anteriormente existente no sentido de que a decisão "sobre a perda do posto e da patente dos oficiais e da graduação das praças" cabe ao tribunal militar competente (art. 142, VI, da CB).

8.5. O fortalecimento do juiz de direito nos conselhos militares

Na dicção do § 32 do art. 125 da CB, em sua redação original, constavam apenas os Conselhos de Justiça como componentes da Justiça Militar estadual de primeiro grau. A Reforma do Judiciário, alterando essa composição, fez constar, expressamente (art. 125, § 3º, da CB), na composição de primeiro grau, além dos conselhos, os juízes de direito, que passam a contar com competências e atribuições próprias. Assim, a estrutura da Justiça Militar estadual, em sua base, passa a contar com dois componentes, sendo um deles o juiz de direito singular.

Doravante, conforme o § 5º do art. 125 da CB, aos juízes de direito do juízo militar compete, doravante, e em caráter *singular* (monocrático), o processamento e julgamento dos crimes cometidos contra civis e das ações judiciais contra atos disciplinares militares (o que torna repetitiva a previsão idêntica, na Reforma, constante do § 4º do mesmo artigo).

Assim, o juiz de direito que integra cada um dos Conselhos de Justiça, em primeira instância, passa a deter competência exclusiva para processar e julgar referidos crimes e atos, afastando a atuação, a qualquer pretexto, dos demais juízes militares componentes do respectivo Conselho. Portanto, não deverá haver participação processual dos juízes militares nessas ações. No caso do crime, basta para caracterizar a competência do juiz de direito que a vítima seja um civil ou, havendo várias vítimas, que uma delas seja civil. Ademais, esse juiz de direito será sempre o responsável pelas referidas ações, seja qual for a patente do oficial envolvido, visto que, no particular, não fez a Reforma qualquer ressalva, não sendo legítimo ao intérprete fazê-la.

Ademais, os Conselhos de Justiça passam a ser presididos pelo juiz de direito, e não mais pelo oficial superior mais graduado dentre os juízes militares, como ocorria até a Reforma do Judiciário (cf. art. 4º, § 1º, e art. 74, § 1º, ambos da Lei n. 5.048 do Estado de São Paulo).

Em virtude de todo esse novo panorama, as leis estaduais de organização da Justiça Militar deverão ser alteradas (como a Lei n. 5.048/58, do Estado de São Paulo, que dispõe sobre a organização da Justiça Militar) para adaptarem-se à EC n. 45/2004, sendo certo que os dispositivos existentes nas leis em vigor acerca das competências do Conselho e de sua presidência, conforme a formatação constitucional anterior, não foram recepcionados pela emenda constitucional referida, devendo ser considerados juridicamente nulos (como o § 1º do art. 74 da Lei n. 5.048/58), bem como aqueles que atribuíam o processamento e julgamento dos crimes contra civis e das ações contra atos disciplinares a todos integrantes do conselho (como o art. 73 da Lei n. 5.048/58).

9. JUSTIÇA FEDERAL DO TRABALHO

9.1. Uma nova Justiça do Trabalho: superando a especialização judicial pelo mero vínculo empregatício na Reforma do Judiciário

A Justiça do Trabalho foi forjada em uma época na qual as relações entre capital e trabalho eram significativamente diferentes das atuais. Sua presença atual, com esses pressupostos, parecia, a muitos, aguçar, desnecessariamente, a confrontação entre "capital e trabalho", tornando-a, para muitos autores, anacrônica.

Ademais, o enorme contingente de trabalhadores informais e, em virtude exatamente disso, impossibilitados de acessar a Justiça do Trabalho, levou a uma queda no coeficiente de credibilidade desta perante boa parcela da população, que, sem amparo, não consegue, na prática, ter respeitados os direitos trabalhistas consagrados no art. 7º da CB.

Entre as várias discussões sobre a Reforma do Judiciário, chegou-se a cogitar da extinção da Justiça do Trabalho, que seria absorvida pela Justiça Federal. Contudo, com o texto aprovado da Reforma, a Justiça do Trabalho teve seu campo de atuação ampliado, passando a ostentar competência para julgar todas as causas que envolvam *relações de trabalho* e não apenas as de emprego, como ocorria até então.

Realmente, a essência da Justiça do Trabalho era formada pelas demandas decorrentes da denominada *relação de emprego* (espécie do gênero "relação de trabalho" com características específicas, especialmente a *subordinação*). Isso estava bem caracterizado constitucionalmente e assentado na doutrina e jurisprudência, pelo uso da expressão "empregadores" na redação original do art. 114 da CB. Doravante, promove-se o alargamento incontestável do tipo de demandas a serem direcionadas para a Justiça do Trabalho. Assim, parcela dos assuntos que vinham sendo processados e julgados perante outras justiças passou, com a Reforma do Judiciário, *imediatamente*, para a Justiça do Trabalho. E essa passagem foi imediata justamente porque não houve, também aqui – a exemplo do que ocorreu com os tratados de direitos humanos incorporados anteriormente ao Direito brasileiro – um cuidado maior da Reforma (que haveria de ter construído regras de transição não traumáticas).

Pela atual dicção do inciso I do art. 114 da CB, compete à Justiça do Trabalho processar e julgar "as ações oriundas da relação de trabalho (...)". Anteriormente, a redação do mesmo dispositivo já falava em "outras controvérsias decorrentes da relação de trabalho", mas fazia com que essas controvérsias só coubessem à Justiça do Trabalho quando nesse sentido dispusesse expressamente a legislação (norma autorizadora da transposição legal de competências). Pela nova redação incumbe à Justiça do Trabalho, definitivamente, o recebimento, processamento e decisão das ações relacionadas à "relação de trabalho", independentemente de lei.

Isso significa que a todo trabalhador, seja qual for o regime contratual a que esteja submetido (mesmo que não seja empregatício o vínculo e mesmo que não haja contemplação na CLT do tipo de contrato de trabalho em questão, e, ainda que não seja aplicável a CLT), passa a ser franqueada a via da Justiça do Trabalho para a solução de seus conflitos, desde que decorrentes dessa relação.

A Justiça do Trabalho brasileira tornou-se responsável pela apreciação de todos os *litígios oriundos das relações de trabalho no sentido mais amplo* que a expressão admite (trabalhador, aqui, compreendido como prestador de serviço, independentemente do vetusto requisito da subordinação).

Assim, no âmbito de atividades como a dos agrônomos, corretores, consultores, contadores, economistas, arquitetos, engenheiros, mestres de obras, médicos, publicitários, dos trabalhadores autônomos em geral, ainda que não sejam empregados, passou a decidir a Justiça do Trabalho por ocasião do descumprimento do respectivo contrato de trabalho. Incluem-se, aqui, duas situações diversas: (i) as ações ajuizadas pelos prestadores de serviços (mesmo pessoas jurídicas!) contra os tomadores destes serviços, para cumprimento, por estes, de suas obrigações contratuais (normalmente o pagamento); (ii) as ações propostas contra os prestadores de serviços, seja o demandante uma pessoa física ou jurídica.

Nessas novas hipóteses, há de se indagar qual a legislação aplicável. A resposta parece ser bastante clara: será a civil comum e não a CLT, porque a mudança antes referida, promovida pela EC n. 45/2004, foi, neste ponto, exclusivamente orgânica (transferência de competência) e não de fundo (das leis de regência dos contratos). Observe-se, ademais, que a jurisprudência sempre acentuou que pouco importa, para a fixação da competência da Justiça do Trabalho, que a solução da lide (direito material aplicável) não dependa das regras do Direito Civil, e sim da CLT (cf. STF, CJ 6959-6/DF, rel. Min. SEPÚLVEDA PERTENCE, *DJ* de 22-2-1991; RE 349160-1/BA, rel. Min. SEPÚLVEDA PERTENCE, *DJ* de 14-3-2003). Ou seja, a atribuição de competência à Justiça do Trabalho não implica aplicação automática da CLT nem pressupõe a competência em virtude da lei a ser aplicada. O *direito material* a ser utilizado pela decisão depende apenas e diretamente do assunto envolvido na causa, das características da lide, e não das características da Justiça à qual foi atribuído o dever de julgamento.

Estão dissociados, portanto, os casos de competência da Justiça do Trabalho e a CLT como documento normativo de regência universal. As ações nas quais estejam envolvidos os prestadores de serviços por força da nova redação do art. 114 da CB continuarão a ser solucionadas consoante o Direito material próprio, civil, e não pelas regras trabalhistas da CLT. O Direito material não foi alterado pela Reforma, pois os trabalhadores não foram todos transformados em uma única categoria, de empregados *stricto sensu*. Trata-se de trabalhadores cujas relações de trabalho continuam a ser regidas pelo mesmo Direito material que o eram anteriormente à Reforma.

Mas, como houve mudança da estrutura competente para apreciar as causas, e como cada estrutura de "Justiça" possui suas regras processuais peculiares, são estas que passarão a incidir, sem que se desconheça a dificuldade de adaptação existente para inúmeros casos.

Em síntese, houve uma grande ampliação das atribuições da Justiça do Trabalho. Com isso, seu perfil deixará de ser aquele originalmente adotado, embora essa mudança envolva uma adaptação e percepção que certamente consumirá algum tempo por parte de juízes, servidores e demais atores da Justiça do Trabalho.

Ainda quanto à sua competência, cumpre registrar que não está incluída a atribuição para julgar crimes do trabalho, pela sua natureza essencialmente penal.

Por fim, vale observar que, em função da permanência da relevante competência da Justiça do Trabalho para executar, de ofício, as contribuições sociais do art. 195, I, *a* e II, da CB, decorrentes das sentenças que proferir (cf. novo art. 114, VIII, da CB), o aumento de sua competência poderá representar também um aumento de arrecadação previdenciária.

9.2. Estrutura

A Reforma do Judiciário introduziu novidade no que diz respeito à previsão, doravante expressa, de que não havendo vara do trabalho na comarca, e sendo a causa julgada por juízes de direito, o recurso seja direcionado ao respectivo Tribunal Regional do Trabalho (jamais ao Tribunal de Justiça, cf. art. 112 da CB).

Quanto à composição do TST, houve incremento do número de seus integrantes, pela Reforma do Judiciário, que o fez aumentar de 17 para 27 (art. 111-A): A) 1/5 de advogados com mais de dez anos de efetiva atividade e membros do MP do Trabalho, com mais de dez anos de efetivo exercício; B) o restante dentre juízes do Trabalho dos TRT's, oriundos da magistratura de carreira, indicados pelo próprio TST. Um quinto, no caso, representando número não inteiro, deverá ser arredondado para o primeiro número inteiro subsequente, ou seja, seis ministros. Reforça esse entendimento a expressão utilizada a seguir "os demais", ou seja, o número não preenchido pelos ministros indicados da forma anterior, até o máximo de 27.

São condições para integrar o TST: A) ter entre trinta e cinco e sessenta e cinco anos de idade; B) ser brasileiro, nato ou naturalizado.

Quanto ao quinto, há de ser observada a regra do art. 94, que determina a elaboração de lista sêxtupla pela classe, e lista tríplice pelo TST, a ser submetida ao Chefe do Executivo federal, que escolherá e indicará um dos nomes para compor o TST.

Em termos de competências, estabeleceu o novo art. 114, V, da CB, que caberá à Justiça do Trabalho processar e julgar "os conflitos de competência entre órgãos com jurisdição trabalhista". Ficou ressalvada, expressamente, na parte final do inciso V mencionado, a competência do STF para julgar os conflitos de competência entre STJ e quaisquer tribunais, entre tribunais superiores ou entre estes e qualquer outro tribunal (art. 102, I, *o*, da CB). Qualquer interpretação que privilegiasse a harmonia da Constituição chegaria a essa mesma conclusão sem a necessidade da ressalva expressa.

Ademais, conflito de competência pressupõe decisões do mesmo "grau". Daí o dissídio em matéria de competência entre TST, de um lado, e TRT, de outro, contido no referido art. 102 (como competência do STF) não ser um caso de conflito de competências, ficando excluído da hipótese do inciso V do art. 114 da CB, que expressamente fala em "conflito de competências". Trata-se, nestas hipóteses ventiladas, de um problema de hierarquia. É que o vínculo de superposição é suficiente para ilidir a caracterização de conflito de competências (cf. STF, CComp 7094-3/MA, rel. Min. Sepúlveda Pertence, *DJ* de 4-5-2001; CJ 6978-2/DF, *DJ* de 14-6-1991).

9.3. Competência

9.3.1. *As ações de indenização por dano (acidente de trabalho)*

Já foi apresentado o inciso I do art. 114 da CB, e sua abrangência. E, por esse comando, se é certo que à Justiça do Trabalho ficaram atribuídas as ações oriundas da relação de trabalho, encontram-se incluídas, como componente desse âmbito, as ações de indenização decorrentes da relação de trabalho. Essa conclusão é, mais do que intuitiva, uma decorrência lógica, que só poderia ser desfeita pela existência de norma dispondo em sentido contrário.

Contudo, pelo inciso VI do mesmo artigo, "as ações de indenização, por dano moral ou patrimonial, decorrentes da relação de trabalho" passam a integrar, expressamente e de forma incontestável, o rol de competências estritas da Justiça do Trabalho.

Aliás, a Reforma, neste ponto, apenas reitera a orientação jurisprudencial já de longa data sufragada (cf. STF, RE 421455-5/ES, rel. Min. CARLOS VELLOSO, *DJ* de 27-8-2004; RE 238737-4/SP, rel. Min. SEPÚLVEDA PERTENCE, *DJ* de 5-2-1999). Essa inclinação fixou-se quando o caso base fosse decorrente de *relação de emprego*, quer dizer, na hipótese em que o dano decorresse desta relação. Não assim, contudo, nas hipóteses em que o dano decorresse de acidente ou doença do trabalho, caso em que a competência era fixada, contra a Justiça do Trabalho, na Justiça comum estadual, ainda que estivesse envolvida autarquia federal (cf. STF, RE 349160-1/BA, rel. Min. SEPÚLVEDA PERTENCE, *DJ* de 14-3-2003). Nesse sentido dispuseram a Súmula 235 do STF (competência da Justiça cível comum, cf. ROSAS, 2004:106), a 501 do STF (competência da Justiça ordinária estadual) e a Súmula 15 do STJ (competência da Justiça estadual).

Assim, consoante o entendimento do STF, na situação de dano decorrente de acidente ou doença do trabalho, previamente à EC n. 45/2004, a competência não seria da Justiça do Trabalho. Seria, pois, somente nos demais casos de danos. Contudo, ainda nos casos que se fixavam fora da alçada da Justiça trabalhista era necessário apartar duas situações bastante distintas, embora ambas apoiadas em ação por infortúnio do trabalho: (i) a ação dirigida ao benefício acidentário, a cargo do INSS; (ii) ação dirigida à responsabilização subjetiva do empregador, com base no art. 7º, XXVIII, da CB.

O art. 109, I, da CB, cuja redação permaneceu inalterada após a EC n. 45/2004, e que tem servido de fundamento para a construção das conclusões restritivas quanto à competência da Justiça do Trabalho, fixando a competência da Justiça estadual (excluindo a federal) para as ações por danos decorrentes de infortúnio do trabalho, teve sua interpretação alterada, já que a novel previsão é, além de expressa, bastante ampla e refere-se a uma Justiça especializada (e não a uma Justiça comum). É um dos raros casos de mutação constitucional informal decorrente de (ou provocada por) um reflexo de uma mutação formal (art. 114,VI, da CB), cuja nova redação força os contornos da interpretação de redação que não se alterou. Essa mutação sofreu mudança interpretativa no próprio STF que, tendo inicialmente fixado a competência da Justiça comum para causas relacionadas a indenizações por acidentes do trabalho, reverteu essa competência para a Justiça do Trabalho.

O dano, ensejador da indenização, pode ser: (i) moral; ou (ii) patrimonial. As causas podem ser as mais variáveis, como, exemplificativamente: (i) *acidentárias;* (ii) por doença profissional; (iii) por injúria, calúnia ou difamação do empregador; e (iv) por violação do direito fundamental à privacidade e à intimidade. A Constituição passa a exigir apenas a presença de *dano*.

Logo, as ações de indenização por acidente de trabalho passam à Justiça Trabalhista, superando-se as súmulas e jurisprudência restritiva mencionada.

Evidentemente que o comando aqui analisado deve ser acoplado à expansão anteriormente referida, de maneira a deixar claro que essas ações indenizatórias tanto poderão ser propostas, na Justiça do Trabalho, por empregados como por trabalhadores sem vínculo empregatício. Portanto, o alargamento da competência nessa matéria opera-se em duas dimensões: (i) para acobertar a competência quanto ao julgamento das ações de indenização baseadas em danos (compreendendo as acidentárias e por doença profissional); e (ii) para além das relações de emprego, incluindo essas demandas também quando provenientes de relações de trabalho.

Por fim, cumpre ressaltar que o STF aprovou, na sessão plenária de 2 de setembro de 2009, a Súmula Vinculante n. 22 com o seguinte teor: "A Justiça do Trabalho é competente para processar e julgar as ações de indenização por danos morais e patrimoniais decorrentes de acidente de trabalho propostas por empregado contra empregador, inclusive aquelas que ainda não possuíam sentença de mérito em primeiro grau quando da promulgação da Emenda Constitucional n. 45/04".

9.3.2. *Mandado de segurança,* habeas corpus e habeas data

Passou a constar expressamente (embora estivesse contido no próprio inciso I constitui o inciso IV do art. 114 da CB) a competência para apreciar mandados de segurança, *habeas corpus* e *habeas data* quando o ato questionado envolver matéria sujeita à jurisdição trabalhista. Fica, assim, superada qualquer discussão acerca da possível (e improvável) competência da Justiça Federal, em face do disposto no art. 108, I, *d*, da CB, que contempla a hipótese em que a autoridade coatora for juiz federal e o remédio seja o *habeas corpus*.

Evidentemente que ainda permanece na esfera de competência do STF a apreciação direta do *habeas corpus* no qual esteja envolvida alguma das autoridades indicadas no art. 102, I, *c* (cf. art. 102, I, *d*) ou na alínea *i*. Da mesma maneira, há de preservar-se a competência do STJ na hipótese do art. 105, I, *c*, da CB. São casos específicos, aos quais não se poderia pretender aplicar a regra geral insculpida no art. 114, talhados constitucionalmente em razão das pessoas envolvidas. Acrescente-se, ainda, o *habeas corpus* contra o Conselho Nacional de Justiça ou contra o Conselho Nacional do Ministério Público (nova alínea *r* do art. 102, I, da CB).

9.3.3. *Servidores estatutários e servidores temporários*

Nos termos da redação do inciso I do art. 114, compete à Justiça do Trabalho o julgamento das "ações oriundas da relação de trabalho, abrangidos os entes de direito público externo e da Administração pública direta e indireta da União, dos Estados, do Distrito Federal e dos Municípios". Essa era exatamente a redação constante originalmente da PEC n. 29/2000, remetida ao Senado para aprovação. Houve, contudo, no Senado, tentativa de acréscimo, ao final, da seguinte anotação "exceto os servidores ocupantes de cargos criados por lei, de provimento efetivo ou em comissão, incluídas as autarquias e fundações públicas dos referidos entes da federação"; este trecho retornou para votação e eventual aprovação na Câmara, por força de nosso processo legislativo de cunho federativo. A primeira conclusão que se poderia tirar a partir dessa constatação é a de que, não tendo sido aprovada essa ressalva final, teriam ficado os servidores estatutários submetidos à Justiça do Trabalho.

Note-se, contra esse entendimento, que o art. 114 da Constituição de 1988, em sua redação original, já mencionava "os entes de direito público externo e da administração pública direta e indireta dos Municípios, do Distrito Federal, dos Estados e da União". Nem por isso se cogitava da inclusão, na seara trabalhista, dos servidores públicos estatutários.

O que se pôde concluir é que não houve mudanças em relação aos servidores estatutários, tendo sido preservadas as esferas de competência da Justiça Federal e da Justiça comum estadual para julgarem as questões referentes aos funcionários públicos.

Ficam inseridos no âmbito da Justiça do Trabalho apenas os funcionários contratados pela Administração Pública sob regime celetista disciplinado pela Lei n. 9.962/2000. Quanto aos casos de contratação sob o denominado regime especial do art. 37, IX, da CB, já decidiu, reiteradamente, o STJ, que nele não se contém qualquer vínculo trabalhista sob o regime da CLT (especificamente sobre a contratação especial sob a Lei n. 8.745/93, cf. STJ, CComp 38459-CE, rel. Min. José Arnaldo da Fonseca, *DJ* de 17-11-2003, p. 200), pelo que deve manter-se a competência da Justiça federal comum ou da Justiça estadual comum (e, nos Estados que a adotam, da Justiça fazendária).

Para pleitear direitos relativos ao vínculo estatutário, não decorrentes de uma relação comum de trabalho, consoante a própria Súmula 137 do STJ, a competência era da Justiça comum (estadual ou federal, consoante o vínculo do servidor, incluindo-se o caso do municipal na competência estadual). O STF chegou a esposar seu entendimento de que a expressão "relação de trabalho" não autorizava a inclusão, na competência da Justiça do Trabalho, por meio de lei, dos litígios relativos aos servidores públicos (especificamente sobre a Lei n. 8.112/90, cf. STF, ADI 492-1/DF, rel. Min. Carlos Velloso, *DJ* de 12-3-1993). Esta orientação não foi alterada pela Reforma, até porque os argumentos se aproveitam integralmente. Na lição certeira de Carvalho Filho (2005: 539), a relação jurídica de cunho estatutário "não tem natureza contratual". Assim, reconheceu-se, sempre, para os servidores públicos concursados, um vínculo estatutário, uma relação específica, que não se encontra abrangida na novel hipótese competencial indicada no inciso I do art. 114 da CB.

Em sede de medida cautelar, na ADI 3395 (rel. Min. Cezar Peluso), proposta pela Ajufe contra a Reforma do Judiciário, o Min. Nelson Jobim decidiu, *ad referendum*, "suspender toda e qualquer interpretação dada ao inciso I do art. 114 da CF, na redação dada pela EC n. 45/2004, que inclua, na competência da Justiça do Trabalho, a apreciação de causas que sejam instauradas entre o Poder Público e seus servidores, a ele vinculados por típica relação de ordem estatutária ou de caráter jurídico-administrativo". A aludida decisão foi confirmada pelo Plenário do Supremo em julgamento realizado no dia 5 de abril de 2006.

Os servidores públicos sujeitos à CLT não se enquadram na competência da Justiça do Trabalho. Mas, nos termos de recente decisão do STJ, caso o servidor temporário esteja regido exclusivamente pela CLT, a competência passa a ser da Justiça do Trabalho (CComp 108.284-MG, rel. Min.

Maria Thereza de Assis Moura, j. em 22-9-2010). É bem possível, contudo, que, em face da redação aberta do inciso I do art. 114, surjam novas divergências ou caminhos interpretativos acerca desta importante (e não irrelevante quantitativamente) questão, pois a segunda parte desse dispositivo declara:"abrangidos os entes de direito público externo e da administração pública direta e indireta da União, dos Estados, do Distrito Federal e dos Municípios".

Mas é preciso insistir que o dispositivo fala em"relações de trabalho", sem referência às relações estatutárias ou alteração dos respectivos artigos da Constituição de 1988, abrangendo"os entes"da Administração Pública, o que deve ser compreendido no sentido de incorporar os entes quando neles haja relação não estatutária.

Não foi aceita a proposta de se incluírem na competência da Justiça do Trabalho os servidores públicos de cargos criados por lei, de provimento efetivo ou em comissão, incluídas as autarquias e fundações públicas dos referidos entes da federação.

9.3.4. *Direito de greve*

Há duas novas regras no que tange ao direito de greve: (i) competência da Justiça do Trabalho para processar e julgar as ações que envolvam exercício do direito de greve (art. 114, II, da CB); (ii) possibilidade de dissídio coletivo a ser proposto pelo MP do Trabalho em caso de greve em atividade essencial com possibilidade de lesão ao interesse público (art. 114, § 3º, da CB).

A competência para as ações que envolvam o direito de greve foi desenhada em termos bastante abrangentes. Agora, quaisquer ações que envolvam essa temática, direta ou indiretamente, passarão a ser processadas e julgadas perante a Justiça do Trabalho. Será o caso, *v.g.*, da responsabilização de sindicatos por greve abusiva, ou de grevistas por danos provocados individualmente durante passeata ou exercício irregular da liberdade constitucional de greve.

A Lei n. 7.783/89, que regulamenta o exercício do direito de greve (exclusivamente no setor privado), declara competir à entidade sindical correspondente convocar assembleia geral para deliberar sobre a paralisação coletiva da prestação de serviço (art. 4º). Qualquer ação contra a própria entidade sindical deverá ser proposta perante a Justiça do Trabalho, seja por pessoa física que se sinta prejudicada, seja por pessoa jurídica.

Quanto ao exercício do direito de greve, se for paralisar atividade essencial com possibilidade de lesão ao interesse público, faculta-se, no caso *supra* (ii), ao Ministério Público do Trabalho ajuizar dissídio coletivo, a ser julgado pela Justiça do Trabalho. Teria sido necessário, contudo, contemplar regra que impusesse a alguns serviços a manutenção de um mínimo em funcionamento, evitando-se lesão ao interesse público ou à própria empresa (como o prejuízo irreversível em seu maquinário ou sua estrutura pela falta de uma manutenção técnica ou vigilância adequada).

Recentemente o STF, mudando sua jurisprudência sobre o alcance da decisão em sede de mandado de injunção, construiu, por analogia com a lei do setor privado, os limites do exercício do direito de greve pelo setor público, na falta da lei específica (MI 712/PA, Rel. Min. Eros Grau, *DJ* 31-10-2008).

9.3.5. *Ações relativas às penalidades administrativas e de execução das contribuições*

Passou a ser também competente a Justiça do Trabalho para julgar as ações relacionadas às penalidades administrativas impostas aos empregadores pelos órgãos de fiscalização das relações de trabalho. Anteriormente, a cobrança dos valores decorrentes de multas aplicadas, nesses casos, pelo Ministério do Trabalho, era realizada no âmbito da Justiça Federal.

Observe-se, contudo, uma particularidade. Apesar da amplitude do inciso I do art. 114 da CB, que reúne qualquer "relação de trabalho", o inciso VII do mesmo dispositivo constitucional fala taxativamente em "ações relativas às penalidades administrativas impostas aos *empregadores*". Não há, contudo, justificativa para esta restrição, na medida em que a abertura já havia sido feita no inciso I. Fica-se com a impressão de que os incisos foram redigidos separadamente, um desconhecendo o conteúdo do outro.

Ademais, no inciso VIII do mesmo art. 114, refere-se a competência da Justiça do Trabalho para "a execução, de ofício, das contribuições sociais previstas no art. 195, I, *a*, e II, e seus acréscimos legais, decorrentes das sentenças que proferir". Dentre as poucas competências que já constavam anteriormente, encontrava-se exatamente essa, de executar, de ofício, as contribuições sociais previstas no art. 195, I, *a*, e II, bem como os seus acréscimos legais incidentes sobre os valores dessas contribuições, decorrentes das sentenças proferidas pela Justiça do Trabalho (antigo art. 114, § 3º, da CB). Essa competência permanece, pois, idêntica após a Reforma do Judiciário (art. 114, VIII, da CB).

9.3.6. *Representação sindical*

Consoante dispõe a nova redação do art. 114, III, da CB, compete à Justiça do Trabalho receber: "as ações sobre representação sindical, entre sindicatos, entre sindicatos e trabalhadores, e entre sindicatos e empregadores".

Anteriormente à Reforma, as causas relacionadas à representação sindical não se inseriam na competência da Justiça do Trabalho, por força da redação original do art. 114, que em nenhum momento a elas se reportava, apesar da natureza dessas ações ser mais próxima, efetivamente, dessa Justiça. A propósito, dispunha a Súmula n. 4 do STJ: "Compete à Justiça Estadual julgar causa decorrente do processo eleitoral sindical".

Quais são as causas relacionadas à representação sindical? Será a definição desses termos que indicará a competência da Justiça do Trabalho nesse âmbito. A ampla abrangência decorrente da abertura textual é evidente. A título exemplificativo, podem ser mencionadas as demandas: (i) em que se questione a própria representação de determinado sindicato, bem como sua legitimidade e todas as controvérsias que daí decorram (como o recolhimento correto de contribuições sindicais); (ii) contra as decisões das entidades sindicais relativamente à categoria; e (iii) em que se questione a deliberação sobre realização de greve.

9.3.7. *Dissídio coletivo*

No § 2º do art. 114 poderiam surgir novas controvérsias interpretativas. O dispositivo estabelece que, recusando-se qualquer das partes à negociação coletiva ou à arbitragem, é facultado a elas, de comum acordo, ajuizar dissídio coletivo de natureza econômica, podendo a Justiça do Trabalho *decidir o conflito*. Neste ponto, e sobre esta temática, o texto anterior trazia as expressões, *estabelecer normas e condições*. Devido a essa mudança, poder-se-ia levantar a questão, no que tange à interpretação do dispositivo, se a Justiça do Trabalho teria perdido sua capacidade normativa, ou seja, se teria perdido o poder de criar condições de trabalho por meio de dissídio coletivo.

Vale observar que o termo dissídio tem o sentido de controvérsia judicial (cf. NASCIMENTO, 1991: 598), sendo o dissídio coletivo a possibilidade conferida à Justiça do Trabalho de, judicialmente, estabelecer a solução para os conflitos de trabalho por meio da criação de Direito novo, disciplinando as relações do segmento envolvido.

Partindo da natureza do dissídio coletivo, um processo, como se sabe, destinado à solução de conflitos mediante a elaboração de normas gerais (confiando-se à jurisdição a função de criar direito novo), parece que nenhuma mudança ocorreu nesse específico ponto, uma vez que decidir um dissídio coletivo implica um pronunciamento normativo constitutivo de novas condições de trabalho. Nesse sentido, a Justiça do Trabalho mantém seu poder normativo constitucional, justamente por permanecer com a atribuição de decidir ações dessa envergadura.

10. JUSTIÇA FEDERAL COMUM

10.1. Estrutura

A Justiça Federal é composta pelos Tribunais Regionais Federais e juízes federais. A Justiça Federal está dividida em seções judiciárias, cada Estado-membro correspondendo a uma seção.

Existem, além das seções da Justiça Federal, *cinco regiões*, com sede, cada uma delas, nas seguintes capitais: Distrito Federal, São Paulo, Rio de Janeiro, Recife e Porto Alegre, nas quais estão agrupadas todas as seções judiciárias da Justiça Federal (art. 110 da CB).

10.1.1. *Juizados Especiais Cíveis, Criminais e Adjuntos Federais da Justiça Federal e Juizados Especiais da Fazenda Pública*

Os Juizados Especiais Federais foram instituídos e disciplinados pela Lei n. 10.259/2001. Posteriormente, a Lei n. 12.665, de 13 de junho de 2012, criou 75 Turmas Recursais dos Juizados Especiais Federais de primeiro grau, distribuídas entre as regiões, dispôs sobre a estrutura permanente das Turmas Recursais e previu os respectivos cargos de Juízes Federais (ao todo, 225).

Esses Juizados não devem ser confundidos com os Juizados Especiais da Fazenda Pública, que foram disciplinados pela Lei n. 12.153/2009 e integram o Sistema dos Juizados Especiais dos Estados-membros e do DF. Neste último caso, serão criados pela União, mas não integram o sistema federal de juizados especiais.

Aos Juizados cíveis e criminais da Justiça Federal podem ser aplicadas as normas da Lei n. 9.099/95, desde que não conflitem com as normas próprias da Lei n. 10.259/2001.

A competência do Juizado Especial Criminal da Justiça Federal são"os feitos de competência da Justiça Federal relativos às infrações de menor potencial ofensivo" (art. 2º da Lei). E a competência cível inclui as causas da Justiça Federal até o valor de sessenta salários mínimos, bem como sua execução (art. 3º da Lei).

A competência dos Juizados Especiais, onde estiverem instalados, é considerada absoluta.

Mas no âmbito cível, foram excluídas da competência dos Juizados Especiais (art. 3º, § 1º, da Lei) as causas: "I – referidas no art. 109, incisos II, III e XI, da Constituição Federal, as ações de mandado de segurança, de desapropriação, de divisão e demarcação, populares, execuções fiscais e por improbidade administrativa e as demandas sobre direitos ou interesses difusos, coletivos ou individuais homogêneos; II – sobre bens imóveis da União, autarquias e fundações públicas federais; III – para a anulação ou cancelamento de ato administrativo federal, salvo o de natureza previdenciária e o de lançamento fiscal; IV – que tenham como objeto a impugnação da pena de demissão imposta a servidores públicos civis ou de sanções disciplinares aplicadas a militares".

Nas localidades cujo movimento processual seja baixo, não justificando a criação de um Juizado Especial, admite-se a instalação de Juizado Especial Adjunto, a critério do Tribunal Regional Federal, que designará a Vara na qual funcionará.

Também as chamadas "Turmas Recursais" serão instituídas por decisão de cada Tribunal Regional Federal (colegialidade), que deve definir sua composição e área de competência (cf. art. 21 da Lei). A Lei n. 12.665/2012 revogou a proibição de recondução de juiz para a Turma, bem como a regra legal de designação de juízes das Turmas Recursais em obediência aos critérios de antiguidade e merecimento. É que o art. 4º dessa Lei passou a disciplinar o assunto de maneira mais detalhada e diversa, exigindo que a composição ocorra por concurso de remoção entre Juízes Federais, observado, no que couber, o disposto nas alíneas *a*, *b*, *c* e *e* do inciso II do art. 93 da Constituição do Brasil ou, na falta de candidatos, por promoção de Juízes Federais Substitutos, alternadamente pelos critérios de antiguidade e merecimento.

Os Juizados Especiais da Fazenda Pública são considerados órgãos da Justiça comum e integram o Sistema dos Juizados Especiais. Esses juizados devem, contudo, ser criados pela União, no Distrito Federal e nos Territórios, e pelos Estados, para conciliação, processo, julgamento e execução, nas causas de sua competência.

A competência dos Juizados Especiais da Fazenda Pública refere-se às causas cíveis de interesse dos Estados, do Distrito Federal, dos Territórios e dos Municípios, até o valor de sessenta salários mínimos. Mas a Lei expressamente retira de sua esfera de competência jurisdicional: i) as ações de mandado de segurança, de desapropriação, de divisão e demarcação, populares, por improbidade administrativa, execuções fiscais e as demandas sobre direitos ou interesses difusos e coletivos; ii) as causas sobre bens imóveis dos Estados, Distrito Federal, Territórios e Municípios, autarquias e fundações públicas a eles vinculadas; iii) as causas que tenham como objeto a impugnação da pena de demissão imposta a servidores públicos civis ou sanções disciplinares aplicadas a militares.

No foro onde estiver instalado Juizado Especial da Fazenda Pública, a sua competência é considerada absoluta.

10.2. Composição dos Tribunais Regionais Federais

Os Tribunais Regionais Federais são compostos de, no mínimo, sete juízes.

Sua composição ocorre na seguinte divisão: i) 1/5 entre advogados e membros do Ministério Público Federal; ii) 4/5 dentre juízes federais, por promoção por antiguidade e merecimento, alternadamente.

São requisitos para ser indicado no quinto constitucional: i) ter mais de dez anos de efetiva atividade profissional ou carreira; ii) ser brasileiro; iii) ter mais de trinta anos de idade; iv) ter menos de sessenta e cinco anos de idade. Com exceção do primeiro requisito, todos demais se impõem também para a composição dos 4/5 dentre magistrados, que, por sua vez, devem ter mais de cinco anos de exercício na magistratura.

10.3. Competência

A competência da Justiça Federal encontra-se prevista pela Constituição brasileira, nos arts. 108 e 109.

Nos termos estabelecidos pela Constituição, compete aos Tribunais Regionais Federais processar e julgar, originariamente:"*a*) os juízes federais da área de sua jurisdição, incluídos os da Justiça Militar e da Justiça do Trabalho, nos crimes comuns e de responsabilidade, e os membros do Ministério Público da União, ressalvada a competência da Justiça Eleitoral; *b*) as revisões criminais e as ações rescisórias de julgados seus ou dos juízes federais da região; *c*) os mandados de segurança e os *habeas data* contra ato do próprio Tribunal ou de juiz federal; *d*) os *habeas corpus*, quando a autoridade coatora for juiz federal; *e*) os conflitos de competência entre juízes federais vinculados ao Tribunal".

Aos mesmos tribunais compete julgar, em grau de recurso, as causas decididas pelos juízes federais e pelos juízes estaduais no exercício da competência federal da área de sua jurisdição.

Por fim aos juízes federais compete processar e julgar: "I – as causas em que a União, entidade autárquica ou empresa pública federal forem interessadas na condição de autoras, rés, assistentes ou oponentes, exceto as de falência, as de acidentes de trabalho e as sujeitas à Justiça Eleitoral e à Justiça do Trabalho; II – as causas entre Estado estrangeiro ou organismo internacional e Município ou pessoa domiciliada ou residente no País; III – as causas fundadas em tratado ou contrato da União com Estado estrangeiro ou organismo internacional; IV – os crimes políticos e as infrações penais praticadas em detrimento de bens, serviços ou interesse da União ou de suas entidades autárquicas ou empresas públicas, excluídas as contravenções e ressalvada a competência da Justiça Militar e da Justiça Eleitoral; V – os crimes previstos em tratado ou convenção internacional, quando, iniciada a execução no País, o resultado tenha ou devesse ter ocorrido no estrangeiro, ou reciprocamente; V-A – as causas relativas a direitos humanos a que se refere o § 5º deste artigo; VI – os crimes contra a organização do trabalho e, nos casos determinados por lei, contra o sistema financeiro e a ordem econômico-financeira; VII – os *habeas corpus*, em matéria criminal de sua competência ou quando o constrangimento provier de autoridade cujos atos não estejam diretamente sujeitos a outra jurisdição; VIII – os mandados de segurança e os *habeas data* contra ato de autoridade federal, excetuados os casos de competência dos tribunais federais; IX – os crimes cometidos a bordo de navios ou aeronaves, ressalvada a competência da Justiça Militar; X – os crimes de ingresso ou permanência irregular de estrangeiro, a execução de carta rogatória, após o *exequatur*, e de sentença estrangeira, após a homologação, as causas referentes à nacionalidade, inclusive a respectiva opção, e à naturalização; XI – a disputa sobre direitos indígenas".

10.4. Federalização dos crimes contra direitos humanos e o incidente de deslocamento

10.4.1. *Introito*

O art. 109 da CB atribui à Justiça Federal, a partir da Reforma do Judiciário, competência para julgar "V-A – as causas relativas a direitos humanos a que se refere o § 5º deste artigo". E o que estabelece o novel § 5º? Uma hipótese inusitada de mudança de competência no curso do processo: "§ 5º Nas hipóteses de grave violação de direitos humanos, o Procurador-Geral da República, com a finalidade de assegurar o cumprimento de obrigações decorrentes de tratados internacionais de direitos humanos dos quais o Brasil seja parte, poderá suscitar, perante o Superior Tribunal de Justiça, em qualquer fase do inquérito ou processo, incidente de deslocamento de competência para a Justiça Federal".

Assim, apesar das "perdas" que ao STJ foram impostas pela Reforma (a retirada de uma hipótese do recurso especial e de outra de representação interventiva), este foi, por outro lado, alçado à condição de tribunal da federação e do Estado, responsável pela relevante tarefa de equacionar as dificuldades no cumprimento judicial de obrigações relacionadas aos direitos humanos, inclusive aquelas decorrentes de tratados internacionais versando essa temática.

Já na hipótese de intervenção federal por força do art. 34, VII, *b*, da CB, era possível vislumbrar uma certa "federalização" imediata de cenário tipicamente estadual (por meio da atuação de um interventor nomeado pelo Presidente da República para assumir as funções tipicamente estaduais em nome da União) deflagrada justamente pela violação de "direitos da pessoa humana" (embora sob apreciação do STF, e não do STJ). O importante, neste ponto, é verificar a possibilidade, incrustada na CB, de "federalizar" questões nitidamente estaduais.

A transferência que se promove para a Justiça Federal poderá ser prestigiada por parte da doutrina, que vislumbrará nela uma justa adequação entre responsabilidade e poderes da União. É que, sendo o país, por meio da União, responsável internacionalmente pelo cumprimento dos tratados sobre direitos humanos, muito se criticava a circunstância de não ter esta entidade federativa o controle pleno sobre a aplicação das diretrizes internacionalmente assumidas, visto que, em muitíssimas hipóteses, a realização dos direitos encontra-se na alçada dos Estados-membros.

A cadeia que se pode estabelecer, doravante, é bastante curiosa: sendo omissa ou inconsistente a atuação do Estado-membro, a competência poderá ser repassada para o âmbito da União (Justiça Federal) e, se as falhas ainda permanecerem, renderão elas ensejo à atuação do TPI.

10.4.2. *Alcance do incidente de deslocamento de competência para a Justiça Federal e suas consequências*

A EC n. 45/2004 fala em "incidente", cabendo indagar qual a natureza jurídica desse mecanismo (sobre um estudo acerca dos significados do termo, cf. Tavares, 2001: 393-6). O CPC e a doutrina processual de há muito utilizam esse termo como referência a um específico instrumento processual. Contudo, no caso presente, parece o incidente ter o sentido de dificuldade, de problema no decurso da jurisdição. Assim, o termo estaria referido à própria hipótese que enseja seu surgimento, e não estaria a revelar sua natureza jurídica, mais próxima da natureza de ação judicial de competência originária do STJ.

O dispositivo refere-se a "inquérito ou processo", sem qualquer outra restrição. Ora, há de incluir-se, automaticamente, o inquérito civil, além do criminal, e os processos de qualquer natureza, inclusive por improbidade administrativa ou decorrentes de ação civil pública.

Ante a abertura do dispositivo, seria de se indagar acerca dos processos de responsabilização política. Nesses casos, contudo, em virtude da sua especificidade, e por força de uma interpretação constitucional sistêmica, não é de se admitir qualquer deslocamento como, *v.g.*, da competência do Senado Federal para a Justiça Federal. Seria uma sobreposição, além de inaceitável, despropositada, ainda que se envolva direito humano decorrente de tratado internacional. Nesses casos, normalmente, há uma correlata ação judicial, para proceder à responsabilização jurídica nas diversas esferas possíveis (e é sobre esta que se poderá admitir um incidente de deslocamento).

Da mesma maneira, deve-se indagar acerca do caso dos processos de competência do tribunal do júri. O deslocamento seria possível? Se for admitido, será necessário promover a criação de varas de júri na Justiça Federal? Essas indagações não foram ventiladas na Reforma. Como os termos empregados por esta foram amplos, não haveria, na gramaticalidade expressa nesses dispositivos, *prima facie*, qualquer óbice à realização da transferência (deslocamento), mesmo em tais situações em que há uma certa "reserva" de júri.

O mesmo problema surgiu, nos debates que tomaram lugar quando do advento da Reforma, quanto a diversas outras situações nas quais há foro privilegiado para julgamento de autoridade perante o TJ. Em tais circunstâncias, o deslocamento deveria respeitar essas peculiaridades, deslocando o processo diretamente para a segunda instância da Justiça Federal (essa analogia, em foro especial, já foi adotada pelo STF para o caso do julgamento dos prefeitos, cf. STF, HC 78222-1/SC, *DJ* de 27-6-2003). Aliás, essa haverá de ser a solução geral a ser adotada quando o deslocamento ocorrer em relação a processo que já esteja na segunda instância da Justiça estadual.

Ademais, será necessário definir com maior precisão o que seja "grave violação de direitos humanos", capaz de deflagrar esse procedimento.

10.4.3. *Condições para o deslocamento federal de competência estadual*

Basicamente, a Reforma estabeleceu quatro condições cumulativas para que se possa operar com sucesso o deslocamento da competência por meio do STJ: (i) estar originariamente a competência atribuída à Justiça local (estadual); (ii) haver grave violação de direitos humanos; (iii) obter o cumprimento de obrigações decorrentes de tratados internacionais dos quais o Brasil seja parte; (iv) ser suscitado pelo PGR.

Quanto à primeira condição (i), o processo judicial pode estar em qualquer fase e mesmo nem ter sido ainda iniciado (fase de inquérito).

Quanto ao item sub (iii) é interessante notar que a Reforma do Judiciário fala em tratados "dos quais o Brasil seja parte", não exigindo, para a deflagração válida do incidente, que os tratados tenham sido internalizados mediante o processo específico que ela própria criou no § 3º do art. 5º da CB.

10.4.4. *Legitimidade para deflagrar o incidente*

Infelizmente, contrariando a orientação da própria Constituição de 1988, quanto à abertura para acionar o controle de constitucionalidade, e, assim, promovendo um certo retrocesso, a Reforma institui o PGR como *único* legitimado (legitimidade exclusiva) para dar início ao incidente.

Originariamente, a CB legitimou com exclusividade o PGR apenas para a intervenção federal e, ainda assim, para apenas algumas das hipóteses deflagradoras dessa medida. Somar-se-á, agora, a hipótese do incidente de deslocamento. Mesmo a grande autonomia do Ministério Público e seu histórico de defesa da Democracia e da República não justificam a concentração desse poder nas mãos do Chefe dessa instituição.

10.4.5. *Apreciação do incidente pelo STJ*

Em virtude do uso da expressão indefinida "grave violação de direitos humanos", o nível de discricionariedade concedido ao STJ na realização do deslocamento de competência deve ser considerado exagerado. Outras diretrizes deveriam ser oferecidas pela Constituição quanto a esse delicado mecanismo.

Assim, para a apreciação e deliberação desse tribunal falecem critérios objetivos, que sejam capazes de estabelecer balizas mínimas ou exceções insuperáveis na aplicação do sempre delicado deslocamento de competência.

10.4.6. *Inconstitucionalidade do mecanismo*

Possível inconstitucionalidade do mecanismo do incidente de deslocamento estaria na violação ao princípio do juiz natural, uma vez que, após a ocorrência do fato e após a instauração de processo judicial, a competência para sua apreciação pode, por critérios vagos e imprecisos, ser alterada quanto ao órgão que procederá ao julgamento da causa.

É que pelo princípio do juiz natural "não basta a existência de um juízo ou tribunal prévio, mas também são necessárias regras prévias e objetivas para determinação da competência dos órgãos julgadores" (Tavares, 2020: 623).

Assim, embora se possa argumentar que a possibilidade de deslocamento passa a integrar o conjunto de regras previamente elaboradas acerca da competência dos juízes e tribunais que podem vir a apreciar um caso, sua imprecisão, sua completa falta de objetividade, impedem que a resistência constitucional se dissipe com tal argumento, pois permanece como falência grave desse mecanismo o desconhecimento das regras prévias e precisas (não subjetivamente dependentes).

11. JUSTIÇA ESTADUAL

11.1. Estrutura

Nos Estados, a respectiva Justiça é composta por um Tribunal de Justiça e por juízes de direito na primeira instância. Também existe um Tribunal Regional Eleitoral por Estado, mas esse Tribunal encontra-se encartado na Justiça Federal, e não estadual. Além disso, lei estadual poderá criar, mediante proposta do Tribunal de Justiça, uma Justiça militar.

11.1.1. *Juizados Especiais*

Já foram mencionados os Juizados Especiais, cíveis, criminais e da Fazenda Pública. Esses Juizados contam com um Colégio Recursal, formado por magistrados de primeira instância, com competência para apreciar os recursos eventualmente apresentados. Em São Paulo, os Colégios Recursais encontram-se divididos em Turmas Julgadoras. Da decisão desses colégios é cabível, *prima facie*, o recurso extraordinário, quando houver violação constitucional ou incidência de uma das hipóteses mencionadas no art. 102, III, da CB.

Importa, apenas, registrar que causas de reconhecida complexidade jurídica não podem ser processadas e julgadas nos Juizados Especiais, não bastando se tratar de causa de pequeno valor. Cabe aos referidos Juizados o julgamento de causas de baixa complexidade e de simples compreensão.

Nesse sentido, decidiu o STF que ação de indenização contra empresa de tabaco por danos materiais sofridos por suposto usuário de cigarros não pode ser apreciada no âmbito desses Juizados (RE 537427, j. 14-4-2011). Nesse caso, bem observou o Min. Marco Aurélio que a decisão do juiz tinha seis laudas e o acórdão do Colégio Recursal continha 21 laudas, o que já é indício da complexidade da matéria.

11.2. Composição dos Tribunais de Justiça

Quanto às vagas no Tribunal de Justiça, observam-se as regras de promoção, por antiguidade e merecimento, alternadamente, apurados na última ou única entrância. Frise-se, aqui, que, nos termos do art. 4º da EC n. 45/2004, foram extintos os Tribunais de Alçada.

Contudo, é preciso observar a fórmula constante do art. 94 da C.F., que estipula o denominado "quinto" (1/5) constitucional, ao prever que: "Um quinto dos lugares dos Tribunais regionais Federais, dos Tribunais dos Estados, e do Distrito Federal e Territórios será composto de membros, do Ministério Público, com mais de dez anos de carreira, e de advogados de notório saber jurídico e de reputação ilibada, com mais de dez anos de efetiva atividade profissional, indicados em lista sêxtupla pelos órgãos de representação das respectivas classes".

O Tribunal Regional Eleitoral tem composição múltipla, como foi assinalado anteriormente e, tecnicamente falando, apesar da composição majoritária por magistrados estaduais, integra a Justiça Federal.

11.3. Tribunal do Júri

A Constituição reconheceu, expressamente, a instituição do júri popular para o julgamento dos crimes dolosos contra a vida (art. 5º, XXXVIII, *d*).

A previsão de competência jurisdicional do Tribunal do Júri não prevalece sobre as previsões contraditórias relacionadas a competências jurisdicionais especiais por prerrogativa de função, como, por exemplo, a competência da Justiça Federal.

11.4. Varas agrárias especializadas

11.4.1. *Justificativas da inovação*

O Brasil apresenta, ainda hoje, graves problemas referentes à distribuição (concentração) e utilização (produtividade) das terras. A chamada "questão agrária" envolve a discussão acerca da grande extensão e a imensa quantidade de terras (im)produtivas e exploração do trabalho humano, em um país tradicionalmente latifundiário, da chamada modernidade tardia e, mais do que isso, de realidade social contraditória. O País precisa ter capacidade para resolver tais questões e melhorar a vida no campo, com uma política agrária específica e uma Justiça capaz de enfrentar adequadamente esse problema.

Nesse sentido, a Reforma do Judiciário estipulou, no art. 126, a criação de varas especializadas (e não mais juízes "de entrância especial" designados pelo Tribunal de Justiça, conforme comandava a própria Constituição anteriormente à Reforma) com competência específica para questões agrárias, com o objetivo de dirimir as causas surgidas no campo (incluindo-se os conflitos fundiários do país).

Uma Reforma do Judiciário não poderia deixar de tratar de um assunto tão relevante como o conflito no campo, tristemente ilustrado com Eldorado dos Carajás (PA), dentre outros episódios negativos da História nacional. Uma Justiça dotada de competência exclusiva-especializada para questões de natureza agrária demonstra um importante passo para uma *política* agrária consistente, capaz de evitar que conflitos mais graves ocorram, pela atuação mais consciente do Judiciário nessa delicada e vital área (sobre a atuação política e de governo do Judiciário, especialmente do Tribunal Constitucional, cf. TAVARES, 2005a: 343-58).

Compulsando os números relativos à população brasileira que sobrevive na linha da miséria ou abaixo dela, fica clara a importância de possuir uma terra cultivável (e que constitui um valor constitucional fundamental) e a indignação frente ao seu não aproveitamento (que é omissão contrária aos ditames constitucionais). Daí os conflitos armados no campo, que se têm tornado cada vez mais constantes.

As disputas, na atualidade, não se limitam à titulação de uma mesma área, mas açambarcam temas como a extensão e limites da função social da propriedade, e questões de invasão de terras, graus de produtividade, assentamento e sustento, distribuição de renda e outros correlatos. A solução do conflito social do campo realiza diretamente o princípio constitucional da diminuição das desigualdades regionais e sociais. E a especialização, neste específico assunto, como se verá, realiza a ideia de uma Justiça socialmente engajada (porque técnica e humanamente preparada).

Não se podem mais tolerar soluções judiciais alicerçadas exclusivamente na vetusta e superada ideia de titularidade absoluta do solo rural, por parte de seu proprietário, ainda que se trate de solo nu, sem aproveitamento algum. Como observa Fachin (2000: 283), é preciso "perquirir até que ponto há ou não esbulho possessório na ocupação despida de violência por centenas de famílias de expulsos do campo em terras de extensões latifundiárias, abandonadas, e que sem cobertura florestal nativa, não estão produzindo". Realmente, a busca de uma terra para ser cultivada, por motivos de sobrevivência, quando encontra vastos domínios territoriais abandonados (no sentido produtivo), e desde que seja uma busca honesta (não ideológica ou político-partidária) e não violenta, não pode merecer senão um tratamento jurídico-judicial próprio, porque a Constituição não confere guarida ao solo improdutivo que não cumpra sua função social.

A própria Constituição de 1988, para que não houvesse maiores dificuldades, elenca no art. 186 os requisitos para que o imóvel rural esteja atendendo à função social: (i) o aproveitamento racional e adequado do solo; (ii) a utilização adequada dos recursos naturais e preservação do meio ambiente; (iii) o respeito às regras trabalhistas; (iv) a exploração que beneficie o bem-estar dos proprietários e trabalhadores. E expressamente exclui da desapropriação para fins de reforma agrária (art. 185): (i) a pequena e média propriedade rural quando seu proprietário não possua outra; (ii) a propriedade, incluindo a grande propriedade rural, quando produtiva.

A consequência jurídica pelo não cumprimento da função social (regime jurídico-constitucional da terra improdutiva) é a *perda* da propriedade (por desapropriação) contra uma indenização (art. 184 da CB).

Mas todas essas observações devem ser sopesadas pelo magistrado responsável por dirimir os conflitos que ocorrem no campo, desviando-se de um proceder "tradicional" que ignora tanto os dados constitucionais como os da realidade brasileira. Daí a importância da especialização.

11.4.2. *Especialização*

O texto anterior previa uma Justiça agrária diferenciada por meio da designação de juízes de *entrância especial*, o que pressupunha juízes com grande experiência jurisdicional, conferindo um diferencial para o julgamento de questões agrárias. Ademais, exigia-se a exclusividade do magistrado para o tratamento de questões agrárias. Doravante, há uma mudança para a especialização propriamente dita, que passa a constar expressamente do comando constitucional.

Mas, mesmo antes da Reforma, muito atentamente, Laranjeira (2000: 402) já fazia observar que "a despeito de não se achar utilizada na Magna Carta a expressão 'varas agrárias', a ilação quanto à similaridade com a entrância especial para as questões agrárias é intuitiva, dado que as leis de organização judiciária dos Estados, ou seus Códigos Judiciários, estabelecem os seus compartimentos judicantes com a designação de Varas".

Não se pode olvidar que algumas constituições estaduais também procuraram equacionar a questão da "Justiça agrária", como a paulista, que em seu art. 86 prescreve: "O Tribunal de Justiça, através de seu Órgão Especial, designará juízes de entrância especial com competência exclusiva para questões agrárias". Assim, e em obediência à Constituição do Brasil, a Constituição de São Paulo fala em "entrância especial" e "competência exclusiva", inculcando a ideia da especialização. O problema que permanece sempre é essa "designação" *ad hoc* de um magistrado, que fica "deslocado" de sua atribuição inicial para assumir a importante tarefa de dirimir os conflitos agrários. Apesar da designação exclusiva, esse modelo não permite a implementação eficiente de uma especialização, com as vantagens próprias desse modelo, como o conhecimento profundo, imediato e amplo da temática. Ademais, a designação poderia ser revogada (fala-se em "poderia" porque agora o dispositivo da Constituição de São Paulo deve considerar-se não recepcionado pela EC n. 45/2004), consoante o § 1º do referido art. 86, a pedido do próprio magistrado, o que a tornava extremamente débil para a finalidade pretendida (de fortalecimento desse setor).

Passa a haver, pois, com a Reforma, inquestionavelmente, a almejada especialização, que parece ser uma tendência universal (Nalini, 1994: 42), a ser realizada em outras searas do Judiciário, como concluiu, já nos idos de 1958, o Primeiro Congresso Internacional de Magistrados, em Roma (apud Salazar, 1975: 317).

A especialização jurisdicional permite: (i) conhecimento mais profundo sobre a área de atuação; (ii) decisões mais adequadas e tecnicamente mais precisas, oferecendo "maior garantia de acerto" (SALAZAR, 1975: 203); (iii) desenvolvimento e uso de uma metodologia própria à área específica; (iv) maior e melhor aproveitamento de magistrados com talento restrito à respectiva área, respeitando as aptidões naturais do indivíduo.

Correlata à especialização está a perda do sentido do todo, porque o especialista tende a saber cada vez mais sobre uma matéria cada vez menor e mais específica. As escolas de formação desempenharão um importante papel nesse quadro, evitando a "especialização cega" dos magistrados agrários.

Também costuma ser apresentada uma crítica desfavorável à especialização, visto que por meio desta se promove uma indesejável concentração dentro do Judiciário. Essa concentração significa, nesse contexto, não distribuição geográfica das varas especializadas, que se agruparão em algumas poucas e privilegiadas regiões. Isso só pode ser efetivamente superado por meio de uma maior capilaridade, quando for necessário, também das varas especializadas.

O que se quer com a especialização é justamente a formação de um "capital temático" e não a concentração de atribuições dentro do Judiciário, com deslocamento de competências que sempre foram distribuídas de maneira bastante difusa, especialmente quando se fala de Justiça estadual, para um único centro de referência e competência.

Pode-se dizer, contudo, que, infelizmente, a Reforma do Judiciário, neste ponto, não foi permeada pela ideia da especialização generalizada. Pelo contrário, esta aparece timidamente imposta, apenas no âmbito agrário. O temor, anteriormente referido, portanto, não encontra base de sustentação. Ademais, a especialização não prevalece caso haja conexão da ação com outra, ou seja, a existência de varas especializadas em determinada matéria não implica, automaticamente, o deslocamento de todas ações relativas a essa matéria para a vara especializada (cf. STF, HC 104779, j. em 29-3-2011).

Acrescente-se, por fim, que o grande diferencial dessa vara especializada em questões agrárias era, pois, antes da Reforma, o ter de constituir-se por juízes de entrância especial (cf. LARANJEIRA, 2000: 403) o que foi eliminado pela Reforma, que nenhuma referência mais faz à necessidade de juízes de entrância especial.

Mas, para que a especialização alcance seus objetivos, será imprescindível agregar-lhe os *cursos específicos de formação dos magistrados agrários*, para que conheçam com propriedade os temas cuja solução lhe são afetos.

É o que já havia percebido o constituinte do Pará, ao dispor no art. 167 da respectiva Constituição estadual, quanto ao magistrado agrário: "§ 5º É pressuposto para designação que o Juiz tenha sido aprovado em curso de especialização de Direito Agrário e demais matérias relacionadas com os processos de sua competência, organizado pelo Tribunal de Justiça do Estado, preferencialmente com a colaboração das Universidades e da Ordem dos Advogados do Brasil – Seção do Pará".

11.4.3. *Caracterização da causa agrária*

É importante, neste contexto, analisar o significado de "questões agrárias", visto constituir o centro de gravitação dessa importante mudança constitucional.

A falta de um maior detalhamento constitucional do que integra a denominada "competência agrária" permanecerá como causa de alguma confusão e baixo desenvolvimento do tema. Certo que esta definição deverá advir, em parte, do exercício, pela União, de sua competência legislativa para Direito agrário, prevista no inciso I do art. 22 da CB. Contudo, a apresentação de "diretrizes mínimas" de reconhecimento do significado da "agrariedade" é imprescindível. Nessa linha, alguns elementos podem e devem ser elencados desde logo: (i) pretensões decorrentes da atividade agrária e negócios com bens agrários; (ii) conflitos fundiários (cf. Laranjeira, 2000: 388 e 404). Assim, o que se terá, nesse conceito, é "o fator terra, como *locus* de realização de tarefas em prol de obtenção daqueles produtos de origem vegetal ou animal, ou em prol das tarefas de preservação dos recursos naturais *renováveis*".

Observe-se, ademais, que a Constituição de 1988 declarava que para dirimir *conflitos fundiários* seriam designados juízes que teriam competência exclusiva para *questões agrárias*. Desafortunadamente, a Reforma não atentou para a aparente "confusão" de conceitos (entre conflitos fundiários e questões agrárias), que valeria terem sido explicitados quanto às novas varas especializadas. Afinal, tratarão de conflitos fundiários ou de questões agrárias? Ou são ambas expressões sinônimas? Esta última alternativa deve ser afastada de pronto, porque não só não é autorizada pelas melhores regras interpretativas da Constituição (atribuir conteúdo idêntico a expressões diversas empregadas pelo mesmo constituinte) como também não resiste a uma análise filológica comum das expressões. É inadequado tratá-las como sinônimas. De resto, está declarado expressamente que a competência é para as questões agrárias, no que se inclui, necessariamente, o conflito fundiário. É a interpretação mais consentânea com a própria finalidade social desse comando constitucional (para outros argumentos, cf. Laranjeira, 2000: 403).

Assim, devem ser incluídas como questões agrárias as controvérsias relacionadas ao domínio e posse da terra, aquelas decorrentes da prática da atividade agrária e dos negócios com os bens agrários. Já os conflitos fundiários podem ser considerados como aqueles relacionados à disputa do solo, seus acessórios naturais e benfeitorias (cf. Anteprojeto de Foro Agrário do Ministério da Justiça, de 1989, apud Laranjeira, 2000: 404).

Por fim, não haveria a caracterização agrojurídica (i) nas atividades relacionadas aos recursos minerais, jazidas e minas (Direito minerário); (ii) na exploração de potenciais de energia hidráulica, ou de qualquer outra forma, ainda que em solo rural (Direito da energia); (iii) na navegação lacustre e fluvial (Direito do Transporte e Direito do Turismo); (iv) em temas relacionados à população indígena (Direito indígena). Estes são temas que constituem disciplinas próprias e autônomas, que não se podem confundir com as questões agrárias, ainda que haja algum aparente "elemento de conexão" ou zonas de forte relacionamento. Na própria Constituição de 1988 são tratados como temas independentes, no art. 22 e incisos. Para tomar um exemplo bastante ilustrativo: o fato de um trabalhador do campo ser, eventualmente, extraditado ou expulso, não transforma essa questão (federal) em agrária. Seria um deslocamento inútil e prejudicial ao próprio tema, que demanda uma certa uniformidade. Há de se ter muita cautela, portanto. Até para não seccionar todo o Direito e pinçar certos temas de suas áreas de origem só para "justificar" uma especialização agrária e, eventualmente, no futuro, uma "Justiça agrária". O mesmo ocorre com o Direito penal, porque a tipificação de alguns ilícitos penais, ainda que com aparentes "elementos de conexão" com o Direito agrário, não lhes retira a essência penal. Alguns autores, contudo, seccionam essa área, caracterizando alguns crimes como agrários (cf. Laranjeira, 2000: 408-9).

Laranjeira (2000: 390) indica, exemplificativamente, algumas causas que seriam agrárias por natureza, com as quais se pode concordar: (i) relativas ao cumprimento ou não da função social da propriedade rural; (ii) as de política agrária; (iii) partilha, divisão, demarcação, parcelamento, desmembramento e loteamento de imóveis rurais; (iv) arrecadação de imóvel rural abandonado; (v) questões decorrentes do imóvel rural instituído como bem de família.

11.4.4. *Justiça agrária itinerante*

A Justiça itinerante passa a ser, desde a Reforma do Judiciário de 2004, diretriz geral, também aplicável para a Justiça estadual, conforme já assinalado anteriormente. E em assim sendo, outra não deverá ser a solução a ser adotada neste campo específico do setor agrário.

Contudo, um registro breve se faz necessário neste passo. É que se encontra prevista, desde 1988, no parágrafo único do art. 126 da CB, a possibilidade de que o juiz se faça presente no local do litígio, quando necessário à eficiente prestação jurisdicional. Essa prescrição, mantida pela Reforma do Judiciário, constitui-se em faculdade atribuída ao magistrado, consoante seu juízo de oportunidade (e como condutor do processo, nos termos do CPC), como um dos poderes do juiz na condução adequada e eficaz do processo.

Os juízes das varas especializadas, sempre que necessário, poderão se fazer presentes no local do conflito. Esse mecanismo contribui para a efetiva prestação jurisdicional e imediatidade das decisões. Nesse sentido, avançou mais um passo a Reforma, ao prever essas varas especializadas para essas questões tão complexas e de difícil solução.

Autores como Nalini (1994: 48) identificaram, já nessa faculdade da presença *in loco*, uma "prestação itinerante", própria da Justiça agrária. Mas essa prestação jurisdicional, embora diferenciada, não é novidade da Constituição de 1988, uma vez que, em sua essência, encontra-se prevista na figura do art. 442, I, do CPC, inspeção judicial que também consta da Lei n. 9.099/95, dos juizados especiais, em seu art. 35, parágrafo único.

É, certamente, pelo que mencionei anteriormente que autores como Laranjeira (2000: 405) concluem que isso "nada tem a ver com a função de 'juiz itinerante'". A não ser, evidentemente, num sentido muito amplo, pois não deixa de ser uma prestação jurisdicional diferenciada. Mas, independentemente dessa discussão, a Justiça itinerante poderá realizar-se, doravante, em virtude de ser diretriz constitucional geral para os Tribunais Regionais Federais (§ 2º do art. 107 da CB), para os Tribunais Regionais do Trabalho (§ 1º do art. 115 da CB) e, finalmente, para os Tribunais de Justiça (§ 7º do art. 125 da CB), estes com o dever constitucional de instaurarem as varas especializadas em tema agrário.

11.5. Competência

O poder para disciplinar a competência da Justiça estadual comum pertence à autonomia do Estado-membro. Mas essa competência há de ser residual, ou seja, obtida após a exclusão da competência das Justiças especializadas (militar federal e estadual, trabalhista e eleitoral) e da Justiça Federal comum.

A competência dos Tribunais de Justiça é definida pelas Constituições estaduais (§ 1º do art. 125 da CB), respeitando o quadro de competências já definido constitucionalmente.

Há uma importante e expressa competência atribuída na Constituição de 1988 aos Estados, especificamente no art. 125, § 2º, da CB: "Cabe aos Estados a instituição de representação de inconstitucionalidade de leis ou atos normativos estaduais ou municipais em face da Constituição Estadual, vedada a atribuição da legitimação para agir a um único órgão". Trata-se, aqui, do chamado controle judicial concentrado-abstrato de constitucionalidade das leis. Recorde-se, neste ponto, que o Brasil adota uma jurisdição constitucional dúplice, pois há tanto ação direta perante o STF, para fins de defesa da Constituição do Brasil, quanto ação direta nos Estados-membros, contemplada nesse dispositivo, para fins de defesa da Constituição do respectivo Estado-membro, perante o TJ. Todas constituições estaduais contemplaram esta específica competência.

Aos juízes de primeira instância estaduais, os juízes de Direito, na dicção constitucional de 1988, é determinada e especificada a competência pelo Código de Organização Judiciária do respectivo Estado-membro.

11.5.1. *Competência em matéria agrária*

A EC n. 45/2004 cuidou *apenas* da competência agrária *estadual*, ao tratar das varas agrárias especializadas, visto que se refere, expressamente, aos Tribunais de Justiça como detentores da iniciativa da propositura das novas varas especializadas. Ora, estes tribunais compõem a Justiça Estadual e só sobre ela poderão dispor. Mas há diversos conflitos agrários que não são da alçada estadual. Portanto, a Reforma olvidou-se da competência da Justiça Federal em matéria agrária, que mereceria o mesmo tratamento da exigência de especialização.

Aliás, em tema de concorrência de competências de "Justiças" sobre o agrário, tem-se que este pode ser da alçada da Justiça comum estadual, da federal (em razão da pessoa interessada), da Justiça do Trabalho (empregados rurais) e, ainda, dos Juizados especiais (como as questões possessórias). Justiça Federal, juizados especiais federais cíveis (excetuada disputa que envolva direitos indígenas) e Justiça do Trabalho, quando tratem de questões agrárias, não foram objeto de atenção destacada pela Constituição de 1988.

Realmente, boa parte dos conflitos de terra no País há de ser solucionada mediante a reforma agrária, para cuja realização apenas a União encontra-se constitucionalmente habilitada (art. 184, *caput*, e § 2º da CB). Ora, nas causas em que a União seja interessada a competência é, invariavelmente, da Justiça Federal, e não da Justiça Estadual (art. 109, I, da CB). O mesmo ocorre nas causas em que uma de suas autarquias seja interessada, como o INCRA. Nessas duas hipóteses, que se materializam em infindáveis casos concretos, a questão não será da competência da Justiça estadual, e, pois, refoge do âmbito da EC n. 45/2004.

Felizmente, a Lei n. 7.583/87, antecipando-se à Constituição de 1988, já havia previsto, no âmbito federal, a criação de varas especializadas para a questão agrária.

Quanto à concorrência de competências para questões agrárias entre Justiça Federal e Estadual, prevalecerá a primeira quando a qualidade da pessoa envolvida o determine.

12. JUSTIÇA MILITAR ESTADUAL

Como já foi observado anteriormente, lei estadual poderá criar, mediante proposta do Tribunal de Justiça, a Justiça Militar. Esta Justiça Militar estadual será constituída, em primeiro grau, pelos juízes de Direito e pelos Conselhos de Justiça e, em segundo grau, pelo próprio Tribunal de Justiça, ou por Tribunal de Justiça Militar, nos Estados em que o efetivo militar seja superior a vinte mil integrantes (§ 3º do art. 125 da CB). Os Conselhos de Justiça são compostos por juiz de direito e por oficiais militares, neste caso mediante sorteio.

É curioso observar que a nomenclatura das divisões da primeira instância militar estadual tem variado conforme o Estado-membro, em realce de nosso modelo federativo de autonomia. Assim é que, para ilustrar, em São Paulo tem-se a Auditoria Militar, como também na Paraíba. Já na Bahia tem-se Vara da Auditoria Militar. E, em Pernambuco, Vara da Justiça Militar.

Quanto aos juízes de direito do juízo militar e aos Conselhos de Justiça, àqueles compete processar e julgar os crimes (competência penal) cometidos contra civis e as ações judiciais contra atos disciplinares; a estes cabe processar e julgar os demais casos penais envolvendo militares (§ 5º do art. 125).

À Justiça Militar estadual, quando existente, cabe o julgamento dos militares dos Estados-membros, ou seja, policiais militares e corpo de bombeiros militar.

A competência inclui apenas os crimes militares, assim definidos em lei, e as ações judiciais contra atos disciplinares, ressalvada a competência do júri quando a vítima for civil (§ 4º do art. 125 da CB). Isso se deve à Reforma do Judiciário de 2004, que acrescentou a esta Justiça a chamada competência cível, conforme a qual compete à Justiça Militar estadual julgar as ações questionando atos disciplinares. Na primeira instância, esta competência cível cabe, exclusivamente, aos juízes de direito, como mencionei anteriormente.

O TJM possui competência para apreciar inconstitucionalidade de ato normativo sob sua análise. Nesse caso, deve-se respeitar a reserva de Plenário (art. 97 da CB). É o que ocorreu, pioneiramente, no TJM de SP, na Arguição de Inconstitucionalidade 1/10, tendo sido relator o magistrado e constitucionalista, Paulo Adib Casseb.

13. CONSELHO NACIONAL DE JUSTIÇA

A EC n. 45/2004 acrescentou, ao rol de órgãos do Poder Judiciário, o Conselho Nacional de Justiça. Topograficamente, sua localização encontra-se (art. 92, I-A) logo após o Supremo Tribunal Federal, órgão de cúpula do Judiciário.

O CNJ serve ao combate dos males que acometem o Poder Judiciário, a saber, a delonga em exercer a função jurisdicional e a ausência de transparência, decorrente de sua natureza tradicionalmente fechada.

Seu mister é o de vigiar, tal e qual uma sentinela. O axioma que embasa essa criação é bastante conhecido e já apresentado aqui, a saber, a eficiência de determinado poder, bem como a sua lisura, é mais facilmente obtida por meio da existência de um órgão fiscalizador.

13.1. Composição

De acordo com o art. 103-B, na recente redação da EC n. 61/2009, o Conselho Nacional de Justiça compõe-se de membros (i) em número de *quinze*, (ii) com mandato de dois anos (sendo permitida uma recondução). Até a EC n. 61/2009 havia um requisito relacionado à idade: ter mais de trinta e cinco e menos de sessenta e seis anos de idade.

Os membros do Conselho, com exceção do seu Presidente (cf. EC n. 61, de 11-11-2009), que dispensa qualquer novo procedimento, são nomeados pelo Presidente da República, após terem sido indicados da forma tratada adiante e o nome ter sido aprovado pela maioria absoluta do Senado.

No Senado, os nomes são inicialmente sabatinados pela Comissão de Constituição e Justiça e, uma vez aprovados, os nomes seguem para votação no Plenário da Casa.

A formação do Conselho é composta a partir de três origens, a saber, a origem judicial propriamente dita, a origem relacionada às funções essenciais à Justiça e, por fim, uma origem "externa", no sentido forte do termo.

Na primeira categoria mencionada há nove membros, que provêm do próprio Poder Judiciário e, efetivamente, exercem jurisdição (embora possam se afastar de suas funções durante o exercício do mandato no Conselho). Esses integrantes são: i) o Presidente do Supremo Tribunal Federal (cf. EC n. 61, de 11-11-2009, que alterou a antiga dicção, que mencionava um ministro indicado pelo próprio Tribunal, não necessariamente seu Presidente, embora esta fosse a prática mesmo antes desta Emenda, desde a origem do CNJ); ii) um ministro do Superior Tribunal de Justiça, indicado por este mesmo tribunal; iii) um ministro do Tribunal Superior do Trabalho, escolhido por este tribunal; iv) um desembargador do Tribunal de Justiça, a ser indicado pelo Supremo Tribunal Federal; v) um juiz estadual, indicado, também, pelo Supremo Tribunal Federal; vi) um juiz de Tribunal Regional Federal, indicado pelo Superior Tribunal de Justiça; vii) um juiz federal, também indicado pelo Superior Tribunal de Justiça; viii) um juiz de Tribunal Regional do Trabalho, a ser indicado pelo Tribunal Superior do Trabalho; ix) um juiz do trabalho, indicado pelo Tribunal Superior do Trabalho.

Na composição plural, por magistrados de diversos tribunais e instâncias, andou bem a Reforma, pois jamais um órgão desses poderia ser preenchido por membros apenas dos mais elevados tribunais, como pretendeu Diogo de Figueiredo Moreira Neto (1999). Um modelo exclusivamente judicial e baseado em composição originária de instâncias superiores certamente redundaria em modelo autoritário (no sentido de um diálogo fraco com as demais instâncias e com o pensamento na base da pirâmide judicial) e fortemente centralizador. Por respeito à democracia e ao princípio federativo, há de se compor tal organismo com magistrados de todas as instâncias. Certamente essa composição plural também proporciona suas dificuldades próprias, especialmente considerando que conselheiros oriundos da primeira instância do Poder Judiciário, e que para ela retornarão ao final do mandato, terão de exercer sua função fiscalizadora sobre tribunais e, portanto, sobre magistrados que se encontram, hierarquicamente, acima de sua posição original, embora enquanto Conselheiros tenham os magistrados integrantes do CNJ *status* de Ministro de Estado.

Mas certo resquício centralizador ainda se manteve, na medida em que STF, STJ e TST controlarão (indicando) *todos* os integrantes do Judiciário que farão parte do Conselho Nacional de Justiça. Não há formulação de qualquer lista (tríplice, sêxtupla etc.). A indicação é livre, mas não necessariamente democrática e plural, em termos de pensamentos e orientações dos futuros integrantes. O modelo plasmado na Constituição é, pelos seus próprios termos, extremamente elitista em termos de escolha (que se perfaz, ao final, pelos tribunais de cúpula). Estão excluídos, ademais, desse modelo constitucional de indicação dos membros do CNJ, os outros dois tribunais superiores (STM e TSE), os magistrados de primeira instância e demais tribunais estaduais e regionais (federais, eleitorais, do trabalho e militares).

Ademais, dos nove membros magistrados, caberá ao STF escolher dois membros, o que gera certa centralização nesse Tribunal que se torna patente por mais dois motivos. O primeiro diz respeito à prerrogativa do STF, no caso de os outros membros não serem escolhidos no prazo de cento e oitenta dias (art. 5º, *caput*, da EC n. 45/2004), em suprir tal ausência, nos termos do § 3º do art. 103-B da CB. O segundo motivo é a Presidência do CNJ, a ser exercida pelo Presidente do STF que comporá o CNJ. Antes da EC n. 61/2009 havia a possibilidade, a partir do regime vigente, de que outro Ministro do STF, que não seu Presidente, fosse escolhido para o CNJ. Esta outra configuração gerava a possibilidade, em tese, da redução do número de ministros no STF para os quais não seriam distribuídos processos, o que poderia provocar grave distorção, por reduzir, efetivamente, o STF, a nove juízes (excluídos seu Presidente e o Presidente do CNJ). A EC n. 61/2009 corrigiu esse problema.

No que tange à segunda categoria de membros mencionados, num total de quatro, tais são: i) um membro do Ministério Público da União, a ser indicado pelo Procurador-Geral da República; ii) um membro do Ministério Público estadual, escolhido pelo Procurador-Geral da República dentre os nomes indicados pelo órgão competente de cada instituição estadual; e iii) dois advogados, indicados pelo Conselho Federal da OAB.

Muito embora estes membros não integrem, propriamente, as fileiras do Judiciário, dele não podem ser desassociados. São membros externos, mas num sentido muito fraco deste termo. Afinal, é preciso salientar que a Constituição de 1988 considerou algumas atividades como essenciais à Justiça. É o caso das atividades da Advocacia e do Ministério Público, sem as quais não há Poder Judiciário.

Por fim, há a composição denominada "externa", em sentido restrito, integrada por dois cidadãos, de notável saber jurídico e reputação ilibada, indicados um pela Câmara dos Deputados e outro pelo Senado Federal. Há (ou pode haver) distanciamento destes cidadãos com a atividade central em torno da qual gira o CNJ, ou seja, o exercício da jurisdição. Sua ligação, abstratamente falando, se é que se pode sustentar uma ligação, é extremamente débil, ao menos perante as exigências impostas pela Constituição. Não houve preocupação, por exemplo, que se tratasse de cidadãos com um mínimo de experiência ou conhecimento prático (e não apenas teórico); é impositivo que o cidadão tenha uma considerável proximidade com as questões que mais afligem a atuação jurisdicional brasileira, aspecto que parece ser crucial para adequadamente integrar esse órgão, considerando as atividades e objetivos do órgão. O desconhecimento ou distanciamento em relação à prática processual e jurisdicional pode gerar sérias dificuldades para o próprio Poder Judiciário, considerando-se, aliás, os poderes monocráticos dos conselheiros.

Via de regra, pode-se observar que os autores favoráveis à criação de alguma espécie de "Conselho da Magistratura", previamente ao surgimento do CNJ em 2005, ao qual se atribuíssem as funções de fiscalização administrativa e disciplinar, entendiam que tal órgão deveria ser composto somente por magistrados. Assim concluiria a proposta que veio a ser apresentada, após a revolução de 1964, pelo próprio STF. No máximo, vem admitida a composição por juízes ou representantes das funções consideradas essenciais à Justiça pela própria Constituição. Logo, é fácil compreender a estranheza com os dois cidadãos indicados pelo Congresso, para fins de composição do CNJ, estranheza assumida por parte da doutrina nacional.

Enquanto todos os outros membros participam diretamente do exercício jurisdicional, estes últimos dois membros terão como único liame imaginável, teoricamente falando, ao Poder Judiciário, um "notável saber jurídico", característica esta que, a bem da verdade, pouco importaria para as funções que competem a esses membros e não pode estabelecer senão um liame fictício com o Judiciário. Isso só reforçava o receio inicial de que esse modelo poderia se tornar um insidioso estratagema para contornar a presença, no Conselho, de representantes submissos ao Legislativo ou comprometidos com os seus quadros políticos. Vislumbrava-se, com razão, nesses pretensos membros da sociedade, a possibilidade de figurarem como um instrumento de pressão, em nome do Poder Legislativo, com vistas a incutir, quem sabe, no próprio Conselho Nacional de Justiça e no Poder Judiciário, o mal-afamado e nefasto clientelismo político. Felizmente, a prática das indicações parlamentares tem afastado esse receio inicial. O que deveria haver é um caminho inverso, que também não tem ocorrido, ou seja, de o cidadão indicado pelo Parlamento oferecer a este, continuamente, subsídios para melhor compreender as funções e, sobretudo, as dificuldades do Poder Judiciário, especialmente quando o aprimoramento da legislação possa resultar em melhoria do funcionamento judiciário.

Independentemente da prática adequada das últimas nomeações, outras salvaguardas mereceriam ter sido contempladas no modelo abstrato criado constitucionalmente.

13.2. Ministro-Corregedor

Conforme determina o § 5º do art. 103-B da CF, o CNJ terá um ministro-corregedor, que será o ministro do STJ. Esse ministro ficará excluído da distribuição de processos no STJ por determinação constitucional expressa e impositiva. Esta exclusão atende a um objetivo específico, na criação do CNJ, que é o de torná-lo efetivo em sua missão principal de fiscalização e acompanhamento geral do Judiciário.

Sua competência, no seio do CNJ, é extensa, competindo-lhe: (i) receber as reclamações e denúncias, de qualquer interessado; (ii) exercer as funções executivas do Conselho, de inspeção e de correição geral; (iii) requisitar e designar magistrados, delegando-lhes atribuições; (iv) requisitar servidores de juízos ou tribunais, inclusive nos Estados, Distrito Federal e territórios.

Quanto ao item (i), "receber as reclamações e denúncias, de qualquer interessado, relativas aos magistrados e aos serviços judiciários", tem-se que essa função de ouvidoria receberá, ainda, o apoio da União, a qual, nos termos do § 7º do preceptivo ora sob comento, criará, inclusive no Distrito Federal, "ouvidorias de justiça, competentes para receber reclamações e denúncias de qualquer interessado contra membros ou órgãos do Poder Judiciário, ou contra seus serviços auxiliares, representando diretamente ao Conselho Nacional de Justiça".

13.3. Atribuições

Da mera leitura do art. 103-B, § 4º, e incisos subsequentes, da *Lex* Suprema, vislumbra-se que competem ao Conselho Nacional funções que podem ser agrupadas, para fins didáticos, em dois grandes grupos, a saber: primárias e instrumentais.

13.3.1. *Atribuições primárias*

As atribuições primárias encontram-se arroladas no *caput* e são de três ordens: (i) exercer um controle da atuação administrativa do Poder Judiciário; (ii) exercer um controle da atuação financeira deste mesmo poder; e (iii) verificar o cumprimento, por parte dos magistrados, de seus deveres funcionais.

A atuação administrativa do Poder Judiciário diz respeito ao seu autogoverno, sobre o qual se tratará mais adiante, por ocasião do estudo das garantias orgânicas do Poder Judiciário.

Embora a terminologia "autogoverno" denote ausência de ingerência externa, não se deve olvidar que, sob a chancela do Estado de Direito, os atos administrativos praticados pelo Poder Judiciário hão de possuir embasamento positivo (lei ou regimento). Não por outro motivo é que consta do art. 103-B, § 4º, II, da CF a competência do CNJ para apreciar a legalidade dos atos administrativos praticados por membros ou órgãos do Poder Judiciário.

Assim, cabe ao CNJ, em sua fiscalização administrativa, verificar o respeito, por parte do Poder Judiciário, ao princípio da normatividade, o qual apregoa que todo o ato do Estado haverá de encontrar expressa e anterior previsão em norma jurídica positiva. Seria um caso típico de controle, por exemplo, o de benefícios concedidos administrativamente pelo Judiciário aos seus membros, sem previsão legal ou contra a previsão existente.

Em tais casos, o CNJ encontra-se autorizado, a seu critério, a desconstituir ou rever os atos, ou fixar prazo para que se adotem as providências necessárias ao exato cumprimento da lei (art. 103-B, § 4º, II, *in fine*, da CF). A fixação de prazo para ajustamento à lei, caso descumprida, permite que o CNJ adote uma das outras duas alternativas, desconstituindo ou revendo ele próprio o ato praticado. O prazo fixado há de ser razoável, pertinente à medida indicada como adequada.

Já no que tange ao controle a ser exercido sobre a autonomia financeira (autonomia esta também mencionada, quando da análise das garantias orgânicas), seu objetivo é controlar *em que* e *como* são gastos os recursos econômicos destinados a esse poder.

O exercício desse controle financeiro é levado a efeito dentro da autonomia financeira do Judiciário, assegurada no *caput* do art. 99 da Constituição de 1988.

Sem embargo, numa análise mais pragmática, em um país em que o déficit público alcança índices inimagináveis, não há falar em uma total (e utópica) disponibilidade de recursos, por parte dos poderes. Mecanismos que regulem e até restrinjam a referida autonomia, com preocupações consistentes com valores constitucionais, são moralmente aceitáveis e juridicamente válidos, desde que não bulam com a separação de poderes ou que, nessa hipótese, tenham sido construídos na Constituição de 1988. A Lei de Responsabilidade Fiscal é o exemplo maior de ato normativo restringindo a forma com que o Poder Público gasta seus recursos.

Nesse sentido, não se pode dizer que o exercício de um controle financeiro, a ser praticado pelo Conselho Nacional de Justiça, cause algum gravame aos comandos constitucionais.

Por fim, no que se refere à verificação do cumprimento dos deveres funcionais, por parte dos magistrados, trata-se, irretorquivelmente, dentre as atribuições primárias, do tema de maior delicadeza e dificuldade, por dois motivos: (i) a obscuridade conceitual da locução"deveres funcionais"; e (ii) a existência de um conjunto disperso de diretivas que se poderiam considerar funcionais, e que não são facilmente conduzíveis a uma sistematização ou síntese de seus comandos.

Se não bastassem tais fatores, soma-se outro, qual seja, a presença de deveres funcionais compostos de uma alta carga valorativa. A título de exemplo, cite-se o art. 35, I, da LOMAN: "Cumprir e fazer cumprir, com independência, serenidade e exatidão, as disposições legais e os atos de ofício". Ora, há algum parâmetro fixo que seja capaz de assegurar a presença ou não de um atuar jurisdicional *independente, sereno e exato*? Evidentemente que se trata de uma questão exegética e, nessa medida, variável.

O que falar, então, do inciso VIII do mesmo preceptivo acima, que imprime o dever de o Magistrado "manter conduta irrepreensível na vida pública e particular"?

Conduta irrepreensível, serenidade e exatidão são termos repletos de uma carga axiológica indeterminada e, por conseguinte, subjetivos. Consequentemente, sujeitarão – insista-se –, inteiramente, o magistrado às (pré)compreensões, visões de mundo e ideologias de seu fiscalizador. Ainda que sejam termos que conduzam a um sentimento de moralidade pública, não se pode desconsiderar a possibilidade, diante de suas majestosas imprecisões conceituais, de se tornarem instrumentos profícuos de perseguição política. O perigo à independência do Judiciário é evidente. Será necessário tempo para que se consolidem adequadamente esses conceitos.

Por fim, há ainda uma discussão acerca da autonomia do CNJ, em relação aos tribunais, para iniciar processo contra juízes. Há um embate entre a corrente da subsidiariedade e a corrente da competência paralela.

Consoante o entendimento apresentado pelo Min. Gilson Dipp (2011: A3), o CNJ teria legitimidade "ordinária autônoma concorrente para promover, ele próprio, a apuração e a sanção disciplinar". E isso sem prejuízo da "autotutela dos tribunais inferiores [para] realizar averiguações por sua iniciativa", complementa o Ministro.

Ocorre, contudo, que a criação de instâncias concomitantes para trabalhar idênticas funções e com idênticos propósitos, além de cara ao Estado, pode significar um desestímulo ou um sentimento de irresponsabilidade. Assim, as corregedorias dos tribunais, além de supérfluas, passariam a se isentar de toda responsabilidade, que passaria ao CNJ, como órgão não só final, mas também inicial de acompanhamento e supervisão funcional de todo o Judiciário. Como observou Henrique Nelson Calandra, "na verdade, o que alguns querem é suprimir uma necessária instância de apuração, que é a realizada pelas corregedorias dos Estados" (Calandra, 2011: A3).

Essa discussão se acirrou com a Resolução n. 135/2011 do CNJ que estabeleceu em seu art. 12, *caput*, justamente essa concomitância de competências ao dispor que nos" processos administrativos disciplinares e para a aplicação de quaisquer penalidades previstas em lei, é competente o Tribunal a que pertença ou esteja subordinado o Magistrado, sem prejuízo da atuação do Conselho Nacional de Justiça".

Essa questão foi levada ao Supremo Tribunal Federal na ADI n. 4638, que avalia a constitucionalidade da referida Resolução do CNJ. Por decisão liminar do Ministro Marco Aurélio, relator da ADI, o Supremo havia dado interpretação conforme ao referido artigo estabelecendo competência subsidiária do CNJ, que deveria atuar somente se fosse insuficiente a atuação da corregedoria do respectivo tribunal. Entretanto, o Supremo Tribunal Federal, em decisão do Plenário de 2-2-2012, negou referendo à liminar, reestabelecendo, pelo menos nesse exame provisório, a vigência integral do artigo, ratificando a ideia da simultaneidade das competências disciplinares.

Outro ponto relacionado está no poder de avocar processos adminstrativos, considerado com "desdobramento natural do de instaurar originariamente investigações e procedimentos" (Dipp, 2011: A3).

A estrutura do Poder Judiciário brasileiro e suas relevantes funções na construção de uma sociedade justa e solidária não indicam essa como a melhor solução. A atuação inicial do CNJ como corregedoria de todo o Poder Judiciário, além de ser humanamente impossível, o que por si só já poderia gerar grande suspeita sobre a abertura ou avocação deste ou daquele caso pelo CNJ, e não de outros, é também uma atuação que menospreza as demais instâncias constitucionais de controle firme dos juízes. Ao CNJ deve caber, certamente, um papel não residual, mas complementar, em casos nos quais sua atuação seja posterior à atuação das demais instâncias, justificada pela insuficiência ou inadequação do funcionamento destas. Portanto, não um caráter residual, mas sim sucessivo, complementar quando necessário. Eventualmente, porém, é possível cogitar de uma atuação inicial em caráter extremamente excepcional, quando a instância inicial mostre-se, desde logo, sabidamente inapta e incapaz de realizar um trabalho minimamente adequado.

Apesar de o tema estar sob julgamento do STF (ADI n. 4.638, rel. Ministro Marco Aurélio), melhor teria sido que o CNJ pudesse ter consolidado, em sua prática, essa atividade e seus limites constitucionais. Em 19 de dezembro de 2011 o Min. Marco Aurélio concedeu liminar para suspender o poder inicial do CNJ de proceder à fiscalização referida. Já o Plenário do STF negou referendo a esse ponto da liminar, na sessão de 2-2-2012, reestabelecendo a competência do CNJ para a fiscalização inicial, independentemente da atuação prévia das corregedorias dos tribunais.

13.3.2. *Atribuições instrumentais*

Diz-se que uma atribuição é instrumental ou secundária porquanto (i) decorre, a bem da verdade, das atribuições primárias, ou (ii) trata-se, na realidade, de procedimento necessário à efetivação do exercício das atribuições principais.

Em outras palavras, as atribuições secundárias findam por ser, tão apenas, (i) *desdobramentos complementares* das atribuições das quais se tratou acima, ou (ii) *procedimentos instrumentais* que buscam efetivá-las.

No grupo das atribuições *decorrentes complementares* (i), inserem-se, ainda, as disposições gerais, de cunho diretivo. Exemplo disso é o zelar pela autonomia do Judiciário, do inciso I do art. 103-B, § 4º.

Outro caso de atribuição secundária, como desdobramento complementar, está no art. 103-B, § 4º, II, o qual aduz que cabe ao CNJ "*zelar pela observância do art.* 37 e apreciar, de ofício ou mediante provocação, a legalidade dos atos administrativos praticados por membros ou órgãos do Poder Judiciário, podendo *desconstituí-los, revê-los ou fixar prazo* para que se adotem as providências necessárias ao exato cumprimento da lei, sem prejuízo da competência do Tribunal de Contas da União". Ou seja, o presente dispositivo, seguindo a cultura jurídica brasileira de tornar expressa, clara e pormenorizada toda e qualquer conduta, complementa o controle administrativo a ser exercido pelo CNJ, controle este que, segundo a classificação proposta acima, é uma atribuição primária. As ações "desconstituir", "rever" e "fixar prazo para a adoção das medidas cabíveis" nada mais são do que *atos inerentes* ao exercício fiscalizador e controlador a ser exercido pelo Conselho ora sob estudo.

Por fim, no que diz respeito às atribuições secundárias instrumentais, há o inciso V do art. 103-B, § 4º, cuja redação é a seguinte: "rever, de ofício ou mediante provocação, os processos disciplinares de juízes e membros de tribunais julgados há menos de um ano". Da simples leitura desse dispositivo, conclui-se que a presente atribuição revisional (não concorrente com as corregedorias, portanto) vem a operacionalizar, em parte, o controle do cumprimento, por parte dos magistrados, de seus deveres funcionais. O prazo de um ano constitui barreira temporal para a atividade revisional a ser praticada pelo CNJ, evitando a prática de possíveis arbitrariedades e produzindo a preocupação da celeridade na atividade daquele.

13.4. O novo Estatuto da Magistratura e as regras provisórias

O Conselho Nacional de Justiça haverá de contar com regulamentação por meio de lei. Por isso, poder-se-ia indagar se a parte da LOMAN (arts. 50 a 60) que dispunha sobre o antigo Conselho Nacional da Magistratura, poderia ser utilizada enquanto não fosse editada a lei necessária. A resposta é negativa. Como a Constituição de 1988 não contemplou, originariamente, qualquer Conselho Nacional da Magistratura (ou de Justiça) em sua origem, os dispositivos legais que o regulamentavam não foram, por óbvio, recepcionados. Isso significa que tais enunciados legais cessaram sua existência. Assim, se deixaram de existir juridicamente, como realmente ocorreu, não há como se pretender sua reaparição, a não ser mediante nova aprovação de lei pelo CN.

Determina o art. 5º, § 2º, da EC n. 45/2004, que até a entrada em vigor do Estatuto da Magistratura, que deverá disciplinar o Conselho Nacional de Justiça, este poderá, por meio de mera resolução, disciplinar seu funcionamento. Isso porque a norma que cria o CNJ deve ser imediatamente cumprida, independentemente de legislação. A essa conclusão se é carreado quando da leitura do art. 5º da EC n. 45/2004, ao determinar que este

Conselho deve ser instalado no prazo máximo de cento e oitenta dias contados da promulgação da referida Emenda (que ocorreu em 8-12-2004, com publicação apenas em 31-12-2004).

Quanto ao funcionamento a própria EC n. 45/2004 resolveu o problema, permitindo que o próprio Conselho edite suas regras de funcionamento, que devem ser consideradas como sua regulamentação temporária.

14. DEMAIS ÓRGÃOS DE CONTROLE E FISCALIZAÇÃO

14.1. O controle do Judiciário previamente à criação do CNJ

Não se pode dizer que não houve, na Constituição originária de 1988, nenhuma modalidade de controle do Judiciário.

Prova a presença e preocupação a existência do Conselho da Justiça Federal, reafirmado pela Reforma do Judiciário de 2004, no inciso II do parágrafo único do art. 105, com o teor de promover a supervisão administrativa e orçamentária da Justiça Federal, com poderes correcionais, somando-se, com a referida Reforma, o caráter vinculante para suas decisões.

Mas não é apenas de natureza interna o controle que sobre a magistratura se exercia pré-Reforma. Há diversas instâncias e mecanismos próprios de um controle do Judiciário. Assim, o Poder Legislativo (CN), mediante a formação de CPI (art. 58, § 3º, da CB), o Ministério Público, o Tribunal de Contas, a Polícia, a Advocacia e a OAB conformam um conjunto de instituições que sempre realizaram uma certa fiscalização na atividade jurisdicional e do Judiciário (incluindo-se, aqui, a administrativa). Quanto aos mecanismos para um adequado controle, basta mencionar o direito de petição, a ação popular, a representação ao Ministério Público e a "denúncia" de irregularidades ou ilegalidades ao Tribunal de Contas (art. 74, § 2º, da CB), bem como o quinto constitucional (art. 94 da CB), dentre outras formas e instrumentos diretamente relacionados.

14.1.1. *Tribunal de Contas e CNJ*

Menção especial, quando se fala em controle de Poderes, merece o Tribunal de Contas.

Apesar de um aparente *mimetismo funcional* entre Conselho Nacional de Justiça e Tribunal de Contas, o dever dos tribunais de contas encontrava-se restrito a uma fiscalização meramente administrativa e financeira do Poder Judiciário. Ou seja, não havia a previsão constitucional de verificar o cumprimento dos deveres funcionais por parte dos Magistrados. Esta atribuição é uma inovação constitucional atribuída ao Conselho Nacional de Justiça.

Ademais, não se pode olvidar que a atuação do Tribunal de Contas da União no âmbito do Poder Judiciário sempre foi de escassa efetividade. O art. 71, IV, da CB, ao dispor que cabe ao Tribunal de Contas, por iniciativa própria, realizar auditorias de natureza contábil, financeira, operacional e patrimonial, nas unidades administrativas do Poder Judiciário, encontra óbices praticamente insuperáveis:"Em verdade o controle é em grande parte interno, visto que o externo, exercido pelo Tribunal de Contas, subordina-se ao Congresso Nacional, que o exercerá sobre si mesmo (...) e, apenas formalmente, sobre o Poder Judiciário que, além de possuir seu controle interno, é quem poderá julgar da legitimidade e legalidade do controle do Poder Legislativo. Desta forma, o controle dos Poderes Legislativo e Judiciário serão, na prática, sempre internos, apenas podendo haver controle externo do Poder Executivo" (Martins, 2000: 7).

Nesse sentido, a Reforma do Judiciário, por meio da criação do CNJ, vem a concretizar a realização de um efetivo controle administrativo e financeiro, o qual era realizado, na verdade, pelo Tribunal de Contas de modo extremamente precário, em virtude da ausência de previsão constitucional incisiva quanto ao controle.

Ademais, a própria Reforma contempla a cooperação entre os referidos órgãos, quando, no art. 103-B, § 4º, II, da CB, registra as competências do CNJ "sem prejuízo da competência do Tribunal de Contas da União".

14.2. Corregedorias de Justiça

Há um corregedor-geral que funciona junto aos tribunais do País. No âmbito do CNJ, o ministro do STJ ocupa, além da função de Conselheiro, a de Corregedor nacional de Justiça.

A Corregedoria de Justiça é unidade que compõe o respectivo Tribunal. Sua função primordial é a de fiscalizar os serviços judiciários e investigar, quando for o caso, desvios da conduta funcional.

14.3. Ouvidorias de Justiça

A Reforma do Poder Judiciário previu expressamente a criação de "ouvidorias de justiça" com a atribuição de receberem "reclamações e denúncias de qualquer interessado contra os membros ou órgãos do Poder

Judiciário, ou contra seus serviços auxiliares" (§ 7º do inc. III do art. 103-B, da CB). A princípio, a hipótese revela órgão em repetição inútil de atribuição idêntica prevista pela mesma Reforma ao CNJ (cf. art. 103-B, § 4º, III, da CB).

Ao final, prevê-se que referidas ouvidorias deverão, quando entenderem procedentes as reclamações ou denúncias, representar diretamente ao CNJ. Ora, ou as ouvidorias passam a ser uma instância intermediária obrigatória de filtragem das reclamações e denúncias, ou são instâncias absolutamente desnecessárias.

É que qualquer pessoa pode representar diretamente ao CNJ, prescindindo das ouvidorias. É exercício de direito constitucional (de petição). Nesse sentido, a previsão constitucional apenas permitiu – confirmou – a possibilidade de as ouvidorias representarem ao CNJ, consagrando sua função reiterativa de função já existente no sistema constitucional.

Outro equívoco desse dispositivo foi o insinuar que as ouvidorias de Justiça somente poderiam ser criadas no âmbito da União: "A União, inclusive no Distrito Federal e nos Territórios, criará ouvidorias de justiça". E que, assim, receberiam reclamações relativas a qualquer órgão da Justiça, incluídos os órgãos estaduais, em inegável desrespeito à forma federativa de estado.

Por fim, ao referir-se à União, o dispositivo constitucional não deixa claro se as ouvidorias seriam criadas na estrutura do Poder Executivo da União. Outro fator que torna mais complicada a situação é a circunstância de sua existência estar prevista dentro do dispositivo que trata do CNJ, que, formalmente, é órgão do Poder Judiciário (art. 92, I-A, da CB). Poder-se-ia cogitar de serem as ouvidorias criadas no âmbito do Judiciário, ou seja, pelo Poder Judiciário da União, o que é igualmente grave em termos federativos, pois a Reforma parece indicar sua criação em âmbito federal para controle de todas as instâncias do Judiciário (incluindo as estaduais).

Já que na dicção do dispositivo está declarado que as ouvidorias receberão reclamações e denúncias contra membros ou órgãos do Poder Judiciário, ou seus serviços auxiliares, mais adequado seria considerar que as Ouvidorias fossem constituídas fora do âmbito do Judiciário. A União, no caso, poderia ser compreendida como o Legislativo ou o Executivo da União, ou ambos, conjuntamente.

Contudo, o Regimento Interno do CNJ, em seu art. 41, contempla uma Ouvidoria do próprio CNJ, a ser coordenada por Conselheiro eleito pelo Plenário. E a Resolução n. 103, de 24 de fevereiro de 2010, do mesmo CNJ, regulamenta as atribuições dessa Ouvidoria, além de determinar a criação de ouvidorias no âmbito dos tribunais.

Dentre as funções da Ouvidoria do CNJ se encontra justamente a de promover a articulação com as demais Ouvidorias judiciais, além de servir como"canal de comunicação direta entre o cidadão e o Conselho Nacional de Justiça, com vistas a orientar, transmitir informações e colaborar no aprimoramento das atividades desenvolvidas pelo Conselho" (art. 2º). As demais funções encontram-se arroladas nos incisos do art. 4º de referida Resolução.

Contudo, ponto que gera certa divergência é a vedação do recebimento de reclamações, críticas ou denúncias que sejam anônimas (art. 7º, III, da Resolução n. 103/2010). Nessa hipótese a manifestação será arquivada.

A mesma Resolução fixou, ainda, o prazo de sessenta dias para que os tribunais criassem suas Ouvidorias com estrutura permanente e adequada ao atendimeto das demandas dos usuários da Justiça, exercendo as funções indicadas no art. 9º da Resolução já mencionada, determinando, por fim, que as Ouvidorias já existentes deveriam se adequar aos novos parâmetros da Resolução no mesmo prazo de sessenta dias.

15. CONSELHOS DO PODER JUDICIÁRIO

15.1. Conselho da Justiça Federal

O Conselho da Justiça Federal funciona junto ao Superior Tribunal de Justiça, com atuação em todo o território nacional, cabendo-lhe a supervisão orçamentária e administrativa da Justiça Federal de primeiro e segundo graus.

É órgão com poderes correcionais, tendo suas decisões caráter vinculante, conforme estabelecido no inciso II do parágrafo único do art. 105 da CB, na Lei n. 11.798, de 29 de outubro de 2008.

Sua composição, indicada em seu Regimento Interno (art. 3º), é a seguinte (com recondução vedada): i) Presidente e Vice-Presidente do Superior Tribunal de Justiça; ii) três ministros, eleitos entre os integrantes do Superior Tribunal de Justiça, juntamente com seus suplentes; iii) Presidentes dos Tribunais Regionais Federais, que serão substituídos em suas faltas ou impedimentos pelos respectivos Vice-Presidentes. Ademais, têm direito a assento no Conselho da Justiça Federal, sem direito a voto, os Presidentes do Conselho

Federal da Ordem dos Advogados do Brasil e da Associação dos Juízes Federais do Brasil – Ajufe, que indicarão os seus suplentes.

15.2. Conselho Superior da Justiça do Trabalho

Foi criado o Conselho Superior da Justiça do Trabalho para exercer a supervisão administrativa, orçamentária, financeira e patrimonial da Justiça do Trabalho de primeiro e segundo graus, atuando como órgão central do sistema, cujas decisões terão efeitos vinculantes.

Sua instalação estava prevista normativamente para ocorrer no prazo de cento e oitenta dias, cabendo ao TST regulamentar seu funcionamento por resolução, até a promulgação da lei indicada no art. 111-A, § 2º, II, da CB (cf. art. 6º da EC n. 45/2004).

Têm-se, aqui, atribuições iguais às do CNJ, no que tange ao controle da atuação administrativa e financeira, só que, no caso do primeiro, relacionadas, exclusivamente, à Justiça do Trabalho. O exercício dessas competências idênticas por dois órgãos distintos, posto que o Conselho Nacional de Justiça alcança, *prima facie*, todo o Poder Judiciário, tem gerado alguns conflitos práticos.

16. ESCOLAS DA MAGISTRATURA

16.1. Importância das Escolas da Magistratura

Em agosto de 1980, a diretoria da Associação dos Juízes do Rio Grande do Sul discutiu projeto do Desembargador Cristóvam Daiello Moreira para a criação de uma Escola Superior da Magistratura, que teve por base a Lei Orgânica da Magistratura, de 1979, especialmente o seu art. 87. A Escola foi reconhecida pelo Tribunal de Justiça e opera até os dias de hoje em convênio com o Tribunal. Posteriormente, a Lei estadual do RS n. 7.520, de 9 de julho de 1981, reconheceu a exigência de 720 horas/aula no curso como uma das condições para o concurso público para a Magistratura do Estado. É considerada a primeira Escola da Magistratura no País e uma das primeiras no mundo.

Tem sido reiteradamente afirmado a imprescindibilidade das escolas da magistratura, na seleção e também no preparo dos magistrados. Imprescindibilidade esta reforçada pela EC n. 45/2004, a qual passou a exigir a presença do magistrado em escolas oficiais de formação como requisito básico para o processo de vitaliciamento.

16.2. Estrutura constitucional de Escolas da Magistratura

No STJ funciona a Escola Nacional de Formação e Aperfeiçoamento de Magistrados, à qual cabe, dentre outras funções, a de *regulamentar* os cursos oficiais para ingresso e promoção (inciso I do parágrafo único do art. 105 da CF).

Também funciona outra Escola com previsão constitucional, esta junto ao TST, a "Escola Nacional de Formação e Aperfeiçoamento de Magistrados do Trabalho", à qual cabe, igualmente, dentre outras funções, a de regulamentar os cursos oficiais para o ingresso e promoção na carreira (art. 111-A, § 2º, I, da CB). Ocorre que a formação e aperfeiçoamento para a magistratura do trabalho, salvo diretrizes gerais, deverá ficar a cargo exclusivamente do TST, como forma de harmonizar ambas as prescrições constitucionais.

Estas duas inovações, no âmbito do STJ e do TST, podem conduzir a uma sobreposição normativa geradora de disparidades, tendo em vista que às duas escolas foi atribuída a função de regulamentar os mesmos cursos.

Por fim, cumpre esclarecer que a função desempenhada por todas as escolas existentes na estrutura do Poder Judiciário nacional encontra amparo na Constituição, que expressamente fala em "cursos oficiais ou reconhecidos de aperfeiçoamento" próprios da Magistratura (art. 93, II, *c*, da CB), além de previsão de cursos oficiais de preparação, aperfeiçoamento e promoção de magistrados e, como etapa obrigatória do processo de vitaliciamento, a participação em curso oficial ou reconhecido (art. 93, IV, da CB, com redação dada pela Emenda Constitucional n. 45, de 2004). Embora contemple, nominalmente, apenas as duas escolas indicadas acima e, ao tratar dos órgãos do Poder Judiciário, inclua apenas os órgãos com poder jurisdicional (exceção feita ao CNJ), não descendo ao detalhe de nominar as escolas como integrantes da estrutura do Judiciário, seria de todo equivocado concluir que essas escolas não encontram forte supedâneo constitucional. São entidades com as quais a Constituição se ocupa e para as quais reserva função considerada essencial na manutenção e aperfeiçoamento do próprio modelo jurisdicional brasileiro.

16.3. Escolas Judiciais (da Magistratura) e Escolas Judiciárias

A primeira Escola Judiciária Eleitoral, a EJE/TSE, surgiu a partir de proposta apresentada pelo Min. Sálvio de Figueiredo Teixeira e por força da Resolução n. 21.185, de 13 de agosto de 2002. A partir da EJE/TSE foram criadas EJEs em todos os Estados brasileiros e no Distrito Federal.

É interessante notar a terminologia aqui empregada. A Escola Eleitoral não replicou a terminologia corrente, de"Escola Judicial". Explica o alcance dessa distinção seu próprio mentor, o Min. Sálvio de Figueiredo Teixeira:"O nome'escola judiciária eleitoral', ao invés de'escola judicial', foi escolhido para que suas atividades fossem voltadas não apenas para magistrados, mas também para advogados, membros do Ministério Público e os próprios servidores da Justiça Eleitoral".

16.4. O Plano e o Sistema Nacional de Capacitação Judicial

A Resolução n. 126, de 22 de fevereiro de 2011, do CNJ, criou o"Plano Nacional de Capacitação Judicial de Magistrados e Servidores do Poder Judiciário" (PNCJ). Como já referido *supra* (item 6.1, capítulo III), essa Resolução foi revogada pela Resolução n. 178/2013 do CNJ. O tema ficou sendo regulamentado, no âmbito do CNJ, apenas pela Resolução n. 159/2012 do CNJ.

A chamada capacitação judicial inclui: i) a formação inicial; ii) a formação continuada; e iii) a formação de formadores (multiplicadores).

Como ressaltado, a Resolução revogada era mais abrangente e definia o PNJC, em seu art. 1º, como"o conjunto de diretrizes norteadoras das ações promovidas pelas Escolas Judiciais brasileiras na formação e aperfeiçoamento de magistrados e servidores do Poder Judiciário, integrando-as num sistema harmônico e conjugando os esforços de cada uma, na busca do ideal comum de excelência técnica e ética da Magistratura Nacional e dos servidores da Justiça".

A atual Resolução n. 159 que passou a regulamentar integralmente a matéria, não tem disposição semelhante. Pela sistemática em vigor compete à Escola Nacional de Formação e Aperfeiçoamento de Magistrados – Enfam, à Escola Nacional de Formação e Aperfeiçoamento de Magistrados do Trabalho – Enamat e ao Centro de Estudos Judiciários da Justiça Militar da União – CEJUM, dentre outras funções, regulamentar os cursos oficiais para o ingresso, a formação inicial e o aperfeiçoamento de magistrados e de formadores, bem como a coordenação das respectivas Escolas Judiciais, sendo que a Escola de Magistratura será coordenada pela Enfam, quando estiver em atuação delegada.

É interessante registrar que a atual Resolução ocupa-se das atividades formativas dos servidores, e não apenas dos magistrados, determinando que compete ao Centro de Formação e Aperfeiçoamento de Servidores do

Poder Judiciário – CEAJud a coordenação da formação e da capacitação de servidores do Poder Judiciário.

Sempre houve uma grande celeuma em torno do momento mais adequado para ser alocada a realização de cursos para magistrados, quer dizer, se deveriam ser alocados durante o processo do concurso público para ingresso (como fase deste) ou se deveriam sê-lo após o ingresso (como exigência para o exercício da magistratura pelo aprovado no concurso). A Resolução n. 75 dispõe, em seu art. 5º, § 2º, que "[o]s tribunais poderão realizar, como etapa do certame, curso de formação inicial, de caráter eliminatório ou não". Trata-se de etapa inicial facultativa aos certames, e que está disciplinada detalhadamente pela Resolução Enfam n. 2, de 2016.

17. CARTÓRIOS JUDICIAIS

Os cartórios judiciais (propriamente ditos), ou do foro judicial, integram a estrutura-base do Poder Judiciário. As funções do cartório se resumem, basicamente, a duas: organizar a movimentação processual e realizar seu "processamento".

Na primeira instância tem-se, como padrão geral, um cartório para cada vara. Essa estrutura binária simples acaba por gerar certas dificuldades de equilíbrio entre as tarefas de cada uma dessas unidades. Considerando que incumbem apenas ao juiz as tarefas propriamente decisórias, o equilíbrio entre processamento (burocrático) e decisão (jurisdicional) pode ser afetado seriamente, com o afunilamento em uma única pessoa, o juiz, de toda a tarefa realizada anteriormente.

Cada cartório é livre para estabelecer sua estrutura interna de funcionamento, o que variará fortemente em virtude do volume de processos e do número de escreventes do cartório.

Em geral, pode-se apontar os seguintes componentes dos cartórios: um diretor-geral, responsável por toda gestão da unidade, um oficial maior, que responde na ausência do diretor-geral e que o auxilia, um escrevente-chefe ou mais de um conforme o tamanho e divisões internas de cada cartório, que é responsável por supervisionar um determinado conjunto de escreventes (as chamadas seções dos cartórios). Os escreventes e escrivães realizam a generalidade das rotinas que conferem andamento aos feitos, como conferências, juntadas, certificações, deslocamentos, conclusões, publicações etc. Estas funções podem ser divididas entre os escreventes por divisão apenas numérica de processos ou por divisão de tipos (divisão por assuntos) ou, ainda, por rito. Por fim, há auxiliares e estagiários, que atendem a demanda externa (atendimento de balcão) e executam os deslocamentos necessários e o recebimento de documentos e correspondências, com sua distribuição interna.

Estudos práticos costumam apontar para uma realidade bastante conhecida em nosso país: a elaboração de "minutas" ou "propostas" completas de decisões finais pelos servidores do Cartório, para "auxiliar" na tarefa jurisdicional. Essa solução é inadequada e inaceitável. Significa, muitas vezes, a delegação (ainda que – e supostamente – parcial), pelo juiz, das decisões consideradas mais "simples" ou "rotineiras", para os escreventes em geral, que não estão preparados para assumir essa responsabilidade, em atribuições que tampouco podem ser consideradas próprias dos servidores do Judiciário. Acima de tudo, esse modelo de transferência precariza a própria instituição, desautorizando todas as garantias constitucionais inscritas no cargo de magistrado. Isso não significa, porém, que pesquisas pontuais e diretamente relacionadas não possam ser realizadas pelos servidores, além de ser igualmente aceitável e recomendável mesmo a preparação dos aspectos mais formais e genéricos para a prolação posterior da decisão judicial, elementos esses que devem ser, conjuntamente com outros, descritos como básicos nas respectivas funções públicas desses servidores.

Pesquisa executada pela Fundação Getúlio Vargas para a Secretaria de Reforma do Judiciário do Ministério da Justiça apontou que os cartórios são responsáveis por 80% dos atrasos nas ações judiciais. A pesquisa, contudo, baseou-se em um pequeno universo de cartórios (quatro cartórios paulistas, sendo dois na capital e dois no interior). Consoante esse estudo do Ministério da Justiça, "As atividades dos cartórios não são realizadas no 'menor tempo', mas no 'tempo possível'. Isso provavelmente está ligado a dois fatores: as rotinas dos cartórios são complexas (envolvem muitos pequenos atos) e há considerável tempo de espera até que sejam iniciadas.

"Embora as rotinas de cartório sejam complexas, a maior demora não está nos seus 'tempos de ciclo', mas em seus 'tempos de espera'. Até que a rotina seja iniciada, há uma espera (geralmente representada pela pilha de processos que se forma no escaninho ou na mesa do escrevente) que pode ser apontada como responsável pela maior parte do tempo em que o processo fica em cartório".

A esses dois ingredientes mencionados expressamente nas conclusões, é possível acrescentar o tempo dedicado a um trabalho altamente técnico e delicado, mas que não deveria integrar a rotina dos cartórios, que é a referida elaboração de pré-decisões, que buscam agilizar a rotina diária do magistrado, mas que, em realidade, acabam por fragilizar a jurisdição, constituindo uma rotina não oficial e condenável, do ponto de vista das garantias constitucionais e dos objetivos que se pretende alcançar com um Judiciário forte. Essa prática, ademais, contribui para encobrir a deficiência numérica de juízes para compartilhar essa relevante tarefa no Estado Constitucional de Direito, ao mesmo tempo em que pretende "vulgarizar" e menosprezar a atividade jurisdicional. Isso tudo sem esquecer do efeito imediato para as atividades próprias do Cartório, que acabam também sendo preteridas, resultando em maior demora de tramitação dos processos, o que, em se- quência, inculca aos cartórios parcela da responsabilidade pela morosidade judicial, como ocorreu nas conclusões do estudo acima indicado.

Com o processo digital, instituído pela Lei n. 11.419/2009 e regulamentado pela Resolução CNJ n. 185/2013, com as alterações posteriores, especialmente com a Resolução CNJ n. 281, de 2019, como eu já havia alertado na primeira edição desta obra, a tendência é de que cada vez mais sejam simplificados os procedimentos que exigem a realização de atos dos funcionários nos cartórios, pois os novos processos não têm autos físicos, limitando-se aos autos digitalizados, acessíveis somente pela internet. Assim uma série de atos como a juntada de documentos, as certidões e assinaturas, podem ser feitos de forma automatizada.

Exatamente nesse sentido é que se pode ler na recentíssima Resolução CNJ n. 281, em seu art. 4º, que passa a ser autorizada a criação de"funcionalidades no sistema PJe, que permitam a realização de rotinas automatizadas, tais como a emissão de documentos, publicações e a prática de atos ordinatórios, com registro do ato processual eletrônico promovido por certificado digital [...]".

18. ÓRGÃOS E ENTIDADES AFINS

18.1. Justiça de Paz

É dentro do capítulo específico destinado ao Poder Judiciário que a Constituição de 1988 trata da chamada "Justiça de Paz", prevista no art. 98, II, da CB. A figura do juiz de paz, também conhecido como juiz de casamentos, acompanha o Judiciário desde o Império brasileiro.

Consoante a Constituição, cumpre ao juiz de paz (a Constituição fala em "competência para") celebrar casamentos, verificar, de ofício ou por provocação, o processo de habilitação dos noivos e exercer atribuições conciliatórias, sem caráter jurisdicional, nos termos da legislação. Assim, a realização do casamento civil é de competência exclusiva do juiz de paz.

Nessa linha, o juiz de paz realiza uma função de relevância para a Justiça.

Além das atribuições já previstas constitucionalmente, lei poderá incumbir ao juiz de paz outras atribuições, desde que não sejam reserva de jurisdição. Assim, por exemplo, a função de pacificar, mediante tentativa de acordo, os conflitos de vizinhança, ou, ainda, a de orientar as pessoas sobre seus próprios direitos (funções tipicamente extrajudiciais) ou, mais amplamente, a competência para tentar pacificar e prevenir novas demandas judiciais, resgatando sua função original, inaugurada com a Constituição de 1824 e pela Lei Orgânica de 15 de outubro de 1927.

A legislação à qual alude a Constituição de 1988, que poderá prever novas competências da Justiça de Paz e que estabelecerá diretrizes nacionais para essa atividade, parece ser de caráter nacional. A Lei Orgânica da Magistratura, contudo, em seu art. 112, estabeleceu a competência de iniciativa do Tribunal de Justiça para a proposta de lei e restringiu a competência do juiz de paz "para o processo de habilitação e celebração do casamento", em restrição não recepcionada pela Constituição de 1988.

A Constituição de 1988 inovou ao prever a eleição pelo voto direto, universal e secreto, para juiz de paz, podendo ser candidato qualquer cidadão. Previu, ainda, um mandato de quatro anos, silenciando sobre a possibilidade de recondução. Lei deve fixar a data para a realização das referidas eleições, obedecendo as condicionantes do art. 30 do ADCT.

O cometimento dessa função de juiz de paz a qualquer cidadão interessado, mediante processo de eleição transparente e amplo, tem a virtude de *legitimar democraticamente* a função exercida pelo juiz de paz, além de permitir que o cidadão possa participar diretamente de parte relevante das atividades do Poder Judiciário.

A atividade passou a ser também remunerada, por previsão constitucional direta.

Como consequência desse arcabouço normativo e por previsão expressa, o exercício da atividade de juiz de paz passou a ser incompatível (mesmo que seja em causa própria) com o exercício da advocacia, nos termos do art. 28, II, da Lei n. 8.906/94 (Estatuto da Advocacia e da OAB).

Embora o juiz de paz não seja juiz de Direito, a função que exerce apresenta relevante interesse público, tendo sido classificada, em algumas Leis de Organização Judiciária, como de "serviço público relevante", no mesmo sentido em que é tipificada pela Lei Orgânica da Magistratura (art. 112, § 2º), embora não se trate de servidor público em sentido estrito. Em não se tratando – como efetivamente não se trata – de juiz de direito, algumas consequências imediatas são: i) não exerce funções judiciais típicas; e ii) não conta com o sistema constitucional de garantias próprias da Magistratura.

Como regra de transição para a nova sistemática, os juízes de paz existentes em outubro de 1988 ficaram preservados na função até a posse dos novos titulares, assegurando-lhes os direitos e atribuições conferidas a estes (art. 30 do ADCT).

18.2. Serviços notariais e de registro

A previsão constante do art. 236, § 1º, *in fine*, da CB, revela uma longa tradição institucional do Estado brasileiro, retratada pela sujeição das atividades notariais e de registro à fiscalização do Poder Judiciário.

Essa relação bem se justifica pela natureza da função notarial, a qual desempenha papel de verdadeira "polícia jurídica", na medida em que visa a atribuir *forma* jurídica *oficial* à vontade das partes, bem como conformá-las ao Direito. Como já destaquei em outro estudo, "[n]esse sentido, a atividade em apreço tradicionalmente se aproximou da função judicial, integrando, costumeiramente, a organização judiciária brasileira", embora já fossem reconhecidas as distinções entre o serviço notarial e de registro e o serviço propriamente judicial. Assim, os servidores da instituição notarial pertenciam ao denominado "foro extrajudicial", cujas serventias eram alcunhadas como *não oficializadas*, classificação esta empregada para distingui-los dos servidores pertencentes propriamente ao foro judicial, com atuação direta no processo judicial.

A Constituição de 1988, é certo, explicitamente atribuiu maior grau de desvinculação, em face do Poder Judiciário, à instituição notarial, ao eliminar qualquer vínculo direto de subordinação ao Poder Público. Contudo, os liames existentes entre o serviço notarial e de registro e esse Poder perduram, conforme se compreende da já referida atribuição da competência fiscalizadora ao Poder Judiciário, o qual se mantém presente na atividade notarial, seja atuando no processo de ingresso à atividade, seja na fiscalização de seu desempenho.

É importante ressaltar que, dentro da estrutura judicial, cabe à *Justiça Estadual* a tarefa de desempenhar a função fiscalizadora mencionada, posto que as serventias não oficializadas estão sujeitas à autonomia organizacional dos Estados-membros, prevista nos arts. 25, *caput*, e 96, I, *b*, da CB. Esta competência é, inclusive, explicitada pela própria *Lei Orgânica dos Notários e dos Registradores* – Lei federal n. 8.935/94, em seu art. 37, *caput*.

18.3. Associações de Magistrados

18.3.1. *O embate existente no pensamento político ocidental*

A intermediação entre povo e Governo tem sido uma constante no pensamento político ocidental, desde a formação do constitucionalismo nos Estados Unidos da América do Norte.

Parte dos pensadores considera essencial eliminar corpos intermediários, como as associações e os sindicatos, liberando o indivíduo para manter laços diretamente com o Estado. Neste passo, as associações são consideradas como elementos que enfraquecem o Estado e, nessa mesma linha, tenderiam a enfraquecer a autoridade pública. Assim, autoridades públicas devidamente constituídas e alinhadas a esse pensamento procuram afastar esses corpos, considerando-os não apenas desnecessários mas também ameaçadores à sua própria autoridade.

Em oposição a essa concepção, situam-se os defensores dos corpos intermediários, dentre os quais as *associações*, como elementos vitais da comunidade, em face de um todo-poderoso Estado. Ademais, as associações são percebidas, aqui, como entidades que permitem aos cidadãos alinharem-se e agruparem-se em torno de ideais e interesses comuns.

Situada nesta última concepção e levando-a às últimas consequências pode-se relembrar o movimento do institucionalismo ou vitalismo social. Maurice Hauriou, representante máximo dessa corrente, na sua obra "A Teoria da Instituição e da Fundação", registra sua concepção de Direito e, com ela, reafirma sua crença nas instituições como formação primária do próprio Direito e do Estado.

Classificando-as, Hauriou entende que os elementos de qualquer instituição, na categoria que ele denomina de corporativa, seriam: (i) a ideia do empreendimento a ser realizado; (ii) o poder organizado posto a serviço desta ideia para sua realização; (iii) as manifestações de comunhão que se produzem no seio social acerca dessa ideia e de sua realização. O que importa registrar aqui é que Hauriou pretende demonstrar que as pessoas, para alcançar objetivos comuns, constituem necessariamente *comunhões com certa duração*, que podem ser o próprio Estado, ou uma sociedade comercial, ou associações. Essas comunhões não seriam decorrência do Direito, mas sim o inverso, respondendo, elas sim, pela formação do Direito. Daí a nota da essencialidade – quanto a essas "entidades" - que está presente nesta concepção jurídica do Direito.

Evidentemente que não é necessário ser institucionalista ou neo-institucionalista para reconhecer importância e optar, em termos de modelo, pela permissibilidade da comunhão de pessoas sob um mesmo agrupamento, como ocorre atualmente para fins de associativismo e sindicalismo.

O que quero dizer é que a discussão política acima identificada esbarra, em termos práticos, nas opções realizadas por determinado Ordenamento Jurídico. Apesar disso, não é surpresa encontrar, por vezes, resquícios de um embate político na seara jurídico-positiva. É preciso atenção redobrada para bem situar e apartar as questões, uma no campo político ou da Ciência Política e das Ciências Sociais, outro no campo da Ciência do Direito.

18.3.2. *Base e regime constitucional*

As associações de magistrados estão baseadas, primariamente, na ampla *liberdade constitucional do associativismo*.

Não há – ou não deveria haver – surpresas aqui. O país ampara e promove as associações de pessoas. Trata-se de liberdade afeta a todo cidadão, independentemente de se tratar, em sua vida profissional, de autoridade, servidor público ou ser simplesmente um particular.

O instituto da associação, previsto constitucionalmente, em sentido estrito, não suporta regimes distintos conforme a categoria de pessoas associadas. Associações de magistrados não são, em sua base normativa, diferentes das associações de jornalistas, das associações de moradores e de tantas outras.

Associações de magistrados – ou de promotores de justiça ou de procuradores da República, ou mesmo de defensores públicos ou delegados de polícia, além das de advogados – não são associações especiais ou excepcionais, que mereçam ou possam contar com regimes próprios. A Constituição destina atenção e proteção idênticas a todas associações, sem qualquer discriminação – não sendo lícito ao intérprete promover acréscimos ou reduções às custas da objetividade normativa.

Basilar para a análise do tema e reforço da opção que ora se coloca, e que emerge do caso concreto sob análise, é o art. 5º, XVII, da CB. Este preceptivo está a dispor que: "XVII – é plena a liberdade de associação para fins lícitos"

Resultado direto destas primeiras linhas é o de que a criação das associações de magistrados é constitucional, e seus atos constitutivos hão de se pautar nos elementos que caracterizam qualquer associação: natureza institucional, pluralidade de participantes, caráter permanente e elementos teleológico da comunhão.

A seguir, a Constituição ainda assegura que a criação de associações independe de autorização, sendo vedada a interferência estatal em seu funcionamento (inciso XVIII do art. 5º) e, ainda, que as associações só poderão ser compulsoriamente dissolvidas ou ter suas atividades suspensas por decisão judicial, exigindo-se, no primeiro caso, o trânsito em julgado (inciso XIX do art. 5º). Por fim, ninguém poderá ser compelido a associar-se ou a permanecer associado (inciso XX do art. 5º).

Quanto à finalidade associativa, se é certo que cada associação poderá ter a sua, desde que lícita, é sabido que as *associações de magistrados apresentam finalidade orientada ao fomento educacional e cultural, contribuindo para a realização direta do desenvolvimento nacional* dentro de suas limitações temáticas e subjetivas. Este é um objeto não apenas lícito, mas constitucionalmente descrito e avalizado.

Além disso, a liberdade de associação compreende, como sempre anoto, a autonomia de organização e funcionamento das associações.

Este é também um conteúdo mínimo – naquilo que interessa a este estudo – cuja composição em referida liberdade é inquestionável: organização e funcionamento autônomos. Associações não estão nem podem estar previamente vinculadas a determinado modelo estatal de funcionamento. Contudo, pode-se indagar se a Lei estaria apta a estabelecer algum tipo de limite nesse âmbito autonômico.

A liberdade, na Constituição, é plena – para usar aqui a expressão constitucionalmente grafada – desde que lícita seja a finalidade da associação – sendo desde logo vedada a de caráter paramilitar. Não significa que se trate de uma liberdade absoluta, pois outras liberdades e direitos fundamenteis podem ingressar no cálculo da extensão e mesmo incidência desta liberdade em determinados casos concretos e circunstâncias específicas. Contudo, em termos de significado deste direito (e não de incidência deste direito em relação a outros), a interferência, seja do Executivo, seja do

Legislativo, direta ou indiretamente, por meio de ato normativo, no funcionamento das associações, será inconstitucional.

As conclusões acerca da extensão dessa liberdade (no âmbito da autonomia-funcional) encontram-se calcadas na presença de ato normativo que interfira, ainda que indiretamente, no funcionamento das associações. Apesar de, tradicionalmente, a edição de atos normativos de maior impacto advir do Poder Legislativo e do Poder Executivo, a prática do Conselho Nacional de Justiça – ainda que de órgão do Poder Judiciário se trate - tem demonstrado sua intensa atuação nesta seara. A questão, aqui, não é tanto a origem do ato (se do Legislativo, do CNJ etc.), mas o seu conteúdo. Assim, ainda que advindo do Poder Legislativo – instância democraticamente eleita para o mister normativo – qualquer ato de interferência no funcionamento não pode ser tolerado em nosso Estado Constitucional de Direito. *Não pode o Estado ditar modelos de funcionamento ou modelos de não funcionamento das associações de magistrados (ou de qualquer associação).* Outra não será a conclusão tendo o CNJ na ponta produtiva desse ato.

O desenho normativo nacional não destoa da lição estrangeira, compondo, em certo sentido, um patrimônio comum dos direitos fundamentais quando se trata de uma liberdade. Na matriz constitucional norte-americana a lição que se colhe, especificamente sobre o associativismo, é no sentido de que "tem havido certa oposição das cortes neste país em interferir nas questões internas de grupos privados" (Tribe, 1988: 1297, tradução livre).

18.3.3. *Base e regime constitucionais*

Preceitua o art. 5º, XVII, da CB, ser plena a liberdade de associação para fins lícitos. A seguir, a Constituição ainda assegura que a criação de associações independe de autorização, sendo vedada a interferência estatal em seu funcionamento (inciso XVIII) e, ainda, que as associações só poderão ser compulsoriamente dissolvidas ou ter suas atividades suspensas por decisão judicial, exigindo-se, no primeiro caso, o trânsito em julgado (inciso XIX). Por fim, ninguém poderá ser compelido a associar-se ou a permanecer associado (inciso XX).

Há, ainda, um componente processual importante no que tange às associações, já que, por expressa previsão normativo-constitucional: "XXI – as entidades associativas, quando expressamente autorizadas, têm legitimidade para representar seus filiados judicial ou extrajudicialmente".

Trata-se de regra processual que confere legitimidade *ad causam* para as associações defenderem em juízo o direito de seus associados.

Tecnicamente falando, tem-se um caso de substituição processual, e não de representação processual (embora o verbo utilizado na Constituição seja "representar"), já que a associação age em nome próprio na defesa de interesse alheio (no caso, de seus filiados). Para tanto, torna-se, em virtude da regra constitucional explícita, desnecessária a autorização específica e expressa de cada um dos integrantes da associação para que esta proceda à defesa de direito que não é seu, mas de seus associados, desde que contemplada a autorização genérica.

Essa autorização pode vir prevista em lei, nos estatutos da associação. Caso contrário, deverá ser outorgada pelos associados, individualmente, ou por votação em assembleia convocada para tanto, como assinala a doutrina processual.

18.3.3.1. O veio pluralístico da liberdade

Além da clássica concepção de liberdade pública, encontra-se, no direito ao associativismo, um veio *pluralístico* nesse preservar a autonomia e a diversidade dessas entidades. Trata-se, pois, de uma liberdade que assegura a *pluralidade*, para além de apenas formalizar a possibilidade de criação de entidades coletivas.

A presença de diversas associações, como ocorre no caso de associações de magistrados no Brasil, permite uma pluralidade relevante constitucionalmente. Neste caso em específico, por dois motivos: i) pela pluralidade em si mesma, considerada como um bem a ser tutelado; ii) pela diversidade que, no caso, leva a um maior nível de debate, resultando em aprimoramento democrático e desenvolvimento do próprio Direito, que jamais poderia estar limitado a apenas uma visão única, oficial e excludente de todo debate livre. Em realidade, Poder Judiciário e Escolas judiciais e judiciárias se beneficiam do debate amplo e aberto, livre e profícuo realizado na sociedade, especialmente por meio de referidas associações (tanto de magistrados como de outros operadores do Direito e mesmo daquelas para as quais atendam leigos).

18.3.3.2. Configurações das associações de magistrados

No Brasil há inúmeras associações de juízes, com nomenclatura que varia de associação de magistrados e associação de juízes.

Essas associações possuem âmbitos diversos, podendo ser estaduais, federais, nacionais e internacionais. Na grande maioria seguem a divisão judiciária brasileira, ou seja, são associações militares, trabalhistas, estaduais (Justiça comum) ou federais, como o caso da Ajufe – Associação dos Juízes

Federais, que pretende congregar todos os magistrados federais de primeiro e segundo graus, bem como os ministros do STJ e do STF.

Assim, é ilustrativa das divisões acima indicadas a própria composição da Associação dos Magistrados Brasileiros – AMB, constituída que está, atualmente[47], por trinta e sete associações regionais, das quais vinte e sete são de juízes estaduais, quatro de trabalhistas e duas são de militares, além de albergar juízes federais.

As associações de magistrados, embora desenvolvam um papel importante na defesa de seus associados e contribuam para os estudos e aprimoramento do Direito, não integram o Poder Judiciário, pois estão baseadas na liberdade constitucional do associativismo e não na estrutura hierárquica e ordenada juridicamente do Poder Judiciário.

Cumpre, pois, não considerar determinada entidade, apenas por ser composta exclusivamente por juízes ou entidades exclusivas de juízes, como sendo subordinada ao Poder Judiciário. Mas essa constatação também não nos deve conduzir a um efeito inverso, deslegitimando as associações de magistrados de seu importante papel construtor de caminhos para o melhoramento da atividade jurisdicional, além do objetivo comum e histórico de defesa dos direitos de seus associados. Ademais, suas Escolas submetem-se à disciplina do CNJ e da Enfam, mas apenas quando atuarem por delegação.

18.3.4. *O associativismo e a qualificação da Magistratura: é possível ignorar essa relação?*

Foi possível constatar, no Capítulo I, que a Constituição preza o contexto educacional brasileiro como elemento integrante e imprescindível ao desenvolvimento nacional, que não há de ser apenas econômico. É importante retomar esse tema sempre que possível, para fins de melhor delinear seus exatos contornos.

Neste item pode-se constatar que a liberdade de associação apresenta como pano de fundo o pluralismo, permitindo o debate amplo e aberto. Na seara jurídica, dois aspectos relevantes aparecem: i) as associações de magistrados (e outras associações) geralmente dedicam parte de suas atividades ao debate, seja por meio de Escolas, seja por meio de Congressos, Seminários e cursos de extensão em geral; ii) esta abertura, contemplativa das

---

[47] Cf. https://www.amb.com.br/conheca-a-amb/(acessado em 16-1-2020).

associações, sustenta um desenvolvimento do próprio Direito. Mas não é só. Cumpre aqui precisar ainda mais essa característica das associações de magistrados.

Uma excelente qualificação profissional da Magistratura, uma qualificação desejada constitucionalmente, não advém de um ambiente controlado e manipulado oficialmente por alguma entidade superior, mas sim de um espaço no qual haja liberdade de discussão, cujo pluralismo seja resguardado em todas suas dimensões.

É apenas em um espaço no qual se possam encontrar diferentes posturas, ideologias e chaves-de-leitura do Direito que fará sentido tutelar a chamada *liberdade de convicção judicial*, componente central da tão propalada independência do Poder Judiciário. Não há qualificação da Magistratura sem a possibilidade de uma real liberdade de convicção. E esta não surge apenas pela sua declaração ou inscrição formal em um rol de garantias. Demanda-se conteúdo, acesso à informação, discussões plurais, posicionamentos firmes lastreados na liberdade de expressão e canais que possam dar vazão e difusão a essas situações específicas.

Entidades dispostas a realizar essas dimensões – e que as contemplam estatutariamente – encontram-se sob a tutela constitucional direta (seja pelo aspecto educacional, seja pelo desenvolvimentista, seja pelo aspecto de contribuição essencial e sadia ao Poder Judiciário, seja, por fim, pela própria liberdade de associação). Obtenção de recursos (lícitos e de maneira transparente) para alcançar essas finalidades estão, igualmente, sob tutela constitucional, integrando o cerne desse direito porque dirigida à finalidade estatutária.

Nesse sentido, uma redução do associativismo e da liberdade de as associações atuarem, livremente, na educação, conforme os modelos próprios que pretendam seguir, não apenas ferirá um direito constitucional, de liberdade e pluralismo, mas terá impacto, igualmente, na realização e promoção efetivas da independência do Judiciário.

Em termos mais diretos, pretender eliminar determinadas fontes de custeio das associações de magistrados ou *determinar, direta ou indiretamente, como devem gerir suas atividades, é medida que acena contrariamente à independência do Judiciário, que se faz não apenas com vitaliciedade, irredutibilidade de subsídio e inamovibilidade, mas também com a possibilidade de formar ideais e convicções próprias, o que demanda o ambiente plural e diversificado formatado pelas associações*, que permita o desenvolvimento do Direito.

BIBLIOGRAFIA DO CAPÍTULO IV

ACCIOLY, Hildebrando. *Direito Internacional Público*. 4. ed. São Paulo: Saraiva, 1958.

ÁLVAREZ, Cláudio Movilla. Independência del juez y derechos humanos. In: *II Seminário Inernacional sobre la Independencia Judicial en latinoamérica*. Barcelona: Libergraf, 1996.

AMARAL JÚNIOR, José Levi Mello. In: BONAVIDES, Paulo (e outros). 2009.

ARAÚJO, Rosalina Corrêa. O Estado e o Poder Judiciário no Brasil. Rio de Janeiro: Lumen Juris, 2000.

ASCENSÃO, José de Oliveira. Os acórdãos com força obrigatória geral do tribunal constitucional como fontes do direito. *Revista do Curso de Direito da Universidade Federal de Uberlândia*, v. 16, n. 1/2, p. 215-229, dez. 1987.

ÁVILA, Humberto. *Teoria dos princípios:* da definição à aplicação dos princípios jurídicos. 3. ed. São Paulo: Malheiros, 2004.

BALEEIRO, Aliomar. *Uma Introdução à Ciência das Finanças*, 10. ed. Rio de Janeiro: Forense, 1974.

BARROSO, Luís Roberto. *O Direito Constitucional e a Efetividade de suas normas*. 7. ed. Rio da Janeiro: Renovar, 2003.

BASTOS, Celso Ribeiro. *Hermenêutica e Interpretação Constitucional*. 2. ed. São Paulo: IBDC, 1999.

BASTOS, Celso Ribeiro e MARTINS, Ives Gandra. *Comentários à Constituição do Brasil*. 2. ed. São Paulo: Saraiva, 2001.

BIANCHI, Alberto B. *Jurisdicción y Procedimientos en la Corte Suprema de los Estados Unidos: Análisis de los Mecanismos Procesales que Hoy Emplea la Corte Argentina*. Buenos Aires: Depalma, 1994.

BIATO, Marcel. O Tribunal Penal Internacional e a segurança coletiva. In: *Política Externa*, vol. 10, n. 3, p. 132 a 147, dez.-fev., 2001/2002.

BELAUNDE, D. García; SEGADO, F. Fernádez (Coords.). *La jurisdicción constitucional en Iberoamerica*. Madrid: Dykinson, 1997. Bibliografia: 95-115.

BIELSA, Rafael. *La Protección Constitucional y el Recurso Extraordinário:* jurisdicción de la Corte Suprema. 2. ed. Buenos Aires: Depalma, 1958.

CALANDRA, Henrique Nelson. O CNJ não pode ser uma supercorregedoria. In: *Folha de São Paulo,* Tendências e Debates, Opinião, A3, 19-3-2011.

CANOTILHO, José Joaquim Gomes. *Direito Constitucional e Teoria da Constituição.* 7. ed. Coimbra: Coimbra, 1993.

CAPPELLETTI, Mauro. *Juízes Irresponsáveis.* Trad. Carlos Alberto Alvaro de Oliveira. Porto Alegre: SAFe, 1989.

_______. *Juízes legisladores?* Trad. Carlos Alberto Alvaro de Oliveira. Porto Alegre: Sérgio Antonio Fabris Editor, 1993. Tradução de: Giudici legislatori? (Estudo dedicado à memória de Tullio Ascarelli e Alessandro Pekelis).

CARDOZO, Benjamín N. *The nature of the judicial process.* New Haven/ London: Yale University press, 1921.

CARVALHO FILHO, José dos Santos. *Manual de direito administrativo.* 12. ed. Rio de Janeiro: Lumen Juris, 2005.

CENEVIVA, Walter. Há sinais do terremoto. In: *Folha de São Paulo,* 23-10-2004, p. C2.

CLARK, Tom S. *The limits of judicial independence.* New York: Cambridge Press, 2011.

CUNHA, Sérgio Sérvulo da. *O Efeito Vinculante e os Poderes do Juiz.* São Paulo: Saraiva, 1999.

DALLARI, Dalmo de Abreu. *O Poder dos Juízes.* São Paulo: Saraiva, 1996.

_______. *O Futuro do Estado.* São Paulo: Ed. Moderna, 1980.

DIMOULIS, Dimitri; SABADELL, Ana Lúcia. Tribunal penal internacional e direitos fundamentais: problemas de constitucionalidade. In: *Cadernos de direito.* Cadernos do Curso de Mestrado em Direito da Universidade Metodista de Piracicaba, v. 3, n. 5, dez. 2003. Bibliografia: 241-259.

DIPP, Gilson. O CNJ e seu poder originário. In: *Folha de São Paulo,* Tendências e Debates, Opinião, A3, 19-3-2011.

FACHIN, Luiz Edson. A Justiça dos conflitos no Brasil. In: STROZAKE, Juvelino (Org.). *A Questão Agrária e a Justiça.* São Paulo: Revista dos Tribunais, 2000. Bibliografia: 276-291.

FAVOREU, Louis. Los tribunales constitucionales. 1997. In: BELAUNDE, D. García; SEGADO, F. Fernández (Coords.). *La jurisdicción constitucional en iberoamérica*. Madrid: Dykinson, 1997, p. 95-115.

FOLHA DE SÃO PAULO. Justiça Federal só soluciona 20% das ações. 14-10-2004, p. A9.

GALINDO, George Rodrigo Bandeira. *Tratados Internacionais de Direitos Humanos e Constituição Brasileira*. Belo Horizonte: Del Rey, 2002.

GOMES, José Jairo. *Direito eleitoral*. 5. ed. Belo Horizonte: Del Rey, 2010.

GROCIO, Hugo. *Derecho de la guerra y la paz*. Madrid: Reus, 1925.

GUIMARÃES, Mário. *O juiz e a função jurisdicional*. Rio de Janeiro: Forense, 1958.

GUNTHER, Gerald; SULLIVAN, Kathleen M. *Constitutional Law*. 13th ed. Westbury: The Foundation Press, 1997.

JAGUARIBE, Hélio. Brasil e mundo na perspectiva do século XXI. In: *Política Externa*, vol. 9, n. 1, p. 3-21, jun.-ago., 2000.

KELSEN, Hans. *Teoria pura do Direito*. Trad. Reine Rechtslehre, 1960. São Paulo: Martins Fontes, 1987.

KUDRIÁVTSEV, V.N.; LUKIÁNOV, A. I.; SHAJNAZÁROV, G. J. (Orgs.). *Constitución del País de los Soviets – Diccionario*. Tradução para o espanhol: L.Vládov. Moscou: Editorial Progreso, 1984. Original: 1982.

LARANJEIRA, Raymundo. As competências para julgamento das causas agrárias. In: STROZAKE, Juvelino (Org.). *A Questão Agrária e a Justiça*. São Paulo: Revista dos Tribunais, 2000. Bibliografia: 386-436.

LEAL, Victor Nunes. Passado e Futuro da Súmula do STF. *Revista de Direito Administrativo*, Rio de Janeiro: FGV, v. 145, jul./set., 1981. Bibliografia: p. 1-20.

LESSA, Pedro. *Do Poder Judiciário*. Rio de Janeiro: Francisco Alves, 1915.

LINHARES, Marcello Jardim. *Prisão administrativa*. São Paulo: Saraiva, 1974.

LLEWELLYN, Kart N. *The bramble bush:* on our law and its study. Neww Cork: Oceana, 1951.

MACHADO, Antonio Carlos Marcondes. Arguição de Relevância: A Competência para o seu Exame. O Ulterior Conhecimento do Recurso Extraordinário. *Revista de Processo*, São Paulo: Revista dos Tribunais, ano II, 1986, n. 42. Bibliografia: p. 58-87.

MANCUSO, Rodolfo de Camargo. *Recurso extraordinário e recurso especial*. 5. ed. São Paulo: Revista dos Tribunais, 1998.

______. *Divergência Jurisprudencial e Súmula Vinculante*. São Paulo: RT, 1999.

MARTINS, Ives Gandra da Silva. Distinção entre Suspensão de Vigência e Eficacia da Norma Inconstitucional e Materialidade do Direito Suspenso em Processo Cautelar de Ação Direta de Inconstitucionalidade com Liminar Concedida. In: *Revista de Processo*, v. 78, ano 20, São Paulo, Revista dos Tribunais, p. 164-77, abr./jun. 1995.

______. Deve haver controle externo do Ministério Público? Não, um controle inaceitável. In: *Folha de São Paulo*, de 10-4-2004, p. 2.

MARTINS, Ives Gandra da Silva; BASTOS, Celso Ribeiro. *Comentários à Constituição do Brasil*, 4º vol., tomo II, 2. ed. São Paulo: Saraiva, 2000.

MAZZILLI, Hugo Nigro. *Manual do Promotor de Justiça*. 2. ed. São Paulo: Saraiva, 1991.

______. As Súmulas Vinculantes. *O Estado de S. Paulo*, São Paulo, 21 out. 1997, p. A-2.

MEDEIROS, Antônio Paulo Cachapuz de. *O Poder de Celebrar Tratados*. Porto Alegre: SAFe, 1995.

MIRANDA, Jorge. *Manual de Direito Constitucional:* introdução à Teoria da Constituição. 2. ed. ver. Reimpr. Coimbra:Coimbra Ed., 1988, t. 2.

MONTESQUIEU. *De L'Esprit des Lois*, 1748. Paris: Éditions Garnier Frères, 1949.

MOREIRA NETO, Diogo de Figueiredo. *O sistema judiciário brasileiro e a reforma do Estado*. São Paulo: Instituto Brasileiro de Direito Constitucional, 1999.

MORELLO, Augusto M. *Admisibilidad del recurso extraordinario:* el certiorari según la Corte Suprema. Buenos Aires: Abeledo-Perrot, 1997.

NALINI, José Renato. *O juiz e o acesso à justiça*. São Paulo: Revista dos Tribunais, 1994.

NASCIMENTO, Amauri Mascaro. *Curso de direito do trabalho*. São Paulo: Saraiva, 1991.

NERY Jr., Nelson; NERY, Rosa Maria de Andrade. *Código de Processo Civil Comentado e Legislação Processual Civil extravagante em vigor*. 5. ed. São Paulo: RT, 2001.

O ESTADO DE SÃO PAULO. A Justiça para quem pode, 1-12-2004, p. C4.

PAGLIARINI, Alexandre Coutinho. *Constituição e Direito Internacional:* cedências possíveis no Brasil e no mundo globalizado. Rio de Janeiro: Forense, 2003.

PAINE, Thomas. *Rights of man*. New York: Penguin, s/d. Part one, 1. ed. 1792.

______. *Rights of man*. New York: Penguin, s/d. Part two, 1. ed. 1792.

PERRONE-MOISÉS, Cláudia. O princípio da complementaridade no Estatuto do Tribunal Penal Internacional e a soberania contemporânea. In: *Política Externa*, vol. 8, n. 4, p. 3 a 11, mar./maio, 2000.

PESSOA, Mário. *Da Aplicação da Lei de Segurança Nacional*. São Paulo: Saraiva, 1978.

PIOVESAN, Flávia. *Direitos Humanos e o Direito Constitucional Internacional*. São Paulo: Max Limonad, 1996.

RAMOS, André de Carvalho. O impacto da convenção americana de direitos humanos na relação do direito internacional e o direito interno. In: *Boletim Científico*. Escola Superior do Ministério Público da União, n. 4, ano 1, jul./set. 2002. Bibliografia: 51-71.

______. *Responsabilidade Internacional por Violação de Direitos Humanos*. Rio de Janeiro: Renovar, 2004.

RAMOS, José Saulo Pereira. Os arquivos da ditadura. In: *Folha de São Paulo*, 12-12-2004, p. A3.

REUTER, Paul. *Introducción al Derecho de los Tratados*. 2. ed. revisada por Meter Haggenmacher, México: FCE, 2001.

REZEK, José Francisco. *Direito dos Tratados*. Rio de Janeiro: Forense, 1984.

REYNOLD, Frederic. *The judge as lawmaker*. London: MacGibbon & Kee, 1967.

ROSAS, Roberto. *Direito sumular:* comentários às súmulas do Supremo Tribunal Federal e do Superior Tribunal de Justiça. 12. ed. São Paulo: Malheiros, 2004.

ROTHENBURG, Walter Claudius. A convenção americana de direitos humanos no contexto constitucional brasileiro. In: *Boletim Científico*. Escola Superior do Ministério Público da União, n. 4, ano 1, jul./set. 2002. Bibliografia: 73-80.

SAGÜÉS, Nestor Pedro. *Recurso Extraordinario*. 3. ed. Buenos Aires: Astrea, 1992, v. 2.

SALAZAR, Alcino. *Poder Judiciário:* bases para reorganização. Rio de Janeiro: Forense, 1975.

SEGAL, Jeffrey A.; SPAETH, Harold J. *The Supreme Court and the Attitudinal Model*. 1st ed. Cambridge: Cambridge University Press, 1993.

SILVA, José Afonso da. *Do recurso extraordinário*. São Paulo: Revista dos Tribunais, 1963.

SILVA, Guilherme Amorim Campos da. Os Direitos Humanos são Absolutos? A Tendência Inflacionária do Processo de Positivação e o Paradoxo da Dispersão dos Enfoques. In: *Cadernos de direito*. Cadernos do Curso de Mestrado em Direito da Universidade Metodista de Piracicaba, v. 3, n. 5, dez. 2003. Bibliografia: 228-240.

STRECK, Lenio Luiz. *Súmulas no Direito Brasileiro:* eficácia, poder e função. Porto Alegre: Livraria do Advogado, 1998.

STUMPF, Harry. Congressional responses to Supreme Court rulings: the interaction of Law and Politics. In: *Journal of Public Law*. v. 14 (n. 2), 1965, p. 377-95.

TAVARES, André Ramos. *Teoria da justiça constitucional*. São Paulo: Saraiva, 2005.

______. *Tribunal e jurisdição constitucional*. São Paulo: IBDC, 1998.

______. *Curso de direito constitucional*. 18 ed. São Paulo: Saraiva, 2020.

______. Recurso extraordinário: modificações, perspectiva e proposta. In: COSTA, Hélio Rubens Batista Ribeiro; RIBEIRO, José Horácio Halfeld Rezende; DINAMARCO, Pedro da Silva (Orgs.). *Linhas mestras do processo civil*. São Paulo: Atlas, 2004b, p. 38-63.

______. *Tratado da arguição de preceito fundamental*. São Paulo: Saraiva, 2001.

TRIBE, Laurence H. *American Constitutional Law*. 2nd ed. Mineola: The Foundation Press, 1988.

TRINDADE, Antônio Augusto Cançado. *A proteção internacional dos direitos humanos:* fundamentos jurídicos e instrumentos básicos. São Paulo: Saraiva, 1991.

VALDÉS, Roberto L. Blanco. La política y el derecho: veinte años de justicia constitucional y democracia en España (apuntes para un balance). *Teoría y Realidad Constitucional,* n. 4, p. 241-272, 2º semestre 1999.

VANOSSI, Jorge Reinaldo A. *Recurso Extraordinario Federal:* control de constitucionalidad. Buenos Aires: Editorial Universidad, 1984.

VIDAL, Felix M. Calvo. *La Jurisprudencia* ¿Fuente del Derecho? Valladolid: Lex Nova, 1992.

WIELAND, Joachim. *El bundesverfassungsgericht en la Encrucijada.* Teoría y Realidad Constitucional, 2º semestre 1999, n. 4. Bibliografía: 127-150.

YARSHELL, Flávio Luiz. *A Reforma do Judiciário e a promessa de "duração razoável do processo".* São Paulo: Revista do Advogado, ano XXIV, n. 75, abril de 2004.

CAPÍTULO V

AS AUTONOMIAS E OS DEVERES INSTITUCIONAIS DO PODER JUDICIÁRIO

1. A INDEPENDÊNCIA PELAS GARANTIAS ASSEGURADAS ENQUANTO PODER (GARANTIAS ORGÂNICAS)

A atual Constituição do Brasil não comporta mais uma interpretação que comprometa a independência dos poderes e condicione a atividade do Poder Judiciário a decisionismos, favores e beneplácitos eventuais do Poder Executivo ou mesmo o Poder Legislativo. Neste tópico, importará averiguar a insubsistência, na quadra atual, das antigas bases (constitucionais) que permitiam entendimento que, anteriormente, chegou a ser sufragado pelo STF, de uma complexa e contraditória percepção legicêntrica da autonomia do Poder Judiciário.

Como primeira premissa decorrente dessas lições, temos que não há como utilizar parâmetros vencidos, referentes à Constituição anterior, de matiz fortemente autoritária, legicêntrica na prática (via escolha de intermediação legislativa como universalmente impositiva). Isso seria, para dizer o mínimo, incompatível com a nova ordem constitucional que ampliou, de maneira inédita, as garantias institucionais que asseguram a autonomia do Poder Judiciário.

É necessário, portanto, grande atenção ao tratar do tema, evitando as armadilhas do autoritarismo disfarçado como mera distribuição de competências, ilusão que já experimentamos no passado e que não mais poderiam prosperar, em face de nossa sistemática constitucional democrática, vigente e expressa.

Resquícios, contudo, de uma mentalidade na qual o Poder Judiciário é alocado em posição de subserviência aparentemente não se encontram totalmente expurgadas do pensamento atual, como era de se esperar. Legítimas e democráticas expectativas sobre o Poder Judiciário podem ficar severamente prejudicadas quando se pretende forçá-lo ou constrangê-lo a espaços constitucionalmente indignos. Portanto, não basta atentar para o texto de normas escritas, porque devemos, ainda, exercer a filtragem de modelos passados, muitos dos quais permanecem até mesmo inconscientemente.

A chamada *independência* do Poder Judiciário é, mais tecnicamente falando, assegurada por garantias orgânicas de poder e por garantias da Magistratura, como assevera Gilmar Mendes:

"As garantias do Poder Judiciário, em geral, e do magistrado, em particular, destinam-se a emprestar conformação de independência que a ordem constitucional pretende outorgar à atividade judicial" (Gilmar Ferreira Mendes e Paulo Gustavo Gonet Branco, p. 999).

Tradicionalmente, as chamadas garantias asseguradas ao Poder Judiciário como órgão (não aos juízes individualmente, tema que abordarei no capítulo seguinte) costumam ser agrupadas em *três grandes autonomias*: i) capacidade de autogoverno (autonomia de governo); ii) autonomia financeira; iii) capacidade normativa (autonomia normativa dentro dos limites constitucionais). Adotarei aqui essa mesma tipologia de avaliação.

Assim, é inconteste e amplamente reconhecido que a Constituição de 1988 alargou a autonomia do Poder Judiciário, permitindo-lhe a edição de atos privativos, além da possibilidade de elaborar o Regimento Interno, concebido como *instrumento central no exercício dessa sua capacidade autonômica*.

A Constituição de 1988 ampliou a capacidade de autogoverno do Poder Judiciário, certamente, por questões atinentes à própria condição e manutenção do Estado de Direito e não como razão de privilégio. Na lição de Gilmar Mendes essa autonomia é inédita em nossa história e singular até mesmo no Direito comparado: "A Constituição de 1988 confiou ao judiciário papel até então não outorgado *por nenhuma outra Constituição. Conferiu-lhe uma autonomia institucional, desconhecida na história de nosso direito constitucional* e que se revela, igualmente, singular ou digna de destaque também no plano comparado. Buscou-se garantir autonomia administrativa e financeira do Poder Judiciário" (Mendes, Branco, 2012, p. 999. Original não grifado).

Reforço esta dimensão das garantias, por ser essencial à sua compreensão. As garantias relacionadas ao Poder Judiciário como estrutura fundamental do Estado constituem um padrão de exigências geralmente adotado pelos (e para os) Estados ocidentais mais avançados, que beneficiam a sociedade e o cidadão, fomentando uma estrutura que abrigará integrantes cujas garantias, incluídas as garantias aqui abordadas, chamadas de orgânicas, resultam em um modelo tutelado de sociedade plural, responsável e respeitadora dos direitos humanos fundamentais.

O tema da autonomia judiciária é central na efetivação de uma sociedade livre, justa e solidária, como determina a Constituição. O entroncamento entre estas *autonomias* com os valores constitucionais dos direitos humanos fundamentais merece ser enfatizado e suas consequências reconhecidas definitivamente no plano operacional.

Assim, políticas públicas e decisões políticas que desrespeitem as autonomias a seguir apresentadas violam não apenas as regras e diretrizes expressas quanto ao Judiciário, mas atingem, igualmente, núcleos valorativos centrais de nossa Constituição. Essa é a *chave de leitura* que deve ser considerada na compreensão tópica das *autonomias* referidas (que se realiza adiante).

1.1. Autogoverno

A capacidade de autogoverno se traduz na possibilidade deferida ao Judiciário de eleger seus próprios órgãos diretivos, organizar sua estrutura administrativa interna, como suas secretarias, serviços auxiliares, e deliberar sobre assuntos próprios, como realização de concurso, criação de novas varas judiciárias, concessão de benefícios e licenças a seus integrantes.

Essas decisões, por força da capacidade de autogoverno atribuída ao Judiciário, são adotadas independentemente da posição do Governo (federal ou estadual), assim considerada a Presidência da República e os Governadores, acerca de gastos. Isso quer dizer que projetos de redução da máquina estatal, como anunciados por diversos "governos" (chefes de Executivo), reportam-se apenas à respectiva Administração Pública, não podendo vincular ou impor-se ao Judiciário independentemente de sua decisão.

Incluem-se na capacidade de autogoverno as atividades do poder de polícia e do poder disciplinar (nesse sentido cf. Nunes, 1943: 92), além da capacidade de praticar os atos administrativos que lhe digam respeito, organizar suas secretarias e serviços auxiliares.

O funcionamento dos órgãos jurisdicionais e administrativos do Poder Judiciário deve ser disciplinado nos respectivos regimentos internos dos tribunais.

1.1.1. *A administração e gestão do Poder Judiciário*

No que se refere à autonomia e gestão judiciária, assevera CECILIA FEDERICO que ao juiz está assinalado um *imperium* para administrar Justiça, o que significa "(...) cumprir tarefas de política administrativa interna, relacionadas a como dirigir[48], conduzir e gerenciar a estrutura interna do Tribunal ou juízo" (Hacia la Reforma Judicial. Normas ISO. Gerenciar hacia la Calidad. In: LAVIÉ, Humberto Quiroga. *Gestión Social de Calidad en la Justicia*. Buenos Aires: La Ley, 2005, p. 13, tradução livre).

Administrar e, mais amplamente, gerir a Justiça há de ser função administrativa direcionada, planejada e consciente. Não basta ao Poder Judiciário atentar para aspectos legais do processo, pois este depende de um modelo que lhe confira suporte em termos técnicos e de recursos humanos necessários ao bom desempenho judiciário.

Não se pode criar um ambiente judiciário de enfrentamento, de embate entre exercício legítimo de instâncias e busca legítima pela organização, de conflito que desgaste não apenas o serviço judiciário mas a própria Justiça como um todo. Nas palavras de J. BLEGER: "Una institución no deve ser considerada sana o normal cuando en ella no existen conflitos, sino cuando la institución puede estar en condiciones de explicitar sus conflitos y poseer los médios o la posibilidad de arbitrar medidas para su resolución" (apud JOSEFINA LUCILA VALLE. Politicas Institucionales y Políticas de Calidad. In: LAVIÉ, Humberto Quiroga. *Gestión Social de Calidad en la Justicia*. Buenos Aires: La Ley, 2005, p. 56, tradução livre).

Assim, embora se possa compreender a busca pela autonomia, aqui é ainda mais importante relembrar não se perder de vista o objetivo maior, que é a própria eficiência e eficácia da Justiça, que alcança todos atores envolvidos e beneficia a sociedade.

Em estudo específico sobre a eficiência do Poder Judiciário, assinala ARIAS MARÍA ELISA: "A análise dos processos de organização, entendidos como atividades tendentes a obter um fim, facilitará o caminho da gestão"

---

[48] Quanto à autonomia e gestão judiciária também importa tomar em conta a *forma* de escolha de *quem* irá administrar, o que analisarei abaixo em subitem específico.

(Arias María Elisa. De la Eficacia a la Eficiencia. In: LAVIÉ, Humberto Quiroga. op. cit., p.78, tradução livre).

Decisões de gestão são decorrência da autonomia, mas também são determinantes para a própria preservação da Justiça. E boas decisões de gestão – apontam os melhores Manuais da matéria – hão de estar lastreadas em fatos, em estatísticas, e, a partir dessas constatações, alinhar a estrutura às finalidades a serem perseguidas.

O que se exige do Poder Judiciário, em termos de autoadministração, é que compreenda seus próprios processos de gestão, seus problemas, e que tome as decisões necessárias para realizar suas funções, alcançar seus objetivos, sempre respeitando os espaços próprios dos operadores do Direito e, sobretudo, evitando o colapso do sistema judicial. Nessa linha de pensamento, essa tomada de "decisões necessárias" dos tribunais deve passar obrigatoriamente por um processo de abertura (democrática) do certame eleitoral interno para a escolha de seus órgãos diretivos, como defendo nesta obra.

1.1.2. *Escolha de seus dirigentes*

Assegura expressamente a Constituição do Brasil, aos Tribunais, o poder de "eleger seus órgãos diretivos" (art. 96, I, *a*). Essa prerrogativa deve ser compreendida como explicitação da ideia de autogoverno, como indicado acima. Por isso, como já fazia anotar Pontes de Miranda (1987, t. III: 585), a propósito do tema, "nenhuma Constituição estadual pode entregar ao Governador, ou à Assembleia legislativa, a designação do Presidente dos Tribunais de Justiça".

O Poder Judiciário não prescinde de órgãos diretivos, responsáveis pela gestão e orientação do Poder Judiciário. Os tribunais devem eleger seus órgãos diretivos, responsáveis pela direção e gestão das atividades e dos respectivos integrantes. A título ilustrativo, no caso de São Paulo, são considerados cargos de direção o cargo de Presidente do Tribunal de Justiça, o de Vice-Presidente e o do Corregedor-Geral de Justiça. Como decorrência do cargo de direção, o Desembargador-Presidente do TJ exerce a administração de todo o Judiciário estadual e dirige os prédios do Judiciário.

Não há como negar que, atualmente, o CNJ desempenha a macro-direção do Poder Judiciário, além de realizar levantamentos e indicações importantes para que os diversos gestores possam tomar decisões mais bem fundamentadas e com uma perspectiva de nivelamento nacional do Poder Judiciário.

Ainda sobre o tema, mas do ponto de vista de como devem ser escolhidos os dirigentes, vale o que já ficou consignado acerca da democracia interna dos tribunais em termos de colégios eleitorais.

1.1.3. *Inalterabilidade de sua organização*

Reconhece-se, ainda, ao Poder Judiciário a inalterabilidade de composição dos quadros dos Tribunais, salvo mediante proposta dos próprios Tribunais (art. 96, II, da CB).

Ou seja, cabe ao próprio Tribunal a iniciativa para mudança de sua composição, o que significa que é a vontade do próprio Tribunal que prevalece sobre a necessidade e o momento da alteração estrutural interna.

1.2. Autonomia financeira

Há a autonomia financeira do Poder Judiciário, e essa dimensão também foi ampliada na atual Constituição, a exemplo da capacidade normativa.

Esta autonomia está assegurada na Constituição brasileira em vigor pelo art. 99, reforçada por mecanismo do art. 168, na redação conferida pela Emenda Constitucional n. 45/04. Autonomia financeira significa que o Poder Judiciário elabora sua proposta orçamentária (art. 99), dentro dos parâmetros e orientações válidas da lei de diretrizes orçamentárias.

As propostas do Poder Judiciário são remetidas ao respectivo Chefe do Executivo, já que este detém a competência exclusiva para apresentar, ao Parlamento (Congresso Nacional, Estado-membro ou Distrito Federal, conforme o caso), os projetos de lei referentes à matéria orçamentária.

O art. 168 da Constituição fixa prazos para a destinação dos recursos de cada Poder, com o que se reforça a autonomia financeira e a independência dos demais poderes em relação ao Executivo.

Nos últimos anos, contudo, o Poder Judiciário (tanto o federal como o de diversos Estados-membros) tem relatado dificuldades orçamentárias para a consecução de seus objetivos, incluída, aqui, a finalidade precípua de bem atender o cidadão. O fortalecimento do Judiciário significa o fortalecimento da cidadania, dos direitos humanos fundamentais e da própria consciência republicana. A boa prestação de serviços jurisdicionais, o que inclui a proteção de direitos até mesmo contra o Estado, exige que se abandone alguns termos e teses que encaram a discussão orçamentária como uma"guerra"pelos recursos, e se passe a privilegiar as próprias prioridades constitucionais, o que significa a priorização dos serviços públicos essenciais, a serem imediatamente alçados aos primeiros patamares na destinação das verbas públicas.

1.2.1. *Emolumentos relativos aos atos praticados pelos serviços notariais e de registro vinculados à Justiça Estadual*

A inconstitucionalidade formal já analisada nesta obra por ocasião do estudo das competências não é o único vício que acomete os arts. 42 e 43 da Lei n. 11.977/2009, lei que trata de relevante tema para fins da autonomia financeira do Poder Judiciário.

Outra inconstitucionalidade solapa a validade destes dispositivos, derivada da natureza complexa dos serviços notariais e de registro e suas implicações (i) para o modelo federativo (tema já abordado) e (ii) *para a estrutura de separação de poderes adotada pela Constituição do Brasil.*

É exatamente o último item referido que se reporta ao tema aqui analisado, expondo, às escâncaras, a ausência de qualquer cautela, por parte do Poder Legislativo e do Poder Executivo, em respeitar a cláusula da separação (*rectius*: divisão) de poderes, em especial a denominada "*independência [financeira] do Poder Judiciário*", quando da elaboração da política pública concernente ao *Programa Minha Casa, Minha Vida,* encartada na referida Lei, no que se refere ao regime de emolumentos deste decorrente.

No esteio da autonomia constitucionalmente atribuída à instituição notarial e de registro, a Lei federal (nacional) n. 8.935/94 reconheceu expressamente a independência da atividade notarial e de registro em seu art. 28, cuja redação é significativa e merece ser desmembrada: "Art. 28. Os notários e oficiais de registro gozam de independência no exercício de suas atribuições, *têm direito à percepção dos emolumentos integrais pelos atos praticados na serventia* e só perderão a delegação nas hipóteses previstas em lei" (original não grifado).

Os emolumentos, que figuram como a forma precípua de remuneração da atividade desempenhada pela instituição notarial e de registro, *não atendem apenas aos notários e oficiais de registro,* nada obstante a referência formal ao direito destes à percepção dos emolumentos *integrais.* Conforme destaca Walter Ceneviva, "[a] percepção de *emolumentos integrais* não corresponde à realidade, tomada a palavra *percepção* como ingresso efetivo no caixa, pois eles incluem taxas recolhíveis ao Estado e, em algumas unidades da Federação, a outros beneficiários, até mesmo de natureza privada" (2009: 212).

Uma vez que o serviço notarial e o de registro são serviços exercidos em caráter privado, *por delegação do Poder Público* (cf. art. 236, *caput*, da CB), cabendo ainda ao Estado, mais precisamente ao Poder Judiciário Estadual, a tarefa de fiscalizá-lo, torna-se imperioso que parcela – que não afete a adequada e suficiente remuneração dos notários e dos oficiais de registro – dos emolumentos seja destinada exatamente ao Poder Público, para *custear a atividade de fiscalização*.

Há, desta feita, uma *distribuição dos recursos* decorrentes dos emolumentos devidos pelos atos praticados pelos serviços notariais e de registro, *a qual, frise-se, desempenhará um importante e salutar papel na manutenção da independência do Judiciário estadual e na evolução de sua eficiência em garantir os direitos no Brasil*.

A título exemplificativo, no âmbito do Estado de São Paulo, a Lei estadual n. 11.331/2002 disciplina a distribuição de recursos entre: a) os próprios notários e registradores, inclusive compensação pelos registros gratuitos das pessoas naturais; b) o Estado; c) Secretaria da Fazenda; d) o Fundo Especial de Despesa do Tribunal de Justiça; Fundo Especial de Despesa do MP, em virtude de fiscalização (hipótese acrescentada em 2015, pela Lei estadual n. 15.855); e) Contribuição de Solidariedade para as Santas Casas de Misericórdia do Estado de São Paulo (art. 39). Com as mudanças perpetradas pela Lei estadual n. 15.855, de 2015, ficou eliminada como rubrica receptora da repartição dos recursos a Carteira de Previdência das Serventias da Justiça do Estado.

A estes destinatários, nos termos do art. 19 da Lei em comento, os emolumentos relativos aos atos de Notas, de Registro de Imóveis, de Registro de Títulos e Documentos e Registro Civil das Pessoas Jurídicas e de Protesto de Títulos e Outros Documentos de Dívidas são rateados na seguinte proporção: i) 62,5% (sessenta e dois inteiros e meio por cento) são receitas dos notários e registradores; ii) 17,763160% (dezessete inteiros, setecentos e sessenta e três mil, cento e sessenta centésimos de milésimos percentuais) são receita do Estado, em decorrência do processamento da arrecadação e respectiva fiscalização; iii) 9,157894% (nove inteiros, cento e cinquenta e sete mil, oitocentos e noventa e quatro centésimos de milésimos percentuais) são contribuição à Secretaria da Fazenda; iv) 3,289473% (três inteiros, duzentos e oitenta e nove mil, quatrocentos e setenta e três centésimos de milésimos percentuais) são destinados à compensação dos atos gratuitos do registro civil das pessoas naturais e à complementação da receita mínima das serventias deficitárias; v) 4,289473% (quatro inteiros, duzentos e oitenta e nove mil, quatrocentos e setenta e três centésimos de milésimos percentuais) são destinados ao Fundo Especial de Despesa do Tribunal de Justiça, em decorrência da fiscalização dos serviços; e vi) 3% (três por cento) são destinados ao Fundo Especial de Despesa do Ministério Público do Estado de São Paulo, em decorrência da fiscalização dos serviços.

Deste montante, há que se advertir que o Poder Judiciário *não percebe, apenas, os* 4,289473% que são destinados ao Fundo Especial de Despesa do Tribunal de Justiça, em decorrência da fiscalização dos serviços, *porquanto do total-parcial de cerca de 18% destinado ao Estado, mais de 80% dele é atribuído ao próprio serviço judicial e ao Poder Judiciário estadual*, nos termos do art. 20 da Lei n. 11.331/2002, do Estado de São Paulo.

Em outras palavras, torna-se facilmente aferível a importância dos emolumentos devidos pelos atos praticados pelo serviço notarial e de registro ao serviço judicial e ao próprio Poder Judiciário estadual, visto que o percentual que a ele se destina não almeja apenas custear a fiscalização do serviço notarial e de registro, mas visa, igualmente, a figurar como importante fonte de recursos para o adequado funcionamento do órgão e eficiente desempenho do serviço judicial, alargando o seu acesso à população mais carente e beneficiária da Assistência Judiciária.

Não é exagero, portanto, afirmar que *os emolumentos apresentam-se como importante sustentáculo da própria independência judicial*, na medida em que desempenham papel elementar na sustentação de uma das principais garantias constitucionais orgânicas do Poder Judiciário, qual seja, a sua *autonomia financeira* perante os demais Poderes (cf. Tavares, 2010: 1214).

Eis aqui o vício de inconstitucionalidade referido, no qual incidem os arts. 42 e 43 da Lei federal n. 11.977/2009. *A gratuidade e a redução dos valores dos emolumentos* relativos aos atos de abertura de matrícula, registro de incorporação, parcelamento do solo, averbação de construção, instituição de condomínio, registro da carta de habite-se, bem como de registro de alienação de imóvel *afetam uma importante fonte de custeio e de financiamento do Poder Judicial, em especial da Justiça Estadual.*

Nesse sentido, os arts. 42 e 43 da legislação federal em apreço, ademais de desrespeitarem a autonomia dos Estados-membros, assegurada pelo art. 236, § 2º, afrontam a própria Justiça Estadual, ao se imiscuírem em valores que são a ela destinados e que compõem o patrimônio público que sustenta uma das principais garantias do cidadão na defesa de seus direitos, que é a existência de um Poder Judiciário forte e independente, não receoso do impacto ou desconforto que suas decisões possam causar a autoridades, políticas ou projetos de outros Poderes.

Mais diretamente, e ainda dentro da esfera desse "patrimônio da cidadania", a Lei aqui esgrimida ataca-o frontalmente, por importar em *consciente redução de valores destinados à já (e ainda) carente assistência judiciária* (cuja relevância ímpar para efetivar a dimensão social dos direitos dispensa maiores digressões).

Ademais, conforme mencionado nesse trabalho, no estudo das competências legislativas, os emolumentos aqui analisados compõem, parcialmente, a autonomia financeira da Justiça Estadual, além de permitirem a remuneração desse serviço específico, que é delegado aos particulares.

Com efeito, mesmo que o respectivo Estado-membro pretenda a gratuidade e a redução dos valores dos emolumentos relativos aos atos de abertura de matrícula, registro de incorporação, parcelamento do solo, averbação de construção, instituição de condomínio, registro da carta de habite-se, bem como de registro de alienação de imóvel, uma previsão legal dessa envergadura depende de iniciativa normativa do Poder Judiciário estadual.

1.2.2. *Limites à autonomia financeira do Poder Judiciário*

As autonomias atribuídas ao Poder Judiciário não são ilimitadas, comportando restrições múltiplas, especialmente concernentes ao desenho institucional dos Poderes.

Assim, da mesma forma que o desrespeito às autonomias do Poder Judiciário pode ter um impacto negativo na independência e harmonia entre os Poderes, os excessos desse como de qualquer dos Poderes pode gerar desequilíbrio institucional.

Um exemplo de excesso do Poder Judiciário foi levado ao Supremo Tribunal Federal, na ADI n. 584, de Relatoria do Ministro Dias Toffoli. No julgamento da referida ADI, em 19-3-2014 (publicação *DJe* 9-4-2014) o Supremo julgou inconstitucional o art. 245 da Constituição do Estado do Paraná, que previa que todas as importâncias recebidas pelo Estado provenientes da União "a título de indenização ou pagamento de débito" ficariam retidas para pagamento das condenações judiciais de indenizações de terceiros contra o Estado do Paraná.

Por ocasião da concessão da liminar (que acabou se tornando definitiva pelo julgamento do pleno que declarou a inconstitucionalidade da norma estadual) conforme voto do então relator Ministro Celso Mello, na referida ADI, ficou assentado que a norma "instituiu (...) verdadeiro sequestro de valores pecuniários" devidos ao Estado do Paraná "entregues pela União a título de indenização ou de adimplemento de obrigações federais". Acrescentou, que a referida norma, além de ter colocado essas verbas à disposição do Poder Judiciário, afetou-as a um fim específico.

Ademais, uma norma estadual desse calibre, como explicitou o Ministro CELSO MELLO, subordina o Governador do Estado na gestão dos recursos, tolhendo a iniciativa exclusiva do Chefe do Executivo nos "processos orçamentários", pois o Executivo ficaria "impedido, quanto àqueles recursos específicos, de propor à Assembleia Legislativa, mediante projeto de lei, destinação diversa (...) consentânea com seu juízo político-administrativo".

Portanto, a autonomia financeira do Poder Judiciário não pode ultrapassar certos limites, a ponto de em seu nome permitir-se interferir na competência do Poder Executivo.

1.3. Capacidade normativa

O Poder Judiciário foi contemplado – e não poderia ser diferente – com capacidade normativa própria.

Essa capacidade compreende diversos níveis distintos. Assim, compõem essa capacidade normativa: i) a competência para deflagrar o processo legislativo em determinadas matérias (iniciativa legislativa dos tribunais); ii) a elaboração própria do Regimento Interno. Interessa mais de perto este último item, especialmente a capacidade normativa primária.

A possibilidade-necessidade de funcionar a partir do próprio Regimento Interno é expressão máxima da capacidade normativa inerente à cláusula da "separação de poderes": "Tem-se considerado, comumente, a elaboração de seus regimentos internos pelos tribunais como decorrência direta do postulado da separação de poderes, de maneira que o funcionamento de um dos poderes ou *de qualquer de seus órgãos*, ao ser traçado por meio de normas, *não poderia*, só por esse motivo, *ser atribuído ao Poder Legislativo*, sob pena de se afetar drasticamente a necessária e proclamada independência dos 'poderes'" (ANDRÉ RAMOS TAVARES. *Teoria da Justiça constitucional*. São Paulo: Saraiva, 2005, p. 336, original não grifado).

1.3.1. *Capacidade normativa primária*

1.3.1.1. Competência para elaborar o Regimento Interno

No exercício de sua capacidade normativa, cada Tribunal do País funciona a partir de um Regimento Interno próprio, cuja competência de elaboração e aprovação é do respectivo Tribunal. Assim, compete *privativamente* aos tribunais elaborar seus regimentos internos" dispondo sobre a competência e funcionamento dos respectivos órgãos jurisdicionais e administrativos" (nos termos do art. 96, I, *a*, da CB).

Embora reconheça que não há conceito rígido de Regimento Interno, Pontes de Miranda (1987, t. III: 587) propôs a ideia de que o Regimento "é o corpo de regras jurídicas relativas à função da entidade singular ou coletiva, no que concerne à disciplina interna".

Tem-se considerado, comumente, a elaboração de seus regimentos pelos tribunais como "decorrência direta do postulado da separação de poderes, de maneira que o funcionamento de um dos poderes ou de qualquer de seus órgãos, ao ser traçado por meio de normas, não poderia, só por esse motivo, ser atribuído ao Poder Legislativo, sob pena de se afetar drasticamente a necessária e proclamada independência dos 'poderes'" (Tavares, 2005a: 336).

"É da tradição venerável e sempre justa que o tribunal vote o seu Regimento Interno. É um dos elementos da sua independência, porque, se assim não acontecesse, poderiam os legisladores, com a aparência de reorganizar a Justiça, alterar a ordem dos julgamentos e atingir a vida interna dos tribunais" (Pontes de Miranda, 1987, t. III: 585).

1.3.1.2. Conteúdo e posição do Regimento Interno dos tribunais

A autonomia existente, portanto, determina ao Poder Judiciário capacidade para editar ato normativo próprio, sobre seus assuntos. Isto se dá, pois, no exercício dessa reconhecida e amplamente proclamada autonomia, independente e paralelamente à lei em sentido formal. Este é o ponto central, a chave de leitura para a correta compreensão e encaminhamento da temática.

O que estou procurando dizer, aqui, está além do poder normativo secundário, praticamente inegável a todas instâncias de "Poder", para fins de detalhar e executar suas responsabilidades emergentes das leis do país.

Estou me reportando, agora, a um outro aspecto da genérica ideia de capacidade normativa do Poder Judiciário. Não se trata, portanto, da capacidade regulamentar, que é uma capacidade normativa secundária, baseada e lastreada em Lei (ou até mesmo, de maneira excepcional, diretamente na Constituição). No caso da Constituição de 1988, por força dessa autonomia, que agora vai interessar mais particularmente, o Poder Judiciário tem capacidade paralegislativa, capacidade equiparada[49] à capacidade própria dos legisladores, embora com espectro conteudístico muito mais reduzido.

Essa capacidade primária atribuída ao Poder Judiciário é exercida, por vezes, pela *capacidade regimental*, para usar aqui expressão cunhada pelo Min. Eros Grau em seu voto na ADI n. 2.907/AM; por vezes, o Poder Judiciário constitucional exercita essa autonomia por meio de outro ato normativo que não o seu Regimento, hipóteses para as quais se poderia imaginar nomenclatura igualmente específica e própria (que evite confusões). É o que ocorre, neste último caso, *v.g.*, com o exercício dessa *capacidade pela via dos provimentos*. As competências do Conselho Superior da Magistratura – CSM de São Paulo, apenas para usar um caso concreto como exemplo, permitem a edição de Provimento como a espécie normativa adequada, dentro dos exatos termos aqui traçados.

Assegura expressamente a Constituição do Brasil, aos "tribunais", como visto, o poder de "eleger seus órgãos diretivos" (art. 96, I, *a*). Essa competência (privativa) de definição dos órgãos diretivos dos ramos do Poder Judiciário é questão que entendo ser absolutamente circunscrita à capacidade de governar-se e, assim, atuar de maneira independente quanto aos demais poderes. Essa prerrogativa deve ser compreendida, portanto, como explicitação da *ideia de autogoverno*, como indicado acima. Por isso, como já fazia anotar Pontes de Miranda, a propósito do tema: "[...] nenhuma Constituição estadual pode entregar ao Governador, ou à Assembleia legislativa, a designação do Presidente dos Tribunais de Justiça" (*Comentários à Constituição de 1967*. 2.ed. São Paulo: Revista dos Tribunais, 1987, t. III, p. 585).

O Poder Judiciário não prescinde de órgãos diretivos, responsáveis pela gestão e orientação do Poder Judiciário. Os tribunais devem eleger seus órgãos diretivos, responsáveis pela direção e gestão das atividades e dos respectivos integrantes.

É por essa razão que a eleição dos órgãos diretivos e o funcionamento dos órgãos jurisdicionais e administrativos do Poder Judiciário – temas intrinsecamente interligados – devem ser disciplinados nos respectivos Regimentos Internos dos tribunais (capacidade normativa própria anteriormente delineada).

---

49 No sentido de encontrar fundamento de validade e campo de incidência próprios, diretamente derivados da Constituição.

O Regimento Interno é o documento normativo, de elaboração do respectivo órgão, que disciplina o seu funcionamento (em sentido amplíssimo).

1.3.1.3. O caso do Regimento Interno do STF

O Regimento Interno do STF merece menção apartada, considerando todas suas particularidades, tanto conceituais como históricas.

Historicamente falando, a Constituição de 1967/69 contemplou o STF com ampla competência normativa (Mello Filho, 1984: 272). Ficou determinado no art. 119, § 3º, *c*, daquela Constituição que o Regimento Interno do Supremo Tribunal Federal poderia estabelecer "*c)* o processo e o julgamento dos feitos de sua competência originária ou recursal e da arguição de relevância da questão federal".

Nesses exatos termos, tinha-se o Supremo Tribunal Federal legislando, legitimamente, em matéria processual. Ocorre que essas normas, verdadeiras normas legislativas, eram veiculadas por meio de seu Regimento Interno.

Por tal razão, o STF admitiu, na Ação Penal n. 470, em que se apurava o que ficou conhecido como "mensalão", os chamados "embargos infringentes", um recurso criado pelo art. 333, I, do Regimento Interno do Supremo Tribunal Federal, aprovado ainda na vigência da Constituição anterior (cf. AP 470 AgR-26º, Relator Min. Joaquim Barbosa, Relator para o Acórdão Min. Roberto Barroso, Tribunal Pleno, *Dje* de 17-9-2013).

No campo conceitual, a elaboração do regimento por uma Suprema Corte onde não haja, como no Brasil, um Tribunal Constitucional, deve ser compreendida como uma atribuição normativa típica. Em obra dedicada exclusivamente ao estudo dessa temática comumente abandonada pela doutrina constitucional, Panunzio (1970: 109 e s.) havia fixado esse entendimento após analisar o tipo de normas constantes do regimento interno da Corte Constitucional italiana.

Contudo, é preciso, ainda, estabelecer a gradação dessa atividade normativa. Neste ponto, a realidade prática talvez seja a melhor orientação a ser adotada. Trata-se de atividade normativa com força legislativa.

A perspectiva que aqui se apresenta não contesta a proposição acima adotada de que a elaboração própria, pelo Tribunal, de um Regimento Interno, mesmo quando se trata do Tribunal máximo, decorre da cláusula de separação dos poderes. Apesar de fundamentada na teoria da separação dos poderes, a capacidade normativa regimental é inequivocamente de natureza legislativa, embora, como acentuado, fortemente limitada em sua extensão.

Trata-se da potestade de auto-organização do Tribunal Constitucional ou da Corte Suprema com funções constitucionais, mediante sua decisão interna, que se expressara, evidentemente, em termos normativos abstratos.

Quanto ao fundamento dessa atividade atribuída ou reconhecida ao Tribunal Constitucional e às Cortes Supremas, por consequência, quando exercentes da função de Tribunal Constitucional, há polêmica doutrinária quanto a reconhecer ou não certa cláusula constitucional implícita nesse sentido (cf. ZAGREBELSKY, 1988: 85).

Consoante esclarece CRISAFULLI: "Prevalece, para isso, na doutrina a tendência a dar um fundamento diferente ao poder regulamentar da Corte, além do dado textual representado pelos arts. 14 e 22 da Lei n. 87: os quais, então, teriam valor meramente cognitivo e declaratório de um princípio, que, sendo implícito na normativa dos textos constitucionais, seria – nesse sentido – igualmente considerado constitucional, não só materialmente, mas também formalmente. Parece, de fato, que a autonomia normativa, ao menos sob o aspecto de poder de auto-organização, insere necessariamente a figura e a 'posição' no sistema de um órgão, como a Corte, à qual se solicita julgar a conformidade às normas constitucionais dos atos e dos comportamentos dos órgãos supremos do Estado, a começar pelo Presidente da República e pelo Parlamento. As disposições dos textos constitucionais que garantem a plena independência dos membros da Corte postulam e pressupõem – se observa, prosseguindo nesta ordem de ideias – o princípio em que seja garantida antes de mais nada a independência da Corte, como instituição global e colegiada, por toda possível ingerência de poderes estranhos: isso implica, a sua vez, que lhe seja reconhecido um amplo poder de autodisciplina, com normas próprias, o seu funcionamento" (CRISAFULLI, 1984, v. 2, t. 2: 239).

Para PANUNZIO, contudo, não seria possível derivar essa cláusula implícita da qualidade de órgão constitucional do Tribunal: "Na realidade não se pode partilhar tal teoria ao dizer que o poder regulamentar seja uma garantia assegurada na lei atribuída à Corte Constitucional para lhe assegurar independência e autonomia; assim como se deve concordar com ela ao dizer que o mesmo poder independente explicita previsões contidas nas leis ordinárias. O ponto que não parece possa ser partilhado, ao contrário, é quando provém o poder normativo da Corte Constitucional diretamente de sua natureza de "órgão constitucional". Não que se duvide de que essa seja tal, como reconhecido explicitamente.. Mas isto não resulta suficiente porque não parece que, na realidade, em nosso ordenamento, seja possível individualizar um regime comum de garantias legais, válido, indistintamente, para todos os órgãos constitucionais" (PANUNZIO, 1970: 209-10).

GRASSO, diversamente, realiza uma construção doutrinária diferenciada, fazendo a atribuição de redigir o regulamento decorrer das "lacunas" da lei ordinária. Pondera o autor: "o fundamento do poder regulamentar está, portanto, na decisão da Corte de escolher entre um dos modos admitidos, em abstrato, para determinar a própria organização e o processo. Querendo usar uma expressão corrente, se diria que da decisão da Corte derivou uma 'norma sobre a produção das outras normas positivas'" (GRASSO, 1961: 958, apud PANUNZIO, 1970: 214).

PANUNZIO, citando o pensamento de CRISAFULLI, conclui no seguinte sentido de que "além das particulares críticas que podem ser feitas às teses prospectadas por SANDULLI e por GRASSO, parece, todavia, como foi observado de forma autorizada recentemente, que seja esta a perspectiva justa para resolver o problema: que se deva procurar o fundamento do poder regulamentar da Corte em um princípio constitucional subentendido na norma expressa, porque "necessariamente ligada às específicas exigências de independência de um órgão como a Corte, colocada em uma situação de virtual supremacia em relação a qualquer outro poder do Estado" (PANUNZIO, 1970: 216-217).

Em síntese, o fundamento constitucional é próprio dessa atividade,e pode ser considerado implícito (RUGGERI, 1977: 121). Basta verificar que, organizando o Tribunal Constitucional e a Suprema Corte investida dessa função, suas atribuições específicas serão exercidas de modo correspondente (PANUNZIO, 1970: 19). Ora, o exercício de uma função que acaba por interferir nas demais funções deve contar, no mínimo, com o mesmo fundamento daquelas. Ratifica-se, também neste ponto, a anunciada necessária existência de um "Estatuto funcional constitucional".

Ao se falar em natureza legislativa, surge, pois, a dificuldade de coordenar essa natureza com a ideia de "regulamento", normalmente considerado fonte secundária do Direito, reportando-se a uma lei ou norma anterior e superior.

Se se considera o aspecto da inovação, por meio da norma do regulamento, tem-se uma argumentação favorável à natureza legislativa desse instrumento, pois "sem dúvida que as disposições contidas nos regulamentos da Corte constituíram um *quid novi* em relação ao sistema normativo precedente do qual resulta, precisamente, modificado. Não se pode, entretanto, entender reprodutivas ou meramente aplicativas ao caso concreto de normas superiores às outras fontes" (PANUNZIO, 1970: 114-115).

Se é considerada imprescindível a generalidade da norma, entendida como repetibilidade no tempo, também ela está presente no regimento do Tribunal Constitucional "Também tal característica é inerente às normas contidas nos regulamentos da Corte, que são sempre dirigidos, de fato, a disciplinar uma série de fatos potencialmente verificáveis na ordem temporal" (PANUNZIO, 1970: 114-5).

Por fim, quanto ao aspecto sempre reverenciado (para a legislação) da abstratividade, considere-se que esta "é uma caraterística estritamente ligada e, por isso, complementar da generalidade, seja entendida como 'impessoalidade' (vindo assim a ser um dos aspectos da generalidade), seja entendida como 'tipicidade' (nesse sentido que a norma, ainda que não geral, contém quase sempre um esquema, abstrato, da atividade disciplinada). Também tal característica não pode ser certamente negada às disposições adotadas pela Corte, que são de fato voltadas a disciplinar não um fato concreto e historicamente determinado, mas sempre manifestações de atividades 'típicas'" (PANUNZIO, 1970: 116).

Essa auto-organização tem sido entendida, em parte, como a regulamentação, pelo Tribunal Constitucional ou Suprema Corte, do *exercício de sua função*. PANUNZIO (1970: 123 e s.) sustenta que esse tipo de atividade, que vem qualificada como *interna* ao Tribunal Constitucional, conta, em realidade, com eficácia externa, o que ratifica o posicionamento afiançado anteriormente para esse regimento: atividade propriamente legislativa.

Poder-se-ia argumentar que, em sendo o Tribunal Constitucional o próprio guardião da regularidade desse regimento (de sua compatibilidade com a Constituição), acabaria ele por poder alcançar uma força constitucional (e não meramente legislativa). Contudo, é de se admitir a possibilidade, reservada para as normas regimentais, de uma interferência legislativa via processo de reforma constitucional. A questão foi igualmente equacionada por PANUNZIO: "Mas na realidade, também sob o plano jurídico, tem-se sempre a garantia constituída, como já dito, da possibilidade de intervenção de uma lei constitucional. Junto a esta, a persistência da Corte em afirmar a validade ou, definitivamente, em aplicar as normas regulamentares contra a Constituição seria um fato estranho ao ordenamento e, nesse sentido, revolucionário. Muito, nesse respeito, fica por isso confiado à serenidade e ao equilíbrio da mesma Corte; que espera fazer com que a própria independência e a própria autonomia não se transformem em arbítrio, ultrapassando os limites identificados à sua posição e violando a confiança que o ordenamento nela repôs, senão de maneira fundamentada" (PANUNZIO, 1970: 324-325).

Em conclusão, tem-se que a possibilidade de edição de um regimento próprio, reconhecida para o Tribunal Constitucional ou Suprema Corte com funções equivalentes, como é o caso do STF, é atividade legislativa, exercida pelo Tribunal com fundamento na Constituição.

1.3.1.4. O caso do auxílio-moradia

Discute-se se está abarcada na capacidade normativa de cada Tribunal a possibilidade de regulamentar a questão do auxílio-moradia aos seus magistrados, sem necessidade de intermediação legislativa.

Com a decisão do CNJ de suspender, sem base legal ou constitucional, resoluções de Tribunais Regionais do Trabalho que estabeleciam auxílio-moradia, agravou-se a polêmica em torno do tema.

Sob a vigência da Constituição anterior de 1967 (com significativas alterações da Emenda Constitucional n. 1/69) o Supremo Tribunal Federal declarou a inconstitucionalidade do § 3º do art. 65 da LOMAN – Lei Orgânica da Magistratura, parágrafo inserido pela Lei Complementar n. 54/86, que estabelecia que os próprios tribunais poderiam conceder auxílio-moradia em até 30% sobre os vencimentos. Referida decisão do STF resultou na Resolução do Senado n. 31/93, que suspendeu a execução da Lei nesse ponto.

A lógica da decisão, contudo, não se aplica à atual Constituição do Brasil. O voto do relator, Min. MOREIRA ALVES, sustentava que a lei não poderia transferir competência dos órgãos legislativos para os órgãos judiciários e, na época, pressupunha-se que a fixação do auxílio deveria ser feita por Lei de iniciativa exclusiva do Chefe do Poder Executivo.

A Constituição anterior, própria de um regime autoritário, concentrava o Poder de forma excessiva no Executivo, que era hipertrofiado em relação aos demais Poderes, inclusive em relação ao Poder Judiciário. Bem por isso, aliás, seus regimes jurídicos e institutos não servem como parâmetros adequados para solucionar disputas atuais, em que o Poder Judiciário tem restabelecida plenamente sua posição.

De acordo com ANTÔNIO DE PÁDUA RIBEIRO, na Constituição anterior a hipertrofia do Poder Executivo atingia "seriamente o princípio da independência e harmonia dos poderes por ela própria adotada". Portanto no referido período, ainda de acordo com RIBEIRO"o Judiciário (...) sempre estava a depender do Executivo para inclusão no orçamento de verbas de seu interesse e da sua posterior liberação (...) situando-se em posição aviltante em termos de relacionamento dos poderes" (RIBEIRO, 1989: 201).

A atual Constituição, em sentido oposto, alargou, de forma inédita, a autonomia do Poder Judiciário. Nesse sentido, vale relembrar a lição de GILMAR FERREIRA MENDES, quando explica que a Constituição de 1988 confiou ao judiciário "uma autonomia institucional, desconhecida na história de nosso direito constitucional e que se revela, igualmente, singular ou digna de destaque também no plano comparado" (MENDES; BRANCO, 2012: 998).

Por tais razões a Constituição do Brasil não mais comporta interpretação semelhante àquela adotada pelo STF no regime constitucional anterior, pois o Poder Judiciário, com autonomia reforçada, não mais pode ter seu funcionamento condicionado a favores do Poder Executivo.

O auxílio-moradia foi previsto no mesmo contexto das despesas de transporte e mudança (inciso I do art. 65 da LOMAN) e das diárias (inciso III do art. 65 da LOMAN).

Referidas verbas são indenizatórias, nos termos do § 11 do art. 37 da Constituição do Brasil e, portanto, possuem um regime jurídico próprio (não sendo computadas para efeitos de teto remuneratório) e devem ter sua regulação pelo próprio Poder Judiciário. A normatização da concessão dessas verbas é inerente ao exercício da judicatura.

A LOMAN, que criou o instituto, em seu art. 65, *caput* (texto da LC n. 54/86) faz constar a expressão"nos termos da lei", diante da qual se poderia imaginar que haveria necessidade de uma subsequente intermediação legislativa para que o auxílio moradia pudesse ser efetiva e legitimamente criado e usufruído. Entretanto, como reforcei acima, o atual regime constitucional, que prevê ampla autonomia ao Poder Judiciário, inclusive face ao Poder Legislativo, não é compatível com essa leitura.

A Lei n. 5.010/66 prevê a aplicação do Estatuto dos Funcionários Públicos à magistratura federal. Referido Estatuto é a Lei n. 8.112/90, que regulamenta de maneira minuciosa os requisitos para o auxílio-moradia (art. 60-B). Essa regulamentação também não pode ser admitida, para fins de aplicação analógica para a Magistratura, no atual sistema constitucional, pois retira a autonomia do Poder Judiciário, ao impedir que cada tribunal normatize a questão de acordo com suas diversas realidades. Essa imposição, que sufocaria as funções básicas do Poder Judiciário e compromete seu próprio funcionamento, é compreensível, tendo em vista que a Lei n. 5.010/66 foi promulgada no contexto da autoritária constituição anterior.

O STF, o STJ e o TST chegaram a normatizar, por seus atos próprios (ou seja, no âmbito de suas capacidades normativas em caráter primário) a concessão de auxílio-moradia.

É evidente que na concessão do auxílio-moradia há que se respeitar os limites orçamentários de cada Tribunal.

Entretanto, não se pode impor uma intermediação legislativa para a normatização da matéria, inerente ao exercício da judicatura, o que acabaria por comprometer a independência do Poder Judiciário e obstar seu funcionamento na forma traçada pela Constituição de 1988.

A Instrução Normativa CNJ n. 53, de 2019, regulamentou a concessão e o pagamento de auxílio-moradia, tornando seus elementos um padrão nacional para o Poder Judiciário. Nos termos de seu art. 3º, o auxílio-moradia demanda o atendimento aos seguintes requisitos:

"I – não exista imóvel funcional disponível para uso;

II – o cônjuge ou companheiro do beneficiário não ocupe imóvel funcional;

III – o beneficiário, seu cônjuge ou companheiro não seja ou tenha sido proprietário, promitente comprador, cessionário ou promitente cessionário de imóvel no Distrito Federal, incluída a hipótese de lote edificado sem averbação de construção, nos doze meses que antecederem a sua nomeação ou requisição;

IV – nenhuma outra pessoa que resida com o beneficiário receba auxílio-moradia ou ajuda de custo para moradia;

V – o beneficiário não tenha sido domiciliado ou tenha residido no Distrito Federal, nos últimos doze meses, desconsiderando-se prazo inferior a sessenta dias dentro desse período;

VI – o deslocamento não tenha sido por força de redistribuição de cargos ou nomeação para cargo efetivo".

Também conforme a referida Instrução Normativa, o auxílio-moradia não se destina a indenizar despesas de condomínio, energia, telefone, alimentação, impostos e taxas de serviços (art. 5º, *in fine*).

No caso de o beneficiário, seu cônjuge ou companheiro assinar termo de permissão de uso de imóvel funcional, ou recusá-lo, quando colocado a sua disposição, ou ainda quando for proprietário de imóvel na localidade, cessará o direito a perceber o auxílio-moradia (art. 8º da Instrução Normativa CNJ).

1.3.2. *A capacidade normativa pela iniciativa legislativa*

Ampliando a independência do Poder Judiciário, a Constituição do Brasil de 1988 lhe determina real autonomia e dispõe, ainda, sobre leis de iniciativa de órgãos do próprio Poder Judiciário no que concerne à regulamentação das funções desse Poder, visando, justamente, a assegurar também essa capacidade normativa, mas já aqui em outra dimensão.

É o que se encontra nos arts. 93, 96, II, e 125, § 1º, da atual Constituição do Brasil.

2. DEVERES INSTITUCIONAIS DO PODER JUDICIÁRIO (GARANTIAS ESTRUTURAIS)

2.1. Concurso público para ingresso

Pode-se dizer que a regra geral para ingressar na carreira judicial é o concurso público. Assim estabelece o art. 93, I, na novel redação dada pela EC n. 45/2004: "ingresso na carreira, cujo cargo inicial será o de juiz substituto, mediante concurso público de provas e títulos, com a participação da Ordem dos Advogados do Brasil em todas as fases, exigindo-se do bacharel em direito, no mínimo, três anos de atividade jurídica e obedecendo-se, nas nomeações, a ordem de classificação".

Vislumbra-se, na nova redação do preceptivo sob comento, a exigência de outro requisito, além das provas e títulos, qual seja, três anos de atividade jurídica. Tal imposição, certamente, vem a contrabalançar a utilização de critérios exclusivamente relacionados à formação teórica, no processo seletivo de magistrados, na exata medida em que atividade jurídica denota a relevância da experiência (*v.* experiência jurídica prévia de três anos, neste capítulo). O único problema desta nova disposição foi sua imprecisão conceitual. Nesse sentido, o STF, por ocasião do julgamento da ADI 598-7 (rel. Min. PAULO BROSSARD, *DJ* de 12-11-1993), delimitou, minimamente, os seus parâmetros. Posteriormente, o assunto ingressaria em normativa própria de padronização dos concursos públicos para a Magistratura, editada pelo CNJ, por meio da Resolução n. 75.

O dispositivo constitucional declara abertamente o critério meritório para fins de ingresso nos quadros da Magistratura brasileira de primeira instância. Isso tem um significado duplo: i) não há ingresso por força ou indicação meramente política, suplantando, assim, eventuais práticas espúrias à República, como o "apadrinhamento"; ii) a forma eletiva para exercício de cargos não alcança o Judiciário brasileiro por força da vontade constitucional inequívoca.

A Ordem dos Advogados do Brasil desempenha importante função na escolha dos integrantes do Poder Judiciário. A OAB deve participar de todas as fases dos concursos de ingresso. Isso (i) impede que se forme um corporativismo ou uma ideologia judiciária já no momento do ingresso; e (ii) permite o controle geral dos processos de formação das fileiras do Judiciário.

Como função essencial à Justiça, a Advocacia foi contemplada, pela Constituição, com esse dever de responder, juntamente com a própria Magistratura, perante a sociedade, pela seleção qualitativa dos ingressantes no Judiciário para preenchimento de suas fileiras.

O acesso aos tribunais de segunda instância ocorre ou por meio da promoção, por antiguidade ou merecimento (contemplando os juízes que ingressaram pelo concurso público), ou por força do chamado quinto constitucional, constitucionalmente previsto, pela primeira vez, na Constituição de 1934, mas criado antes dela, pelo Decreto presidencial n. 16.273, de 1923, para o Distrito Federal, que denominava "jurisconsultos" (art. 33 do Decreto). Já o acesso aos tribunais superiores e ao STF não ocorre por meio de promoção na carreira, mas sim por critérios políticos próprios, específicos e especificados na Constituição.

2.1.1. *Experiência jurídica prévia de três anos*

A exigência de, no mínimo, três anos de atividade jurídica, para o ingresso na carreira da magistratura, como o fez a Reforma do Judiciário, garante que o recém-magistrado, que passará a integrar a estrutura do Judiciário, tenha adquirido um mínimo de preparo prático e experiência, capaz de o conduzir na complexa e importante função jurisdicional, a permitir que a estrutura se movimente de maneira satisfatória. Essa exigência é constitucional.

A redação do dispositivo gerou fortes controvérsias interpretativas. Exigem-se "do bacharel em direito, no mínimo, três anos de atividade jurídica" (art. 93, I, da CB). Sustentei, no momento imediatamente após a Reforma do Judiciário, que "uma leitura menos atenta poderia levar à conclusão apressada de que se exige o mínimo de três anos de atividade jurídica comprovada após o bacharelado para poder ingressar na carreira da magistratura" (TAVARES, 2005b: 68).

Contudo, atente-se à circunstância de que o dispositivo está a exigir dois requisitos distintos: (i) contar com três anos de atividade reconhecida como jurídica; e (ii) possuir o diploma de bacharel. Ambos os requisitos são exigíveis no momento do ingresso na carreira, concomitantemente. Mas não há nada que exija a precedência do item (ii) em relação ao (i), ou a concomitância destes no tempo, ou seja, não está implícito nessas exigências uma terceira, de que seria necessário possuir o diploma de bacharel (exigência "ii") para que se inicie a contagem do prazo mínimo de três anos de experiência (exigência "i").

Posteriormente, por meio da referida Resolução n. 75, de 12 de maio de 2009, o CNJ determinou, conforme sua própria interpretação do dispositivo constitucional, que para a inscrição preliminar o interessado em concorrer no concurso público deverá preencher formulário no qual firme declaração, sob as penas da lei, "de que é bacharel em Direito e de que deverá atender, até a data da inscrição definitiva, a exigência de 3 (três) anos de atividade jurídica exercida após a obtenção do grau de bacharel em Direito" (art. 23, § 1º, *a*), sob pena de exclusão do processo seletivo.

2.1.1.1. Momento da comprovação

Haveria de se exigir a comprovação do cumprimento das exigências temporais na data da posse, e não no momento da inscrição (cf. Súmula 266 do STJ), já que a CB fala, em seu art. 37, I, em preenchimento de requisitos legais para o exercício do cargo, e não para concorrer a um cargo (nesse sentido: ROSAS, 2004: 429).

Reforça esse entendimento a circunstância de a Reforma do Judiciário ter estado ocupada com a qualificação dos magistrados, só fazendo sentido a exigência no momento em que venham a tomar posse nessa condição.

Nesses termos atende-se à necessidade, constitucional, de que a exigência (restrição) imposta seja justificável (Súmula 683 do STF) e, mais do que isso, proporcional.

Não foi esse, contudo, o entendimento do CNJ, que por meio da Resolução n. 75 já indicada acima fez constar o dever de o candidato comprovar, no ato da inscrição definitiva, tanto o registro de validade nacional do diploma de graduação como também o cumprimento integral prévio do prazo de 3 (três) anos de exercício da atividade jurídica.

2.1.1.2. Conceito de "atividade jurídica", "exercício da advocacia" e "carreira jurídica"

Muitos concursos públicos, como se sabe, exigem do candidato o exercício prévio de carreira jurídica, ou de atividade jurídica, ou mesmo forense, sendo que, em alguns deles, o exercício dessas atividades pode ser contabilizado como pontuação, nos termos do que vier a ser especificado em cada edital, para a nota final (cf. art. 37, II, da CB, que fala em concurso de provas e *títulos*). Essa permissão está prevista na própria Resolução n. 75 do CNJ. Portanto, a elucidação do que seja exatamente a carreira ou atividade jurídica tem alcance prático evidente, não sendo uma questão meramente acadêmica.

Algumas leis proclamam certas atividades ou profissões como inseridas no rótulo genérico de atividades ou carreiras jurídicas. Nesse sentido, o próprio EAOB define o que considera como exercício da advocacia, indicando as atividades privativas da advocacia no art. 1º, indubitavelmente uma atividade jurídica, a compor o quadro das carreiras jurídicas.

Nos termos da Lei n. 8.935/91: "Art. 3º Notário, ou tabelião, e oficial de registro, ou registrador, são profissionais do direito, dotados de fé pública, a quem é delegado o exercício da atividade notarial e de registro". Se de profissional do direito se trata, conforme determinação constante de lei, não há como deixar de incluí-la, doravante, para fins de cumprimento das exigências diretamente estabelecidas pela Reforma, no conceito de atividade jurídica.

Não foi outro o entendimento já adotado pelo STF (ADI 598-7, rel. Min. Paulo Brossard, *DJ* de 12-11-1993), interpretando o art. 37, II, da CB, cuja essência há de ser aplicada para a exigência de três anos inserida pela Reforma, no sentido de se impor, entre essa exigência e seu sentido, "uma necessária relação de pertinência com a natureza e com o conteúdo ocupacional das funções e dos cargos públicos postos em concurso". É a aplicação do princípio da proporcionalidade (Súmula 683 do STF).

A Resolução CNJ n. 75, em seu art. 59, arrola as atividades que se consideram jurídicas para estes efeitos, incluindo: i) aquela exercida com exclusividade por bacharel de Direito; ii) o efetivo exercício de advocacia, inclusive voluntária, mediante participação anual mínima em cinco atos privativos de advogado em causas ou questões distintas; iii) o exercício de cargos, empregos ou funções, inclusive de magistério superior, que exija a utilização preponderante de conhecimento jurídico; iv) o exercício da função de conciliador junto ao Judiciário por no mínimo dezesseis horas mensais e durante um ano; v) o exercício da atividade de mediação ou arbitragem na composição de litígios.

Ficou excluído da atividade jurídica contabilizável, para estes fins, o simples estágio acadêmico, cuja contagem restou expressamente proibida (art. 59, §1º, da Resolução CNJ n. 75). Não se encontra incluída expressamente na referida Resolução a atividade de escrivão de polícia que, contudo, por posterior decisão do CNJ, em 2019, em sede de Consulta, veio a ser considerada adequada às exigências da referida Resolução para fins dessa contabilização de tema. Para a relatora do tema "o cargo [escrivão de polícia] pode ser considerado para as atividades jurídicas, desde que haja comprovação do órgão competente, e sendo analisada pela comissão realizadora do concurso" (cf. Consulta CNJ n. 0009079-37.2017.2.00.0000).

2.2. Preparação do magistrado em escolas próprias

Incumbe ao Poder Judiciário manter escolas judiciais e judiciárias, destinadas à preparação do magistrado, bem como à sua atualização constante.

Como já aludido no capítulo I, a preparação do magistrado poderá constituir fase intermediária do próprio processo seletivo ou, ao contrário, fase preliminar ao exercício da magistratura por aqueles já aprovados previamente no concurso público (fase imediatamente sucessiva a este).

Em qualquer caso, o aprimoramento do magistrado e, sobretudo, a sua capacitação inicial para o exercício do cargo devem ser algumas das finalidades primordiais das escolas mencionadas. Reconhece-se, aqui, tanto a complexidade do exercício da função judicial quanto a insuficiência da aprovação em concurso público como elemento capaz, isoladamente, para comprovar essa habilitação plena.

2.3. Número de juízes proporcional à demanda e à população

A previsão, inserida no inciso XIII do art. 93, de que "o número de juízes na unidade jurisdicional será proporcional à efetiva demanda judicial e à respectiva população" talvez seja a mudança constitucional, realizada nos últimos anos, que mais visivelmente demonstra a preocupação com a celeridade. O número insuficiente de juízes, especialmente de primeira instância, sempre foi apontado como uma das causas *estruturais* da crise do Judiciário (Moreira Neto, 1999: 58).

Realmente, de nada adiantará a consagração seca em texto normativo de um direito à celeridade processual, ou mesmo outras medidas, como a redução do número de recursos, a valorização da primeira instância ou a distribuição imediata dos processos, se não houver número suficiente de magistrados, capazes de suportar a sempre crescente, complexa e diversificada demanda social.

A reforma exige que o número de juízes seja proporcional à demanda e à população. Trata-se de conferir maior concretude ao princípio (mais amplo) do acesso à Justiça e do devido processo legal. Não há acesso à Justiça se esta, para aproveitar a expressão de WAHL e WIELAND (1997), é um "bem escasso", para poucos. Não há devido processo se não há um magistrado designado com seriedade para resolver o conflito de interesses. Um número razoável de juízes é, assim, uma garantia do cidadão.

Mas não é só, pois há uma determinação moralizadora nesse dispositivo. Esse novo texto normativo porá termo à criação de vagas por motivos e inclinações exclusivamente políticos, que têm sido, infelizmente, uma constante na magistratura nacional, rompendo com a barreira da seriedade e neutralidade política que se deveria obter daqueles responsáveis pela direção do Judiciário. Exemplos, ainda recentes na História nacional, comprovam essa alarmante situação. O critério, doravante, é objetivamente apreciável e controlável, impedindo que prevaleça a vontade subjetiva e arbitrária na criação de novos cargos na magistratura.

A indagação central a respeito desta nova garantia refere-se à sua concretização e sua exigibilidade. A esse respeito, deve-se ponderar desde logo que aumentar o número de juízes, respeitando as regras de rigorosa seleção, requer tempo, uma vez que esbarra nos problemas quanto à formação jurídica e experiência necessárias para o cargo.

Mais do que diminuir o congestionamento do aparelho judiciário, ocasionado pelo aumento progressivo da litigiosidade e da pletora de recursos oferecidos pela legislação brasileira (situação amplamente responsável pela crise de funcionalidade atual), com o aumento do número de magistrados, deve-se dotar o corpo de juízes (atuais e futuros) de preocupações qualitativas e valores humanistas.

Ressalta-se que mesmo com o processo digital, por meio do qual se pretende simplificar fases burocráticas do procedimento, como a juntada de petições e o encaminhamento dos autos a diversos setores e autoridades, não se prescinde da decisão judicial, que não pode ser delegada. Ou seja, por mais que se digitalize o processo, a decisão, na atualidade, ainda depende da ação real do magistrado, sendo que só é possível abreviar esse tempo adequando-se o número de juízes à demanda da população.

2.4. Jurisdição ininterrupta

Aliada à ideia de celeridade processual, a EC n. 45/2004 ainda trouxe outra medida, a atividade jurisdicional ininterrupta, vedando expressamente as férias coletivas nos juízos e tribunais de segundo grau.

Não se alteraram as férias dos magistrados e servidores. Todos permanecerão com o direito às férias. O que não poderá haver são as férias coletivas, o que é coisa bastante diversa. O direito individual às férias pode ser usufruído sem que isso signifique solução de continuidade na prestação jurisdicional, que, pela sua natureza, deve ser ininterrupta. Devem ser mantidos, para tanto, juízes em *plantão permanente*.

É certo que as causas de grande urgência (com risco de perecimento do Direito) sempre contaram com a prestação jurisdicional imediata, pois sempre a violação grave de direito não tem dia e hora para ocorrer. A reforma foi mais longe, nesse ponto, compreendendo que, para o demandante, sua causa é sempre a mais importante e urgente, e que a jurisdição não pode ser simplesmente "desligada" por determinado período de tempo. A assunção da força pelo Estado impede (impedia, anteriormente, do ponto de vista moral) que assim se procedesse.

O inciso XII do art. 93 da CB, responsável por essa mudança, expressamente veda as férias "aos juízos e tribunais de segundo grau". Não se pode dizer que a redação seja impecável, ou que a distinção seja louvável. Pelo contrário. Note-se que o conceito de "tribunais de segundo grau" é inapropriado. Houve, aí, evidente tentativa de dispensar o STF, o STJ e todos os tribunais superiores (TST, TSE e STM) da vedação das férias coletivas, o que é altamente questionável em uma Reforma que busca incansavelmente a celeridade. Mas, como se sabe, o próprio STF (e todos os demais mencionados) pode funcionar como "segundo grau", em certas causas (como aquelas em que a ação é originariamente de competência do STJ). Logo, a indagação seria a de se saber se, para esses processos, haveria a vedação das férias coletivas. Evidentemente que não é possível conceder férias coletivas em relação a parte dos processos e não concedê-la para outros, pois a categoria "férias coletivas" não permite essa construção. A impropriedade e timidez da Reforma, neste ponto, manifesta-se com toda a intensidade. Deveria prevalecer o entendimento orgânico (e não caso a caso) sobre o sentido de tribunais de segundo grau: os Tribunais de Justiça, os Tribunais Regionais Federais, os Tribunais Regionais do Trabalho, os Tribunais Regionais Eleitorais e os Tribunais de Justiça Militares (onde existirem).

O funcionamento ininterrupto da Justiça está há algum tempo preconizado por estudiosos (cf. NALINI, 1994: 43) e constitui pressuposto para uma possível especialização ainda maior da Justiça (que, contudo, não foi realizada na Reforma).

2.4.1. *Horário de funcionamento*

Devido à existência de diferentes horários de funcionamento da Justiça no Brasil, com prejuízo para a atuação forense e para os interesses dos interessados e usuários dos serviços judiciais, o CNJ aprovou, em março de 2011, Resolução n. 130 que, alterando a Resolução n. 88/2009, estabeleceu o horário de expediente dos órgãos jurisdicionais para atendimento ao público.

Esse horário, unificado nacionalmente, passa a ser de segunda-feira a sexta-feira, das 9h às 18h. Esse horário é, contudo, apresentado como mínimo comum aos serviços jurisdicionais nacionais, podendo as unidades jurisdicionais adotarem horários mais amplos.

Esse novo horário de funcionamento ao público deve respeitar, evidentemente, a jornada de trabalho dos servidores, em nada alterando esse regime jurídico.

A existência desse parâmetro nacional é importante medida para realizar uma Justiça célere e atenciosa com a sociedade. Ademais, de pouco adiantaria ao usuário dos serviços jurisdicionais uma Justiça ininterrupta ao longo do ano, mas com atendimento diário precário, reduzido e inadequado. Uma medida complementa a outra e todas conduzem o Judiciário a uma prestação funcional socialmente adequada.

2.5. Justiça itinerante

Os Tribunais Regionais Federais (§ 2º do art. 107 da CB), os Tribunais Regionais do Trabalho (§ 1º do art. 115 da CB) e os Tribunais de Justiça (§ 7º do art. 125 da CB) foram obrigados a criar e manter, desde a Reforma do Judiciário, a chamada "Justiça itinerante". Não se trata de novidade no modelo jurisdicional brasileiro, mas sim de consagração de prática já adotada em alguns Estados-membros.

São condições para a atuação itinerante da Justiça: (i) ser instalada pelo respectivo tribunal; (ii) realizar as atividades jurisdicionais, incluindo audiências; (iii) ser exercida dentro dos limites territoriais da respectiva jurisdição.

Para realização dessa importante tarefa a própria CB permite que se utilizem equipamentos públicos e comunitários. Ou seja, a prestação jurisdicional itinerante pode ser realizada, *v.g.*, em edifícios ou imóveis públicos não destinados ordinariamente a essa função, como as delegacias de polícia, os postos de saúde públicos ou as câmaras municipais.

Seguindo, ainda, a ideia de oferecer jurisdição em todas as localidades do País, a Reforma do Judiciário preservou, no art. 112, para as comarcas não abrangidas pela Justiça do Trabalho, a possibilidade de que a lei transfira as respectivas atribuições aos juízes de direito. Esta medida (que não constitui propriamente novidade), aliada à Justiça itinerante, permite que ninguém fique desamparado pela Justiça trabalhista, num país que as condições de trabalho, em muitos lugares, mostram-se, ainda, inóspitas e que direitos básicos do trabalhador são, ainda hoje, desrespeitados.

Recentemente, em virtude de tumultos e atos de vandalismo possivelmente causados por desrespeito a direitos trabalhistas e demandas de ordem trabalhista, o Tribunal Regional do Trabalho da 14ª Região (Rondônia e Acre) criou uma *vara itinerante da Justiça do Trabalho* no canteiro de obras da Usina Hidrelétrica de Jirau, em Porto Velho (RO). Trata-se de exemplo que bem ilustra o serviço e a pacificação que essas varas itinerantes podem realizar na sociedade. Para tanto, é necessário que o próprio Judiciário esteja atento às movimentações e necessidades sociais, buscando sempre a melhor fórmula para fazer cumprir os direitos fundamentais e demais direitos dos envolvidos.

2.6. Descentralização da Justiça

O § 6º do art. 125 da CB prevê a possibilidade de o Tribunal de Justiça funcionar *descentralizadamente*, por meio da criação de *Câmaras Regionais*, situação também franqueada aos Tribunais Regionais do Trabalho (art. 115, § 2º, da CB) e aos Tribunais Regionais Federais (art. 107, § 3º, da CB). A finalidade encontra-se solenemente declarada: assegurar o pleno acesso à Justiça, em todas as fases do processo.

Amplamente conhecidos e desenvolvidos no Brasil, os juizados especiais representam a certeza de que *novos modelos estruturais* (como as novas Câmaras Regionais) do Judiciário devem ser engendrados, promovendo-se o entrosamento entre Estado-juiz e sociedade, gerando, naquele, uma reação mais rápida. É o que se pretende com a descentralização referida. Está-se, aqui, no campo da "flexibilização da Justiça", que "corresponde à busca de novas vias para a composição de conflitos, dotadas de eficácia jurídica reconhecida" (Moreira Neto, 1999: 93).

A nova terminologia introduzida, a ser assimilada pela doutrina, é a de "Câmaras Regionais", que significaram, no contexto da Reforma, um verdadeiro deslocar dos Tribunais, do centro para a periferia, das capitais para o interior, de maneira que *todo* o aparelho judiciário fique mais próximo do povo, e não apenas a primeira instância.

É medida que, juntamente com a Justiça itinerante, permitirá uma "expansão" da área de influência da Justiça a praticamente todo o território nacional, fazendo com que localidades, nas quais até então não se encontrava nenhum aparelho estatal-judicial, possam passar a contar com a Justiça. Proporcionará um acesso mais fácil, de menor custo e com a possibilidade de acompanhamento mais de perto do processo, às populações de áreas pouco desenvolvidas. A medida é saudável para o próprio magistrado, que ficará próximo da realidade que o cerca e dos problemas e anseios dos interessados, atendo-se menos à burocracia e mais ao caso concreto. Sem dúvida, aquele que precisar do aparato dos tribunais o terá bem próximo, situação que será socialmente motivadora de uma maior procura da Justiça, diminuindo-se, pois, a litigiosidade contida.

Realmente, as "Câmaras Regionais" devem ser compreendidas como atuação descentralizada (leia-se: acessibilidade em maior extensão) da Justiça. No entanto, muito embora tal medida sirva como motivação para acessar o Judiciário, ela não é garantia de celeridade com eficiência, uma vez que a melhoria neste plano dependerá da reforma do Código de Processo Civil e do Código de Processo Penal. O instituto das "Camaras Regionais" deve ser necessariamente implementado com um incremento (quantitativo e qualitativo) dos próprios integrantes da magistratura.

Há quem considerasse essa ideia de "minitribunais locais" (MOREIRA NETO, 1999: 69) incompatível com a almejada especialização da Justiça (especialmente a dos próprios tribunais). Contudo, como esta não foi adotada como ideia-diretriz da Reforma, não haverá, no momento, maiores dificuldades de implementação. Nesse sentido, pode-se concluir que a Reforma do Judiciário de 2004 privilegiou a proximidade entre a Justiça e o cidadão, em detrimento da especialização judicial, que sempre acaba por perder em termos de proximidade da Justiça com o cidadão.

É necessário que se realize, sempre, um prévio planejamento dos custos e da eficácia de tal descentralização. O Brasil tem sofrido, como se sabe, com o aumento não planejado e economicamente inviável de muitas comarcas, nesses casos, sob a falsa bandeira da descentralização e capilaridade social da Justiça. No âmbito judicial, tal como colocado pelo Min. Sepúlveda Pertence, "vai da indigência e da má distribuição dos recursos humanos e materiais disponíveis à crescente lentidão das decisões que se somam à carestia do processo e ao absolutismo das formas processuais. Tudo a concorrer afinal, decisivamente, para a ineficácia e o resultado frequentemente iníquo e socialmente deletério da ação da Justiça no Brasil" (apud Moreira Neto, 1999: 41-42).

A descentralização só tornará a Justiça mais operante se acompanhada estiver de medidas correlatas que não se circunscrevam ao aumento numerário dos cargos de juízes, desembargadores, câmaras ou tribunais, pois este crescimento indiscriminado pode prejudicar o nível e o rigor de uma boa seleção e de uma adequada atividade jurisdicional. Faz-se necessário assegurar a presença de magistrados com boa formação e, acima de tudo, repensar constantemente as leis processuais (cf. Moreira Neto, 1999: 59; Salazar, 1975: 6), pois é de uma reforma nesse nível que se poderá esperar uma agilidade maior do Judiciário, com trâmites mais simples e menores possibilidades de instâncias e instrumentos recursais. É seguindo as leis processuais que o Judiciário resolve as lides, dizendo e aplicando o Direito (Chiovenda: 1965, 68 e s.), sendo sua observância meio preordenado para esse fim. Aliás, o próprio Direito não passa de um *processo social*, ou seja, "um dos meios e critérios de se adaptarem os indivíduos entre si e à vida em comum" (Pontes de Miranda, 1963: 163). E o processo judicial disciplina justamente esse "processo social". Daí a necessidade de que seja eficiente, contemporâneo às necessidades, útil ao fim que serve.

Proporcionar a todos o acesso irrestrito à Justiça representa o ideal da denominada *universalização da jurisdição*, o que efetivamente só se pode conseguir com a eliminação progressiva de todos entraves que impeçam ou restrinjam o ingresso ou a participação na Justiça. É um dos pilares da cidadania plena, do "direito a ter direitos" (voto do *Chief Justice* Warren, em *Perez v. Brownell*, 356 U.S. 44 – 1958). A exclusão da ordem jurídica inviabiliza a efetiva e real aplicação dos direitos conferidos pelo Ordenamento Jurídico. Mais do que conferir expressão concreta (efetividade) à norma constitucional que assegura a todos o acesso à Justiça, com a descentralização desta torna-se imperioso dotar o aparelho judiciário de meios que o possibilitem, de maneira adequada e ampla, responder à demanda da sociedade, para que seu coeficiente de legitimidade social não seja ainda mais afetado.

2.7. Unificação dos Tribunais de Alçada aos Tribunais de Justiça

Preceitua o art. 4º da EC n. 45/2004: "Ficam extintos os Tribunais de Alçada, onde houver, passando os seus membros a integrar os Tribunais de Justiça dos respectivos estados, respeitadas a antiguidade e classe de origem". Essa mesma mudança já havia sido realizada em alguns Estados-membros, como no Rio Grande do Sul (pela EC n. 22/97, alterando os arts. 91 e 92 da respectiva CE), no Rio de Janeiro (pela EC n. 7/98, alterando os arts. 151 e 152 da respectiva CE) e em Minas Gerais (pela EC n. 63/2004, alterando o art. 123 da respectiva CE).

A reunião de Tribunais de Alçada em um único tribunal é medida facilitadora, impedindo que os direitos materiais sejam prejudicados por dificuldades processuais, como a indicação incorreta do Tribunal competente, a negativa de competência, a circulação judicial de autos para decisão definitiva sobre a competência etc.

Essa integração, consoante o parágrafo único do mesmo dispositivo, deverá ser feita no prazo de cento e oitenta dias, contados da promulgação da Reforma (que ocorreu dia 8 de dezembro de 2004), por *ato administrativo* do respectivo Tribunal de Justiça, consoante prevê expressamente a Reforma.

No âmbito do Estado de São Paulo, foi editada em 9 de dezembro de 2004, por antecipação, a Resolução n. 194 do TJSP, a entrar em vigor na data da publicação da EC n. 45/2004, promovendo a unificação, integrando os juízes dos Tribunais de Alçada ao Tribunal de Justiça, no cargo de desembargadores. Esse mesmo Ato disciplinou, ainda, provisoriamente, a competência das seções a partir da incorporação promovida (seções criminais, de Direito público e de Direito privado).

Em igual prazo, os Tribunais de Justiça tiveram de remeter ao Poder Legislativo proposta para alteração da organização e divisão judiciárias.

Com a medida, o TJSP passou de 132 membros para o extraordinário número de 338 desembargadores (acréscimo de 206 juízes integrantes dos tribunais extintos). Em 2019 esse Tribunal já contava com 360 (trezentos e sessenta) desembargadores.

Permitiu-se, ainda, no mesmo dispositivo estadual, que os servidores dos Tribunais de Alçada fossem aproveitados no Poder Judiciário estadual, significando que não serão necessariamente carreados ao Tribunal de Justiça, salvo necessidade de ali tê-los, em vista do aumento "repentino" do número de seus componentes.

Poder-se-ia indagar, por fim, da constitucionalidade dessa mudança. É que a iniciativa, em *âmbito estadual*, para a modificação da respectiva organização judiciária (extinguindo-se os tribunais de alçada, por exemplo) demandaria projeto de lei de iniciativa do próprio Judiciário (iniciativa legislativa exclusiva), o que impediria que uma emenda à Constituição do Estado, com o mesmo conteúdo (extinção dos Tribunais de Alçada) mas de iniciativa dos próprios deputados estaduais, pudesse contornar a limitação e ser aprovada validamente. Assim é que a EC paulista n. 7, procedendo à extinção desses tribunais, havia sido declarada inconstitucional pelo STF. Mas aquela restrição de iniciativa não se aplica quando se trata de emenda à Constituição do Brasil (e não a CE), podendo-se mesmo concluir que houve, neste ponto da reforma, uma resposta do CN à posição consolidada do STF na matéria. A extinção dos tribunais de alçada na Constituição do Brasil, por meio de emenda, não está a contornar qualquer imposição quanto à iniciativa legislativa privativa do Poder Judiciário (art. 96, II, *c*, da CB). Não há que se falar de inconstitucionalidade (que seria formal) por esse motivo.

Esse, contudo, de todos, é o problema de mais fácil solução. Há que se considerar dois outros fundamentos para uma suposta inconstitucionalidade da Reforma neste ponto: o princípio federativo e a separação de poderes (cláusulas pétreas).

Começando pela separação de poderes, poder-se-ia pensar que o CN estaria, por meio do poder de reforma constitucional, interferindo indevidamente no Judiciário. Esse raciocínio, contudo, é falacioso, pois não se está a extinguir o Judiciário, mas apenas eliminando uma possibilidade de órgão estadual (o Tribunal de Alçada), por uma questão nitidamente gerencial e unificadora, que fortifica o Tribunal por promover uma tutela mais consistente dos direitos. Ademais, trata-se do exercício do denominado "poder constituinte derivado" e não de qualquer competência legislativa comum. Neste passo, o argumento entronca com as considerações já realizadas acima.

Já quanto à forma federativa de Estado, há de se considerar se a Reforma estaria a interferir indevidamente nos limites do governo estadual traçados pelo constituinte originário, vislumbrando-se, nela, algum realce contrafederativo. Não há dúvida de que a criação de Tribunais de Alçada (e sua extinção) constituiu uma opção oferecida aos Estados-membros pela Constituição de 1988, que, conforme seu julgamento exclusivo, deliberariam – como efetivamente deliberaram – acerca do assunto. Nesse sentido, a

Reforma retirou da esfera estadual a margem de liberdade quanto à criação/manutenção dos Tribunais de Alçada, impondo-lhes a extinção imediata. Se, como é comum afirmar, não há forma federativa de Estado que possa servir de paradigma para qualquer país, mas apenas a forma esculpida em determinada Constituição (federal), a mudança das normas relativas a esse assunto em uma específica federação importa em mudança da respectiva forma federativa adotada. Continua a haver forma federativa de Estado, mas outra forma federativa (outro regime jurídico, com mais ou menos liberdade das entidades federativas que o anterior). O STF, contudo, parece trabalhar com certa flexibilização, preocupando-se apenas com a manutenção da cláusula pétrea (como ocorreria à federação), embora se lhe altere o figurino original (conteúdo não essencial ou não petrificado da cláusula). Consoante esse posicionamento, as limitações materiais ao poder de emenda à Constituição não implicam "a intangibilidade literal da respectiva disciplina na Constituição originária, mas apenas a proteção do núcleo essencial dos princípios e institutos cuja preservação nelas se protege" (cf. STF, MS 23047-3/DF, rel. Min. Sepúlveda Pertence, *DJ* de 14-11-2003).

2.8. Distribuição imediata de processos

A distribuição imediata de processos em todos os graus da jurisdição pode parecer, à primeira vista, uma medida de cunho eminentemente administrativo, sequer merecedora de um espaço constitucional específico (mesmo numa Constituição analítica como a brasileira).

Contudo, e deixando de lado essa discussão, o alcance prático do novo comando é inquestionável. Isso porque havia a prática, em diversos tribunais do País, de não proceder à imediata distribuição das ações propostas, retendo-se no setor de distribuição esses futuros processos até que a "quota" de cada magistrado admitisse nova distribuição, o que, em muitos casos, poderia chegar a ferir o próprio conteúdo central da cláusula de juiz natural e distribuição impessoal das lides.

Evidentemente que a distribuição imediata não significa julgamento imediato (e nem poderia). Logo, a cláusula tem cunho meramente organizacional. Em vez de se acumularem os processos no setor de distribuição, passarão imediatamente aos magistrados (especialmente os relatores, nos tribunais), que, sobrecarregados, terão de acumulá-los em suas mesas. A medida não tem nenhuma eficácia do ponto de vista da presteza da prestação jurisdicional, embora impeça a ocorrência de desvios e desvirtuamentos quanto ao juiz natural.

ARAÚJO, Rosalina Corrêa. *O Estado e o Poder Judiciário no Brasil.* [1. ed.] Rio de Janeiro: Lumen Juris, 2000.

BACHOF, Otto. *Jueces y Constitución.* Trad. Rodrigo Bercovitz Rodríguez--Cano, reimp. Madrid: Civitas, 1987. Tradução de: *Grundgesetz und Richtermacht.*

CALLEJON, Maria Luisa Balaguer. *La Interpretación de la Constitución por la Jurisdicción Ordinaria.* 1. ed. Madrid: Civitas, 1990.

CANOTILHO, J.J.Gomes. *Direito Constitucional e Teoria da Constituição.* 7. ed. Coimbra: Almedina, 2003.

CENEVIVA, Walter. *Lei dos Notários e dos Registradores comentada.* 7. ed. São Paulo: Saraiva, 2009.

CHIOVENDA, Giuseppe. *Principii di diritto processuale civile.* Napoli: Jovene, 1965.

CINTRA, Geraldo de Ulhoa. *Da Jurisdição.* Rio de Janeiro: Lux Editora, 1958.

CLÈVE, Clèmerson Merlin; STRECK, Lênio; SARLET, Ingo W. *Os Limites Constitucionais das Resoluções do Conselho Nacional de Justiça e Conselho Nacional do Ministério Público.* In: www.ihj.org.br, acessado em 20-12-2005.

CRISAFULLI, Vezio. *Lezioni di diritto costituzionale*: L'ordinamento costituzionale italiano: La corte costituzionale. 5. ed. rev. e atual. Padova: CEDAM, 1984, v. II, t. 2.

CRITSINELTIS, Marco Falcão & FONSECA, Ney Moreira da. *O Poder Judiciário Municipal e a Aplicação Social da Pena.* Rio de Janeiro: Forense, 1998.

GRASSO. Prime osservazioni sulla potestà regolamentare della Corte Costituzionale. *Revista Trim. Diritto Pubblico,* 1961.

GUIMARÃES, Mário. *O Juiz e a Função Jurisdicional.* 1. ed. Rio de Janeiro: Forense, 1958.

LOEWENSTEIN, Karl. *Teoría de la Constitución.* Trad. Alfredo Gallego Anabitarte. 2. ed. Barcelona: Ed. Ariel, 1970.

MARTINS, Ives Gandra da Silva. Deve haver controle externo do Ministério Público? Não, um controle inaceitável. *Folha de S.Paulo*, de 10 abr. 2004, p. A3.

MELLO FILHO, José Celso de. *Constituição federal anotada*. São Paulo: Saraiva, 1984.

MENDES, Gilmar Ferreira; BRANCO, Paulo Gustavo Gonet. *Curso de direito constitucional*. 7. ed. São Paulo: Saraiva, 2012.

MONCADA, Luis S. Cabral de. *Lei e Regulamento*. Coimbra: Coimbra editora, 2002.

MOREIRA NETO, Diogo de Figueiredo. *O sistema judiciário brasileiro e a reforma do Estado*. São Paulo: Instituto Brasileiro de Direito Constitucional, 1999.

NALINI, José Renato. *O juiz e o acesso à justiça*. São Paulo: Revista dos Tribunais, 1994.

NUNES, Castro. *Teoria e prática do Poder Judiciário*. Rio de Janeiro: Forense, 1943.

PANUNZIO, Sergio P. *I regolamenti della corte costituzionale*. Padova: CEDAM, 1970 (Pubblicazioni dell'Istituto di Diritto Pubblico della Facoltà di Giurisprudenza, Università degli Studi di Roma, v. 18).

PONTES DE MIRANDA, Francisco Cavalcanti. *Comentários à Constituição de 1967*. 2. ed. São Paulo: Revista dos Tribunais, 1987, t. III.

_______. *Comentários à Constituição de 1946*. 4. ed. Rio de Janeiro: Borsoi, 1963, t. 3.

RIBEIRO, Antônio de Pádua. Judiciário: algumas inovações e transformações. In: *Revista de informação legislativa*, v. 26, n. 104, out./dez. 1989, p. 201. Bibliografia: p. 201-212. Disponível em: <http://www2.senado.gov.br/bdsf/item/id/181960> (acesso em 24-2-2014).

ROSAS, Roberto. *Direito sumular*: comentários às súmulas do Supremo Tribunal Federal e do Superior Tribunal de Justiça. 12. ed. São Paulo: Malheiros, 2004.

RUGGERI, Antonio. *Gerarchia, competenza e qualità nel sistema costituzionale delle fonti normative*. Milano: Giuffrè, 1977 (Pubblicazioni dell'Istituto di Scienze Giuridiche, Economiche, Politiche e Sociali della Università di Messina, n. 103).

SALAZAR, Alcino. *Poder Judiciário:* bases para reorganização. Rio de Janeiro: Forense, 1975.

SANTOS, Carlos Frederico Brito dos. *Improbidade Administrativa:* Reflexões sobre a Lei n. 8.429/92. Rio de Janeiro: Forense, 2002.

SCHWABE, Jürgen. *Cinquenta Anos de Jurisprudência do Tribunal Constitucional Federal Alemão,* organização e introdução de Leonardo Martins. Montevideo: Fundação Konrad Adenauer.

SOLA, Juan Vicente. *Control Judicial de Constitucionalidad.* Buenos Aires: Abeledo-Perrot, 2001.

TAVARES, André Ramos. A reforma do Poder Judiciário: reflexões gerais e síntese do caso brasileiro. *Revista Brasileira de Estudos Constitucionais,* Belo Horizonte, Fórum, ano 4, n. 14, abr./jun. 2010, p. 15-35.

______. *Curso de Direito Constitucional.* 3. ed. São Paulo: Saraiva, 2006.

______. *Teoria da justiça constitucional.* São Paulo: Saraiva, 2006b.

______. *Teoria da justiça constitucional.* São Paulo: Saraiva, 2005a.

______. *Reforma do Judiciário no Brasil pós-88. (Des)estruturando a Justiça.* São Paulo: Saraiva, 2005b.

______. *Direito constitucional econômico.* São Paulo: Método, 2003b.

______. *Responsabilidade Fiscal: Novos Parâmetros para o Poder Público.* Revista Brasileira de Ciências Criminais, São Paulo: Revista dos Tribunais, ano 9, n. 36, out./dez. 2001. Bibliografia: 273-304.

U.S. Supreme Court. Disponível em: <http://caselaw.lp.findlaw.com/scripts/getcase.pl?court=US&vol=356&invol=44, PEREZ v. BROWNELL, 356 U.S. 44 (1958)>.

VELLOSO, Carlos Mário da Silva. Problemas e Soluções na Prestação da Justiça. In: TEIXEIRA, Sálvio de Figueiredo (Coord.). *O Judiciário e a Constituição.* São Paulo: Saraiva, 1994, p. 93-115.

WAHL, Rainer; WIELAND, Joachim. La jurisdicción constitucional como bien escaso. *Revista Española de Derecho Constitucional,* Madrid, ano 17, n. 51, p. 12-35, set./dez. 1997.

ZAGREBELSKY, Gustavo. *La giustizia costituzionale.* Bologna: Il Mulino, 1988, 532 p. 1. ed.: 1977. ISBN 88-15-01769-0.

CAPÍTULO VI

GARANTIAS DOS MEMBROS DA MAGISTRATURA

1. SENTIDO DE "GARANTIAS"

Cumpre mencionar, preliminarmente, a existência de múltiplas acepções que o termo"garantia"apresenta na ciência do Direito Constitucional. A teoria constitucional, tradicionalmente, contrapõe *direitos* a *garantias*, distinção incorporada pela doutrina brasileira desde as clássicas lições de Ruy Barbosa (1893:183).

Essa posição pode ser averiguada no próprio Título II da Constituição brasileira, que assim se intitula:"Dos Direitos e Garantias Fundamentais", diferenciando, dogmaticamente, portanto, os *direitos das garantias*, embora cientificamente possa haver certa controvérsia em torno de uma separação rígida entre direitos e garantias.

É necessário vislumbrar, nesse sentido, uma necessária distinção, no específico contexto constitucional brasileiro mencionado, de ambos os termos identificados acima. Isso é assim porque, do contrário, promover-se-ia uma interpretação que tornaria inútil um dos termos no texto constitucional (por equiparação simplória de ambos), o que é inaceitável desde um ponto de vista estrito da hermenêutica constitucional.

A garantia pode ser entendida – grosseiramente – como um direito ao direito, isto é, a salvaguarda de que determinado direito (bem da vida juridicamente tutelado) não será violado ou, se o for, será recomposto por meio de instrumentos, institutos e/ou instituições específicos. Dois exemplos podem ilustrar melhor essa distinção constitucionalmente assimilada no Brasil: tem-se o direito à vida e uma de suas garantias é a vedação da pena de morte; tem-se, ainda, o direito à liberdade e uma de suas garantias é o *habeas corpus*. Ou, ainda, em exemplo retirado das lições clássicas de Ruy (1893:198-199), têm-se os direitos individuais e, como contrapartida, a organização da Justiça (instituição), como garantia da eficácia e efetividade desses direitos. Este último, aliás, é mais do que uma garantia, constituindo verdadeiro valor a ser devidamente internalizado e realizado por cada um dos magistrados brasileiros em seu mister diário de conduzir atentamente o Estado de Direito.

A Constituição brasileira prescreve, expressamente, para a Magistratura, três *garantias*, nessa exata acepção estrita, no seu art. 95. Essas garantias são, pois, conceitualmente falando, instrumentais. Devem servir a propósitos que são, estes sim, considerados mais relevantes. As lições acima, ao reforçarem a distinção garantais-direitos, permitem compreender que não são construídas, constitucionalmente, para assegurar *uma esfera pessoal* de direitos dos magistrados, mas sim para justamente preservar os direitos da sociedade, tornando os juízes as verdadeiras garantias (instrumentais) desse desiderato mais elevado.

A primeira das garantias é a vitaliciedade, seguida pela inamovibilidade e, por fim, a irredutibilidade de subsídio, todas com o idêntico papel de subsidiar e viabilizar o Estado Constitucional, afetando aos magistrados – considerados essenciais ao Estado de Direito – um *pool* de prerrogativas que reforça essa posição da Magistratura como garantidora (instituição--garantia) dos direitos.

Insisto nesse ponto. Não se trata, portanto, de investir os magistrados em posições pessoais de direitos a eles individualmente referentes, mas sim de revesti-los das necessárias precauções a fim de exercerem plenamente a tarefa de controlar o respeito integral ao Estado de Direito.

Assim é que a tríplice garantia procura afastar o magistrado das intempéries políticas, criando-lhe segurança para o exercício de sua precípua função: julgar com absoluta isenção. Vedando a redução de seus subsídios, sua remoção injustificada ou a perda do cargo sem o trânsito em julgado de decisão com esse conteúdo, fica o cidadão que ocupe o cargo de magistrado com liberdade para bem cumprir e fazer cumprir o Direito, independentemente de quem venha a ser compelido por suas decisões.

Ao analisar essa expressão constitucional específica "Garantias da Magistratura" resta a dúvida imediata: já que são tachadas de "garantias", estariam a se referir a algum Direito e, se positiva for a resposta, a qual Direito?

A indagação, contudo, exige uma resposta mais cautelosa. Em parte, esta encontra-se na lição de Ruy, já assinalada, e em parte, na de Castro Nunes.

Para Castro Nunes "a enumeração dessas hipóteses é que constitui propriamente a garantia, conhecida a distinção que existe entre esta e o direito (no caso o direito ao cargo ou à permanência na função), a que ela serve de escudo ou broquel" (Castro Nunes, 1943: 99).

O direito à vitaliciedade atribuído a cada magistrado, *v.g.*, decorre da cláusula da divisão funcional dentro do Estado. Seu fundamento, portanto, está na necessária "independência" que deve se formar entre os chamados "Poderes".

Nesse sentido é que também se podem compreender as palavras de Pontes de Miranda quando, exatamente a propósito dessa discussão sobre as garantias dos juízes, conclui que "as garantias são direitos constitucionais, oriundos de regras jurídicas diretas e imediatas" (Pontes de Miranda, 1987, t. III: 577).

Não é só. A própria vitaliciedade é uma garantia em relação aos direitos fundamentais considerados em sua generalidade ou de maneira tópica, como observou Ruy a propósito da "organização" da Justiça, mas que bem pode ser substituída pelas "garantias da Justiça" no sentido de incluir aqui a vitaliciedade. Sua dupla dimensão, enquanto direito e garantia, é inegável.

No Estado Constitucional Contemporâneo – em ilação plenamente válida para o Brasil – o Judiciário ocupa papel primordial diante da declaração de Direitos Fundamentais. É, antes de tudo, o *Guardião dos Direitos Fundamentais*. Cabe a ele zelar pela integridade e eficácia desses Direitos, não se esmorecendo diante de qualquer pressão, interna ou externa. E é aqui que reside a finalidade das garantias mencionadas: obter um Judiciário que possa atender efetivamente aos direitos da sociedade. Portanto, trata-se de uma tríplice garantia, voltada para a eficácia e efetividade dos direitos.

Àquele que incumbe a função de zelar pelos Direitos Fundamentais corriqueiramente enfrenta vontades opostas dos detentores de mecanismos de pressão e intimidação, muitas vezes perigosos e truculentos, não só para a pessoa do magistrado como também para toda a sociedade. Essa é, ademais, a razão, para Comparato (2010: 279), de que juízes devam ser, realmente, independentes.

Em estudo histórico no qual analisava o projeto de revisão constitucional de 1925, proposto à Constituição de 1891, particularmente a Emenda substitutiva quarta, que se referia ao Judiciário, Antonio Moniz Sodré de Aragão detém-se na tentativa de manipular o sentido de alcance da vitaliciedade dos magistrados, fazendo anotar: "(...) tendo em vista o espírito geral da reforma, obcecado pela ideia persistente de ampliar o arbítrio do Poder executivo, a custa sempre das prerrogativas dos outros órgãos do governo, que deveriam surgir da obra revisionista enfraquecidos e desarmados, para a sua função constitucional de resistência eficaz aos abusos e exorbitâncias do Chefe da Nação" (1929: 29-30).

A posição detida pelo Judiciário, no cenário dos direitos, torna-o constante alvo do engenho daqueles que desprezam esses direitos e procuram manipular o sistema em detrimento da sociedade e em prol de um aproveitamento egoístico dos resultados assim obtidos. É por isso – por ser o Guardião dos Direitos Fundamentais – que o Judiciário deve ser suficiente e adequadamente protegido, o que se dá por meio das salvaguardas já mencionadas.

Não há efetividade de Direitos Fundamentais sem um Judiciário ativo e vigoroso. E a tríplice garantia do Judiciário (vitaliciedade, inamovibilidade e irredutibilidade de subsídios) tem essa finalidade, mantendo-o forte e íntegro.

A retirada ou mitigação de qualquer das três garantias fragiliza não o magistrado como pessoa ou interessado direto, mas a Magistratura, que passa a correr o risco de ver seus integrantes sofrerem uma severa degradação. Reduzir ou limitar essas garantias importa em decisão que repercutirá diretamente na própria atividade jurisdicional.

As garantias atribuídas aos magistrados, em realidade, foram resultado da engenharia constitucional dos "Poderes" e de sua divisão, bem como do sucesso desejado para os Direitos Fundamentais declarados. Da existência e permanência dessas garantias, como desenhadas em 1988, depende o completo, complexo e adequado desenvolvimento da função estatal, institucional e social do Judiciário, que assume a incumbência de ser o *Guardião dos Direitos Fundamentais*, tendo entre outros encargos a obrigação de garantir sua eficácia, traduzindo proposições constitucionais textuais em realidade social do país.

2. AS GARANTIAS E A "SEPARAÇÃO DE PODERES"

No plano teórico, há uma indisponível imbricação entre a tríplice garantia e a "separação de Poderes". De forma bem sintética observa Pontes de Miranda (1987, t. III: 577) que"a independência do juiz constitucional constitui o conteúdo"dessas garantias. Essa forte correlação pode ser compreendia pela conexão que há entre princípios estruturantes, subprincípios, princípios constitucionais específicos e regras correlatas, considerando-se os últimos como responsáveis por *densificar* os que lhes antecedem.

Sobre o assunto utilizo, aqui, as classificações de Canotilho, que, por sua excelente didática, auxiliará na elucidação do ponto aqui sob comento. O autor elenca o que chama de princípios estruturantes, como sendo aqueles "indicativos das ideias directivas básicas de toda a ordem constitucional" (2003: 1173). A aproximação destes princípios com os preceitos fundamentais da CB é autoexplicativa. Como exemplo de princípio estruturante encontra-se o Estado de Direito.

Esses princípios, extremamente amplos, "ideias básicas" da ordem constitucional, merecem, por sua vez, concretização estritamente constitucional, a qual se configura por meio de subprincípios, que: "densificam os princípios estruturantes, iluminando o seu sentido jurídico-constitucional e político-constitucional, formando, ao mesmo tempo, com eles, um sistema interno (a uma 'união perfeita' alude Larenz)" (cf. Canotilho, 2003: 1174).

São os (sub)princípios gerais fundamentais, na terminologia indicada pelo jurista lusitano. O Estado de Direito, por exemplo, é densificado, dentre outros, pelo *princípio da independência dos tribunais* (lição válida para o Direito Constitucional brasileiro em vigor).

Estes subprincípios, por sua vez, podem auferir nova densificação, que promoverão uma maior concretização de seu conteúdo, por meio de princípios constitucionais especiais (cf. Canotilho, 2003: 1174). Aqui se encontra o princípio conhecido como da separação (melhor seria coordenação e integração) e interdependência (harmonia) dos órgãos de soberania, dos chamados "Poderes". Estes, por seu turno, podem sofrer, ainda, maior densificação (sempre uma opção constituinte entre proclamar o sentido e conteúdo desta densificação ou deixá-la em aberto para uma concretização posterior, dentro do Estado de Direito). Assim, anota Canotilho, quanto à dogmática constitucional portuguesa: "o princípio da separação e interdependência 'concretiza-se' através do princípio da tipicidade dos órgãos de soberania e no que respeita à formação, composição, competência e funcionamento dos mesmos órgãos" (cf. Canotilho, 2003: 1174).

Por derradeiro, observa o autor que a densificação dos princípios estruturantes pode ocorrer também por meio de regras, como é exatamente o caso da cláusula da irredutibilidade de subsídios (com idêntica função de garantia, como visto), da inamovibilidade e da vitaliciedade (art. 95, I e III, respectivamente, da CB). Esse destrinchar da ligação entre tais garantias e "separação de Poderes" permite uma maior segurança quanto ao seu acerto.

Assim, as garantias aqui analisadas conferem suporte, na estrutura constitucional de 1988, à separação dos Poderes. Tal inferência não produz alguns singelos efeitos no mundo jurídico. Muito pelo contrário. Tem-se o potencial de "petrificar" as previsões constitucionais em apreço, imunizando-as em face de eventuais mudanças perpetradas, *a posteriori*, pelo exercício da competência de reforma da Constituição, na medida em que a separação dos Poderes se afigura, expressamente, como uma cláusula pétrea, em razão do art. 60, § 4º, III, da CB.

O STF, inclusive, já declarou a inconstitucionalidade de dispositivos constantes de emenda constitucional, sob o fundamento de afrontarem uma ou outra cláusula pétrea (como seria o caso de emenda que pretendesse violar a cláusula da separação de "poderes"). Como exemplo, cito a ADI n. 3.105/DF, na qual se declarou a inconstitucionalidade de dispositivo da própria EC n. 41/2003, porquanto esta atentaria contra o princípio da igualdade (art. 60, § 4º, IV, da CB): "Tratamento discriminatório entre servidores e pensionistas da União, de um lado, e servidores e pensionistas dos Estados, do Distrito Federal e dos Municípios, de outro. Ofensa ao princípio constitucional da isonomia tributária, que é particularização do princípio fundamental da igualdade. Ação julgada procedente para declarar inconstitucionais as expressões 'cinquenta por cento do' e 'sessenta por cento do', constante do art. 4º, § único, I e II, da EC n. 41/2003. Aplicação dos arts. 145, § 1º, e 150, II, c/c art. 5º, *caput* e § 1º, e 60, § 4º, IV, da CF, com restabelecimento do caráter geral da regra do art. 40, § 18. *São inconstitucionais as expressões 'cinquenta por cento do' e 'sessenta por cento do', constantes do § único, incisos I e II, do art. 4º da Emenda Constitucional n. 41, de 19 de dezembro de 2003, e tal pronúncia restabelece o caráter geral da regra do art. 40, § 18, da Constituição da República, com a redação dada por essa mesma Emenda*" (Min. rel. p/ acórdão Cezar Peluso, *DJ* de 18-2-2005, original não grifado).

3. VITALICIEDADE

Vitaliciedade é, em termos diretos, a garantia para a sociedade e o direito constitucional do magistrado de que não haverá na Magistratura destituição dos respectivos cargos, neles permanecendo o magistrado até eventual falecimento ou aposentadoria compulsória, salvo a exoneração por decisão judicial transitada em julgado ou, a todo tempo, mediante pedido.

O principal significado da vitaliciedade é o de prestar ao cidadão a garantia de que seus direitos, se e quando violados ou ameaçados, serão prontamente restabelecidos ou protegidos por um juiz sem temores quanto à permanência em seu cargo após a decisão tomada.

Outro significado importante é o de que mero procedimento administrativo não será suficiente para determinar o afastamento do magistrado de seu cargo.

Rotineiramente, verifica-se uma confusão ao tratar a vitaliciedade, já que por vezes é compreendida como a *impossibilidade* de perda do cargo. A vitaliciedade não atribui ao juiz a garantia de não perder o cargo, mas sim a garantia de não perder o cargo por decisão não definitiva, por decisão (administrativa) que torne instáveis as salvaguardas necessárias para bem e fielmente fazer atuar o Direito.

Assim, a vitaliciedade não impede a perda do cargo, mas somente a permite por decisão (judicial) definitiva, o que elide a possibilidade da "perda" do cargo por decisão instável, precária, transitória ou meramente administrativa. As necessidades de isenção e destemor que devem acompanhar o desempenho da atividade judicial desaconselham totalmente a possibilidade de precarização do vínculo do magistrado com o Judiciário, que é exatamente o que a vitaliciedade, nos termos colocados constitucionalmente, procura evitar.

A análise superficial da garantia por si só poderia ser confundida com um insuportável privilégio, ou benefício discriminatoriamente atribuído apenas a uma categoria "protegida".

Mas em momento algum se pretende imunizar o Judiciário, e esta é a principal distinção a ser realizada entre privilégios inadmissíveis em uma Democracia e salvaguardas imprescindíveis a uma Democracia. Se o Judiciário possui prerrogativas, e as possui efetivamente, essas prerrogativas são acompanhadas por sujeições, não permitindo isolamento de seus atos quanto às responsabilidades. Aliás, o Supremo Tribunal Federal já se manifestou a respeito com distinta objetividade, como se constata na decisão a seguir transcrita, proferida na ADI 3367, rel. Min. Cezar Peluso, julgada em 13-4-2005:

"Tem-se, portanto, de reconhecer, como imperativo do regime republicano e da própria inteireza e serventia da função, a necessidade de convívio permanente entre a independência jurisdicional e instrumentos de responsabilização dos juízes que não sejam apenas formais, mas que cumpram, com efetividade, o elevado papel que lhes predica. Para isso, é preciso, com reta consciência e grandeza de espírito, desvestirem-se os juízes dos preconceitos corporativos e outras posturas irracionais, como a que vê na imunidade absoluta e no máximo isolamento do Poder Judiciário condições *sine qua non* para a subsistência de sua imparcialidade".

Assim, a mais alta cúpula do Poder Judiciário nacional encontra-se não só alerta à suposição de que juízes e demais magistrados sejam imunes a qualquer forma de responsabilização, rechaçando-a e procurando afastá-la do imaginário social e da mídia (inclusive e especialmente daquela menos comprometida com a seriedade dos argumentos apresentados na discussão), mas também procura esse egrégio Tribunal máximo, sempre que possível, exercer o papel pedagógico que lhe incumbe na orientação geral do comportamento jurisdicional, combatendo desvios, deturpações e abusos.

3.1. O conteúdo próprio da vitaliciedade no modelo constitucional e democrático de Estado

Atualmente, o magistrado adquire a vitaliciedade após dois anos de exercício satisfatório da magistratura. No período que vai da posse até completar o exercício efetivo dos dois anos, está o magistrado sujeito à perda do cargo por decisão do Tribunal ao qual se encontra vinculado. A Lei Complementar n. 35, de 14 de março de 1979, Lei Orgânica da Magistratura, em seu art. 27, contempla o procedimento adequado para a perda do cargo. Nessa hipótese, e ao final, a decisão deverá ser tomada por dois terços do Tribunal ao qual o juiz se vincula. Embora com quórum qualificado, trata-se de decisão administrativa, que se justifica por estar-se diante de um período de experimentação do magistrado recém-ingressado no Poder Judiciário e, de certa maneira, ainda em avaliação "preliminar" de sua capacidade para atuar como magistrado.

Passado o estágio probatório, período de dois anos, o juiz adquire a vitaliciedade, podendo perder o cargo, doravante, apenas por decisão judicial transitada em julgado. Também deixará o cargo na hipótese da aposentadoria constitucional compulsória ou da exoneração a pedido (conforme sua livre convicção e escolha). Não se fala, mais, em caráter perpétuo da investidura, no sentido de *nommé à vie* do Direito francês passado, que não permitia o afastamento nem mesmo por invalidez, embora ainda se pratique tal conceito para os *justices* da Corte Suprema norte-americana. No Brasil, pode-se acrescentar, ainda, especificamente para o STF, a possibilidade de perda do cargo decorrente do processo de *impeachment* (art. 52, II, primeira parte, da CB).

Como se verifica no art. 95, I, da CB: "Art. 95. Os juízes gozam das seguintes garantias: I – vitaliciedade, que, no primeiro grau, só será adquirida após dois anos de exercício, dependendo a perda do cargo, nesse período, de deliberação do tribunal a que o juiz estiver vinculado, e, nos demais casos, de sentença judicial transitada em julgado".

A vitaliciedade significa a garantia (voltada para a cidadania) de manter-se o magistrado no cargo, indefinidamente, salvo condenação judicial transitada em julgado. O sentido da parte final do disposto no art. 95, I, acima transcrito, portanto, não é o de exemplificar, mas sim o de explicitar o *conteúdo central* da garantia da vitaliciedade, que se estabelece, aqui, não como uma prerrogativa insuportável ou um privilégio inexplicável, mas sim como uma garantia que, abraçando o magistrado, inclina-se para a manutenção de uma sociedade livre.

Essa garantia provém de norma constitucional originária, mas não foi obra inovadora da última Constituição. A Constituição Imperial, de 1824, em seu art. 113 contabilizava como perpétuos os magistrados. Já a referência expressa à *vitaliciedade* do juiz está presente no histórico constitucional brasileiro desde a primeira Constituição da República de 1891, que pelo seu art. 57 declarava: "*Os Juízes federais são vitalícios e perderão o cargo unicamente por sentença judicial*". Desde então essa garantia permaneceu em todas as Constituições brasileiras, como normas originárias refratárias à ingerência indevida no Judiciário e nas atividades essenciais por este Poder desempenhadas.

A vitaliciedade refere-se, portanto, ao período de ocupação do cargo e à forma de seu afastamento admissível, o que, a princípio, sugere a continuidade no cargo desde a admissão até a morte, quer dizer, perpetuidade. Entretanto, desde a Constituição de 1934, a garantia da vitaliciedade foi ganhando contornos próprios, senão vejamos:

"Art. 64. Salvo as restrições expressas na Constituição, os juízes gozarão das garantias seguintes: a) vitaliciedade, não podendo perder o cargo senão em virtude de sentença judiciária, exoneração a pedido, ou aposentadoria, a qual será compulsória aos 75 anos de idade, ou por motivo de invalidez comprovada, e facultativa em razão de serviços públicos prestados por mais de trinta anos, e definidos em lei".

3.2. Perda da vitaliciedade

Desde a Constituição de 1934 a vitaliciedade do juiz contempla a exoneração em virtude de decisão judiciária com trânsito em julgado, inadmitindo a expulsão por decisão meramente administrativa, seja de que órgão for e sejam quais forem as razões práticas apresentadas.

Rigorosamente falando, o magistrado nunca perde sua vitaliciedade, mas sim o próprio cargo. Se magistrado é, então tem a vitaliciedade ao seu lado. Do contrário, deixou de ser magistrado.

As formas de afastamento da Magistratura são diversas, assim a decisão judicial, a aposentadoria compulsória, por invalidez e a pedido. Portanto, o que "se lhe assegura é o direito de ser conservado fora dessas hipóteses enumeradas", como bem sintetizou Castro Nunes (1943: 99).

Em todos os casos admitidos ou previstos tem-se "afastamento a título *definitivo*" (cf. Nunes, 1943: 98). Este sentido de definitividade é ínsito à ideia de vitaliciedade, e está presente também na Constituição de 1988. Ou seja, não há afastamento provisório, não há suspensão da vitaliciedade por certo período, com retorno sucessivo.

A criação de hipóteses de afastamento definitivo ou perda do cargo, fora dos casos já indicados no texto constitucional, deve continuar sendo considerada inadmissível, especialmente se se trata de perda do cargo que seja considerada reversível por processo judicial posterior. Não se tolera perda provisória do cargo de magistrado.

3.2.1. *A impossibilidade da perda do cargo de magistrado por mero processo administrativo punitivo*

Já pela Constituição de 1934 estabelecia-se, em leitura *a contrario sensu*, o conteúdo próprio da vitaliciedade, isto é, vedava-se a exoneração de caráter punitivo mediante processo administrativo.

Cumpre, por isso, neste momento, estabelecer o sentido útil dessa vedação. Embora o processo administrativo difira do judicial em aspectos variados, pode-se afirmar com acerto que todos orbitam um mesmo núcleo: a segurança. O primeiro estranhamento no exame comparativo de ambos é a ausência de salvaguardas plenas, no âmbito administrativo, para uma decisão tão importante quanto a de afastamento de representante de um dos "Poderes".

Dentre os elementos essenciais de salvaguardas que estão ausentes do processo administrativo vale frisar o postulado do juiz natural. Assim, é plenamente verossímil cogitar de uma variação de relator diante do interesse na decisão, culminando na parcialidade do resultado final. A advertência é aplicável mesmo quando se imponha a decisão por maioria qualificada de um Tribunal em atuação administrativa, pois nesse caso haverá um relator que ocupará papel fundamental para o deslinde da questão. Não é preciso muito esforço para concluir que essa escolha pode definir os rumos do processo.

Também é preciso sublinhar, nessa linha comparativa, a ausência de plena defesa do acusado, posto que o processo administrativo, por sua natural flutuação de critérios, nem sempre contempla todas as possibilidades de defesa, como normalmente não comporta todas as hipóteses recursais e de instâncias próprias de um processo judicial amparado no modelo de nosso Processo Constitucional e Processo Civil vigente.

Outra garantia que não se faz presente no processo administrativo é o rigor e a segurança do ordenamento processual"tipo", isto é, aquele que rege todos os processos judiciais, aplicável a todos indistintamente, que pode ser alterado exclusivamente por lei e que, por esses mesmos motivos, revela-se sempre muito sólido. Essa ausência provoca uma excessiva e insuportável flexibilidade potencial a constantemente ameaçar a completude processual no processo administrativo, o que se revela inadmissível diante de uma decisão que pode abalar o Estado Constitucional de Direito.

Mas a principal garantia que não estará presente no processo administrativo é a absoluta isenção e destemor de seus julgadores quanto aos resultados da decisão. Explica-se: a imparcialidade é a razão mestra da exigência do modelo de processo judicial para decidir algo definitivamente. Ela está presente apenas quanto ao juiz que detém a investidura e as salvaguardas necessárias para tanto. Esse é o especial vínculo do magistrado ao Judiciário enquanto Poder.

Poderia soar aos mais desavisados, *prima facie*, que essas garantias permanecerão presentes, quando o julgamento administrativo de perda do cargo seja realizado pela cúpula do Judiciário ao qual o juiz seja vinculado (portanto, dentro do Judiciário e por magistrados). Entretanto, faltar-lhes-á, nessa hipótese, a principal viga mestra da imparcialidade, que é a posição sobranceira sobre os interesses em jogo na causa ou processo a ser apreciado. Explica-se:

Não me refiro, aqui, a possíveis interesses espúrios. É que o Tribunal, que determina a destituição do cargo de juiz, será o mesmo que julgará, no futuro, eventual insurgência do prejudicado, trazendo, nesse ponto, ao processo, a fusão do julgador e do interessado, mesclando-os, de maneira insuportável dentro de uma Democracia, pois reúne em um só corpo o interessado e o detentor do poder de punição.

Embora a decisão proferida no julgamento por processo administrativo não tenha o *status* de definitiva, já que é permitido a qualquer lesado socorrer-se do Judiciário, inclusive o juiz que perdeu o cargo injustamente por decisão administrativa do Tribunal, é preciso averiguar essa proposição em seus detalhes.

Ademais, caberá a um juiz, que nesse modelo é já um magistrado destituído de todas as salvaguardas judiciais próprias, julgar a matéria e, portanto, eventualmente ter de contrariar decisão adotada pelos mesmos magistrados que podem determinar, em seguida, a perda de seu cargo por processo administrativo. Como garantir que esse juiz proferirá um julgamento absolutamente isento, se sua decisão pode transformá-lo em alvo daqueles que, com as facilitações desses modelos pré-constitucionais, têm o poder de determinar a perda de seu cargo?

Assim, cria-se um círculo vicioso composto por decisões administrativas, que transformam seus julgadores em interessados na causa (por supostamente entenderem estar em debate o interesse maior de o Judiciário expurgar elementos indesejáveis) e com força prática de decisão definitiva, uma vez que sua reforma contém obstáculo prático difícil de transpor, já que a reforma dessas decisões teria de ocorrer por magistrados já desfalcados da garantia de vitaliciedade para se oporem a decisões adotadas administrativamente pelo próprio Judiciário.

Mas poder-se-ia cogitar de uma competência originária de Tribunal superior, para apreciar judicialmente a perda de cargo determinada administrativamente por tribunal, procurando, assim, contornar a dificuldade acima identificada. Essa solução, além de dificuldades operacionais próprias quando se distribui competências para tribunais de terceira instância, como o STJ, incide no mesmo problema já identificado, reforçando-o. É que a análise, ainda que por tribunal superior, será feita, doravante, por magistrados igualmente atingidos pela mudança desse modelo, ou seja, magistrados sem a plena isenção e liberdade para decidirem, uma vez que também poderão perder seus cargos por mera decisão administrativa. O ciclo vicioso ressurge, pois um modelo desse tipo, nitidamente regressivo, reforça a aproximação entre esse processo judicial, que será posterior e enfraquecido, com o processo administrativo.

Insisto neste ponto: a ideia de que o magistrado atingido poderá promover processo judicial posterior à decisão administrativa revela raciocínio incompleto e, nessa medida, irreal. É que o processo judicial será, no caso, eventual, sucessivo (posterior) e imperfeito (porque não mais estarão presentes as salvaguardas plenas, solapadas pelo próprio modelo aqui cogitado).

É imperioso concluir, portanto, que o núcleo da vitaliciedade constitucional consiste na exigência de processo judicial e decisão definitiva para a perda do cargo de um magistrado, proferida por julgador que esteja cercado das salvaguardas próprias e plenas que se impõem para uma decisão isenta e livre. A inserção de qualquer exceção, mesmo por emenda constitucional, atingirá frontalmente essa garantia, a ponto de equiparar o vitalício ao não vitalício, desestruturar o Judiciário no desempenho de suas atividades principais e comprometer seriamente a estrutura constitucional do Estado.

As medidas disciplinares administrativas não podem levar à perda do cargo, apenas à aposentadoria compulsória, que atualmente é regulamentada pela já aludida Resolução CNJ n. 135 (art. 3º, V), objeto da referida ADI 4638, no STF. O artigo que trata da aposentadoria compulsória não foi suspenso pelo STF, que já apreciou o pedido de liminar em Plenário (j. em 8-2-2012, rel. Min Marco Aurélio, relator parcialmente vencido).

3.2.2. *A inconstitucional Proposta de Emenda Constitucional n. 89, de 2003*

A Proposta de Emenda Constitucional n. 89, de 2003, que contou com a autoria da Senadora Ideli Salvatti, foi apresentada no dia 18 de março de 2003 no Senado Federal com a seguinte ementa: "Dá nova redação aos arts. 93 e 95 da Constituição Federal, para impedir a utilização da aposentadoria dos magistrados como medida disciplinar e permitir a perda de cargo, nos casos que estabelece".

Em seu corpo, referida PEC propõe alterações nos arts. 93 e 95 da CB, com a finalidade precípua de excluir a aposentadoria por interesse público e estender a magistrados, salvaguardados pela vitaliciedade, a possibilidade de perderem o cargo por processo administrativo.

A Proposta, ao seguir para o parecer da Comissão de Constituição, Justiça e Cidadania, teve como Relator o Senador Demóstenes Torres, que apresentou emenda e ao final concluiu pela aprovação do novo texto, propondo a mudança dos arts. 93, 95, 103-B, 128 e 130-A, todos da CB. As alterações na Proposta foram justificadas diante do longo período entre a sua apresentação e a sua análise pela Comissão, além de imperfeições referentes à técnica legislativa.

As mudanças, em sua maioria, referiram-se à adaptação, da PEC, aos termos da EC n. 45/2004, que ficou conhecida como Reforma do Judiciário. Além dessas alterações, foi proposto que a nova disciplina também incidisse para os membros do Ministério Público, com alteração dos arts. 128 e 130-A da CB.

Em apertada síntese, o Projeto de Emenda Constitucional aprovado em duplo turno pelo Senado propõe a exclusão da aposentadoria por interesse público, estendendo aos vitalícios (tanto magistrados como promotores de justiça) a possibilidade da perda do cargo por meio de processo administrativo, cuja tramitação e decisão caberão ao Tribunal ao qual o magistrado seja vinculado, ou ao Conselho Superior, no caso dos promotores de justiça.

Quanto ao parecer da Comissão de Constituição, Justiça e Cidadania existem dois pontos que merecem destaque para o desenvolvimento do tema. O primeiro se refere ao quórum para decisão da perda do cargo, tendo o relator apresentado argumento que merece especial atenção quanto à análise do teor da vitaliciedade: "Concordo com os autores da proposta, quando sustentam que a exigência de que dois terços do tribunal formem convicção pela necessidade de se aplicar tal pena inibirá sua banalização e seu uso indevido para fins de perseguição". Nesses termos, o parecer da Comissão adota o quórum de dois terços para a perda do cargo do juiz vitalício e conclui, sem maiores preocupações, que isso *"inibirá sua banalização* [da perda do cargo do juiz vitalício administrativamente] e *seu uso indevido para fins de perseguição"*.

O que deixou de ser ponderado é que o modelo brasileiro de Estado Constitucional de Direito não compactua com a substituição da certeza da proteção judicial (imprescindível à democracia dos direitos fundamentais) pelo subjetivismo sentimental descrito pela Comissão, de que provavelmente se formará um modelo inibitório da banalização de demissão de juízes vitalícios, ou pior, de seu uso indevido para fins de perseguição. O Estado Constitucional de Direito não possibilita a criação de mecanismo pelo qual ele próprio possa vir a ser banalizado ou usado para fins de perseguição aos juízes, com atentado inaceitável ao próprio modelo de Estado Constitucional. O objetivo que deve ser perseguido não é apenas o procurar evitar a banalização. A discussão envolve, neste ponto, valores constitucionais imutáveis, como se pôde demonstrar anteriormente. O cálculo numérico (no caso, o quórum qualificado) é elemento insuficiente, à luz da Constituição, para a proteção de seus valores fundamentais. É preciso que se estabeleçam barreiras efetivas, e não meras conjecturas, contra ingerências externas à atividade judicial.

O outro aspecto do parecer da Comissão de Constituição, Justiça e Cidadania que merece menção é aquele que, de plano, afasta possível inconstitucionalidade por afronta à separação de Poderes (ou divisão de funções estatais), estabelecendo o seguinte raciocínio:"A meu ver, o princípio da separação de poderes não pode ser invocado, pois ela [a PEC] não prevê qualquer mecanismo de ingerência de um Poder sobre o outro, apenas abre a possibilidade do Poder Judiciário promover sua depuração por um processo mais célere que o judicial, afastando, pela via administrativa, magistrados que cometam faltas graves". Seria ingenuidade pretender que mecanismos de abertura à ingerência indevida viessem autoanunciados, com o timbre expresso do que é descabido, e, nessa medida, inepto (inconstitucional).

Curiosamente, a PEC n. 89/2003 não declara o fim da vitaliciedade; ao contrário, mantém esse termo. Entretanto, aniquila seu teor, uma vez que equipara o magistrado vitalício ao não vitalício e extirpa, como assinalado anteriormente, as salvaguardas necessárias para o fiel e comprometido exercício de uma jurisdição plena.

Assim, caso a proposta se transforme em Emenda Constitucional, aquela que era a única diferença entre o magistrado vitalício e o não vitalício, isto é, a possibilidade de demissão por processo administrativo, não mais existirá, eliminando, por consequência, qualquer razão de ordem lógica ou prática quanto ao estágio probatório. Mais do que isso, a salvaguarda criada em benefício do cidadão, para a plena e adequada defesa de seus direitos, terá desaparecido e o sistema passará a trabalhar com um perfil jurisdicional totalmente distinto e precário em termos de combate às violações do Direito e ao arbítrio.

Embora o projeto mantenha no texto constitucional o termo vitaliciedade, e o parecer da Comissão de Constituição, Justiça e Cidadania afirme que não a elimina, o que se tem, na realidade, é, pois, a manutenção formal do termo, com a aniquilação de todos seus efeitos. A Proposta não preserva o conteúdo mínimo dessa salvaguarda, que é a vedação da perda do cargo por decisão diversa da decisão judicial transitada em julgado.

Portanto, a conclusão é a de que a PEC n. 89/2003, caso transformada em Emenda Constitucional, eliminará a vitaliciedade atribuída à Magistratura e aos membros do Ministério Público pela Constituição de 1988, fazendo-o em detrimento da cidadania e dos direitos, e não em benefício de um Estado igualitário e sem privilégios ou castas.

4. INAMOVIBILIDADE

4.1. Fundamento

A inamovibilidade, prevista expressamente para os magistrados pelo art. 95, II, garante a imparcialidade da própria Justiça, na medida em que impede que determinado juiz seja removido de um cargo para outro de acordo com interesses políticos ou governamentais, ou mesmo para evitar o"julgamento popular", designando-se determinado juiz por ser reputado mais "severo"ou mais"leve". Impede-se a mudança do juiz da causa por circunstâncias que comprometeriam a isenção do próprio processo judicial.

A inamovibilidade é garantia que complementa a vitaliciedade e, tanto quanto esta, volta-se à consolidação da cláusula da separação de poderes.

A inamovibilidade torna inconstitucionais leis que, a pretexto de realizarem apenas reforma judiciária, determinem que os magistrados mudem de suas comarcas ou varas.

Ademais, a inamovibilidade também se volta contra o próprio Poder Judiciário, pois não se permite que um processo seja avocado por outro juiz ou por Tribunal, sendo vedado seu julgamento senão pelo próprio juiz que dele tomou conhecimento e para o qual a lei apontava na data da prática do fato que constitui objeto de apreciação judicial.

Trata-se de garantia umbilicalmente ligada ao princípio do juiz natural.

4.2. Alcance e finalidade

Ensina Pontes de Miranda que a inamovibilidade compreende: "a comarca, a seção, o cargo; quanto a juízes de tribunais, o tribunal, ou a câmara". Ou seja, a inamovibilidade inclui, para os juízes, a comarca, a vara, o cargo em si mesmo e, para os magistrados de tribunais, o órgão fracionário no qual esteja inserido, bem como o próprio tribunal.

Nesta discussão deve-se, ainda, incluir, além do direito ao cargo, seu desdobramento imediato, que é o direito à carreira e, ainda mais, com este, o direito à progressão, especialmente por mérito e por antiguidade, em modelo contemplado constitucionalmente. O direito à carreira nos remeterá a questões relacionadas à unidade do Poder Judiciário. O Direito à progressão nos remeterá a um direito constitucional dos integrantes do Poder Judiciário, que é a mobilidade na carreira.

Justamente neste ponto pode surgir uma possível distorção da garantia da inamovibilidade, sem que isso signifique sinalizar algum malefício inerente ao instituto. Explico. A promoção de magistrado poderia se transmutar em estratagema para chamuscar a imparcialidade na condução do processo judicial. Reporta-se a essa situação o magistério sempre presente de Pontes de Miranda: "Já se tinha dado em Estado-membro o caso de se elevar a classe de uma comarca para o só efeito de se remover para ela determinado juiz" (*Comentários à Constituição de 1946*. Rio de Janeiro: Boffoni, p. 160, vol. II).

Risco que só reforça a percepção de que a inamovibilidade deve colocar o magistrado a salvo de deslocamentos funcionais arbitrários. Enquanto garantia, a inamovibilidade serve para impedir que qualquer juiz seja removido de um cargo para outro de acordo com interesses políticos ou governamentais, ou que se subordine ao clamor popular que repute determinado juiz mais "severo" ou mais "leve" a pretender a sua mudança.

De uma parte, é preciso impedir que o juiz da causa seja alvo de manobras e fraudes, como no exemplo acima, que comprometam a isenção ou imparcialidade na condução e finalização do processo judicial e que comprometam a garantia do juiz natural. Não por outra razão é preciso reforçar este aspecto, de que "[a] inamovibilidade é uma garantia da independência do juiz, mas também uma garantia do juiz natural" (João Chumbinho. *A Constituição e a Independência dos Tribunais*. Lisboa: Quid Juris, 2009, p. 300). E, ao mesmo tempo, de outra parte, é imperativo assegurar (em termos normativos, como se verá adiante) ao juiz o direito ao seu pleno desenvolvimento profissional naquilo que lhe é inerente, *a movimentação legítima na carreira*.

A se pensar desta maneira, a inamovibilidade constitui, em último grau, uma salvaguarda ao próprio sentido de Justiça e, por isso, é bem retratada como *garantia* a favor dos direitos fundamentais. Como anotou Rui Barbosa, a propósito da "organização" da Justiça, a inamovibilidade pode ser concebida pelas "garantias de Justiça", no sentido de incluir aqui o zelo pelos direitos fundamentais pela via do poder judicial. Aos magistrados deve-se, neste contexto, assegurar um escudo suficiente e eficiente para enfrentar vontades opostas daqueles que possam ter a sua disposição mecanismos de pressão, intimidação ou simulação, utilizados de maneira a embaraçar ou turvar a imparcialidade da Justiça.

Não se deve projetar a inamovibilidade do magistrado como um insuportável privilégio, ou benefício discriminatoriamente atribuído apenas a uma categoria"protegida". Na realidade, em momento algum se pretende imunizar o Poder Judiciário pelo Poder Judiciário, e esta é a principal distinção a ser realizada entre privilégios inadmissíveis em uma Democracia e salvaguardas imprescindíveis a uma Democracia. Se os membros do Poder Judiciário possuem prerrogativas, e as possuem efetivamente, essas prerrogativas são acompanhadas por sujeições, deveres e vinculações que não permitem qualquer isolamento ou imunização de seus atos quanto às responsabilidades rigorosas que lhes acompanham. Bem por isso, como já assinalei, a inamovibilidade não é uma opção, mas uma imposição.

A inamovibilidade do magistrado é resultado de uma notável experiência histórica e, em cada sistema concreto, de uma específica engenharia constitucional dos"Poderes"e de sua divisão, visando ao sucesso desejado para os direitos fundamentais declarados e para a subsistência do próprio Estado de Direito. Logo, o que se imuniza, em última instância, é a sociedade e o cidadão contra decisões judiciais contaminadas pela pressão e opressão externas. Vale observar, em termos atuais, a volta de ameaças e pressões que se consideravam, em certo sentido, já superadas, a reforçarem nossa percepção da importância supina desse instituto nas mais diversas passagens históricas.

Observo, portanto, que é da vontade constitucional e do interesse maior da sociedade a realização plena da guarda dos direitos fundamentais em contexto político de certeira *imunização dos magistrados contra o arbítrio externo*, imunização não como pessoa ou como interessado, mas como ator institucional dotado de responsabilidades quanto aos objetivos superiores do Ordenamento Jurídico.

É impositivo concluir, neste primeiro passo, que a inamovibilidade é uma garantia cujo âmbito protetivo alcança a pessoa do julgador, mas que promove uma específica dimensão jurídica externa aos juízes individualizados, que é a excelência do Poder Judiciário quanto aos propósitos (imanentes) que lhe são primordiais (defesa dos direitos).

Fossem livremente movíveis os juízes, especialmente por atuação dos outros Poderes, mas mesmo por determinação infundada (arbitrária ou em desvio) dos próprios juízes e Tribunais, e certamente teríamos um cenário no qual não se poderia falar em independência do Poder Judiciário[50], que

[50] Não por outra razão afirmava Pontes de Miranda que: "A inamovibilidade prende-se à divisão dos poderes e à independência do Poder Judiciário" (*Comentários à Constituição de 1946*. Rio de Janeiro: Boffoni, p. 160, vol. II).

se pressupõe necessária. Por conseguinte, impedir-se-ia o pleno e regular funcionamento do próprio Poder Judiciário. Aliás, estaria seriamente comprometida a própria base que justifica a existência desse Poder.

Essa condição, aliás, singulariza a inamovibilidade em relação às demais garantias dos membros do Poder Judiciário, na medida em que, como bem anota Gorki Gonzales Mantilla, é "uma garantia que não constitui um direito atribuído à pessoa do juiz, mas, mais bem, um instrumento referido à função desenvolvida e ao impacto que ela tem sobre os direitos cidadãos" (*Los jueces*. Lima: Palestra Editores, 2009, p. 403, tradução livre).

Assim, em ponto que irá revelar seu alcance mais adiante, a inamovibilidade do juiz não é uma garantia rigorosamente dirigida ao juiz, enquanto pessoa ou possível interessado, pois sua existência independe de opção deste. Trata-se de garantia que tem como objeto a pessoa de determinado magistrado, mas que se projeta totalmente para além de qualquer dimensão pessoal, pois protege a instituição em si, e sua estrutura funcional.

Reputo de extrema valia insistir neste propósito que é o de depurar o *regime constitucional da inamovibilidade*, porque ainda resiste a seu respeito uma grande oscilação conceitual. Até aqui delimitei o seu alcance e a sua finalidade e, na sequência, a esse respeito, avanço para a análise da sua conformação conteudística; e assim o faço com a certeza de que, por ainda causar muitas dúvidas e confusões, não por acaso é ela um tema central para firmar-se o Estado de Direito e seus consectários civilizatórios.

4.3. Traçado histórico da inamovibilidade e sua correta compreensão em face da amovibilidade

É importante trazer à memória a tradição com que estabelecemos a inamovibilidade dos magistrados e assim a linha histórica do seu conteúdo próprio no Direito Constitucional brasileiro. O propósito é saber do que afinal constitui-se, em termos substanciais, esse instituto tão imprescindível ao império de Direito e à segurança da sociedade.

Recordo, preliminarmente, elementos históricos que nos permitem uma condução melhor pelo tema. Na Constituição Imperial o art. 153 dispunha que: "Os juízes serão perpétuos, o que todavia se não entende que não possam ser mudados de uns para outros lugares pelo tempo e maneira que a lei determinar". Ainda nesse período, sobrevieram os Decretos n. 559, de 28 de junho de 1850, e 687, de 26 de julho de 1850, que, em caráter inovador no Brasil, "regularam a forma e os casos de remoção sem requerimento do próprio juiz" (Mário Guimarães. *O juiz e a função jurisdicional*. Rio de Janeiro: Forense, 1958, p. 147). Havia duas hipóteses que não consideravam a vontade do magistrado como necessária, sendo uma delas razão de ordem pública que permanecerá até hoje (atualmente inc. VIII do art. 93 da CB): "§ 1º Se tiver aparecido rebelião, guerra civil ou estrangeira, ou mesmo sedição ou insurreição dentro da Província, ou conspiração dentro da Comarca; § 2º Se o Presidente da Província representar sobre a necessidade da sua remoção, com especificadas razões de utilidade pública. Neste caso será ouvido o Conselho d'Estado, precedendo audiência do Magistrado, sempre que dela não resultar inconveniente; dando-se em todo o caso ao Juiz removido conhecimento das razões da remoção".

Curiosamente, a Constituição de 1891, em seu art. 57, fez referência apenas à garantia da vitaliciedade, com a possibilidade de ocorrer a perda do cargo unicamente por sentença judicial. No entanto, lembra Pontes de Miranda, em detalhe impactante para a época, que "a jurisprudência considerou subsumida na vitaliciedade a prerrogativa de ser inamovível" (*Comentários à Constituição de 10 de novembro de 1937*. Rio de Janeiro: Irmãos Pongetti, 1938, p. 19, t. III).

Foi somente a partir da Constituição de 1934 que a inamovibilidade alça *status* constitucional na República. Nesse passo, como lembra Castro Nunes (*Teoria e Prática do Poder Judiciário*. Rio de Janeiro: Revista Forense, 1943, p. 481), a inamovibilidade é assimilada na conceituação doutrinária como *garantia não absoluta de conservação da sede do juízo*, e recebe o alcance teórico que veio a ser reconhecido pela Doutrina nacional, ainda com certa falta de distinções básicas e sem um aprofundamento do instituto em si, mas que serviu para firmar a característica de ser uma garantia. Contudo, considerava-se passível de ao menos três restrições de assento constitucional: "a) remoção consequente a promoção *aceita*; b) remoção a pedido; c) remoção por determinação do tribunal competente, nos termos preceituados" (Castro Nunes. *Teoria e Prática do Poder Judiciário*. Rio de Janeiro: Revista Forense, 1943, p. 101).

De fato, era o que de adequado se deduzia até então da leitura do conteúdo da alínea *b* do art. 91 da Constituição de 1934, que foi reiterado, em nossa História, na alínea *b* do art. 64 da Constituição de 1937: "Art. 64. Salvo as restrições expressas na Constituição, os juízes gozarão das garantias seguintes: (...) *b*) a inamovibilidade, salvo remoção a pedido, por promoção aceita, ou pelo voto de dois terços dos Juízes efetivos do tribunal superior competente, em virtude de interesse público".

Há de se atentar de maneira mais detida a essa última redação. Nela, como se percebe de imediato, a declaração da garantia principia por uma locução de exclusão, explicitada pelas autorizações de amovibilidade. Esse modelo redacional pode ser traduzido na seguinte equação: a mobilidade é permitida nos termos expressos na Constituição, e com ela convive a inamovibilidade nos demais casos. Bem por isso, CASTRO NUNES apercebeu-se, comentando o dispositivo que, na verdade, as: "(...) duas primeiras só se relacionam com a *garantia* pelos seus efeitos, isto é, porque o juiz *aceita* a promoção (do que resulta a *contrario sensu* o direito de recusá-la) ou o que solicita a remoção, deixa necessariamente o cargo antigo, do qual se desloca para exercer o outro" (*Teoria e Prática do Poder Judiciário*. Rio de Janeiro: Revista Forense, 1943, p. 101).

Por esses motivos a remoção a pedido e a promoção aceita não constituem propriamente uma manifestação restritiva da inamovibilidade, mas mais exatamente, como arremata CASTRO NUNES, constituem "faculdades asseguradas ao juiz inamovível". Como tais, contrapunham-se à "remoção compulsória, esta sim, a rigor, uma restrição" (*Teoria e Prática do Poder Judiciário*. Rio de Janeiro: Revista Forense, 1943, p. 101), e só viável, como se depreende dos textos constitucionais referidos, *em virtude do interesse público*.

Portanto, e já com as lições de CASTRO NUNES, podemos afirmar que a amovibilidade, desde 1937, é uma faculdade do juiz inamovível, ou mais propriamente, como veremos adiante, um direito constitucional.

Esta diferenciação de situações, que se tornava mais visível no campo teórico a partir de uma redação invertida utilizada pela Carta de 1937[51], permite estabelecer uma mudança significativa de compreensões. A virtude, digamos assim, estaria em perceber que amovibilidade não é necessariamente, como sempre havia sido tratada, exceção à inamovibilidade. Pode ser, e efetivamente é, no caso brasileiro, um direito constitucional do juiz inamovível. Na Constituição de 1937, porém, permanecia a confusão entre exceções à inamovibilidade como garantia (a remoção compulsória) e a conformação mais precisa de um direito expresso à amovibilidade (por promoção e remoção a pedido) ou, se se quiser fazer uma distinção, o direito à mobilidade em virtude da carreira. Friso, portanto, tratar-se também de

---

[51] Deixo de investigar, aqui, por não constituir escopo deste estudo, se a intenção ("constituinte") teria sido oposta, quer dizer, a de tornar excepcional o que deveria ser considerado geral e irrestrito (as garantias da Magistratura).

uma garantia, na medida em que a mudança dos integrantes por promoção atende à exigência universal de que o Poder Judiciário não fique petrificado por composições permanentes de seus integrantes.

Essa específica construção, porém, só pode ser assimilada adequadamente quando se aceita que inamovibilidade e amovibilidade constituem realidades normativas compatíveis e complementares, que reforçam as garantias próprias da Magistratura e do juiz no exercício da jurisdição, cada qual dessas duas realidades normativas com seu espaço próprio de disciplina.

Foi a Constituição de 1946 que veio a corrigir a falsa percepção (positivada, como visto) de que *remoção a pedido* e *promoção aceita* seriam exceções à inamovibilidade. Isso foi feito desenhando um modelo também engenhoso, mas que fez mais sentido. Estou me referindo ao *silêncio eloquente a respeito da mobilidade na cláusula da inamovibilidade* (admitindo a amovibilidade, pois, como inerente à função jurisdicional, nas conhecidas hipóteses de remoção a pedido e promoção), excepcionando a inamovibilidade apenas pela única hipótese que lhe impõe verdadeira e rigorosa restrição, que é a *remoção compulsória*[52]:"Art. 95. Salvo as restrições expressas nesta Constituição, os juízes gozarão das garantias seguintes: (...) II – inamovibilidade, salvo quando ocorrer motivo de interesse público, reconhecido pelo voto de dois terços dos membros efetivos do Tribunal superior competente".

Explicito, aqui, uma vez mais o sentido do que venho afirmando até o presente momento, e que se pôde averiguar no mencionado registro constitucional positivado do tema. É que, como garantia, *a inamovibilidade não se contrapõe à mobilidade na carreira ou à remoção a pedido, mas apenas à remoção compulsória*[53]. As duas primeiras ocorrências não são exceções à inamovibilidade, mas hipóteses de mobilidade na carreira (garantidas ao juiz inamovível por forças externas).

Ao invés de trazer clareza, no entanto, a técnica empregada acabou por abrir brechas para dúvidas e questionamentos (de todo inaceitáveis no rigor dos institutos, como se viu acima) quanto à subsistência constitucional

---

[52] Essa mesma lógica de explicitar apenas a amovibilidade compulsória foi empregada nas Constituições de 1967 (art. 108, II) e 1969 (art. 113, II).

[53] O que significa que, rigorosamente, também não devemos inverter a fórmula histórica, para tentar trabalhar a inamovibilidade como exceção à amovibilidade judicial.

da *remoção a pedido*. A persistência das confusões foi bem captada por ALCINO SALAZAR: "O Desembargador JOSÉ DUARTE examinou a fundo a nova questão, concluindo que tal modalidade de remoção não existia, não a contemplava aquele novo texto. Sustentou, com irrecusável fundamentação, que admitir ou adotar a remoção a pedido seria violar o princípio da inamovibilidade, certo, como era, que a nova disposição só cogitaria na remoção compulsória e no interesse público" (*Poder Judiciário: bases para reorganização*. Rio de Janeiro: 1975, Forense, p. 168)

Resolveu-se o impasse, lembrou, ainda, ALCINO SALAZAR, com a prevalência do entendimento de que, "apesar do silêncio do texto novo, a remoção a pedido nela estava implícita. Continuaria facultada ao juiz a remoção voluntária, a seu pedido" (*Poder Judiciário: bases para reorganização*. Rio de Janeiro: 1975, Forense, p. 168). Já a promoção era hipótese cuja rejeição equivaleria a rigor excessivo o suficiente para ser ela própria rejeitada de plano.

O que formou a base da conclusão sobre a remoção a pedido, apesar do silêncio constitucional, foi justamente um aspecto que é central na análise da permuta de magistrados (que analiso abaixo): *é preciso não confundir inamovibilidade em seu conteúdo de proteção com a conformação de aspectos inerentes à carreira do juiz*. São conceitos inconfundíveis.

A se seguir tal regra, o esforço hermenêutico de bem diferenciar o conceito protetivo do restritivo, no que vai encetado pelo próprio Texto Constitucional, passa justamente por considerar o que de maneira decisiva é resguardado: *a involuntariedade do magistrado para a "sua" inamovibilidade. Este é um dos pressupostos primários da configuração do conteúdo jurídico-material protegido pelo juiz inamovível*. Só se pode entender a inamovibilidade como garantia partindo-se desse pressuposto primário.

Um segundo pressuposto, para desenhar com precisão esse instituto, que consiste no resguardo da voluntariedade do magistrado na amovibilidade, elemento inerente à estruturação constitucional do Poder Judiciário.

Daí o correto entendimento de que, em sendo, como efetivamente são, faculdades asseguradas, cabe ao juiz aceitar ou não a promoção, como também pedir ou não a sua remoção. Em ambos os casos, faz parte da sua livre decisão recusar o deslocamento. E não se trata de fazê-lo para preservar a garantia constitucional da inamovibilidade, porque esta, quando presente, não é uma opção aberta ao juiz ou à Magistratura, mas uma imposição constitucional direta e inquebrantável. No caso das faculdades asseguradas da promoção e da remoção como resposta a pedido anterior, pode o juiz delas esquivar-se quando assim considerar mais conveniente e adequado ao seu momento ou mesmo às circunstâncias reais e contextuais. Resulta disso que, em último grau, o juiz é, em regra, quem define a sua necessidade e possibilidade prática, podendo-se até mesmo dizer que há uma parcela complementar de inamovibilidade que é construída adicionalmente, dependente de decisão do magistrado, e não do sistema constitucional, mas não é, certamente, a inamovibilidade de que trata o texto constitucional e da qual estou falando neste item.

Assim, historicamente, temos desde a Constituição de 1934, a declaração expressa e enérgica da inamovibilidade como garantia constitucional e, independentemente de estar alocada na mesma cláusula, temos também desde essa data a sua exceção cirurgicamente construída, pela alternativa da amovibilidade compulsória por interesse público (ou seja, não solicitada pelo juiz).

Com tal fórmula, acostumamo-nos a ver na garantia da inamovibilidade a imposição da *inação dos Poderes do Estado (contra a amovibilidade arbitrária)*. Mas devemos compreender como assegurada também a *potestatividade qualificada do magistrado (a amovibilidade voluntária)*, como se tem na promoção aceita e remoção a pedido.

4.4. Amovibilidade do magistrado

O tratamento dado às hipóteses de amovibilidade dos magistrados na Constituição de 1988, em sua versão original, não é muito diferente do que historicamente se viu no Direito constitucional brasileiro. A Constituição apresenta as hipóteses de amovibilidade voluntária.

A primeira referência normativa a ser analisada no tema está no inciso VIII do art. 93, cuja redação pré-EC n. 45/2004 já previa a *remoção, aposentadoria* e *disponibilidade*, por interesse público, em decisão por voto de dois terços do respectivo Tribunal.

A aposentadoria e a disponibilidade por interesse público não constituem hipóteses próprias de amovibilidade na carreira, mas sim *hipóteses de interrupção da carreira*, interrupção que pode ser definitiva (aposentadoria) ou temporária (disponibilidade). Além disso, a aposentadoria afeta não propriamente a garantia de que estávamos tratando, a inamovibilidade, mas sim outra garantia, a da vitaliciedade, porque constitui uma das formas de perda definitiva do próprio cargo de magistrado. O sentido de definitividade é ínsito à ideia de vitaliciedade, e está presente também na Constituição de 1988.

Já a disponibilidade, por sua vez, afeta a permanência no cargo, mas não se confunde com a remoção, pois implica não o deslocamento do magistrado (que requer o mudar de um para outro cargo, de um para outro lugar), mas a interrupção da carreira, sem a perda definitiva do cargo.

Assim, e retomando o tema da amovibilidade (voluntária), ao modo das Constituições logo anteriores, a Constituição de 1988 indicou hipóteses esparsas, não sistematizadas. E silenciou a seu respeito por ocasião de contemplar a inamovibilidade. Há de se reconhecer, contudo, que desde sempre se assegurou (i) a promoção do magistrado nos incisos do art. 93. Igualmente, em relação aos juízes federais, já se previa (ii) a remoção e, curiosamente, (iii) a permuta de juízes dos Tribunais Regionais Federais (art. 107, § 1º, CB/88). A esse respeito, no entanto, nada oferece a Lei de Organização da Magistratura (LOMAN), até porque se trata de Lei pré-constitucional.

Com a EC n. 45/04, a amovibilidade do magistrado foi alterada de maneira significativa. Reformularam-se as exceções de modalidade compulsória e, naquilo que vai nos interessar mais de perto, foi incorporada (iv) a nova hipótese de movimentação voluntária.

Registro, apenas para efeitos de completude na abordagem, que para todos os juízes manteve-se a mesma exceção à estrita inamovibilidade, ou seja, uma hipótese de *remoção*, por interesse público. O que se alterou, nesse ponto, foi o critério matemático utilizado para a aprovação desse ato extremo, além de se acrescentar outro ente competente para realizar tal ato (a saber, o CNJ). Assim, tornaram-se condições para a remoção e disponibilidade compulsórias: (a) demonstração do interesse público; (b) maioria absoluta do respectivo Tribunal ou, em termos gerais, do Conselho Nacional de Justiça; (c) respeito, em todos os casos, à ampla defesa.

A EC n. 103/19 retirou do inc. VIII do art. 93 a hipótese de aposentadoria do magistrado por interesse público.

No que tange à mudança do critério matemático, em vez de se demandar voto de dois terços, exige-se, agora, voto da maioria absoluta, quórum este mais suave que o anterior, reduzindo o nível da garantia atribuída a esse direito constitucional do magistrado. Contudo, ainda permanece como elemento constitutivo da inamovibilidade a exigência de reserva de colegiado para fins da excepcional transferência do magistrado.

Já no que diz respeito ao acréscimo de mais um ente competente para determinar a remoção e a disponibilidade do magistrado, tem-se, aqui, irrefutavelmente, novidade deveras polêmica, na medida em que se altera a estrutura do Poder Judiciário com a inclusão desse novo órgão com aptidão para promover remoção de magistrados. A realidade e atuação do CNJ, porém, suplantou a discussão, tendo se instalado e consolidado como instituição preocupada com a higidez do Judiciário e, nessa medida, supervisionando e tutelando o adequado uso das garantias, para que não se confundam nem sejam transformadas, na prática, em privilégios inaceitáveis e contrários ao adequado (e constitucionalmente conforme) funcionamento da Justiça.

Retomando o tema em si da amovibilidade (voluntária), temos que com a introdução do inciso VIII-A do art. 93, o Constituinte tornou explícito o que até então se admitia mesmo no silêncio constitucional, quer dizer, aceitou o direito constitucional da *remoção a pedido*. Adicionalmente, na segunda parte do dispositivo, introduziu, com igual *status*, a *permuta de magistrados de comarca de igual entrância*, como dito, mais uma hipótese de movimentação na carreira.

Isso ocorre com um viés de ampliação do espectro protetivo dos direitos constitucionais do magistrado. Com Pontes de Miranda advirto que a voluntariedade da amovibilidade vai a ponto de o juiz ter o *poder de não aceitar a promoção*, na "manifestação mais intensa dessa prerrogativa" (Pontes de Miranda, 1987, t. III: 571), agora, acrescento, com mais esta faculdade que analiso aqui – a da permuta –, *a amovibilidade é, adequadamente, colocada em um plano de integralidade jamais vista* no Direito constitucional brasileiro.

Com efeito, o atual regime constitucional da inamovibilidade coloca-se em um plano que, definitivamente, não se sustenta sem a salvaguarda concomitante de o magistrado ser *o senhor da sua amovibilidade*, nas circunstâncias indicadas pela Constituição. Se antes lhe cabia, por decisão isolada, aceitar ou não a promoção, pedir ou não a remoção, agora também lhe cabe, comutativamente, combinar ou não a troca de posições.

Observamos, assim, que o direito constitucional da amovibilidade pressupõe um âmbito de proteção bem definido em sua finalidade, conteúdo e restrições, cuja leitura depois da EC n. 45/2004 merece ser mais cautelosa em razão da introdução do inciso VIII-A do art. 93. Neste contexto, resta detalhar agora o seu alcance e limite.

4.5. A "remoção", a "permuta" e a "transferência" do magistrado

Perdura no Direito constitucional brasileiro a *regra* da volição do magistrado na definição da sua movimentação na carreira (por remoção a pedido, por promoção aceita e, ainda, pela via da permuta), *excepcionada* apenas pela remoção compulsória, por motivo de interesse público e na forma preceituada pela Constituição do Brasil. Trata-se, aqui, de imposição da inamovibilidade. Qualquer condição diversa dessa fórmula resultará na inconstitucionalidade de atos normativos que, a pretexto de realizarem, *v.g.*, mera reforma judiciária, permitam que aos magistrados seja determinada uma mudança compulsória de suas comarcas ou varas, quer dizer, ao desabrigo da sua vontade.

Considerando que hipóteses de *remoção a pedido* e *promoção aceita* implicam manifestações compatíveis, alinhadas e complementares à própria garantia da inamovibilidade, e em sendo a hipótese de *remoção compulsória por interesse público*, ao contrário, a única restrição possível a referida garantia, resta firmar o sentido constitucional da *permuta de magistrados de comarca de igual entrância*.

A esse propósito, não poderia deixar de iniciar com uma diferenciação que se fez na Constituição do Brasil, justamente entre *remoção a pedido* e *a permuta de magistrados*. São institutos que não se confundem, mas que se podem complementar.

A se pensar especificamente em relação aos casos práticos envolvendo o Poder Judiciário, é preciso buscar um conceito próprio de *remoção*, de modo que se possa plenamente entender"do que é que a constitui, do que é que não a constitui" (Pontes de Miranda. *Comentários à Constituição de 10 de novembro de 1937*. Rio de Janeiro: Irmãos Pongetti, 1938, p. 19, t. III). Isso é condição necessária para estabelecer justamente a extensão conceitual da remoção.

Pontes de Miranda levou a cabo esse exercício na interpretação da alínea *b* do art. 91 da Constituição de 1937, e colocou, ao meu ver corretamente, o enfoque nos elementos com os quais se forma uma circunscrição judicial: "o *da competência* (territorial, ou segundo a natureza ou valor das causas etc.) e o *sedial*, que apenas diz respeito à fixação do Juiz" (*Comentários à Constituição de 10 de novembro de 1937*. Rio de Janeiro: Irmãos Pongetti, 1938, t. III, p. 20). A partir dessa premissa, lançou o questionamento: "Temos, pois, de saber se a garantia da inamovibilidade é relativa à função, em toda a sua extensão, ou só relativa à identidade do cargo" (*Comentários à Constituição de 10 de novembro de 1937*. Rio de Janeiro: Irmãos Pongetti,

1938, p. 20, t. III). E o próprio Pontes de Miranda responde estabelecendo que é"relativa à identidade do cargo, pois é possível dividir-se ou ampliar-se a competência".

Essa distinção era importante em relação à Constituição de 1937, porque, como se verificou acima, este texto conhecia dois conceitos, o de *remoção* e o de *mudança de sede*. A alínea *f* do art. 103 dizia que, em caso de "mudança de sede do juízo", é facultado ao juiz remover-se com ela, ou pedir disponibilidade com vencimentos integrais. Hipóteses que não contradiziam com as possibilidades da remoção a pedido ou de ofício da alínea *b* do art. 91. Disse a respeito Pontes de Miranda:"Não há contradição, nem sequer exceção de uma regra à outra, porque, ali, não há remoção: há deslocamento dentro da mesma circunscrição judiciária, caso a que provê o art. 103, *f*". Por isso, o entendimento de que a remoção pressupunha modificação de competência e de sede.

Já a Constituição de 1988 não traz aquela distinção entre *remoção* e *deslocamento dentro da mesma circunscrição judiciária*. O que se denota é, ao contrário, a aglutinação desta última hipótese com a de remoção. Assim está posta a redação original do parágrafo único do art. 107 quando faz referência específica aos juízes federais. Estabelece-se ali que"a lei disciplinará a remoção ou a permuta de juízes dos Tribunais Regionais Federais e determinará sua jurisdição e sede". Assim, tem-se, para configurar a remoção, a consideração dos conceitos de jurisdição (enquanto limite da competência do magistrado) ou de sede da jurisdição (local onde acha-se a sede da circunscrição judicial).

Observa-se, pois, na sistemática vigente, a possibilidade de a *remoção* ocorrer não só quando opera a *mudança de lotação* de uma cidade para outra (sede), mas também a *mudança de juízos* na mesma sede jurisdicional (dentro da mesma comarca, circunscrição, seção ou subseção). São também hipóteses de remoção, a que se dá com a mudança de alocação interna nos tribunais (de uma para outra turma, sessão, câmara etc.) e entre tribunais (ex., juízes vinculados à Justiça Federal ou à Justiça do Trabalho).

Agora é preciso distinguir a remoção da transferência. A esse respeito Plácido e Silva explicita a essência desta última:"(...) o funcionário ***muda de carreira*** ou sai da carreira em que se encontrava para outra, mudando, assim, de chefia e passando a pertencer a outra organização, embora de natureza análoga e figurando em outro ***quadro de funcionários***"(*Vocabulário Jurídico*. Rio de Janeiro: Forense, 1991, p. 90, vol. IV).

Por fim, a *permuta*, na terminologia do Direito Público, é o vocábulo empregado para "exprimir a *troca de postos* entre duas pessoas, que exercem funções públicas" (De Plácido e Silva. *Vocabulário Jurídico*. Rio de Janeiro: Forense, 1991, p. 90, vol. IV).

Com efeito, a permuta de magistrados em muito se aproxima de um *modo especial de remoção voluntária*. Há a troca de lotações, sem importar em alteração de carreira judiciária entre os permutados. E é especial porque pressupõe necessariamente a *anuência recíproca* de trocar a *jurisdição/sede* entre magistrados.

4.6. A permuta de magistrados

Foi a EC n. 45/04 que trouxe especificamente a permuta de magistrados e, com isso, ampliou a proteção da amovibilidade. Isso porque igualou, nesse particular, as alternativas de amovibilidade dos juízes estaduais (art. 93, VIII-A) com as já atribuídas aos juízes federais (parágrafo único do art. 107 da CB/88, depois da EC n. 45/04, transformado em §1º).

Desta modificação surgiu, no entanto, a dúvida quanto aos juízes estaduais, para saber-se se a Constituição admite a permuta restringindo-a para juízes da mesma "Justiça Estadual" (permuta intraestadual) ou ampliando-a, para ser possível entre diferentes "Justiças Estaduais" (permuta interestadual). Esse "dilema", em 2006, acabou por ser lançado ao Conselho Nacional de Justiça, pelo Pedido de Providências n. 465, ocasião em que, em primeira oportunidade, fixou-se o alcance constitucional do até então novel inciso VIII-A do art. 93, com o entendimento veiculado pelo voto do Relator Alexandre de Moraes, no sentido da: "Impossibilidade de remoção por permuta de magistrados pertencentes a Poderes Judiciários estaduais diversos, mesmo com a concorrência dos respectivos Tribunais de Justiça, por corresponder à transferência, ou seja, forma de ingresso em carreira diversa daquela para a qual o servidor ingressou por concurso, hipótese absolutamente vedada pelo art. 37, inciso II, do texto constitucional".

Pode-se dizer que a decisão aproximou a remoção por permuta da (realmente) inconstitucional fórmula da transferência. Como antes demonstrado, são conceitos inconfundíveis. Enquanto a transferência é ato que pressupõe *mudança de carreira*, a remoção por permuta, ao contrário, é *mudança na mesma carreira* da Magistratura. Mas com aquela base, entendeu-se que a "movimentação" de uma Justiça estadual para outra não configuraria hipótese válida de remoção a pedido, mas sim hipótese inválida de transferência vedada.

Para bem compreender essa decisão, vale retomar brevemente os fundamentos. Considerou-se que na movimentação interestadual: (a) embora o Poder Judiciário seja nacional, compõe-se de ramos especializados da Justiça, no qual cada um constitui carreira autônoma, cujo provimento, em regra, dá-se por concurso público; (b) é prerrogativa de cada Estado-membro organizar a respectiva Justiça Estadual, com o que as representações autonômicas (auto-organização, autogoverno e autoadministração) exigiriam uma não permutabilidade; (c) estaria pressuposta haver uma única carreira referente a todas as Justiças Estaduais, o que seria incorreto.

Reconhecendo-se vigente este diagrama constitucional do Poder Judiciário, então realmente a permuta (remoção por permuta) interestadual conduziria à vetusta forma da transferência vedada, não agasalhada pela Constituição em especial atenção à segmentação autonômica dos Poderes Judiciários estaduais. Uma vedação – quanto à hipótese estrita de transferência – foi reforçada recentemente pelo Supremo Tribunal Federal na edição da Súmula Vinculante n. 53: "É inconstitucional toda modalidade de provimento que propicie ao servidor investir-se, sem prévia aprovação em concurso público destinado ao seu provimento, em cargo que não integra a carreira na qual anteriormente investido".

Cumpre, porém, verificar se se trata realmente de transferência vedada, ou se estamos diante de nova situação a merecer melhor esclarecimentos conceituais. Além disso e a depender da resposta, poderá ser necessário reavaliar decisão do próprio Conselho Nacional de Justiça.

Entendo, antecipando as conclusões acerca desse novo dilema, que o atual estágio do Poder Judiciário brasileiro, especialmente neste momento em que vivemos um significativo amadurecimento administrativo promovido primordialmente pela atuação do Conselho Nacional de Justiça ao longo de mais de uma década, justifica a reavaliação desses pressupostos teóricos e da resposta concreta que já foi ofertada no passado. Ademais, não se pode desconhecer o fato de que aquela primeira manifestação ter ocorrido com muito pouco tempo de existência do Conselho Nacional de Justiça, e sobre um instituto criado, devo lembrar, pela mesma Emenda Constitucional que também criou o órgão.

Hoje se reconhece que, desde a sua criação, o Conselho Nacional de Justiça tem operado decisões normativas que ganharam relevo social, porque inevitavelmente geram reflexos diretos na *nacionalização da prestação jurisdicional*. Para o desempenho de sua precípua missão constitucional de controle governativo do Poder Judiciário, os incisos I e II do § 4º do art.

103-B da CF/88 franqueiam ao Conselho Nacional de Justiça, como se sabe, a função de produzir atos normativos no âmbito de suas atribuições institucionais. Em pouco mais de uma década de tal atuação, não se furtou a normatizar primariamente e também conferir concretude às normas legais pertinentes ao regime unitário do Poder Judiciário.

Essa vasta produção normativa, entre enunciados administrativos, instruções normativas, portarias, provimentos, recomendações, resoluções, traz subjacente às matérias tratadas a (re)afirmação, com uma eficiência jamais vista no direito brasileiro, do *caráter nacional da Justiça*. É uma evidência que nos permite, hoje, voltar a caminhar ao lado de Castro Nunes, quando afirmou que "a Constituição considera a função judiciária uma função nacional, que não é nem federal nem local, ainda que os órgãos instituídos possam trazer a marca dessa distinção" (*Teoria e Prática do Poder Judiciário*. Rio de Janeiro: Revista Forense, 1943, p. 101).

Nestes termos, razão há, e não são poucas, para que o Conselho Nacional de Justiça revisite o problema da permuta de magistrados estaduais. Agora sob um outro viés, mais consentâneo com o seu próprio legado.

Não pretendo, com essas considerações, sinalizar para uma análise eminentemente funcional da permuta interestadual. Não se trata de realizar escolhas de apelo eminentemente utilitarista, desde uma perspectiva técnico-administrativa. Só se sustentaria uma análise dessa ordem se precedida – e é o que aqui proponho – da leitura legítima do inciso VIII-A do art. 93 da Constituição, e que dela resulte, se assim for, uma base constitucional para se compreender como plena a permuta interestadual de magistrados estaduais contemplada constitucionalmente. É um compromisso do qual não me distancio, ainda que o resultado seja diametralmente oposto àquele lançado pelo Conselho Nacional de Justiça em um primeiro momento.

O esforço interpretativo que aqui empenho é o de imprimir ao referido dispositivo constitucional da permuta a sua ***força normativa*** na medida pretendida pela Constituição e, por isso, de bem dimensionar a consequência de uma leitura que pudesse resultar, ao final, no enfraquecimento da garantia da inamovibilidade, da independência jurisdicional do Poder Judiciário e, o que seria mais grave, dos direitos judiciários fundamentais.

Entendo que se coloca em risco a independência judicial e seus corolários (como as garantais da magistratura) se, da leitura normativa que se imprimir ao inciso VIII-A do art. 93, resultar um modo (certamente obtuso) de controle do Poder Judiciário, ainda que pela via oblíqua do enfraquecimento de algumas das suas garantias ou direitos constitucionais.

A leitura da "permuta de magistrados de comarca de igual entrância", reservando ao Poder Judiciário apenas a sua versão mínima (interestadual), em uma espécie de leitura "envergonhada", demanda, para tal restrição, uma nítida base *diretamente* constitucional, porque se trata de excepcionar um Poder ou, mais rigorosamente, tolher parcela de suas garantias.

4.6.1. *A carreira da magistratura e a igualdade de tratamento na permuta*

Além do argumento central, de que a carreira da Magistratura é uma só, como expliquei no item da Unidade do Poder Judiciário desta obra, e que impede que a permuta seja dividida em duas categorias, há outros argumentos relevantes e insuperáveis.

É inaceitável a desigualdade entre os *juízes de direito estaduais* e os *juízes federais* na incidência do mesmo instituto nacional da permuta. Se é inquestionável que entre juízes não pode haver distinção no dimensionamento das suas garantias constitucionais, enquanto for franqueado aos juízes federais a amovibilidade por permuta na extensão máxima da respectiva jurisdição federal, quer dizer, por todo o território nacional, superando, digamos, "barreiras" regionais, a sugestão de que aos juízes estaduais a permuta encontre barreiras "estaduais", para ser apenas uma permuta intraestadual, significa admitir uma medida menor de amovibilidade. Isto é, sem dúvida, uma ostensiva distinção de tratamento que vulnera a regra primária da isonomia (inciso I e *caput* do art. 5º da CB), especialmente em um campo sensível, como o é o campo dos direitos constitucionais dos integrantes da Magistratura.

Já se insurgiu o Supremo Tribunal Federal contra este tipo tópico de disparidade, quer dizer, entre juízes estaduais e federais, que tenta introduzir ou manter (em termos históricos) a inviável e inválida clivagem do caráter nacional e unitário do Poder Judiciário brasileiro: "É que não encontro nem concebo nenhuma razão lógico-jurídica suficiente para legitimar tal disparidade na disciplina de *restrições* que, impostas a certo conjunto de membros de um Poder, o qual é de *caráter nacional* e *unitário*, se graduam e distribuem segundo critério discretivo que lhe nega esse mesmo caráter (...)" (Min. Cezar Peluso, ADI n. 3.854-MC/DF, j. 28-2-2007).

Sem dúvida a inconstitucionalidade é ainda mais patente se a distinção entre magistrados ocorre no trato de suas prerrogativas funcionais constitucionais, porque abre-se a oportunidade de excepcionar uma estrutura que deve ser inquebrantável, que há de ser considerada um bloco monolítico, sob pena de garantias e direitos poderem ser distribuídas conforme conveniências políticas ou arbitrárias, em tantas outras ocorrências potencialmente perturbadoras. Vivemos um cenário de construção de instituições democráticas, a serviço dos direitos fundamentais, a partir de 1988, que se querem as mais intensas possíveis. Nesse sentido, não é possível acionar em parte a unidade nacional, para desligá-la em outros momentos.

A unidade nacional não é compatível com uma sua invocação episódica, como já adverti nesta obra. Não há como estabelecer a unidade nacional e, ao mesmo tempo, afastar a unidade nacional, sem produzir argumentos espúrios, desconexos e, muito provavelmente, oportunistas.

Conforme se pôde observar detidamente acima, abandonar a unidade nacional, para com isso tentar legitimar a permuta como instituto aleatório[54] e, pois, exclusivo da Magistratura federal, gera uma leitura também precária, porque incide imediatamente na "desonomia", no alerta realizado pela Ministra Cármen Lúcia. De outra parte, mantido o pressuposto de que há uma unidade nacional da magistratura brasileira, manter a garantia presa apenas aos magistrados federais provoca a fissura nessa unidade, que deixa de existir, ou seja, a desigualdade permanece, aqui, mas com nova roupagem, quer dizer, como demonstração de uma fissura inaceitável no modelo estruturado para a Magistratura, suas prerrogativas e garantias, gerando o mesmo indesejado fenômeno, da inconstitucionalidade dos atos praticados nesse sentido.

Categorias jurídicas não podem ser manejadas livremente, e certamente não se pode ignorar que, manipuladas, assumam consequências inicialmente imprevistas, de uma compreensão inovativa deturpadora.

A versão mínima da permuta de magistrados estaduais, aquela que se posiciona favorável apenas à permuta intraestadual, não encontra base diretamente constitucional, constituindo uma representação envergonhada de instituto próprio e constitucionalmente devido à Magistratura. Por isso, adotá-la resultaria em vulnerar a estrutura constitucional do Poder Judiciário e os respectivos direitos dos magistrados. Contrariaria o princípio da unicidade do Poder Judiciário e da carreira da Magistratura, como também o princípio da eficiência e, com igual relevância, o princípio da igualdade entre

---

54 Utilizo, aqui, a expressão no sentido de ser instituto não inerente as garantias da magistratura.

os *juízes de direito estaduais* e os *juízes federais* no modo como se aplica a permuta e como se estrutura o próprio Poder Judiciário a fim de acomodar seu melhor funcionamento a disposição da sociedade.

4.6.2. *Limites da permuta entre magistrados: segmentos jurisdicionais distintos e estágio probatório*

A esta altura da compreensão do tema, a defesa veemente do caráter nacional da jurisdição brasileira e dos seus desdobramentos poderia conduzir, *a fortiori*, inclusive ao reconhecimento da possibilidade de movimentação de juízes entre as ordens jurídicas federal e local. Seria, certamente, uma inferência de dedução plenamente possível, se não fosse a opção constituinte de aqui estabelecer uma vedação diretamente constitucional.

Como já anteriormente mencionado, a Constituição de 1988 hospeda, desde a redação original, a permuta dos magistrados federais *apenas* entre os diversos Tribunais Regionais Federais (art. 107, § 1º), sendo que o mesmo se admite, por extensão, aos que integram a Justiça do Trabalho. Como se observa, no próprio dispositivo constitucional, há a condicionante que bem dimensiona o critério racional adotado de preservar a eficiência da prestação jurisdicional com o cuidado de assegurar a *especialização funcional* dos que integram os ramos da jurisdição. Segue a lógica irrefutável de não reduzir a igualdade entre magistrados à homogeneização da *expertise*.

É um critério de prudência constitucional para não possibilitar, sob a invocação de uma unicidade muito expandida, a movimentação indiscriminada de magistrados entre os vários segmentos especializados da jurisdição. Uma tal amplitude do instituto da permuta, – portanto, uma questão conceitual – atentaria contra a funcionalidade do Poder Judiciário e, mais do que isso, contra o desenho constitucional expresso do que se deva entender por permuta.

Contudo, o mesmo critério da eficiência funcional não se abala, ao invés, fortalece-se, com a possibilidade da permuta interestadual de magistrados de comarcas de igual entrância. Não se identifica desequilíbrio funcional na movimentação entre juízes de direito que, embora advindos de diferentes Estados, são igualmente capacitados para desempenhar as competências inerentes à Justiça estadual, ainda que se considere a especificidade do direito estadual, tema historicamente equacionado pelos Códigos de Processo Civil (art. 376), mas que a constituir obstáculo tenderia, por coerência, a aniquilar também a amovibilidade intraestadual, sempre que a movimentação implicasse em mudança do Direito municipal.

A bem da verdade, neste ponto muito específico, que se relaciona sobretudo com o Direito estadual, a concentração de competências legislativas na União minimiza, porém, essa percepção de eficiência na permanência e engessamento dentro de uma esfera de competência legislativa do Estado-membro, ou mesmo, mais restritivamente, do Município. Não se trata, portanto, de aspecto determinante em termos de eficientismo produtivo ou domínio pleno das capacitações funcionais do juiz.

Ademais, as características continentais do território brasileiro acabam por tornar comum que os magistrados ingressem na carreira e firmem sede jurisdicional em locais distantes do convívio familiar. Minimizar tais contextos com a permuta interestadual de juízes de direito não significa ajustar o Poder Judiciário aos interesses particulares de quem não quer lidar com o que desde sempre soube e pelo que terá optado conscientemente. Não se trata disso, mas sim de criar condições desejáveis à maior concretização do preceito da eficiência[55], por uma alternativa que se acha constitucional útil e, acima de tudo, legítima.

Em última consideração a esse respeito, embora esteja plenamente convicto de que é constitucionalmente possível a permuta interestadual de juízes, pelas mesmas razões, principalmente porque tenho como referência direta o princípio da eficiência, não me convence tal possibilidade extensiva a todos os juízes de direito. A estrutura organizacional do Poder Judiciário impõe uma específica dinâmica para os juízes substitutos ingressantes, que não comporta a eles a aplicação da permuta interestadual, sob o risco de desajustes funcionais perigosos. Embora o Supremo Tribunal Federal já tenha reconhecido – superando inclusive entendimento contrário do CNJ – aos juízes não vitalícios, mesmo integrantes do primeiro estágio da carreira da Magistratura, a garantia da inamovibilidade, não desconsiderou o fato de que estão sujeitos, na prática, a uma movimentação na carreira com certas particularidades (cf. MS 27.958). É próprio do período de estágio probatório do magistrado, como se pronunciou o CNJ, no PCA 0006855-10.2009.2.00.000, atender ao "serviço jurisdicional em unidades jurisdicionais diversas, porquanto não detém a titularidade de uma Vara específica". A essa circunstância se adiciona a falta de experiência que requer atuação

---

55 Bem se sabe que a eficiência foi introduzida na ordem constitucional expressamente no *caput* do art. 37, por ocasião da chamada reforma administrativa promovida pela EC n. 19/98. E posteriormente passamos a contar com a celeridade na perspectiva de direito individual, em acréscimo ao art. 5º (inc. LXXVIII).

conjunta com juízes há mais tempo na carreira, especialmente juízes titulares.

Embora essa condição não lhes exclua a garantia da inamovibilidade, é suficiente, no entanto, para reconhecer que não resulta na mesma dimensão protetiva pertencente aos juízes titulares.

A se admitir a permuta interestadual de juízes não vitalícios poderia haver perigo à prerrogativa dos tribunais em deslocar esses juízes por designação temporária, aspecto que considero da *essência organizacional* do Poder Judiciário. Para evitar essa específica forma de amovibilidade, atrelada a questões de ingresso na carreira, esse magistrado poderia ser levado a optar por uma permuta. Embora não se possa identificar, ao certo, a potencialidade desses desvios e, ademais, embora vislumbre a possibilidade desse problema ser equacionado pelas condições estabelecidas para a permuta, em sua regulamentação, não posso deixar de registrá-lo como um impedimento.

Dificuldade adicional encontra-se na fase probatória, como é considerada constitucionalmente. Juízes substitutos (ingressantes) em estágio probatório, se permutantes, provocarão desajuste organizacional, caso um ou outro não alcance a vitaliciedade, pelo que não devem ser equiparados plenamente, em seus regimes constitucionais, aos juízes vitalícios, inclusive quanto à permuta. Tudo isso reforça o entendimento de que a permuta interestadual só se impõe entre juízes vitalícios.

4.6.3. *Concretizando a permuta interestadual*

Um juízo constitucional favorável à permuta de magistrados vinculados a diferentes Tribunais de Justiça coloca acento de relevância nas questões relativas ao modo como se deve tornar viável tal proposta. É o que analisarei doravante, em seus pontos centrais, que sintetizo com o seguinte roteiro analítico: (a) *a eficácia e a aplicabilidade* do inciso VIII-A do art. 93 da CB/88, no que se refere especialmente à permuta de magistrados, questão que se liga diretamente ao problema da *titularidade da competência* para regulamentar essa matéria; e (b) *a legitimidade da atuação regulamentar* do Conselho Nacional de Justiça, que haverá de, inicialmente, determinar-lhe *o alcance e o escopo admissíveis*.

O inciso em comento não faz qualquer exigência de *lei específica* para indicar ou explicitar as condições de aplicabilidade da modalidade de permuta que nele já se admite. Diferentemente do que ocorre com o dispositivo que trata desta mesma modalidade de movimentação judicial dirigida aos juízes federais, para cuja disciplina, como acentuei acima, a Constituição requisita *lei federal* (§ 1º do art. 107 da CB/88), a presente cláusula, relacionada aos juízes estaduais, não faz remissão alguma. Daí a justa indagação se deve ser vitimizada pela vetusta teoria das cláusulas programáticas, que tanto mal e inadequações causou ao Direito constitucional positivo brasileiro, especialmente porque estamos também aqui falando de uma dimensão que é tipicamente de garantia constitucional (dos integrantes da Magistratura).

A melhor solução nesse ponto é a de acatar a aplicação imediata. Mas essa solução encontrará, na prática, complexidades que lhe podem retirar toda a possibilidade real de impor-se. Digo isso porque a permuta apresenta perfil institucional, quer dizer, é instrumento que só se concretiza dentro de uma instituição específica, ao contrário dos direitos fundamentais. Bem por isso, estará sujeita, em toda e qualquer realização prática, a filtragens e "pedágios" institucionais, quer dizer, checagens realizadas pelas unidades institucionais envolvidas. Considero que o mais relevante, aqui, portanto, é a construção dessas normas de concretização efetiva da permuta, sendo menos relevante a disputa em torno da autoaplicabilidade ou não do instituto em si, que devemos considerar superada. Admito, pois, que se possa aplicar de imediato, mas que essa é uma possibilidade de remota realização concreta plena sem que os atores envolvidos estejam comprometidos com esse conteúdo constitucional.

A explicação para essa cautela quanto à concretização imediata vai justamente na constatação de que, embora esse instituto encontre respaldo na Constituição, está condicionado a exigências técnico-normativas para não desintegrar a unidade, o que é facilmente perceptível pelas unidades envolvidas e que acabam servindo de obstáculos, por serem sentinelas permanentes dessa unidade.

A sua particularidade – e talvez esteja aqui a causa do que lhe é controvertido – está justamente na dificuldade de criar uma fórmula de equilíbrio, que recepcione o caráter nacional da Magistratura, sem, contudo, descaracterizar ou mesmo arruinar a descentralização constitucionalmente programada e imposta, e isso tudo em harmonia com diversas cláusulas constitucionais igualmente aplicáveis, como a igualdade no campo da Magistratura. Assim, a autonomia federativa das unidades envolvidas cria um cenário em que a aceitação, caso a caso, da permuta desejada, será um verdadeiro desafio de alinhamento das autonomias envolvidas, ensejando, ainda, campo para arbitrariedades, tanto favoráveis como contrárias a um caso concreto de permuta. Daí seguir-se que a técnica de afastar uma programaticidade não seja de todo suficiente (embora eventualmente eficiente) para a plenitude do instrumento "permuta".

Esse difícil equilíbrio e equacionamento, mas necessário para a plena concretização da permuta de magistrados estaduais, só se alcança se a sua aplicação estiver atrelada a uma imprescindível articulação entre os titulares da competência de regulamentação do instituto. Entendo que este alinhamento é mandamento que decorre necessariamente da aceitação do instituto da permuta judicial.

A se tomar ainda em referência a permuta federal, a lei a que a Constituição se refere, neste tópico, terá como finalidade determinar as condições e diretrizes para a viabilização deste instituto. Naturalmente é uma lei que deverá ser federal, e, de certo, nada impede, *prima facie,* que seja a Lei Orgânica da Magistratura Nacional. Com maior razão essa poderia ser a orientação em relação à permuta estadual, já que a própria Constituição assim determina no *caput* do art. 93, quando estabelece que a Lei complementar de iniciativa do Supremo Tribunal Federal disporá do Estatuto da Magistratura com a observância dos princípios que se sucedem nos inúmeros incisos, dentre os quais está o VIII-A em comento.

A maior dificuldade encontra-se em bem dimensionar a extensão dessa competência federal por ocasião de efetivar essa disciplina. Embora de âmbito federal, não se pode perder de vista que a abrangência da Lei em referência extrapola os órgãos do Poder Judiciário federal, por se tratar essencialmente da Lei geral da Magistratura nacional. Logo, é apropriada para as questões diretamente relacionadas ao caráter nacional da própria Magistratura, ao invés das questões próprias das divisões internas da Justiça, reservadas às leis especiais.

Com efeito, a Lei Orgânica da Magistratura Nacional, em sendo considerada como a opção constitucional para o tratamento legislativo da permuta estadual, criaria um desajuste constitucional insuportável. Por contemplar diretrizes e regras próprias da Magistratura brasileira que devem ser aplicadas à Justiça Nacional, não poderia, por isso, exaurir a disciplina da matéria, posto que este exaurimento está a exigir que se imiscua em assuntos federativos privativos, ou seja, próprios e exclusivos do âmbito local. Seria uma invasão de competência que esvaziaria por completo a autorização constitucional conferida aos Estados-membros de organizarem normativamente a jurisdição local e, por essa razão, incorreria numa flagrante inconstitucionalidade formal.

Com esses argumentos, posso concluir que a leitura conjugada do inciso VIII-A do art. 93 com o art. 125 da CB/88 estabelece uma sorte de *competência concorrente* em matéria de permuta de magistrados estaduais, em que: (a) *a União*, respeitada a regra aquinhoada ao Poder Judiciário do poder de iniciativa legislativa a respeito do tema, deve se limitar às normas gerais e diretrizes básicas; e (b) *os Estados-membros* devem criar as normas particulares necessárias para viabilização local, por adicionamento à legislação nacional, atentando para uma aplicação o mais possível uniforme.

Como último ponto, é preciso, diante das conclusões até aqui firmadas, perquirir a respeito do escopo e alcance admissível da atuação regulamentar do Conselho Nacional de Justiça, é dizer, verificar e assentar se poderia concorrer para disciplinar a matéria aqui tratada, e em que medida.

Da leitura do art. 103-B, § 4º e incisos subsequentes, da CB/88, vislumbra-se que competem ao Conselho Nacional, dentre outras, duas funções de afetação direta à matéria da permuta estadual: (a) exercer o controle da atuação administrativa do Poder Judiciário; e (b) exercer o controle da atuação financeira deste mesmo Poder.

O problema da permuta estadual está essencialmente relacionado ao que o assunto tem de marcante na estrutura administrativa do Poder Judiciário, ou seja, a *movimentação do magistrado na carreira*. Por isso, quando se fala em controle administrativo pelo Conselho Nacional de Justiça, faz-se referência justamente, como já determinou o Supremo Tribunal Federal, à "disciplinação dos princípios insculpidos na Constituição no que tange ao poder administrativo que detém no âmbito do Poder Judiciário" (Min. Menezes Direito, ADC 12/DF, j. 20-8-2008).

Igualmente, o controle financeiro pelo Conselho Nacional de Justiça é base para a atuação regulamentar em matéria de permuta de magistrados, pois o reflexo financeiro da sua implementação é evidente. Será fatalmente necessário controlar *em que* e *como* será gerenciado o deslocamento de gastos e recursos econômicos consequente à correspondente movimentação do magistrado de um Estado para outro. Embora a troca só possa ocorrer entre magistrados de comarca de igual entrância, não se pode olvidar que, mesmo sendo igual o nível hierárquico, diferenças remuneratórias podem existir de um em relação ao outro, como as que decorrem, por exemplo, de verbas indenizatórias. Além disso, é preciso considerar as já existentes diferenças de um Estado-membro para outro quanto ao regime previdenciário dos magistrados, a demandar elementos de compensação mútua no tempo.

Assim, compreendido no âmbito de competência do Conselho Nacional de Justiça, autorizado está a este órgão o poder de expedir "atos regulamentares" a respeito da permuta de magistrados estaduais. Não há previsão expressa do instrumental "resolução", mas esse se encontra dentro da esfera indicada constitucionalmente, desde que circunscrito às competências próprias do Conselho.

Teremos, aqui, essencialmente, uma competência normativa secundária de efeitos *interna corporis* ao Poder Judiciário. O que faz com que, vindo a ser regulamentada a matéria em comento por Lei Orgânica da Magistratura Nacional ou qualquer outra lei federal, o Conselho Nacional não pode alterar nem para ampliar, nem para suprimir o alcance da lei. Não significa que sua atuação se resuma a repetir o texto legal. O CNJ tem a função precípua de minudenciar em termos normativos o texto da lei, de modo a torná-lo mais exequível e operativo, com a advertência de que essa complementação deverá manter o caráter geral conferido, também impositivamente, pela lei federal. Isso porque não poderá invadir a competência dos Estados-membros, ou seja, a prerrogativa constitucional de estes criarem as *normas especiais* de adequação das orientações e diretrizes nacionais nas respectivas Justiças locais.

Por fim, resta ainda saber se poderia o CNJ atuar para regulamentar a permuta de magistrados estaduais antes mesmo da criação de Lei acerca desta matéria. A esse respeito vale lembrar que a jurisprudência do Supremo Tribunal Federal tem interpretado o dever-poder de o Conselho Nacional de Justiça zelar pelo controle da atuação administrativa e financeira do Poder Judiciário com legitimidade para concretizar *imediatamente* o que, "no âmbito da sua competência", decorra *diretamente da Constituição*. É o que se viu, por exemplo, quando o Supremo Tribunal Federal reconheceu a constitucionalidade de Ato do CNJ que, sem a interposição de Lei, regulamentou diretamente princípios da Administração Pública criando a restrição a empregos de parentes de magistrados no âmbito do Poder Judiciário: "Ao editar a Resolução n. 7, nada mais fez o Conselho Nacional de Justiça do que exercer o seu poder regulamentar, expedindo ato apropriado, exatamente dentro de seu âmbito de competência que, dentre outras atribuições, consta essa incumbência de zelar pela estrita observância do que se contém no art. 37" (Min. Cármen Lúcia, ADC 12/DF, j. 20-8-2008).

É um entendimento que, distanciando-se do parâmetro clássico do culto exacerbado à legalidade, exclusiva e impeditiva, advinda do Congresso Nacional, amplia a capacidade normativa para entidades como o Conselho

Nacional de Justiça. De mera competência *intra legem*, admite também a *intra constitutionis*, por razões extensíveis a todas as matérias que dizem respeito ao controle administrativo e financeiro que lhe é confiado.

No entanto, contrariamente do que se possa imaginar, não é argumento suficiente para por si só refutar, ou ao menos dar-se por convencido, de que o Conselho Nacional de Justiça não atua para além de suas atribuições ao excepcionar as regras da permuta de magistrados estaduais para excluir a alternativa da troca interestadual. Nesse aspecto, volto novamente a atenção para o perigo de se aceitar a *atuação regulamentar diretamente da Constituição (legítima) mas que confira um tratamento normativo com efeito de desintegração do sistema constitucional e da unidade do Poder Judiciário (ilegítima)*.

A autorização constitucional dada ao Conselho Nacional de Justiça não representa sinal verde para, com a sua atuação primária, atropelar a unidade constitucionalmente imposta. Essa particularidade, nas palavras de J. J. Gomes Canotilho, significa que "a constituição deve ser interpretada de forma a evitar contradições (antinomias, antagonismos) entre as suas normas" (*Direito constitucional*. 4. ed. Coimbra: Almedina, 2000, p. 1116), do contrário coloca-se em risco a sua "unidade material" (Konrad Hesse. *Temas fundamentais do direito constitucional*. São Paulo: Saraiva, 2009, p. 75 e Celso Ribeiro Bastos. *Hermenêutica e interpretação constitucional*. 3. ed. São Paulo: Celso Bastos, 2002, p. 172).

A interdependência interpretativa e, por conseguinte, a aplicação do Direito, é uma exigência inafastável entre as normas constitucionais; não será observada, contudo, com uma aplicação do inciso VIII-A do art. 93 da CB/88 desapegada de sua consideração sistêmica com os princípios orientadores do Poder Judiciário brasileiro.

O postulado da unicidade do Poder Judiciário desdobra-se na impossibilidade de violação da independência deste órgão, o que fatalmente ocorreria com distinções indevidas entre juízes no processo de densificação e concretização do instituto da permuta estadual.

A interpretação da permuta de magistrados estaduais do inciso VIII-A do art. 93 da CB/88, consoante o comando constitucional do caráter nacional do Poder Judiciário, realiza-se plenamente apenas com aplicação também entre juízes de direito de comarca de igual entrância vinculados a Tribunais de Justiças de diferentes Estados-membros.

Em síntese, a leitura conjugada do inciso VIII-A do art. 93 com o art. 125 da CB/88 estabelece uma sorte de competência concorrente, em que a União deve se limitar às normas gerais e diretrizes básicas; e os

Estados-membros a criar as normas particulares necessárias para viabilizar a permuta na Justiça local, por adicionamento à legislação nacional no que for necessário para uma aplicação o mais possível uniforme. O Conselho Nacional está constitucionalmente autorizado a atuar e deve fazê-lo, em termos normativos. Contudo, não poderá expedir normas de alcance exauriente, sob pena de promover uma integração inválida do comando constitucional autorizador da permuta de magistrados estaduais. Está limitado, em linha com a orientação federal, apenas a regular as normas gerais e diretrizes básicas da coordenação da troca de juízes entre os Estados-membros, nos âmbitos constitucionais de sua competência.

Em novembro de 2019 a Comissão de Constituição e Justiça da Câmara dos Deputados aprovou a PEC 162, de 2019, que institui dispositivo que consagra expressamente a possibilidade da permuta entre juízes de direito, ainda que vinculados a diferentes tribunais, de maneira a contornar dificuldades que surgem em virtude da falta de norma expressa na Constituição e do apego a um formalismo excessivo que, quase sempre, revela sua face mais contundente e tem se expandido com mais veemência justamente para constranger e até vilipendiar direitos e garantias.

5. IRREDUTIBILIDADE DE SUBSÍDIO

5.1. Fundamento e finalidades

A irredutibilidade de subsídio, garantida a todos os servidores públicos (art. 37, XV), está também atribuída aos magistrados.

A irredutibilidade da remuneração dos magistrados reforça a imparcialidade dos juízes, na medida em que estes não devem temer eventual represália financeiro-salarial pelas decisões que tenham assumido nas causas que lhes são apresentadas a julgamento e sobre as quais têm de se pronunciar, especialmente quando se encontra em um dos polos processuais o próprio Poder Público.

Duas são as finalidades às quais se presta tal cláusula. A primeira almeja contemplar certa segurança jurídica mínima, em matéria de vencimentos, aos magistrados, a ponto de transformar mencionada garantia naquilo que Sepúlveda Pertence alcunhou de modalidade qualificada de *direito* adquirido (MS 24.875-1/DF).

A segunda relaciona-se à separação dos Poderes. A irredutibilidade de vencimentos ou de subsídio, juntamente com a cláusula da inamovibilidade e vitaliciedade dos magistrados, tem como escopo manter a insularidade deste Poder, em face do Legislativo e do Executivo, em benefício dos direitos individuais do cidadão. O raciocínio é simples: se o magistrado quedar dependente do "humor" do Legislativo e do Executivo, em relação ao valor a ser mensalmente percebido, então a tendência será a de que o mesmo decida de forma a manter este "humor" elevado. Em contrapartida, se a remuneração do magistrado independer das vontades do Legislativo e do Executivo, o efeito no "humor" dos outros dois Poderes será de menor importância quando da definição de *como* a questão judicial será decidida.

5.2. Alcance enquanto direito constitucional e garantia

Sobre o tema em questão, cumpre tratar de importante ponto referente à abrangência subjetiva desta cláusula (sua extensão protetora), na medida em que se poderia, certamente, argumentar que ela está a proteger a "classe" dos magistrados.

Nesse sentido, é inegável que seria constitucionalmente inadmissível uma legislação que rebaixasse o vencimento de todos integrantes do Poder Judiciário. Mas poder-se-ia construir, a partir dessa afirmativa, argumento pelo qual ocorreria a legitimidade constitucional de eventuais reduções dos vencimentos desde que *pontuais* fossem (âmbito subjetivo reduzido de incidência material).

Este argumento não pode, todavia, prosperar. Um estudo histórico desta garantia e das outras duas (inamovibilidade e vitaliciedade) bem demonstra a preocupação com o magistrado individualmente considerado. A garantia da irredutibilidade de salários pretendeu proibir o Executivo ou o Legislativo de adotar medidas repressoras (retaliação) contra determinado magistrado que optasse por decidir contrariamente às teses encampadas pelos outros dois poderes ou que fosse rivalizado pelos titulares dos demais "Poderes". É o que se dá com a cláusula da inamovibilidade, a qual busca evitar que facção política de determinada circunscrição territorial determine a remoção de magistrado que, invariavelmente, vota contra seus interesses.

Registre-se que esta conclusão não está a significar que tais garantias visam a proteger apenas a figura individual do magistrado. As garantias acima mencionadas protegem a classe em sua integralidade, mas também o magistrado individualmente considerado.

Não é difícil verificar-se, na prática da jurisdição brasileira, decisões que condenam o Estado em causas de múltiplas naturezas, desde condenações para ressarcimento por condutas ilícitas ou danosas como condenações a prestações de fazer, que envolvem também destinação de recursos, como prestação de determinados tratamentos médicos, oferecimento de educação etc. Ao assim proceder, não deve temer o magistrado a redução sucessiva de sua remuneração por perda de verbas do próprio Judiciário, seja como represália seja para fazer frente aos custos econômicos que as decisões judiciais representam ao Estado.

Pode-se concluir, portanto, que o âmbito subjetivo de proteção da garantia de irredutibilidade de salários abarca tanto o magistrado individualmente considerado como todo o Poder Judiciário.

De fato, a cláusula de irredutibilidade de salários impede que eventual legislação ou previsão constitucional venha a implicar redução de vencimento dos membros do Judiciário que contavam com remunerações a maior (única possibilidade de incidência restrita ainda no âmbito da magistratura é para os magistrados mais recentes, admitidos após a mutação constitucional).

5.3. Dos vencimentos ao subsídio: questões conceituais

Falar em irredutibilidade quanto à remuneração da magistratura sem saber como se compõe essa remuneração é insuficiente para bem compreender o sentido e alcance da irredutibilidade. Importa, portanto, conhecer a forma de composição constitucional do subsídio irredutível, incluindo a discussão sobre teto remuneratório ou de subsídio.

A Emenda Constitucional n. 19, de 4 de junho de 1998, inovou quanto ao regime e à normativa relacionada aos agentes públicos, alcançando, *prima facie*, inclusive os magistrados. Dentre as mudanças, tem-se a criação da figura do *subsídio*, que passou a ser o único referencial, em substituição ao termo *vencimentos* e qualquer outra verba ou espécie remuneratória. Consoante dispôs o § 4º, do art. 39, acrescentado pela Emenda em questão: "O membro de Poder, o detentor de mandato eletivo, os Ministros de Estado e os Secretários Estaduais e Municipais *serão remunerados exclusivamente por subsídio* fixado em parcela única, vedado o acréscimo de qualquer gratificação, adicional, abono, prêmio, verba de representação ou outra espécie remuneratória, obedecido, em qualquer caso, o disposto no art. 37, X e XI".

O que se tem neste dispositivo é a determinação de que o *subsídio*, como novel categoria constitucional, não se reduz a *vencimento* (do regime pretérito) e, ademais, não admite o acréscimo de outras formas paralelas de remuneração, tais como gratificação, adicional, abono, prêmio e verba de representação. Nesse sentido, a principal proposta incorporada pela figura do *subsídio* foi a de uniformizar a forma de remuneração dos membros do Poder Público, substituindo, ou melhor, congregando as diversas parcelas remuneratórias até então existentes em uma única, que passou a ser denominada *subsídio*, incluindo as demais mencionadas.

5.4. Irredutibilidade do subsídio judicial e teto remuneratório

Além da pretensão unificante (de diversas espécies remuneratórias), presente na palavra "subsídio", incorporada constitucionalmente, o subsídio tornou-se, também, o principal *parâmetro* na fixação de limites remuneratórios no âmbito do Poder Público. A EC n. 19/98, ao alterar o inciso XI do art. 37 da CB, havia estabelecido também que a remuneração e o subsídio dos ocupantes de cargos, funções e empregos públicos da Administração Direta e Indireta, dos membros de qualquer dos Poderes da União, dos Estados, do Distrito Federal e dos Municípios não poderiam exceder o *subsídio mensal*, em espécie, dos *ministros do Supremo Tribunal Federal*. Essa função externa (paramétrica) do subsídio (especificamente o subsídio de Ministro do STF) não foi alterada pela posterior Emenda Constitucional n. 41, de 19 de dezembro de 2003, que, contudo, trouxe algumas outras mudanças no teor do dispositivo em questão.

Alterando o mesmo inciso XI do art. 37, a EC n. 41/2003 estabeleceu, no âmbito do Poder Judiciário estadual, como limite, o subsídio dos Desembargadores do Tribunal de Justiça, cujo subsídio, por sua vez, estaria limitado a 90,25% daquele (subsídio) que os ministros do STF perceberem.

A imposição de tal limite aos integrantes do Judiciário dos estados não foi, porém, novidade trazida pela EC n. 41/2003. A EC n. 19/98, ao alterar o art. 93, V, da CB, também já havia apresentado o subsídio dos ministros do STF como *parâmetro* remuneratório, determinando que o subsídio dos ministros dos Tribunais Superiores corresponderia a 95% do subsídio mensal fixado para os ministros do Supremo Tribunal Federal. Ademais, insistiu no tema do teto, especificamente para a magistratura, estabelecendo que o subsídio dos demais magistrados, independente de serem estaduais ou federais, teria como limite 95% do vencimento dos ministros dos Tribunais

Superiores. Por fim, estabeleceu que haveria um escalonamento remuneratório conforme as respectivas categorias da estrutura judiciária nacional. Neste ponto em específico, estabeleceu que o escalonamento, gerador de diversidade remuneratória, entre as diversas categorias, não poderia ser superior a 10% e tampouco inferior a 5%.

Cumpre consignar, aqui, que os limites indicados pelas distintas Emendas (EC n. 19/98 e 41/03) findam por ser um único, nada obstante utilizarem-se de fórmulas divergentes. De maneira objetiva: o limite remuneratório, para os magistrados, é de 90,25%, aplicando-se qualquer uma das metodologias.

A mudança carreada pela Emenda n. 19/98 teve, também, a cautela de adequar, inclusive, a terminologia utilizada em dispositivos que pouco se relacionavam com a disciplina constitucional do regime remuneratório dos membros do Poder Público. É o caso, por exemplo, do art. 95, III, da CB, o qual teve o termo irredutibilidade de vencimentos alterado para *irredutibilidade de subsídio.*

A Emenda em questão, contudo, não determinou, com a precisão cirúrgica que se poderia desejar ou imaginar, o que se deve compreender, em sua especificidade, como subsídio, é dizer, o que compõe a noção de subsídio, e, principalmente, qual seria exatamente o subsídio-parâmetro, aquele dos ministros do STF. Tal tarefa foi deixada a cargo da *lei*, formando o que se denomina "liberdade de conformação do legislador". Segundo o art. 37, X, da CB: "a remuneração dos servidores públicos *e o subsídio* de que trata o § 4º do art. 39 *somente poderão ser fixados* ou alterados *por lei específica*, observada a iniciativa privativa em cada caso, assegurada revisão anual geral, sempre na mesma data e sem distinção de índices" (original não grifado).

No que se refere ao subsídio de ministro do STF, a EC n. 19/98 havia acrescentado o inciso XV ao art. 48. Este dispunha que competiria ao Congresso Nacional, por meio de lei de iniciativa conjunta dos Presidentes da República, da Câmara dos Deputados, do Senado Federal e do Supremo Tribunal Federal, fixar o subsídio mensal destes últimos. Tal redação foi alterada pela EC n. 41/2003, a qual eliminou a necessidade de iniciativa conjunta.

Em 26 de julho de 2005 promulgou-se a Lei n. 11.143, a qual estabeleceu que o subsídio mensal do STF, para o ano de 2006, seria de R$ 24.500,00. Tal lei, contudo, tampouco esclareceu, na noção de subsídio, quais as verbas remuneratórias que nele estariam compreendidas e quais não. É perceptível, pois, a presença de uma *lacuna normativa* nesse sentido, já que a lacuna constitucional foi consciente.

Em 2021, o subsídio do Ministro do Supremo é de R$ 39.293,32 (trinta e nove mil, duzentos e noventa e três reais e trinta e dois centavos) valor aprovado pelo Senado em novembro de 2018, nos termos da Lei n. 13.752/2018, e desde então em vigor. Com o aumento foi amplamente veiculada a ideia de que dessa forma seria possível reduzir ou eliminar os chamados "penduricalhos", especialmente o auxílio-moradia. Ademais, em 2020 o STF aprovou o orçamento da Corte para 2021 sem qualquer reajuste do subsídio de seus ministros.

Realmente, a única referência constitucional que se fez foi a vedação do acréscimo de qualquer espécie remuneratória para além do valor contemplado como subsídio. Mas não há nenhuma indicação na Constituição e, tampouco, nesta Lei, sobre quais as espécies remuneratórias incluídas ou incluíveis na noção de subsídio. O que se sabe, apenas, é que as espécies remuneratórias, indicadas no § 4º do art. 39 da CB, *não podem subsistir à margem da figura do subsídio, como elementos externos adicionais*. Mas não se sabe quais são elas, quais permaneceram, quais são automaticamente extintas e passam a integrar o valor global do denominado subsídio. Em síntese, a Constituição não chega a afirmar se tais espécies remuneratórias devem existir autonomamente e compor a noção de subsídio ou se devem ser extirpadas em prol de um conteúdo também unificante e exclusivo.

O Conselho Nacional de Justiça, inobstante esta ausência, tomou a iniciativa de editar duas resoluções tratando da matéria, a saber, as Resoluções n. 13 e 14, ambas de 21 de março de 2006 e alteradas pela Resolução n. 42, de 2007. Neste ponto, a polêmica envolvendo o CNJ é inegável, e, pode-se acrescentar, recorrente: caberia ao CNJ disciplinar a matéria destinada, constitucionalmente, ao Congresso Nacional?

Previamente a esta questão, todavia, há outra que se apresenta de maneira mais incisiva e desafiadora, e que extravasa a mera perquirição centrada na possível (in)constitucionalidade formal das Resoluções n. 13 e 14, de 2006, do CNJ (tratada adiante). A problematização, aqui, envolve uma verdadeira *questão de fundo*, que decorre das alterações perpetradas pela EC n. 19/98.

Mencionada Emenda, além da circunstância de ter engendrado uma nova categoria, a do *subsídio*, findou por incluir a figura das *vantagens pessoais* nos limites estabelecidos como teto remuneratório, alterando uma prática remuneratória assentada de há muito, e que sempre excluiu *vantagens* desta natureza de qualquer pretensão limitadora. Previamente à EC n. 19/98 sempre estiveram submetidas ao teto, única e exclusivamente, as verbas remuneratórias atinentes ao cargo ou à função, as quais, desnecessário dizer, são independentes da circunstância pessoal de cada servidor, de cada membro do Poder Público e, assim, de cada magistrado. Com a Emenda acima, verbas provenientes de desempenho pessoal, de condições peculiares do sujeito, enfim, decorrentes do prontuário particular do servidor e não do seu cargo, passaram a estar sujeitas a um limite universal de vencimentos, aparentemente intransponível na literalidade do dispositivo.

Veja-se a redação do art. 37, XI, da CB, conferida pela EC n. 19/98: "a remuneração e o subsídio dos ocupantes de cargos, funções e empregos públicos da administração direta, autárquica e fundacional, dos membros de qualquer dos Poderes da União, dos Estados, do Distrito Federal e dos Municípios, dos detentores de mandato eletivo e dos demais agentes políticos e os proventos, pensões ou outra espécie remuneratória, percebidos cumulativamente ou não, *incluídas as vantagens pessoais ou de qualquer natureza,* não poderão exceder o subsídio mensal, em espécie, dos Ministros do Supremo Tribunal Federal".

A mesma sistemática permaneceu com o advento da Emenda Constitucional n. 41/2003.

Esta submissão das vantagens pessoais ao teto-remuneratório estipulado tem, indubitavelmente, uma importante e conhecida implicação, exatamente a redução dos vencimentos percebidos por diversas categorias de servidores. Não há como negar que, com a inclusão das vantagens remuneratórias pessoais no cômputo geral para fins de subordinação ao teto remuneratório máximo, diversos servidores passariam a sofrer uma redução em seus vencimentos, afinal estas vantagens compõem uma parcela nada insignificante da remuneração total do servidor, representando, via de regra, um acréscimo de 20% a 30% ao valor dos vencimentos provenientes tão somente do cargo exercido.

É no âmbito do Poder Judiciário, contudo, que a polêmica acerca da redução dos vencimentos demandará um desenlace necessariamente de ordem constitucional. Isto ocorre exatamente por força do direito (com face de garantia) da irredutibilidade de *subsídios.*

Diante destes fatos, indaga-se se a redução dos (antigos) vencimentos, para o Poder Judiciário, é admissível constitucionalmente, o que deve ser avaliado em face da cláusula de irredutibilidade. É preciso que o aplicador do Direito se dispa, num primeiro momento, de seus eventuais receios ou pré-compreensões, para analisar detidamente as conexões jurídicas pressupostas na temática referida e poder, assim, bem situar e compreender o problema em sua extensão e importância.

Em suma, a preocupação central deste item reside em analisar a *constitucionalidade das alterações perpetradas pelas Emendas Constitucionais n. 19/98 e 41/03*, que instituíram um padrão remuneratório mais restrito, refletido na figura do subsídio, mais especificamente, na inclusão, no teto remuneratório, dos componentes de vencimentos pessoais. Neste ponto em particular, pretende-se verificar se este novel padrão resultou em inconstitucional diminuição dos vencimentos dos (atuais) magistrados (que contam, na base, com regime constitucional).

Conforme foi visto acima, a EC n. 19/98 passou a incluir, dentro dos limites do teto remuneratório, os elementos de *vantagem pessoal*. A intenção desta Emenda foi a de conceder uma tônica *objetiva* aos critérios de remuneração utilizados no seio da Administração Pública. Não por outro motivo é que foi alterada – além dos dispositivos suprarreferidos – a redação original do art. 39, § 1º, da CB, o qual previa, de forma clara e inconteste, a figura das vantagens pessoais: "A lei assegurará, aos servidores da administração direta, isonomia de vencimentos para cargos de atribuições iguais ou assemelhados do mesmo Poder ou entre servidores dos Poderes Executivo, Legislativo e Judiciário, *ressalvadas as vantagens de caráter individual* e as relativas à natureza ou ao local de trabalho".

A nova redação, por sua vez, passou a dispor que: "§ 1º A fixação dos padrões de vencimentos e dos demais componentes do sistema remuneratório observará: I – a natureza, o grau de responsabilidades e a complexidade dos cargos componentes de cada carreira; II – os requisitos para a investidura; III – as peculiaridades dos cargos".

A diferença entre a previsão original e a atual é patente. Se a primeira admitia *os* e reconhecia a importância *de* elementos subjetivos no momento da fixação dos padrões de vencimento de cada magistrado, para além da *isonomia*, a atual se restringe, exclusivamente, a fatores objetivos, vinculados ao cargo.

Importante registrar que não se pretende expor, aqui, a real motivação da específica EC n. 19/98. Isto se dá por dois motivos. O primeiro reside na impossibilidade de se aferir a vontade ou a *motivação* (no sentido de que fala PHILIP HECK, 1948) exata do Congresso Nacional, quando da elaboração e da aprovação da Emenda em questão. Diversas podem ter sido as motivações, ou mesmo nenhuma em especial. O segundo, que finda por ser uma implicação prática do primeiro motivo, reside na aceitação da tese de que a eventual inconstitucionalidade de ato normativo depende de suas implicações e consequências, e não de possível boa-fé volitiva quando de sua elaboração. Frise-se que esta advertência não é descabida ou despicienda. Não são poucas as vezes em que se sugere que eventuais inconstitucionalidades sejam menosprezadas, em face das boas intenções dos legisladores e, no caso em específico, daqueles que exercem a competência de reforma formal da Constituição do Brasil. Sempre que isto ocorre tem-se uma excessiva e inadmissível substituição do critério seguro da Constituição pelo critério subjetivo e arbitrário da moral individual (ou mesmo de uma pretensa moral coletiva).

Nesse diapasão, nada obstante as eventuais boas intenções, importante é verificar os efeitos da submissão das vantagens pessoais dos magistrados aos limites de um novo teto remuneratório, de forma a constatar a (in)constitucionalidade desta inovação. Segundo foi visto acima, eventual inconstitucionalidade residiria no potencial que tal submissão tem de reduzir o *quantum* percebido por alguns magistrados e, desta feita, de entrar em choque contra a cláusula da irredutibilidade de salários.

A constatação de que a sujeição das vantagens pessoais ao teto remuneratório implica a redução do vencimento percebido por alguns magistrados está relacionada à circunstância de que, em muitos casos, as vantagens pessoais representam 20% a 30% do valor total de remuneração auferido. Nesse sentido, tem-se, em valores globais, quase 1/3 a mais sendo comprimido para fins de teto remuneratório, valor este que, ressalte-se, não era computado no teto e, desta feita, estava constitucionalmente admitido previamente à EC n. 19/98 como um *plus* em relação ao valor do teto (para quem o alcançasse) e se mantinha, igualmente, no contexto da irredutibilidade remuneratória. Repise-se que a verba remuneratória que compunha o teto, no regime passado, era aquela proveniente exclusivamente do exercício do cargo, da função, e não da condição de seu exercente.

É bem verdade que não se pode desconsiderar a circunstância – possível – de que, no traçar o valor concreto do teto, algumas verbas de cunho pessoal, anteriormente existentes, tenham sido computadas, ou seja, pode-se argumentar que o *quantum* do teto foi determinado (na reforma – vontade do legislador) em valor maior do que o seria caso se levassem em consideração apenas as verbas provenientes do cargo exercido. Esse argumento tentaria diminuir, desta feita, o"potencial de inconstitucionalidade" da previsão em questão, perpetrada pela EC n. 19/98. Isto efetivamente ocorreu com a Resolução n. 13/06, do CNJ, a qual incluiu, na noção de subsídio, a figura do quinquênio. Tais previsões, contudo, não são suficientes para contornar eventual redução (inconstitucional) dos vencimentos. A uma, porquanto a mera previsão da inserção, *v.g.*, da figura do quinquênio (pela Resolução n. 13/06 do CNJ) não está a significar a sua inserção efetiva no *quantum* estabelecido como limite. É dizer, o valor máximo, não necessariamente congregará, na prática, os sete quinquênios permitidos pelo art. 65, VIII, da LOMAN, e as demais verbas decorrentes de *vantagens pessoais*. A duas, porquanto é impossível se estabelecer uma forma genérica de amealhar todas as vantagens pessoais em um *quantum* específico e determinado, de maneira a respeitar todas as situações consolidadas no tempo sob a égide constitucional. Afinal, *vantagem pessoal*, por questões lógicas, naturalmente não coabita com qualquer pretensão uniformizante.

As constatações, aqui, são realizadas em abstrato, e em cada caso concreto é que se verificará o corte ocorrido no valor remuneratório praticado anteriormente e eventual redução violadora da irredutibilidade.

Invariavelmente, contra toda e qualquer pretensão legal ou mesmo constitucional de se reduzirem vencimentos de toda a máquina da Administração Pública, alega-se, em geral e de imediato, a tese do direito adquirido. Essa tese, contudo, conta com baixo suporte técnico, quer seja por questões de coerência argumentativa (não há um direito subjetivo de se receber, *ad aeternum*, um mesmo vencimento – pautado que é em relação estatutária), quer seja em virtude de o STF, de certa forma, já ter, se não afastado totalmente dessa ideia, pelo menos ter flexibilizado tal direito em face de emenda constitucional. Nada obstante toda esta dificuldade de sustentação, um discurso pautado neste direito fundamental em específico é recorrentemente utilizado.

No caso em tela, contudo, a fixação nessa tese deve ser de pronto afastada, em razão da peculiaridade dos sujeitos afetados pela redução de vencimentos. Isso tendo em vista que este estudo diz respeito às alterações perpetradas no regime remuneratório do *magistrado*, o qual possui uma importante garantia funcional, a saber, a *cláusula da irredutibilidade de vencimentos ou subsídios*, assegurada pela Constituição de 1988, em seu art. 95, VIII. Nesse sentido, o fundamento de eventual discurso de inconstitucionalidade da redução de vencimentos dos magistrados não será a tese dos direitos adquiridos, mas sim a *irredutibilidade de salários*, com as implicações próprias deste tema.

Outro não foi o entendimento do Min. RICARDO LEWANDOWSKI, quando do julgamento do MS 24.875-1/DF, no qual se decidiu que o valor percebido a maior pelos impetrantes, *magistrados*, não poderia ser reduzido àquele estipulado como teto, em razão da garantia da irredutibilidade de vencimentos:"Não é possível, todavia, como querem alguns, *data maxima venia*, equacionar a questão à luz da preservação de direitos adquiridos, diante do firme entendimento do Supremo no sentido de que não há como invocar tal garantia em face de regime jurídico modificado por legislação superveniente.

"*A conciliação das situações dos impetrantes com a nova ordem constitucional, então, há de fazer-se sob o prisma da irredutibilidade de vencimentos, tradicional garantia dos magistrados – estendida pelo STF também aos proventos –, que repele a ideia de decesso remuneratório*. Nessa linha, o Supremo tem decidido que o valor nominal da remuneração percebida pelo servidor, sob a égide de determinado plexo normativo, não pode sofrer diminuição, sob pena de vulnerar situação juridicamente estável, imune à alteração legislativa posterior" (original não grifado).

A sujeição das vantagens pessoais ao teto remuneratório pode sim redundar em diminuição dos vencimentos percebidos por magistrados e, nessa medida, desprezo à cláusula constitucional da irredutibilidade de salários (e tudo o que é por ela representado).

Oportuno lembrar, aqui, duas restrições quanto à conclusão acerca da inconstitucionalidade: i) a sujeição das vantagens pessoais ao teto remuneratório, prescrita pela EC n. 19/98, somente é inconstitucional em relação aos magistrados, não extensível aos demais servidores, agentes do Poder Público; e ii) a inconstitucionalidade abrange apenas magistrados já em exercício, não futuros magistrados, que ingressarão no Judiciário sob a égide das normas remuneratórias mais restritivas.

Quanto à restrição das conclusões à Magistratura, tem-se como fundamento de inconstitucionalidade da Emenda uma previsão constitucional específica, destinada a uma única categoria funcional do Estado. A previsão é justamente a cláusula de irredutibilidade de subsídio dos *magistrados*, aqui analisada. A categoria funcional a que esta cláusula se restringe, única e exclusivamente, é a dos Magistrados, quedando os demais funcionários públicos excluídos de sua proteção (novo âmbito, desta feita fora da magistratura, de incidência possível). Portanto, o argumento acima apresentado não é extensível aos demais servidores públicos.

Sobre este tópico, importante registrar que foi a própria Constituição de 1988 que despendeu uma maior preocupação com o Poder Judiciário. E a existência de um rol específico, idiossincrático, de garantias institucionais e direitos constitucionais dos magistrados, bem demonstra a correção da afirmativa acima. E motivos para tanto não faltam, na medida em que é este o Poder mais comprometido com a defesa da Constituição, em face de vontades circunstanciais, refletidas na figura da lei ou em outros atos normativos.

5.4.1. *Vantagens pessoais e o STF: desrespeito à cláusula pétrea da irredutibilidade de salários*

Expôs-se acima que a submissão das vantagens pessoais ao teto remuneratório foi fruto da Emenda Constitucional n. 19/98. Trata-se de uma inovação perpetrada por esta e que redunda em inconstitucionalidade, nos termos aqui apresentados.

Contudo, não foi exatamente essa Emenda o instrumento normativo responsável por conceder efetividade a essa novidade, por imprimir seu "sopro vital". A bem da verdade, houve uma inércia de quase sete anos até a implementação desta subordinação das vantagens pessoais ao teto remuneratório.

Mencionada sujeição somente se tornou uma realidade prática com o advento da Lei n. 11.143, de 26 de julho de 2005, a qual dispôs sobre o subsídio de ministro do Supremo Tribunal Federal, base para desencadear toda a série de limitações almejadas.

Mas qual é a relação exata entre o advento de Lei tratando do subsídio do ministro do Supremo Tribunal Federal e a implementação da sujeição trazida na EC n. 19/98? Trata-se de uma relação estabelecida pelo STF, o qual determinou que a inovação perpetrada pela EC n. 19/98 estaria a depender da lei a que faz menção o art. 48, XV, da CB, ou seja, da lei que fixa o subsídio de ministro do STF. Assim foi o voto, paradigmático neste ponto, do Min. Nelson Jobim na AO 524-0/PA: "A teor do art. 48, XV, da CF, na redação da EC n. 19/98, somente lei poderá fixar o referido subsídio, observada a iniciativa conjunta dos membros ali elencados. Até lá, mantém-se o sistema original de 1988 [não sujeição das vantagens pessoais ao teto remuneratório]" (rel. Min. Nelson Jobim, *DJ* de 20-4-2001).

Independentemente do fato de a lei a que se referia o STF atualmente já existir, um elemento é merecedor de atenção: a constatação de o STF não ter questionado, naquele julgamento, a constitucionalidade da alteração trazida pela EC n. 19/98. O que este Tribunal determinou, previamente, foi apenas a dilação da data da entrada em vigor da inovação acerca da inclusão das vantagens pessoais no limite estabelecido como teto remuneratório.

Isto, contudo, não está a dizer que o STF, automaticamente, aceitou a constitucionalidade integral da EC n. 19/98. Sua decisão proferida na Ação Originária acima, e que se repetiu em muitas outras, foi uma "decisão de baixo comprometimento" com temas relevantes mas que não estavam em discussão central na ação. Evitou-se adentrar na questão tormentosa da interpretação e alcance da Emenda, já que outra forma de resolução pôde ser tomada. Na realidade, não se trata, aqui, de crítica ao posicionamento da Corte, na medida em que procurou implementar, adequadamente, o postulado da "decisão mínima", para empregar a terminologia de Juan V. Sola (2001: 224). Explicitando um pouco mais o tema:

"Não significa apenas que o Tribunal não deve avançar sua apreciação para leis ou atos não impugnados inicialmente, mas que igualmente deve conter o avanço a argumentos e raciocínios que não sejam necessários para alcançar a solução apresentada.

"Assim, *v.g.*, evita-se o desenvolvimento total de um princípio que esteja sendo analisado em particular, impedindo que se cometam equívocos que, no futuro, impeçam ou prejudiquem uma decisão mais adequada para outras hipóteses não cogitadas" (cf. Tavares, 2005a: 430).

Esta possibilidade, contudo, não existe mais e o STF haverá de deliberar, brevemente, sobre a constitucionalidade do assunto ora em análise. Nos termos do que foi dito acima, a EC n. 19/98, no que se refere aos magistrados, haverá de ser declarada inconstitucional, a não ser que se entenda possível conferir a essa Emenda uma interpretação que respeite a irredutibilidade de vencimentos ou subsídio do Poder Judiciário. Seria o caso, mais propriamente, de dar-se uma espécie de declaração de inconstitucionalidade sem redução de texto, alcançando apenas um determinado âmbito subjetivo de aplicação inicialmente contemplado na norma, nos termos até aqui apresentados. Sobre esta peculiar técnica de decisão, já afirmei alhures que: "A lei [dispositivo constitucional introduzido por emenda], portanto, não é cassada, mas determinada hipótese de incidência da lei [do dispositivo constitucional introduzido por emenda] é repudiada. Daí a declaração parcial de nulidade. O texto normativo, contudo, permanece íntegro (formalmente falando). Há, pois, uma redução do âmbito de aplicação da lei [do dispositivo...]" (cf. Tavares, 2005a: 240).

Em foro internacional, Francisco Javier Díaz Revorio alcunha tal técnica de sentença manipulativa: "Chamaremos, aqui, de sentenças 'manipulativas' aquelas que declaram a *inconstitucionalidade* de uma parte do *conteúdo normativo* derivado (...) de uma *disposição textual*, que, contudo, fica inalterada" (Revorio, 2001: 133-4, trad. livre, original não grifado).

Oportuno relembrar, aqui, que o STF, quando do julgamento do MS 24.875-1/DF, entendeu que a redução do *quantum* percebido pelas partes, *magistrados*, ao teto-remuneratório estabelecido, seria inconstitucional, porquanto afrontaria a *cláusula da irredutibilidade de vencimentos dos magistrados*. Por questão de coerência, esta decisão deverá repetir-se em sede de controle abstrato e concentrado de inconstitucionalidade. Há, contudo, sobre esse ponto, algumas cautelas a serem tomadas. A primeira diz respeito ao fato de a alteração promovida na questão do regime remuneratório (do teto remuneratório) da Administração Pública, ter sido carreada por emenda constitucional.

Com efeito, pouca deve ser a importância a ser concedida à circunstância de a sujeição das vantagens pessoais ao teto remuneratório, implicadora que é, em diversos casos, de verdadeira redução de remuneração, ter sido realizada por emenda constitucional, na medida em que a cláusula da irredutibilidade de subsídios, por afigurar-se como previsão consentânea à separação dos Poderes, encontra-se petrificada contra quaisquer tentativas de supressão ou redução (tendente a abolir) que o Congresso Nacional, por meio de seu poder de reforma, pretenda implementar.

Apesar de excepcional na prática dos países, a declaração de inconstitucionalidade de emenda constitucional é amplamente aceita no Brasil, podendo ser realizada em controle difuso-concreto da constitucionalidade por qualquer juiz ou tribunal. Apesar de não ser prática cotidiana no seio do STF, não há óbices técnicos ao seu reconhecimento. No que se refere à admissibilidade de ADI contra Emenda Constitucional, o *leading case* que a estabeleceu, no ordenamento jurídico atual, foi a ADI 939-7/DF: "Uma Emenda Constitucional, emanada, portanto, de Constituinte derivado, incidindo em violação à Constituição originária, pode ser declarada inconstitucional, pelo Supremo Tribunal Federal, cuja função precípua é de guarda da Constituição" (rel. Min. Sydney Sanches, *DJ* de 18-3-1994).

A segunda cautela que há de ser tomada diz respeito à alteração da própria redação da cláusula da irredutibilidade de subsídios, pela EC n. 19/98. A redação original do art. 95, III, da CB, era: "Irredutibilidade de vencimentos, observados, quanto à remuneração, o que dispõem os arts. 37, XI, 150, II, 153, III, e 153, § 2º, I".

Após a EC n. 19/98, a cláusula transformou-se, com os seguintes termos: "irredutibilidade de subsídio, ressalvado o disposto nos arts. 37, X e XI, 39, § 4º, 150, III, e 153, § 2º, I."

Depreende-se da leitura da nova redação do preceptivo constitucional em questão que a EC n. 19/98, de forma sub-reptícia, intentou encetar algumas novas ressalvas que, originariamente, não estavam previstas para a garantia em questão (da irredutibilidade). É o caso da remissão ao art. 39, § 4º e aos arts. 37, X e XI, da CB. Registre-se que, nada obstante o fato de a remissão ao art. 37, XI, da CB, já existir na redação original, não se pode desconsiderar que o seu sentido foi substancialmente alterado, ampliando as restrições à irredutibilidade, de forma a não coabitar, mais, com a previsão original e ainda vigente (cláusula pétrea) da irredutibilidade de vencimentos. Perceptível, aqui, tratar-se de modificação que procurou flexibilizar (ilegitimamente) a irredutibilidade para fins de "adaptá-la" à figura do teto que se estabelecia.

Não seria necessário reiterar, aqui, que estas mudanças na própria cláusula de irredutibilidade hão de ser reputadas inconstitucionais, na hipótese de se alterar o seu escopo protetivo direcionado ao Poder Judiciário. Isto não quer dizer que não se admita uma mudança de regime que substitua as diversas verbas remuneratórias por uma única, refletida na figura do subsídio. *O que não se permite é que, a título de organizar a forma de remuneração dos servidores públicos, dos membros do Poder Público, se proceda a uma verdadeira redução dos vencimentos percebidos pelos magistrados*, reduzindo, desta feita, a cláusula em questão, a um preceptivo de pouca utilidade, maleável que seria aos humores do Congresso Nacional.

5.4.2. *Questões periféricas: art. 17 do ADCT e a invalidade do argumento do direito adquirido*

Ainda sobre a questão da irredutibilidade de subsídio, é merecedor de análise preceptivo constitucional encartado no Ato das Disposições Constitucionais Transitórias. Trata-se do art. 17, cuja redação é a seguinte: "Os vencimentos, a remuneração, as vantagens e os adicionais, bem como os proventos de aposentadoria que estejam sendo percebidos em desacordo com a Constituição serão imediatamente reduzidos aos limites dela decorrentes, *não se admitindo, neste caso, invocação de direito adquirido ou percepção de excesso a qualquer título*" (original não grifado).

Percebe-se que este preceptivo constitucional está a excetuar a oponibilidade de todo e qualquer direito ou garantia constitucional à pretensão de redução de vencimentos trazida pela Constituição de 1988.

Poder-se-ia, nesse sentido, considerar, num raciocínio insuportavelmente ampliativo, que a tese central encartada neste dispositivo também serviria como fundamento geral ao poder de reforma da Constituição. É dizer, sempre que emenda constitucional viesse a alterar o regime remuneratório praticado na Administração Pública, não se poderia arguir direito adquirido ou cláusula de irredutibilidade de vencimentos ou de subsídio, ou qualquer outra, porque o dispositivo em apreço estaria oferecendo suporte a toda e qualquer redução posterior. Em outras palavras, a Constituição teria uma cláusula que, após redução remuneratória via emenda constitucional, impediria a invocação de direito adquirido ou cláusula de irredutibilidade para impugnar a validade da redução.

Este argumento, sem embargo, não é consistente com a Constituição e com a sistemática constitucional brasileira. Em primeiro lugar, observe-se que o argumento cogitado acima não legitimaria a emenda constitucional redutora em si, apenas operando pós-emenda, para impedir a invocação de certos argumentos constitucionais. Mas a própria Emenda redutora poderia ser considerada inconstitucional. Ademais, o *locus* no qual está encartada a previsão constitucional acima, a saber, no Ato das Disposições Constitucionais *Transitórias*, conduz ao descarte peremptório do argumento. A previsão somente tem sentido em face da promulgação da Constituição de 1988, para o período que lhe era imediatamente anterior (ou seja, é inaplicável para os períodos pós-emendas). Após este período, não mais se tornou aplicável a exceção nele contida (norma transitória). O referencial do mesmo é a Constituição de 1988 em seu texto original. E os atos atingidos são aqueles praticados até o seu advento, e em desacordo com seus comandos. A Constituição, pois, expressamente, realizou uma antecipação dos efeitos e dificuldades que encontraria em sua aplicação e afastou a tese referente ao direito adquirido, certificando-se, assim, de que alcançaria seus objetivos, para os fatos existentes à época de sua entrada em vigor. Aliás, trata-se de orientação consolidada doutrinariamente, no sentido de que não se pode opor direito adquirido contra a Constituição, decorrência direta da ideia de que o poder constituinte não se encontra condicionado normativamente.

Desta feita, não haveria como aplicar, à situação ora analisada – as mudanças carreadas pela EC n. 19/98 –, o art. 17 do ADCT, uma vez que os efeitos (ou âmbito de incidência) deste artigo apresentam uma inegável limitação no tempo, tendo em vista a transitoriedade imanente às previsões constitucionais constantes deste rol da Constituição brasileira, elemento que confirma se tratar de cláusula voltada para o passado anterior a 1988.

Tem-se a possibilidade de um dispositivo que preveja a irredutibilidade de subsídios de determinado Poder ou categoria funcional, e outro que almeje estabelecer um padrão remuneratório global máximo, o qual, inclusive, pode implicar/redundar, a/na flexibilização da primeira previsão. Desnecessário dizer que tais previsões são potencialmente antinômicas, a não ser que algumas cautelas sejam adotadas, na medida em que, inexoravelmente, ter-se-á uma antinomia entre ambas se eventual remuneração protegida pela cláusula da irredutibilidade ultrapassar o teto-remuneratório previsto como teto geral-total.

Duas são as soluções propostas a esta pretensa antinomia. A primeira dependeria de uma situação fática, dificilmente verificável, e, desta feita, hipotética, em que todo o corpo administrativo estatal e sua estrutura remuneratória fossem criados a partir destas previsões, sem que houvesse qualquer regime remuneratório anterior que, em virtude de sua anterioridade, pudesse demandar a análise de diversos argumentos para solucionar o mencionado conflito.

Dada a impossibilidade de tal acontecimento, a alternativa restante é criar uma ficção jurídica que desconsidere todo o contexto normativo prévio. Foi isto que fez o Constituinte de 1988, por meio do art. 17 do ADCT, em que se rechaçou todo o regime remuneratório praticado anteriormente à Constituição de 1988. E não se pode, como salientado, apresentar a categoria (de resto, constitucionalmente estabelecida) do direito adquirido, para bloquear um comando originariamente estabelecido na Constituição de 1988.

O que se está a consignar, aqui, portanto, é que nada impede que uma cláusula constitucional prevendo a irredutibilidade de salários de determinada categoria funcional coabite com uma que estabeleça um teto-remuneratório. Contudo, algumas cautelas haverão de ser tomadas, de forma a se evitar paradoxos em potencial. A mais adequada foi a realizada pela Constituição de 1988, que estabeleceu uma nova ordem.

Tal resposta, contudo, não se pode reproduzir atualmente, tendo em vista o caráter temporário do art. 17 do ADCT, cujos efeitos já se esgotaram no tempo e, principalmente, em razão de a cláusula da irredutibilidade de salários, atinente que é à separação dos Poderes, afigurar-se, inegavelmente, como cláusula pétrea, o que torna sua supressão ou redução constitucionalmente inadmissível.

Neste sentido, há uma única forma de se congregar, hodiernamente, as duas pretensões suprarreferidas, por meio da aplicabilidade do teto-remuneratório, única e exclusivamente, quanto aos magistrados (incluídos os demais servidores na subordinação ao teto): (i) que, no momento de sua criação, não percebiam valor acima deste; e (ii) que ingressarem no Poder Judiciário em momento posterior ao advento desta previsão. Esta forma, inclusive, se encontra presente no voto proferido pelo Min. Ricardo Lewandowski, no MS 24.875-1/DF, transcrito acima.

Todos os demais magistrados que percebam, de forma consentânea com a legislação e o regime constitucional pretéritos ao advento de Emenda modificativa do regime do teto-remuneratório, valor que extravase este teto, haverão de ter assegurada a manutenção do mesmo, em atendimento à garantia da irredutibilidade de salários.

5.4.3. *Âmbito subjetivo da irredutibilidade de subsídios e teto remuneratório*

Um pressuposto inafastável a ser analisado consiste em saber se a irredutibilidade de salários, prevista no art. 95, III, da CB, em sua redação original, estabelece uma garantia exclusiva para os membros do Poder Judiciário, em específico os magistrados, ou se, ao contrário, seria extensível aos membros dos outros poderes. A seguir se deve verificar se a garantia em questão estaria imune a alteração, por meio de emenda constitucional. A primeira resposta poderá – e terá – impacto na condução e solução do segundo ponto indicado.

Quanto ao primeiro ponto, que pretende saber se a cláusula da irredutibilidade de salários se aplica, exclusivamente, aos membros do Poder Judiciário, há que respondê-la positivamente. Mais do que isso, sua circunscrição judicial justifica-se por ser uma garantia institucional própria do Poder Judiciário.

A cláusula da irredutibilidade de vencimentos é uma previsão decorrente da cláusula da separação dos Poderes, a qual se encontra petrificada (art. 60, § 4º, III, da CB) contra alterações por meio de emendas constitucionais. Assim, também usufruirá desta mesma natureza, estando envernizada contra alterações futuras.

A cláusula da irredutibilidade de vencimentos (ou de subsídio) não admite relativização. Ela pode coabitar com limites, com um teto remuneratório limitador de salários, desde que seja respeitada na sua integridade conceitual mínima. O que a cláusula da irredutibilidade de salários não aceita peremptoriamente, e, por conseguinte, tornará inconstitucional, é a estipulação de um teto remuneratório superveniente ao previsto originalmente, na Constituição de 1988, e que redunde em diminuição do valor percebido por certos magistrados, com afronta automática à irredutibilidade pretendida pela Constituição de 1988.

Nesse sentido, o que é inconstitucional não é o teto-remuneratório estipulado no art. 37, XI, da CB, mas sim a redução concreta do *quantum* percebido por alguns magistrados, redução decorrente da inclusão de verbas dantes não previstas neste parâmetro limitador, a saber, as provenientes de *vantagens pessoais*. Contudo, se ao teto remuneratório se conceder interpretação que busque aplicá-lo apenas aos magistrados que não são por ele prejudicados e àqueles que ingressarem posteriormente à edição do ato normativo em pauta, este certamente conviverá muito bem com a cláusula da irredutibilidade de *subsídios* albergada no art. 95, III, da CB.

Observo, ainda, que a sujeição de vantagens pessoais ao teto remuneratório não está, necessariamente, a eliminar a categoria das denominadas vantagens pessoais. Não é que a EC n. 19/98 e a EC n. 41/2003 as eliminem. A bem da verdade, ambas acabaram por incluí-las no cômputo do valor do subsídio, podendo neste subsistirem como elementos implícitos do novo modelo. Aliás, para ilustrar a subsistência das vantagens pessoais, pode-se citar a própria Resolução n. 13/2006, do CNJ, que, em seu art. 4º, III, *b*, inclui a figura do quinquênio naquilo que se compreende como subsídio. O que está em jogo, aqui, é saber se estas vantagens, apesar de subsistirem como categoria da noção de *subsídio*, encontram-se subordinadas, conjuntamente com as demais verbas remuneratórias, ao teto e, desta feita, sujeitam-se à redução quando extrapolarem o limite. Nos termos do que foi defendido até então, a resposta há de ser negativa. O magistrado não pode sofrer perda no total de remuneração que auferia, em virtude da cláusula da irredutibilidade de salários. No mais, cumpre repetir que a sujeição de todas as vantagens pessoais ao teto remuneratório somente se tornou uma realidade com o advento da Lei federal n. 11.143, de 26 de julho de 2005. Sendo assim, é somente após esta data que se pode falar em sujeição das vantagens pessoais ao teto, o que deve ser compreendido com todas as ressalvas já realizadas até aqui.

Por fim, observo que qualquer ato administrativo ou normativo, inclusive do CNJ, que se paute em previsão constitucional superveniente que dê ensejo a uma redução do *quantum* percebido pelos magistrados estará eivado de inconstitucionalidade. A inconstitucionalidade constante de uma previsão deste porte se repetirá em todos os atos normativos que incidam no mesmo equívoco. Desta não se furtarão as Resoluções n. 13 e 14, de 2006, do CNJ. Tais Resoluções, nada obstante este vício de inconstitucionalidade, apresentam, por sua vez, um outro, sobre o qual se discorrerá adiante.

5.5. O subsídio e a reserva de lei

O art. 37, X, da CB está a exigir *lei específica* para fixar a noção de *subsídio*. Trata-se de comando de especial relevância, na medida em que o descumprimento deste requisito (formal) tipifica lacuna na integração válida do comando constitucional referente ao subsídio.

Essa verificação, por si só, já seria suficiente para levar à conclusão de que não competiria a mero ato normativo emanado, *v.g.*, do CNJ, a tarefa de regrar a questão do subsídio. Alerte-se, aqui, que a lei a que se está referindo, neste tópico, não é a mesma que o STF demandava para a aplicação do teto remuneratório. O STF estava a exigir lei fixando o *valor, para fins de determinação do teto remuneratório*, o que se efetivou com a Lei n. 11.143/2005 e, posteriormente, com a Lei n. 12.771/2012. A lei a que se faz remissão agora, requerida pelo art. 37, X, da CB, é aquela que tem como finalidade determinar a composição específica da noção de subsídio. E, nesse sentido, nada obstante a existência daquela lei determinando o valor do teto remuneratório, não há legislação específica sobre o conteúdo preciso do subsídio, é dizer, sobre as espécies remuneratórias nele embutidas e aquelas que, simplesmente, deixaram de existir (porque absorvidas na ideia geral de subsídio).

Registre-se, ainda, que há uma interdependência entre ambas as legislações, na medida em que, a bem da verdade, a fixação do teto remuneratório pressupõe, necessariamente, a fixação do *quantum*, que, por sua vez, demanda, também, a compreensão de quais espécies remuneratórias participarão da composição deste mesmo *quantum*.

Além do art. 37, X, da CB, há outras disposições constitucionais que reforçam a conclusão acima (da necessidade de lei), sendo, inclusive, específicas para o subsídio a ser estipulado no âmbito do Poder Judiciário. É o caso do *caput* do art. 93 da CB, o qual determina que lei complementar disporá sobre o Estatuto da Magistratura.

Pode-se concluir validamente que o âmbito remuneratório da Magistratura deverá estar disciplinado em sua própria lei orgânica. É o que, aliás, faz a Lei Complementar n. 35/79, ainda que sem adotar a nomenclatura de subsídio e respectivo regime, implantados pela EC n. 19/98 (o que lhe impõe uma atualização).

Além desta inferência automática, tem-se, enquanto reforço a esta tese, o fato de o inciso V do art. 93 da CB estabelecer, como um dos princípios a serem observados pelo Estatuto da Magistratura, algumas diretrizes relativas à remuneração dos magistrados, tais como: (i) o limite de 95% do subsídio dos Ministros do Supremo Tribunal Federal para o subsídio mensal dos ministros dos Tribunais Superiores, como já indicado anteriormente; (ii) diferença de subsídios, nas diversas categorias da estrutura judiciária, que não ultrapasse 10% e nem seja inferior a 5%; e (iii) subsídio dos demais magistrados que não exceda a 95% do subsídio mensal dos ministros dos Tribunais Superiores.

Ora, se há dispositivo constitucional específico sobre regras de remuneração da magistratura, a traçar diretrizes a serem observadas pelo Estatuto da Magistratura, é determinante concluir que caberá a este estatuto disciplinar a remuneração dos membros do Poder Judiciário e, por conseguinte, acenar com a exata composição do sentido de "subsídio" no âmbito deste Poder.

O atual Estatuto da Magistratura, Lei Complementar n. 35/79 – LOMAN, encontra-se defasado e desatualizado em face das diversas alterações constitucionais perpetradas na Constituição de 1988. Nesse sentido, não se pode considerar que a questão do subsídio esteja adequadamente disciplinada na LOMAN. Muito pelo contrário. A LOMAN, principalmente após a Reforma do Judiciário, perpetrada pela Emenda Constitucional n. 45/2004, afigura-se, inexoravelmente, de curta sobrevida.

Outro elemento que reforça a necessidade de lei (sentido formal) para disciplinar a questão do subsídio se encontra no próprio art. 93, V, da CB. É que o mencionado preceptivo constitucional estabelece peremptoriamente que os subsídios dos demais magistrados serão fixados em *lei*.

É preciso, aqui, chamar a atenção para um importante componente constitucional para a correta compreensão do alcance do regime em matéria remuneratória. Invariavelmente, à menção do subsídio, segue-se a figura da *lei*, e não a referência à resolução, à portaria ou ao decreto. Tal exigência se justifica em virtude de o *princípio da legalidade* (com sede primária no art. 5º, II, da CB) apresentar-se como elemento basilar ou princípio geral fundamental (cf. Canotilho, 2003: 1174) do princípio do Estado de Direito (princípio estruturante cf. Canotilho, 2003: 1174) e, principalmente, do Estado Democrático e Constitucional de Direito.

Nesse sentido, conclui-se que, em relação ao subsídio, há uma *reserva de lei*. A reserva de lei é uma exigência na qual se encontram as bases da definição de competências, entre o Legislativo e outros órgãos do Poder

Público. Por conseguinte, há de se frisar, aqui, que o enunciado da *reserva de lei*, considerado neste sentido aqui apontado, por sua vez, somente será adequado se situado no berço constitucional, uma vez que é este o *locus* propício para se realizar o rateio das competências de cada um dos poderes do Estado.

Explica-se melhor. A reserva de lei está a exigir que determinada matéria somente poderá ser regulada por meio de lei. Assim, ao se exigir, necessariamente, a figura da lei ("nos termos da lei", *v.g.*), para regulamentar determinada matéria constitucional, a Constituição findou por definir que seria o Parlamento o órgão constitucional responsável por tratar da matéria, e não qualquer outro órgão público.

A ocorrência deste princípio, em um ordenamento jurídico, está a sinalizar para a prevalência, ao menos normativa, do Poder Legislativo, em face do Executivo, para as matérias indicadas. É nesse sentido que LÊNIO STRECK, CLÈMERSON MERLIN CLÈVE e INGO W. SARLET (2005: 5) bem lembram "de uma evolução do princípio da reserva legal para o de reserva parlamentar".

Neste mesmo diapasão, a doutrina abalizada e amplamente conhecida de Moncada acerca do tema:"A reserva de lei é também, verdadeiramente, o atestado da predominância parlamentar no contexto do estado, ou seja, é uma *reserva parlamentar de lei*, resistindo às orientações que, baseadas as mais das vezes em considerações sociológicas, pretendem desvalorizar o papel do parlamento nos nossos dias, seja imputando idêntica legitimidade democrática ao executivo" (2002: 167).

O que se pretende, portanto, com o reconhecimento da reserva legal para certas matérias é determinar que, em tais indicações, caberá à lei, e não ao decreto ou a outro instrumento normativo, de competência do Executivo ou de qualquer órgão outro que não o Legislativo, a função de instrumentalizar a competência constitucionalmente prevista. Isto, contudo, em nada impede que eventual decreto venha a regulamentar a lei constitucionalmente exigida. O que não se permite é que eventual decreto ou outro ato normativo, como, por exemplo, *resolução* – especialmente se sua origem se encontrar fora da instância constitucionalmente exigida (Parlamento) – regulamente, de maneira direta e autônoma, a norma constitucional que demanda sua instrumentalização por meio de *lei* tomada como produto do Parlamento.

Nos casos em que a norma constitucional exige *expressamente* lei, admite-se, inclusive, o controle de constitucionalidade abstrato (via ação direta de inconstitucionalidade) de decretos (alcunhados como "decretos autônomos") que desrespeitem mencionada exigência e pretendam haurir sua legitimidade diretamente do texto constitucional. Nesse sentido já se manifestou o STF: "Decretos existem para assegurar a fiel execução das leis (art. 84-IV da CF/88). A Emenda Constitucional n. 8, de 1995 – que alterou o inciso IX e alínea *a* do inciso XII do art. 21 da CF – é expressa ao dizer que compete à União explorar, diretamente ou mediante autorização, concessão ou permissão, os serviços de telecomunicações, nos termos da lei. Não havendo lei anterior que possa ser regulamentada, qualquer disposição sobre o assunto tende a ser adotada em lei formal. O decreto seria nulo, não por ilegalidade, mas por inconstitucionalidade, já que supriu a lei onde a Constituição a exige" (ADIn 1435-MC/DF, rel. Min. Francisco Rezek, *DJ* de 6-8-1999).

Em síntese, deixando-se de lado as distinções e definições doutrinárias, há que se frisar que a reserva de lei ou reserva legal está a determinar que matérias específicas, por expressa previsão constitucional, haverão de ser regradas, *exclusivamente*, por meio de *lei*, vedada qualquer outra espécie normativa externa ao Legislativo. Trata-se, nessas hipóteses, de um verdadeiro reforço do princípio da legalidade.

No que se refere ao *subsídio*, sua disciplina está condicionada à lei, e não à resolução. Outra não é a inteligência dos arts. 37, X, 93, *caput* e inciso V, da Constituição de 1988. Infelizmente para o sistema democrático brasileiro, o CNJ, em algumas ocasiões, acaba por ultrapassar os murais do constitucionalismo pátrio. Cabe ao STF a tarefa do controle constitucional de todos os órgãos da República. Não pode constranger ou destituir a Constituição, nem por valores supostamente morais, nem por interesses mais práticos.

5.5.1. *As Resoluções n. 13 e 14 do CNJ*

Analiso, agora, qual o escopo e alcance admissível das Resoluções n. 13 e 14, de 2006, editadas pelo CNJ; é dizer, pretendo verificar e aclarar se tais atos normativos acabam por disciplinar, indevidamente, o conteúdo do que se deva compreender, validamente, como *subsídio* em seu sentido reservado à lei.

Na Resolução n. 13, dois são os dispositivos merecedores de maior atenção, a saber, os arts. 4º e 5º. O primeiro dispositivo em questão define quais verbas do regime remuneratório praticado anteriormente estarão compreendidas, doravante, no conceito de *subsídio*. O rol do art. 4º é extenso e compreende em seu bojo: (i) vencimentos; (ii) diversos tipos de gratificação; (iii) diversos tipos de adicionais; (iv) abonos; (v) prêmios; (vi) verbas de representação; (vii) vantagens de qualquer natureza. Registre-se que este rol é meramente repetitivo do sentido introduzido pela EC n. 19/98 na redação conferida ao § 4º do art. 39 da CB.

O art. 5º, por sua vez, indica uma nova série de verbas que também devem obedecer ao teto remuneratório. Contudo, parece estabelecer uma categoria diversa da de subsídio, que está indicada, expressa e taxativamente, no artigo anterior, acima descrito. Assim, a situação é a seguinte: há uma categoria chamada de subsídio na qual foram incorporadas diversas verbas *remuneratórias*, que foram extintas enquanto categorias autônomas que eram no passado, e há uma segunda categoria de verbas, representada por um conjunto de valores que não estão extintos (permanecem como existência autônoma em relação ao conceito de *subsídio*), mas que, mesmo assim, devem respeitar o limite do teto. Apesar de entrarem no cômputo para fins de verificação do teto, remanesceram como elementos externos à noção supostamente global de subsídio. Como exemplo, pode-se citar a verba de caráter eventual ou temporário pelo exercício da Presidência de Tribunal e de Conselho de Magistratura, da Vice-Presidência e do encargo de Corregedor (art. 5º, II, *a*, da Resolução n. 13/2006).

Numa leitura comparativa inicial dos dispositivos indicados, chama a atenção a circunstância de o art. 4º prever atividade correlata à prevista no art. 5º, II, *a*, da Resolução n. 13/2006, mais precisamente, atividade relacionada ao encargo de corregedor, classificada como gratificação e, portanto, incluída no subsídio. É que o art. 4º, II, *a*, faz inserir na noção de subsídio: "gratificações de: a) Vice-Corregedor de Tribunal".

Queda sem resposta a seguinte indagação: por que a verba de Vice-Corregedor de Tribunal é considerada como gratificação e, por conseguinte, compreendida no conceito de subsídio, enquanto a verba do Corregedor do Tribunal possui o singelo epíteto de *verba de caráter eventual e temporário*, e, desta feita, não restrita ao valor do subsídio? Qual o discrímen constitucional no qual estaria a Resolução amparada para realizar diferenciação desse matiz? A questão pode ser posta em termos mais amplos: qual o critério legal ou constitucional de que se valeu (e, mais ainda, de que se pode valer) o CNJ para distinguir entre verbas que integram o conceito de subsídio e outras que permanecem existindo autonomamente?

É bem verdade que todas as verbas autônomas, previstas no art. 5º, estão sujeitas ao mesmo limite, ao mesmo teto. Contudo, isso não afasta a desconfiança na inconstitucionalidade pelo desrespeito ao art. 39, § 4º, da CB, na medida em que o preceptivo em questão estabelece:"O membro do Poder, o detentor de mandato eletivo, os Ministros de Estado e os Secretários Estaduais e Municipais serão *remunerados exclusivamente por subsídio fixado em parcela única, vedado o acréscimo de qualquer gratificação, adicional, abono, prêmio, verba de representação ou outra espécie remuneratória*, obedecido, em qualquer caso, o disposto no art. 37, X e XI" (ênfase acrescentada).

Mencionado dispositivo veda, de forma peremptória, o acréscimo de qualquer espécie remuneratória. Há um motivo para tanto, qual seja, pretender eliminar as diversas parcelas remuneratórias anteriormente existentes e que criavam uma verdadeira "babel normativa", com diversas leis e dispositivos regulamentando as diversas formas/parcelas remuneratórias existentes.

O que o art. 5º da Resolução n. 13/2006 exclui da noção de subsídio não pode ser desconsiderado como espécie remuneratória, ainda que o CNJ utilize um termo desprovido do qualificativo remuneratório, tal como *verba de caráter eventual ou temporário*. Daí o porquê de se considerar tal dispositivo inconstitucional, por afronta ao art. 39, § 4º, da CB.

Ademais, a diferença (substantiva) de enquadramento, estabelecida entre as "verbas" do Corregedor e a (similar) do Vice-Corregedor, não pode encontrar outro embasamento que não o meramente político, amplamente discricionário, próprio das decisões adotadas pelo Parlamento no contexto de suas forças próprias. Em outras palavras, a distinção, ainda que aceitável fosse, só poderia decorrer de uma decisão de um órgão *político*, e não de um órgão essencialmente *técnico*, como há de ser e é o CNJ. Não se encontra na esfera funcional do CNJ uma pauta de cunho legislativo.

Oportuno insistir que a conclusão desenvolvida nos parágrafos acima, de que o art. 39, § 4º, da CB oferece alguns impedimentos que não foram observados pelo CNJ em sua atuação via resoluções, não está a obstaculizar a necessidade de lei para estabelecer o significado de *subsídio*. Pelo contrário. Não é que o art. 39, § 4º, discipline, de forma exaustiva, a questão do subsídio. Este artigo estabelece, apenas, uma limitação negativa, diretrizes a serem cumpridas pelo legislador ordinário, a saber, a impossibilidade de se criarem verbas ou espécies remuneratórias à margem do *subsídio*.

Definir quais as espécies remuneratórias que estarão compreendidas no conceito de subsídio e quais deixarão de existir por completo compete *sim* ao legislador ordinário. O próprio art. 39, § 4º, da CB, *in fine*, deixa em aberto este ponto com sua remissão ao legislador ordinário quando realiza, ele mesmo, uma expressa referência ao art. 37, X, da CB, o qual, conforme foi visto, dispõe que lei específica fixará o subsídio e o seu conceito. Reforça esta conclusão o STF ter demandado lei para a implementação da sujeição das vantagens pessoais no teto remuneratório.

O principal, contudo, é que quando o CNJ arroga para si a tarefa de determinar quais espécies remuneratórias estão compreendidas no conceito de subsídio e quais dele se excluem, este órgão finda por incidir em inconstitucionalidade, de cunho formal, pelo desrespeito da reserva de lei, violação da necessidade constitucionalmente criada de lei para disciplinar a questão do *subsídio*. Nesse ponto, é importante analisar os termos da decisão proferida pelo STF, no julgamento da ADC n. 12 (rel. Min. CARLOS AYRES BRITTO, *DJ* de 24-2-2006), cujo objeto era a Resolução n. 7/2005 ("Resolução do nepotismo"), do CNJ.

O STF julgou constitucional a Resolução CNJ n. 7/2005, sobre a qual pairavam sérias dúvidas acerca de sua constitucionalidade, na medida em que tal ato normativo inovava, à semelhança de uma lei, o ordenamento jurídico. A declaração de constitucionalidade desta Resolução redundou, imediatamente, no reconhecimento de que ao CNJ é constitucionalmente assegurada alguma parcela de cumplicidade com o Congresso Nacional na elaboração normativa primária do país.

Esta decisão, contudo, não franqueia, ilimitada e automaticamente, ao CNJ, a competência para editar atos normativos dispondo sobre todo e qualquer assunto. Há um importante requisito a ser observado e respeitado, qual seja, saber se a disciplina da matéria está reservada ao Poder Legislativo, quer da União, quer dos Estados ou dos Municípios. O relator da ADC n. 12, Min. CARLOS AYRES BRITTO, bem o demonstrou em dois momentos. O primeiro, ao afirmar que: "ao fim e ao cabo (como diria o ministro NELSON JOBIM), *não me parece que, ao editar a Resolução n. 07/2005, o Conselho Nacional de Justiça haja invadido seara reservada, com exclusividade, nem ao Poder Legislativo Federal nem ao Poder Legislativo dos Estados*. Limitou-se a exercer, reitero, as competências que lhe foram constitucionalmente reservadas" (original não grifado).

O segundo, ao acrescentar que: "A Resolução n. 7/05, ato normativo que tenho como de natureza primária, podia mesmo fazer do terceiro grau de parentesco um critério de inibição ao 'nepotismo'. Impedida estava, no entanto, de criar um novo grau de parentesco, *devido a que essa matéria é de caráter civil, reservada pela Constituição à competência do Poder Legislativo Federal*" (original não grifado).

No caso do subsídio, conforme foi visto, a Constituição reservou, expressamente, o seu disciplinar, à Lei. Em sua redação atual, o art. 37, X, da CB, inclusive, faz menção a uma lei *específica*. Nesse sentido, nada obstante eventual competência para editar atos normativos primários, reconhecida e consolidada no CNJ, não poderia – e não poderá – o CNJ ter se assenhoreado de função constitucionalmente reservada ao Poder Legislativo, como no caso da composição interna do chamado "subsídio". Daí a inconstitucionalidade da Resolução n. 13/2006, do CNJ, mais precisamente de seus dispositivos que tratam do *subsídio*.

Os mesmos argumentos acima elaborados são extensíveis, também, à Resolução CNJ n. 14/2006. Ainda que esta se destine para os Estados que não adotem o subsídio, utiliza o *subsídio* dos ministros do Supremo Tribunal Federal como teto, e, mais importante do que isso, elenca, em seu art. 2º, praticamente as mesmas verbas remuneratórias previstas no art. 4º da Resolução n. 13/2006 e que estão compreendidas no subsídio. Em síntese, pode-se perceber que a Resolução n. 14 difere de sua anterior apenas na terminologia utilizada: *teto remuneratório*. No mais, trata-se de disciplina idêntica à disciplina do subsídio contida na Resolução CNJ n. 13/2006, principalmente se se levar em consideração que ele pretende ser único, é dizer, substituir as diversas parcelas remuneratórias praticadas no âmbito do Poder Judiciário.

Tanto é assim que na decisão cautelar proferida na ADI 3854, o STF entendeu que ambas resoluções incidiam, parcialmente, na mesma inconstitucionalidade, e assentou o entendimento de que a fixação diferenciada para os membros da magistratura federal e estadual de tetos é inadmissível, sendo arbitrária e violadora do caráter nacional do Poder Judiciário. Nessa mesma decisão o STF ainda excluiu a submissão dos membros da magistratura estadual ao subteto de remuneração.

Por fim, é preciso enfrentar a tese de que não poderia o CNJ disciplinar a matéria do *subsídio* e do *teto remuneratório*, na medida em que a questão esteja sendo analisada no STF, por meio de ação específica, como ocorreu no caso do subsídio com o MS 24.875-1, impetrado naquela Corte.

Não há nada que impeça o CNJ, ou qualquer outro órgão, de disciplinar a questão do subsídio, calcado o impedimento apenas na verificação *de tal assunto estar submetido à apreciação jurisdicional do Supremo Tribunal Federal*. Apenas decisões, e não "julgamentos", definitivas, proferidas em sede de ações de controle abstrato ou com decisões finais vinculantes é que poderiam alcançar o CNJ.

5.5.2. *"Vantagens" decorrentes do exercício temporário de funções na Magistratura*

É preciso averiguar se o teto remuneratório, alcunhado por alguns como *moralizador*, estaria a afetar aquelas vantagens decorrentes do exercício temporário de cargos ou funções (tais como verbas de gabinete, gratificações pelo exercício temporário de cargos de direção, de cúpula) e que foram incorporadas por dispositivos normativos locais ou por decisões judiciais.

Mencionadas verbas haverão de estar sujeitas ao teto remuneratório, independentemente de serem ou não temporárias. Isto porque as mesmas haverão de compor a noção de subsídio, nos termos do art. 39, § 4º, da CB, o qual não admite que qualquer outra espécie remuneratória quede à margem da noção de subsídio, independentemente de a mesma ser permanente ou temporária. O que compõe o encaminhamento adequado da questão é que se atente para a irredutibilidade, nos termos expostos.

Há, contudo, que se fazer uma pequena digressão neste ponto. É que se verbas que deveriam ser qualificadas, pela sua natureza, como temporárias, passam a compor em definitivo a verba remuneratória percebida, por força de uma ficção legal, o caso é de nítida violação do postulado da razoabilidade, ao qual deve estar jungido o legislador.

De outra parte, e em acréscimo ao raciocínio, registre-se que as verbas que sejam inconstitucionais, ainda que incorporadas por força de decisões judiciais, porque baseadas em leis inconstitucionais, não se encontram acobertadas pela cláusula da irredutibilidade de salários, na medida em que a mesma está a encerrar em seu âmago apenas aquelas vantagens remuneratórias que, em algum momento, foram constitucionais e legítimas e, assim, passaram a incorporar a noção de irredutibilidade no caso concreto de cada magistrado.

Nas situações patológicas, decorrentes de incorporações que violam a razoabilidade e a proibição do excesso, há um bloqueio constitucional automático, que não permite o aproveitamento da argumentação até aqui exposta. Quanto à razoabilidade, recorde-se que "enquanto a proporcionalidade implica uma relação de causalidade entre meio e fim, a razoabilidade não contém, em si, uma referência dessa magnitude" (cf. TAVARES, 2006ab: 667).

A razoabilidade é uma determinação constitucional (implícita) direcionada ao legislador (e ao Poder Público em geral), que obriga a tomada de decisões "coerentes". Nesse sentido, fica evidente que, *v.g.*, a transformação de vantagens, intrinsecamente temporárias e excepcionais, em definitivas, que perdem o suporte nas circunstâncias fáticas que constituem a hipótese de incidência normativa, viola a razoabilidade.

Em síntese, uma coisa é a incompatibilidade de um valor remuneratório, até então compatível constitucionalmente, com o novo teto. Este problema, como visto, deve ser resolvido em benefício da cláusula de irredutibilidade. Outra situação, totalmente diversa, ocorre quando o valor remuneratório, em sua origem, é composto por elementos já inconstitucionais, independentemente do teto que seja fixado, por violação da cláusula da razoabilidade. O problema, aqui, é anterior ao teto e fora deste âmbito de discussão é que deve ser resolvido.

5.5.3. *Teto nacional, subnacional e Resolução n. 14 do CNJ*

O tema do teto nacional e do teto subnacional impõe a averiguação de inúmeras questões tormentosas. Uma delas refere-se à possibilidade, quanto aos Estados-membros, de conservarem, em face de teto nacional, as vantagens ligadas ao tempo de serviço previstas em dispositivos constantes das constituições e legislações locais, e que foram adquiridas por meio de critérios objetivos e genéricos. Outra questão está na constitucionalidade da redução do teto subnacional, ou seja, o estabelecimento de um subteto estadual.

Quanto ao primeiro ponto, nada impede que os Estados federados conservem as vantagens ligadas ao tempo de serviço, desde que tais vantagens se encontrem dentro da noção de subsídio, de forma a respeitar os termos do art. 39, § 4º, da CB. Contudo, ao assim fazê-lo, tais vantagens necessariamente estarão submetidas ao teto remuneratório previsto constitucionalmente. A única inconstitucionalidade passível de ser erigida é a que tem como fundamento a irredutibilidade de salários dos magistrados. Assim, a possibilidade de conservar, em casos concretos, as vantagens abstratamente contempladas em leis estaduais, permanece exclusivamente para os magistrados, nos termos apresentados neste trabalho, e não para o funcionalismo em geral, além da possibilidade calcada no problema federativo, analisado a seguir.

Já o tema do subteto exigirá o desenrolar de diversos aspectos. Historicamente, cumpre ressaltar que nunca houve, no ordenamento jurídico instaurado em 1988, a odiosa imposição de um escalonamento de rendimentos entre os ministros do STF e desembargadores de Tribunal de Justiça. A Lei Orgânica da Magistratura, Lei Complementar n. 35/79, previa um único limite remuneratório, dentro do Judiciário, a saber, o vencimento fixado para os ministros do STF, admitindo, desta feita, eventual homogeneização entre a remuneração dos ministros do STF e dos desembargadores do Tribunal de Justiça. É o que dispunha o art. 63 da Lei em questão: "Os vencimentos dos Desembargadores dos Tribunais de Justiça dos Estados e do Tribunal de Justiça do Distrito Federal e dos Territórios não serão inferiores, no primeiro caso, aos dos Secretários de Estado, e no segundo, aos dos Secretários de Governo do Distrito Federal, *não podendo ultrapassar, porém, os fixados para os Ministros do Supremo Tribunal Federal*".

Em outras palavras, o limite era o "valor cheio" dos vencimentos (atualmente subsídios, com todas as restrições anteriormente apresentadas) dos ministros do STF, e não uma porcentagem qualquer, com seus números inteiros e centésimos. Quando se declara que o valor não poderá ultrapassar o do ministro, admite-se que se possa equiparar. É o sentido inegável do dispositivo transcrito.

A redação original do art. 37, XI, da CB de 1988 mantinha esta mesma lógica: o único teto existente era o vencimento *integral* dos ministros do STF. A redação era a seguinte: "a lei fixará o limite máximo e a relação de valores entre a maior e a menor remuneração dos servidores públicos, observados, como limites máximos e *no âmbito dos respectivos poderes*, os valores percebidos como remuneração, em espécie, a qualquer título, por membros do Congresso Nacional, Ministros de Estado e Ministros do Supremo Tribunal Federal e seus correspondentes nos Estados, no Distrito Federal e nos Territórios, e, nos Municípios, os valores percebidos como remuneração, em espécie, pelo Prefeito" (original não grifado).

Registre-se, aqui, que este preceptivo trazia outro elemento interessante, qual seja, a figura dos correspondentes (*seus correspondentes*) nos Estados, no Distrito Federal. O que se quer dizer é que os correspondentes dos ministros do STF, nos Estados, vale dizer, os desembargadores dos Tribunais de Justiça, teriam os vencimentos daqueles primeiros como teto remuneratório. O que chama a atenção, aqui, é que, na redação original não havia um escalonamento hierárquico entre o Supremo Tribunal Federal e os Tribunais de Justiça, no que se refere aos vencimentos, na medida em que estes últimos eram reputados, frise-se uma vez mais, como *correspondentes* dos primeiros. O regime da *correspondência* está justificável, na medida em que os Tribunais de Justiça findam por exercer, invariavelmente, função semelhante àquela praticada pelo STF, embora em âmbito estadual. Em outras palavras, a suprema corte estadual é o Tribunal de Justiça, deliberando, soberanamente, sobre os temas exclusivamente estaduais em relação a sua Constituição do Estado.

O art. 93,V, da CB, em sua redação original, tampouco previa qualquer limitação remuneratória aos desembargadores de Tribunal de Justiça que não o valor integral da remuneração dos ministros do STF. Esta era a sua redação: "os vencimentos dos magistrados fixados com a diferença não superior a dez por cento de uma para outra das categorias da carreira, *não podendo, a título nenhum, exceder os dos Ministros do Supremo Tribunal Federal*" (ênfase acrescentada).

Foi, contudo, com a Emenda Constitucional n. 19/98 que se instaurou um pretensioso escalonamento de subsídios entre o STF e os outros tribunais, ao se estipular subtetos. Mencionada Emenda alterou substancialmente o conteúdo do art. 93, V, da CB. Neste dispositivo, dois subtetos foram estipulados: (i) o primeiro para os Tribunais Superiores e, outro, (ii) para os demais magistrados. Para os Tribunais Superiores, o seu subsídio seria, no máximo, de 95% do subsídio dos ministros do STF. Já o subsídio praticado nestes tribunais superiores passou a figurar como limite para o subsídio dos outros magistrados, inclusive os da Justiça estadual. O art. 95 dispôs que o subsídio dos demais magistrados não poderia exceder a 95% do subsídio mensal dos ministros dos Tribunais Superiores.

Esta desigualação foi reforçada pela EC n. 41/2003, a qual alterou o art. 37, XI, da CB. Nesta estabeleceu-se que o subsídio dos desembargadores do Tribunal de Justiça estaria limitado a 90,25% do subsídio mensal dos ministros do STF. Nada obstante o número utilizado, 90,25%, a relação matemática é a mesma prevista no art. 93,V, da CB.

A Resolução n. 13/06, do CNJ, findou por repetir, em seu art. 2º, o que se encontrava constitucionalmente previsto no art. 37, XI, da CB: "Nos órgãos do Poder Judiciário dos Estados, o teto remuneratório constitucional é o valor do subsídio de Desembargador do Tribunal de Justiça, que não pode exceder a 90,25% (noventa inteiros e vinte e cinco centésimos por cento) do subsídio mensal de Ministro do Supremo Tribunal Federal".

O teto estipulado para o subsídio dos desembargadores de Tribunal de Justiça, de 90,25%, há de ser considerado inexoravelmente inconstitucional, por dois motivos básicos. O primeiro por engessar os Estados-membros em sua autonomia administrativa. O segundo e derradeiro, em razão de criar um verdadeiro escalonamento hierárquico "material" entre os ministros do STF e os desembargadores de Tribunal de Justiça, ferindo-se, de morte, a isonomia especial de tratamento que foi consignada para ambos pela Constituição originária.

Como já aludido anteriormente, o Supremo Tribunal Federal concedeu liminar na ADI 3.854, de relatoria do Min. CEZAR PELUZO (j. em 28-2-2007, *DJ* de 29-6-2007). Essa medida impediu, ao menos provisoriamente, a fixação de um teto para a magistratura estadual distinto do teto da magistratura federal, suspendendo o art. 2º da Resolução n. 13, além do art. 1º, parágrafo único, da Resolução n. 14, ambas do CNJ. Ressaltou-se o caráter unitário e nacional da magistratura, razão pela qual não seria possível a disparidade de tetos remuneratórios.

No que se refere à inconstitucionalidade por violação da isonomia, é bem verdade que poderia se argumentar que o STF é um Tribunal, por assim dizer, especial, em razão do exercício de uma função assaz importante, a saber, o controle abstrato de constitucionalidade, o que lhe colocaria em posição de destaque em relação a outros Tribunais, aproximando-o, embora em tempo parcial, de um Tribunal Constitucional *ad hoc*, nos termos propostos por KELSEN. Contudo, não se pode olvidar que esta posição de destaque somente se justifica em face dos outros Tribunais Superiores, e não em face dos Tribunais de Justiça, quando atuam na defesa da Constituição do respectivo Estado. Afinal, tribunais deste quilate também exercem o controle de constitucionalidade em abstrato, o que torna inimaginável e injustificável erigir qualquer pretensão de escalonamento hierárquico de subsídios entre estes dois tribunais em específico.

Os Tribunais de Justiça reproduzem, em âmbito estadual, a estrutura jurisdicional na qual se insere o Supremo Tribunal Federal. Em outras palavras, ambos são os tribunais do "topo" dessas estruturas.

Nesse sentido, se não há justificativa de ordem técnica, neste passo, para existir tal discrímen entre o subsídio dos ministros do STF e dos desembargadores de Tribunal de Justiça, por que haveria, então, de se tolher a autonomia dos Estados-membros?

Ressalte-se que o ato de contestar tal desigualação não implica, necessariamente, a defesa de que, automaticamente, todo e qualquer desembargador de Tribunal de Justiça haverá de receber o mesmo valor auferido pelos ministros do STF. O que decorre da Lei Maior é que cada Estado, nos termos do Pacto Federativo, deve ser competente para delimitar o *quantum* do subsídio de seus desembargadores, obedecidos, é claro, os limites impostos pela Lei de Responsabilidade Fiscal e pelas peculiaridades econômicas e financeiras, além do limite global do subsídio de ministro.

No que se refere à questão da isonomia e sua mácula pela própria EC n. 41/2003, o STF já decidiu, anteriormente, pela inconstitucionalidade de norma (coincidentemente da própria EC n. 41/2003, em seu art. 4º, parágrafo único, incisos I e II) que estipulava distinção entre os servidores e pensionistas dos Estados, do Distrito Federal e os servidores e pensionistas da União. Tal dispositivo dispunha que a contribuição previdenciária sobre os inativos, no caso dos servidores dos Estados, do Distrito Federal e dos Municípios, incidiria sobre a parcela dos proventos e das pensões que superassem 50% do limite máximo estabelecido para os benefícios do regime geral de previdência social. Já, para os servidores da União, a contribuição supramencionada somente incidiria naquelas parcelas que superassem 60% do limite máximo estabelecido. Em outras palavras, havia, aí, um regime mais benéfico para o servidor público da União, sem que houvesse, contudo, qualquer justificativa racional para tanto, o que fez com que o STF declarasse tal previsão inconstitucional (ADI 3.105-8/DF, rel. Min. Cezar Peluso, *DJ* de 18-2-2005). Ora, o raciocínio que baseou esta decisão é integralmente aplicável ao caso que aqui se analisa, da distinção (intolerável) entre o subsídio dos ministros do STF e dos desembargadores de Tribunal de Justiça: não há qualquer justificativa racional para alicerçar constitucionalmente essa distinção automática. Sendo assim, tal desigualação haverá de ser reputada inconstitucional por afronta à isonomia, como já o fez o STF na ADI 3.105-8/DF.

Ao cabo, no que se refere à Resolução n. 14/2006, é possível concluir, com segurança, que também incidiu na inconstitucionalidade acima apontada, na medida em que o parágrafo único do art. 1º trata, igualmente, do subteto de 90,25%: "Enquanto não editadas as leis estaduais referidas no art. 93, inciso V, da Constituição Federal, o limite remuneratório dos magistrados e servidores dos Tribunais de Justiça corresponde a 90,25% (noventa inteiros e vinte e cinco centésimos por cento) do teto remuneratório constitucional referido no *caput*, nos termos do disposto no art. 8º da Emenda Constitucional n. 41/2003".

Há, sem embargo, neste ato normativo, um agravante, que faz com que sua inconstitucionalidade seja mais cristalina. Tal complicador se encontra na remissão que o preceptivo acima faz ao art. 8º da EC n. 41/2003. Segundo este dispositivo: "Até que seja fixado o valor do subsídio de que trata o art. 37, XI, da Constituição Federal, será considerado, para os fins do limite fixado naquele inciso, *o valor da maior remuneração atribuída por lei na data da publicação desta Emenda a Ministro do Supremo Tribunal Federal, a título de vencimento, de representação mensal e da parcela recebida em razão de tempo de serviço*, aplicando-se como limite, nos Municípios, o subsídio do Prefeito, e nos Estados e no Distrito Federal, o subsídio mensal do Governador no âmbito do Poder Executivo, o subsídio dos Deputados Estaduais e Distritais, no âmbito do Poder Legislativo e o subsídio dos Desembargadores do Tribunal de Justiça, limitado a noventa inteiros e vinte e cinco centésimos por cento da maior remuneração mensal de Ministro do Supremo Tribunal Federal a que se refere este artigo, no âmbito do Poder Judiciário, aplicável este limite aos membros do Ministério Público, aos Procuradores e aos Defensores Públicos" (original não grifado).

Depreende-se da mera leitura do dispositivo em questão que o limite estabelecido para os Estados-membros que não adotam o subsídio será 90,25% do valor da maior remuneração atribuída por lei a ministro do STF, em 31 de janeiro de 2003, tendo em vista o excerto "*na data da publicação desta Emenda*". Ou seja, o teto estipulado pela Resolução n. 14/2006 tem como base um valor praticado há mais de três anos.

Na data da publicação da Emenda acima, o maior vencimento estipulado a ministro do STF encontrava-se estabelecido pelo Ato Normativo n. 257 do STF. Este determinava que os ministros do STF perceberiam, a título de vencimento, representação mensal e parcela referente a tempo de serviço, o valor máximo de R$ 17.343,71 (dezessete mil, trezentos e quarenta e três reais e setenta e um centavos).

Ou seja, comparativamente ao valor estipulado como teto pela Resolução n. 13/2006 (repetindo o valor fixado pela Lei n. 11.143/2005), de R$ 24.500,00 (vinte e quatro mil e quinhentos reais), há uma importante diferença de R$ 7.156,29 (sete mil, cento e cinquenta e seis reais e vinte e nove centavos). Em outras palavras, dentro do subteto (com eficácia suspensa, nos termos da liminar deferida na já referida ADI 3.854) de 90,25% do subsídio dos ministros do STF, há outro subteto, qual seja, os 90,25% sobre um valor praticado em 2003, valor este que, além de ser menor ao praticado pela Lei n. 11.143/2005, encontra-se com seu *quantum* real plenamente desatualizado.

Após a referida Resolução, como já referido anteriormente, foram promulgadas sucessivas Leis, fixando o subsídio mensal dos Ministros do Supremo Tribunal Federal em novos patamares de R$ 28.059,29 (vinte e oito mil e cinquenta e nove reais e vinte e nove centavos) para o ano de 2013; R$ 29.462,25 (vinte e nove mil, quatrocentos e sessenta e dois reais e vinte e cinco centavos) para o ano de 2014; e R$ 30.935,36 (trinta mil, novecentos e trinta e cinco reais e trinta e seis centavos) para o ano de 2015.

Assim, além de defasado, o valor repetido na resolução do CNJ não corresponde mais ao valor legal do subsídio dos Ministros.

Nesse ponto, pode-se concluir que a Resolução n. 14/2006 (no ponto do subteto com eficácia suspensa, nos termos da liminar deferida na já referida ADI 3.854) atenta duplamente contra a isonomia. A uma, porquanto mantém o escalonamento hierárquico entre os ministros do STF e os desembargadores do Tribunal de Justiça, escalonamento este refletido pela limitação do subsídio destes últimos a 90,25% do subsídio dos primeiros. A duas, em razão de criar uma outra distinção, esta com base em um critério assaz esdrúxulo, a saber, a utilização ou não de subsídio único.

Para além destes vícios, o valor estipulado pela Resolução em questão finda por ser inconstitucional, também, por atentar contra a garantia da irredutibilidade de subsídios, assegurada no art. 95, III, da CB.

Ao aplicar um valor praticado em 2003 e não corrigido, a todo e qualquer Estado-membro que, no âmbito de sua Justiça, não tenha adotado a forma do subsídio, assumiu-se o risco de produzir uma redução dos valores percebidos pelos magistrados. A veracidade desta afirmativa faz-se sentir em um exemplo real. Conforme foi visto acima, o maior vencimento praticado na data da publicação da EC n. 41/2003 era de R$ 17.343,71 (dezessete mil, trezentos e quarenta e três reais e setenta e um centavos). Nos termos do art. 2º da Resolução n. 14/2006, a este *quantum* haver-se-ia de aplicar a porcentagem de 90,25% para se determinar o teto atual dos magistrados estaduais. Se se for considerar, contudo, que a Resolução n. 306, de 27 de julho de 2005, do STF, estabeleceu que o subsídio mensal de um juiz de direito seria de R$ 18.433,56 (dezoito mil, quatrocentos e trinta e três reais e cinquenta e seis centavos), chegar-se-á à constatação de que o mesmo juiz de direito, em 2006, perceberá valor menor do que percebia um ano antes. Afinal, se já existe entre o valor percebido pelo juiz de direito, em 2005, e o auferido, integralmente, pelo ministro do STF, em 2003, uma diferença negativa para o juiz de hum mil, oitenta e quatro reais e oitenta e cinco centavos, desnecessário dizer que tal se acentuará ainda mais com a aplicação do limite de 90,25% ao valor de R$ 17.343,71 acima. O que se quer dizer, portanto, é que a Resolução n. 14/2006, mais do que impor um teto remuneratório que pode ou não acarretar em violação da irredutibilidade de salários, quer estabelecer como valor deste teto remuneratório um *quantum* que, indubitavelmente, redundará em redução dos valores percebidos pelos magistrados.

A redução de sua remuneração agravar-se-á se se levar em conta o índice inflacionário. Para se ter uma ideia, de 2003 até 2006, registrou-se uma inflação acumulada de, mais ou menos, 23,05% (cf. *site* <www.ibge.gov.br>, acessado em 24-4-2006). A inconstitucionalidade de uma previsão que não leve em consideração os efeitos inflacionários já foi analisada no direito comparado. O Tribunal Constitucional Federal Alemão reputou como inconstitucional valor remuneratório que não comporte compensações pelo encarecimento do custo de vida (cf. SCHWABE: 976). Segue decisão do TCF: "O funcionalismo público somente pode realizar a função a ele incumbida, de assegurar uma Administração Pública estável e com isso compor um fator estabilizador em face das forças políticas que configuram a vida estatal, quando é protegido jurídica e economicamente (BVerfGE 7, 155 [162/163]). Por isso, a conclusão irrefutável é que a garantia dos meios de subsistência adequados deve ser tida como um especialmente essencial princípio tradicional, a cuja *observância* o legislador está obrigado" (BVerfGE 8, 1. In: MARTINS, 2005: 877).

Diante deste fato, não resta dúvida de que a Resolução n. 14/2006, do CNJ, também se afigura inconstitucional, inconstitucionalidade esta que se torna ainda mais estarrecedora na medida em que, além de estabelecer uma injustificada distinção entre o subsídio percebido pelos ministros do STF e os desembargadores de Tribunal de Justiça, a qual não leva em consideração as condições financeiras do Estado-membro, estabelece como teto um valor incontestavelmente desatualizado, fragilizado pela inflação e que, certamente, redundará em uma diminuição dos vencimentos percebidos pelos magistrados integrantes do Poder Judiciário de Estados que não adotem a figura do subsídio. Se a *finalidade* da Resolução n. 14/2006 era forçar os Estados-membros a adotarem o subsídio único, o *meio* utilizado foi flagrantemente inconstitucional, porque desproporcional, tendo em vista que se utilizou de medida (meio inconstitucional) que feriu a autonomia estadual para alcançar a finalidade (legítima) pretendida.

A constrição aos padrões constitucionais da isonomia, até aqui exposta, conecta-se muito fortemente com o outro dos argumentos inicialmente lançados, qual seja, o do desrespeito à cláusula federativa. Pode-se afirmar, desde logo, com segurança, que tanto a Emenda Constitucional n. 19/98 como a Emenda Constitucional n. 41/2003 demonstraram pretensões centralizadoras, na medida em que tolheram o âmbito de autonomia dos Estados-membros, ao estipular um teto menor de remuneração para desembargadores, do que aquele praticado originariamente pela Constituição. Afinal, conforme foi visto, anteriormente, era o vencimento *integral* dos ministros do STF que se afigurava como limite remuneratório, e não uma parcela deste, fixada pelo Congresso Nacional *a posteriori*, ainda que por via do exercício da competência (excepcional e qualificada) de reforma constitucional.

Nesse sentido, há que se considerar ambas as emendas constitucionais como inconstitucionais, por afronta ao art. 60, § 4º, I, da CB, ou, mais precisamente, por contrariarem a chamada cláusula pétrea do respeito federativo e, igualmente, por violentarem a isonomia que deverá existir entre ministros do STF e desembargadores de Tribunal de Justiça, consoante restou apreciado no item anterior. J. J. Gomes Canotilho bem aduziu a esse propósito: "Os limites de revisão conceber-se-iam como vinculações heterónomas estabelecidas pelo poder constituinte que não estariam à disposição do 'poder constituído' de revisão" (2003: 1069).

Acerca do primeiro argumento, a saber, do menoscabo à forma federativa, cumpre ressaltar que tais emendas, é certo, não extinguiram, por completo, a forma federativa do Estado. Contudo, não é menos certo que esses mesmos atos normativos findaram por alterar a forma federativa originariamente prevista na Constituição, na medida em que reduziram o âmbito de autonomia dos Estados-membros, ao diminuir o limite previamente existente, qual seja, o valor integral dos vencimentos dos ministros do STF, para 90,25% deste, sem qualquer justificativa de ordem técnica ou constitucionalmente admissível. Na medida em que o pacto federativo importa em assegurar às entidades federativas um determinado nível de autonomia na organização de seus "poderes", e na medida em que esse nível deve ser pelo menos equivalente àquele plasmado pela Constituição de 1988, a imposição de um teto (estadual) ainda mais baixo (do que aquele que existia) importa em automaticamente rebaixar, nesta matéria, a autonomia dos Estados-membros, sobre os mesmos fazendo pairar uma suspeita insustentável e imotivada, de que não teriam maturidade para, quando necessário, fazer (pautados exclusivamente em suas próprias determinações, e não do Congresso Nacional) com que o teto fosse efetivamente inferior ao praticado para ministros do STF. O menoscabo à forma federativa e, por conseguinte, a inconstitucionalidade são, nesse sentido, evidentes.

Ratificando as premissas anteriormente colacionadas para sustentar a conclusão da inconstitucionalidade, importa resgatar decisão do STF, na ADI/MC 2.024-3/DF, na qual restou chancelado que: "*A 'forma federativa de Estado'* – elevado a princípio intangível por todas as Constituições da República – *não pode ser conceituada a partir de um modelo ideal e apriorístico de Federação, mas, sim, daquele que o constituinte originário concretamente adotou e, como o adotou, erigiu um limite material imposto às futuras emendas à Constituição"* (rel. Min. Sepúlveda Pertence, *DJ* de 1º-12-2000, original não grifado).

Com efeito, se o Constituinte (originário) estabeleceu, peremptoriamente, que o único limite a ser respeitado pelos Estados-membros, no que se refere ao Poder Judiciário, seria o vencimento *integral* dos ministros do STF, não pode, agora, o Congresso Nacional, poder constituído, e, por isso, limitado, condicionado e subordinado, alterar o limite acima, tolhendo, frise-se uma vez mais, a autonomia dos Estados por estabelecer uma discriminação inconciliável com os termos constitucionalmente acertados.

Neste ponto, as Emendas Constitucionais n. 19/98 e 41/2003, bem como a Resolução n. 13/2006, esta, mais precisamente, em seu art. 2º, estão eivadas de inconstitucionalidade.

5.6. Irredutibilidade da remuneração judicial e teto remuneratório – a problemática da mera recomposição, do aumento real e da fórmula da absorção de elementos sobressalentes

5.6.1. *Aproximação ao problema*

O problema que aqui se pretende analisar ainda dentro do importante tema da irredutibilidade constitucional de subsídios, forma-se, especialmente, a partir do advento da Lei n. 12.041, de 8 de outubro de 2009. Esta lei impôs a *recomposição* do subsídio de ministro do STF, afetando, por conseguinte, o valor do teto remuneratório aplicável a toda a Magistratura nacional (além de alcançar os demais Poderes), e, pois, os respectivos valores remuneratórios envolvidos.

Sobre o tema, destaco as alterações sucessivas. Assim, nos termos do art. 1º da Lei n. 12.771/12, o subsídio do Ministro do Supremo era de R$ 28.059,29 (vinte e oito mil e cinquenta e nove reais e vinte e nove centavos) a partir de 1º de janeiro de 2013, mas logo passou para R$ 29.462,25 (vinte e nove mil, quatrocentos e sessenta e dois reais e vinte e cinco centavos), em valor vigente até o final de 2014 que, no ano de 2015, passou a ser de R$ 30.935,36 (trinta mil, novecentos e trinta e cinco reais e trinta e seis centavos) e que, a partir de 2019, passou para R$ 39.293,32 (trinta e nove mil, duzentos e noventa e três reais e trinta e dois centavos) nos termos da Lei n. 13.752/2018, em vigor para 2020.

A *recomposição ou revisão do subsídio* denota a alteração nominal do valor percebido como subsídio dentro dos limites estritos de uma mera manutenção do poder de compra do numerário, em face do aumento inflacionário.

Já *aumento real* concerne à alteração nominal da expressão monetária quando (e na medida em que) seja superior ao índice inflacionário. A Lei n. 12.041, de 2009, estabeleceu, em seu art. 1º, dois percentuais de recomposição, sendo um, retroativo, de 5%, e outro de 3,88%, aplicáveis, respectivamente, a partir de setembro de 2009 e de fevereiro de 2010.

O percentual em comento, incidente sobre o valor que representava o subsídio dos ministros do STF, visou a propiciar a (mera) *recomposição* do valor praticado como subsídio (os percentuais pretenderam recompor, segundo o índice do IPCA, o valor de compra) de toda a Magistratura. Há que se ressaltar, neste particular, que o Parlamento, ao deliberar sobre o Projeto de Lei que resultou no ato normativo em comento, de 2009, desconsiderou, indevidamente, o percentual de 4,60%, anteriormente previsto na proposição apresentada, de forma que, em termos finais, a variável de recomposição ficou aquém do IPCA referente aos anos de 2006, 2007 e 2009, deixando de promover a devida e cabal atualização inflacionária dos valores nominais envolvidos.

Portanto, com a aplicação da Lei referida acima, no âmbito do STF, a parcela remuneratória única, traduzida como subsídio, sofre *recomposição monetária* inferior a 9%. E, quanto aos cargos nas demais instâncias judiciais, deflagra-se a possibilidade de ser determinado o mesmo nível de revisão de valores aquém da recomposição necessária para manter-se a mesma capacidade econômica representada pelo valor em período anterior.

Reitero, aqui, o sentido de *recomposição*, no presente estudo, como a alteração do valor percebido como subsídio que conduz, exclusivamente, à manutenção do poder de compra do numerário, em face da realidade inflacionária. O aumento referente ao ano de 2015 não foi suficiente sequer para cobrir a inflação que ocorreu no ano de 2014. Na prática, foi essa situação responsável, em larga medida, por gerar toda uma polêmica e um desgaste desnecessário em torno do pagamento de valores adicionais a título de auxílio-moradia, com um suposto desvio de sua função dessa parcela adicional, de maneira que por seu intermédio apenas se estaria a elevar os valores percebidos pela magistratura.

Valem recordar que, de fato, a remuneração da Magistratura não se restringe à parcela única do subsídio, como está, aliás, expressamente excepcionado pelos arts. 5º e 8º da Resolução n. 13, de 21 de março de 2006, do CNJ. Esse é um pressuposto importante, de maneira a evitar conclusões apressadas de que o recebimento de qualquer valor além da parcela de subsídio seria, automaticamente, uma fraude ou mesmo uma ilegalidade pura e simples.

Há casos em que o Judiciário e o próprio CNJ, conforme se verá, *consolidando postulados constitucionais centrais como o da irredutibilidade da remuneração dos magistrados*, reconheceram a legitimidade constitucional de *excedentes remuneratórios* (*decorrentes de espécies remuneratórias consideradas lícitas, atualmente compreendidas pelo subsídio ou simplesmente desconsideradas*), que compunham o montante global – valor remuneratório total que os magistrados percebiam sob a redação original da Constituição de 1988 – individualmente percebido por cada magistrado, anteriormente à reforma constitucional do regime remuneratório do funcionalismo público e que atualmente ultrapassam o teto estabelecido ou os valores determinados pelo novo regime remuneratório estabelecido pela EC n. 19/98.

Excedentes remuneratórios ou valores excedentes significam, no contexto desta obra, pois, os eventuais valores sobressalentes do montante global percebido por cada magistrado em relação ao teto estabelecido para o STF ou aos valores remuneratórios designados a toda a Magistratura. Tais foram e são garantidos pela cláusula da irredutibilidade de remuneração. Esses denominados excedentes não foram incorporados imediatamente pelo valor albergado na figura do subsídio.

Pelo contrário. Segundo jurisprudência estabelecida pelo STF, mais precisamente no MS 24.875-1/DF, esses valores serão paulatinamente absorvidos pelo subsídio.

Desta conclusão jurisprudencial, constitucionalmente adequada, exsurgem as mais diversas dúvidas, considerando-se a novidade desta temática e o inevitável entrelaçamento de temas. E que podem ser assim sintetizadas: Quando há esta absorção dos valores remuneratórios sobressalentes pela parcela única do subsídio? Estes valores teriam sido compreendidos pela parcela única do subsídio após a recente recomposição monetária contemplada a partir da referida Lei n. 12.041, de 2009? Ou, ao contrário, estariam estes valores excedentes sujeitos também à mesma recomposição?

Essas são exatamente as inquietações que nos estimularam a buscar o enfrentamento jurídico acerca da orientação constitucionalmente adequada à promoção da recomposição monetária dos montantes que compõem o – peculiar – regime remuneratório do Poder Judiciário, levando-se em consideração, principalmente, os valores remuneratórios excedentes, mantidos constitucionalmente pela cláusula de irredutibilidade de remuneração.

Este processo e sua análise, frise-se desde logo, hão de considerar tanto a parcela única – denominada subsídio – como aqueles sobressalentes remuneratórios já reconhecidos e admitidos, sob o fundamento constitucional da *irredutibilidade de vencimentos* (na redação pretérita), e que visam a assegurar situações jurídicas previamente consolidadas.

5.6.2. *Mera recomposição de valores não é capaz de absorver (na parcela única) os elementos (do regime anterior) sobressalentes*

Os valores remuneratórios excedentes *não serão absorvidos* pela recomposição monetária do subsídio ocorrida, a qual visa a restabelecer apenas o *poder de compra da remuneração judicial*, em face de aumento inflacionário ocorrido no período. *Exige-se, para a absorção do montante sobressalente (e sua progressiva eliminação), efetivo aumento real do subsídio.*

Entretanto, em muitas situações nem mesma a recomposição monetária inflacionária do subsídio se concretiza. Assim, é razoável que *os excedentes remuneratórios percebidos individualmente pelos magistrados sejam mantidos e considerados constitucionais até o advento de eventual lei que promova o efetivo aumento real da parcela única do subsídio, ocasião em que deverá ocorrer, de maneira expressa, a incorporação (parcial ou total, dependendo do caso) do excedente ao novo valor do subsídio.*

As ponderações e proposições centrais deste item estão assim elencadas: (i) valores excedentes ao teto, estabelecido principalmente com o advento da EC n. 41/2003 e da Lei n. 11.143/2005, ou aos demais valores designados à estrutura judicial, constitucionalmente assegurados pela cláusula da irredutibilidade, permanecem congelados; (ii) em meu entendimento, a absorção do excedente pela parcela única do subsídio está condicionada ao *aumento real* da expressão monetária deste último; (iii) assim, não basta que o montante global que ensejou a proteção constitucional da cláusula da irredutibilidade seja eventualmente superado pelo novo *quantum* nominal do subsídio, considerando-se apenas valores secos, quer dizer, sem atenção ao tipo de mudança do numerário (se recomposição ou aumento), para fins de fazer incorporar na parcela única valores que ainda lhe sejam externos (a chamada e pretendida absorção).

Sendo inconteste as leis remuneratórias, ao longo das últimas décadas, sequer promoveram uma recomposição em face do aumento inflacionário efetivo do período compreendido, entendo que é totalmente descabido pretender-se falar acerca de um real e efetivo aumento de valores.

A principal consequência, aqui, dessas considerações, é a de que não se pode pretender nenhuma absorção de excedentes sem violar, com isso, a cláusula da irredutibilidade constitucional.

5.6.3. *Teto remuneratório e irredutibilidade da remuneração judicial para além de maniqueísmos – posicionamentos do STF e do CNJ sobre o tema*

Os anos exigidos para a implementação do subsídio, contados a partir de sua previsão primeva em 1998, bem refletem a dificuldade que o tema suscitou e ainda suscita, tendo gerado uma sucessão de leis e atos normativos do CNJ, que conformam uma complexidade desnecessária para um assunto que deveria oferecer segurança, já que estamos lidando com um tema sensível para a vida de todos envolvidos e seus familiares.

O longo lapso temporal para sua efetivação e os acalorados debates que acompanharam essa discussão não decorreram, contudo, de um – *falso* – dilema entre moralidade administrativa e interesses provincianos.

Mas os questionamentos dirigidos à figura da parcela única do subsídio e ao teto remuneratório não pretendem se opor à organização do regime remuneratório do setor público, à sua transparência e, muito menos, à moralidade administrativa. Esse também me parece um aspecto central, porque sempre retorna à arena de discussões a acusação de caixa preta do Poder Judiciário ou de imoralidades neste Poder. Entendo, porém, que devamos afastar esses argumentos radicais, que podem ter ocorrido no passado e que, no presente, devem ser tratados e enfrentados pontualmente, quando eventualmente ocorrerem. Em termos técnicos, não se trata, portanto, de um debate entre o bem e o mal, tom este que, invariavelmente, colore – erroneamente – o debate.

A manutenção de valores remuneratórios excedentes ao teto remuneratório, decorrentes de adicionais legalmente previstos e legitimamente praticados, não pretende promover o regresso ao *status quo ante*, à desorganização, à obscuridade, à "balbúrdia" e à "subversão remuneratória" (cf. voto do Min. Marco Aurélio na AO 524-0/PA, rel. Min. Nelson Jobim, j. em 14-2-2001, *DJ* de 20-4-2001, p. 12).

O que se quer, sim, é preservar, racionalmente, certos direitos constitucionalmente assegurados e válidos, à salutar reforma promovida pela EC n. 19/98.

Em síntese, as manifestações críticas a uma aplicação planificadora, opressora e autoritária, não colocam a coisa pública em jogo. É esta a percepção que há de nortear a análise do tema, principalmente a análise judicial.

Diante do que foi dito, aqueles que questionam aspectos do regime do subsídio almejam amadurecer o debate constitucional e a própria compreensão sobre o escopo do direito adquirido, da irredutibilidade de remuneração e da isonomia, de forma que o resultado seja o delineamento mais preciso ou a apresentação de um mínimo quanto ao conteúdo destes direitos e garantias, conforme o próprio Min. Gilmar Mendes reconheceu no MS 24.875-1/DF, dirigindo encômios ao voto do Min. Sepúlveda Pertence, relator da contenda: "O Ministro [Sepúlveda Pertence] é preciso ao dizer que aqui nós estamos a falar do direito à irredutibilidade de vencimentos. *Portanto, nós notamos já um âmbito de proteção muito mais definido e podemos identificar até a ideia de conteúdo ou núcleo essencial*" (MS 24.875-1/DF, rel. Min. Sepúlveda Pertence, j. em 11-5-2006, *DJ* de 6-10-2006, p. 78).

O STF está consciente da natureza do dilema, ainda que manifestações individualizadas sinalizem o contrário – ganhando o usual holofote da opinião pública e dos meios de comunicação em massa.

Concluo, desta feita, que eventuais manifestações pretorianas que vislumbram, nestes questionamentos, "pretextos para a fuga à clara e definitiva fixação de limites para a remuneração da função pública", amesquinhando a legitimidade e higidez constitucional do debate, *figuram como verdadeira exceção* e não colaboram com o amadurecimento adequado dessa importante discussão para a República e para a cidadania. Uma vez que aquela não está sendo provocada, esta, a cidadania, encontra na irredutibilidade da remuneração da magistratura um importante aporte a sua solidez e desenvolvimento efetivo.

Em tempos atuais, de grande complexidade e radicalismos inconsequentes, é importante que o assunto seja apresentado de maneira técnica, independentemente do resultado que se alcance ou da solução que seja ao final adotada. Pautar a razoabilidade dos argumentos pelo resultado é uma opção que tenta transformar o debate em uma discussão meramente ideológica, na qual geralmente vence o argumento ou o orador com maior viés populista.

A tônica, neste estudo, portanto, é o posicionamento equilibrado da Corte, que queda patente a partir da leitura da extensa e rica discussão ocorrida no MS 24.875-1/DF. Este *writ* foi impetrado contra decisão administrativa do STF, sob a Presidência do Min. Maurício Corrêa, tomada em 5-2-2004, no Processo Administrativo n. 319.269, em razão da EC n. 41/2003 e do seu transitório art. 8º, dispositivo que fazia referência explícita à parcela relativa ao tempo de serviço, enquanto elemento integrante do valor do subsídio. O ato questionado fixou o valor do respectivo subsídio e, em seguida, determinou que o pagamento de seus ministros, ativos e inativos, seguisse a aplicação do teto remuneratório assim estabelecido, restando excluídos os valores que eventualmente o ultrapassassem.

O relator, Min. SEPÚLVEDA PERTENCE, em seu voto, reconheceu *claramente* a necessidade de estabelecer um ponto de equilíbrio entre os comandos constitucionais em jogo: "é que – independentemente de cuidar-se aqui de uma emenda constitucional – a extinção da vantagem, *decorrente da instituição do subsídio em 'parcela única', a nenhum magistrado pode ter acarretado prejuízo financeiro indevido*" (MS 24.875-1/DF, rel. Min. SEPÚLVEDA PERTENCE, j. em 11-5-2006, *DJ* de 6-10-2006, p. 21, original grifado).

A justificativa para tanto é tópica. "Sucede, entretanto, que, porque magistrados, a Constituição assegura *diretamente* aos impetrantes a *irredutibilidade* dos vencimentos" (MS 24.875-1/DF, rel. Min. SEPÚLVEDA PERTENCE, j. em 11-5-2006, *DJ* de 6-10-2006, p. 28, original grifado). Afinal, a Magistratura está assegurada por uma *modalidade qualificada de direito adquirido*, de forma que seja "intangível a irredutibilidade do montante integral" (MS 24.875-1/DF, rel. Min. SEPÚLVEDA PERTENCE, j. em 11-5-2006, *DJ* de 6-10-2006, p. 28).

Não por outro motivo questionou, expressamente, o Ministro em questão a constitucionalidade do art. 9º da EC n. 41/2003, que visava a aplicar a regra constante do art. 17 do ADCT, cujo comando pretendeu afastar expressamente o manto protetivo da irredutibilidade remuneratória sobre o montante global percebido em desacordo com a Constituição, o qual seria, nesses termos, imediatamente reduzido.

Certeiramente, ressaltou o Ministro, tem-se *a mais que duvidosa incompatibilidade desse preceito* "com a 'cláusula pétrea' de indenidade dos direitos e garantias fundamentais outorgados pela própria Constituição de 1988" (MS 24.875-1/DF, rel. Min. SEPÚLVEDA PERTENCE, j. em 11-5-2006, *DJ* de 6-10-2006, p. 30).

Nestas águas procelosas, a percepção ponderada de SEPÚLVEDA PERTENCE amealhou a maioria do STF, *que afastou qualquer pretensão drástica pela eliminação imediata dos excessos existentes*, pautada em uma concepção *estrábica* quanto aos demais direitos, princípios e estruturações impositivas que permeiam o texto constitucional.

Assim, nesses termos, a interpretação constitucional majoritariamente encampada figurou, nas palavras certeiras de GILMAR MENDES, como "*uma solução superior em todos os seus termos*"(MS 24.875-1/DF, rel. Min. Sepúlveda Pertence, j. em 11-5-2006, *DJ* de 6-10-2006 , p. 78).

A maioria do STF, portanto, ao abordar o tema, *não adotou tese extremada,* como a que vocalizou Joaquim Barbosa, segundo a qual"deve ser rejeitada a tese do direito adquirido ao excesso, do direito adquirido a remuneração que ultrapasse o limite do que o país considere remuneração justa para a função pública"(MS 24.875-1/DF, rel. Min. Sepúlveda Pertence, j. em 11-5-2006, *DJ* de 6-10-2006, p. 59).

Como resultado, assegurou a Corte aos impetrantes a *manutenção do acréscimo de 20% sobre os proventos,* aplicável ao funcionário aposentado com trinta e cinco anos de serviço e que tivesse permanecido no mesmo cargo durante três anos (cf. art. 184, III, da Lei n. 1.711, de 28-10-1952; art. 250 da Lei n. 8.112, de 11-12-1990), *mesmo que acima do teto legalmente estabelecido.* Esse resultado, embora obtido no passado, é relevante para fixarmos o quadro jurídico dessa discussão, além de oferecer o entendimento da Corte sobre essa delicada questão.

A mesma senda ponderada foi trilhada pelo STF no Processo Administrativo 333.568/08, que, em face da discussão promovida no bojo do CNJ, mais precisamente no Pedido de Providências 1069, condicionou o termo inicial da sujeição dos adicionais por tempo de serviço (ATS) ao teto, em especial os quinquênios, ao mês de junho de 2006. A celeuma em questão foi levantada pelo art. 12 da Resolução n. 13, do CNJ, de 21 de março de 2006. Se por um lado, o STF havia sustentado, previamente, que a sujeição das vantagens pessoais ao teto remuneratório, em especial a integração das verbas referentes aos quinquênios, estava condicionada à Lei mencionada pelo art. 48, XV, da CB – em síntese, à Lei n. 11.143/2005 – por outro lado, a Resolução n. 13/2006, do CNJ, mais precisamente o seu art. 12, condicionou temporalmente a efetivação da parcela única do subsídio, que compreenderia a expressão monetária referente ao(s) quinquênio(s), ao mês de junho de 2006.

Reforçou-se, nesta oportunidade, sua atuação ponderada, indene a extremismos de posições que, em prol de uma suposta moralidade administrativa, ou de reclamos mais populistas, ignoram direitos e garantias, constitucionalmente assegurados e, nessa medida, ignoram a própria segurança (em todas suas dimensões) própria do Estado Democrático de Direito.

Em apertada síntese, o STF e, igualmente, o CNJ detêm a adequada percepção de que, nada obstante a louvável finalidade – *geral* – da reforma constitucional promovida no regime remuneratório judicial, não se pode sacrificar ou exigir o sacrifício de direitos e garantias previamente existentes, de cláusulas pétreas asseguradas pela Constituição, como o é o caso da vedação à redução dos vencimentos da Magistratura, por deferência à Magistratura livre e sem temores.

De fato, a percepção constitucionalmente ponderada sustentada pelo STF encontra-se igualmente presente, conforme já afirmado e reiterado, no CNJ, inclusive em muitas de suas resoluções, mas não apenas nelas.

O CNJ, de maneira unânime, assentou, em decisão proferida em 16-9-2009, em resposta ao Procedimento de Controle Administrativo n. 200810000015331, que a respectiva Resolução do TRT afrontava a regra constante do art. 95, III, da CB, fundamento normativo do MS 24.875-1/DF, quanto à irredutibilidade de remuneração.

Estabeleceu, inclusive, o ilustre Conselheiro relator, que "[q]ualquer outra interpretação dada ao caso em análise certamente ofenderia o princípio da irredutibilidade salarial, pois implicaria necessária subtração de valores percebidos pelos magistrados aposentados, em razão de regras e situações por eles vivenciadas ao tempo em que estiveram em atividade" (PCA 200810000015331, Conselheiro relator Marcelo Nobre, p. 4).

5.6.4. *Situação jurídica dos excedentes remuneratórios: congelamento e fórmula da absorção*

Sob a égide do art. 95, III, da CB, que assegura a irredutibilidade de remuneração dos membros da magistratura, tem-se como corolário válido que o destino constitucional dos excedentes remuneratórios é a sua manutenção na realidade remuneratória dos magistrados, consolidada, essa manutenção, exatamente pelo manto protetivo em apreço. Em outras palavras, a aplicação do teto e a desconsideração de outras parcelas remuneratórias pelo regime estabelecido pela EC n. 19/98 devem ser prospectivas, de forma a manter as situações jurídicas estabelecidas sob arcabouço normativo pretérito.

Assim sendo, independentemente de qualquer alteração no montante remuneratório traduzido pela parcela única do subsídio, a existência do excedente seria perpetuada. Nada obstante a correção constitucional desta orientação, há diversos elementos constitucionais que merecem ser abordados no equacionamento da convivência entre os excedentes remuneratórios, mantidos pela cláusula da irredutibilidade, e o atual regime remuneratório da magistratura.

Tem-se, inicialmente, o entendimento aventado topicamente no STF e no CNJ, que assegura a subsistência das vantagens excedentes em razão da cláusula da irredutibilidade remuneratória, condicionando os valores em excesso para posterior (e eventual) cobertura pela expressão monetária do subsídio. Eis, nesse sentido, a manifestação do Min. Sepúlveda Pertence: "penso que não lhes poderia assegurar o Tribunal a percepção indefinida no tempo do benefício" (MS 24.875-1/DF, rel. Min. Sepúlveda Pertence, j. em 11-5-2006, *DJ* de 6-10-2006, p. 28).

Esses excedentes seriam, nessa concepção, que aqui defendo, em termos finais, absorvidos pelo subsídio, desde que este alcançasse, após acréscimo real, o *quantum* percebido em excesso (MS 24.875-1/DF, rel. Min. Sepúlveda Pertence, j. em 11-5-2006, *DJ* de 6-10-2006, p. 30).

Desta proposição não fugiu o CNJ, conforme se depreende do voto do Conselheiro Marcelo Nobre: "E a conclusão é a mesma: os valores excedentes ao teto deveriam ser mantidos, em nome até mesmo do princípio da irredutibilidade salarial, até que fossem totalmente absorvidos pelo subsídio fixado aos Ministros do STF" (PCA 200810000015331, Conselheiro relator Marcelo Nobre, p. 4).

Qual, porém, é o procedimento constitucionalmente adequado para a absorção dos valores em excesso pelo subsídio fixado aos ministros do STF? Esta é, certamente, uma delicada *questio iuris*, e que ganha sua concretude e sentido prático com a primeira recomposição monetária promovida ao subsídio dos ministros do STF após a referida mudança normativa.

A resposta a esta indagação deverá ser igualmente ponderada, evitando aquilo que o Min. Marco Aurélio denominou "vitória de Pirro" em sede de irredutibilidade de subsídio (MS 24.875-1/DF, rel. Min. Sepúlveda Pertence, j. em 11-5-2006, *DJ* de 6-10-2006, p. 81).

Em um primeiro momento, deve-se fixar a orientação constitucional, acima referida, cuja legitimidade provém diretamente do próprio art. 95, III, da CB, segundo a qual também os excedentes percebidos estariam sujeitos, igualmente, à incidência global de qualquer índice de recomposição estabelecido em lei. Com efeito, sempre que lei futura promovesse alteração no valor monetário do subsídio, os índices ali aplicados seriam igualmente válidos para os excedentes remuneratórios.

A atratividade e coerência constitucional desta interpretação, porém, não afastam a necessidade de se buscar uma solução diferenciada, sensível tanto aos valores constitucionais da irredutibilidade remuneratória como aos propósitos legítimos almejados pela alteração constitucional do regime remuneratório aplicável sobre o funcionalismo público. Clama-se, portanto, por um meio-termo entre a interpretação que compreende o teto remuneratório e demais valores fixos designados à Magistratura como prospectivos (e a pretensão mais ampla de aplicar todos índices de reajuste sempre ao todo remuneratório) e aquela que almeja eliminar, de imediato, todo e qualquer montante excedente.

O STF, é certo, já delineou alguns marcos mínimos que afastam eventuais extremismos. A parcimônia jurisprudencial assinala a proteção do montante global da remuneração e não dos percentuais isolados que compõem o cálculo (cf. Voto do Min. Ricardo Lewandowski, MS 24.875-1/DF, rel. Min. Sepúlveda Pertence, j. em 11-5-2006, *DJ* de 6-10-2006, p. 172-173).

Nesse sentido, estabeleceu o CNJ o *congelamento do excedente remuneratório*, valendo-se de uma proposta aventada pelo Min. Marco Aurélio. É dizer, a parcela remuneratória sobressalente não se sujeita à correção monetária, à recuperação do poder de compra do seu valor nominal, por força do comando do Conselho. O excedente remuneratório, com seu respectivo valor nominal, será mantido até a sua derradeira absorção pelo numerário representado pelo subsídio, já que é parcela em extinção, provisória, que só se mantém por força da impossibilidade constitucional de redução de valores percebidos pela Magistratura.

Mas, para além deste ponto, não houve evolução, conforme bem reconheceu à época o Min. Nelson Jobim: "A decisão [final] está exatamente examinando um problema grave sobre a questão *e nós não teremos uma decisão* (...) não haverá decisão do Tribunal sobre o tema" (Min. Nelson Jobim, MS 24.875-1/DF, rel. Min. Sepúlveda Pertence, j. em 11-5-2006, *DJ* de 6-10-2006, p. 140).

Embora não exista decisão expressa e explícita, isto não significa que não haja resolução constitucionalmente legítima e válida, inclusive pautada por elementos já aventados pelos próprios ministros do STF em outras oportunidades, como afirmado acima.

Partindo-se da premissa jurisprudencialmente estabelecida, apenas o montante referente ao subsídio está sujeito à eventual recomposição para correção de valores, enquanto o excedente remuneratório há de permanecer congelado, pelos motivos já apontados anteriormente.

No caso analisado pelo STF no MS 24.875-1/DF, os impetrantes percebiam, quando da impetração do *mandamus*, R$ 20.812,44 (vinte mil, oitocentos e doze reais e quarenta e quatro centavos), enquanto o teto

– subsídio – estabelecido em sessão administrativa pelo STF perfazia o total de R$ 19.115,19 (dezenove mil, cento e quinze reais e dezenove centavos), compreendendo o vencimento (no total de R$ 3.989,81), a representação mensal (R$ 10.628,86) e o adicional de 35% por tempo de serviço (R$ 4.496,52).

Desta feita, para os magistrados-impetrantes houve um decesso remuneratório no total de R$ 1.697,25 (um mil, seiscentos e noventa e sete reais e vinte e cinco centavos), situação contrária à irredutibilidade constante do art. 95, III, da CB.

Assim, uma vez que o subsídio em si alcançasse o valor de R$ 20.812,44 (vinte mil, oitocentos e doze reais e quarenta e quatro centavos), os impetrantes não mais perceberiam o "excesso" no total de R$ 1.697,25, posto que este seria incorporado pelo eventual aumento real do próprio subsídio.

No transcorrer do julgamento, veio a lume a Lei n. 11.143/2005, estabelecendo como subsídio mensal, desde janeiro de 2005, o valor de R$ 21.500,00 (vinte e um mil e quinhentos reais), e, desde janeiro de 2006, o valor de R$ 24.500,00 (vinte e quatro mil e quinhentos reais), montantes que, na visão dos ministros do STF, já teriam compreendido o específico excedente remuneratório pleiteado pelos impetrantes naquele caso concreto.

Assim, a fórmula da incorporação pelo aumento real do subsídio pressupõe, para fins de extinção do excedente remuneratório, que apenas o aumento real do valor do subsídio seja capaz de absorver eventual parcela remuneratória extravagante mantida pelo manto protetivo da *modalidade qualificada do direito adquirido*.

Se, no caso em comento, o montante de R$ 20.812,44 (vinte mil, oitocentos e doze reais e quarenta e quatro centavos) fosse alcançado ou ultrapassado pelo valor compreendido no subsídio recomposto monetariamente, a absorção do excedente remuneratório de R$ 1.697,25 (um mil, seiscentos e noventa e sete reais e vinte e cinco centavos) *ocorreria apenas se da alteração da expressão monetária resultar efetivo aumento real do numerário*, é dizer, aumento superior ao índice inflacionário (situação na qual estaríamos abandonando o terreno da mera composição para alcançar um aumento real). Aumento este, cujo percentual, é claro, deverá ser capaz de compreender a expressão monetária do excedente remuneratório.

A alteração do numerário percebido, portanto, poderá produzir, em tese, dois resultados quanto ao excedente remuneratório recebido pelo magistrado: (i) continuidade do excedente, cujo valor permanece congelado; (ii) eliminação do excedente, pela sua absorção pelo subsídio.

Haverá a *primeira situação*, manutenção do excedente, se a recomposição do valor do subsídio, embora alcance ou ultrapasse o montante global então percebido em valor superior ao permitido, tenha promovido apenas o restabelecimento do poder de compra – recomposição ou revisão do subsídio. Afinal, o total alterado, a bem da verdade, representará, em termos reais e atuais, o mesmo *quantum* que ensejou a incidência do manto protetivo do direito adquirido, apenas corrigido em face da inflação.

Na segunda hipótese, pelo contrário, terá ocorrido efetivamente o aumento real do valor do subsídio, de forma que seu valor monetário tenha, clara e precisamente, albergado o adicional congelado.

A diferenciação entre uma hipótese e outra, frise-se, não é meramente temática, exigindo, pelo contrário, com vistas a privilegiar a intenção almejada pela reforma constitucional iniciada pela EC n. 19/98, bem como o respeito à cláusula da irredutibilidade, a comprovação empírica de que a recomposição traduziu movimento de compensação inflacionária ou, pelo contrário, de aumento real do valor do subsídio.

No caso, o dado empírico que norteará a diferenciação entre mera recomposição do poder de compra e aumento real do numerário será ou a expressa indicação legal ou a comparação efetiva com os índices empregados para justificar a alteração do valor monetário, e que são encontrados na exposição dos motivos que acompanha o projeto de lei atualizador do subsídio do STF eventualmente encaminhado ao Poder Legislativo.

Uma vez definida, por meio destes elementos, a natureza da alteração do valor monetário, será possível verificar se o excedente remuneratório será ou não mantido, em face da parcela única do subsídio.

5.6.5. *A decisão do STF no MS 24.875-1/DF tratou da hipótese de aumento real do subsídio*

No caso-paradigma indicado no epíteto acima, havia como valor inicial compondo o teto e, por conseguinte, o subsídio, o montante de R$ 19.115,19. Segundo manifestação dos ministros, o valor controverso – R$ 1.697,25 – já teria sido absorvido pelo subsídio estabelecido pela Lei n. 11.143/2005.

À primeira vista, poder-se-ia concluir que, para o STF, basta a mera sobreposição do numerário do subsídio em relação ao montante global percebido pelos impetrantes para absorver a parcela em excesso. Assim, diria o exegeta incauto: o STF se satisfaz, para fins de absorção do excedente, com a singela recomposição monetária do numerário, independente de este visar a mera correção do poder de compra ou o aumento real do valor do subsídio.

Tal conclusão, contudo, está equivocada. No caso em questão, o STF simplesmente reconheceu os valores abordados pela Lei n. 11.143/2005, *a qual não promovia a mera recomposição do poder de compra do subsídio do STF.*

Explica-se. Na sucinta justificativa apresentada pela Corte, anexada ao Projeto de Lei n. 4.651/2004, que resultou na lei em comento, faz-se referência à"proposição da fixação"de determinado valor, o qual estaria em conformidade com os limites delineados pela lei de responsabilidade fiscal.

A título comparativo, o Projeto de Lei que resultou na Lei n. 12.041/2009, a saber, o PL n. 5.921/2009, esclarece, nas palavras de Gilmar Mendes, que é quem assina a exposição de motivos do projeto enviado à Câmara dos Deputados, que"*[o] montante do reajuste corresponde à variação acumulada do IPCA nos anos de 2006, 2007 e 2009, totalizando 14,09%*"(disponível em http://www.camara.gov.br/sileg/integras/685580.pdf).

Colocando-se em paralelo ambas as proposições legislativas, percebe-se que há claramente uma distinção entre as normas, distinção que se lança para além de uma mera formalidade na apresentação do novo numerário, pois a Lei n. 11.143/2005 fixa valores e a Lei n. 12.041/2009 aplica percentuais de natureza específica. A primeira visou a promover o *aumento real* do valor que representa o subsídio dos ministros do STF. A segunda, ao contrário, recompõe o poder de compra do subsídio dos ministros do STF, *propósito este expressamente plasmado na exposição de motivos do PL n. 5.921/2009.*

Esta distinção entre ambas as proposições torna-se ainda mais nítida uma vez que a diferença entre o valor estipulado para janeiro de 2005 e o determinado para janeiro de 2006, pela Lei n. 11.143/2005, ultrapassa, efetivamente, o percentual inflacionário agregado, medido entre os dois anos (respectivamente, 7,60% e 5,70%).

Portanto, no caso dos argumentos expostos no MS 24.875-1/DF, está-se diante de uma hipótese cujo valor sobressalente pôde, validamente, ser compreendido pelo aumento real do subsídio, perpetrado pela Lei n. 11.143/2005. Sendo assim, o fato de o STF ter se posicionado pela absorção do excedente remuneratório pela Lei n. 11.143/2005 não pode conduzir à conclusão simplória de que neste julgado houve a adoção da tese de que toda e qualquer recomposição monetária promove absorção da parcela sobressalente.

5.6.6. *Fórmula constitucionalmente conforme para a hipótese de índice que represente mera recomposição de valor*

O único critério constitucionalmente legítimo capaz de ensejar a absorção da parcela remuneratória excedente pelo subsídio é o que pressupõe um aumento real do montante que compreende o subsídio, nos termos adotados pelo STF.

O posicionamento que se satisfaz, ao contrário, com a mera recomposição salarial para fins de absorção e extinção de excedentes traduz uma "vitória de Pirro", para se valer de uma expressão empregada pelo Min. Marco Aurélio no MS 24.875-1/DF. O sistema referente ao subsídio judicial, nesse modelo equivocado, como esse mesmo Ministro sustentou, "ficará capenga", porquanto desrespeitará, em termos finais, a cláusula constitucional da irredutibilidade.

A recomposição do subsídio, *contudo*, simplesmente transporta para o presente aquele mesmo valor – ora corrigido – que ensejou, no passado, de maneira inequívoca, o manto protetivo da irredutibilidade remuneratória, levando-se em consideração o aumento inflacionário transcorrido no espaço-tempo. Ou seja, a mera recomposição não promove qualquer diferença real entre a situação passada que ensejou a proteção da cláusula constitucional em comento e a situação atual, lastreada nos valores corrigidos.

Aceitar, portanto, a tese de que esta mudança possa servir para absorver atuais excedentes seria defender o inusitado, o bizarro: determino, no passado, em face do art. 95, III, da CB, a proteção do montante global remuneratório percebido, mesmo que em excesso; mas não protejo, no presente, este mesmo montante global, ora recomposto em seu poder de compra.

Situação diversa opera no aumento real do subsídio. O montante global remuneratório protegido no passado não é o mesmo montante global atual, calculado a partir do aumento real. Não se pode falar, pois, de desrespeito à irredutibilidade pela mera absorção das antigas parcelas excedentes pelo novo valor remuneratório incrementado, em situações concretas que ensejem essa absorção. São, pois, situações jurídicas distintas que autorizam (e, por força do atual regime constitucional do subsídio, exigem) tratamentos constitucionais distintos.

Apenas a exigência do aumento real do valor do subsídio, para fins de absorção da parcela remuneratória em excesso, é que consubstancia critério que desdobra o prescrito pelo art. 95, III, da CB, mais precisamente o postulado da irredutibilidade ali exposto.

Frise-se que a distinção ora exposta, entre a mera correção monetária ou recomposição e o aumento real do subsídio, possui fundamento constitucional e, por conseguinte, admite consequências constitucionais diversas.

O próprio STF reconheceu, em *precedente constitucional vinculante*, a existência e a relevância constitucional desta diferenciação entre a singela recomposição e o aumento real da remuneração. Tal reconhecimento se deu no julgamento da ADIn 965-6/PE (já sob a égide da redação dada ao art. 37, X, pela EC n. 19/98), quanto à (des)necessidade de lei formal para propiciar mera recomposição do valor da remuneração.

Eis, ilustrativamente, o posicionamento do Min. Sepúlveda Pertence: "*Se se cuida, porém, de reajuste geral, de reajuste corretivo da expressão monetária dos vencimentos*, a exigência de lei é incompatível com o art. 37, XI" (ADI-MC 956-6/PE, rel. Min. Paulo Brossard, j. em 2-2-1994, *DJ* de 7-11-1997). Seria, ao contrário, exigida lei formal para promover o aumento real da expressão monetária dos vencimentos.

O único procedimento constitucionalmente aceito de incorporação, pelo subsídio, dos montantes remuneratórios superiores aos valores institucionalmente estabelecidos, em plena consonância com o manto protetivo da cláusula da irredutibilidade remuneratória, é, portanto, o que pressupõe e exige o aumento real do subsídio, tornando este capaz, pois, de operar válida transferência do excedente para o núcleo único de remuneração chamado subsídio.

BIBLIOGRAFIA DO CAPÍTULO VI

ARAGÃO, Antonio Moniz Sodré de. *O Poder Judiciário na revisão constitucional*. São Paulo: Acadêmica, 1929.

ARAÚJO, Rosalina Corrêa. *O Estado e o Poder Judiciário no Brasil*. [1. ed.] Rio de Janeiro: Lumen Juris, 2000.

BACHOF, Otto. *Jueces y Constitución*. Trad. Rodrigo Bercovitz Rodríguez-Cano, reimp. Madrid: Civitas, 1987. Tradução de: Grundgesetz und Richtermacht.

BARBOSA, Ruy. *Os Actos inconstitucionaes do Congresso e do Executivo*. Rio de Janeiro: Companhia Impressora, 1893.

BASTOS, Celso Ribeiro. *Hermenêutica e interpretação constitucional*. 3. ed. São Paulo: Celso Bastos, 2002.

CALLEJON, Maria Luisa Balaguer. *La Interpretación de la Constitución por la Jurisdicción Ordinaria*. 1. ed. Madrid: Civitas, 1990.

CANOTILHO, J.J.Gomes. *Direito constitucional*. 4. ed. Coimbra: Almedina, 2000.

_____. *Direito Constitucional e Teoria da Constituição*. 7. ed. Coimbra: Almedina, 2003.

CHUMBINHO, João. A *Constituição e a Independência dos Tribunais*. Lisboa: Quid Juris, 2009.

CINTRA, Geraldo de Ulhoa. *Da Jurisdição*. Rio de Janeiro: Lux Editora, 1958.

CLÈVE, Clèmerson Merlin; STRECK, Lênio; SARLET, Ingo W. Os Limites Constitucionais das Resoluções do Conselho Nacional de Justiça e Conselho Nacional do Ministério Público. In: www.ihj.org.br, acessado em 20-12-2005.

COMPARATO, Fábio Konder. *Rumo à Justiça*. São Paulo: Saraiva, 2010.

CRISAFULLI, Vezio. *Lezioni di diritto costituzionale: L'ordinamento costituzionale italiano: La corte costituzionale*. 5. ed. rev. e atual. Padova: Cedam, 1984, v. II, t. 2.

CRITSINELTIS, Marco Falcão & FONSECA, Ney Moreira da. *O Poder Judiciário Municipal e a Aplicação Social da Pena*. Rio de Janeiro: Forense, 1998.

DE PLÁCIDO E SILVA. *Vocabulário Jurídico*. Rio de Janeiro: Forense, 1991, vol. IV.

GUIMARÃES, Mário. *O Juiz e a Função Jurisdicional*. 1. ed. Rio de Janeiro: Forense, 1958.

HECK. *Interpretação da lei e jurisprudência dos interesses*. São Paulo: Saraiva, 1948.

HESSE, Konrad. *Temas fundamentais do direito constitucional*. São Paulo: Saraiva, 2009.

LOEWENSTEIN, Karl. *Teoría de la Constitución*. Trad. Alfredo Gallego Anabitarte. 2. ed. Barcelona: Ed. Ariel, 1970.

MARTINS, Ives Gandra da Silva. Deve haver controle externo do Ministério Público? Não, um controle inaceitável. *Folha de S. Paulo*, de 10 abr. 2004, p. A3.

MELLO FILHO, José Celso de. *Constituição federal anotada*. São Paulo: Saraiva, 1984.

MONCADA, Luis S. Cabral de. *Lei e Regulamento*. Coimbra: Coimbra editora, 2002.

MOREIRA NETO, Diogo de Figueiredo. *O Sistema Judiciário Brasileiro e a Reforma do Estado*. São Paulo: Celso Bastos Editor/Instituto Brasileiro de Direito Constitucional, 1999.

NUNES, Castro. *Teoria e Prática do Poder Judiciário*. Rio de Janeiro: Forense, 1943.

PANUNZIO, Sergio P. *I regolamenti della corte costituzionale*. Padova: Cedam, 1970 (Pubblicazioni dell'istituto di Diritto Pubblico della Facoltà di Giurisprudenza, Università degli Studi di Roma, v. 18).

PONTES DE MIRANDA, Francisco Cavalcanti. *Comentários à Constituição de 10 de novembro de 1937*. Rio de Janeiro: Irmãos Pongetti, 1938, t. III.

REVORIO, Francisco Javier Díaz. *Las sentencias interpretativas del Tribunal Constitucional*. Valladolid: Lex Nova, 2001.

RUGGERI, Antonio. *Gerarchia, competenza e qualità nel sistema costituzionale delle fonti normative*. Milano: Giuffrè, 1977 (Pubblicazioni dell'Istituto di Scienze Giuridiche, Economiche, Politiche e Sociali della Università di Messina, n. 103).

SALAZAR, Alcino. *Poder Judiciário: Bases para Reorganização*. Rio de Janeiro: Forense, 1975.

SANTOS, Carlos Frederico Brito dos. *Improbidade Administrativa: Reflexões sobre a Lei n. 8.429/92*. Rio de Janeiro: Forense, 2002.

SCHWABE, Jürgen. *Cinquenta Anos de Jurisprudência do Tribunal Constitucional Federal Alemão*, organização e introdução de Leonardo Martins. Montevideo: Fundação Konrad Adenauer.

SOLA, Juan Vicente. *Control Judicial de Constitucionalidad*. Buenos Aires: Abeledo-Perrot, 2001.

TAVARES, André Ramos. *Curso de Direito Constitucional*. 3. ed. São Paulo: Saraiva, 2006a.

______. *Direito constitucional brasileiro concretizado*: *hard cases* e soluções juridicamente adequadas. São Paulo: Método, 2006b.

______. *Reforma do Judiciário no Brasil Pós-88*. (Des)estruturando a Justiça. São Paulo: Saraiva, 2005.

______. *Teoria da Justiça Constitucional*. São Paulo: Saraiva, 2005b.

______. *Teoria da Justiça Constitucional*. São Paulo: Saraiva, 2005.

______. Responsabilidade Fiscal: Novos Parâmetros para o Poder Público. *Revista Brasileira de Ciências Criminais*, São Paulo: Revista dos Tribunais, ano 9, n. 36, out./dez. 2001. Bibliografia: 273-304.

VELLOSO, Carlos Mário da Silva. Problemas e Soluções na Prestação da Justiça, In: TEIXEIRA, Sálvio de Figueiredo (Coord.). *O Judiciário e a Constituição*. São Paulo: Saraiva, 1994. p. 93-115.

ZAGREBELSKY, Gustavo. La giustizia costituzionale [S. l.]: Il Mulino, 1988. 532 p, 1. ed.: 1977. ISBN 88-15-01769-0.

CAPÍTULO VII

VEDAÇÕES, DEVERES, ÉTICA E IMPROBIDADE DO JUIZ

1. VEDAÇÕES CONSTITUCIONAIS DIRIGIDAS AOS MAGISTRADOS

1.1. Significado das vedações

É da nossa tradição constitucional, desde o Império, contemplar vedações dirigidas aos magistrados (atual parágrafo único do art. 95 da CB).

A Constituição de 1988 veda aos juízes o exercício de determinadas atividades, procurando, ainda, evitar determinadas situações que poderiam sugerir uma quebra de confiança ou implicar uma violação da desejável imparcialidade judicial. Em seu conjunto, estas hipóteses podem ser denominadas vedações da Magistratura.

Para Pontes de Miranda (1946: 189), as vedações atendem a exigências de ordem ética. Ou seja, a acumulação de cargos ou o recebimento de participação, por exemplo, não atentariam nem contra a cláusula da "separação de poderes" nem contra a independência dos juízes. Contudo, a participação no processo, recebendo alguma taxa, porcentagem ou benefício financeiro, é injustificável do ponto de vista estatal. Além disso, a independência poderia ser comprometida justamente naqueles casos em que o próprio Estado é um dos litigantes.

Estas regras restritivas destinam-se, pois, justamente a manter e reforçar a divisão funcional entre poderes e a autonomia judicial, intimamente conectadas com a imparcialidade. Não há imparcialidade judicial sem autonomia dos magistrados. Juiz dependente ou subordinado, seja economicamente, seja moralmente, seja ideologicamente, não será, objetivamente falando, juiz imparcial. Não há autonomia entre os "Poderes" se o magistrado estiver, por exemplo, comprometido com ideologias partidárias dos "Poderes" políticos (Executivo e Legislativo) ou de sua Oposição.

Essas vedações são deveres impostos aos magistrados em sua vida privada e pública. Em realidade, as vedações podem e devem ser consideradas como garantias, no sentido já adotado nesta obra. São garantias da sociedade que se traduzem, agora, não mais em direitos (como é o caso da irredutibilidade de vencimentos), mas sim em deveres.

1.2. Estudo das vedações

1.2.1. *Exercício de outro cargo ou função pública*

É expressamente proibido a todo magistrado exercer, ainda que em disponibilidade, outro cargo ou função. A única ressalva é o exercício da função do magistério (inciso I do parágrafo único do art. 95).

Entende Pontes de Miranda (1987, t. III: 578) que a consequência pela violação desta regra restritiva, quando da aceitação de outro cargo, é a "perda do cargo judiciário e de todas as vantagens correspondentes a ele, isto é, antiguidade de classe e função". Entende, ainda, que se trata de norma *self-executing*. Não deve haver dúvida da aplicabilidade imediata da norma, pelo Tribunal que identificar a ocorrência.

Qualquer pessoa pode peticionar pela perda do cargo, a qualquer momento, justificando com o exercício de outro cargo ou função pública. Não há preclusão temporal em benefício do magistrado.

1.2.1.1. A permissão para o exercício do magistério

A Constituição permite ao juiz o exercício da função de magistério concomitantemente com a de magistrado. O acúmulo funcional é admitido independentemente do cargo do magistrado, de sua antiguidade, ou da espécie de magistério que pretende exercer.

Se o magistério for em entidade pública, implicará novo cargo e, pois, incidirá no limite numérico de um único cargo acumulável.

Já teve oportunidade de decidir, o STF, que não se trata de abertura a uma única posição docente, mas sim ao exercício do magistério em geral, quando se estiver considerando entidades privadas (função, e não cargo), por ocasião de analisar a constitucionalidade de ato normativo do Conselho da

Justiça Federal. Como se colhe no voto do Min. Nélson Jobim: "A Constituição, ao que parece, não impõe o exercício de uma única atividade de magistério. (...) A fixação ou a imposição de que haja apenas uma 'única' função de magistério – preconizada na Resolução –, ao que tudo indica, não atende o objetivo constitucional", ou seja, "O objetivo é impedir o exercício de outra atividade que não a de magistério" (Cautelar em ADI 3126-DF).

O tema da atividade de magistério voltou a ser abordado pela Resolução n. 34, de 24 de abril de 2007, do CNJ. Nesta Resolução está expressamente consignada a necessidade de que o exercício do magistério concomitantemente com a judicatura exige "compatibilidade entre os horários fixados para o expediente forense e para a atividade acadêmica, o que deverá ser comprovado perante o Tribunal".

Contudo, mais do que a mera compatibilidade formal de horários, é necessário atentar para a compatibilidade de cargas horárias mínimas entre ambas atividades. A academia não pode ser tratada como atividade secundária ou de menor relevância, a ser atendida nas horas vagas e no espaço livre dos magistrados. Não por outro motivo a Capes/MEC adota de há muito tempo a noção de "professor permanente" para fins de docência nos Programas de Mestrado e Doutorado. Apenas o professor considerado permanente no Programa terá atuação relevante para a IES – Instituição de Ensino Superior. E para caracterizar-se essa condição pressupõe-se a carga horária de 40 horas dedicadas à IES, não necessariamente em atividade dentro de sala de aula, até porque a atividade docente não se resume a aulas, mas envolve preparação e planejamento dessas aulas, avaliações, reuniões institucionais e, sobretudo, pesquisa, além de atualização constante.

Determina, ainda, referida Resolução do CNJ, que, constatada a "presença de prejuízo para a prestação jurisdicional em razão do exercício de atividades docentes, o Tribunal, por seu órgão competente, determinará ao magistrado que adote de imediato as medidas necessárias para regularizar a situação, sob pena de instauração do procedimento administrativo disciplinar cabível". A perda, portanto, não é, como sugeria Pontes de Miranda, uma perda *ipso iure* da qual "qualquer pessoa pode alegá-lo, para prova de que não mais é juiz e, pois, com a função dele não se forma qualquer relação jurídica processual" (Pontes de Miranda, 1987, t. III: 580).

1.2.2. *Recebimento de participação em processo*

Para preservar a imparcialidade do julgador, veda a Constituição que o magistrado receba, a qualquer título ou pretexto, custas ou participações em processo (inciso II do parágrafo único do art. 95). Considera Pontes de Miranda (1987, t. III: 580) ser o fundamento desta regra de ordem moral.

Noticia, ainda, o mesmo Pontes de Miranda (1987, t. III: 580-1) que por muito tempo vigorou a regra oposta, da percepção de participações ou percentuais pelos magistrados, que assim fora instituída com base na ideia de que havia a necessidade de se incentivar a atividade judicial.

A vedação atual encontra-se voltada à garantia, individual e da sociedade, de uma Justiça imparcial, cuja atividade é custeada apenas pelo Poder Público, pelos recursos que este obtém pelas mais diversas formas de ingresso de valores nos cofres públicos, e não pelos particulares direta ou indiretamente envolvidos ou interessados na solução dos conflitos postos em juízo. Garante-se, com essa medida restritiva, que o magistrado não se torne interessado direto nos valores envolvidos em causa e, assim, eventualmente interessado no direcionamento por uma ou outra solução jurídica por motivos econômicos próprios.

Desde que o Estado chamou a si o monopólio do uso da força e a definitividade das soluções relacionadas aos conflitos sociais não equacionados pelos interessados, o custeio da atividade jurisdicional foi igualmente absorvido plenamente pelo Estado.

Além do custeio estatal, não se admite qualquer forma de participação extraestatal no custeio da jurisdição. O recebimento de participação em processo, por parte do magistrado, deve ser considerado como atuação violentadora dos mais comezinhos pressupostos da imparcialidade judicial.

1.2.3. *Atividade político-partidária*

Embora os juízes não estejam liberados do direito-dever de votar, a Constituição proíbe que exerçam a atividade político-partidária (inciso III do parágrafo único do art. 95).

A vedação encontra amparo na cláusula constitucional da independência entre os Poderes, considerando especialmente que o partido político é um organismo obrigatório de intermediação entre o cidadão e o mandato público para o exercício de um dos outros Poderes (Legislativo e Executivo). É essencial que a Justiça tenha distanciamento dos partidos. A Justiça deve ser *apolítica*, como bem observava já Pontes de Miranda (1987, t. III: 583).

O tema acabou sendo tratado como *obter dicta* em julgamento no STF, que entendeu que aos juízes em geral "o exercício da atividade político-partidária é vedada absolutamente, por incapacidade insita a função mesma de juiz" (RE 127.246-DF, rel. Min. Moreira Alves, j. em 10-4-1991), ou seja, entende o STF que não se trata, no caso da Magistratura, de uma opção de conveniência para o exercício da judicatura, mas de impossibilidade absoluta e ínsita à função jurisdicional.

Para Pontes de Miranda (1987, t. III: 582), a vedação apenas impede a filiação a partido ou a atividade político-partidária. Mas o que se deve entender por atividade político-partidária é a grande dificuldade desta vedação. Seria qualquer ato ou ação direta e claramente praticado em benefício de um específico partido ou coligação partidária.

Isso significa, *v.g.*, que os magistrados, de qualquer instância, não podem acompanhar os políticos em suas campanhas eleitorais, não podem, em seus processos, adotar decisões com base em determinada ideologia partidária (ainda que tenham sido designados para compor um Tribunal por ato do Chefe do Executivo, que, necessariamente, pertencerá a algum partido), não podem subsidiar candidatos, não podem apoiar, seja em seu nome, como magistrado, ou em nome do Judiciário, determinado partido ou candidato.

Mas não se impede que o juiz tenha, como salienta Pontes de Miranda (1946:185), opinião político-partidária, até porque essa possibilidade insere-se no contexto das liberdades públicas e, em particular, da liberdade de pensamento. Mais do que isso, não se pode impedir o magistrado de expressar, como cidadão, sua posição partidária, de antecipar o exercício de seu voto eleitoral, que é secreto mas não sigiloso, embora não seja desejável e não se possa admitir que essa declaração venha a ser amplamente utilizada em campanha eleitoral. Não pode, porém, o magistrado apresentar pretensões políticas enquanto no exercício de seu cargo; também não pode, por meio de sua liberdade de expressão e opinião, passar a integrar o debate político-partidário das eleições.

1.2.4. *Recebimento de auxílios ou contribuições*

Dentre as vedações do parágrafo único do art. 95, foram acrescentadas, pela Reforma do Judiciário, outras duas, ficando, pois, proibido o magistrado de: (i) receber qualquer auxílio ou contribuição, e (ii) exercer a advocacia, em certas circunstâncias e durante certo prazo, após afastar-se do Judiciário ("quarentena").

Neste tópico será analisada apenas a primeira das vedações. Essa mesma restrição foi contemplada para os membros do Ministério Público (no art. 128, § 5º, II, *f*, da CB) e, pois, as considerações que a seguir se fazem valem também para a esfera ministerial.

Estabelece o novo texto constitucional que é vedado aos juízes (o que inclui qualquer magistrado, em qualquer instância, pois assim deve ser compreendido o termo) "receber, a qualquer título ou pretexto, auxílios ou contribuições de pessoas físicas, entidades públicas ou privadas, ressalvadas as exceções previstas em lei".

A terminologia empregada pela Reforma peca por utilizar um termo técnico, de uso corrente no Direito, a saber, a palavra "contribuições", própria do âmbito tributário. A referência, neste contexto, contudo, ocorre em seu sentido vulgar, comum, de benefícios, quando em outras passagens da própria Constituição brasileira o termo designa realidade jurídica bastante diversa.

O objetivo da proibição é claro: impedir que haja subversão da finalidade própria da atividade jurisdicional, que deve guiar-se à solução da lide com inteira isenção em relação à posição dos diversos interesses das partes envolvidos no respectivo processo. Daí a sua nítida finalidade moralizadora e o seu fundamento direto na independência do Poder Judiciário em relação às partes interessadas e aos demais Poderes.

O dispositivo excepciona hipóteses a serem previstas em lei, dentro de certa razoabilidade, em relação às quais será admitido o recebimento de auxílios ou contribuições. Trata-se, pois, de norma com vedação genérica, que eventualmente poderá sofrer diminuição de seu âmbito de incidência (alcance) a partir da edição de uma lei autorizativa.

Assim, apesar de admitir exceções legais futuras, o texto aprovado é bastante amplo na vedação que impõe, pois veda, a qualquer título ou pretexto, auxílios ou contribuições, de quem quer que seja. Anteriormente, a Lei de Improbidade Administrativa (Lei n. 8.429/92), em seu art. 9º, I, fazia constar uma mesma vedação, em termos mais razoáveis, proibindo o recebimento de "quem tenha interesse, direto ou indireto, que possa ser atingido ou amparado por ação ou omissão decorrente das atribuições do agente público". Assim, ausente o intuito da vantagem pelo cargo, estaria a hipótese automaticamente fora da esfera de alcance da norma da Lei de Improbidade. A conduta deve ser comissiva ou omissiva dolosa (cf. Santos, 2002: 22), na qual o agente aproveita-se de seu cargo público para alcançar a vantagem indevida.

No rigor absoluto dos termos do novo dispositivo, inserido pela EC n. 45/2004, nem mesmo auxílio (vantagem) de instituição financeira (como empréstimo a juros baixos do Banco do Brasil) poderia ser recebido, o que torna a leitura linear e gramatical do texto imprestável em sua largueza conceitual, merecendo uma interpretação conforme a razoabilidade e teleologia, para não se criar uma vedação bizarra.

A vedação é dirigida ao magistrado, em virtude da judicatura, não às associações de magistrados. Estas, por terem personalidade própria, distinta da personalidade de seus membros ou de seus dirigentes, não podem ser alcançadas pela regra restrtitiva. Assim, associações de magistrados podem receber auxílios e contribuições, especialmente quando direcionados à realização de suas atividades-fins, estatutariamente previstas e constitucionalmente admitidas, como a pesquisa jurídica e o aprimoramento do magistrado. Não pode, é certo, haver uso indevido das associações de magistrados para fazer ocorrer o que a Constituição veda.

1.2.5. *Liberdade de expressão mitigada*

Desde a primeira edição deste livro trato do assunto como liberdade mitigada. Não havia grande celeuma em torno dessas diretivas. Porém, nos últimos anos o tema ganhou contornos que eu consideraria dramáticos, com diversos episódios críticos envolvendo altas autoridades, adicionando confusões surpreendentes, mesmo se pudéssemos considerar como advindas de leigos (o que levanta a suspeita de algumas terem sido forjadas conscientemente por certos grupos sociais). Esse agravamento da situação também foi propiciado por dificuldades próprias de um ambiente bipolar no qual se reduzem os espaços de discussão técnica.

Como regra geral, o magistrado goza de liberdade de expressão, seja quanto às suas opiniões gerais do mundo e da sociedade, seja quanto ao próprio Poder Judiciário. Contudo, há algumas limitações a serem observadas quando o exercício da liberdade de expressão, por um magistrado, refira-se ao próprio Poder Judiciário ou, por maior razão, à atividade jurisdicional em andamento. Comecemos pelo mais básico.

É dever do magistrado guardar sigilo de informações que obtenha pelo exercício da jurisdição em processo resguardado pelo sigilo.

Também deve o magistrado não divulgar atos e movimentações processuais relacionadas a processo que esteja conduzindo quando essa divulgação possa, de alguma forma, prejudicar ou beneficiar uma das partes envolvidas ou terceiros, antes de terem conhecimento oficial do ato ou movimentação.

Nos tribunais, o sigilo do voto é inerente à função jurisdicional, não podendo ser antecipado a quem quer que seja.

Quanto às opiniões sobre o Poder Judiciário, o juiz deve emiti-las em tom respeitoso, o que não está a impedir a análise crítica. Não deve, contudo, produzir comentário sobre processos e decisões específicas, e observar a hierarquia jurisdicional que permite a revisão e reforma legítimas de suas decisões em âmbito recursal. O assunto foi abordado por meio do Código de Ética e das normas de conduta em redes sociais, ambas produzidas pelo CNJ.

1.3. Regime jurídico dos atos judiciais praticados por magistrado que viola as vedações

Entendia Pontes de Miranda (1987, t. III: 583), sob a disciplina constitucional de 1969, que as hipóteses então existentes de vedação ensejavam o mesmo tratamento, qual seja, a perda do cargo por meio de sentença declaratória.

Sob a égide da Constituição de 1988 e sem se pretender qualquer perda do efeito moralizador pretendido por meio das vedações, é preciso observar a ampla defesa e o devido processo legal para fins de decisão judicial de perda do cargo de magistrado em virtude de infringência de qualquer das vedações. Ademais, a pena só se pode aferir, em sua legitimidade, em cada caso concreto, à luz da proporcionalidade em relação aos fatos apurados e observado o art. 93, VIII, da CB. Como já foi indicado anteriormente, há casos nos quais o que se exigirá do magistrado é a imediata regularização de sua situação, como no caso do exercício incompatível do magistério, o que pode ocorrer via procedimento administrativo disciplinar.

Questão que se coloca imediatamente é a do regime jurídico a ser aplicado aos evetuais atos judiciais praticados por magistrado que já tenha incidido em violação às vedações e, posteriormente, vem a perder o cargo em virtude dessa violação ocorrida no passado. Nessas situações, nas quais não há afastamento imediato e preventivo do magistrado, para responder ao processo que possa conduzi-lo à perda do cargo, ou mesmo quando há este afastamento, mas entre ele e a data da violação decorre período no qual o magistrado permanence exercendo suas funções, é preciso preservar a segurança das relações jurisdicionais e os atos praticados, desde que não afetados nem relacionados diretamente ao ato que ensejou a perda do cargo pelo magistrado.

Nesse sentido, ainda que se considere tratar-se de decisão declaratória de perda do cargo, em virtude de fato praticado no passado pelo juiz, a condução regular, por este, dos atos judiciais de sua rotina diária, não pode sofrer abalo, nem se devem considerar nulos.

No caso específico da violação do sigilo processual, responderá o magistrado por perdas e danos e, conforme o caso, poderá haver desconstituição dos atos praticados sob sigilo.

2. VEDAÇÕES AMBIENTAIS

2.1. Uso de símbolos religiosos

A imperiosidade de elucidação e endereçamento dos temas doravante destacados formou-se a partir do amplamente contestado 3º Programa Nacional de Direitos Humanos (PNDH-3), veiculado e instrumentalizado pelo Decreto n. 7.037, de 21 de dezembro de 2009, da Presidência da República do Brasil. Este, em seu *Eixo Orientador III – Universalizar Direitos em um Contexto de Desigualdades*, mais precisamente na diretriz denominada "Garantia de Igualdade na Diversidade" (Diretriz 10), aventa objetivos *alcunhados* como estratégicos concernentes à liberdade religiosa.

Dentre as cinco finalidades ou metas estatais e sociais reunidos no *objetivo estratégico VI*, sugestivamente intitulado como "Respeito às diferentes crenças, liberdade de culto e garantia da laicidade do Estado", salta aos olhos uma ação programática em particular, qual seja, a direcionada ao desenvolvimento de "*mecanismos para impedir a ostentação de símbolos religiosos em estabelecimentos públicos da União*" (alínea *c*).

Paira como fundamento deste encargo atribuído à Secretaria Especial dos Direitos Humanos da Presidência da República, ainda que apresentado mais simplesmente como uma singela recomendação, "o respeito à laicidade pelos Poderes Judiciário e Legislativo, e Ministério Público, bem como dos órgãos estatais, estaduais, municipais e distritais".

A ação operacional mencionada, sob esse olhar, seria mero corolário da laicidade estatal, plasmada constitucionalmente. *Esta percepção, contudo, merece desdobramento mais atento, porquanto encobre o sentido constitucionalmente conforme de Estado Laico e, igualmente, conduz o Estado a senda que ignora bem jurídico alocado constitucionalmente sob a sua tutela, qual seja, o patrimônio cultural brasileiro.*

Se o Estado Laico, como cláusula constitucional basilar, tem um conteúdo mínimo prescritivo que alcança o espaço rerservado à tomada das decisões judiciais, nem por isso todo e qualquer símbolo religioso nos departamentos do Poder Judiciário estará alcançado por essa cláusula constitucional restritiva.

Na esteira desta ponderação, visa o presente tópico a dimensionar, brevemente, o sentido constitucionalmente adequado de Estado Laico, especificamente para bem equacionar o tema do uso de símbolos religiosos em ambientes do Poder Judiciário.

Estabelece-se como *premissa axiomática* a constatação, bem identificada por um dos principais estudiosos de direito comparado da atualidade, Lucio Pegoraro, de que o significado do termo"laico"não é unívoco (2009: 169). O conteúdo que dele se extrai varia e variará de acordo com o país e sua língua.

Trata-se de uma advertência pertinente, porquanto a percepção de seu significado está, necessariamente, condicionada à realidade cultural e linguística de uma dada sociedade. *Nesse sentido, práticas que norteiam a relação adotada por um dado país entre Estado e religião (ou religiões) não podem servir como paradigmas autoaplicáveis, imediatamente mimetizáveis pelo Estado brasileiro.*

Em síntese e ilustrativamente, ações programáticas ou propriamente operacionais, adotadas pela França, rigorosa no lidar com a manifestação religiosa (cf. Pegoraro, 2009: 179), ou pela Itália, mais amigável (2009: 172), por exemplo, não devem ser, de maneira cerebrina, internalizadas e traduzidas como o modelo brasileiro de Estado Laico, porquanto a dinâmica social e cultural daqueles países possui suas próprias peculiaridades que podem não condizer – como não condizem – com a realidade (jurídica, histórica e cultural) brasileira.

Em síntese, *a relação entre religião e cada sociedade e coletividade varia. E, assim, divergirá a própria relação entre Estado e religião, ainda que se esteja transitando apenas entre Estados autodenominados laicos.* A realidade brasileira, aliás, neste particular, não pode ser equiparada ao contexto norte-americano (cf. Serbin, 2006: 48) e, tampouco, ao latino-americano, de origem hispânica. Afinal, para além de sua"lusitanidade", para se valer de expressão de Darcy Ribeiro (1995: 37), o processo histórico brasileiro esteve, de certa forma, isolado do destino dos demais países da América Latina, insularização esta que igualmente afetou a relação entre Estado e Igreja em nosso país (cf. Bethell, 2001: 272): "Ao contrário dos outros países da

América Latina, o Brasil guarda intacto seu aparelho eclesiástico tanto na passagem da Colônia para o Império, como do Império para a República" (cf. Fausto, 2007: 404).

Não por outro motivo, chega-se, inclusive, no âmbito acadêmico, *a reputar o catolicismo brasileiro como "único"* (cf. Serbin, 2006: 50).

Apresentada esta ressalva, outra se faz imperiosa. A variedade de empregos e sentidos na noção de Estado Laico não chega a conduzir para uma *anarquia conceitual*. Dentre os variados significados possíveis, *coube à Constituição do Brasil entabular os sentidos que recebem a chancela constitucional, separando-os das conotações leigas e ideológicas, juridicamente desamparadas e rejeitadas*.

Embora a relação entre Estado e religião seja, inicialmente, delineada pelo art. 5º da CB, sua configuração completa, para o Brasil, não se restringe ao disposto nesse artigo – art. 5º, VI, VII e VIII. A natureza secular do Estado brasileiro, pelo contrário, tem como preceito basilar de sustentação o art. 19, I, o qual determina que é vedado a todas as instâncias federativas públicas: "I – estabelecer cultos religiosos ou igrejas, subvencioná-los, embaraçar-lhes o funcionamento ou manter com eles ou seus representantes relações de dependência ou aliança, ressalvada, na forma da lei, a colaboração de interesse público".

A partir deste preceito podem ser indicados, *prima facie*, três tipos de proibição, cujo sentido e alcance dependem de análise de outras normas constitucionais. (I) *A primeira vedação está direcionada à assunção estatal de culto ou igreja*, traduzida na parte inicial do preceito. Como consectário imediato, não há, portanto, religião oficial, no Brasil. (II) *A segunda proíbe, por sua vez, conduta positiva do Estado, pela qual se pretenda o fomento estatal de determinada religião*, refletida na negação de subvenção ou manutenção de relação de dependência ou aliança entre estado e Igreja. (III) Por fim, *a terceira evita que o Estado maniete dada religião*.

A leitura apressada ou ideologicamente engajada deste preceito, dada a *predominância proibitiva* da semântica que nele norteia a relação Estado-religião, pode conduzir à equiparação entre *Estado Laico* e *laicismo*, no qual o Estado brasileiro assumiria, constitucionalmente, postura de aversão religiosa, de intolerância. Nesse sentido, qualquer símbolo religioso estaria banido das imediações dos aparelhos públicos e o Judiciário assim deveria se comportar como "Poder" inserido nesse contexto de laicismo. O Estado Laico, sob esta forma, seria, na verdade, *Estado Laicista*, detentor de "um juízo de valor negativo em relação às posturas de fé" (cf. Tavares, 2009, v. 2:

17). Na mesma linha de raciocínio, a feliz síntese de Lucio Pegoraro quanto ao sentido de laicismo, que "indica, de forma negativa, *uma atitude de hostilidade contra os símbolos religiosos*, morais e à própria igreja" (2009: 169).

Em fina sintonia com esse construir de ideias, tornar-se-ia *impossível a ostentação de símbolos religiosos em "estabelecimentos" públicos*. Eis aqui o substrato *teórico e retórico* que norteia e que serve como embasamento supostamente racional ao terceiro Plano Nacional de Direitos Humanos, no que diz respeito a uma das ações programáticas constantes do Eixo Orientador III, Objetivo Estratégico VI.

O suporte argumentativo que cauciona tal ação é, sem embargo, nitidamente incompatível com a Constituição brasileira, porquanto fruto de uma interpretação apressada, ideologicamente engajada, que desrespeita e ignora por completo o verdadeiro sentido de Estado Laico sob a Constituição de 1988, bem como outros valores constitucionalmente assegurados (como o elemento cultural brasileiro). *Ao contrário do que se apregoa, a relação constitucionalmente conforme a ser estabelecida entre Estado e religião não há de ser regida exclusivamente de maneira negativa.*

Conforme já mencionei alhures, "[p]retender que o Estado adote um total distanciamento da religião pode significar algo não apenas não desejável como também impossível" (cf. Tavares, 2009, v. 2: 17) e, principalmente, *fraudulento, em termos de liberdade constitucional afirmada pontualmente (liberdade religiosa)*. Afinal, como afirma o Professor Catedrático da Faculdade de Direito de Lisboa, Jorge Miranda, "o silêncio perante a religião, na prática, redunda em posição contra a religião" (1988: 365).

Ademais, a Constituição admite que a própria *lei* é capaz e suficiente para desencadear o sugerido regime colaborativo entre Estado e religião. Se o propósito da Constituição e dos constituintes fosse o de eliminar qualquer convivência entre Estado e Igreja, instituindo uma separação plena entre ambas as instituições, então o teriam feito expressamente, ou, ao menos, não teriam admitido textualmente a ressalva arrolada na parte derradeira do art. 19, I, da CB. Em síntese, haveriam seguido o exemplo já presente na Constituição de 1937, a Carta Magna do Estado Novo, desprovida de qualquer ressalva à dinâmica separatista entre Estado e Igreja.

A Constituição franqueia ao dinâmico veículo legislativo da lei ordinária a competência para estabelecer e autorizar a atuação conjunta entre Estado e religião.

Nessa ordem de considerações, cumpre ressaltar, ademais, que a Constituição não se restringe a autorizar a prática legislativa em prol da convivência entre o mundo secular e o espiritual, em benefício da coletividade. A própria Constituição estimula, diretamente, a convivência entre Estado e Igreja, criando, ela própria, pontos de contato entre Estado e religião (cf., *v.g.*, arts. 5º, VII, e 213 da CB).

A dinâmica estabelecida pela Constituição do Brasil, quanto à "separação" Estado e Igreja, portanto, não é hostil ao contato e a correlação entre ambos. Pelo contrário. Determina-se, em diversos pontos e momentos, uma necessária e salutar imbricação mútua entre ambas as instituições, com vistas a privilegiar o interesse público. Não há separação radical, mas apenas distinção.

Eis, aqui, o significado parcial de Estado Laico, na realidade brasileira. *A Constituição, embora proíba a adoção de uma religião oficial e a subvenção parcial de uma dada crença, não estabelece uma linha segregacionista entre Estado e religião (religiões), como se este, para ser laico, houvesse que ser hostil à espiritualidade.* Portanto, não pode o Poder Judiciário, como Estado, pretender assumir uma linha oficial de hostilidade.

O conceito de neutralidade não propugna por um "Estado ateu ou contrarreligioso" (cf. Tavares, 2009, v. 2: 21), alheio ao fenômeno religioso. Nem poderia sê-lo.

Determina a neutralidade religiosa, porém, ao Poder Público, a adoção de *conduta respeitosa* à *diversidade cultural religiosa* do Brasil. Em outras palavras, se é constitucionalmente correto afirmar que a própria Constituição admite a existência de aproximações institucionais entre Estado e religião, não é menos verdade que esta Carta, concomitantemente, *exige que esses pontos de contato não sejam restritos a uma ou outra religião, sob pena de se promover um intolerável e inadmissível privilégio religioso.*

Poder-se-ia tentar argumentar no sentido de que a proibição do uso de crucifixos em salas de audiência e julgamento visa a garantir exatamente a uniformidade do tratamento estatal relativo às religiões que compõem o espectro social brasileiro.

Contudo, uma linha argumentativa desse jaez contém, implicitamente, de maneira consciente ou não, ataque específico ao cristianismo, representado pelo ícone do crucifixo. Em resumo, argumenta-se que a predominância de ícones cristãos, em especial católicos, nos prédios públicos, estaria a demonstrar tratamento privilegiado por parte do Estado quanto a esta confissão específica, de forma que seria imperiosa uma correção de rumo, para se consolidar a laicidade estatal e sua equidistância em relação a todas as práticas confessionais.

Não se trata, é certo, de tentativa inédita no cenário jurídico e constitucional brasileiro, uma vez que o CNJ já foi instado a se manifestar sobre o temário, nos pedidos de providência n. 1.246, 1.344, 1.345 e 1.362, sendo usual também que alguns membros do Ministério Público aventem a suposta inconstitucionalidade da ostentação de crucifixos em prédios públicos.

O fato, porém, de o CNJ ter proferido manifestação favorável à manutenção desse símbolo nos Tribunais envolvidos não amainou a predisposição de incitar verdadeiras cruzadas, muitas hostis ao cristianismo, algumas de ordem jurídica e, por isso mesmo, constituem atos que se aventuram vertiginosamente pelas bandas da inconstitucionalidade. É o que deixa transparecer o ato normativo ora esquadrinhado presente no PNDH-3.

Mesmo o Conselho da Magistratura do Tribunal de Justiça do Rio Grande do Sul, em linha diversa do decidido pelo CNJ, determinou a retirada "dos crucifixos e outros símbolos religiosos (...) nos espaços destinados ao público" do Poder Judiciário gaúcho (Ato n. 009/2012-COMAG, *DJe* 9-3-2012).

Conforme esse expor de ideias, a ostentação de símbolos cristãos em estabelecimentos públicos deveria ser necessariamente acompanhada pelos ícones representativos das demais confissões para alcançar ares de legitimidade constitucional. Dadas as dificuldades práticas que claramente permeiam esta pseudossolução, ter-se-ia como única conclusão jurídica aparentemente adequada, em termos de neutralidade religiosa do Estado, a proibição geral e genérica da ostentação de símbolos religiosos em quaisquer estabelecimentos públicos. Assim, a única conclusão possível quanto à ostentação de símbolos religiosos somente poderia reduzir-se à *ilicitude*.

Destacada percepção acerca da neutralidade religiosa do Estado, contudo, aporta a um indiscutível equívoco que pune, igualmente, a noção de igualdade. Interpreta-se a neutralidade como a necessidade que paira sobre o Estado de dispensar *tratamento uniforme a todas as religiões*. Embora essa premissa seja correta no campo abstrato, o plano fático e sua inigualável riqueza exigem, em certos contextos, um denominado *tratamento especial*, como a própria Constituição reconhece, também, em relação às mulheres, aos deficientes físicos e aos idosos.

Nestas situações, conforme já assentei em outro lugar, "[n]ão se pode traduzir a igualdade religiosa (decorrente da neutralidade do Estado e da aplicação do princípio da igualdade no âmbito religioso) *como a exigência de tratamento matematicamente idêntico entre confissões religiosas, por parte do Estado*" (cf. Tavares, 2009, v. 2: 19).

A aposição de símbolos cristãos em estabelecimentos públicos, com efeito, enquadra-se como situação excepcional, demandando abordagem estatal diferenciada.

A *ratio* autorizadora deste tratamento especial – e não *tratamento privilegiado*, conduta constitucionalmente vedada – é semelhante à ensejadora da aproximação entre Estado e religião, e que flexibiliza a dinâmica separatista que incide sobre ambas as instituições. Em outras palavras, essa exceção particular à regra geral da neutralidade encontra igualmente lastro no *interesse público*, explicitado no art. 19, I, *in fine*, da CB, *embora, no caso ora comentado, o interesse público apresente-se de maneira mais concreta.*

Explica-se. Da mesma maneira que a *categoria geral* do interesse público faculta a celebração de regime colaborativo entre Estado e religião, situações concretizadoras deste conceito, como é o caso da proteção à cultura e ao patrimônio histórico nacional, aquebrantam o aparente rigor formal da neutralidade religiosa do Estado (cf. Tavares, 2009, v. 2: 17), de forma que certas confissões possam perceber um *tratamento especial tópico* por parte do Estado. Tratamento este que é constitucionalmente justificado.

No caso específico da ostentação de símbolos religiosos, de cariz cristão, cumpre ressaltar que eventual tratamento especial, inobstante as suas consequências para a definição do escopo da liberdade religiosa em dado ordenamento constitucional, *não haure seu fundamento constitucional exclusivamente do direito à liberdade religiosa.*

Trata-se de prática que também retém seu sustentáculo constitucional de outro bem jurídico fundamental, constitucionalmente assegurado e louvado, qual seja, o *direito fundamental à cultura*, previsto no art. 215 da CB.

Os bens culturais nacionais, expressamente elencados *no* e enfatizados *pelo* texto constitucional, demandam do Estado *tratamento protetivo acentuado e destacado*. Em síntese, um *tratamento especial.*

Assim, as fontes culturais de manifestações populares, indígenas e de outros grupos participantes do processo civilizatório brasileiro – compreendendo-se aqui o processo *de* e agentes responsáveis *pela* formatação da, por assim dizer, *civilização brasileira*, detentora de suas próprias características étnicas, linguísticas e culturais – exigem maior esforço estatal em sua atividade de proteção e, também, de *valoração e difusão destas manifestações culturais em específico*.

Assim, a proteção constitucional a outros grupos participantes do processo civilizatório nacional, nos termos do art. 215 da CB, apresenta-se como o fundamento responsável por ensejar a imunização constitucional de ícones cristãos apostos em espaços ou prédios públicos.

O próprio descobrimento do Brasil, bem como o seu período colonial, retira seu sustentáculo legitimador da Igreja Católica, responsável, inclusive, pela aposição da temporária alcunha cristã ao recém-descoberto território – Terra de Santa Cruz, e pela fundação, em 1554, da povoação de São Paulo (cf. Serbin, 2006: 44).

A relação entre a colonização brasileira e a Igreja Católica é tão estreita que o importante historiador estadunidense Kenneth P. Serbin condiciona o êxito de Portugal na consolidação de seu domínio sobre o Brasil e na construção dos alicerces econômicos da colônia à habilidade dos jesuítas e de outros padres (2006: 44). A Paróquia, nesse sentido, apresentava-se, para além de sua finalidade religiosa, como um "posto avançado" do projeto colonial lusitano (cf. Serbin, 2006: 45 e s.). Em um segundo momento, porém, afastando-se dos interesses da Metrópole, estará a Igreja Católica, igualmente, à frente dos movimentos pela independência (cf. Serbin, 2006: 64 e s.; Bethell, 2001: 272).

Além disso, dados empíricos, amplamente acessíveis, destacam a composição predominantemente cristã da sociedade brasileira. É a conclusão à qual se pode chegar compulsando o *Censo Demográfico de 2000*, o qual demonstra que, dos aproximadamente 170 milhões de brasileiros, cerca de 125 milhões se declaram católicos. Em síntese, quase 67% da população brasileira é Católica Apostólica Romana. Por sua vez, aproximadamente 90% da população é cristã.

A prevalência de ícones cristãos em estabelecimentos públicos representa, simplesmente, a composição cultural predominante da sociedade brasileira. *Crucifixos e demais símbolos religiosos cristãos, apostos em prédios públicos, não denotam necessariamente manifestação religiosa, mas sim cultural. E o Estado ao não erigir obstáculos a esta exposição está meramente promovendo sua missão constitucional de preservar manifestações culturais caras à sociedade brasileira, posto que são consideradas de fundamental relevância para o processo civilizatório nacional.*

Mas *o Estado está impossibilitado de promover ou estabelecer política nacional, estadual ou municipal que crie mecanismos para impor a ostentação de símbolos religiosos cristãos em estabelecimentos públicos da União,* evitando-se, desta feita, a transfiguração velada de uma finalidade constitucionalmente aceita (proteger patrimônio cultural nacional) em outra proibida (imposição oficial de dada religião). Restam excluídas, igualmente, desse manto proibitivo *práticas tópicas permissivas, quanto à ostentação de símbolos cristãos (neste caso, manifestações culturais), e situações já consolidadas, caracterizadas pela presença atual dos ícones cristãos em estabelecimento público.*

Assim, embora o Estado não possa estabelecer política obrigatória de incidência nacional, quanto a um suposto dever de ostentação dos ícones em comento, é constitucionalmente possível e recomendável a adoção pontual de decisões administrativas pela sua manutenção *como forma de valorizar a cultura nacional.*

Por fim, cumpre reforçar que todo e qualquer estabelecimento público poderá exibir símbolos de outras religiões, *se demonstrado seu enquadramento como patrimônio cultural para a respectiva coletividade.*

Contudo, embora a apresentação de ícone das demais religiões *possa* ser promovida em estabelecimentos públicos, tal como os símbolos cristãos, ambos não se sujeitam ao mesmo tratamento constitucional. Explica-se. Conforme explicitado acima, a aposição dos primeiros demanda a sua configuração como patrimônio cultural para a respectiva coletividade, para que haja a devida autorização constitucional. *Os ícones cristãos, sem embargo, já possuem reconhecimento constitucional automático quanto ao seu enquadramento como manifestação cultural.*

Assim, para além das consequências estatais, *o enquadramento dos símbolos religiosos cristãos como patrimônios culturais nacionais produz encargo específico à respectiva entidade confessional.* No caso específico, a Igreja Católica, "ciente do valor do seu patrimônio cultural, compromete-se a facilitar o acesso a ele para todos os que queiram conhecer e estudar". E dever de acesso não se confunde com direito de difusão ou com o proselitismo religioso.

Toda e qualquer referência a dados ou fontes estrangeiras sobre este tema (mas não apenas!) deve ser necessariamente qualificada em face da realidade nacional, pois o mimetismo puro e simples com outras realidades nacionais é absolutamente inconsistente neste campo. Assim, por exemplo, a conhecida decisão proferida pelo Tribunal Constitucional Federal alemão, na BVERFGE 93, 1 – *Kruzifix,* quanto à constitucionalidade de regulamento escolar que determinava a colocação, em toda sala de aula, de crucifixo (cf.

Tavares, 2009, v. 2: 21). Embora o Tribunal em apreço tenha assentado que "[a] colocação de uma cruz ou crucifixo nas salas de aula de uma escola pública de ensino obrigatório, que não é escola confessional, fere o art. 4º, I, da GG" (cf. Martins, 2005: 368), a circunstância social, cultural e, principalmente, o enquadramento constitucional deste símbolo religioso em especial são totalmente diversos na Alemanha. No Brasil, conforme visto, reconhece-se juridicamente a dimensão cultural dos ícones cristãos. Esta dimensão, porém, tem sua importância reduzida pela prática constitucional alemã, a qual prioriza sua representação religiosa. A diversidade cultural entre Alemanha e Brasil, neste particular, é traduzida de maneira precisa na decisão do TCF, à medida que a Corte renega sua configuração como signo geral da tradição cultural ocidental e, por conseguinte, alemã. Para além destes fatos, destaca-se que a decisão alemã se deu em tema mais restrito que o ora analisado, de cariz genérico. A decisão se refere ao ambiente educacional, diferenciando tal contexto de outros.

Desnecessário concluir, desta feita, que a existência de variáveis culturais e jurídicas distintas exige decisões igualmente divergentes, cada qual adequada ao seu próprio entorno social e constitucional. Se há, como deve haver, a proibição de que dogmas religiosos influenciem decisões judiciais, ou de que certos símbolos não auferem legitimidade social ou cultural suficiente para serem ostentados no ambiente judicial, outros símbolos poderão estar presentes no espaço público de julgamento, desde que não signifique qualquer predisposição do julgador a decidir dentro do espaço dogmático da correspondente religião.

2.2. A distribuição do espaço interno entre os atores essenciais à Justiça

Outra vedação ambiental existente diz respeito à disposição física das posições a serem ocupadas nas salas do Poder Judiciário, especialmente nos espaços reservados aos julgamentos e durante os julgamentos.

Recentemente, o juiz Ali Mazloum, da 7ª Vara da Justiça Federal em SP, mandou arrancar todo o tablado da sala de audiências e, além disso, retirou o assento do MPF do seu lado direito, alocando-o de frente à Advocacia. O caso foi para o CNJ, tendo o MPF argumentado que o assento dos membros da defensoria pública no mesmo plano do juiz já estaria assegurado pela retirada do tablado, mas nada justificaria a retirada do assento do procurador do lado direito do juiz.

Um dos pontos sobre os quais parece haver certo consenso é o de que não deve haver distinção física capaz de sugerir, simbolicamente, superioridade de uma das partes envolvidas nos processos, ainda que se trate do Ministério Público (que nas varas criminais atua, via de regra, como autor da denúncia).

Uma das vedações ambientais que merece maior atenção e ainda depende de conscientização dirige-se a toda forma de disposição física que sugira uma superioridade de uma das partes envolvidas em relação à outra ou, ainda, que acabe por apresentar o magistrado como mais próximo a uma das partes. Não se deve, contudo, dar guarida a posturas radicais e inócuas de contagem milimétrica dos espaços destinados aos interessados.

3. DOS DEVERES NO EXERCÍCIO DA MAGISTRATURA

3.1. Considerações gerais

Além das deficiências estruturais congênitas, o Poder Judiciário conta, ainda, com deficiências subjetivas, com um corpo de juízes que – salvo exceções – não consegue oferecer (por diversos motivos) respostas adequadas às demandas apresentadas. Em especial, há, ainda, um despreparo dos magistrados para enfrentar questões novas (não repetitivas), conflitos metaindividuais, tutela da Constituição e humanização do Direito. Isso para não mencionar problemas relacionados à metodologia empregada nas decisões judiciais e sua consistência e coerência internas. Em boa parte esses problemas originam-se (i) no número insuficiente dos quadros da magistratura; (ii) na excessiva carga de trabalho; e (iii) na formação acadêmica inadequada, que ainda preza pelo desapego dos problemas reais do mundo dentro de um quadro pedagógico que desconhece novas disciplinas e a centralidade dos direitos humanos fundamentais no Estado Constitucional de Direito.

O aspecto quantitativo (número de magistrados existente) foi objeto de preocupação na Reforma do Judiciário, passando a haver a menção expressa, doravante, de que o número de juízes será proporcional à efetiva demanda judicial e à respectiva população (art. 93, inc. XIII, da CF).

O aspecto educacional foi equacionado com a imposição dos cursos de formação e aperfeiçoamento de magistrados para que se obtenha o vitaliciamento. De pouco ou nada valeria um número colossal de juízes inexperientes e desqualificados.

Muitos magistrados, submissos às fórmulas tradicionais de solução de conflitos, mostram-se incapazes de transpor as barreiras da falsa neutralidade e do purismo (normativo) vazio, depreciativo de sua própria função social. Esta, invariavelmente, é abafada pelos gritos do formalismo que ainda ecoam nas decisões judiciais.

É impressionante o número de jovens bacharéis admitidos nos concursos para magistratura que se mostram totalmente despreparados, inexperientes e imaturos, técnica e intelectualmente, para manejar o Direito, para serem mediadores na composição da delicada e imprescindível harmonia social. Basta compulsar os anais das decisões de primeiro grau reformadas, para compreender a dimensão do problema. Falta-lhes, pela formação decadente, cada vez mais limitada e específica, um conhecimento independente e interdisciplinar (nesse sentido: Moreira Neto, 1999: 71), que os capacite a formular novas respostas às constantes indagações decorrentes das transformações sociais, solucionando as lacunas da lei e formatando os conceitos indeterminados, transpondo o formalismo, a repetição insólita de argumentos de autoridade, o pensamento silogístico inconcebível para as ciências sociais e a impiedosa displicência com o caso concreto e as partes envolvidas.

Como órgão independente da República, último bastião da democracia e da cidadania, a sociedade necessita, acima de tudo, que seus integrantes elaborem suas decisões pautados na dignidade humana, nos direitos humanos fundamentais (princípio constitucional que fundamente o Estado brasileiro). Para isso, deve-se integrar à formação dos magistrados uma visão sociológica, filosófica e humanista, que lhes proporcione subsídios para estarem afinados com as mutações sociais, com a novidade e pluralidade de interesses que na sociedade continuamente surgem.

3.2. Imparcialidade

Contraface do direito fundamental já analisado anteriormente nesta obra, a imparcialidade do magistrado é um dos pilares de sustentação de todo o edifício judiciário no Estado Constitucional de Direito.

Sem a imparcialidade, ruiria o pressuposto no qual se apoia o Estado de Direito, que é o monopólio do uso da força no interesse da sociedade. Sem a imparcialidade assistir-se-ia a um retrocesso aos modelos de domínio baseados na vontade individual arbitrária e imprevisível, próprio das monarquias medievais.

Embora próximas e mutuamente dependentes, a imparcialidade não deve ser confundida com a independência. A *imparcialidade* é a imposição ao julgador de se posicionar completamente desinteressado (no sentido pessoal) diante: a) das partes, b) de seus interesses, c) do processo e d) de seus procuradores.

Assim, a *imparcialidade* pode ser considerada como a independência do julgador diante das partes, de seus interesses, do próprio processo e de seus advogados. Não deixa de ser a não submissão – novamente, tal como a independência – a interesses indevidos, porém, agora, identificados com os interesses de algum dos atores envolvidos processualmente. É a independência qualificada processualmente.

Portanto, a imparcialidade recai individualmente sobre determinada situação real e concreta, e somente pode ser aferida no desenvolvimento da atividade jurisdicional, isto é, verifica-se sua existência diante da análise processual momentânea, ocasião em que se conhecerão as partes, seus interesses e seus advogados. Apenas conjugando esses elementos é que se poderá chegar à conclusão de possível ruptura ou mácula de imparcialidade, em seu sentido técnico.

Rigorosamente falando, será impróprio falar de algum problema de imparcialidade, portanto, da Magistratura como um todo, sem haver causa especificada ou sem indicar-se a causa e o magistrado em específico, e os fatos ou circunstâncias que determinam a suposta parcialidade. Do ponto de vista jurídico estar-se-ia diante de uma impossibilidade, de uma suposição absolutamente abstrata e descabida. Do ponto de vista prático, de uma acusação sem fundamento.

Da análise do art. 95 da Constituição brasileira é possível identificar situações que são consideradas, por força constitucional, atentatórias à imparcialidade, constituindo, por isso, vedações ao magistrado. Assim, como se sabe, surgirá como parcial o magistrado que : (i) receber, a qualquer título ou pretexto, ***custas ou participação em processo***; (ii) dedicar-se à atividade político-partidária, e; (iii) ***receber, a qualquer título ou pretexto, auxílios ou contribuições*** de pessoas físicas, entidades públicas ou privadas, ressalvadas as exceções previstas em lei (Incluído pela Emenda Constitucional n. 45, de 2004).

Na primeira parte do art. 95 nota-se o elenco das garantias dos juízes, *retrato da independência do Judiciário*. Já na segunda parte, acima transcrita, ao tratar das vedações aos juízes, a Constituição brasileira estabelece um *mecanismo de proteção genérica da imparcialidade*, não permitindo a confluência de interesses e submissão (ou alinhamento) de juízes às partes ou interesses destas. O fundamento moralizante da norma é inegável. Ainda assim, é preciso – como foi feito – positivá-lo, para que possa produzir efeitos. Acrescente-se, por fim, que só pode ser invocado em situações concretas.

3.2.1. *Imparcialidade e participação em sorteios, especialmente aqueles realizados por associações de juízes*

Tema que ocupou os noticiários no Brasil, tendo sido objeto de atenção da sociedade e do CNJ, foi o da participação de magistrados em sorteios (de brindes) promovidos por associações de juízes, a partir de patrocínios privados. Alegava-se, basicamente, que haveria comprometimento (moral) do magistrado que fosse eventualmente sorteado, considerando-se o brinde como uma forma de contribuição privada ao magistrado.

Confundir auxílio e contribuição com prêmios decorrentes de sorteios, significa estabelecer equiparações que não parecem estar, *prima facie*, contempladas e integradas no comando constitucional ou em sua finalidade. Explico: a Constituição veda o direcionamento de valores ou produtos para determinado magistrado, como forma de sutilmente, sigilosamente ou até mesmo abertamente, provocar proximidades que resultem em vínculos que quebram a imparcialidade. Em eventos nos quais, *v.g.*, uma associação de magistrados promove *sorteio* não está presente o caráter subjetivo, vinculante, capaz de, ainda que remotamente, quebrar o elemento *imparcialidade*, pois, como é óbvio, não se sabe quem será o sorteado até o momento da proclamação do resultado. Nessas práticas não é comum atrelar um patrocinador específico para dado sorteio ou produto nele divulgado (recursos para tanto podem advir da associação com suas verbas próprias, de entidades públicas, de outros patrocinadores privados ou mesmo de uma combinação de origens). Ademais, ao sorteado nem sempre é informado se houve patrocinador externo para aquele produto ou sorteio e qual teria sido esse patrocinador exatamente – porque este não é o objetivo do sorteio nem integra essas práticas, quando realizadas de forma honesta. ***Os liames entre interesses privados-judiciais e juízes, por meio de sorteios verdadeiros (não me refiro, aqui, às fraudes), como se percebe, não são tênues, mas sim inexistentes***.

Acrescente-se um dado que merece ser reforçado, apesar de sua simplicidade e evidência. É que recursos e doações de uma maneira geral, provenientes do setor privado, são destinados às associações, quer dizer, exclusivamente à pessoa jurídica que os recebe, enquanto instituição, para a persecução imediata de seus objetivos estatutários, dentre os quais a atuação não jurisdicional e, mais do que isso, não estatal, na área científico-jurídica. **Uma vez que os recursos ingressam no caixa da associação, lá não permanecem como recursos timbrados pela sua origem, mas apenas como recursos da associação, juridicamente vinculados à consecução de sua finalidade** (a fonte pode ser averiguada para certificação da procedência lícita dos recursos e para fins tributários). Em outras palavras, não é possível marcar eternamente recursos licitamente obtidos com o nome dos doadores, para fins de extrair consequências que só seriam extraíveis fossem as verbas doadas diretamente a determinado e específico magistrado, envolvido em determinada causa.

Porém, poder-se-ia cogitar que é a associação que assume o papel de entidade privada, vilã dessa relação, a oferecer auxílio ou contribuição vedada constitucionalmente. Valem, contudo, as ponderações já realizadas: i) não há auxílio ou contribuição a juiz, mas sim prêmios sorteados; ii) não há identificação prévia de juízes, o que novamente descaracteriza o auxílio ou a contribuição, e; (iii) a parcialidade como consequência automática por ser contemplado em sorteio público é inaceitável.

Assim, quanto ao último tópico, em não havendo **causas postas em juízo ou sequer sugestão de que possa haver causas postas em juízo que sofrerão gravemente por força de um sorteio aleatório realizado em outro ambiente, jamais se poderá impedir o exercício de atos próprios da vida privada, como integrar uma associação e participar de seus eventos, sendo certo que liames abstratos, generalizantes e hipotéticos são insuficientes para restringir direitos fundamentais.**

Associações de magistrados não desempenham atividade jurisdicional, nem essa confusão pode ser tolerada, para fins de torná-las auditáveis conforme as regras dirigidas ao Poder Judiciário.

Por fim, cumpre observar que no art. 95 da Constituição tem-se os mecanismos de proteção genérica da imparcialidade por força das vedações aos juízes, nos termos acima declinados. *Mas além dessa proteção, apresentam-se, ainda, no Direito, os mecanismos de proteção específica à imparcialidade*, que são as impugnações de suspeição e de impedimento, salvaguardas pontuais para o caso de não terem atuado ou não terem sido suficientes as salvaguardas de equidistância (vedações acima analisadas). Isso não significa que o juiz tenha diante de si a opção de não observar os deveres e aguardar a (ou apostar na) intermediação de um mecanismo específico. Deveres são vinculantes, mas nos limites acima indicados.

3.2.2. *A livre convicção judicial*

Na base da imparcialidade atua a chamada liberdade de convicção ou julgamento, também conhecida simplesmente como livre convicção judicial.

Trata-se, é certo, de um modelo de atuação judicial, pelo qual garante-se a não punição de magistrados pelo exercício independente da interpretação do Direito e compreensão dos fatos, reconhecida a todo o magistrado, no exercício da jurisdição, quanto aos fundamentos e orientações jurídicas a serem adotados em cada caso concreto para solucionar a lida posta ao Judiciário. Além de garantir um modelo (próprio e imparcial) de atuação, a livre convicção torna-se também um dever, posto que veda ao magistrado a procura de suas decisões em outras instâncias que não seu foro íntimo, a partir de sua formação jurídica e de seus conhecimentos.

Livre convicção é, sobretudo, um modelo que propicia, em realidade, uma garantia da sociedade contra ingerências externas, tornando o magistrado imune a orientações ou determinações de outros Poderes, das partes ou mesmo de órgãos judiciais superiores, sobre o sentido a adotar nos processos pendentes de julgamento.

A livre convicção atua fortemente no âmbito hermenêutico do Direito, franqueando ao (e exigindo do) magistrado a compreensão"livre"dos textos normativos a serem utilizados no encaminhamento e solução da lide. É por força da livre convicção na tomada de decisões que os magistrados exercitam total independência em relação aos demais magistrados (de qualquer instância) e decisões judiciais já adotadas no passado (desde que externas ao processo em causa).

No Brasil, essa livre convicção só encontra limites na necessidade de unificação do Direito nacional, na impossibilidade de manter-se um edifício jurídico permanentemente fragmentado e decomposto em infinitas leituras isoladas e discrepantes. Assim é que, por meio do instituto da súmula vinculante, a livre convicção judicial encontrará um bloqueio, imposto e legitimado pela necessidade de pacificação harmônica das divergências judiciais interpretativas, evitando-se a injustiça vislumbrada nas soluções díspares adotadas para casos idênticos e repetitivos.

Por fim, e justificando o tratamento do tema neste item, tenho que suposta interferência na livre convicção apresenta-se mais propriamente como um problema de imparcialidade. A liberdade de decidir será seriamente ameaçada, por óbvio, em casos de coação ou, mais sutilmente, pela falta de instrumentos que permitam acesso e compreensão do Direito, de sua evolução e atualizações, rendendo o Magistrado a interesses espúrios. A ignorância não permite o exercício de uma real livre convicção. Por isso um dos pontos centrais no tema "Poder Judiciário" é a profissionalização, aliada ao conhecimento, à atualização e, pois, às Escolas preordenadas a essas finalidades, indiscutivelmente atuantes no fomento da livre convicção judicial.

3.2.3. *Mecanismos de proteção específica da imparcialidade: impedimento e suspeição*

Invocar suspeição ou impedimento não significa necessariamente arguir irregularidades anteriores ou proximidades indevidas entre magistrado e partes atuais de um dado processo, mas apenas reconhecer que as diversas situações da vida (e até mesmo profissionais) podem recomendar fortemente a retirada do magistrado do julgamento de determinada causa, em benefício da referida imparcialidade (e até da imagem do Poder Judiciário). Trata-se apenas de assegurar a equidistância (ou reforçar essa imagem).

Portanto, a única razão – com suporte constitucional – que permite a existência das hipóteses de impedimento e de suspeição concentra-se no temor da subtração ou de mitigação do pressuposto da imparcialidade ou equidistância do magistrado em relação ao que foi apresentado em juízo. A Constituição brasileira autoriza o afastamento da jurisdição-juiz apenas nos casos em que a imparcialidade está ou poderá estar comprometida. Do contrário, teríamos construído uma enorme brecha na garantia de inamovibilidade. Parcialidade, repita-se, é a conexão entre o magistrado e as partes, seus interesses, o processo em andamento ou seus advogados.

Impedimentos e suspeições precisam ser arguidos em uma específica causa e fundamentada a ocorrência (até para não violar um dos elementos da independência, que é a inamovibilidade). Nesse sentido, acusações genéricas normalmente dirigidas ao Poder Judiciário por certos políticos (cito o conhecido caso BERLUSCONI e o Poder Judiciário italiano), ou mesmo acusações pré-processuais são absolutamente inconsistentes.

3.2.4. *A "quarentena"*

Novidade perpetrada pela EC n. 45/2004, ao menos no que tange às vedações constitucionais dirigidas ao magistrado que deixa seu cargo, é a chamada quarentena. Não se trata, aqui, propriamente, de dever imposto ao magistrado, visto que dirigida é justamente a quem deixa a Magistratura. Tampouco se pode conceber como vedação constitucional propriamente dita, em sentido estrito, pelo mesmo fundamento. Apesar disso, a Constituição a elenca dentre as vedações constitucionais, confundindo *vedações funcionais* com *impedimentos profissionais*. Basta atentar para a redação do dispositivo, que se inicia com uma incisiva orientação "aos juízes é vedado" e termina falando de impedimento para determinados advogados.

É no novel inciso V do parágrafo único do art. 95 que se previu a proibição ao magistrado de exercer a advocacia no juízo ou tribunal do qual se tenha afastado, antes de decorrido o período de três anos, contados do afastamento do cargo, tenha este ocorrido por aposentadoria ou exoneração.

A finalidade de uma limitação profissional desse quilate parece ter sido, realmente, a de preservar a imparcialidade dos juízes e tribunais nos quais o ex-juiz ou ex-promotor tenha atuado. É sabido que o trabalho diário cria laços de companheirismo com os colegas de profissão, por vezes até imperceptíveis, que poderiam levar a atitudes prejudiciais ao distanciamento que se exige do julgador que permanece no exercício da jurisdição após o afastamento de seu colega, amigo ou inimigo. Este parece ser o pressuposto com o qual trabalhou o constituinte reformador para tecer a norma aqui analisada.

Contudo, o elo entre a proibição implantada e o objetivo almejado, ou seja, a medida jurídica empregada e a realização objetivada, parece fraco, falecendo a necessária correlação lógica que se faz pressupor entre ambos os elementos. Em outras palavras, falta proporcionalidade. É que a presente medida não apresenta o salutar equilíbrio que há de existir entre os meios e o fim a que se pretende atingir; é dizer, meios escolhidos não se afiguram aptos a atingir o fim determinado.

Primeiramente, a norma não se apresenta apta a inibir o exercício da advocacia desviado de seus pressupostos éticos, uma vez que ex-juízes (e ex-promotores) poderão estar integrados em escritórios de advocacia com atuação que será irrestrita, por parte de outros sócios e integrantes da pessoa jurídica (considerada distinta da pessoa de seus sócios).

Ademais, não será pelo mero decurso do período de três anos (prazo temporal desacompanhado de qualquer outra exigência mais firme) que os possíveis laços de amizade e influência de um magistrado desaparecerão. Pelo contrário, o comum é que a mera passagem do tempo os fortaleça, se já existiam realmente. Se não existiam, o problema não se põe e a restrição é inadmissível. Assim, a medida não se mostra eficaz na prática, criando uma vedação que, em termos de garantias gerais da sociedade, é mais aparente do que efetiva e pode causar um falso sentimento de isenção (e até de imunização do ex-magistrado) pelo simples cumprimento do lapso temporal.

Além disso, há um pressuposto, sinistro, de que juízes e promotores, que até então eram responsáveis pela prestação da Justiça, imediatamente passariam a adotar atitudes imorais e desonestas, para atenderem a interesses pessoais escusos e atentarem contra o Poder Judiciário. Nesse sentido, a vedação pouco se sustenta em termos de validade e adequação.

Por fim, impedir, pura e simplesmente, o exercício da advocacia, por juízes ou promotores que se aposentaram ou foram exonerados, significa restringir direitos individuais, o que só tem sentido se for para salvaguardar o interesse público, o que não parece ser facilmente demonstrável no caso deste impedimento temporário parcial ao exercício da Advocacia.

A cláusula constitucional impeditiva é expressa quanto às hipóteses que se consideram como afastamento para fins de início de contagem do prazo trienal: aposentadoria ou exoneração. Quem se afastou, anteriormente à EC n. 45/2004, por outros motivos, e acabou, após a publicação desta, sendo exonerado ou aposentando-se, insere-se na hipótese de incidência restritiva.

Ademais, o comando constitucional dirige-se tanto ao Judiciário estadual quanto ao federal, de qualquer instância, inclusive tribunais superiores (TST, STM, TSE) e de superposição (STJ e STF).

À OAB, em termos operacionais, restou o dever de averiguar e controlar o triênio na atribuição e registro funcional aos ex-integrantes do Poder Judiciário (e Ministério Público).

3.3. Aproveitamento em cursos de preparação como condição do vitaliciamento e o modelo empírico-primitivo de Magistratura

A proliferação desenfreada e, em alguns casos, irresponsável, de faculdades de Direito pelo País, conjugada com a diminuição proporcional da qualidade do ensino, e com a deformação do bacharel (cf. Moreira Neto, 1999: 61), agravaram drasticamente o quadro de baixa qualificação e formação jurídica, com repercussão em todo o quadro de operadores do Direito.

Evidentemente que o despreparo do juiz contribui para aumentar o desprestígio do Poder Judiciário perante a população aflita e ameaçada constantemente em seus direitos mais básicos (seja pelo próprio Estado, seja pelos demais particulares). Um Poder Judiciário com magistrados despreparados significa o desprestígio não apenas do próprio Poder Judiciário, mas também dos direitos e garantias fundamentais.

Aliás, o que fez superar o denominado modelo "empírico-primitivo" de magistratura (Zaffaroni, 1995: 101 e s.) foi a exigência de qualificação técnica dos juízes. Aquele modelo, presente no mundo pré-Revolução Francesa, define-se por uma seleção de juízes independente de nível técnico e altamente arbitrária, sendo a qualidade do serviço prestado absolutamente vil, como decorrência da despreocupação quanto ao provimento inicial (cf. Zaffaroni, 1995: 100, 102).

Pode-se concluir, pois, que o despreparo técnico e a má formação dos magistrados levariam a um enorme retrocesso jurídico.

O próprio Estado de Direito poderia ser questionado (Zaffaroni, 1995: 103), visto que de nada adianta a proclamação solene de direitos se não há órgãos capazes e responsáveis pela sua implementação prática (Tavares, 2005a: 67). As escolas de formação, portanto, ao contrário do que os incautos imaginem, não são acessórios burocráticos dispensáveis em relação ao exercício da judicatura.

A inexperiência e o despreparo do magistrado recém-ingressado no Judiciário deixam de ser propositalmente olvidadas. A preparação intelectual e prática do magistrado passa a ser o centro das atenções, pois dela dependerá o próprio Judiciário. Abandona-se o ainda "atual e perigoso autodidatismo" (Salazar, 1975: 316). Assim, além de beneficiarem a sociedade (usuária dos serviços judiciários), os cursos de formação e aperfeiçoamento têm como beneficiários os próprios magistrados (Moreira Neto, 1999:74).

As escolas da magistratura já haviam sido criadas no âmbito de diversos tribunais do país (cf. Jucovsky, 1997: 91), desde a inovação original do Tribunal de Justiça do Rio Grande do Sul, logo no início da década de setenta, com seu Centro de Estudos de Preparação à Judicatura (Salazar, 1975: 212), tendo em vista a necessidade quase imperiosa da existência de uma escola com essa modelagem.

Está nítido no texto aprovado da Reforma que passou a haver, com fundamento constitucional, dois tipos de cursos, diferenciados em virtude do objetivo de cada um. Têm-se cursos oficiais para: (i) ingresso; e (ii) promoção. Ambos são, evidentemente, cursos que visam a formação e o "aperfeiçoamento" (embora este termo pareça ter sido reservado pela Reforma à promoção), mas ocorrem em momentos diferenciados da carreira do magistrado e, por isso mesmo, apresentarão finalidades diferenciadas.

O art. 93, IV, da CB, ao falar de cursos de preparação, parece estar se referindo aos cursos de ingresso, nos quais deverão ser oferecidos aos alunos os conhecimentos básicos para iniciar o exercício da função jurisdicional. Como propôs Moreira Neto (1999:72), as escolas deveriam ministrar cursos intensivos preocupados com as "questões de ordem prática".

No STJ funciona a Escola Nacional de Formação e Aperfeiçoamento de Magistrados, à qual cabe, dentre outras funções, a de *regulamentar* os cursos oficiais para ingresso e promoção (inciso I do parágrafo único do art. 105 da CB), conforme já foi apresentado anteriormente.

Também funciona, junto ao TST, a "Escola Nacional de Formação e Aperfeiçoamento de Magistrados do Trabalho", à qual cabe, igualmente, dentre outras funções, a de regulamentar os cursos oficiais para o ingresso e promoção na carreira (art. 111-A, § 2º, I, da CB).

Estas duas inovações, no âmbito do STJ e do TST, juntamente com a Escola (nacional) da Justiça Eleitoral (Escola Judiciária Eleitoral do TSE) poderão levar a um atrito ou, no mínimo, a uma sobreposição, especialmente no que tange à função de regulamentar os cursos. Considere-se, ainda, recente regulamentação do tema promovida pelo CNJ.

Percebe-se que a EC n. 45/2004 concentrou em tribunais de cúpula a disciplina e realização dos cursos oficiais. No caso do STJ tem-se uma excessiva concentração, porque englobará tanto os cursos para a Justiça estadual quanto para a federal. Mas aqui esteve, certamente, no cerne das preocupações a necessária unidade nacional do Judiciário.

3.4. Aproveitamento em cursos de aperfeiçoamento como exigência para a promoção

Fala-se em cursos de "aperfeiçoamento e promoção" (art. 93, IV, da CF), além do já referido curso de "preparação" (ingresso), que não deve ser confundido com os dois primeiros termos. Ora, o curso será de aperfeiçoamento do magistrado (conteúdo do curso), mas constitui requisito para que este obtenha qualquer promoção (objetivo do curso). "Aperfeiçoamento e promoção" constituem, portanto, expressões de um único curso, e não referências a dois cursos distintos entre si.

Causa estranheza, contudo, que se denomine determinado curso como sendo de "promoção", especialmente sabendo-se que a promoção na carreira depende, constitucionalmente, de produtividade e presteza. Logo poder-se-ia chegar à conclusão de que o objetivo primordial desse curso seria, em realidade, incentivar e ensinar os juízes a serem mais céleres, independentemente da qualidade na prestação jurisdicional. Não se pode pretender o aperfeiçoamento dos juízes visando apenas a "crise dos números" (Moreira Neto, 1999: 70). Evidentemente que esta interpretação há de ser afastada, pois contrapõe-se aos princípios constitucionais retores da atividade jurisdicional.

A exigência de cursos de "aperfeiçoamento e promoção", na equivocada e confusa linguagem da Emenda Constitucional, deverá objetivar, prioritariamente, o desenvolvimento da formação jurídico-social do magistrado, conforme os princípios consubstanciados constitucionalmente.

Não foi atendida pela Reforma a solicitação de que a norma em análise deixasse de ser "meramente programática para receber uma redação mandatória, estabelecendo-se, nas disposições transitórias, prazos e condições para seu cumprimento" (Moreira Neto, 1999: 72). Realmente, teria sido oportuno que à previsão já existente de cursos oficiais para promoção houvessem sido introduzidos elementos que conferissem maior concretude e exigibilidade desses cursos. Contudo, essa perspectiva depende também de uma mudança compreensiva, que preste homenagem à imperatividade da Constituição, independentemente de comandos explícitos de aplicação imediata, superando concepções arcaicas legicêntricas, que privilegiavam a vontade (ou falta dela) do legislador, apesar de haver norma constitucional expressa.

3.5. Produtividade e presteza do magistrado (dever funcional)

O que se deve buscar é, antes de tudo, "melhorar o elemento humano para agilizar a prestação jurisdicional" (Moreira Neto, 1999:74), dotando-o de maior capacidade de resposta. Não é suficiente que o juiz produza muito, sendo imprescindível que o faça com qualidade. Além da preocupação com a boa gestão temporal de seus processos, cumpre o seu dever funcional o magistrado que tome o tempo necessário para alcançar uma decisão qualitativamente centrada.

Pecou o novo texto constitucional ao procurar assegurar a celeridade processual consagrada no art. 5º, LXXVIII, da CB, com o aumento da produtividade *per capita* dos magistrados.

A fórmula encontrada foi a de que, para a promoção por merecimento, será considerada a "produtividade e presteza no exercício da jurisdição", como definido no art. 93, II, *c*, demonstrando um afastamento da preocupação com o conteúdo material das decisões. Observe-se que o dispositivo, anteriormente à Reforma, empregava os termos "presteza e segurança", para, agora, falar em "produtividade e presteza", aparentemente procurando alijar a segurança das preocupações primárias expressas no exercício da jurisdição.

Muito embora a lentidão da Justiça contribua para sua degeneração, tornar a celeridade um dever funcional, estabelecendo-a como "critério básico do exercício da jurisdição", é incentivar uma "decisão mais rápida do que justa", criando-se uma espécie de modelo de produção em massa, próprio da sociedade do consumo, das quantidades, da repetição não refletida, de um "fordismo judicial" (Reale Júnior, 2004: 81). Não há, em nenhum Estado Constitucional, um Judiciário que possa sustentar-se apenas em celeridade, independentemente da seriedade das decisões. A inversão entre esses elementos significaria o desmoronamento da estrutura judicial e, sobretudo, um desvio da finalidade fundamental do Poder Judiciário, que é a de garante dos direitos humanos fundamentais.

O dispositivo mencionado preocupa-se com a classificação do desempenho pelos critérios da produtividade e da presteza no exercício da jurisdição, ambos critérios meramente quantitativos (agilidade). Evidencia-se a finalidade de descongestionamento rápido (e "barato", porque sacrifica tanto os direitos envolvidos nas demandas como também os juízes já assoberbados de trabalho) do aparelho judiciário. Incentiva-se a grande produção, as decisões repetitivas, sem maior reflexão sobre pormenores essenciais da causa, questões novas ou não previamente classificadas pelo conhecimento jurídico tradicional. Essas ocorrências, em tais circunstâncias, tendem a ser esquecidas, sem maiores explicações ou preocupações. É a banalização da Justiça, reduzida a números e estatísticas. Números e estatísticas são bem-vindos apenas quando estiverem a serviço dos direitos envolvidos.

Nessa mesma linha, pela alínea *e* do referido inciso II do art. 93 da CB, na nova redação, o juiz não será promovido se retiver autos em seu poder além do prazo estipulado pela legislação (vale lembrar, dentre outros, o prazo de dez dias para proferir decisão, cf. CPC, art. 189, II). A mesma previsão estava contida na LOMAN, que estabelece em seu art. 35 ser dever do magistrado: (i) cumprir e fazer cumprir, com independência, serenidade e exatidão, as disposições legais e atos de ofício; (ii) não exceder injustificadamente os prazos para sentenciar ou despachar; (iii) determinar as providências necessárias para que os atos processuais se realizem nos prazos legais. Surge, pois, no âmbito constitucional, mais uma sanção pelo descumprimento do dever funcional quando "recusar, omitir ou retardar, sem justo motivo, providência" (art. 133, II, do CPC). Foi, ainda nessa linha, vedada a devolução dos autos sem despacho ou decisão. Realmente, é inconcebível que o juiz, responsável pela direção do processo (art. 125, *caput*, do CPC), seja o responsável pela sua paralisação. Encontra-se, aqui, novamente, mais um elemento de incentivo ("constrangimento") do juiz: ser célere (cumprindo os exíguos prazos legais) ou ser esquecido.

De qualquer forma, é chocante que a ideia de respeito aos prazos processuais tenha de ser constitucionalizada. Como se sabe, os prazos representam uma garantia da própria parte processual. A existência de prazos na legislação nacional não pode ser olvidada pelo magistrado, que não está acima da lei. A realidade brasileira, contudo, levou o constituinte reformador a inserir o referido texto ameaçador, escancarando a prática judicial diuturna do menosprezo generalizado ao tempo do processo. Não se pode mais admitir a "mentalidade de tolerância em relação a infração de deveres funcionais" (Salazar, 1975: 6). A mensagem do novo comando constitucional é dupla: (i) os juízes devem ser céleres; (ii) os prazos legais valem também para os juízes.

Portanto, são três os elementos que podem impedir, na EC n. 45/2004, a promoção do juiz: (i) falta de produtividade; (ii) falta de presteza; (iii) retenção dos autos além do prazo legal. É claro que este último elemento será indício dos demais, mas por si só poderá desqualificar o magistrado na carreira.

A produtividade só pode ser aferida comparativamente (em relação ao número de processos pendentes de julgamento e em relação aos números dos demais magistrados).

A presteza requer a definição do que se considera uma atividade jurisdicional célere, em tempo razoável e aceitável, o que demanda uma definição por meio de lei ou uma ponderação a partir de elementos diversos, para cada caso e para cada magistrado. O mais alarmante é que para alcançar a produtividade o magistrado terá não apenas de cumprir os prazos estabelecidos, como também reduzi-los por sua conta. Ignora-se, ademais, que o advogado e o Ministério Público normalmente se utilizarão de todo o prazo legal que lhes é disponibilizado (busca da qualidade).

A retenção dos autos além do prazo legal requer a existência de prazos razoáveis, previstos em lei, para a formulação, pelo juiz, de seus atos jurisdicionais (incluindo os decisórios).

Realmente, por todas as imposições inscritas pela EC n. 45/2004, não resta outra alternativa aos juízes se não a de decidirem de maneira rápida, o que, em face da grande demanda apontada pelos números de processos que se acumulam, só se mostra possível quando se deixa de primar pela qualidade, ou quando esta é colocada em último plano.

Por fim, registre-se que para obter remoção ou permuta, a seu pedido, o magistrado também tem de cumprir os mesmos requisitos indicados nas alíneas *c* e *e* do inciso II do art. 93 (produtividade, presteza e não retenção ilegal, cf. art. 93, VIII-A, da CB). Ou seja, a celeridade processual foi estendida para obtenção de arranjos meramente administrativos.

3.6. Residência na comarca

Consoante define o inciso VII do art. 93, *d*, da CB, o magistrado deverá residir na respectiva comarca. Mas o comando constitucional, doravante, admite que o tribunal abra exceção e autorize o magistrado a residir em outra localidade diversa da de sua comarca.

O intuito da Reforma, portanto, foi o de "flexibilizar" o comando, que na sua redação original (na Constituição) não contava com possibilidade expressa de excepcionar casos específicos.

De qualquer sorte, a LOMAN já consignava, em seu art. 35, V, ser dever do magistrado "residir na sede da Comarca salvo autorização do órgão disciplinar a que estiver subordinado". Entenda-se, portanto, como órgão disciplinar, doravante, apenas o respectivo tribunal.

Em 6 de junho de 2007 o CNJ editou a Resolução n. 37, dispondo "sobre a obrigatoriedade de os Tribunais regulamentarem os casos excepcionais de juízes residirem fora das respectivas comarcas". Esta Resolução ressalta que as autorizações só devem ser concedidas i) em casos excepcionais; e ii) desde que não causem prejuízo à efetiva prestação jurisdicional.

Casos de residência fora da comarca sem autorização prévia caracterizam infração funcional, sujeitando o magistrado a procedimento administrativo disciplinar.

4. A ÉTICA NO EXERCÍCIO DA MAGISTRATURA

4.1. Presssupostos do Código de Ética da Magistratura Nacional

Em 6 de agosto de 2008, o CNJ aprovou o Código de Ética da Magistratura Nacional. O Código foi editado levando em consideração alguns pressupostos, que passo a analisar.

Inicialmente, considerou-se que a existência de um Código de Ética próprio é essencial para os juízes incrementarem a confiança da sociedade em sua autoridade moral, reforçando a legitimidade do Poder Judiciário.

Ademais, essas normas consideram que ao Poder Judiciário cabe também a função educativa e exemplar de cidadania, em face dos demais grupos sociais, pela função que desempenham na sociedade quanto aos diversos conflitos sociais. Sendo considerados como verdadeiros pacificadores e distribuidores de Justiça, os magistrados destacam-se do restante conjunto de servidores e agentes públicos em geral.

Do ponto de vista normativo, o Código parece partir do pressuposto de que estaria especificando normas legais, como a vedação ao magistrado em assumir "procedimento incompatível com a dignidade, a honra e o decoro de suas funções", devendo "manter conduta irrepreensível na vida pública e particular" (LC n. 35/79, arts. 35, inciso VIII, e 56, inciso II). Assim, o Código seria um conjunto normativo delineado a partir dessas normas legais.

Mais do que isso, porém, o Código é uma exigência do constitucionalismo atual e da Constituição de 1988, em face da imposição de que a moralidade permeie sempre as múltiplas relações havidas dos representantes de "Poderes" com a sociedade e cada um de seus integrantes. Por maior razão impõe-se conduta proba e irrepreensível daqueles que determinam os destinos dos cidadãos e da própria Nação.

4.2. Diretrizes do Código de Ética para a atividade judicial e a centralidade dos direitos fundamentais

O Código está baseado, em consonância com o art. 1º, nos princípios: (i) da independência; (ii) da imparcialidade; (iii) do conhecimento; (iv) da capacitação; (v) da cortesia; (vi) da transparência; (vii) do segredo profissional; (viii) da prudência; (ix) da diligência; (x) da integridade profissional e pessoal; (x) da dignidade; (xi) da honra; e (xii) do decoro.

Ademais, o art. 2º exige "primar pelo respeito à Constituição da República e às leis do País, buscando o fortalecimento das instituições e a plena realização dos valores democráticos". Trata-se de norma que reforça a estrutura do sistema (Constituição e leis), nada acrescentando de novo. O fortalecimento de instituições e realização democrática, dada a amplitude das expressões, pouco acrescentam em termos de realizabilidade prática à qual estariam jungidos os magistrados. Esse conjunto deve ser compreendido a partir dos "pressupostos" do Código, que tratam do fortalecimento das instituições, sobretudo da imagem e legitimidade do Poder Judiciário. Em tempos de redes sociais, essa tarefa torna-se, porém, mais relevante.

É no art. 3º que se encontra o cerne ético da atuação da Magistratura brasileira, adotado desde o primeiro momento desta obra. A atuação jurisdicional não pode ser reduzida ao "aplicar a lei ao caso concreto" ou ao "respeito às leis do país e à Constituição". Daí que o dispositivo determine: "a atividade judicial deve desenvolver-se de modo a garantir e fomentar a dignidade da pessoa humana, objetivando assegurar e promover a solidariedade e a justiça na relação entre as pessoas". Entendo, aqui, a referência à dignidade da pessoa humana como a preocupação externada com os direitos fundamentais, com um Estado limitado (pelos direitos) e protetivo (dos direitos – deveres estatais de proteção) em termos de ingerência e projeção sobre a vida das pessoas.

Ao Poder Judiciário e a todos seus integrantes cumpre perseguir a realização do Estado Constitucional, especialmente como Estado de direitos, pautando suas condutas pela realização prática de valores constitucionais como a dignidade da pessoa humana, igualdade e justiça social.

A suposta integridade judicial não fica comprometida pela realização destes valores; pelo contrário, há comprometimento na invocação de uma imaginária neutralidade como sustentáculo maior da atividade jurisdicional, o que significaria, rigorosamente, permitir que a Magistratura se afastasse das pautas constitucionais dos direitos fundamentais, que demandam uma conscientização do juiz em suas tarefas diárias.

4.3. Transparência e sigilo profissionais

O Código indica como ideal a documentação, sempre que possível for, evidentemente, de todos os atos do Magistrado, de maneira a favorecer a publicidade desses atos e, com isso, promover-se a desejada transparência (art. 10).

Essa documentalização dos atos deverá ser buscada pelo Magistrado, mesmo que não seja legalmente imposta ou processualmente requerida pelas partes interessadas.

Ainda dentro do contexto da transparência reforça-se um dever funcional-processual, de sempre informar os interessados acerca dos processos sob sua responsabilidade, de seus andamentos, fazendo-o de"forma útil, compreensível e clara" (art. 11 do Código, parte final).

O sigilo traduz-se na exigência de que fatos e atos obtidos a partir dos autos processuais não sejam divulgados pelo Magistrado. Ademais, sentenças e votos ainda não proferidos, mas já elaborados, devem ser absolutamente sigilosos até a data de sua divulgação oficial.

4.4. Integridade profissional, diligência, dedicação, conhecimento e capacitação

A diligência profissional se expressa na pontualidade dos atos processuais sob responsabilidade do Magistrado, especialmente na decisão em prazo razoável (art. 20 do Código). Também se apresenta na forma de cortesia para com operadores do Direito e com a sociedade em geral. Por isso o Código impõe o uso de"linguagem escorreita, polida, respeitosa e compreensível" (art. 22, parágrafo único). Excessos de linguagem ou linguagem "dura", que precariza as relações cordiais que devem prevalecer no Poder Judiciário, são absolutamente inadmissíveis. É especialmente crítica a postura do Magistrado que age com desprezo quanto aos demais operadores do Direito, partes ou testemunhas, que se comporta como portador de ideologias e concepções superiores a todas demais, que se mostra, muitas vezes, inacessível, tornando a atividade profissional dos demais operadores do Direito um sacrifício, desonrando todo o sistema judiciário.

Mas a integridade profissional requer, como não poderia deixar de ser, além da diligência no exercício da função, a preparação técnica, o conhecimento e a capacitação.

Adoto, aqui, a concepção de Magali Larson sobre a essência da moderna ideia de profissão, e enfatizo uma das três dimensões apresentadas pela estudiosa, a dimensão cognitiva. É nesta que se encontra alocada a educação necessária para obter as *técnicas e habilidades utilizadas na área jurídica*, considerada uma dimensão essencial. *Conhecimento* e *capacitação* são exigências expressas do Código de Ética da Magistratura Nacional

(Capítulo X). O Magistrado deve ter conhecimento tanto amplo como técnico, neste caso adequado a sua área de atuação, e das regras de processo.

O conhecimento conduz à capacitação para o desempenho da função jurisdicional como um "serviço de qualidade" (art. 29, *in fine*, do Código), no sentido de voltar-se para o fomento dos direitos fundamentais.

Esse conhecimento há de ser considerado por cada magistrado como a imposição de uma permanente atualização e aprimoramento em seu ofício, que envolve não apenas conhecer novas leis, mas também as melhores práticas judiciais experimentadas em outros locais e, ainda, a leitura da literatura em geral e o estudo de novas teses e doutrinas, que permitem a ampliação do horizonte pessoal do magistrado, bem como o aprimoramento de suas capacidades técnicas específicas.

4.5. A autopromoção e a publicidade de uma vida cada vez mais publicizada

Ao tratar da "transparência" o Código menciona dever ético que diz respeito à imagem do Magistrado, ao determinar que este evite comportamentos que busquem, de *maneira desmesurada e injustificada*, reconhecimento social, especialmente "a autopromoção em publicação de qualquer natureza".

Não se pode proceder à leitura do dispositivo com rigor absoluto, impedindo qualquer publicidade do Magistrado, ou considerando-a sempre um elemento de autopromoção. O Código fala em busca desmesurada ou injustificada.

A Resolução CNJ n. 305/19, que trata das redes sociais, anteriormente analisada, em inúmeras passagens repreende a autopromoção e a superexposição (art. 3º, inc. II, *b*), por vezes equiparando-a a uma situação de intuito comercial, para vedá-la (art. 4º, inc. IV).

Assim, há dois elementos a serem comprovados para a incidência específica do Código de Ética: (i) comportamento próprio de busca direta da publicidade pela publicidade em si ou por motivo torpe ou reprovável (considerada, pelo Código, como hipótese injustificada); (ii) publicidade excessiva, quer dizer, desmesurada.

Não se incluem, pois, na vedação moral, dentre outras, as seguintes ocorrências, mais comuns na realidade nacional: (i) publicações de cunho acadêmico, científico ou cultural, inclusive em jornal de grande circulação; (ii) publicidade em torno do nome ou imagem, quando enquadrada em contexto outro, próprio, não se revelando como promoção específica ou exclusiva de Magistrado, mas sim referência indireta a este, tal como ocorre na veiculação, inclusive em *outdoors*, de eventos ou congressos nos quais proferirá palestra ou aula, dentre outros, o Magistrado. Assim, o contexto educacional, cultural, e outros tantos, pode justificar a publicação da imagem, do nome, das obras ou mesmo a mera publicidade.

É preciso não transformar uma preocupação ética em um conjunto de vedações absolutas ao exercício de atividades lícitas e, mais ainda, ao exercício da liberdade de expressão e liberdade científica; ao se admitirem certas atividades como franqueadas ao Magistrado (inclusive a educacional, por expresso comando constitucional) admitem-se, automaticamente, suas próprias consequências, como a veiculação de nome e imagem em propagandas comerciais relacionadas ao contexto educacional, por exemplo.

Não se pode, é certo, desconsiderar o disposto no art. 16 do Código de Ética: "O magistrado deve comportar-se na vida privada de modo a dignificar a função, cônscio de que o exercício da atividade jurisdicional impõe restrições e exigências pessoais distintas das acometidas aos cidadãos em geral". Mas dele não se pode esperar a negação de uma "vida privada" que implica em relações múltiplas, com interesses próprios e legítimos. Fora das vedações expressas, prevalece a liberdade, ainda que mitigada, como diretriz de compreensão do que se impõe ao Magistrado em sua vida pessoal.

Não deixa de ser uma fórmula coerente com a própria ideia, anteriormente exposta, de que a Magistratura adquiriu estatura própria, que justifica seu tratamento diferenciado em diversos momentos da Constituição. Essa especificidade, que por vezes subtrai o magistrado de disciplinas genéricas e gerais, como no caso da Previdência e da Lei de Improbidade, também impõe, legitimamente, essa constrição dirigida à vida pessoal do magistrado.

4.6. Integridade pessoal e imagem do juiz: um reforço da imparcialidade?

Insere-se no contexto da ética a exigência de *aparência* de imparcialidade e independência, para além da verdadeira e própria imparcialidade e independência.

Essa é uma discussão que cada vez mais ganha força na sociedade e nas discussões especializadas. Trata-se do tema da imagem do Poder Judiciário e do juiz perante a sociedade. Embora a tutela da imagem seja igualmente constitucional, a discussão aqui vai além, para alcançar a vida não judicial do juiz, questionando-se se seu comportamento extrajudicial ("privado" como é identificado pelo Código) pode ser objeto de atenção e até sanção.

Essa preocupação com a imagem (ou aparência) está presente no Código de Ética da Magistratura Nacional, ainda, como um dos esteios da confiança na Magistratura: "Art. 15. A integridade de conduta do magistrado fora do âmbito estrito da atividade jurisdicional contribui para uma fundada confiança dos cidadãos na judicatura".

O que se pretende, com isso, é um alargamento da ideia de imparcialidade: não apenas jungida ao caso processual concreto, como indicado anteriormente, mas a todo o conjunto de vida do magistrado e da Magistratura.

A doutrina estrangeira está atenta ao problema, seu significado e suas consequências: "Ora, deve-se considerar o quanto é importante que um magistrado se comporte com equilíbrio e medida em toda atividade que, apesar de não ser típica de sua função, concorra para construir a sua imagem pública. Neste sentido, tratar-se-ia de dar substância à afirmação, muitas vezes repetida, em cuja base está que o magistrado não só deve ser imparcial, mas deve também parecer tal (conforme uma exigência constantemente reforçada também na Corte europeia de direitos do Homem). Isso decorre da fidúcia e da legitimação das quais os magistrados devem gozar perante a opinião pública" (ZANON e BIONDI, 2011: 134, tradução livre).

Nesse sentido andou a nova Resolução CNJ n. 305, de 17 de dezembro de 2019, ao oferecer parâmetros para o uso das redes sociais pelos membros do Poder Judiciário. Nos considerandos, a Resolução admite expressamente que as redes sociais devem ser avaliadas pelos magistrados "sob a égide da independência, da imparcialidade judicial, da isenção dos julgamentos e da dignidade do cargo e da Justiça".

Ao admitir essa nova hipótese de exigência – e me parece inquestionável que a inovação e as preocupações sob seu foco são absolutamente coerentes com os novos tempos e as novas tecnologias – é preciso estabelecer critérios, determinar quais situações podem ser exigidas e quais devem permanecer na vida privada e escolhas pessoais da pessoa.

Não é suficiente, para encontrar amparo e critério jurídicos, a invocação do *remoto* dever, estabelecido no Estatuto da Magistratura (Lei Complementar n. 35/79), consistente em "manter conduta irrepreensível na vida pública e particular" (art. 35, inc. VIII). Nem a novidade tecnológica pode significar que juízes abdiquem de uma vida particular que impõe, a todos nós, constantemente, múltiplas relações e exposições. Nem pode significar exigências que apenas mutilem direitos fundamentais.

A norma referida tampouco será capaz de oferecer um desenho de traçado mais firme acerca de circunstâncias objetivas e critérios suficientes para a adoção ou não de determinadas condutas.

Um exemplo que serve de ilustração para o problema, envolvendo associações, é o da associação de magistrados ideologicamente ou religiosamente orientada. Imagine-se uma associação de magistrados republicanos ou a associação de magistrados espíritas. Imagine-se, agora, que um magistrado ligado à primeira associação tenha, em juízo, uma causa envolvendo um herdeiro da Casa de Bragança, defensor do Império. Estaria por isso comprometida a imparcialidade, justamente em virtude do exercício de uma liberdade constitucional pelo magistrado em sua vida enquanto cidadão? A resposta oferecida pela literatura é negativa. Não há como se sustentar, necessariamente, um conflito entre todos os magistrados alinhados à referida associação e os defensores do Império ou sucessores da Coroa que estejam, eventualmente, em demandas concretas e diversas no Poder Judiciário. O encaminhamento vale para casos similares. Esse é também o entendimento já assentado pela Corte Europeia de Direitos do Homem.

Diferente será a solução para o caso de associações outras cuja integração pressupõe ou impõe vínculos e obrigações estreitas e constrangedoras para alguém que exerce a judicatura. No sistema italiano o exemplo é o da participação na maçonaria (Lei n. 150 de 2005). Ainda assim, estar-se-ia no campo da ilicitude legalmente imposta, quer dizer, dependente de vedação por lei, como se exige também aqui no Brasil.

Mas a falta de imparcialidade deve ser comprovada sempre e objetivamente, porque, como se sabe, o tema envolve afastamento de juízes (afetando a inamovibilidade – garantia constitucional da independência) e restrição indireta à liberdade associativa (direito constitucional). A punição pela falta de aparência da imparcialidade – a despeito da imparcialidade estar configurada – seria temerária. Suposta falta de *aparência* imparcial (conceito subjetivo e nebuloso) integra apenas o espaço das conjecturas, das especulações e, por vezes, da intriga e zombaria.

Na lição muito apropriada de Nicolò Zanon e Francesca Biondi (2011: 136):"Em definitivo, uma resposta equilibrada à questão sobre se o magistrado deva"parecer", além de ser imparcial, conduz à conclusão segundo a qual, fora do exercício de suas funções, o magistrado goza de todos os direitos e de todas as liberdades dos outros cidadãos; mas também no curso de atividade ou sessões sociais públicas ou de qualquer maneira particularmente visíveis, não deve nunca esquecer as características da própria função primária".

Percebe-se que, mesmo em autores amplamente favoráveis ao que eu chamaria de uma mudança de paradigmas da própria vida privada e do instituto da imparcialidade, como os autores transcritos, há critérios e limites.

A suposta falta de aparência ética, além de ser exigência de traçado nididamente subjetivista e obscuro – e justamente por ser subjetiva (enquanto falecerem critérios seguros) não pode gerar penalidades – compõe mais o que se poderia chamar de regras sociais desejáveis de comportamento privado, conjunto de normas deontológicas (como assinalou a Corte Constitucional italiana), decorrentes de uma função que é, essa sim, regrada juridicamente. A falta de imparcialidade deve ser comprovada, e não apenas cogitada ou inferida em abstrações subjetivas. Fora de suas funções o magistrado é também um cidadão, cujos direitos devem ser igualmente resguardados.

5. O REGIME PRÓPRIO DE RESPONSABILIZAÇÃO DOS MAGISTRADOS

5.1. A especificidade constitucional quanto ao regime normativo aplicável

Há especialidade do Estatuto da Magistratura em relação a leis gerais, e é isto que determina o regime de rigor em (eventual) imposição sancionatória levada a efeito por "ato de improbidade (infração meramente administrativa)" praticado por magistrado.

A Lei de Improbidade n. 8.429/92 não se alinha ao sistema jurídico próprio do corpo-Magistratura contemplado constitucionalmente e também não se compatibiliza com a Lei Orgânica da Magistratura, porquanto estabelece ou diverso regime sancionatório dos magistrados (contrariamente aos incisos I a IV, do parágrafo único, do art. 95 da Constituição de 1988) ou regime incompatível (por força de garantias constitucionais específicas da magistratura).

Os magistrados, enquanto agentes políticos dotados de situação constitucional destacada, ficam, exatamente em virtude desse elemento estrutural do Poder Judiciário, excluídos da incidência subjetiva da Lei de Improbidade ou de qualquer outra Lei que, como esta, apresente caráter legislativo ordinário e incidência subjetiva genérica, nos termos exatos delineados e explicitados adiante.

Nas hipóteses daqueles magistrados que se encontram sujeitos ao crime específico de responsabilidade, a especialização do regime jurídico aplicável é reiterativo da não incidência da lei geral de improbidade, visto que está totalmente vedado um duplo regime de responsabilidade político-administrativa (uma espécie de *bis in idem* punitivo), ou seja, aqueles magistrados que respondem por crime de responsabilidade não podem ser responsabilizados por improbidade administrativa, como dispõe a Lei n. 8.429/92.

É de extrema importância a compreensão desses elementos, que não significam a exclusão de responsabilidade ou a construção de privilégios. Por isso, cumpre acentuar a relação de incompatibilidade que existe entre a Lei de Improbidade Administrativa e, em primeiro lugar, a Lei Orgânica da Magistratura[56] (que reafirma as garantias constitucionais dos magistrados em geral, bem como o regime jurídico próprio da Magistratura) e, ainda, em segundo lugar, a incompatibilidade entre essa mesma Lei de Improbidade e as atribuições *constitucionais* de Corregedorias e, sobretudo, do Conselho Nacional de Justiça, que detém, atualmente, competência própria inequívoca para apreciar a legalidade dos atos administrativos (ou não jurisdicionais) praticados por membros ou órgãos do Poder Judiciário e deliberar sobre as respectivas punições, quando for o caso. Não é possível, constitucionalmente falando, cogitar da imposição simultânea de todos esses regimes jurídicos. Insisto, também aqui, como tenho feito em diversas oportunidades, na confusão entre regimes que são excludentes.

A incidência da Lei de Improbidade aos magistrados, de maneira geral, suscita problemas acerca da extensão e limites das garantias constitucionais da *inamovibilidade* e *vitaliciedade*, que, como visto, são condições de eficácia da própria independência do juiz em uma Democracia.

---

[56] Não obstante a diferença de *status* entre a Lei Orgânica da Magistratura (lei complementar) e a Lei de improbidade administrativa (lei ordinária), – que não traz consequências no plano de hierarquia normativa –, considero que aquela é especial em relação a esta.

Ao se pressupor, como prática "constitucionalmente válida", – como se depreende de entendimentos isolados do STJ[57] –, o ajuizamento de ação civil pública, sob os auspícios da Lei de Improbidade, para a imposição de sanções, como, *v.g.*, a de afastamento definitivo de magistrado do cargo, tem-se agressão ao *sistema constitucional próprio da Magistratura* e seu correlato regime constitucional de responsabilidades da Magistratura, o que se manifesta como ofensa direta à disciplina específica do regime disciplinar ao qual deve se submeter.

O fundamento, adotado em certos momentos pelo STJ, no sentido de que a Constituição não criou imunidade para os agentes políticos à luz do art. 37, § 4º, e que nem a Lei não poderia fazê-lo, não é argumento que se possa aplicar aos Magistrados, por força do sistema constitucional próprio já identificado neste livro.

5.2. A Lei de Improbidade e as normas da Magistratura

O art. 37, § 4º, da CB/88 detém a tônica da *generalidade*, ou seja, destina-se, inequivocamente, a *todos* os órgãos e respectivos agentes. *A disciplina referida, como se percebe, pois, é absolutamente genérica.* Exatamente por isso norma constitucional em apreço *não pode ser compreendida como contemplativa, por referência ou inclusão, direta ou indireta, da situação específica dos magistrados.* Esta constatação é essencial para a compreensão constitucionalmente adequada do regime aplicável à Magistratura nesse tema.

Não se ignora que o entendimento de submeter os magistrados à Lei de Improbidade pode-se revelar, socialmente, como uma tentativa, imprópria, de demonstrar ou *aplicar grande rigor ao Poder Judiciário*, uma tentativa exasperada de demonstrar que ninguém, nem mesmo os fiscais, estão isentos de serem fiscalizados e punidos exemplarmente.

---

[57] Depreende-se do REsp n. 1.249.531 – RN, 2ª Turma, Relator Min. MAURO CAMPBELL MARQUES, j. em 20-11-2012, que os magistrados são agentes políticos para fins de aplicação da Lei de Improbidade Administrativa, cabendo contra eles a respectiva ação, na forma dos arts. 2º e 3º da Lei n. 8.429/92. Contudo, ressalvam-se desse entendimento os membros do Poder Judiciário que respondem por crime de responsabilidade, que são aqueles incluídos no rol da Lei n. 1.079/50 alterada pela Lei n. 10.028/2000 (Cf. REsp n. 1.133.522 – RN, 2ª Turma, Relator Min. CASTRO MEIRA, j. em 7-6-2011).

Essa busca, porém, já foi traçada e está presente em outro Documento normativo. Invocar a Lei de Improbidade como forma de combater a corrupção ou de enquadrar um juiz que, de outra forma, restaria impune, é uma forma de pensamento obtusa, apressada e não técnica, haja vista que remete os membros da Magistratura ao regime comum (ou geral) da Administração Pública, desconsiderando a existência de outro regime jurídico ao qual se submetem e ao qual devem se submeter por força de um desenho constitucional expresso e amplamente justificado em termos de sua legitimidade social. Para bem compreender essa situação será relevante traçar o alcance do que dispõe a referida Lei de Improbidade.

Considerando-se que aqui me proponho a concretizar os textos constitucionais de afetação prescritiva mais próxima ao deslinde dessa "polêmica", quais sejam, os arts. 95 e 103-B, da Constituição do Brasil de 1988, relembro que a concretização constitucional, tal qual a interpretação do Direito, deve obedecer a algumas orientações mínimas.

Como primeira orientação, tem-se a *unidade do Direito, resultado da força da Constituição*. Isto porque *o intérprete é obrigado a partir obrigatoriamente das normas constitucionais, adequando, sempre que necessário, as normas infraconstitucionais ao conteúdo específico da Constituição*. Daí decorre, inclusive, a denominada interpretação conforme a Constituição, uma das mais relevantes orientações interpretativas. Não pode haver divergência válida quanto a este ponto no Direito brasileiro.

A orientação, supostamente jurídica, assumida a favor da Lei de Improbidade, afasta-se, considerando o *estado da arte*, das mais elementares orientações e vetores interpretativos do Direito Constitucional que legitimam, metodologicamente, a atuação do intérprete; afastou-se, por isso, da Ordem Jurídica brasileira, promovendo, como seu resultado direto, uma perda significativa ao Estado Democrático de Direito brasileiro.

O alinhamento (necessário) ao qual me refiro, exsurge, numa abordagem mais próxima do texto constitucional, do comando que surge do seu art. 103-B, § 4º, I. Vejamos com maior detalhe.

Dentre as atribuições franqueadas ao C.N.J., merecem relevo para encaminhar o presente tema a de zelar pela autonomia do Poder Judiciário e do cumprimento do próprio (referido) Estatuto, e ainda a de "zelar pela observância do art. 37 e apreciar, de ofício ou mediante provocação, a legalidade dos atos administrativos praticados por membros ou órgãos do Poder Judiciário, podendo desconstituí-los, revê-los ou fixar prazo para que se adotem as providências necessárias ao exato cumprimento da lei, sem prejuízo da competência do Tribunal de Contas da União".

Com efeito, como se não fossem suficientes as três garantias constitucionais (art. 95, CB/1988) de que gozam os juízes (*vitaliciedade, inamovibilidade* e *irredutibilidade de subsídio*), – base do regime constitucional próprio da Magistratura –, para afastar a incidência do que preceitua o art. 37, § 4º no âmbito da Magistratura, as atribuições deferidas pela Carta da República ao C.N.J. reforçam a *especial incidência exclusiva do Estatuto da Magistratura* para fins de eventual punição por "ato de improbidade" praticado por magistrado.

Não subsiste, portanto, – tomando-se em conta o postulado mínimo da unidade da Constituição –, qualquer possibilidade de levar a efeito interpretação (que seja válida) a sustentar uma descabida aplicabilidade (ampla ou reduzida) da Lei de Improbidade aos magistrados, infirmando, a propósito, o *sistema constitucional próprio da magistratura* (que, como não poderia deixar de ser, alberga um regime também próprio de punição dos juízes no exercício das funções jurisdicional e administrativa).

No caso em estudo, sustentar a aplicação da Lei de Improbidade aos magistrados é admitir o ingresso de um elemento nocivo (arbitrariamente construído e totalmente estranho) ao regime constitucional próprio da magistratura, potencialmente lesivo ao exercício mesmo da função judicante, com ofensa direta à *independência do juiz* e ao respectivo sistema constitucional próprio.

5.2.1. *Especialidade e status do Estatuto da Magistratura (lei complementar) em face da Lei (ordinária) de Improbidade*

Parece-me inquestionável a existência de um sistema constitucional próprio da Magistratura do qual decorre um específico regime de responsabilidade dos magistrados.

Não obstante a irrefutabilidade dessa premissa, nos termos e pelos motivos amplamente apresentados aqui, poderiam surgir argumentos, no campo meramente especulativo, propugnando a integração da Lei de Improbidade no sistema de responsabilidade referido, como se de mera somatória se tratasse.

Para que a adição pudesse realizar-se, seria necessário, antes de tudo, como visto, um modelo diverso daquele contemplado constitucionalmente. Ainda que fosse possível ignorar esse aspecto hierárquico, a Lei n. 8.429/92 não se compatibiliza com a Lei Orgânica da Magistratura, posto que as garantias constitucionais dos juízes não convivem com a incidência de uma Lei – como a Lei de Improbidade – que, *v.g.*, contemple regime próprio de afastamento ou perda do cargo, uma vez que o magistrado somente pode ser removido nas hipóteses dos incisos I a IV, do parágrafo único, do art. 95 da Constituição de 1988. Não se pode olvidar que se trata de determinação constitucional sobre como deve ocorrer, ainda que por instrumental legislativo (Estatuto da Magistratura), o afastamento ou a perda do cargo dos magistrados.

Formalmente falando, apenas a Lei Orgânica da Magistratura, que tem *status* de Lei Complementar de acordo com o art. 93 da CB/88, é que pode definir legitimamente as hipóteses sancionadoras dos juízes, de sorte que a Lei de Improbidade, enquanto mera Lei ordinária, não poderia fazê-lo, sob pena de ingressar, incontestavelmente, na seara da inconstitucionalidade chamada formal.

5.2.2. *A ofensa às garantias dos membros da Magistratura*

Entendo que a pretensão de levar a efeito o afastamento do magistrado de suas atribuições, pela aplicação de regras que compõem o regime geral sancionatório por "atos de improbidade" (art. 37, § 4º) afeto à Administração Pública é *ferir de morte* as garantias constitucionais da inamovibilidade e vitaliciedade, e a independência do Poder Judiciário no arranjo constitucional da separação de Poderes. Do ponto de vista conceitual, é um artifício oblíquo e dissimulado, que despreza pilares do Estado Constitucional de Direito em vigor, para substituí-los pelo oportunismo ou mesmo pelo suporte popular randômico a mais e múltiplas medidas punitivas.

Ademais, não faria nenhum sentido, pela ausência de qualquer efeito prático, sustentar a incidência da Lei de Improbidade para, *v.g.*, impor as penas de perda da função pública e de eventual demissão a bem do serviço público, se já subsiste um regime punitivo próprio definido na Lei Orgânica da Magistratura, eficientemente aplicado pelas Corregedorias dos Órgãos do Poder Judiciário, bem como pelo C.N.J., em duplicidade (corregedorias e CNJ) aceita pelo STF, nos termos do art. 103-B, § 4º, II, da Constituição de 1988.

Dada a singularidade e relevância da garantia da inamovibilidade ao Poder Judiciário, encontra-se assentado entendimento do Supremo Tribunal Federal que a estende a todos os membros da Magistratura. Nesse sentido: "A inamovibilidade é, nos termos do art. 95, II, da CF, garantia de toda a magistratura, alcançando não apenas o juiz titular como também o substituto. O magistrado só poderá ser removido por designação, para responder por determinada vara ou comarca ou para prestar auxílio, com o seu consentimento, ou, ainda, se o interesse público o exigir, nos termos do inciso VIII do art. 93 do Texto Constitucional" (MS 27.958, Rel. Min. RICARDO LEWANDOWSKI, j. em 17-5-2012, Plenário, *DJE* de 29-8-2012).

Com efeito, depreendo que a garantia da *inamovibilidade* – e da vitaliciedade, por consequência – merece, agora, ainda *maior atenção e reforço de sua incidência quando se pretende, em afronta à Constituição, submeter o magistrado ao regime sancionatório da Lei de Improbidade Administrativa*, para permitir-se, ainda que eventualmente, removê-lo de suas funções próprias, haja vista que nesse âmbito haverá, por força do art. 20, parágrafo único da Lei n. 8.429/92, a possibilidade jurídica de, como medida necessária à instrução processual, cogitar-se, em mera sede de decisão liminar (cumpridas as condições demandadas pelo Ordenamento Jurídico), do afastamento do magistrado de sua função judicante.

Assim, a inamovibilidade incide para fulminar peremptoriamente a aplicabilidade da Lei de Improbidade aos magistrados de qualquer grau de jurisdição ou instância, impedindo-se, dessa maneira, agressões indevidas à independência do juiz e à própria higidez do corpo-Magistratura, em prol do corpo social que se objetiva defender. Não é possível reconstruir a Lei e dela destacar apenas algumas de suas normas para fins de incidência à Magistratura. Não só não há critério suficiente e válido para isso, como também essa operação seria inconstitucional por outros (e suficientes em si) motivos, que abordarei adiante.

Lembro, aqui, das palavras de EUGENIO RAÚL ZAFFARONI, Ministro da Corte Suprema de Justiça da Argentina, que ao promover precisa associação entre a independência do juiz e a democracia moderna, reverbera a seguinte lição:"A independência do juiz, ao revés, é a que importa a garantia de que o magistrado não estará submetido às pressões de poderes externos à própria magistratura (...)

"Um juiz independente, ou melhor, um juiz, simplesmente, não pode ser concebido em uma democracia moderna como um empregado do executivo ou do legislativo, mas nem pode ser um empregado da corte ou do supremo tribunal. Um poder judiciário não é hoje concebível como mais um ramo da administração e, portanto, não se pode conceber sua estrutura na forma hierarquizada de um exército. Um judiciário verticalmente militarizado é tão aberrante e perigoso quanto um exército horizontalizado.

"Na prática, a lesão à independência interna[58] costuma ser de maior gravidade do que a violação à própria independência externa. Isso obedece a que o executivo e os diversos operadores políticos costumam ter interesse em alguns conflitos, em geral bem individualizados e isolados (salvo casos generalizados de corrupção, ou seja, de modelos extremamente deteriorados), mas os corpos colegiados que exercem uma ditadura interna e que se divertem aterrorizando seus colegas, abusam de seu poder no cotidiano. [...]" (*Poder Judiciário:* Crise, Acertos e Desacertos. Trad. Juarez Tavares, São Paulo: Revista dos Tribunais, 1995, p. 88-89).

Quanto à independência do Magistrado para o pleno exercício da função judicial típica, depreende-se, de aresto do STF, que: "O magistrado é inviolável pelas opiniões que expressa ou pelo conteúdo das decisões que proferir, não podendo ser punido nem prejudicado em razão de tais pronunciamentos. É necessário, contudo, que esse discurso jurídico, manifestado no julgamento da causa, seja compatível com o *usus fori* e que, desprovido de intuito ofensivo, guarde, ainda, com o objeto do litígio, indissociável nexo de causalidade e de pertinência. (...) A *ratio* subjacente à norma inscrita no art. 41 da Loman decorre da *necessidade de proteger os magistrados no desempenho de sua atividade funcional, assegurando-lhe condições para o exercício independente da jurisdição. É que a independência judicial constitui exigência política* destinada a conferir, ao magistrado, plena liberdade decisória no julgamento das causas a ele submetidas, *em ordem a permitir-lhe o desempenho autônomo do officium judicis, sem o temor de sofrer, por efeito de sua prática profissional, abusivas instaurações de procedimentos* penais ou civis (Inq 2.699-QO, Rel. Min. Celso de Mello, j. em 12-3-2009, Plenário, *DJe* de 8-5-2009, original não grifado)".

Assim, a independência do Poder Judiciário ou da Magistratura não se confunde com a *independência – própria – do juiz;* contudo, é certo que ambas apresentam-se de maneira indissociável como condições indispensáveis à consolidação do Estado Democrático de Direito, de sorte que as decisões de afastamento cautelar ou definitivo do magistrado de sua função

---

[58] Consigno que o entendimento pela aplicabilidade da Lei de Improbidade aos magistrados, manejado pelo Ministério Público, ainda que no exercício escorreito de suas atribuições constitucionais, poderia promover um desarranjo intestino enfraquecedor ("juiz julgando juiz em situações processuais inesperadas constitucionalmente") do corpo-Magistratura, o que seria felicitado por certos movimentos ainda alcunhados de políticos, embora usualmente inconfessáveis, que teriam interesse nesse tipo de conflito.

judicante, pelo próprio Poder Judiciário, decorrente, *in casu*, do regime sancionatório da Lei de Improbidade, não devem ser admitidas sob pena de representar espécie inconstitucional de"remoção compulsória indireta" ofensiva à mais comezinha base constitucional de nosso Poder Judiciário e de nossa Democracia propriamente dita.

Embora não seja inviável, do ponto de vista conceitual, em face da disciplina própria da Magistratura, tenho que a imposição de penas aos magistrados, como a de remoção compulsória ou disponibilidade e até mesmo a aposentadoria compulsória (previamente à EC n. 103/2019 contemplada no inc. VIII do art. 93 da CB) com vencimentos proporcionais ao tempo de serviço, de afastamento e de demissão, – sem prejuízo de eventual responsabilização civil –, são ocorrências que hão de derivar exclusivamente de *procedimento próprio* disciplinado na Constituição. Especificamente falando, hão de advir das garantias disciplinadas e do delineamento normativo das atribuições do C.N.J. –, bem como no Estatuto da Magistratura. *Fora desses padrões constitucionais, inserir a responsabilização dupla, como a decorrente de impor-se a Lei de Improbidade, tem como resultado, em meu entendimento, uma ruptura com o devido processo constitucional afetado à Magistratura e, com ele, caem também as garantias aqui mencionadas.*

É forçoso convir que o afastamento da Lei de Improbidade administrativa do âmbito do regime sancionatório dos magistrados torna-se de rigor, – porque, como se viu, exsurge de imposição da Carta da República –, como medida democrático-positivada, cujo objetivo constitucional encerra-se na preservação de um modelo jurisdicional nacional impermeável a eventuais ameaças de subordiná-lo a interesses ilegítimos e possíveis pressões, de toda ordem. Desse modo, fere a essência do comando constitucional de salvaguardas judiciais a aplicação da Lei n. 8.429/92 aos magistrados.

Com efeito, não há falar-se, no caso, de impunidade de magistrado eventualmente"ímprobo", de algum insuportável privilégio de imunidade, o que efetivamente seria intolerável em nosso Estado de Direito. Trata-se, bem esclarecido juridicamente o conflito, tão somente de respeito à estrita constitucionalidade-legalidade, que impõe submetê-lo a regramento (punitivo-disciplinar) próprio, que desafia sim responsabilização pela prática de atos ilícitos, via processo judicial ou em qualquer outro de natureza diversa, mas sem qualquer prejuízo à atuação do próprio Estado-juiz e manutenção da estrutura íntegra do Estado de Direito.

5.2.3. *A inconstitucionalidade de qualquer dupla responsabilização político-administrativo dos magistrados*

A reforçar os argumentos que subsidiam a tese até aqui sustentada (de afastar a incidência da Lei de Improbidade do corpo-Magistratura em quaisquer hipóteses), depreendo da Carta da República *um duplo regime de responsabilidade político-administrativa dos magistrados*.

Primeiramente, é oportuno registrar que nos termos da decisão prolatada na Rcl. n. 2.138/DF, de relatoria do Min. Nelson Jobim, julgada em 13-6-2007, cuja decisão fora publicada no *DJe* de 18-4-2008, consignou-se, – não obstante a questão central discutida fosse verificar a usurpação de competência do STF para julgar Ministro de Estado por crime de responsabilidade –, existir uma *distinção entre os regimes de responsabilização político-administrativa*. Restou assentado, na oportunidade, que:"A Constituição não admite a concorrência entre dois regimes de responsabilidade político-administrativa para os *agentes políticos*: o previsto no art. 37, § 4º (regulado pela Lei n. 8.429/92) e o regime fixado no art. 102, I, *c* (disciplinado pela Lei n. 1.079/50). (...)" (original não grifado).

Não há também descurar-se do entendimento[59] do Supremo Tribunal Federal no sentido de que (todos) os magistrados são qualificados pelo Ordenamento Jurídico como agentes políticos e que, por essa razão, dotados de *prerrogativas especiais* (*in casu*, estas prerrogativas afastam a imposição das sanções da Lei de Improbidade aos magistrados).

Ocorre que determinados membros da Magistratura, indicados em rol taxativo na Carta da República, podem ser submetidos à jurisdição de Tribunais Superiores pela prática eventual de crimes de responsabilidade, definidos na Lei n. 1.079/50 (duplo regime que não se confunde com dupla responsabilização pelos mesmos fatos).

A propósito do tema, no bojo do AgRg no RE n. 579.799-6, de que foi relator o Min. Eros Grau, j. em 2-12-2008, com decisão publicada no *DJe* de 19-12-2008, o STF posicionou-se no sentido de que determinados membros da Magistratura, enquanto agentes políticos, com prerrogativas especiais, que se encontram no rol do art. 105, I, *a*, da Constituição de 1988, – que estabelece a competência do STJ para julgamento de crimes de"responsabilidade"de desembargadores estaduais e do DF e dos membros dos

[59] Cf., *v.g.*, como decisão paradigma, o RE n. 228.977 – SP, de relatoria do Min. Néri da Silveira, j. em 5-3-2002, e publicado o *decisum* no *DJ* de 12-4-2002.

Tribunais Regionais Federais –, não podem ser responsabilizados por atos de improbidade administrativa, nos termos do que dispõe a Lei n. 8.429/92, tendo em vista que, por força do regime constitucional próprio da Magistratura (e não por motivo outro, friso), está absolutamente *vedado o duplo regime de responsabilidade político-administrativa*. Assim, o magistrado que pode ser submetido a julgamento por *crime de responsabilidade*, não pode ser responsabilizado por improbidade administrativa, nos termos do art. 37, § 4º, CB/88, e da respectiva lei de regência.

O que importa assinalar é a consideração de que a base do distanciamento promovido nessa decisão está na diferenciação constitucionalmente estabelecida, que impede a aplicação linear automática de uma Lei de Improbidade. Em síntese, não se trata de uma Lei Universal de Improbidade.

Para afastar a inconsistência formal contemplada no posicionamento do STJ, consigno algumas ponderações que darão sustentação às conclusões finais: i. os membros da magistratura são qualificados como agentes políticos, com prerrogativas especiais, portanto; ii. determinados membros da magistratura, indicados taxativamente na Constituição de 1988, podem ser submetidos a julgamento por crime de responsabilidade; iii. os membros da magistratura respondem pela prática de eventuais atos "ímprobos" nos termos da Lei de Improbidade, seja no exercício das funções jurisdicional ou administrativa (atípica), em submissão a um *regime constitucional próprio de responsabilidade*, – ressalvando-se a responsabilização civil (reparação de danos) e criminal (propriamente dita) do magistrado –, inerente ao *sistema constitucional do Poder Judiciário nacional*, pressuposto e reafirmado pelo Estatuto da Magistratura (lei de regência deste regime e daquele sistema, por consequência).

A normativa infraconstitucional (Lei de Improbidade) não poderia estar a subverter esse *sistema constitucional* (intestino à Magistratura e ao C.N.J.) *de responsabilidade do magistrado*, que se funda nas garantias constitucionais de todos os juízes. E em realidade não está. Trata-se de pretensão incabível e inadequada de setores que buscam, conscientemente ou não, desestabilizar o referido sistema e sua "lógica" jurídica. Inamovibilidade e vitaliciedade compõem o *núcleo duro* da *independência do Poder Judiciário* e, por conseguinte, da "separação dos Poderes" constitucionalmente plasmada, a qual se afigura como cláusula de eternidade (art. 60, § 4º, III, da CB).

Em apertada síntese conclusiva, propugnar e admitir a aplicabilidade da Lei de Improbidade para impor as sanções nela previstas aos magistrados pela prática de atos (ainda que não jurisdicionais *stricto sensu*), implica em ofensa à indispensável *independência do Poder Judiciário* (que é uma das pilastras de sustentação do Estado Democrático de Direito).

5.2.4. *Os atos não propriamente jurisdicionais, a competência do CNJ e a tentativa de aplicar a Lei de Improbidade*

Em relação aos magistrados que não se encontram alcançados pelos dispositivos específicos da responsabilidade política (duplo regime constitucionalmente conforme), como assima referidos, surge, *prima facie*, uma dúvida legítima sobre qual Lei deve reger sua responsabilização – e nada se duvida da necessária incidência de *um conjunto normativo punitivo*. Na realidade, já que não atraem a incidência das normas jurídicas de responsabilidade política, cogitar-se-ia de uma lacuna a ser preenchida pela Lei de Improbidade. Esse tipo de elasticidade legal, porém, não é uma característica aceitável, nem pode ser aceita, na hipótese aqui cogitada.

Reafirmo, preliminarmente, – porque servirá para compreender o regime da Magistratura incidente neste tópico –, que o Supremo Tribunal Federal vem reiteradamente proclamando em suas decisões que os magistrados e membros do Ministério Público apresentam-se em condição de *agentes políticos*, o que poderia ser explicado pela nota política da função pública assim assumida, ainda que investidos estejam esses agentes em cargos públicos de provimento efetivo-vitalício de natureza técnico-científica (o que legitima, plenamente, um regime jurídico especial, inclusive de responsabilidade, ao qual se submetem).

Compulsando-se, ainda, posicionamento do STF, depreendo que ficou assentado no julgamento do RE n. 228.977 – SP, de relatoria do Min. Néri da Silveira, realizado em 5-3-2002, publicado no *DJ* de 12-4-2002, que"(...) a autoridade judiciária não tem responsabilidade civil pelos atos jurisdicionais praticados. É que, embora seja considerada um *agente público* – que são todas as pessoas físicas que exercem alguma função estatal, em caráter definitivo ou transitório –, os magistrados se enquadram na espécie de *agente político*. Estes são investidos para o exercício de *atribuições constitucionais*, sendo dotados de plena liberdade funcional no desempenho de suas funções, com prerrogativas próprias e *legislação específica*, requisitos, aliás, indispensáveis de suas funções decisórias. (...)" (original não grifado).

Forçoso convir, nessa linha argumentativa, que os atos (judicantes) praticados por magistrados no exercício da função propriamente jurisdicional não se submetem a qualquer regime de responsabilização que, *v.g.*, tenha como ponto de sustentação legal (como ocorre à Lei da Improbidade) a abertura a uma decretação de perda da função pública (no caso, estaríamos perante o magistrado) em virtude de atos decisórios. Assim, verificado eventual *error in procedendo* ou *error in judicando* na prática de ato decisório do magistrado, deverá haver, como regra, – inclusive pela *ratio* da Lei Orgânica da Magistratura –, sua impugnação no bojo do processo de sua ocorrência pelos instrumentais processuais próprios e cabíveis na espécie, definidos no sistema processual brasileiro. E, ainda, nos termos do RE n. 228.977 supracitado: "Tais agentes [os magistrados], portanto, não agem em nome próprio, mas em nome do Estado, exercendo função eminentemente pública, de modo que não há como lhes atribuir responsabilidade direta por eventuais danos causados a terceiros no desempenho de suas funções. Com efeito, o magistrado, ao outorgar a prestação jurisdicional, atuou em nome do Estado-juiz, exercendo a atribuição que lhe fora imposta constitucionalmente".

Acerca dessa temática, o próprio STJ manifestou-se de maneira confirmatória, *in verbis*: "Verifica-se que o ato imputado à recorrida não se encontra na atividade finalística por ela desempenhada. O suposto ato de improbidade que se busca imputar à recorrida não é a atitude de não julgar determinados processos sob sua jurisdição, fato este plenamente justificável quando há acervo processual incompatível com a capacidade de trabalho de um Magistrado ou de julgá-los em algum sentido, a uma ou a outra parte. Aqui, se debate o suposto retardamento preordenado de dois processos penais eleitorais em que figura como parte pessoa que possui laços de parentesco e vínculos políticos com o esposo da Magistrada, que concorria nas eleições de 2002 ao cargo de Deputado Federal, tendo o Ministério Público deixado claro que tais processos foram os únicos a serem retidos pela Magistrada.

"5. As atividades desempenhadas pelos órgãos jurisdicionais estão sujeitas a falhas, uma vez que exercidas pelo homem, em que a falibilidade é fator indissociável da natureza humana. Porém, a própria estruturação do Poder Judiciário Brasileiro permite que os órgãos superiores revejam a decisão dos inferiores, deixando claro que o erro, o juízo valorativo equivocado e a incompetência são aspectos previstos no nosso sistema. Entendimento contrário comprometeria a própria atividade jurisdicional" (REsp n. 1.249.531 – RN, 2ª Turma, Rel. Min. Mauro Campbell Marques, j. em 20-11-2012, publicado em 5-12-2012).

Por todas essas razões, não há como prosperar qualquer interpretação, por manifestamente abusiva e arbitrária, no sentido de defesa da aplicabilidade da Lei de Improbidade aos magistrados pela prática de atos jurisdicionais propriamente ditos, em virtude de afrontarem o direito à integridade e "independência" da magistratura. Também esta motivação pode ser reconduzida e integrada ao registro conclusivo, anteriormente lançado, do sistema constitucional próprio da magistratura quanto ao regime de responsabilidade dos magistrados. Contudo, o destaque neste item fez-se tanto para reforçar a validade e vigor da tese sustentada quanto também para realçar um aspecto que se poderia revelar como supostamente não abrangido por razões lógicas, nas conclusões já antecipadas.

Trata-se de enfrentar, aqui, a tese, igualmente esdrúxula, da *aplicabilidade mínima* da Lei de Improbidade, para fins de alcançar atos que, embora praticados pelo magistrado, não seriam jurisdicionais propriamente ditos e, supostamente, não guardariam relação com o mister jurisdicional ou, no mínimo, demandariam a incidência direta da Lei de Improbidade. Lembro, porém, que o inciso II[60], § 4º, do art. 103-B da CB/88, está a fulminar, *prima facie*, essa tese.

É preciso atentar, desde logo, que estamos tratando, agora, de um conjunto de atos que também são de interesse do próprio Poder Judiciário, que afetam e dizem respeito à sua integridade funcional. Ainda que se pudesse estabelecer alguma "subcategoria" de atos, para sobre eles fazer incidir determinado ato legislativo (no caso a Lei de Improbidade), ainda assim ter-se-ia de observar o regime constitucional próprio da Magistratura, que se aplica ao conjunto total de seus atos. Seria meramente ficcional um desmembramento calcado na tese de que certos atos praticados pelo magistrado no seu dever profissional, não interessam nem dizem respeito à magistratura, ou que são menos valiosos e podem ficar de fora do modelo próprio do regime da Magistratura, de assento constitucional. A Constituição

60 *Verbis*: "§ 4º Compete ao Conselho o controle da atuação administrativa e financeira do Poder Judiciário e do cumprimento dos deveres funcionais dos juízes, cabendo-lhe, além de outras atribuições que lhe forem conferidas pelo Estatuto da Magistratura: (...); II – zelar pela observância do art. 37 e apreciar, de ofício ou mediante provocação, a legalidade dos atos administrativos praticados por membros ou órgãos do Poder Judiciário, podendo desconstituí-los, revê-los ou fixar prazo para que se adotem as providências necessárias ao exato cumprimento da lei, sem prejuízo da competência do Tribunal de Contas da União;" (original não grifado).

desautoriza esse encaminhamento, já que não estabeleceu esse tipo de distinção ou exceção.

Para a exata compreensão dessa assertiva, trago à colação jurisprudência do STF acerca de aspectos das atribuições constitucionais do C.N.J., que está assim consolidada: "O CNJ, embora integrando a estrutura constitucional do Poder Judiciário como órgão interno de controle administrativo, financeiro e disciplinar da magistratura – excluídos, no entanto, do alcance de referida competência, o próprio STF e seus ministros (ADI 3.367/DF) –, qualifica-se como instituição de caráter eminentemente administrativo, não dispondo de atribuições funcionais que lhe permitam, quer colegialmente, quer mediante atuação monocrática de seus conselheiros ou, ainda, do corregedor nacional de justiça, fiscalizar, reexaminar e suspender os efeitos decorrentes de atos de conteúdo jurisdicional emanados de magistrados e tribunais em geral, razão pela qual se mostra arbitrária e destituída de legitimidade jurídico-constitucional a deliberação do corregedor nacional de justiça que, agindo *ultra vires*, paralise a eficácia de decisão que tenha concedido mandado de segurança" (MS 28.611-MC-AgR, Rel. Min. CELSO DE MELLO, j. em 14-10-2010, Plenário, *DJe* de 1º-4-2011)[61].

Com efeito, se os atos aos quais se refere posicionamento (não consolidado) do STJ, para justificar (injustificadamente) a aplicabilidade da Lei de Improbidade administrativa, têm natureza de atos administrativos[62] (não jurisdicionais propriamente ditos), imperioso convir que mesmo tais atos devem ser submetidos, inexoravelmente, à alçada de competência do C.N.J. para que as correções necessárias de vício de ilegalidade sejam levadas a efeito, defenestrando-se toda sorte de eventual impunidade dos magistrados. Conclusão outra não há a que se chegar, a despeito do que impõe o inciso II[63], § 4º, do art. 103-B da CB/88, acima referido.

A rigor, não se sustenta aqui que o magistrado possa praticar atos administrativos ou qualquer outro ato compreendido como não jurisdicional propriamente dito, sem observar as balizas normativas fincadas pela Carta

---

[61] No mesmo sentido: MS 28.598-MC-AgR, Rel. Min. CELSO DE MELLO, j. em 14-10-2010, Plenário, *DJe* de 9-2-2011; MS 27.148-AgR, Rel. Min. CELSO DE MELLO, j. em 11-5-2011, Plenário, *DJe* de 25-5-2011, original não grifado).

[62] Como, *v.g.*, atendimento de solicitação de preferência, conclusão para julgamento, designação de audiência, dentre outros.

[63] Dispositivo regulado pelo Estatuto da Magistratura e outros atos regulamentares expedidos pelo próprio Conselho Nacional de Justiça.

da República. Observe-se que o próprio inciso II, colocado em análise, faz referência à observância do art. 37 pelo magistrado. Isto não se pode negar.

O que se combate é a construção de tese temerária para fazer incidir topicamente a Lei de Improbidade para sancionar o corpo-Magistratura por eventuais atos, considerados e agora catalogados como "menores", como não jurisdicionais ou, ainda, como administrativos propriamente, praticados por magistrado em ofensa ao Ordenamento Jurídico.

Ressalto, uma vez mais, a existência de um regime constitucional de responsabilização dos magistrados, – que decorre do sistema constitucional da Magistratura –, de modo a afastar de forma absoluta a incidência da Lei de Improbidade, mesmo em relação à eventual prática (ou omissão) pelo magistrado de *atos administrativos* e, inclusive, por óbvio, atos considerados como de *mera impulsão processual* (sejam doutrinariamente catalogados como jurisdicionais, semijurisdicionais ou não jurisdicionais).

Sendo mais pontual e direto, tenho por certo, após a análise exaustiva da situação normativo-constitucional em vigor, que eventual responsabilização do magistrado nessas duas últimas hipóteses mencionadas ficaria, em última *ratio*, a cargo de órgãos do Poder Judiciário com funções de Corregedoria, respeitadas, sempre, as garantias constitucionais e as disposições da Lei (própria) Orgânica da Magistratura.

Em síntese, os atos ilícitos levados em linha de conta pelo STJ, para fazer valer a aplicabilidade da Lei de Improbidade, sendo não jurisdicionais em sentido próprio, deverão ser compulsoriamente submetidos ao crivo competencial do C.N.J. para as correções necessárias, como propugna o inciso II, § 4º, do art. 103-B da CB/88, nos termos do Estatuto da Magistratura, não devendo ser aplicada a Lei de Improbidade, nem concomitanemente, nem com exclusividade, afastando as demais normas.

Assim, o magistrado que eventualmente praticar atos administrativos (não jurisdicionais propriamente ditos) sem observância do art. 37 da Carta da República, não restará enquadrado em regime de impunidade, porque sobre ele incidirá o rigor do regime constitucional próprio de responsabilidade dos magistrados.

5.3. A nova Lei de Abuso de Autoridade

Aspecto central para o tema da responsabilização de magistrados é, seguramente, o estudo das leis de abuso de autoridade.

Recentemente houve a aprovação da Lei n. 13.869, de 5-9-2019, que implantou uma nova racionalidade na caracterização e apuração dos chamados crimes de abuso de autoridade cometidos por magistrados no exercício de sua jurisdição. A Lei anterior, de 1965, totalmente anacrônica, como sabemos, era excessivamente focada no Poder Executivo. Doravante, por determinação expressa do art. 2º, estão incluídas as autoridades de todos os Poderes, do Ministério Público e Tribunais de Contas.

Logo em seu art. 1º ficou determinado que:"§ 1º As condutas descritas nesta Lei constituem crime de abuso de autoridade quando praticadas pelo agente com a finalidade específica de prejudicar outrem ou beneficiar a si mesmo ou a terceiro, ou, ainda, por mero capricho ou satisfação pessoal". Ou seja, pode haver abuso de autoridade de magistrado que atua por mero capricho ou para sua mera satisfação pessoal.

Apesar desse rigor, a Lei afastou expressamente o chamado crime de hermenêutica, uma das mais absurdas ideias que já circularam no Mundo, em termos de responsabilizar juízes:"A divergência na interpretação de lei ou na avaliação de fatos e provas não configura abuso de autoridade".

Muitos dos crimes de abuso de autoridade conectam-se à audiência de custódia, seja para enquadrar a autoridade policial (arts. 12 e 19), seja o magistrado (art. 30, dentre outros).

A Lei gerou ampla polêmica nacional em virtude de ter sido caracterizada, por determinados setores mais incisivos, como um retrocesso em matéria de investigação, persecução penal e condenação em geral de supostos criminosos.

Na verdade, porém, a Lei pode seguramente ser caracterizada como uma resposta a certas fragilidades legais exploradas em passado recente no Brasil, e que desenharam novas práticas que não eram conhecidas e adotadas, nem foram considerados adequadas à Constituição garantista, ainda em vigor no Brasil. Houve, é certo, por uma parcela considerável da sociedade brasileira, o apoio explícito a certas incursões judiciais em esferas anteriormente vedadas, e mesmo o apoio popular a medidas judiciais nitidamente irregulares, assim reconhecidas pelo STF, mas que no bojo dos acontecimentos recentes, foram ressignificadas para permitir que se alcançassem certos objetivos, como o fim declarado de um combate duro contra os corruptos. Teríamos, também, aí, um certo populismo judicial. Tendo surgido a referida Lei após esse contexto de decisões judiciais excessivamente rigorosas ou inovadoras, seria razoável indagar se se trata de uma resposta por parte de políticos descontentes com esse cenário judicial que foi desencadeado recentemente. É conhecido o fenômeno considerado *backlash*, no qual avanços ou ações excessivamente progressistas de tribunais e juízes podem gerar retrocessos legislativos posteriores. Não creio, contudo, ter sido esse o caso.

A nova Lei veio concretizar e reforçar que temos em vigor uma Constituição garantista, por mais que determinados setores radicais ou mais punitivistas da sociedade prestem homenagens apenas ao aumento dos instrumentos de condenações e criminalizações das condutas em geral (e o fazem em paradoxo com intervenção mínima do Estado). Vale a Constituição especialmente, também, contra mudanças transitórias de humor e de valores da sociedade, muitas vezes entorpecida por determinado contexto, a promover julgamentos sumários e exigir justiça rápida independentemente dos reais culpados. É exatamente nesse contexto que opera o constitucionalismo, barrando o atropelo a direitos fundamentais específicos, ou de pessoas específicas, que essas maiorias momentâneas poderiam decidir, caso fossem absolutamente livres. Esse deve ser o papel do juiz.

Ademais, a complexidade do assunto jamais poderá aceitar, racionalmente falando, uma mera redução à alternativa entre punir ou não punir corruptos e criminosos.

Por isso entendo que a Lei, em sua essência, corrige situações que vinham sendo consagradas ao arrepio do Estado Constitucional de Direito e garantista que adotamos. Nesse sentido compreendo o caso do art. 9º, dentre outros, que estatui ser crime de abuso de autoridade: "Decretar medida de privação da liberdade em manifesta desconformidade com as hipóteses legais". E, ainda, se considera que "Incorre na mesma pena a autoridade judiciária que, dentro de prazo razoável, deixar de: I – relaxar a prisão manifestamente ilegal; II – substituir a prisão preventiva por medida cautelar diversa ou de conceder liberdade provisória, quando manifestamente cabível". Se o "manifestamente cabível" pode gerar desacordo razoável, podendo ser eventualmente considerada a prisão como não cabível, é preciso que o magistrado siga as instruções básicas da Constituição de 1988 e faça prevalecer não o subjetivismo de um punitivismo não declarado, mas sim a liberdade, como regra.

Houve quem tenha sustentado que deveria ser também crime o ato do juiz que soltasse ou deixasse de decretar prisão quando esta fosse considerada necessária. Essa situação, porém, carece totalmente de fundamento. E seu espelhamento inverso com o art. 9º é uma total falácia. Criminalizar aquele que opta pelo garantismo, pela presunção de inocência, independentemente de demonstração de algum conluio ou fraude, seria uma atitude típica de um punitivismo desenfreado, incapaz de enxergar a importância histórica dos direitos fundamentais, das garantias e da necessária consciência que deles deve advir a partir de uma experiência consistente da sociedade. Em nenhuma Democracia verdadeira, em nenhuma sociedade sadia, a prisão sobrepõe-se aos direitos fundamentais.

O mesmo se diga quanto ao crime, agora tipificado, de"realizar interceptação de comunicações telefônicas, de informática ou telemática, promover escuta ambiental ou quebrar segredo da Justiça, sem autorização judicial ou com objetivos não autorizados em lei"(art. 41, que alterou o art. 10 da Lei n. 9.296/96).

Registro, ainda, pela importância, o debate em torno do art. 30, que dispõe constituir crime"[d]ar início ou proceder à persecução penal, civil ou administrativa sem justa causa fundamentada ou contra quem sabe inocente". Magistrados comprometidos constitucionalmente saberão compreender o sentido de"justa causa", a basear medida que, nitidamente, é de constrangimento e não pode ser deflagrada apenas por capricho, satisfação pessoal ou razões inconfessáveis da autoridade policial.

Outros crimes foram considerados prejudiciais ao Estado e seu direito de ser ressarcido em virtude de corrupção. Assim, por exemplo, o art. 36, cujo teor é o seguinte:"Decretar, em processo judicial, a indisponibilidade de ativos financeiros em quantia que extrapole exacerbadamente o valor estimado para a satisfação da dívida da parte e, ante a demonstração, pela parte, da excessividade da medida, deixar de corrigi-la".

A ideia da Lei está em restabelecer a Constituição como medida dos atos jurídicos no Brasil e do poder das autoridades, e não o combate à corrupção como critério de legitimidade. Este combate, é certo, deve ser firme, rigoroso e, tanto quanto possível, célere e exemplar, mas não pode realizar-se à margem da Constituição, com manobras supostamente livres e autorizadas apenas por invocar a si mesmo, ou seja, a bandeira do combate à corrupção. Essa seria uma exceção, muito perigosa e intolerável, ao império da Lei. Não há Democracia sem a Constituição como vetor vinculativo de todas autoridades. É preciso fugir de maniqueísmos pobres e radicais que têm sido difundidos com espantosa regularidade e atrevimento. Há, claro, espaço para uma divergência legítima sobre determinadas normas da nova Lei, inclusive para eventual aprimoramento, desde que o debate respeite o pressuposto constitucional de seus limites.

BETHELL, Leslie (Org.). *História da América Latina*. Da Independência até 1870. São Paulo: Edusp/Imprensa Oficial, 2001, v. 3.

CHIOVENDA, Giuseppe. *Principii di Diritto Processuale Civile*. Napoli: Dott. Eugenio Jovene, 1965.

DINAMARCO, Cândido Rangel. *A Reforma do Código de Processo Civil*. São Paulo: Malheiros, 1995.

FAUSTO, Boris (Dir.). *História geral da civilização brasileira*: o Brasil Republicano: economia e cultura (1930-1964). Rio de Janeiro: Bertrand Brasil, 2007, v. 11, t. III.

JUCOVSKY, Vera Lúcia R. S. *Justiça federal nos países que a adotam*. Curitiba: Juruá, 1997.

LARSON, Magali. The Rise of Professionalism: a sociological analysis, 1977, apud David S. Clarck. The Organization and Social Status of Lawyers. In: *IX th World Conference on Procedural Law (1991)*. International Association for Procedural Law, 1995.

MIRANDA, Jorge. *Manual de direito constitucional*: introdução à Teoria da Constituição. 2. ed. rev. reimpr. Coimbra: Coimbra Ed., 1988, t. II.

MOREIRA NETO, Diogo de Figueiredo. *O Sistema Judiciário Brasileiro e a reforma do Estado*. São Paulo: Instituto Brasileiro de Direito Constitucional, 1999.

NALINI, José Renato. *O juiz e o acesso à justiça*. São Paulo: Revista dos Tribunais, 1994.

PEGORARO, Lucio. O Estado Laico. *Revista Brasileira de Estudos Constitucionais*, Belo Horizonte: Fórum, ano 3, n. 10, abr./jun. 2009.

PONTES DE MIRANDA, Francisco Cavalcanti. *Comentários à Constituição de 1967*. 2. ed. São Paulo: Revista dos Tribunais, 1987, t. III.

______. *Comentários à Constituição de 1946*. 4. ed. Rio de Janeiro: Borsoi, 1963, t. 3.

REALE JÚNIOR, Miguel. Valores fundamentais da reforma do Judiciário. São Paulo: *Revista do Advogado*, ano XXIV, n. 75, abril de 2004.

RIBEIRO, Darcy. *O povo brasileiro*: a formação e o sentido do Brasil. São Paulo: Companhia das Letras, 1995.

ROSAS, Roberto. *Direito Sumular: Comentários às Súmulas do Supremo Tribunal Federal e do Superior Tribunal de Justiça*. 12. ed. rev. ampl. São Paulo: Malheiros, 2004.

SALAZAR, Alcino. *Poder judiciário: bases para reorganização*. Rio de Janeiro: Forense, 1975.

SANTOS, Carlos Frederico Brito dos Santos. *Improbidade Administrativa: reflexões sobre a Lei n. 8.429/92*. Rio de Janeiro: Forense, 2002.

SERBIN, Kenneth P. *Padres, Celibato e Conflito Social*: uma história da Igreja Católica no Brasil. São Paulo: Companhia das Letras, 2006.

TAVARES, André Ramos. *Direito constitucional brasileiro concretizado*: *hard cases* e soluções juridicamente adequadas. São Paulo: Método, 2009, v. 2.

_______. *Curso de Direito Constitucional*. 2. ed. São Paulo: Saraiva, 2003.

_______. *Teoria da Justiça Constitucional*. São Paulo: Saraiva, 2005.

U.S. Supreme Court. In: http://caselaw.lp.findlaw.com/scripts/getcase.pl?court=US&vol=356&invol=44, PEREZ v. BROWNELL, 356 U.S. 44 (1958).

WAHL, Rainer; WIELAND, Joachim. La jurisdicción constitucional como bien escaso. *Revista Española de Derecho Constitucional*, Madrid, ano 17, n. 51, p. 12-35, set./dez. 1997.

ZAFFARONI, Eugenio Raúl. *O Poder Judiciário, crises, acertos e desacertos*. Trad. Juarez Tavares. São Paulo: RT, 1995.

ZANON, Nicolò e BIONDI, Francesca. *Il sistema costituzionale dela magistratura*. 3. ed. Bologna: Zanichelli, 2011.

CAPÍTULO VIII

DO REGIME REMUNERATÓRIO

1. ASPECTOS GERAIS: VENCIMENTOS, SUBSÍDIOS E REMUNERAÇÃO

Em 4 de junho de 1998 foi aprovada a Emenda Constitucional n. 19, à Constituição do Brasil, cujo objetivo era modificar o regime dos servidores e agentes políticos da Administração Pública. Dentre as alterações mais marcantes encontra-se a criação da figura do *subsídio*, referido preliminarmente neste livro por ocasião do estudo da irredutibilidade de subsídios.

O subsídio, assim previsto, haveria de substituir a antiga forma remuneratória, pautada fundamentalmente na figura do *vencimento* e nas diversas verbas acessórias existentes e coadjuvantes desse item chamado "vencimentos".

Esta alteração fez-se sentir, principalmente, no art. 39, § 4º, o qual, com a referida EC, passou a dispor que: "O membro de Poder, o detentor de mandato eletivo, os Ministros de Estado e os Secretários Estaduais e Municipais *serão remunerados exclusivamente por subsídio* fixado em parcela única, vedado o acréscimo de qualquer gratificação, adicional, abono, prêmio, verba de representação ou outra espécie remuneratória, obedecido, em qualquer caso, o disposto no art. 37, X e XI".

Neste dispositivo é cristalina a intenção e a determinação do legislador reformador da Constituição, a saber, simplificar e estabelecer patamares mínimos de uniformização *do* regime remuneratório, evitando-se, dessa sorte, a existência da verdadeira babel remuneratória, que agregava ao vencimento elementos tais como a gratificação, o adicional, o abono, o prêmio e a verba de representação. Nesse sentido, todo dispositivo constitucional que fazia menção ao vetusto instituto dos "vencimentos" passou a prever, após a modificação de regime, o termo estrito "subsídio", de maneira a assegurar a mudança de conteúdo que este último carregava em si relativamente ao anterior. É o caso, por exemplo, do art. 95, III, da CB, o qual, como já acentuado, teve o termo irredutibilidade de vencimentos alterado para *irredutibilidade de subsídio.*

Sem embargo dessa técnica redacional, nenhum dispositivo constitucional, na nova sistemática que se implantou no País, determinou o que se haveria de entender exatamente por subsídio, nem se estabeleceu a sua precisa extensão ou os conteúdos que se pretendiam vedados a partir de então. O subsídio é único, mas o significado de subsídio, de seus elementos integrantes, não foi apresentado com idêntica objetividade. A discussão, aqui, não é, portanto, meramente gramatical, nem o que proponho é uma mera técnica de distorção. Retrato a dificuldade que passou a nortear a realidade e as autoridades que estariam no centro da responsabilidade por implantar essas novidade constitucional.

A tarefa de tratar do conteúdo do subsídio, nesses termos, está deferida à *lei.* Segundo o art. 37, X, da CB: "(...) a remuneração dos servidores públicos *e o subsídio* de que trata o § 4º do art. 39 *somente poderão ser fixados* ou alterados *por lei específica,* observada a iniciativa privativa em cada caso, assegurada revisão anual geral, sempre na mesma data e sem distinção de índices" (ênfase acrescentada).

Se a finalidade precípua da criação do subsídio era a de racionalizar o regime remuneratório, tal veio, ato contínuo, a auxiliar um outro processo, em todo distinto, mas complementar, em certo sentido, que era o processo de fixação de um limite, o *teto remuneratório,* a ser aplicável à estrutura do Poder Público.

2. A OMISSÃO LEGISLATIVA NA IMPLANTAÇÃO DO SUBSÍDIO PARA OS MEMBROS DA MAGISTRATURA

2.1. Breve relato histórico

Conforme se mencionou no item anterior, cabe à lei a tarefa de disciplinar o *regime jurídico do subsídio.* O subsídio, no Poder Judiciário, não haveria de fugir desta realidade. No que se refere à regulamentação legal do subsídio dos ministros do STF, a EC n. 19/98 havia acrescentado, inicialmente, o inciso XV ao art. 48. Este previa uma iniciativa conjunta do Presidente da República, da Câmara dos Deputados, do Senado Federal e do Supremo Tribunal Federal para o projeto de lei que fixasse o subsídio mensal dos ministros desta Corte. Diante da improvável possibilidade de tal iniciativa conjunta se implementar, a redação deste dispositivo foi alterada pela EC n. 41/2003, eliminando-se, exatamente, a necessidade de iniciativa conjunta.

A título meramente acautelatório, cumpre mencionar que a Emenda Constitucional n. 41, de 19 de dezembro de 2003, alterou o texto do art. 37, XI, da CB, sem, contudo, modificar a utilização do subsídio como limite remuneratório. A principal alteração se deu no âmbito do parâmetro remuneratório.

A alteração perpetrada pela EC n. 41 estabeleceu, no seio do Poder Judiciário estadual, um subteto remuneratório. O parâmetro deste subteto, por sua vez, seria o subsídio dos desembargadores do Tribunal de Justiça, cujo montante estaria limitado a 90,25% (noventa inteiros e vinte e cinco centésimos por cento) daquele (subsídio) que os ministros do STF percebem.

Vieram a regulamentar esta previsão tanto a Resolução n. 13, de 21 de março de 2006, como a que lhe sucedeu, de n. 14, da mesma data, ambas provenientes do Conselho Nacional de Justiça – CNJ, conforme já pude antecipar nesta obra.

A Resolução n. 13/2006, que dispôs sobre a aplicação do teto remuneratório constitucional e do subsídio mensal dos membros da magistratura, trouxe em seu art. 2º: "Nos órgãos do Poder Judiciário dos Estados, o teto remuneratório constitucional é o valor do subsídio de Desembargador do Tribunal de Justiça, que não pode exceder a 90,25% (noventa inteiros e vinte e cinco centésimos por cento) do subsídio mensal de Ministro do Supremo Tribunal Federal".

Já a Resolução de n. 14/2006, a qual dispôs acerca da aplicação do teto remuneratório constitucional para os servidores do Poder Judiciário e para a magistratura dos Estados que *não adotam o subsídio*, repetiu, de certa forma, a previsão constitucional em seu art. 1º, parágrafo único: "Enquanto não editadas as leis estaduais referidas no art. 93, inciso V, da Constituição Federal, o limite remuneratório dos magistrados e servidores dos Tribunais de Justiça corresponde a 90,25% (noventa inteiros e vinte e cinco centésimos por cento) do teto remuneratório constitucional referido no *caput*, nos termos do disposto no art. 8º da Emenda Constitucional n. 41/2003".

Reforço, uma vez mais, que na decisão proferida na ADI 3.854-1/DF, ficou estabelecido, liminarmente, que a previsão deste subteto, é dizer, a imposição do limite de 90,25% do subsídio dos ministros do STF para os membros da magistratura, é inconstitucional.

No seu voto, o Relator, Ministro Cezar Peluso, tomou como ponto de partida o princípio da igualdade. Conforme sustenta, a previsão de um subteto, de um limite remuneratório distinto, atentaria contra o princípio da igualdade, na medida em que não há distinção funcional entre a judicatura federal e a estadual. Muito pelo contrário. A estrutura judiciária brasileira, a seu ver, é *unitária, nacional,* conforme a retrata ao fazer menção ao seu voto proferido na ADI 3.367-1/DF, já analisado nesta obra.

Daí que:"Essa heterogeneidade [previsão de um teto e de um subteto diverso para a judicatura estadual] fere de imediato a percepção vulgar e intuitiva de que a exigência de igualdade como valor universal não suporta tratamento desigual de pessoas em condições objetivas substancialmente idênticas, *como a dos magistrados, que, embora pertencendo a ramos distintos da mesma estrutura judiciária, desempenham iguais funções, debaixo de um só estatuto de âmbito nacional,* que lhes dita regras iguais de garantias, vantagens e restrições"(ADI 3.854-1/DF, rel. Min. Cezar Peluso, decisão de 28-2-2007; ênfase acrescentada).

Como resultado, tanto o art. 37, XI, da CB, alterado pelo Congresso Nacional, como os dispositivos supracitados das Resoluções do CNJ de n. 13 e 14, de 2006, foram considerados inconstitucionais, *mas, apenas, no que se refere à aplicação do subteto, de 90,25%, aos desembargadores de Justiça dos Tribunais Estaduais.* O regime dos subsídios em nada foi afetado por esta decisão. Fica mantido, pois, o novo"modelo", introduzido pelo conceito de "subsídio", só que, doravante, adicionado ao seu par, o teto único.

Quer-se dizer que, independentemente do resultado desta decisão, eivando de inconstitucionalidade a figura do subteto remuneratório, as Justiças estaduais ainda estão jungidas ao dever de regularizar o seu regime remuneratório, adequando-o ao sistema de subsídios, imposto pelo art. 93, V, da CB, cuja redação é a seguinte: "(...) o subsídio dos Ministros dos Tribunais Superiores corresponderá a 95% (noventa e cinco por cento) do subsídio mensal fixado para os Ministros do Supremo Tribunal Federal *e os subsídios dos demais magistrados serão fixados em lei e escalonados, em nível federal e estadual,* conforme as respectivas categorias da estrutura judiciária nacional, não podendo a diferença entre uma e outra ser superior a 10% (dez por cento) ou inferior a 5% (cinco por cento), nem exceder a 95% (noventa e cinco por cento) do subsídio mensal dos Ministros dos Tribunais Superiores, obedecido, em qualquer caso, o disposto nos arts. 37, XI, e 39, § 4º"(ênfase acrescentada).

É dizer, os Tribunais estaduais devem cumprir o que restou explicitado no art. 7º da Resolução n. 14/2006, do CNJ, ajustando-se a esse novel regime constitucional "a partir do mês de junho de 2006".

Objetivamente, o que essas normas estão a significar é que os Estados, mais precisamente as suas respectivas Justiças Estaduais, hão de se adequar ao regime constitucional de subsídio, regulamentado pelas Resoluções n. 13 e 14, de 21 de março de 2006, do CNJ (para um estudo acerca da inconstitucionalidade de alguns desses dispositivos, *v.* TAVARES, 2006: 736 e s.). Mas é necessário, em cada Estado-membro, fixar o valor do respectivo subsídio da magistratura.

Em relação à iniciativa para desencadear o processo legislativo referente à regulamentação do subsídio, dispõe o art. 96, II, da CB que compete ao Supremo Tribunal Federal, aos Tribunais Superiores e aos Tribunais de Justiça, propor ao Poder Legislativo respectivo: "*b)* a criação e a extinção de cargos e a remuneração dos seus serviços auxiliares e dos juízos que lhe forem vinculados, *bem como a fixação do subsídio de seus membros e dos juízes,* inclusive dos tribunais inferiores, onde houver" (ênfase acrescentada).

2.2. Da ocorrência de inconstitucionalidade por omissão legislativa de trâmite

Diversos são os exemplos de normas constitucionais que estão a demandar uma atuação interposta, por parte do Poder Público, principalmente do Poder Legislativo, para se tornarem plenamente eficazes. É o caso, por exemplo, do art. 37, X, da CB: "A remuneração dos servidores públicos e o subsídio de que trata o § 4º do art. 39 somente poderão ser fixados ou alterados por lei específica, observada a iniciativa privativa em cada caso, assegurada revisão geral anual, sempre na mesma data e sem distinção de índices".

A regulamentação de previsão constitucional é a de conferir a esta uma incidência a mais plena possível em conformidade com o comando constitucional. Nesse sentido, conforme bem observa IGNACIO VILLAVERDE MENÉNDEZ (1977: 4-5), só há lugar para a inconstitucionalidade por omissão quando o silêncio legislativo afeta normas constitucionais gerando uma norma implícita contrária à Constituição. Neste caso em específico, estaria o legislador a sobrepor a sua vontade (negativa, porquanto não implementa a norma inconstitucional) à da Constituição.

Quanto à remuneração, como visto, há uma norma que, nitidamente, clama a figura da lei, a saber, o art. 93, V, da CB, que está a exigir lei estadual, para fixar os subsídios dos magistrados estaduais e, assim, o parâmetro remuneratório do respectivo Judiciário local (regra de estruturação deste). Em outro giro, sem esta lei, não se atende ao comando constitucional que demanda a existência de um valor para o subsídio da magistratura estadual e, consequentemente, não se permite a estruturação cabal do Poder Judiciário estadual.

É bem verdade, contudo, que a circunstância de o art. 96, II, *b*, da Constituição de 1988 exigir a iniciativa do Tribunal de Justiça na regulamentação desta matéria, poderia, inicialmente, afastar o eventual vício de inconstitucionalidade por omissão, por parte do legislador do Estado-membro, *se, e apenas se, o Tribunal de Justiça respectivo não tiver encaminhado à Assembleia Legislativa o devido projeto de lei.*

Importante, ressaltar, apenas *ad argumentandum*, que a declaração de inconstitucionalidade proferida liminarmente na anteriormente referida ADI 3.854-1/DF, por parte do STF, em nada afeta a viabilidade do Projeto de Lei em questão, de iniciativa do Tribunal de Justiça, porque a decisão de inconstitucionalidade atinge a legitimidade da *imposição* (cogente) do subteto, e não, propriamente, a adoção, livre, por parte de cada Estado-membro, de uma porcentagem, que possa refletir sua realidade econômico-financeira.

O Estado-membro, dentro das suas possibilidades orçamentárias e fiscais, já detinha, anteriormente, a prerrogativa de, inclusive, estipular o subsídio dos seus desembargadores abaixo dos 90,25% (considerados inconstitucionais). Em suma, a decisão mencionada não engessa em nada a conformação legislativa dos Estados-membros. Muito pelo contrário, aumenta a sua margem de manobra, na medida em que o Estado, posteriormente, poderá, se entender tal medida como financeiramente possível, inclusive, estipular o subsídio de seus desembargadores no teto.

De mais a mais, não há que se duvidar que a omissão do Legislativo estadual acaba por ser muito mais gravosa ao Poder Judiciário, na exata medida em que tal omissão é uma afronta aberta à *dignidade* do Poder Judiciário (para tomar de assalto o célebre título da obra de Jeremy Waldron – *The Dignity of Legislation*, Cambridge: Cambridge Univ. Press., 1999 – e concomitantemente contrapor-se ao sentido de sua tese); por conseguinte, compromete a necessária autonomia jurisdicional, especificamente a sua capacidade de assegurar a supremacia da Constituição e de implementar os direitos fundamentais.

A instituição dos subsídios não é, certamente – e nunca será demais lembrá-lo –, uma exigência para benefício dos magistrados, mas sim da sociedade e do Poder Judiciário, cuja organização e estrutura foram alocadas, pela Constituição, no âmbito da defesa e implementação dos direitos fundamentais.

Torna-se, portanto, patente a omissão legislativa de procedimento e, ato contínuo, sua inconstitucionalidade, o contexto traduzido por constantes negativas do legislador em aprovar ou até em *rejeitar* Projeto de Lei sobre subsídios da Magistratura, fato que sempre demonstra uma clara opção política por detrás do ato omissivo, o qual finda por violar o art. 93, V, da CB, frustrando, assim, a aplicação do regime de subsídio no âmbito do Poder Judiciário. Ao renegar a concretização do art. 93, V, da CB, o Legislativo estadual posiciona-se em oposição à chamada independência e harmonia entre os "poderes" (art. 2º da CB), do qual decorre o autogoverno (art. 96, I, da CB) e a autonomia financeira do Judiciário (art. 99).

Por fim, vale ressaltar que, embora o Poder Legislativo detenha competência discricionária para legislar (competência geral, liberdade de conformação legislativa) e deva existir campo para a atuação política de convencimento (em muitas ocasiões – não se nega – a falta da lei não ocorre por inércia, mas por opção política), o certo é que, em algumas matérias, a Constituição foi *incisiva* sobre a necessidade de edição (efetiva) de leis, trabalhando com iniciativa diferenciada, prazos certos e peremptórios e possibilidade de combater a inércia indevida do Legislador. Invocando a expressão de Klaus Stern, poder-se-ia falar, aqui, de uma "organização estatal com responsabilidade mútua" (1987: 374), porque um Poder acaba por ser vinculado pelas decisões do outro. Mas esta forma de organização gera necessariamente uma responsabilidade.

São esses elementos que permitem concluir, legitimamente, tratar-se, aqui, de verdadeiro dever constitucionalmente estabelecido, a ser cumprido pelo Legislador. Admitir, em tais situações, uma ampla e irresponsável discricionariedade do Legislativo, é desconhecer a supremacia da Constituição e pretender aplicar o mesmo regime (da liberdade de conformação ampla) para situações absolutamente distintas. Observa Karl Loewenstein, "(...) para poder llevar a cabo debidamente la función que le ha sido asignada, cada detentador del poder debe de estar libre no sólo de intervenciones directas, sino también de cualquier presión indirecta no prevista en la constitución, y que puede ser ejercida sobre él por otros detentadores del poder (...) Esta situación de hecho será aquó designada como 'independencia funcional'" (1970: 254).

Acrescente-se que não há juízo de conveniência e oportunidade, por parte do Legislativo, naquelas matérias de "essencial fundamentalidade", como é o caso dos direitos fundamentais e da independência dos Poderes. Não se pode falar, aqui, validamente, em espaço de livre conformação do legislador. Aliás, a própria passagem da iniciativa do projeto de lei para o Judiciário é um forte indício de que não se trata de mera lei a ser aprovada ou não conforme um amplo jogo político. Apenas o *quantum* remuneratório é que pode ser – e, assim mesmo, dentro de certas pautas de razoabilidade – objeto de intervenção legislativa. O que se tem, como visto, é um ato atribuído ao Legislativo, mas que deve ser tomado como um dever especial, que exige a consciência de que a organização e funcionamento estatal é mutuamente dependente.

Especificamente quanto à importância do Poder Judiciário e da manutenção de sua estrutura constitucional, nunca é demais reforçar sua finalidade prática, a de assegurar a liberdade dos cidadãos, em face do Poder Estatal, e manter hígido e íntegro o Estado de Direito. Neste ponto, constituem objetivo, ainda hoje, desejável, as proposições de Montesquieu: "Lorsque dans la même personne ou dans le même Corps de Magistrature, la puissance législative est réunie à la puissance exécutrice, il n'y a point de Liberté; parce qu'on peut craindre que le même Monarque ou le même Sénat ne fasse des Loix tiranniques pour les exécuter tiranniquement.

"Il n'y a point encore de Liberté, si la puissance de juger n'est pas séparée de la puissance législative & de l'exécutrice. Si elle étoit jointe à la puissance législative, le pouvoir sur la vie & la liberté des citoyens seroit arbitraire; car le Juge seroit Législateur. Si elle étoit jointe à la puissance exécutrice, le Juge pourroit avoir la force d'un oppresseur.

"Tout seroit perdu si le même homme ou le même Corps des Principaux, ou des Nobles, ou du Peuple, exerçoient ces trois Pouvoirs, celui de faire des Loix, celui d'exécuter les résolutions publiques, & celui de juger les crimes ou les différens des particuliers" (cf. Montesquieu, 1748: 244-5).

Em outras palavras, a "distinção, independência e harmonia entre os Poderes" exerce uma instrumentalidade essencial à proteção dos direitos fundamentais. A imprescindibilidade e o papel central do Judiciário no Estado Constitucional de Direito ocidental, ressaltados ao longo de toda esta obra, são inegáveis: "La independência de los jueces en el ejercicio de las funciones que les han sido asignadas y su liberdad frente a todo tipo de interferencia de cualquier outro detentador del poder constituye la piedra final en el edifício del Estado democrático constitucional de derecho" (cf. Loewenstein, 1970: 294).

Uma concepção de Direito consistente com esse dado não pode simplesmente relegar ao Estado-Legislador uma exclusividade na proteção e implementação dos direitos fundamentais. Pelo contrário, a progressiva incorporação no texto constitucional desses direitos assumiu uma nítida preocupação antimajoritária, que só pode ser devidamente resgatada e concretizada pelo Poder Judiciário.

A proposta de que o Judiciário assuma a verificação da consistência das opções legislativas que operem no âmbito dos direitos fundamentais, por meio da chamada proporcionalidade, especialmente na formulação que recebeu por ROBERT ALEXY, é demonstração inequívoca do estreitamento do espaço de livre conformação legislativa quando estão em causa possíveis violações a direitos fundamentais. Essa linha teórica encontra-se implícita na incorporação de certos postulados hermenêuticos, como o da unidade da Constituição, da harmonização e interpretação sistêmica, quase que unanimemente divulgados pela doutrina constitucional contemporânea. Da mesma maneira a concepção do conteúdo mínimo, de um núcleo intangível, dos direitos fundamentais, serve para operar um controle da liberdade do legislador na concretização das normas constitucionais. O que importa ressaltar em todas essas posturas é que não mais se admite a vetusta concepção de atos políticos de Estado, a excluir uma atuação do Judiciário e, mais especificamente, no que interessa aqui, do STF, quando estejam envolvidos direitos fundamentais.

Em outras palavras, essas concepções afastam o juízo de conveniência e oportunidade, por parte do Legislador, quando haja referibilidade a direitos fundamentais. E essa mesma construção há de ser estendida à "separação de Poderes", principalmente em questões referentes à independência do Poder Judiciário, por ser, como visto, garantia estrutural da manutenção da supremacia da Constituição e do respeito aos direitos fundamentais.

Vale, aqui, relembrar a categoria das chamadas "garantias de organização", cuja existência foi observada por CARL SCHMITT. São garantias específicas que caminham conjuntamente com os tradicionalmente reconhecidos direitos e garantias fundamentais. A finalidade dessas *garantias de organização* está justamente em "criar e manter instituições que sustentem o exercício dos direitos fundamentais" (cf. DIMOULIS, 2007: 74). Essas garantias de organização tanto podem ser privadas como públicas. Dentre estas últimas estão os *tribunais*, vale dizer, a existência destes é considerada imprescindível para que os titulares de direitos fundamentais possam exercê-los satisfatoriamente.

A ideia de tribunais (o que pressupõe sua previsão, criação, composição, formatação geral etc.) é essencial e correlata, num paradigma constitucional ocidental, aos direitos fundamentais. Jamais o Judiciário, desde sua independência até a fixação do valor do subsídio a ser percebido pelo magistrado, poderá ser considerado como instituição indiferente à concepção constitucional de direitos fundamentais. Esta conexão demonstra a inexatidão de qualquer tese que pretenda apoiar-se na ideia de discricionariedade ampla do Legislador para impedir uma concretização efetiva da Constituição no que tange à questão dos subsídios.

3. REVISÃO ANUAL

3.1. Previsão constitucional e realidade

Na sua objetividade ímpar, comanda o inciso X do art. 37 da Constituição Federal de 1988, com a redação alterada pela Emenda Constitucional n. 19/98, que: "A remuneração dos servidores públicos e o subsídio de que trata o § 4º do art. 39 somente poderão ser fixados ou alterados por lei específica, observada a iniciativa privativa em cada caso, *assegurada revisão geral anual*, sempre na mesma data e sem distinção de índices" (original não grifado).

A norma excelsa, no que impõe a revisão geral anual, é expressa, sendo desnecessária qualquer explicitação de seu significado nesse particular. Contudo, desde que fora confeccionado o dispositivo constitucional pela emenda referida, nenhuma revisão, por meio de lei específica, como quer a Constituição, foi implementada no âmbito dos mais diversos entes da Federação. Em outras palavras, restou "letra morta" a imposição constitucional acima indicada.

Com efeito, a posição do Supremo Tribunal Federal sobre o tema não é das mais acolhedoras em relação ao funcionalismo público. No caso de São Paulo, transcorridos mais de três anos desde a nova redação, e não tendo o Exmo. Sr. Governador do Estado de São Paulo deflagrado o processo legislativo para atender ao comando constitucional – o que demandaria a apresentação do respectivo projeto de lei para a revisão geral – o PSL ingressou, perante o STF, com ADI, solicitando, no pedido dessa *actio*: "declarar, em definitivo, a sua inconstitucionalidade por omissão, resultante da inexistência de lei específica, que fixe a revisão geral anual, sem distinção de índices, desde 05 de julho de 1999, da remuneração, proventos e pensões dos servidores públicos civis e militares do Estado de São Paulo, visando a reposição do índice de inflação no período, até 06 de junho de 2001.

"(...) em prazo a ser determinado por essa Excelsa Corte (...) que o ilustre Governador do Estado de São Paulo encaminhe ao Poder Legislativo projeto de lei específico destinado a fixar a periodicidade fixada anualmente pelo preceito constitucional referido".

O STF, embora reconhecendo a inércia do Poder Executivo, entendeu, nessa ação, por sua procedência parcial, em acórdão proferido em 19 de dezembro de 2001, tendo funcionado como relator o Min. Ilmar Galvão. Observe-se o seguinte teor do *decisum*: "Mora que, no caso, se tem por verificada, quanto à observância do preceito constitucional, desde junho de 1999, quando transcorridos os primeiros doze meses da data da edição da referida EC n. 19/98.

"Não se compreende, a providência, nas atribuições de natureza administrativa do Chefe do Poder Executivo, não havendo cogitar, por isso, da aplicação, no caso, da norma do art. 103, § 2º, *in fine*, que prevê a fixação de prazo para o mister". E, ainda:

"(...) julga procedente, em parte, a presente ação, para o fim tão somente de, declarando-o em mora no cumprimento do disposto no art. 37, X, da Constituição Federal, determinar ao Governador do Estado de São Paulo seja dada ciência desta decisão".

3.2. A recorrente inconstitucionalidade por omissão

Quando a Constituição refere-se expressamente a determinado direito, como o de obter a revisão periódica do valor da remuneração de servidores, mas atrela-o (o direito mencionado) a uma legislação específica (futura), a falta desta última ocasiona um *dano* evidente ao *direito* consagrado, subvertendo a *vontade constitucional* e impedindo a norma de natureza máxima de alcançar seu desiderato por sucumbir à *vontade contrastante* daquele órgão ou agente que estava obrigado a proceder à regulamentação.

Vale ressaltar que, embora o Poder Legislativo detenha competência discricionária para legislar (competência geral) e, ademais, embora deva haver campo para a atuação política de convencimento (em muitas ocasiões – não se nega – a falta da lei não ocorre por inércia, mas por opção política), o certo é que, em algumas matérias, a Constituição foi *incisiva* sobre a necessidade de edição (efetiva) de leis. Trata-se, pois, de verdadeiro dever constitucionalmente estabelecido, a ser cumprido pelo legislador, especialmente quando a omissão prejudica ou impede o exercício de um direito constitucional. Admitir, em tais situações, uma ampla e irresponsável discricionariedade do Legislativo (ou do Executivo, quando de sua iniciativa exclusiva a deflagração do processo legislativo), é desconhecer a supremacia da Constituição.

Em última análise, a questão ganha relevância em relação aos magistrados quando se agrega a garantia constitucional da irredutibilidade de subsídio. Conforme observação anterior, destaca-se que o histórico desta garantia e o das outras duas (inamovibilidade e vitaliciedade) bem demonstram a preocupação com o Poder Judiciário e, automaticamente, com o próprio juiz, individualmente considerado, enquanto garante que é do cidadão e da sociedade.

A necessidade de proceder à revisão anual de remunerações não pode ser encarada como uma mera formalidade, independentemente de seu alcance material. Assim, não poderia o Governo estadual, *v.g.*, pretender alegar cumprimento do comando constitucional referido ao propor projeto de lei que estabelecesse a revisão em patamares vis ou de ínfima repercussão no montante final da remuneração. Isso equivaleria a achavascar o preceito constitucional.

O disposto, atualmente, no inciso X do art. 37 consagra o princípio da periodicidade, ou da anualidade, na revisão geral das remunerações dos servidores públicos. Anteriormente à Emenda Constitucional n. 19/98, como se sabe, havia apenas a seguinte previsão:

"X – a revisão geral da remuneração dos servidores públicos, sem distinção de índices entre os servidores públicos civis e militares, far-se-á sempre na mesma data".

Está consagrada, pois, desde há muito, a necessidade de revisão, que haveria de ocorrer sem distinção entre servidores e sem distinção de datas. Contudo, não havia qualquer referência à periodicidade dessa revisão. Com a redação atual, como já se pôde anotar no preâmbulo deste estudo, a situação alterou-se sensivelmente, já que se consagrou constitucionalmente que estaria "assegurada revisão geral anual".

Extrai-se do dispositivo *supra*, ainda, que a fixação ou alteração da remuneração ou subsídios dos servidores públicos far-se-á por *lei específica*, observada a respectiva iniciativa privativa do projeto de lei. Ocorre que, conforme dicção do art. 61, § 1º, II, *a* da CB/88, é de iniciativa *privativa do Presidente da República* a elaboração de leis que disponham sobre "criação de cargos, funções ou empregos públicos na administração direta autárquica ou aumento de sua remuneração". A regra é de observância compulsória pelos estados, em sua estruturação do poder, por força da necessária simetria que se impõe com a Constituição Federal, o que vem sendo reiteradamente ratificado pela jurisprudência do STF. Nesse sentido, dispõe a Constituição do Estado de São Paulo, em seu art. 24, § 2º, que compete, exclusivamente, ao Governador do Estado, a iniciativa das leis que disponham sobre:

"1 – criação e extinção de cargos, funções ou empregos públicos na administração direta e autárquica, bem como a fixação da respectiva remuneração".

Isto posto, anteriormente à nova redação conferida ao inciso X do art. 37 da Carta Suprema Federal, o entendimento corroborado pela Suprema Corte era o de inexistir obrigatoriedade de envio do projeto de lei pelo Presidente da República, ou pelo Governador de Estado, conforme o caso, já que o princípio da periodicidade para revisão remuneratória do funcionalismo público não estava inserto no dispositivo constitucional.

Posicionou-se, naquela época, o STF, afirmando que a Constituição: "não confere aos servidores públicos o direito a uma data-base. Sem estabelecer um princípio da periodicidade, esse dispositivo apenas garante a simultaneidade, generalidade e igualdade da revisão da remuneração dos servidores públicos civis e militares. Em consequência, o Presidente da República – a quem compete com exclusividade a iniciativa de leis que disponham sobre o aumento da remuneração dos servidores públicos (CF, art. 61, § 1º, II, *a*) – não está obrigado a encaminhar ao Congresso Nacional projeto de lei com esse conteúdo. Baseado nesse entendimento, o Tribunal indeferiu mandado de segurança impetrado por partidos políticos, contra a alegada omissão do Presidente da República em propor ao Congresso o reajuste da remuneração dos servidores federais".

Com efeito, a nova redação contém em seu bojo o mister de, no mínimo, um projeto de lei anual dispor sobre a alteração da remuneração e dos subsídios dos servidores públicos. Trata-se, agora, de uma obrigatoriedade assumida expressamente pelo texto da Constituição.

Cumpre anotar, neste passo, o posicionamento posterior do STF perante a omissão estatal, no que tange ao princípio da periodicidade. Em seu voto, anteriormente já referido, sobre a revisão geral anual, no âmbito federal, o Min. ILMAR GALVÃO reconheceu que: "(...) fica evidente que o texto constitucional, em sua nova redação, explicitou (...) a obrigatoriedade de revisão geral anual da remuneração dos servidores da União, providência que implica a edição de lei específica, de iniciativa privativa do Presidente da República, como previsto no art. 61, § 1º, II, *a*, do texto constitucional.

"Tornou-se estreme de dúvida, portanto, incumbir ao Chefe do Poder Executivo o cumprimento do imperativo constitucional, enviando, a cada ano, ao Congresso Nacional, projeto de lei que disponha sobre a matéria.

"Ocorre, entretanto, como destacado na inicial, que até o presente momento, embora quase três anos tenham decorrido desde a edição da EC 19/98 e, consequentemente, da categórica norma do art. 37, X – e não obstante o fenômeno da inflação se tenha feito sentir, ininterruptamente, durante todo o período –, não se registrou o necessário desfecho, de parte do Palácio do Planalto, de nenhum processo legislativo destinado a tornar efetiva a indispensável revisão geral dos vencimentos dos servidores da União.

"Patente, assim, a alegada mora legislativa, de responsabilidade do Presidente da República, que justificou o ajuizamento da presente ação direta de inconstitucionalidade por omissão".

Vale também transcrever as ponderações precisas do Min. MARCO AURÉLIO: "(...) já na vigência da Carta de 1988, considerando o texto primitivo, surgia, em si, o princípio da irredutibilidade remuneratória, ligado, evidentemente, para que não seja algo simplesmente formal, ao valor real dos vencimentos. (...) teríamos assento constitucional para caminhar no sentido da revisão, simples revisão, ou seja, da reposição do poder aquisitivo dos vencimentos dos servidores públicos.

"Foi promulgada a Emenda Constitucional n. 19, e aí o legislador constituinte tornou explícita a garantia constitucional, homenageando, com isso, o princípio da irredutibilidade e dando a este uma orientação pedagógica. Previu a unidade de tempo 'ano' para a revisão dos vencimentos. Tem-se a revelação, em bom vernáculo, de que o princípio da irredutibilidade não se situa no plano simplesmente formal, mas efetivo, tendo como finalidade a reposição do poder aquisitivo dos vencimentos.

"A omissão, a meu ver, já está escancarada, e já consideraria configurada desde janeiro de 1996. Com maior razão o faço relativamente ao mês que se seguiu ao aniversário de ano da própria Emenda Constitucional n. 19".

Da verificação das decisões proferidas anteriormente, sobre a mesma temática, pelo STF, decorre a inadmissibilidade de que, caso utilizada a ADPF, seja esta conducente ao mesmo resultado apresentado para a ADI. Com a ADPF, doravante, deve-se obter a solução – ainda que temporária – para o grave descumprimento da Constituição, reparando-o e alocando a Carta Magna na posição que deve permanecer, como fonte máxima e suprema das decisões.

Inúmeras alternativas já foram encontradas e apontadas, seja pela doutrina, seja pela legislação estadual de outras entidades da federação.

A título de exemplo, quanto às leis estaduais, mencione-se, aqui, ainda, a Lei estadual de Minas Gerais, n. 9.414, de 3 de julho de 1987, ao contemplar, em seu art. 16, a incidência da unidade de referência de preços – URP sobre os vencimentos dos servidores estaduais como *reajustamento automático de vencimentos* fundamentado em índice oficial. Também no âmbito federal, com a Lei n. 8.676, de 1993, os vencimentos, soldos e demais retribuições dos servidores públicos civis e militares da Administração Federal direta, autárquica e fundacional passaram, naquele momento, a ser *reajustados bimestral e quadrimestralmente*, a título de antecipação, tendo como critério a variação acumulada do índice de reajuste do salário mínimo – IRSM, nos termos do art. 1º dessa lei. Seria desnecessário elencar as diversas leis concessivas de reajustamento automático, utilizando-se de índices oficiais de atualização periódica.

Ainda que não se concorde com essa perspectiva, solução mínima há de ser adotada, sob pena de vulnerar a estrutura constitucional do País. O princípio da separação de "poderes" não poderá ser sobreposto à Constituição ou à vontade do constituinte originário. Foi este que constituiu os "poderes" existentes e, nessa medida, deve ser respeitado como decisão soberana. A vontade de um dos poderes (no caso, o Executivo) de ignorar a necessidade da revisão geral significa, na realidade, que este "poder" pretende sobrepor-se à Carta Constitucional, em paradoxo de clareza insuperável: o Executivo só existe como tal porque assim foi constituído pela Constituição, da qual recebe toda sua força. Deve, portanto, o STF encontrar uma solução imediata, apesar da revelia do Chefe do Executivo.

Apenas *como medida paralela* seria sustentável aquela já proposta por Anna Cândida da Cunha Ferraz: "(...) nada impede se adotem os mecanismos existentes em diversos sistemas constitucionais, tais como, a iniciativa popular, a iniciativa legislativa dos Estados-Membros (nos Estados federais, para casos em que a norma constitucional lhes interesse diretamente), a iniciativa legislativa de entidades e associações, como meio de suprir a omissão do legislador" (Ferraz, 1986: 56-7).

Ora, nada mais oportuno que associações diretamente interessadas promovam a iniciativa parlamentar do projeto de lei em questão. De qualquer sorte, essa alternativa deve ser encarada como secundária, ou, no mínimo, paralela, e não exclui a atuação direta do STF, em face da eficácia própria da decisão nessa ação.

Não é válido, pois, o argumento de que se poderia estar transformando o STF em legislador. Na realidade, mantém-se o STF em sua posição peculiar, de protetor da Constituição. Nada além disto. Repita-se: não existe "poder" contra a Constituição, porque seria um paradoxo. Ademais, a capacidade normativa do Judiciário não foi desconhecida do legislador constituinte, consoante se depreende do disposto no art. 114: "§ 2º Recusando-se qualquer das partes à negociação ou à arbitragem, é facultado aos respectivos sindicatos ajuizar dissídio coletivo, podendo a Justiça do Trabalho estabelecer normas e condições, respeitadas as disposições convencionais e legais mínimas de proteção ao trabalho".

O reconhecimento de atribuição normativa propriamente dita a outros "poderes" além do Legislativo vem previsto expressamente na Constituição de 1988, quando, em seu art. 49, estabeleceu-se a competência exclusiva do Congresso Nacional para: "XI – zelar pela preservação de sua competência legislativa em face da atribuição normativa dos outros poderes".

E é justamente essa atribuição normativa que se quer do STF em sede de processo de arguição. O que se pretende, pois, é decisão que seja eficaz, como expressamente o exige a Lei da ADPF, vale dizer, que fixe as condições e o modo de interpretação e de *aplicação*, para que se elimine totalmente a omissão (descumprimento) verificada. É certo que quanto ao exato critério a ser utilizado para a revisão, deverá o STF proceder a uma analogia ou extensão de critério já adotado pelo próprio Estado, para revisão de valores outros (não remuneratórios) ou até mesmo de critérios legais existentes em entes federativos diversos. No caso, é plenamente possível e compatível com a lógica do sistema a aplicação do índice utilizado pelo Estado para atualizar seus créditos perante os particulares. Sendo o Estado submisso ao princípio da moralidade, é de se esperar que não proceda com "dois pesos e duas medidas", a não ser que o faça para beneficiar os servidores (indo além daquele índice indicado). Ademais, é preciso respeitar as particularidades de cada Estado.

Por fim, ressalte-se que não há perda de competência por parte seja do Executivo seja do Legislativo, que podem (e devem, já que a revisão há de ser anual) apresentar e aprovar nova lei, com índice diverso. É, inclusive, questão de "preservação de competência" como visto. Até lá, contudo, prevalecerá a solução encaminhada pelo STF.

Quanto aos limites constantes da Lei de Responsabilidade Fiscal, objeto de ação direta de inconstitucionalidade, independentemente do resultado desta ou da interpretação que se tenha de seus dispositivos, é preciso não olvidar que não se pode invocar esta Lei contra mandamento expresso da Constituição. É impossível fazer prevalecer limites ou contenção de gastos, por vontade do legislador, sem inverter a estrutura jurídica do País, quando tais limites contrastam com outro comando normativo, advindo da mesma Constituição.

4. CONVERSÃO DAS FÉRIAS NÃO GOZADAS PELOS MAGISTRADOS EM PECÚNIA

4.1. Contextualização da conversão das férias em pecúnia

Sob a redação original da Constituição de 1988, as férias forenses não mereceram qualquer referência expressa particularizativa. Seu regramento coube à já existente Lei Complementar n. 35/79, Lei Orgânica da Magistratura – LOMAN. Sob a tutela dessa legislação complementar, cada magistrado ostenta o direito às férias anuais de sessenta dias (art. 66, *caput*), a serem gozadas em prazo nunca inferior a trinta dias (art. 67, § 1º), com regime coletivo ou individual, dependendo da instância judicial e natureza da jurisdição exercida (cf. art. 66, § 1º, da LOMAN, no tocante à magistratura do trabalho, que gozava de férias individuais).

As reconhecidas macrocarências no exercício da função jurisdicional – decorrentes da crescente demanda judicial ocorrida principalmente a partir da década de 80 e, mais intensamente, na década de 90 (cf. Sadek, 1998) – *levaram*, sem embargo, à *alteração da dinâmica regulamentar da atividade judicial (e judiciária)*, resultando no incremento das pautas constitucionais norteadoras deste ramo do Poder Público. Dentre os temas alçados à atenção constitucional, o recesso e as férias judiciais, dada sua relação próxima com o recém-institucionalizado direito fundamental à celeridade judicial (art. 5º, LXXVIII, da CB), passaram a ser merecedores de especial atenção.

Assim, a Reforma do Judiciário de 2004, consolidada, em âmbito constitucional, pela EC n. 45/2004 (fruto do chamado Primeiro Pacto Republicano), acrescentou ao rol preexistente de diretrizes a nortear o Estatuto da Magistratura *a ininterrupta prestação da atividade jurisdicional*, parcialmente lastreada e concretizada na impossibilidade de o Judiciário nacional (federal e estadual, comum e especializado) conceder férias coletivas nos juízos e tribunais de segundo grau (art. 93, XII, *in fine*, da CB).

Esta notável diretriz constitucional, como já foi mencionado, visou a desenvolver o direito fundamental da celeridade do processo judicial e sua razoável duração (art. 5º, LXXVIII, da CB), figurando, nas palavras de J. J. Gomes Canotilho (1991: 1158), *como um verdadeiro princípio de densificação do princípio estruturante do Estado de Direito, que pressupõe e demanda um Estado de Direito judicialmente capacitado.*

Como corolário, tornou-se, então, necessário que dimensão específica da disciplina legal referente às férias judiciais, a saber, *o não usufruto de férias individuais, por imperiosa necessidade do serviço* (cf. art. 67, § 1º, da LOMAN), recebesse a devida atenção institucional, com vistas a figurar como plataforma capaz de implementar e efetivar, de maneira constitucionalmente adequada, a qualidade ininterrupta da prestação judicial.

Contudo, nada obstante o *caráter central* desta dimensão específica do regime judicial de férias *para* o desenvolvimento eficiente da exigência constitucional por um serviço judicial ininterrupto, o direito subjetivo envolvido, de envergadura fundamental, finda por condicionar a operacionalização desta prática à observação de outro valor constitucional.

No esteio destas considerações, tem-se que a acumulação de férias, por necessidade de serviço, sujeita-se, paralelamente ao dever institucional e constitucional do serviço judicial *ininterrupto*, a outro parâmetro constitucional, qual seja, o direito fundamental às férias. Sinteticamente, portanto, o *não usufruto de férias individuais* e sua posterior recomposição adequada têm, como lastros constitucionais: (i) o direito fundamental ao gozo de férias remuneradas e (ii) a imposição constitucional de serviço judicial ininterrupto.

Explica-se. Se, *por um lado*, há uma cláusula constitucional que preza pelo serviço judicial ininterrupto, afinal estamos diante de função essencial do Estado, que não pode parar, essa cláusula-dever finda por exigir, dado o contexto atual – conforme se verá –, arranjo *gerencial* que admita o cancelamento do usufruto prático das férias (cf. ADI-MC 3.283-1/DF, rel. Min. Cármen Lúcia, j. em 6-12-2006, *DJ* de 23-11-2007).

Por outro lado, embora as férias coletivas quanto ao juízo e tribunais de segundo grau tenham sido eliminadas do ordenamento jurídico por expressa imposição constitucional, *a Magistratura não deixou de ter respeitado – e nem poderia – o direito fundamental ao gozo de férias remuneradas* (cf. art. 7º, XVII, da CB), direito este que, em seu atual nível de proteção, frise-se, é indene a qualquer alteração legal e até mesmo constitucional.

À primeira vista, destaque-se, estes dois lastros constitucionais parecem sinalizar para direções opostas. Soma-se a esta delicada e aparentemente conflitante equação a existência de contingente judicial insuficiente para arcar com a sempre crescente litigiosidade social, e, de imediato, tem-se o cenário perfeito para uma *barafunda constitucional* ou, desenhando-se, assim, um cenário indesejável de *ausência de força normativa ou da cláusula da prestação judicial ininterrupta*, ou do *direito a férias remuneradas*, no contexto judicial.

Deste conflito, tornou-se imperioso temperar a mera possibilidade de acumulação de férias, de forma a se construir, com isso, *um importante mecanismo de gestão de recursos humanos, capaz de equacionar as exigências constitucionais pairantes sobre o serviço judicial, e que demandam*, ao mesmo tempo, *o respeito aos direitos constitucionalmente atribuídos aos magistrados*, no caso que aqui interessa, o direito às férias remuneradas.

Eis o gérmen constitucional, pautado tanto no art. 7º, XVII, como nos arts. 5º, LXXVIII, e 93, XII, da CB, da *prática da conversão em pecúnia de férias não gozadas pelos magistrados por necessidade de serviço*, cuja plataforma legal, de incidência nacional, encontra-se preliminar e parcialmente no art. 67, § 1º, da LOMAN: "As férias individuais não podem fracionar-se em períodos inferiores a trinta dias, e somente podem acumular-se por imperiosa necessidade do serviço e pelo máximo de dois meses".

4.2. Regulamentação infraconstitucional

Conforme foi visto, o embasamento legal preliminar da conversão das férias não gozadas pelo magistrado em pecúnia situa-se na própria LOMAN. Esta, em seu art. 67, § 1º, admite: (i) a possibilidade de acumulação de férias individuais, por imperiosa necessidade do serviço; (ii) condicionada ao máximo de duas férias sequenciais.

Tendo como premissa este enunciado linguístico, almejou o CNJ, em um primeiro momento, desenvolvê-lo em consonância exegética às novas diretrizes constitucionais estabelecidas pela Reforma do Judiciário de 2004, em especial, pelos adicionados arts. 5º, LXXVIII, e 93, XII, da CB, e aos anteriormente existentes arts. 7º, XVII, e 39, § 3º, da CB. O resultado foi a explícita possibilidade de as férias não gozadas serem convertidas em pecúnia, enquanto forma de ressarcimento ao juiz que, em benefício do serviço judicial ininterrupto, sacrifica seu fundamental tempo de descanso, tão necessário à sua higidez psíquica e física.

4.3. A regulamentação pelo CNJ

Não deixa de ser relevante registrar que, tão logo instituído o CNJ em junho de 2005, tenha essa instituição visado a regulamentar, em termos gerais, o recesso e as férias judiciais, numa clara comprovação da relevância do tema para a Magistratura e, acima de tudo, para a sociedade.

O primeiro Ato se traduziu na reiterativa e, conforme destaco em minha *Constituição do Brasil integrada* (cf. Tavares, 2007: 200), desnecessária Resolução n. 3, de 16 de agosto de 2005, ora revogada, a qual mimetizou (daí a desnecessidade) a proibição constitucional constante do art. 93, XII, da CB, no art. 2º daquela vetusta Resolução.

Posteriormente, o órgão máxmo de fiscalização estrita do Poder Judiciário voltou a abordar o temário, embora de maneira incidental, por meio da Resolução n. 13, de 21 de março de 2006. Esta, em seu art. 8º, I, *e*, excluiu do teto remuneratório constitucional a verba de caráter indenizatório consistente na indenização de férias não gozadas. Nisso foi seguida pela Resolução n. 14, de mesma data (cf. art. 4º, I, *h*), ambas nos termos que já foram amplamente desenvolvidos nesta obra.

Em consequência às previsões acima (cf. Pedido de Providência n. 759/2006), o CNJ, topicamente quanto às férias não gozadas, editou a Resolução n. 23, de 10 de outubro de 2006, revogada pela Resolução CNJ n. 25, do mesmo ano, e que estabelecia as diretrizes gerais concernentes ao regime jurídico dessa ocorrência, dentre as quais cumpre destacar as seguintes, *de natureza prospectiva*: (a) a impossibilidade legal – cf. art. 67, § 1º, da LOMAN – de o juiz cumular mais do que dois meses de férias; (b) de o excedente ao limite de duas férias ser convertido em pecúnia – inobstante as (in)disponibilidades orçamentárias; e (c) a incidência do adicional de 1/3 sobre estas férias, nos termos dos arts. 7º, XVII, e 39, § 3º, da CB.

A Resolução CNJ n. 25, de 14 de novembro de 2006, para além da absorção dos preceitos da anterior Resolução CNJ n. 23, determinou, de maneira complementar, em seu art. 8º, a necessidade de os Tribunais, periodicamente, publicarem a escala de férias individuais de cada um de seus magistrados, com vistas a racionalizar o regime de concessão de férias e adequá-lo à exigência constitucional da ininterrupta prestação jurisdicional. Percebe-se, de maneira mais cristalina, a partir deste preceito, o caráter instrumental acima mencionado da conversão de férias não gozadas em pecúnia, quanto à harmonização dos postulados constitucionais do direito às férias remuneradas e da ininterrupta prestação judicial.

Contudo, em 18 de dezembro de 2006, editou-se a Resolução CNJ n. 27, simplesmente revogando a Resolução CNJ n. 25, bem como a referência encetada no art. 8º, I, *e*, da Resolução n. 13/2006, relativa à verba indenizatória condizente à conversão em pecúnia de férias não gozadas.

O fundamento aventado para a revogação em comento, com a consequente não normativização do tema pelo CNJ, destaque-se, foi o impacto orçamentário que a imposição de indenização por férias não gozadas implicaria às esferas judiciais, as quais, sustentou-se, não teriam condições de adimpli-las, caso esta conversão fosse vislumbrada como um dever, desapegado das condições orçamentárias. Implicitamente, serviu igualmente como elemento motivador a manifestação proferida pelo STF no julgamento da ADI-MC 3823-1/DF, em que se colocou, paralelamente, em xeque a competência do CNJ em regulamentar os direitos dos magistrados, é dizer, criar, extinguir ou restringir obrigações da magistratura (cf. voto do Min. Cezar Peluso, ADI-MC 3.823-1/DF, rel. Min. Cármen Lúcia, j. em 6-12-2006, *DJ* de 23-11-2007, p. 29).

4.4. O caráter constitucional da conversão de férias não gozadas em pecúnia

Nada obstante as circunstâncias acima narradas, e para além das resoluções destacadas no tópico anterior, a conversão de férias não gozadas em pecúnia não figura como *interdição constitucional*. Ao contrário do que podem afirmar alguns incautos, apressados em marginalizar a conversão em apreço, *o mesmo CNJ reconhece, ainda, a possibilidade de as próprias organizações judiciais autônomas e individualizadas facultarem a conversão de férias não gozadas em pecúnia, por estrita necessidade de serviço judicial.*

Exemplificativamente, quanto ao reconhecimento em comento, tem-se a Resolução n. 14, de 21 de março de 2006, ainda em vigor, que exclui, taxativamente, do teto remuneratório as verbas de caráter indenizatório, como as de "indenização de férias não gozadas" (art. 4º, I, *h*) (tratei do tema em meu *Direito constitucional brasileiro concretizado: hard cases* e soluções juridicamente adequadas, São Paulo: Método, 2006, p. 734 e s.), e, inclusive, a recente Resolução n. 102, de 15 de dezembro de 2009, responsável por disciplinar a publicação, por parte dos tribunais, de informações alusivas à respectiva gestão orçamentária e financeira.

Em relação a esta última, especificamente quanto às informações sobre recursos humanos e remuneração (capítulo II), figuram como remunerações pagas individualmente as denominadas *vantagens eventuais* (cf. art. 3º, § 2º, VI, da Resolução), que incluem expressamente a figura da *indenização de férias*.

Tem-se, portanto, que o contexto atual *compreende a ausência de uma regulamentação geral e nacional específica sobre o tema da conversão de férias em pecúnia, e não uma suposta vedação a essa prática.*

O CNJ, por exemplo, em face das dificuldades que o multifacetado sistema judicial brasileiro suscita quanto ao dimensionamento orçamentário de cada uma de suas unidades judiciais, retraiu-se em sua iniciativa inicial de disciplinar o temário. Este foi o posicionamento assumido após a análise do controverso Pedido de Providências n. 2007.10.000.1131-0, conforme se depreende do voto do Conselheiro Relator Antônio Umberto de Souza Júnior:

"Não houve nenhum julgamento posterior para propiciar revisão de entendimento. O Colegiado, simplesmente, refluiu na constatação da necessidade de regulamentar a matéria por resolução, deixando ao alvitre de cada tribunal, dentro de sua autonomia administrativa e financeira e do elevado senso de responsabilidade de seus dirigentes, sujeitos a múltiplos mecanismos de controle (inclusive por este Conselho), gerir a questão das férias acumuladas de seus juízes da maneira que reputar mais adequada. (...)

"Encerrando o raciocínio desenvolvido para se dar resposta às três indagações formuladas, é preciso anotar que seria chegar a um resultado frustrante tentar formular uma regra geral que pudesse abarcar as diferentes situações concretas enfrentadas pelos tribunais todos os dias".

Preferiu o CNJ, nada obstante a resposta negativa ao Pedido acima mencionado, ao não reconhecer a ilicitude da prática, deixar em aberto a cada uma das partes integrantes do Judiciário Nacional, conhecedoras de suas próprias capacidades orçamentárias, a tarefa de implementar a prática em comento, a qual, é certo, pode ser instrumentalizada por veículo normativo formal. Pode ser, porém, inexistente previsão normativa de cada ente federativo desenvolvendo os parâmetros constitucionais já destacados e preliminarmente referidos na LOMAN (art. 67, § 1º), o que analisarei a seguir.

É nesse sentido, portanto, que há de se compreender eventuais manifestações em sentido contrário à conversão de férias não gozadas em pecúnia de natureza indenizatória. Supostamente ausente, no caso dos Tribunais de Justiça interessados, legislação específica permissiva, seria para muitos impossível sua concessão em bases legítimas. Em síntese, ainda assim, estaríamos diante de um problema formal e não de impedimento material, quanto à prática em comento.

Problemática, porém, não é a situação do caso *do Estado de São Paulo que cumpriu de maneira precisa a sua tarefa institucional, regulamentando tópica e constitucionalmente a questão específica da conversão de férias em pecúnia, com vistas a atender o caráter ininterrupto da prestação jurisdicional.*

Deixou, ainda – como deve ser – a competência pela determinação da conversão de férias em pecúnia a cargo do Presidente do Tribunal de Justiça do Estado de São Paulo, conhecedor que é da realidade orçamentária do Poder sob a sua responsabilidade – civil, administrativa e penal mas, sobretudo, por respeitar os limites da autonomia de cada um dos Poderes.

4.4.1. *Da constitucionalidade material*

Diante do que foi dito até o presente momento, tem-se precípua e simplesmente a ausência de regulamentação geral, de incidência nacional, quanto à conversão de férias não gozadas em pecúnia, por motivo de necessária continuidade judicial. Esta circunstância de forma alguma sinaliza uma proibição à prática em comento. E nem poderia refletir tal compreensão vedatória, porquanto a conversão de férias não gozadas em pecúnia consolida pautas constitucionais caras à Reforma do Judiciário de 2004 e à sua eficiente consolidação prática.

4.4.1.1. Serviço judicial ininterrupto e direito fundamental às férias

Nos termos já apresentados, *a possibilidade de não usufruto de férias*, facultada no art. 67, § 1º, da LOMAN, vem a serviço dos seguintes postulados constitucionais: (i) o direito assegurado ao indivíduo à razoável duração do processo judicial (art. 5º, LXXVIII, da CB); (ii) a cláusula de serviço judicial *ininterrupto* (art. 93, XII, da CB).

Por outra banda, *a conversão dessas férias não gozadas em pecúnia* vem a resgate do direito fundamental às férias remuneradas (art. 7º, XVII, da CB), estendido à Magistratura pelo art. 39, § 3º, da Constituição. É o art. 7º, XVII, da CB que legitima diretamente a indenização pelas férias não gozadas. Outro não é o sentido esposado pelo STF.

A Corte máxima, no julgamento do RE-AgR 324.880-4/SP, manteve a decisão recorrida, que confirmava o pagamento de indenização a servidor por férias não gozadas, uma vez que o Tribunal de Justiça "apenas conferiu efetividade ao disposto no inciso XVII do art. 7º da *Lei das Leis*" (RE-AgR 324.880-4/SP, rel. Min. Carlos Britto, j. em 24-5-2005, *DJ* de 10-3-2006). Para além disto, ementou-se o seguinte: "Se o benefício [das férias] não é usufruído, porque a Administração indeferiu requerimento tempestivo do servidor, ao argumento de absoluta necessidade do serviço, impõe-se a indenização correspondente, acrescida do terço constitucional" (RE-AgR 324.880-4/SP, rel. Min. Carlos Britto, j. em 24-5-2005, *DJ* de 10-3-2006 – Nesse exato sentido, RE-AgR 324.656-9/RJ, rel. Min. Gilmar Mendes, j. em 6-2-2007, *DJ* de 2-3-2007).

Assim, a prática figura como importante, legítimo e constitucionalmente impositivo instrumento responsável por operar, concomitante e coordenadamente, o dever institucional do serviço judicial ininterrupto e o direito individual dos magistrados ao gozo de férias remuneradas.

Mas não é só. Essa legitimidade em não usufruir as férias acaba por ser respaldada por outra cláusula acrescentada pela reforma constitucional do Poder Judiciário, a saber, *a necessidade de o número de juízes, por unidade jurisdicional, ser proporcional à efetiva demanda judicial e à respectiva população* (art. 93, XIII, da CB), cláusula amplamente vinculada à celeridade processual.

Com efeito, quando o Presidente de um dado Tribunal de Justiça impede o magistrado de usufruir de suas férias constitucionalmente devidas, para cumprir, como gestor, seus deveres igualmente constitucionais de garantir um serviço judicial adequado, recompensando-o com a conversão destas em pecúnia, não apenas quer, o Chefe do Judiciário local, assegurar a continuidade do serviço judicial, como também visa a elidir redução de monta em seus recursos humanos, que, quando ocorrente, ainda que temporariamente, pode significar um claro comprometimento das diretrizes constitucionais dirigidas à jurisdição e seus serviços auxiliares, que são as de um serviço prestado com qualidade, celeridade e com número de magistrados, tanto quanto possível adequado, considerando-se, para este último fim, a demanda judicial e a população atendida.

Em síntese, o responsável por uma dada unidade jurisdicional, em sua função de gestor constitucionalmente consciente, organiza da melhor maneira possível os meios à sua disposição, com vistas a atender os fins funcionais que a Constituição lhe impõe, da maneira mais eficiente possível.

Sob essa circunstância, a conversão das férias não gozadas em pecúnia finda, ainda, por atender, pois, a cláusula constitucional, de caráter instrumental e administrativo, da eficiência.

4.4.1.2. O postulado da eficiência e a conversão de férias em pecúnia

Em realidade que já se tornou amplamente reconhecida, embora desdenhada em suas reais consequências, o Brasil apresente um número de magistrados insuficiente em relação à demanda judicial existente, sendo a proporção entre esse número e o número consolidado da população atendida inferior a outros *benchmarks* usualmente empregados.

Conforme demonstra o estudo disponibilizado no próprio sítio do CNJ – *Justiça em Números*, do ano de 2019, o Tribunal de Justiça de Minas Gerais apresenta o maior índice de cargos vagos de magistrado, de 37,6%, seguido por São Paulo, com percentual de 23,1%. Esse quadro se agrava quando se considera, ainda, a deficiência numérica oficial, que é uma deficiência generalizada por todas entidades federativas nacionais.

Embora a resposta ótima ao problema aventado esteja no melhor e, igualmente, maior aparelhamento humano do ramo judicial, sua efetivação não é imediata, por exatos dois motivos que permeiam o senso comum: (i) dificuldades orçamentárias, que atrasam o ritmo de (re)composição humana da magistratura; e (ii) a morosidade do processo de seleção de magistrados, o qual, necessariamente, há de ser paulatino e cuidadoso, caso o objetivo seja – como o é – o de identificar os mais aptos e capacitados para o exercício de serviço tão essencial à vida em sociedade. Isso não significa uma autorização aos gestores do Judiciário no sentido de permitir que descuidem deste importante componente. É responsabilidade direta dos presidentes de tribunais que cuidem para que essa dificuldade seja progressivamente superada.

Nessa linha de desenvolvimento, portanto, a prática em comento, concernente à não concessão de férias condicionada à reparação do magistrado afetado, seria – como o é – a que melhor operacionaliza, conforme visto, as cláusulas de um serviço judicial ininterrupto, em consonância com o direito dos magistrados às férias remuneradas. Isto, é claro, dentro do contexto fático atual, no qual há um patente *déficit* humano e, igualmente, orçamentário que claramente dificultam a elevação e aproximação do serviço judicial aos parâmetros de eficiência constitucionalmente idealizados (cf. Tavares, 2009, v. 2: 13-30).

Assim, ao se considerar esta conjuntura empírica, a imposição do não usufruto de férias devidas, pela imperiosidade do serviço judicial, consubstancia rotina administrativa que melhor atende, no atual momento, aos fins constitucionais específicos ora mencionados, de forma que aufira, também por essa razão, legitimidade constitucional. Esta chancela constitucional adicional (mas essencial) decorre, propriamente, de outro preceito constitucional de importância central, a saber, *o princípio da eficiência* (art. 37, *caput*, da CB).

Este princípio, como salientado, volta sua atenção à própria atividade estatal, exigindo de seu desempenho ou realização uma eficiência de lastro econômico. A eficiência a nortear o desempenho estatal de suas funções enseja e possibilita, nesse contexto, a realização de controle tanto repressivo como preventivo (de ordem teórica) acerca da "justeza dos recursos empregados em vista dos fins pretendidos" (cf. Tavares, 2009: 86 e s.).

Mencionada "justeza" de recursos empregados, em vista dos fins pretendidos, pode ser medida de três maneiras (os denominados três E's da cláusula da eficiência): (i) economicidade; (ii) eficiência e (iii) efetividade. Tais consistem no seguinte:

"*Economicidade*: diz respeito à redução dos custos dos recursos requeridos ou utilizados, mantendo atenção à qualidade apropriada (*em resumo, gastar menos*).

"*Eficiência:* diz respeito à relação entre os resultados dos bens, serviços e os recursos utilizados para produzi-los. Até que ponto um resultado máximo é alcançado com base em um determinado *input*, ou [até que ponto] um mínimo *input* produz um dado resultado (*em resumo, gastar-se bem*).

"*Efetividade*: diz respeito à relação entre os resultados pretendidos e os resultados efetivos de projetos, programas e outras atividades. Quão satisfatoriamente os resultados de bens, serviços e outros resultados cumprem os objetivos das políticas, os alvos operacionais e os outros efeitos pretendidos? (*em resumo, gastar-se sabiamente*)" (cf. POLLITT, 1999: 83).

De fato, configura-se como atividade estatal o desempenho do serviço judicial de maneira ininterrupta e de razoável duração; enquanto os recursos e meios para alcançá-lo, por sua vez, são os recursos humanos e orçamentários de determinada unidade jurisdicional, os quais sabidamente são finitos.

Dada a impossibilidade de se instaurar uma realidade institucionalmente imaculada, compreendendo o número exato de magistrados para arcar adequadamente com a demanda judicial existente e aguardada, a cláusula da eficiência há de ser aquilatada com base na dimensão da eficiência (*gastar-se bem*), que parte de um *input* predeterminado. É dizer, deve-se levar em consideração, para que a cláusula da eficiência seja respeitada, que o *input* (recursos orçamentários e humanos disponíveis) existente produza um resultado máximo.

Diante disto, não há como negar que a racional conversão de férias em pecúnia bem cumpre com esta dimensão da cláusula da eficiência, ao permitir que a natureza ininterrupta do serviço judicial seja alcançada da melhor maneira possível, em face do número predeterminado de magistrados e da disponibilidade orçamentária já existente (*parâmetros*). Sua constitucionalidade, portanto, conforme visto, é confirmada pela cláusula da eficiência, constante do art. 37, *caput*, da CB.

Desta feita, ademais de a conversão de férias em pecúnia encontrar sua sustentação constitucional em face dos fins constitucionais pretendidos pela Reforma do Judiciário de 2004, detém igualmente lastro constitucional na cláusula da eficiência, ao figurar como prática procedimentalmente eficiente, capaz de permitir que, diante de meios humanos e orçamentários escassos, os fins funcionais do Judiciário sejam concretizados, respeitando-se, ainda e inclusive, o direito de o magistrado gozar suas férias remuneradas (embora este gozo signifique a conversão em valor monetário).

4.4.2. *Da constitucionalidade formal*

Uma vez estabelecida a constitucionalidade material da prática em si da não concessão de férias, mediante ressarcimento, em caso de imperiosa necessidade para continuidade do serviço judicial, cumpre agora fixar as pautas que sustentam a constitucionalidade formal da determinação inserta por emenda constitucional em Constituição Estadual que legitima o Presidente do respectivo Tribunal de Justiça à realização de tal intento, como ocorreu no recente art. 58, parágrafo único, da Constituição do Estado de São Paulo.

O preceito estatal aqui usado como parâmetro de análise determina que caberá ao Presidente do Tribunal de Justiça, uma vez verificada a disponibilidade orçamentária necessária, indeferir as férias de quaisquer de seus membros, por necessidade de serviço, bem como exigir a reassunção imediata de magistrado no exercício de seu cargo. O mesmo dispositivo estabelece, ainda, como não poderia deixar de ocorrer, o direito de o magistrado perceber a correspondente indenização.

No que diz respeito à faculdade de o Poder Constituinte Derivado Decorrente de unidade federativa estabelecer mencionada previsão, essa competência está amparada, em um primeiro momento, na basilar autonomia que a Constituição Brasileira atribui a cada Estado-membro de organizar o seu próprio Judiciário (art. 125 da CB).

Como já acentuei nesta obra, a *gestão de recursos humanos, por parte dos órgãos diretivos do Judiciário, não se submete às hipóteses (relativas a competências) de regulamentação nacional obrigatória*, tendo em vista uma dupla autonomia: i) a das peculiaridades federativas de cada Estado-membro; e ii) a do próprio Poder Judiciário. De mais a mais, ainda que houvesse qualquer dúvida quanto à constitucionalidade formal de eventual dispositivo de Constituição Estadual, por impugnação de seu conteúdo como matéria não afeita à autonomia constitucional estadual, tem-se que a própria LOMAN alberga como hipótese válida o indeferimento de férias, objeto da normativa estadual aqui analisada, e o faz por pretender atender a necessidade de serviço (art. 67, § 1º), embora o termo empregado seja a "acumulação de férias".

No que se refere, por fim, à conversão de férias não gozadas em pecúnia, aventa-se, usual e equivocadamente, que o problema formal de maior intensidade não reside propriamente na acumulação de férias, mas sim nesta dimensão específica da prática em comento. Nesse sentido, a conversão de férias não gozadas em pecúnia figuraria como prática que invadiria a competência da LOMAN e, portanto, afrontaria o art. 93 da CB.

O posicionamento em questão constrói o seu sustentáculo argumentativo na expressa vedação da Lei Complementar n. 35/79, quanto à concessão de adicionais ou vantagens pecuniárias nela não previstas (cf. art. 65, § 2º), reputando, *equivocadamente*, como tal, a indenização por férias não gozadas.

Este raciocínio, inobstante tenha como ponto de partida premissa correta (o caráter nacional do regime de remuneração dos magistrados, disciplinada pelo art. 37, XI, e art. 39, § 4º, da CB – referentes respectivamente ao teto remuneratório e ao subsídio), é içado à conclusão acima por meio de (i) uma percepção equivocada quanto à natureza da verba indenizatória referente ao não usufruto de férias devidas por imperiosa necessidade de serviço; e por meio de (ii) raciocínio que negligencia o sentido constitucional do art. 7º, XVII, da CB.

Isto porque, em "i" a verba indenizatória não se apresenta como adicional ou vantagem pecuniária. Trata-se, em sentido contrário, de indenização, de mera reposição de algo que já integra ou deveria integrar o patrimônio do magistrado, em forma diversa. Nesse sentido, não implica incremento do patrimônio do magistrado, como ocorre com as vantagens pecuniárias, mas mero ressarcimento, vedado que é o enriquecimento ilícito do próprio Estado-juiz. Não por outro motivo é que as indenizações por férias não gozadas restaram excluídas da parcela única do subsídio e do teto remuneratório (art. 8º, I, *e*, da Resolução n. 13/2006, e art. 4º, I, *h*, da Resolução n. 14/2006). Não podem dela constar, porquanto não são representações de remuneração.

São, portanto, na feliz definição apresentada na Resolução n. 102/2009 do CNJ, *vantagens eventuais* que têm como fito elidir a repreensível conduta do Poder Público, concernente ao enriquecimento ilícito, o qual, no caso, se concretizaria pelo locupletamento, por parte da Administração judicial, de trabalho alheio sem a devida contrapartida (cf. RE 324.880-4/SP, rel. Min. Carlos Britto, j. em 24-5-2005, *DJ* de 10-3-2006).

No que diz respeito à negligência referente ao sentido do art. 7º, XVII, da CB, os detratores da conversão em pecúnia das férias não gozadas por estrita necessidade de continuidade do serviço, cegos em seu positivismo formalista infraconstitucional, olvidam que a conversão em apreço simplesmente haure sua legitimidade da Constituição do Brasil, de forma que mesmo que a LOMAN trouxesse qualquer vedação explícita a tal prática – o que não é o caso –, o ressarcimento ainda assim seria constitucional por auferir sua validade diretamente da Constituição, mais precisamente do art. 7º, XVII, da CB (cf. STF no RE 324.880-4/SP, rel. Min. Carlos Britto, j. em 24-5-2005, *DJ* de 10-3-2006 e no RE-AgR 324.656-9/RJ, rel. Min. Gilmar Mendes, j. em 6-2-2007, *DJ* de 2-3-2007).

Este último axioma constitucional (a legitimidade constitucional diretamente decorrente do art. 7º, XVII, da CB), aliás, frise-se, afasta todo e qualquer eventual argumento que procure vislumbrar invasão de competência, por parte do Legislativo Estadual (enquanto representante do Poder Constituinte Derivado Decorrente), na autonomia do Poder Judiciário Estadual.

Proponentes dessa leitura, exegetas ansiosos ou de orientação constitucionalmente inconsistente (*centralistas*), sustentam que a Constituição do Brasil, por atribuir, conforme visto, em seu art. 125, § 1º, a iniciativa de lei de organização da Justiça Estadual ao respectivo Tribunal de Justiça, não admitiria norma constitucional estadual superveniente como aquela que aqui se analisa, por supostamente retirar da alçada de competência do Tribunal matéria de natureza organizacional. Nessa senda, levando-se em consideração o caráter gerencial da prática da conversão em pecúnia de férias não gozadas, por imperiosa necessidade de serviço judicial, afirmar-se-ia que a existência de eventual dispositivo em Constituição Estadual estaria a retirar do âmbito do Tribunal de Justiça a faculdade de deliberar, em termos de iniciativa legislativa, sobre o temário, incidindo em censurável inconstitucionalidade.

Não há, porém, como secundar tal ilação, porquanto a Emenda Constitucional responsável por acrescentar o dispositivo ora em comento visou a apenas *explicitar formalmente* prática que, conforme visto, retira sua legitimidade e obtém sua impositividade normativa diretamente da Constituição do Brasil, mais precisamente do art. 7º, XVII, e arts. 5º, LXXVIII, 93, XII e XIII. Nem à Constituição do Estado nem ao Tribunal de Justiça cabe qualquer margem de manobra quanto a este específico ponto.

De mais a mais, a adoção, pelos Estados, de um modelo constitucional como este que aqui se analisa mais hipoteticamente, mas que foi implementado no Estado de São Paulo, não interfere na alçada competencial do Tribunal de Justiça, ficando expressamente a cargo do Presidente deste Tribunal a discricionariedade de, em face das disponibilidades orçamentárias, negar gozo de férias, ressarcindo o magistrado prejudicado, em razão de imperiosa necessidade de continuidade do serviço judicial. Não há qualquer ônus impositivo que resulte em menoscabo da autonomia da Justiça estadual. Pelo contrário, eventual dispositivo favorável à conversão explicita instrumento capaz de incrementar o próprio âmbito de atuação do seu respectivo Poder Judiciário, reverenciando os limites de sua autonomia constitucional.

4.5. Estudo de caso: a Constituição do Estado de São Paulo e a ADI 4.438

A Procuradoria-Geral da República ajuizou a ADI 4438, tendo por objeto o parágrafo único da Constituição do Estado de São Paulo que concede aos magistrados o direito de receber indenização de férias não usufruídas. A possibilidade foi incluída pela EC do Estado de SP n. 32/2009, que acrescentou o parágrafo único ao art. 58 de referida Constituição.

A partir dessa mudança, o Presidente do respectivo Tribunal de Justiça, observadas as disponibilidades orçamentárias, recebeu a prerrogativa de indeferir as férias devidas a quaisquer dos magistrados que integram e compõem o Judiciário paulista, caso assim exija, no plano fático, a carga de serviço judicial, em virtude dos comandos constitucionais que regem essa seara. A Carta Magna estadual respeita, quanto ao magistrado afetado, o direito de optar pela correspondente indenização das férias – conversão de férias em pecúnia – ou de gozá-las em momento futuro, neste caso mediante seu requerimento.

O principal argumento do Ministério Público Federal consiste no fato de a emenda atribuir nova vantagem aos magistrados fora das hipóteses previstas no art. 65 da Lei Orgânica da Magistratura, supostamente desrespeitando, assim, a Constituição do Brasil em seu art. 93, pois estaria a invadir espaço reservado à lei complementar de iniciativa do Supremo Tribunal Federal que disporá sobre o Estatuto da Magistratura.

Nesse contexto, é solicitada medida liminar para suspender a eficácia da Emenda Constitucional Paulista n. 32/2009, inclusive para se impedir que a Magistratura nacional esteja submetida a regime fracionado. No mérito, requer que seja declarada a inconstitucionalidade do art. 58 da

Constituição do Estado de São Paulo na redação que lhe foi conferida pela referida emenda.

Pelos fundamentos jurídicos expostos acima, a citada ADI, entretanto, não merece prosperar. O raciocínio de que cumpre sempre à Lei do Parlamento qualquer disciplina sensível ou inovadora de um dos outros Poderes, o Judiciário, de há muito já revelou sua inadequação aos padrões do vigente Estado Constitucional de Direito. Ademais, o fracionamento da Magistratura não opera apenas porque alguns magistrados, dada a realidade de sua região, terão de se submeter a um período de trabalho mais longo, ou um mais curto de férias, conforme suas conveniências. O argumento é nitidamente centralizador e, nessa medida, contrafederativo.

5. A ACUMULAÇÃO DE PROVENTOS DOS MEMBROS DA MAGISTRATURA

5.1. Evolução dogmática do tema

A Constituição de 1988, em sua redação originária, vedava a acumulação de cargos públicos, conforme se depreende de seu art. 37, XVI: "é vedada a acumulação de cargos públicos, exceto quando houver compatibilidade de horários".

Nada obstante a existência dessa norma proibitiva, a Constituição restava silente quanto à acumulação de proventos de aposentadoria com a remuneração de um eventual novo cargo público. Também não se contemplava disciplina constitucional acerca da acumulação de dois proventos resultantes da aposentadoria do servidor em seu segundo cargo, assumido quando já recebesse proventos pela aposentadoria em um primeiro cargo público, ou mesmo de aposentadorias diversas, quanto a cargos acumulados legitimamente na ativa.

A vedação constitucional, portanto, era circunscrita – repita-se – à acumulação de cargos e, nessa medida, impedia (salvo as exceções expressas na Constituição) qualquer possibilidade de acumulação de remuneração decorrente de mais de um cargo público; o que bloqueava mesmo a discussão sobre acumulação de proventos; é que não haveria sentido em debater a viabilidade de cumulação de proventos quando esta decorresse de uma impossível cumulação de cargos, porque proibida. Restava, contudo, aberta a hipótese de cargos sucessivos (aposentadoria em um cargo e retorno a um cargo público por novo concurso) e as acumulações daí decorrentes.

A ressalva, quanto à possibilidade de acumulação na ativa, reportava-se apenas às referidas hipóteses constitucionais excepcionadas expressamente, hipóteses estas que, no âmbito do Poder Judiciário, sempre foram referentes ao exercício da função de magistério, nos termos do art. 95, parágrafo único, I, da CB e consoante os contornos amplamente desenvolvidos pelo STF (cf. ADI 3.126-1-MC/DF, rel. Min. Gilmar Mendes, *DJ* de 6-5-2005 e; ADIn 3.508-8/MS, rel. Min. Sepúlveda Pertence, j. em 27-6-2007).

No que tange especificamente à aposentadoria, os magistrados obtiveram, na redação originária da Constituição de 1988, como era salutar, um *regime próprio*, consagrado pelo seu art. 93, VI, nos seguintes termos: "VI – a aposentadoria com proventos integrais é compulsória por invalidez ou aos setenta anos de idade, e facultativa aos trinta anos de serviço, após cinco anos de exercício efetivo na judicatura".

Percebe-se, de imediato, que o dispositivo em nada esclarecia acerca da *acumulação* de proventos. Apenas divisava a atividade da inatividade. Não havia, portanto, nenhuma regra constitucional, para os magistrados, acerca da (im)possibilidade de perceberem proventos de aposentadoria com remuneração de novo e posterior cargo público. A única vedação, repita-se, alcançava o tema exclusivo da acumulação de cargos na ativa (concomitância, não cargo posterior à inatividade, posto que esta hipótese era permitida pelo sistema) e proibia, *apenas* por consequência (obviamente) a acumulação dos respectivos proventos. Ou seja, somente estava vedada a cumulação de proventos decorrente da ilícita acumulação de cargos na ativa. Assim, se estava o magistrado em situação jurídica na qual lhe ficava bloqueada a acumulação na ativa, jamais chegaria a se discutir a acumulação de proventos de aposentadoria, como se indicou acima. Todas as demais hipóteses e conjunturas ficavam, contudo, insista-se, em aberto. O silêncio constitucional, neste ponto, como se perceberá, era capaz de gerar inevitáveis consequências jurídicas, que se perpetuaram (e se perpetuam) ao longo de toda vigência da Constituição de 1988, nos termos a seguir apresentados.

Para melhor compreender essas consequências, importa ressaltar que sobreveio, a esse cenário normativo-constitucional, a vetusta EC n. 20/98 e, no tocante à acumulação de proventos com remuneração, a Emenda inseriu preceitos inequivocamente restritivos na CB, tornando-a, a partir de então, expressa, taxativa e restritiva, no que se refere à acumulação (i) de proventos com remuneração e (ii) de proventos diversos do funcionalismo da Administração Pública brasileira. Passo ao levantamento e análise desses dispositivos constitucionais. Algumas parcelas dessa EC foram revogadas pela recente EC n. 103, de 2019, mas esses dispositivos permanecem regendo aqueles que se enquadraram, à época, nas suas hipóteses de incidência.

Acerca da acumulação de proventos de aposentadoria com a remuneração de cargo, o dispositivo constitucional no qual se pode identificar sua disciplina é o art. 37, § 10, da CB, em vigor: "§ 10. *É vedada a percepção simultânea de proventos de aposentadoria decorrentes do art. 40 ou dos arts. 42 e 142 com a remuneração* de cargo, emprego ou função pública, ressalvados os cargos acumuláveis na forma desta Constituição, os cargos eletivos e os cargos em comissão declarados em lei de livre nomeação e exoneração" (original não grifado).

Quanto ao preceptivo em questão, importante se faz ressaltar que ele admite exceções à vedação de cumulação. A cumulação foi tornada possível naquelas hipóteses em que a reunião de cargos fosse constitucionalmente admitida, nos cargos eletivos e em cargos em comissão declarados em lei de livre nomeação e exoneração (*id est*, cargos de demissibilidade *ad nutum*). Ou seja, para cargos passíveis de exercício concomitante permaneceria a cumulação entre proventos de inatividade e remuneração. Nada se dispõe, aqui, contudo, acerca da cumulação entre diversos proventos de aposentadoria.

Repise-se, ademais, que as *exceções* à regra (para o funcionalismo em geral) da vedação à cumulação não se restringiram, apenas, às hipóteses acima. A EC n. 20/98, em continuidade a essa temática, trouxe uma importante *regra de transição*: "Art. 11. A *vedação* prevista no art. 37, § 10, da Constituição Federal [proventos de aposentadoria com remuneração], *não se aplica* aos membros de poder e aos inativos, servidores e militares, que, até a publicação desta Emenda, tenham ingressado novamente no serviço público por concurso público de provas ou de provas e títulos, e pelas demais formas previstas na Constituição Federal, *sendo-lhes proibida a percepção de mais de uma aposentadoria* pelo regime de previdência a que se refere o art. 40 da Constituição Federal, aplicando-se-lhes, em qualquer hipótese, o limite de que trata o § 11 deste mesmo artigo" (original não grifado).

No que se refere à acumulação de proventos de aposentadoria, além da proibição resultante da parte final do preceito acima transcrito, é preciso observar, ainda, que o dispositivo constitucional responsável pelo seu regramento é o art. 40, § 6º, da CB, alterado recentemente pela Emenda Constitucional n. 103, de 2019: "§ 6º Ressalvadas as aposentadorias decorrentes dos cargos acumuláveis na forma desta Constituição, é *vedada a percepção de mais de uma aposentadoria* à conta de regime próprio de previdência social, aplicando-se outras vedações, regras e condições para a acumulação de benefícios previdenciários estabelecidas no Regime Geral de Previdência Social" (original não grifado). Relativamente ao texto anteriormente em vigor, na redação dada pela EC n. 20, de 1998, a atual regra contempla a referência final, que remete a outras vedações para acumulação estabelecidas no Regime Geral de Previdência Social.

O dispositivo em questão, quanto à acumulação de aposentadoria pelos magistrados, segue a mesma lógica do art. 37, § 10, da CB, na medida em que admite a cumulação de proventos de aposentadoria se esta for decorrente do exercício de cargos que são constitucionalmente *cumuláveis*. É o que se depreende de uma adequada e consistente leitura do preceito em sua parte inicial, que ressalva a regra geral proibitiva.

Importa destacar das normas apresentadas que a Constituição não proíbe, *peremptoriamente* e *integralmente*, a cumulação de cargos e, ato contínuo, a cumulação de proventos e remuneração e, ainda, de mais de um provento de inatividade ou de aposentadoria. Pode-se admitir que a vedação seja a "regra geral", mas a própria Constituição admite exceções. Uma interpretação constitucionalmente conforme deve conduzir, acertadamente, ao esclarecimento dessas situações regulares de acumulação mantidas constitucionalmente. Sem embargo desse regime, acrescente-se que a cumulação de proventos está submetida ao teto remuneratório previsto no art. 37, XI, da CB. Esta restrição encontra-se plasmada no art. 40, § 11, da CB: "§ 11. Aplica-se o limite fixado no art. 37, XI [nos termos expostos nesta obra], à soma total dos proventos de inatividade, inclusive quando decorrentes da acumulação de cargos ou empregos públicos, bem como de outras atividades sujeitas a contribuição para o regime geral de previdência social, e ao montante resultante da adição de proventos de inatividade com remuneração de cargo acumulável na forma desta Constituição, cargo em comissão declarado em lei de livre nomeação e exoneração, e de cargo eletivo".

Ou seja, mesmo nas hipóteses em que a Constituição, pode-se dizer "excepcionalmente", admite a cumulação de cargos e, por conseguinte, dos proventos de inatividade decorrentes do exercício destes cargos, ou pura e diretamente admite a cumulação de proventos, o *quantum* a ser percebido por esta cumulação haverá de respeitar o teto constitucional estabelecido no art. 37, XI, da CB.

Cumpre destacar que os preceitos normativos supramencionados detêm a tônica da *generalidade*, ou seja, destinam-se, inequivocamente, a *todos* os órgãos e respectivos agentes. *A disciplina até aqui referida, como se percebe, pois, é absolutamente genérica.* As normas constitucionais em apreço *não devem ser compreendidas como contemplativas, por referência ou inclusão, direta ou indireta, a situação específica dos magistrados.* Esta constatação é essencial para a compreensão constitucionalmente adequada do regime aplicável à Magistratura, o que será desenvolvido a seguir.

Contudo, não se deve ignorar que, quanto ao regime previdenciário dos magistrados, a EC n. 20/98, ao alterar a redação do art. 93, VI, da CB, ainda em vigor, parece, agora sim, embora *prima facie*, tê-los remetido ao regime comum do art. 40, da CB, ou seja, ao art. 40, §§ 6º e 11, acima indicados na sua normatividade genérica e restritiva. O alcance dessa mutação há de ser averiguado detidamente. Na sequência, a redação atual do art. 93, VI, da CB: "VI – a aposentadoria dos magistrados e a pensão de seus dependentes observarão o disposto no art. 40".

Cumpre expor qual era a situação da cumulação de proventos e remuneração, bem como da cumulação de mais de um provento de inatividade, anteriormente à alteração perpetrada pela Emenda Constitucional n. 20/98, para bem conhecer, *a posteriori*, os meandros e especificidades do modelo atualmente vigente (que não pode menoscabar as situações anteriormente constituídas e que se mantiveram até os dias atuais, com repercussões na admissibilidade da composição das remunerações).

5.2. Sistema constitucional das remunerações

5.2.1. *Anteriormente à EC n. 20/98*

É possível contabilizar a concordância de boa parte da doutrina quando a tese é a possibilidade de acumulação de proventos e remuneração, anteriormente – é certo – ao advento da EC n. 20/98 (cf. Tácito, 1995: 53-54). O principal argumento para tanto foi a (adequadamente constatada) ausência de proibição constitucional (silêncio eloquente). A tese é consistente na medida em que as vedações devem ser contempladas objetivamente na CB. A *única* vedação consistiria, por questões de mera lógica, *na acumulação de remuneração* que incidisse em hipótese de impossibilidade de acumulação de cargos (o que redundaria na impossibilidade de acumulação de proventos posteriores, por inexistência da própria discussão, como assinalado).

Nesse diapasão, a acumulação de remuneração, no âmbito do Poder Judiciário – Magistratura – somente seria admitida na hipótese localizada na parte final do art. 95, parágrafo único, I, da CB. Em outras palavras, ao valor percebido pelo magistrado, pelo exercício de suas funções, somente se admitiria a junção da remuneração decorrente da atividade de magistério.

Aproveitando-se a menção ao dispositivo constitucional em questão (art. 95, I), importante mencionar que ele proíbe *tão e somente* o exercício concomitante ou conjunto de cargos e funções ao juiz em atividade ou em disponibilidade. Ou seja, *não há* – nem houve – vedação expressa à possibilidade de acumulação na hipótese de um magistrado *aposentado* entrar em exercício em outro cargo ou função e, desta feita, perceber concomitantemente os proventos de inatividade (anteriormente adquiridos) e a remuneração proveniente do exercício de outra função ou cargo público que viesse a ocupar posteriormente. O raciocínio que permite esta conclusão é assaz simples. Se a Constituição de 1988, já em última leitura, constitucionalmente consistente e coesa, pretendesse vedar essa hipótese, teria igualmente havido uma contemplação expressa, proibindo os magistrados aposentados de se valerem da cumulação mencionada (nesse exato sentido, *v.* Harada, 1995: 51).

Logo, ratificava-se, especificamente para os magistrados (aposentados), a tese, pontual, de que seria possível acumular os proventos da aposentadoria com outro cargo ou função (inclusive uma nova de magistrado, embora, aqui, com fonte de custeio diversa da primeira), sob a redação originária da Constituição de 1988. Como consequência, haveria de estar franqueada, num momento seguinte e pelas mesmas razões, a acumulação dos proventos de aposentadoria, já que não haveria, para a hipótese, proibição consagrada na Constituição. Ou seja, alcançando o magistrado o tempo para a segunda aposentadoria, abrir-se-ia a possibilidade e validade de cumular dois proventos, o que já vinha sendo percebido e o novo, decorrente da segunda aposentadoria.

Reforça esse sentir o fato de a EC n. 20/98, que, conforme visto, plasmou expressamente, na Constituição de 1988, a proibição de cumulação de proventos de inatividade e de remuneração e de mais de um provento de inatividade, trazer, em seu art. 11, uma regra de transição do sistema pretérito ao sistema atual, restritivo à cumulação de proventos de aposentadoria e de remuneração. Por questões de consistência jurídica, somente há de se falar em regra de transição à medida que existam duas realidades distintas. Como a realidade da EC n. 20/98 denota a proibição da cumulação na hipótese referida, infere-se, de pronto, que o regime constitucional anterior não trazia qualquer proibição deste porte. Daí o sentido de se proclamar uma Emenda com esse teor. Esta é a leitura constitucionalmente conforme, na medida em que oferece à interpretação do texto constitucional referido um sentido que não o nulifica como norma prescritiva inicial.

Aproveitando-se a menção à EC n. 20/98 e a conclusão de que, sob a redação original da Constituição de 1988, não se apresentava expressamente vedada, ao magistrado, a cumulação de proventos de inatividade e remuneração, nem a cumulação de mais de um provento, passa-se, agora, à análise da situação pós-EC n. 20/98.

5.2.2. *Entendimento posterior à EC n. 20/98*

Conforme se vislumbrou no primeiro tópico do presente estudo, a EC n. 20/98 quedou responsável por acrescentar, ao ordenamento constitucional de 1988, normativas vedando a cumulação de proventos de inatividade e de remuneração e, igualmente, o amealhar de mais de um provento decorrente do exercício de cargos públicos.

Sem embargo, o art. 11 da EC n. 20/98 manteve a possibilidade de os magistrados amealharem proventos cumulativamente com remuneração, sob a égide da redação constitucional originária pré-reformas, até (supostamente) a data da publicação da Emenda em questão, nos termos já expostos (frise-se, aqui, que nada obsta a cumulação entre proventos e remuneração, assim como entre proventos e proventos, mesmo posteriormente à EC n. 20/98, quando um dos cargos for o de magistério, uma vez que a normativa constitucional permite e permitirá – ou seja, não se admitindo a supressão desta permissão por eventual emenda constitucional – o exercício conjunto deste cargo com o de magistrado: nesse sentido, *v.* os arts. 37, § 10, *in fine*, e 95, parágrafo único, I, da CB). Portanto, numa leitura constitucionalmente adequada, pode-se afirmar que é absolutamente insustentável um posicionamento que conclua estar o magistrado, no período que compreende o advento da Constituição de 1988 e a publicação da EC n. 20/98, vedado quanto a perceber cumulativamente proventos e remuneração.

Ato contínuo a essa verificação, passa a ser relevante, no presente tópico, indagar se, sob o manto dessa disposição normativa reformadora, é consistente vedar, também, àqueles que vêm auferindo, concomitantemente, de maneira lícita (porque não vedada), *proventos de aposentadoria e remuneração* (subsídios), o recebimento de dois proventos, no momento em que vierem a se aposentar no segundo cargo público e se, portanto, diante de eventual impossibilidade de acumulação de dois proventos, estariam constrangidos a optar por um deles e assistirem à redução muitas vezes brusca do montante que até então vinham percebendo pela cumulação entre provento e remuneração (subsídios). O porquê deste questionamento reside na determinação constante da parte final do art. 11 da EC n. 20/98, ainda em vigor após a EC n. 103, de 2019 (cf. art. 35, inc. II da EC n. 103/19). Assim, temos: "Art. 11. A vedação prevista no art. 37, § 10, da Constituição Federal [proventos de aposentadoria com remuneração], *não se aplica* aos membros de poder e aos inativos, servidores e militares, que, até a publicação desta Emenda, tenham ingressado novamente no serviço público por concurso público de provas ou de provas e títulos, e pelas demais formas previstas na Constituição Federal, *sendo-lhes proibida a percepção de mais de uma aposentadoria pelo regime de previdência a que se refere o art. 40 da Constituição Federal, aplicando-se-lhes, em qualquer hipótese, o limite de que trata o § 11 deste mesmo artigo*" (original não grifado).

Os termos da redação supramencionada denotam uma *vedação genérica* à hipótese que se quer ver especificada no presente item, a saber, a possibilidade de cumulação de mais de um provento. Sem embargo, o STF, em outra oportunidade, no que se refere aos militares, já pronunciou entendimento segundo o qual esta classe não estaria sujeita a uma tal vedação.

O posicionamento favorável à cumulação de mais de um provento, no caso dos militares, decorreu, adiante-se, da circunstância de a vedação do art. 11 da EC n. 20/98 estar restrita ao regime de previdência dos servidores civis (art. 40 da CB), tendo em vista a ausência de menção *expressa* aos proventos militares, regidos pelos arts. 42 e 142 da CB. Nesse sentido, o voto do Min. Eros Grau, no MS 24.997-8/DF: "O preceito [art. 11, regra de transição constante da EC n. 20/98], outrossim, vedou a concessão de mais de uma aposentadoria pelo regime de previdência dos servidores civis, previsto no art. 40 da Constituição do Brasil. *Não há, note-se bem, qualquer menção à concessão de proventos militares, estes previstos nos arts. 42 e 142 da Constituição*" (STF, rel. Min. Eros Grau, *DJ* de 1º-4-2005; original não grifado).

Traz-se aqui esta distinção na medida em que a circunstância de a EC n. 20/98 referir-se expressamente apenas ao art. 40 parece ter sido suficiente para justificar a disparidade de regimes, calcada na especificidade de tratamento conferido aos militares pela Constituição.

Cumpre, agora, verificar se a possibilidade de se cumular proventos estaria restrita, *exclusivamente*, aos servidores militares, ou se, ao contrário, aos magistrados também se deve (em termos de impositividade constitucional) franquear a possibilidade de cumulação de proventos de inatividade. Para se chegar a uma conclusão adequada verificar-se-ão quais os motivos constitucionalmente determinantes para uma conclusão que abarque os membros do Poder Judiciário.

A priori, a novel redação do art. 93, VI, da CB, que determina a aplicação das restrições de acumulação presentes no art. 40 da CB, especificamente para os magistrados, parece remeter esta classe à proibição constante do art. 11 da EC n. 20/98. Contudo, e este é o elemento que merece todo destaque por parte do exegeta da Constituição, esta ilação acabaria por incidir em inconstitucionalidade, caso o art. 93, VI, da CB, seja interpretado com esse rigor máximo, ou seja, na hipótese de se querer aplicar a referida restrição.

Para que a norma da Constituição em apreço não incida na indesejável inconstitucionalidade material, torna-se necessário proceder a uma interpretação desse dispositivo que seja consistente com a íntegra do discurso constitucional coerente, em específico com as garantias arroladas no art. 95 da CB, tendo em vista a natureza do dispositivo em questão (referente à Magistratura, ao Poder Judiciário).

Ademais, ainda que seja necessário levar em consideração a jurisprudência *genérica* do STF, acerca do assunto em tela – cumulação de proventos de inatividade e remuneração –, deve-se registrar (i) que ela, conforme se exporá mais detidamente abaixo, não é clara, admitindo, em determinados momentos, a cumulação, ao mesmo tempo em que a veda em outros; e (ii) mesmo que fosse uma jurisprudência firme na opção restritiva, não há nela uma manifestação específica à situação dos magistrados (ressalva possível, que ocorre com o caso específico dos militares), porque, no que se refere a "(ii)", o STF ainda não se manifestou na análise dessa temática em geral. Em outras palavras, no tocante a (ii), é preciso aquilatar o sistema constitucional de maneira adequada, sem prejuízo da proclamação (complementar) da constatação jurisprudencial de que não há, propriamente, um pronunciamento do STF sobre a incidência do art. 11 da EC n. 20/98, especificamente, aos magistrados. Permanece, contudo, a aparente dificuldade criada pelo art. 93, VI, da CB, e que merece um enfrentamento mais claro.

Conforme relatado anteriormente, a EC n. 20/98 alterou a redação do inciso VI do art. 93 da CB, substituindo o regime previdenciário especial, contido na redação original, pela determinação de que os magistrados devem se submeter ao antigo regime previdenciário geral dos servidores públicos, atualmente o chamado "regime próprio de previdência social" (art. 40 da CB). Trata-se, agora, de novel regime e, ademais, inegavelmente, reportado (expressamente) à Magistratura. Está-se, portanto, doravante, a trabalhar no campo específico e próprio desse segmento institucional.

Muitos se insurgiram contra a inserção dos juízes na "vala comum" do regime previdenciário, o que já teria operado desde a EC n. 20/98, em particular porque isso implica a substituição da aposentadoria com proventos integrais pela regra geral da proporcionalidade, desestimulando uma demanda altamente qualificada que essa atividade exige para a composição dos quadros iniciais da carreira. Afirma-se, ainda, quanto ao problema em apreço, que esse novel modelo estaria a conflitar com a garantia da vitaliciedade, conjugada com a irredutibilidade de subsídios. Nesse sentido, tem-se que a aposentadoria compulsória, compreendida como exceção à vitaliciedade, não poderia acarretar/implicar prejuízos econômicos ao magistrado, derrubando a garantia da irredutibilidade: "Sob a perspectiva remuneratória, a principal decorrência da vitaliciedade – que não é assegurada a quem seja apenas estável – é, sem dúvida, a *paridade* dos proventos com os vencimentos próprios da situação do magistrado no momento da aposentação" (Rodrigues, 2007: 19).

E, ainda: "(...) a partir do momento em que, a par da vitaliciedade, se conjuga a irredutibilidade de vencimentos (atualmente, de subsídios) – como sói ocorrer no tocante aos integrantes da magistratura nacional (CF, art. 95, I e III) – o resultado inexorável é a *irredutibilidade* também dos *proventos*" (cf. Rodrigues, 2007:22).

Portanto, têm-se como inconstitucionais as normas que negam a equivalência entre a vitaliciedade e a integralidade e/ou irredutibilidade de proventos, na medida em que essas normas estariam atentando contra garantias (da vitaliciedade e da irredutibilidade) plasmadas no art. 95, I e III, da CB, respectivamente, e que se afiguram como a principal fundação da "independência" (constitucionalmente proclamada) do Poder Judiciário (Magistratura) em face dos demais poderes (cf. Pontes de Miranda, 1967: 574).

Acerca da paridade entre vitaliciedade e irredutibilidade, é sempre atual e oportuno o magistério de Pedro Lessa, acerca do Poder Judiciário na Constituição de 1891: "Nenhuma efficacia teria a vitaliciedade, se os vencimentos dos juizes pudessem de qualquer modo ser diminuídos. Eis a razão pela qual o nosso legislador constituinte, imitando o norte-americano (art. 3º, secção 1ª) e o argentino (art. 96), estatuiu a irreductibilidade dos vencimentos, que, expressa para os magistrados federaes, está implicitamente garantida pelo art. 63 da Constituição ás judicaturas dos Estados, como invariavelmente tem julgado o Supremo Tribunal Federal por innumeras sentenças" (2003: 30-31, grafia original).

Também as lições de Pontes de Miranda, ao comentar a Constituição de 1967, indicam a mesma preocupação: "A vitaliciedade sem irredutibilidade de vencimentos seria garantia falha. Aqui se tiraria parte do que ali se assegurou: *a independência econômica, elemento de relevo, que muitos reputam o maior, da independência funcional*" (1967: 573).

Importante sempre ressaltar, como tenho feito ao longo desta obra, que a "independência" do Judiciário afigura-se como *conditio sine qua non* para a manutenção do respeito às liberdades (*lato sensu*) e de um governo não tirânico.

A mesma paridade entre vitaliciedade e irredutibilidade impede que, na aposentadoria de um segundo cargo, haja diminuição ou redução remuneratória, em relação ao *quantum* percebido durante o exercício ativo na magistratura (*id est*, proventos). Não cabe ao magistrado aposentado, ao exercer novo cargo, despegar-se do valor decorrente da aposentadoria no cargo de magistrado. A normativa infraconstitucional e mesmo uma nova normativa constitucional, carreada por uma Emenda Constitucional, não poderiam impor esta obrigação. Isto porque o *quantum* está protegido pela garantia da irredutibilidade de subsídio, conjugada com a vitaliciedade, garantias que compõem o *núcleo duro* da independência do Poder Judiciário e, por conseguinte, da "separação dos Poderes" constitucionalmente plasmada, a qual se afigura como cláusula de eternidade (art. 60, § 4º, III, da CB). Sobre a imbricação entre as garantias dos membros da Magistratura e a referida cláusula da "separação de Poderes", restou consignado, na ADI 98-5/MT, que: "(...) é patente a imbricação entre a independência do Judiciário e a garantia da vitaliciedade dos juízes. A vitaliciedade é penhor da independência do magistrado, a um só tempo, no âmbito da própria Justiça e externamente – no que se reflete sobre a independência do Poder que integra frente aos outros Poderes do Estado.

"Dado que o Judiciário é, por excelência, um Poder de controle dos demais Poderes – sobretudo nos modelos positivos de unidade e universalidade da jurisdição dos Tribunais, como o nosso – parece incontestável, contudo, que a vitaliciedade ou outra forma similar de salvaguardar a permanência do Juiz na sua função será, em cada ordem jurídica considerada, marca característica da sua tradução positiva do princípio da independência dos poderes" (STF, rel. Min. Sepúlveda Pertence, *DJ* de 31-10-1997).

Encerrando a digressão acima, repise-se que uma vez estabelecida a possibilidade de os (magistrados) aposentados que ingressaram em outro cargo público, de magistrado, no período temporal que compreende o advento da Constituição de 1988 até a publicação da Emenda Constitucional n. 20/98, perceberem, cumulativamente, os proventos de inatividade (anterior) com a remuneração decorrente do exercício do cargo público (atual-posterior), cumpre, finalmente, analisar e concluir a perquirição acerca da temática: a Constituição, em seu núcleo imutável, admite aos magistrados que eventualmente se aposentarem em dois cargos de magistrados a continuidade da percepção de ambas as remunerações, doravante sob o epíteto de duplo provento, após a publicação da EC n. 20/98? Os magistrados foram legitimamente alcançados pela vedação contida no art. 11 da EC n. 20/98?

A resposta ao presente questionamento há de ser duplamente negativa. A primeira negação predica da inconstitucionalidade material que decorreria da tentativa de se aplicar aos magistrados, que percebem dois proventos decorrentes do exercício pretérito (à Emenda) da função judicial, a vedação em apreço. Isto porque, conforme se viu, estes valores estão constitucionalmente protegidos pela cláusula da irredutibilidade de remuneração, que tem a nota da eternidade na Constituição de 1988.

Quanto à matéria ora mencionada, importante ressaltar que o STF compreende que a garantia da irredutibilidade de subsídios (presente no art. 95, III, da CB) aplica-se também aos proventos de aposentadoria. Nesse sentido, *v.* o RE 468.076-9 ED/RS, rel. Min. Celso de Mello, *DJ* de 31-3-2006 (e também: RE 293.578-6/PR, rel. Min. Ilmar Galvão, *DJ* de 29-11-2002), no qual se faz menção expressa à irredutibilidade de *proventos*.

Esse pressuposto é extremamente caro às conclusões acima, e vale aqui alguma referência maior a esse posicionamento jurisprudencial. Um exemplo de caso em que se fez valer esse entendimento é o MS 24.875-1/DF, mandado de segurança impetrado por ministros aposentados do STF contra ato do então Presidente do STF, que havia determinado o corte de seus proventos de aposentadoria, na parte que excedia o teto. Os impetrantes eram magistrados aposentados, cujos proventos incluíam duas vantagens pessoais, que seriam suprimidas com o objetivo de submissão ao teto constitucional, introduzido por emenda constitucional.

O MS foi parcialmente deferido, para que os impetrantes continuassem recebendo o acréscimo sobre os proventos, até que o seu montante fosse coberto pelo subsídio fixado em lei para ministro do STF. Afastaram-se alegações de ofensa à isonomia, razoabilidade e direito adquirido, para se fundamentar a decisão no postulado da *irredutibilidade de subsídios* (foram "equiparados", aqui, *vencimentos* e *proventos*). O seu relator, o Min. SEPÚLVEDA PERTENCE, assim argumentou: "(...) a meu ver – sobrevindo a EC 41/03, que submete a remuneração dos magistrados, em atividade *ou inativos*, ao regime do subsídio uniforme – em '*parcela única*' – penso que não lhes poderia assegurar o Tribunal a percepção indefinida no tempo do benefício, fora ou além do teto que a todos submete.

"Sucede, entretanto, que, porque magistrados, a Constituição assegura *diretamente* aos impetrantes a *irredutibilidade* dos vencimentos.

"A garantia de irredutibilidade de vencimentos – ousei afirmá-lo, com o respaldo da maioria do Tribunal, é, sim, modalidade qualificada de *direito adquirido* e, de qualquer sorte, conteúdo de normas constitucionais específicas, no que toca à magistratura, repisando textos constitucionais anteriores, que a Lei fundamental vigente estendeu a todos os servidores públicos.

"Desse modo – não obstante o dogma de que o agente público não tem direito adquirido ao seu anterior regime jurídico de remuneração – há, no particular, um ponto indiscutível: é irredutível a intangibilidade do montante integral dela.

"Por isso mesmo, é assento consolidado de nossa jurisprudência – de modo a dispensar documentação –, que, quando se cuida de alteração por lei do regramento anterior da composição da remuneração do agente público, assegura-se-lhes a irredutibilidade da soma total antes recebida.

"Estou, portanto, em que a irredutibilidade – hoje, universalizada – de vencimentos e salários substantiva garantia constitucional oponível às emendas constitucionais mesmas" (STF, MS 24.875-1/DF, *DJ* de 6-10-2006; original não grifado).

Ao se atentar para a menção ao magistrado *inativo*, logo se concluirá pelo açambarcar dos proventos de inatividade pela garantia da irredutibilidade. No mesmo sentido foi o entendimento adotado pelo Min. RICARDO LEWANDOWSKI: "A conciliação das situações dos impetrantes com a nova ordem constitucional, então, há de fazer-se sob o prisma da irredutibilidade de vencimentos, tradicional garantia dos magistrados – *estendida pelo STF também aos proventos* –, que repele a ideia de decesso remuneratório. Nessa linha, o Supremo tem decidido que o valor nominal da remuneração percebida pelo servidor, sob a égide de determinado plexo normativo, não pode sofrer diminuição, sob pena de vulnerar situação juridicamente estável, imune à alteração legislativa posterior" (STF, MS 24.875-1/DF, rel. Min. Sepúlveda Pertence, *DJ* de 6-10-2006; original não grifado).

Importante fazer uma ressalva, aqui, ao tom genérico utilizado pelos Ministros, na decisão acima, e que alguns poderiam utilizar para oferecer uma interpretação – equivocada, adianto desde logo – de que todos os servidores públicos seriam alcançados pelos argumentos desenvolvidos até então, tendo em vista a normativa constante do art. 37, XV, da CB.

Embora tanto os magistrados como os demais servidores públicos estejam acompanhados pelo comando da irredutibilidade de remuneração, *apenas a irredutibilidade atinente aos magistrados mantém uma imbricação com a cláusula da "separação de Poderes", que em nosso ordenamento se concretiza, inclusive, pela cláusula da vitaliciedade,* nos termos já expostos. Daí o porquê de se concordar com o caráter específico da irredutibilidade dos magistrados. Esta, nem mesmo por força de Emenda Constitucional, pode restar maculada, diante do que estabelece o art. 60, § 4º, III, da CB. Sobre este pressuposto não há como se tergiversar.

A segunda negativa ao questionamento acerca da submissão dos magistrados à vedação constante do art. 11 da EC n. 20/98 reside na constatação de a mudança perpetrada pela EC n. 20/98, no art. 93, VI, da CB, estar maculada, em meu entendimento, pelo vício da inconstitucionalidade formal, a qual se encontra sustentada na ADI 3.308-5/DF (rel. Min. Gilmar Mendes, distribuída em 22-9-2004), impetrada pela ANAMATRA (Associação Nacional dos Magistrados da Justiça do Trabalho). Nessa ação, a consequência da declaração de inconstitucionalidade seria a exclusão da Magistratura da reforma da previdência iniciada com a EC n. 20/98 e continuada pela EC n. 41/2003. Também a ADI 3998, proposta pela AJUFE (Associação dos Juízes Federais do Brasil), pleiteia justamente a declaração de inconstitucionalidade do inciso VI do art. 93 da CB, na redação que lhe foi conferida pela EC n. 20/98.

Passo, no tópico seguinte, a tratar dessa inconstitucionalidade *formal*.

5.2.2.1. A inconstitucionalidade formal

O fato que desencadeou a inconstitucionalidade formal da alteração no art. 93, VI, da CB, foi a ausência de aprovação, em dois turnos, *por cada uma das Casas do Congresso*, nos termos do art. 60, § 2º, da CF, de seu conteúdo material final. Isto porque a PEC n. 33/96, de iniciativa do Presidente da República, em sua redação original, não previa a alteração do art. 93,VI, da CB.

Recordo, preliminarmente, que a alegação de vício formal não prescreve em nosso Ordenamento Jurídico, podendo ser reconhecida a qualquer momento. Não há nem mesmo prazo para propositura de ação direta em face desse tipo de vício.

A possibilidade de se incluírem os magistrados no regime geral de previdência dos servidores públicos foi introduzida pela Emenda n. 16 [emenda à *proposta de Emenda Constitucional*, repise-se]. A redação sugerida era a seguinte: "a aposentadoria dos membros da Magistratura e a pensão de seus dependentes observarão o disposto no art. 40, *no que couber*". Esta redação dava a entender que a aplicação do regime geral de previdência seria meramente subsidiária para os juízes, com incidência flexível, especialmente em virtude da peculiar situação constitucional da Magistratura (reconhecimento que, como visto, decorre da própria Constituição, e não dos termos desta proposta de Emenda).

Foi com referida redação que o dispositivo recebeu votação em primeiro turno no Senado. No segundo turno de votação, o Senado excluiu a expressão "no que couber". Na ocasião, o Senador Josaphat Marinho notou que havia ocorrido uma mudança substancial na matéria (o regime geral deixaria de ser subsidiário e passaria possivelmente a ser também o regime próprio da Magistratura). Mas, prevalecendo a nova redação, aprovada em um único turno, sem que houvesse, como se impunha, o encaminhamento da matéria à Casa de origem, pode-se proclamar a sua inconstitucionalidade por vício de trâmite. Caso o STF venha a emprestar uma interpretação constitucionalmente conforme à referida Emenda Constitucional, este possível vício de inconstitucionalidade formal desaparecerá, já que a mudança promovida no Senado terá sido considerada como insuficiente para abandonar aquela ideia da subsidiariedade. Trata-se, aqui, de mais um argumento favorável à interpretação aqui proposta, na medida em que permite ao STF resistir a uma declaração de inconstitucionalidade de emenda constitucional.

Esse desvirtuamento da unidade do Congresso Nacional, fazendo prevalecer a vontade de uma única Casa, tem sido, desafortunadamente, uma constante em projetos e propostas importantes e de grande alcance, por vezes constituindo uma manobra consciente (verdadeiro subterfúgio) para permitir uma redução ou incorporação – sempre espúria – de certos elementos normativos (ocorrências idênticas podem ser verificadas na Lei de Responsabilidade Fiscal, na Lei da Súmula Vinculante e na própria EC n. 45 – Reforma do Judiciário).

Em suas informações, o Senado sustentou que a inconstitucionalidade formal da EC n. 20/98 foi suprida pela EC n. 41/2003, uma vez que esta "remodelou toda a matéria atinente à previdência dos servidores públicos, sem fazer qualquer distinção em favor dos Magistrados" e referiu-se expressamente aos magistrados no art. 2º, §§ 2º e 3º. As informações falam em "revogação" de uma emenda por outra, ignorando, ainda, questões intertemporais.

No que se refere ao argumento segundo o qual a inconstitucionalidade formal teria sido suprida pela EC n. 41/2003, não há de prevalecer, dada a ausência de qualquer pertinência com o argumento pela inconstitucionalidade formal da alteração perpetrada ao art. 93, VI, da CB, pela EC n. 20/98. O que se contesta é a *remissão* dos magistrados ao regime previdenciário do art. 40 da CB, e não, propriamente, a legitimidade do regime previdenciário do art. 40. Ou seja, não se pode pretender utilizar a EC n. 41/2003 como instrumento de elisão da inconstitucionalidade se esta emenda em nada alterou a redação do art. 93, VI, da CB. Ademais, e se assim não fosse, a inconstitucionalidade passada não pode ser simplesmente suplantada por força de um ato normativo posterior. O postulado da constitucionalidade (supremacia da Constituição) está a impedir essa insidiosa manobra, pois não há nenhum ato normativo advindo do Parlamento constituído, em um Estado constitucional de Direito, que seja capaz de simplesmente fazer cessar retroativamente a inconstitucionalidade, como se jamais houvesse existido.

5.3. Posicionamento do STF quanto à possibilidade de se cumular tanto proventos e remuneração como proventos e proventos

5.3.1. *Posicionamento adotado anteriormente ao advento da EC n. 20/98*

Cumpre, aqui, investigar a jurisprudência da mais alta corte do País, para fins de estabelecer (ou não) correspondências e conexões mais precisas com as conclusões alcançadas pelo desenvolvimento teórico-concreto apresentado. Acima, restou consignado que a redação original da Constituição de 1988 não proibia, expressamente, a cumulação de proventos de inatividade e de remunerações, nem a cumulação de proventos decorrentes do exercício de dois cargos públicos não simultâneos. Contudo, mesmo antes do advento da EC n. 20/98, o STF apresentou entendimento, *genérico* (e, assim, não referente à hipótese da Magistratura, como já se salientou), de que o amealhar de proventos e remuneração cumulativamente somente seria permitido se se tratasse de cargos ou funções ou empregos cuja acumulação, *na atividade,* fosse permitida pela Constituição. Eis o posicionamento aventado pelo Min. CARLOS VELLOSO, no RE 163.204-6/SP:

"A jurisprudência do Supremo Tribunal Federal, portanto, interpretando norma constitucional – art. 185 da Constituição de 1946 – igual à que está inscrita no art. 37, XVI, da Constituição de 1988, era no sentido de que a acumulação de proventos e vencimentos somente é permitida quando se trate de cargos legalmente acumuláveis na atividade. (...)

"O que não é possível é a acumulação de proventos com vencimentos de cargos efetivos, cargos de carreira. (...)

"Não procede a afirmativa no sentido de que a Constituição apenas veda a acumulação de cargos públicos. Que a Constituição é expressa no estabelecer tal acumulação, não há dúvida. Partir dessa proibição para a afirmativa no sentido de que a Constituição permitiria a acumulação de proventos com vencimentos, é ir longe demais. O que deve ficar esclarecido é que deveria ser expressa a permissão excepcional, a acumulação de proventos com vencimentos, dado que a proibição está implícita na vedação expressa. É que os proventos decorrem, sempre, de um cargo exercido na atividade. Se a regra é a proibição de acumulação, a permissão, que é exceção, há de ser expressa, há de ser escrita" (STF, RE 163.204-6/SP, rel. Min. CARLOS VELLOSO, *DJ* de 31-3-1995).

Do excerto acima, percebe-se que o argumento utilizado pelo Ministro relator CARLOS VELLOSO, em seu voto condutor, era o de que a proibição decorreria da própria regra que veda a acumulação de cargos (art. 37, XVI, da CB); ser-lhe-ia uma consequência automática. Em outras palavras, se a acumulação de cargos era vedada, também estaria vedada, *implicitamente,* a acumulação de proventos com remuneração. Caso, porém, a Constituição admitisse o exercício conjunto de cargos, nada obstaria o amealhar de proventos com remuneração.

Outro elemento que merece destaque no voto do Ministro em questão é o seu argumento pautado na omissão de vedação expressa às demais hipóteses de acumulação. Sustenta o Min. CARLOS VELLOSO que, muito embora a Constituição não detenha qualquer dispositivo *expressamente vedando* a acumulação de proventos e remuneração, o fato de a *regra* constitucional ser a proibição da acumulação de cargos faz com que, em sua lógica peculiar, a permissão da cumulação de proventos e remuneração – que seria apenas exceção – esteja condicionada a (dependente de) um dispositivo constitucional expresso. Em síntese, a omissão constitucional equivaleria a uma verdadeira vedação, proibindo a acumulação de proventos de inatividade e de remuneração proveniente do exercício de cargo público. O raciocínio, contudo, insista-se, era genérico, não enfrentando o tema, particularizado na Constituição, acerca da Magistratura.

Na ocasião, restou vencido o Min. Marco Aurélio, que, fazendo uso (do critério) da interpretação histórico-volitiva, da intenção original dos constituintes, constatou que a vedação de acumular provento com vencimento foi intencionalmente suprimida pelo legislador constituinte do texto constitucional de 1988:

"Os trabalhos desenvolvidos pelas comissões temáticas levaram à proposição das seguintes normas:

"Art. 87 – É vedada a acumulação de cargos, funções públicas, empregos e proventos, exceto:

"I – a de dois cargos de professor.

"II – a de um cargo de professor com um técnico ou científico.

"III – a de um juiz com cargo de magistério.

"§ 1º Em qualquer dos cargos, a acumulação somente é permitida quando houver compatibilidade de horário e correlação de matéria.

"§ 2º A proibição de acumular proventos não se aplica aos aposentados quanto ao exercício de mandato eletivo, de magistério ou de cargo em comissão.

"*Senhor Presidente, houvesse sido agasalhada a proposta da Comissão, formalizada em julho de 1987, eu não teria a menor dúvida em assentar que a Carta de 1988 proíbe a acumulação.* Todavia, isto não ocorreu, porque foi apresentada uma emenda supressiva, pelo Constituinte Nelson Carneiro, Senador da República, no sentido da eliminação, do *caput* do art. 87, da palavra'proventos'e o afastamento do § 2º, justamente aquele que cogitava da proibição de acumular proventos, abrindo exceções, e, ainda, transformando em parágrafo único o § 1º *Indaga-se: com essa proposta objetivou-se enxugar o texto, almejou-se simplesmente dar uma redação concisa ao dispositivo? Teve-se em mira afastar inócua repetição de norma? Não! Revela-o a justificação apresentada.*

"Disse o Senador:

'(...) É certo que se afasta, no Projeto, a vedação de acumular proventos quanto ao exercício de mandato eletivo, de magistério ou de cargo em comissão. Com isso privilegia-se uma minoria, que se origina, salvo raras exceções, de um estamento social já de si privilegiado, pois, desde cedo, teve ao seu alcance todos os meios de instruir-se e elevar-se. Enxergo, aí, oculto, um favor censurável. O que é preciso é reabrir o serviço público a todo e qualquer cidadão nele inativado, desde que prestante e útil ao serviço. Sem isso a aposentadoria se constitui em castigo, quando à sua instituição preside a ideia do prêmio. A prevalecer a situação reinante, cidadãos prestantes e saudáveis estariam sendo condenados à inércia, com magros proventos, e, portanto, condenados a se sentirem velhos – sem segurança, sem serenidade, sem alegrias, sem felicidade, abandonados ao largo de uma sociedade indiferente à sua sorte. E sentir-se velho é que é ser velho, pois a senectude não existe para o homem enquanto busca, como disse ROSTAND. A busca é que tem o condão de alçar o idoso acima da adversidade fatal do fato biológico.'

"Com essas razões, justifico a pretensão de eliminar do *caput* do art. 87 a palavra proventos e suprimir o seu § 2º" (STF, RE 163.204-6/SP, rel. Min. CARLOS VELLOSO, *DJ* de 31-3-1995; original não grifado).

No entender de referido Ministro, portanto, inexistia regra proibitiva expressa, do que se deveriam colher as devidas consequências. Mais importante do que isso, o legislador constituinte ao não inserir dispositivo constitucional expresso pretendeu, exatamente, afastar a vedação à acumulação de proventos e remuneração. E essa vontade constituinte estaria perceptivelmente plasmada na sistemática da Constituição de 1988. Daí o porquê de o Min. MARCO AURÉLIO afirmar: "Inexistente a proibição de acumular, tendo em vista a aposentadoria, a jubilação, não vejo como introduzi-la mediante interpretação do Diploma Maior, por mais inspirado que se esteja" (STF, RE 163.204-6/SP, rel. Min. CARLOS VELLOSO, *DJ* de 31-3-1995).

Por conta da ausência de um dispositivo constitucional expresso proibindo a cumulação de proventos e vencimentos e, ademais, pela existência de material histórico demonstrando a pretensão dos legisladores constituintes em admitir a cumulação desta natureza, material que assume conclusões que são respaldadas pela redação constitucional final, o Min. MARCO AURÉLIO findou por admitir a legitimidade da hipótese. Como argumentos adicionais, cumpre mencionar que o Ministro se valeu, ainda, do princípio da legalidade e, ademais, do livre exercício profissional, constantes do art. 5º, II e XIII, da CB, respectivamente:

"Senhor Presidente, há um preceito medular na Carta, a envolver cláusula pétrea, que revela o princípio da legalidade:

'Ninguém será obrigado a fazer ou deixar de fazer alguma coisa senão em virtude de lei;'

"No inciso XIII do rol das garantias constitucionais está assegurado o exercício de qualquer trabalho ou ofício, desde que atendidas as qualificações profissionais que a lei estabelecer. Como, então, assentar que os proventos da aposentadoria, quando o beneficiário já não ocupa cargo, estão compreendidos na vedação de acumular?" (STF, RE 163.204-6/SP, rel. Min. CARLOS VELLOSO, *DJ* de 31-3-1995).

Inobstante o fato de o voto do Min. MARCO AURÉLIO ser mais coerente com a vontade do legislador constituinte e, também, com a normativa constitucional *expressa*, seu posicionamento restou vencido perante a maioria da Corte, a qual optou por adotar uma postura mais *criativa*, no sentido de inserir uma vedação dantes não prevista.

Ter-se-ia, desta feita, *aparentemente*, um posicionamento do STF que tenderia a vedar, na redação original da Constituição de 1988, a cumulação de proventos de inatividade e remuneração decorrente do exercício de cargo público, em posição contrária àquela que assumo aqui.

Ressalto que minha menção ao caráter *aparente* (denotando dúvida) do posicionamento em questão decorre da circunstância (incontestável) de o STF, posteriormente, em análise da situação dos militares aposentados que viessem a exercer cargo público civil, ter lavrado posicionamento mais detalhado, admitindo a possibilidade de cumulação de proventos e remuneração. Ademais, aquele primeiro posicionamento do STF, nessa mesma linha de esclarecimento da dúvida, foi genérico e não contemplou expressamente a situação e particularidades da Magistratura.

5.3.2. *Entendimento posterior à EC n. 20/98*

O transcrito RE 163.204-6/SP continuou a ser citado como precedente, para corroborar o argumento de que a acumulação de aposentadorias com remuneração sempre foi vedada, havendo apenas se tornado explícito esse entendimento, na Constituição de 1988, com a redação fornecida pela EC n. 20/98 ao art. 37, § 10. Nesse sentido pode ser lembrado o RE 463.028-1/RS:

"1. Servidora aposentada que reingressou no serviço público, acumulando proventos com vencimentos até a sua aposentadoria, quando passou a receber dois proventos. 2. Conforme assentado pelo Plenário no julgamento do RE 163.204, mesmo antes da citada emenda constitucional, já era proibida a acumulação de cargos públicos. Pouco importava se o servidor estava na ativa ou aposentado nesses cargos, salvo as exceções previstas na própria Constituição. 3. *Entendimento que se tornou expresso com a Emenda Constitucional 20/98, que preservou a situação daqueles servidores que retornaram ao serviço público antes da sua promulgação, nos termos do art. 11.* 4. A pretensão ora deduzida, dupla acumulação de proventos, foi expressamente vedada no citado art. 11, além de não ter sido aceita pela jurisprudência desta Corte, sob a égide da CF/88. 5. Recurso extraordinário conhecido e improvido" (RE 463.028-1/RS, rel. Min. rel. Ellen Gracie, *DJ* de 10-3-2006, original não grifado).

Outras decisões (cf. MS 25.256-1/PB, rel. Min. Carlos Velloso, *DJ* de 24-3-2006, decisão proferida por unanimidade, pelo Plenário; e MS 25.724-MC/DF) seguiram esta mesma linha. Cumpre ser mencionada a decisão monocrática do Min. Sepúlveda Pertence: "*No julgamento do RE 163204, assentou o Tribunal que a acumulação de proventos e vencimentos somente seria permitida quando se tratasse de cargos, empregos ou funções públicas acumuláveis na atividade, na forma permitida pela Constituição* (Pleno, Carlos Velloso, *DJ* 31-3-95). *Esse entendimento se tornou explícito na Constituição Federal através do § 10 do art. 37, inserido pela EC 20, de 16-12-1998.* A observância dessa compatibilidade foi mitigada no art. 11 da referida Emenda, onde se dispôs que, quando o reingresso nos quadros públicos se tivesse dado antes da sua publicação, seria permitida a acumulação dos proventos da aposentadoria com os vencimentos do novo cargo (*v.g.*, AI 401.268-AgR, 17-12-2002, 2ª T, Rel. Min. Maurício Corrêa, *DJ* 4-4-2003, e ADI 1.328, 12-5-2004, Plenário, Rel. Min. Ellen Gracie, *DJ* 18-6-2004); certo que, na parte final desse dispositivo, consta a ressalva de que essa possibilidade de cumulação não se aplica quando se tratar de aposentadorias pelo regime de previdência a que se refere o art. 40 da Constituição. Ora, tratando-se de cumulação de proventos de dois cargos inacumuláveis na atividade, não há falar, em primeiro exame, na retroação da EC 20/98, que cuida de hipótese diversa – cumulação de proventos com vencimentos" (MS 25.724-MC/DF, rel. Min. Sepúlveda Pertence, *DJ* de 2-2-2006, original não grifado).

O entendimento aventado pelo STF, a saber, o de que a EC n. 20/98 apenas explicitou a vedação à cumulação de proventos e remuneração de novos cargos, contudo, parece não se conciliar de forma consistente e coerente com a regra de transição trazida pelo art. 11 da EC n. 20/98, que abordei acima.

As razões são simples. A demanda por uma regra de transição, como já se fez constar aqui, somente assume algum sentido prático se houver duas situações diferentes, duas realidades distintas, a merecer um regime jurídico intercalar. Em termos mais singelos, haveria de se contemplar uma regra de transição se houvesse um sistema, anterior, que admitisse a cumulação de proventos e remuneração, e um novel que *não*. E, em homenagem às justas expectativas, a transição seria imperiosa. Em outras palavras, se a EC n. 20/98 tivesse mesmo pretendido *apenas* explicitar a jurisprudência do STF – como alguns ministros deste Tribunal pretenderam – não haveria o porquê de se existir uma regra de transição. Ou seja, se há regra de transição, é porque decorre do simples fato de o ordenamento constitucional prévio à EC n. 20/98 *ter admitido* a cumulação em questão. Aqui, a interpretação realizada pelo Parlamento (no sentido consignado) irá se somar aos argumentos já apresentados. Assim, ao Min. Marco Aurélio, em seu voto proferido no RE n. 163.204-6/SP, assistia razão.

Alguns ministros do STF, contudo, intentaram justificar o seu posicionamento, afirmando que o constituinte reformador veio a preservar situações *ilicitamente* constituídas. Nessa linha, expressou-se o Min. Maurício Corrêa, em voto que proferiu no AI 401.268-2-AgRg/RS: "(...) o art. 11 da EC 20/98 resguardou, sem qualquer distinção, o direito daqueles que, até a data de sua publicação, em virtude de aprovação em concurso, ingressaram no serviço público, convalidando, dessa maneira, *atos administrativos anteriormente praticados em desacordo com a disposição do art. 37, XVI, da Carta Federal, em sua redação originária*" (AI 401.268-2-AgRg/RS, rel. Min. Maurício Corrêa, *DJ* de 4-4-2003, original não grifado).

A decisão acima fez menção a outras decisões, que estabeleceram este posicionamento. A primeira foi o Agravo Regimental em Recurso Extraordinário n. 248.534-9/SP. Neste, sem embargo, a decisão não faz qualquer menção, em seu corpo, a atos administrativos anteriormente praticados *em desacordo com a disposição do art. 37, XVI*, da CB. Segue, apenas para uma sintética verificação, a ementa da decisão: "Recurso extraordinário. 2. Servidor Público. Acumulação de proventos com vencimentos. 3. A Emenda Constitucional n. 20/98, de 16-12-1998, em seu art. 11, exclui da vedação de acumular proventos e vencimentos a situação dos servidores inativos que tenham ingressado novamente no serviço público por concurso de provas ou de provas e títulos, e pelas demais formas previstas na Constituição Federal, até a data de sua publicação" (STF, rel. Min. Néri da Silveira, *DJ* de 17-12-1999).

O outro julgamento citado foi o proferido no RE 252.496/SP, cuja relatora foi a Min. Ellen Gracie. Este perfilha o mesmo caminho do acima citado. Ou seja, também esta decisão citada não faz qualquer menção a atos administrativos anteriormente praticados supostamente *em desacordo com a disposição do art. 37, XVI*, da CB.

Desta exposição, o que se pode perceber é que as razões da tese do Min. MAURÍCIO CORRÊA não poderiam ser aceitas. Nesse sentido, a regra de transição não está a regrar os atos administrativos *em desacordo com a Constituição*.

Ademais, em teoria constitucional amplamente aceita, e que já chegou a ser sufragada pelo STF no conhecido caso da regra de faturamento, se houvesse sido constatada a existência de atos, ou mesmo leis, em desacordo com cláusulas constitucionais, não seria uma nova cláusula constitucional que iria eliminar ou impedir as violações à Constituição pretéritas de terem ocorrido. Há, sim, uma grande confusão em *como* conceber o art. 11 da EC n. 20/98. Afinal, o art. 11 aparenta ser, ao contrário do que pareceu entender o STF, uma indicação de que o texto constitucional originário permitia *sim* a acumulação, e que essa passou a ser vedada *a partir* da Emenda em questão (e, mesmo assim, sem um alcance demasiadamente extensivo, como se verificará). Deixando, sem embargo, esta questão de lado, resta saber quem está (ou, quiçá, quem *não* está), a partir da Emenda n. 20/98, impedido de realizar a acumulação e em quais hipóteses haveria essa vedação, na perspectiva jurisprudencial do STF.

5.3.3. *O caso específico dos militares como paradigma e a possível mutação jurisprudencial: cumulação de proventos e vencimentos*

No presente tópico, dando continuidade à proposta apresentada no item anterior, analisar-se-á o posicionamento adotado pelo STF, em um caso específico, a saber, o já mencionado caso dos militares, acerca da cumulação de proventos de inatividade e remuneração. Trata-se de caso e análise anterior às mudanças pretendidas pela EC n. 103, de 12 de novembro de 2019.

A referência a este entendimento específico decorre do fato de o STF, neste caso concreto, ter proferido decisão, ou melhor, decisões, quebrando qualquer suposta rigidez de seu posicionamento plasmado no tópico acima que, insista-se uma vez mais, era genérico (supostamente alcançando a todas categorias).

Anteriormente à EC 20/98, no que se refere aos militares que recebessem proventos em decorrência de reserva ou reforma e pretendessem tomar posse em cargo civil, a jurisprudência do STF se posicionou *contra* a acumulação de remuneração e proventos. Nesse sentido, para que o militar reformado se tornasse servidor público civil, ele haveria de renunciar aos proventos decorrentes da inatividade militar. Houve, portanto, uma equiparação do servidor militar ao que seria o regime geral, próprio do servidor civil (na visão do STF).

O *leading case* responsável por esta equiparação é o MS 22.182-8/RJ, cujo relator foi o Min. Moreira Alves. Neste, o impetrante, militar postado na reserva, argumentava que a Constituição de 1988 não estava a vedar a cumulação de proventos e remuneração. A única restrição existente na Constituição, segundo alegava, seria a necessidade de o militar, ao tomar posse em cargo ou emprego público civil permanente, transferir-se à reserva.

O STF, por meio do Min. Moreira Alves, sem embargo, afastou o argumento do impetrante:"(...) no tocante à alegação de que, em se tratando de militar que aceita cargo público civil permanente, a única restrição que ele sofre é a prevista no § 3º do art. 42 – a de ser transferido para a reserva –, é ela improcedente. Com efeito, por esse dispositivo não se pode acumular, na atividade, posto (cargo militar) com cargo público civil permanente, regra especial em face do princípio geral, que se encontra nas disposições gerais da Administração Pública (aplicáveis, portanto, aos militares, sob norma especial), e que, nos casos indicados nas letras *a*, *b* e *c* do inciso XVI do art. 37 da Carta Magna, admite a acumulação de dois cargos na atividade. A especialidade dessa norma, no entanto, não vai além. *Daí, a razão pela qual o problema da acumulação de proventos com vencimentos, quer se trate de servidor público militar, quer se trate de servidor público civil, se disciplina constitucionalmente de modo igual, ou seja, em conformidade com o decidido no citado recurso extraordinário: os proventos não podem ser acumulados com os vencimentos*" (MS 22.182-8/RJ, rel. Min. Moreira Alves, *DJ* de 10-8-1995; original não grifado).

Restou vencido o Min. Marco Aurélio, o qual seguiu o seu voto proferido no RE 163.204-6/SP, defendendo a possibilidade de se cumular proventos e remuneração, consoante anteriormente se expôs.

Com o advento da EC n. 20/98, diante da regra de transição contida em seu art. 11, voltou-se a discutir a situação dos militares que, tendo se transferido para a inatividade, ingressaram em serviço público *civil antes* da sua edição.

Em diversas oportunidades o STF se manifestou quanto à cumulação de proventos decorrentes de cargos diversos pelo servidor militar. Assentou-se que, pela égide da Constituição de 1967, não estava vedado o retorno do militar reformado ao serviço público, com a posterior aposentadoria no cargo civil, que implicasse a *acumulação dos respectivos proventos* (MS

24.742-8/DF, rel. Min. MARCO AURÉLIO, *DJ* de 11-3-2005. Nesse exato sentido, também, o MS 24.958-7/DF, rel. Min. MARCO AURÉLIO, *DJ* de 1º-4-2005).

Posteriormente, no MS 25.192-1/DF, cujo relator foi o Min. Eros Grau, ficou consignado, ademais, usando como base um dos precedentes citados no parágrafo acima, que a Constituição de 1988, *em sua redação anterior à EC n. 20/98, não vedava*, em relação aos servidores militares, a cumulação de *proventos* de inatividade decorrentes de cargo militar, com a remuneração proveniente do exercício de cargo público *civil*: "Neste sentido, os precedentes julgados por este Plenário no último dia 2 de fevereiro, MS 24.997, MS 25.015, MS 25.036, MS 25.037, MS 25.090 e MS 25.085, dos quais sou Relator, e MS 24.958, Relator o Ministro MARCO AURÉLIO, *nos termos dos quais entendeu-se* que a Constituição do Brasil de 1967, *bem como a de 1988, esta na redação anterior à Emenda Constitucional n. 20/98, não obstavam o retorno do militar reformado ao serviço público* e a posterior aposentadoria no cargo civil, acumulando os respectivos proventos" (STF, MS 25.192-1/DF, rel. Min. EROS GRAU, *DJ* de 6-5-2005; original não grifado).

No MS 24.997-8/DF (no mesmo sentido, MS 25.037; MS 25.090-9/DF, *DJ* de 1º-4-2005; MS 25.095; MS 25.015; MS 25.113-1/DF, *DJ* de 6-5-2005), cuja relatoria também foi exercida pelo Min. EROS GRAU, o referido Ministro estabeleceu posicionamento, repetido do caso acima, de que: "*A Constituição de 1988, em sua redação original, em nenhum momento dispunha sobre a acumulação de proventos no serviço público. Somente com a edição da Emenda Constitucional n. 20, de 15 de dezembro de 1998, disciplinou-se a acumulação de proventos e vencimentos a partir da data de sua publicação, acrescentando o § 10 ao art. 37 da Constituição do Brasil, que vedou a cumulação de proventos civis e militares com vencimentos de cargo, emprego ou função pública*" (STF, MS 24.997-8/DF, rel. Min. EROS GRAU, *DJ* de 1º-4-2005; original não grifado).

Importante destacar, ainda, nesta decisão, o (seguro) tom genérico da possibilidade de se cumular proventos e vencimentos, na redação original da Constituição de 1988. Eis o excerto do voto do Min. Eros Grau, ao comentar a regra de transição presente no art. 11 da EC n. 20/98, que possibilita esta conclusão: "Ficou ressalvada, desse modo, até a data da publicação da emenda, a percepção de proventos, *fossem eles de natureza civil ou militar, cumulada com remuneração do serviço público*" (STF, MS 24.997-8/DF, rel. Min. EROS GRAU, *DJ* de 1º-4-2005; original não grifado).

Ou seja, a decisão em questão está a estender a amplitude subjetiva da permissão à cumulação de proventos e remuneração. Não eram, portanto, apenas os militares que estavam permitidos, pela redação original da Constituição de 1988, a cumular proventos e remuneração, mas também os civis (em geral, e não apenas os magistrados).

Este posicionamento repetiu-se em outros julgados, mesmo que encabeçados por outros ministros. É o caso do MS 25.050-0/DF (e, também, do MS 25.152; MS 25.123; MS 25.096; MS 25.084), adjudicado em Tribunal Pleno, e no qual o Min. Carlos Velloso atuou como relator. Neste, o Ministro argumentou:

"Seguiram-se outros julgamentos, relatados pelo Ministro Eros Grau, no mesmo sentido: MS 24.997/DF, 25.037/DF, 25.036/DF, 25.015/DF, 25.095/DF. Também no mesmo sentido: MS 24.958/DF, Relator o Ministro Marco Aurélio.

"Forte nos precedentes, defiro o *writ*" (STF, MS 25.050-0/DF, rel. Min. Carlos Velloso, *DJ* de 6-5-2005).

A decisão acima, embora seu conteúdo não destoe em nada do que já foi aventado nos outros julgamentos colacionados anteriormente, tem como aspecto merecedor de destaque a presença do Min. Carlos Velloso. Conforme se viu no tópico anterior, ele foi o relator do RE 163.204-6/SP, e, desta feita, afigurou-se como o principal responsável pelo estabelecimento da jurisprudência que afastava, também para o período anterior ao advento da EC n. 20/98, a possibilidade de acumulação de proventos e remuneração – salvo nas (inevitáveis) hipóteses em que a Constituição admitisse o exercício concomitante de mais de um cargo público.

Disto, podem-se inferir duas conclusões. A primeira, de que o Ministro em questão possivelmente mudou de posicionamento, em relação à decisão proferida no RE 163.204-6/SP, seguindo a tônica genérica adotada pelo Min. Eros Grau, no MS 24.997-8/DF. Ou seja, o Ministro passou a admitir que a Constituição de 1988, em sua redação original, admitia a cumulação de proventos e remuneração. A segunda conclusão é a de que a cumulação de proventos e remuneração seria aplicável, apenas, aos servidores militares aposentados e que passassem a exercer cargo público civil. Quanto a esta conclusão tem-se que, em específico, o MS 22.182-8/RJ, encabeçado pelo Min. Moreira Alves, com sua equiparação do servidor civil ao militar, no que se refere à permissibilidade da cumulação entre proventos e remuneração, teria quedado superado: teria havido uma patente mudança jurisprudencial.

Frise-se que a segunda conclusão é praticamente inconteste, à medida que o MS 25.050-0/DF tem como impetrante um militar aposentado. Em outras palavras, resta pacífico que o STF mudou o seu posicionamento quanto ao MS 22.182-8/RJ. Conclusão esta que se confirma pelo fato de o último MS ter sido mencionado pela parte contrária, no MS 25.050-0/DF, o que implica a desconsideração consciente, por parte dos Ministros, no MS 25.050-0/DF, do entendimento esposado no MS 22.182-8/RJ.

No que se refere à primeira conclusão, é possível que o posicionamento do STF tenha sido, também, alterado em relação ao RE 163.204-6/SP, tendo em vista o tom genérico adotado pelo Min. Eros Grau, no MS 24.997-8/DF, e adotado pela Corte. De mais a mais, importa mencionar que o RE 163.204-6/SP também foi invocado pela parte contrária, no MS 25.050-0/DF, e não houve qualquer referência, pelos Ministros presentes, ao precedente estabelecido no Recurso Extraordinário em questão. Ou seja, há, ao que parece, uma mudança quanto à vedação de cumulação entre proventos e remuneração, anteriormente ao advento da EC n. 20/98.

Sem embargo, não se pode afirmar, de maneira inconteste, a ocorrência de uma mudança no bojo do STF, tendo em vista a existência de julgados – posteriores – em sentido contrário (RE 463.028-1/RS, rel. Min. Ellen Gracie, *DJ* de 10-3-2006; MS 25.256-1/PB, rel. Min. Carlos Velloso, *DJ* de 24-3-2006; MS 25.724-MC/DF). De qualquer maneira, *tampouco se pode afirmar que o STF, pacificamente, acata a vedação à acumulação de proventos e remuneração, sob a redação original da Constituição de 1988. A dúvida macula ambos os posicionamentos*. Desta feita, não se pode afirmar para os magistrados, que, sob a redação original da Constituição de 1988, percebessem proventos e remuneração, estarem proibidos de fazê-lo (que estivessem em situação *ilícita*, como se chegou a cogitar).

O que justificaria tamanha oscilação na jurisprudência da Corte Suprema? Em termos teóricos, admite-se o que chamei de "interpretação desenvolvimentista da jurisdição constitucional das liberdades" (Tavares, 2005: 244), para aproveitar a consagrada expressão cunhada por Cappelletti ("giurisdizione costituzionale delle liberta"), que aponta para a possibilidade – praticamente um dever funcional – de caminhar-se no sentido de eliminar restrições que atinjam o livre exercício de direitos fundamentais, como a segurança jurídica, a proibição de surpresas normativas, o pleno acesso (com seus consectários) a cargos públicos salvo as restrições constitucionais expressas. Também se admite a mutação constitucional informal, decorrente da mudança de posicionamento da Justiça Constitucional, como decorrência da inevitável e imprescindível renovação subjetiva de tribunais constitucionais ou cortes supremas (ou mesmo salas constitucionais) que desenvolvam essa função, mutação esta que também é suscitada pela influência de casos concretos (em questão, o caso dos militares) e findam por influenciar a normativa constitucional, por meio do influxo factual na norma jurídica (no caso específico, norma jurídica *constitucional*) – a este fenômeno alcunha-se *concretização* (sobre o assunto, *v.* TAVARES, 2006a: 65). Essa é exatamente uma das vias pelas quais se pode falar em "Constituição viva" (cf. a clássica obra de MACBAIN, 1948). Ambas as ocorrências parecem estar presentes na hipótese aqui analisada.

5.4. Tratamento constitucionalmente conforme para a Magistratura

Mostra-se pertinente a arguição sobre a inconstitucionalidade formal do preceito do art. 93, VI (redação conferida pela EC n. 20/98), da CB, introduzido pela emenda, que determina a submissão dos magistrados ao regime próprio (geral) da Previdência Social do art. 40 da CB. Isso porque, sendo formalmente inconstitucional esse dispositivo, os magistrados em geral ficam imunes à proibição de acumular aposentadorias, tal como os militares, por ausência de referência expressa no art. 11 da EC n. 20/98 (conforme conclusão já alcançada anteriormente).

Contudo, sendo superada a questão da inconstitucionalidade formal, nem por isso se poderá, automaticamente, aplicar o regime gravoso às situações em curso ou já consolidadas, por força do mandamento constitucional da vitaliciedade e da irredutibilidade de remuneração (e de suas conexões constitucionalmente consolidadas). Será necessário, pois, que se proceda a uma interpretação consistente com o sistema constitucional, reduzindo-se o âmbito subjetivo e temporal de incidência que poderia resultar da leitura complacente e ampla do novel dispositivo constitucional. Caso não se promova esta interpretação, a aplicação imediata da vedação implicará inconstitucionalidade material.

Sendo uma das garantias da Magistratura justamente a irredutibilidade e a vitaliciedade, gerar-se-ia uma inconsistência e uma invalidade o permitir-se ao magistrado auferir determinado montante ao longo de sua vida funcional para, no momento de aposentar-se, perceber valores a menor. A violação à irredutibilidade seria patente. Portanto, uma leitura constitucionalmente conforme das regras previdenciárias e, em particular, do art. 93, VI, da CB, aponta para a necessidade de afastar a leitura linear, literal, que promove uma ampliação subjetiva (insuportavelmente) restritiva e uma usurpação da diretiva geral da Constituição.

Cabe ao intérprete consciente da Constituição reconhecer essa peculiaridade do regime da Magistratura nacional, que o diferencia não no sentido de estabelecimento de privilégios, mas sim no âmbito de uma disciplina própria, específica, que foi engendrada pela Constituição de 1988 na formatação dos "Poderes". Uma interpretação constitucionalmente conforme não poderia desconhecer esse panorama específico, sob pena de se tornar uma leitura manca e, nessa medida, imprópria. E, conforme foi visto, o STF não adota, ainda, um posicionamento uniforme acerca da questão da cumulação de proventos e remuneração, nem acerca da de mais de um provento.

Em síntese, a irredutibilidade de remuneração está diretamente relacionada com a vitaliciedade e, ainda, com a "separação de Poderes", não podendo ser ignorada enquanto elemento normativo particular do sistema constitucional. Essa irredutibilidade, assim compreendida, é o ponto de apoio das conclusões aqui alcançadas.

6. DIREITO À PARIDADE DOS JUÍZES DOS EXTINTOS TRIBUNAIS DE ALÇADA EM RELAÇÃO AOS PROVENTOS DE APOSENTADORIA

A preocupação central deste tópico reside em analisar se a transformação dos cargos de Juízes de algum dos vetustos Tribunais de Alçada em cargos de desembargadores do Tribunal de Justiça atinge aqueles que se aposentaram previamente ao cargo transformado. Para isso, será necessário verificar se decorre, diretamente do regime constitucional brasileiro – ou seja, independentemente de reconhecimento em lei ou ato regulamentar –, o direito de os juízes aposentados dos extintos Tribunais de Alçada fruírem de todas as prerrogativas inerentes ao título de desembargadores do Tribunal de Justiça, por força de paridade em virtude de alguma base constitucional.

A Constituição do Brasil, em sua redação original, assegurava a extensão, aos inativos, de benefícios e vantagens concedidos aos servidores em atividade, inclusive os decorrentes de transformação do cargo em que se deu a aposentadoria: A redação original do art. 40 previa: "§ 4º Os proventos da aposentadoria serão revistos, na mesma proporção e na mesma data, sempre que se modificar a remuneração dos servidores em atividade, sendo também *estendidos aos inativos quaisquer benefícios ou vantagens posteriormente concedidos aos servidores em atividade, inclusive quando decorrentes da transformação ou reclassificação do cargo ou função em que se deu a aposentadoria*, na forma da lei" (original não grifado). Esse mesmo conteúdo permaneceu, embora com modificação formal posterior.

Com a edição da EC n. 20, de 15 de dezembro de 1998, esse dispositivo, com pequenas alterações, foi transportado para o § 8º do mesmo art. 40 da Constituição: "§ 8º Observado o disposto no art. 37, XI, os proventos de aposentadoria e as pensões serão revistos na mesma proporção e na mesma data, sempre que se modificar a remuneração dos servidores em atividade, sendo também *estendidos aos aposentados e aos pensionistas quaisquer benefícios ou vantagens posteriormente concedidos aos servidores em atividade, inclusive quando decorrentes da transformação ou reclassificação do cargo ou função em que se deu a aposentadoria* ou que serviu de referência para a concessão da pensão, na forma da lei".

Com base nessa imposição constitucional, o STF assentou que todos os benefícios de *caráter geral*, ou seja, que não se conectassem a situações pessoais e atingissem indistintamente toda uma classe de servidores públicos, deveriam estender-se aos inativos. Assim, verificando-se que a vantagem atingia os servidores de forma genérica, e que também beneficiaria os inativos caso esses estivessem em atividade, operando-se a referida extensão (cf.: RE 313.121/SP, rel. Min. SEPÚLVEDA PERTENCE, j. em 11-4-2006, *DJ* 12-5-2006, Ementário n. 2.232-03; RE 463.363/SP, rel. Min. GILMAR MENDES, j. em 25-10-2005, *DJ* de 2-12-2005, Ementário n. 2.216-03).

Nesses casos, não importa que a norma concessiva da vantagem não tenha disposto sobre a situação dos inativos. O direito à paridade deveria ser executado de maneira imediata (cf. AI-AgR 429052/SP, rel. Min. EROS GRAU, j. em 25-10-2005, *DJ* 17-3-2006, Ementário n. 2.225-4).

A questão ficou bem explicada no voto proferido pelo Min. SEPÚLVEDA PERTENCE: "Sendo geral, o fato de a lei ser omissa quanto ao direito dos inativos não é óbice a que se lhes defira a extensão: é da jurisprudência do Supremo Tribunal que a regra constitucional da paridade entre a remuneração e os proventos – de aplicabilidade imediata – tem precisamente o sentido de dispensar que a lei estendesse ao aposentado, em cada caso, o benefício ou vantagem outorgada ao servidor em atividade".

Diante da exigência constitucional vigente à época, é inegável que aos juízes aposentados do extinto Tribunal de Alçada eram e permanecem sendo validamente devidas as mesmas vantagens percebidas pelos juízes desse Tribunal que, permanecendo na ativa, tiveram os seus cargos *transformados* em cargos de Desembargador. Nesse ponto, é necessário atentar para o fato de que a norma trata expressamente na hipótese de *transformação do cargo*, apresentando perfeita aplicação à hipótese em análise.

Por outro lado, não importa que a legislação estadual não tenha reconhecido, verbalmente, o direito desses Juízes aposentados passarem à condição de desembargadores aposentados do Tribunal de Justiça, já que a imposição constitucional incidiu diretamente, devendo permanecer aplicada aos casos correntes. Nesse sentido, é pacífica a jurisprudência do STF, como visto.

É certo que a EC n. 41, de 19 de dezembro de 2003, extinguiu a paridade de servidores aposentados e servidores em atividade, em relação aos benefícios e vantagens que a estes últimos fossem concedidos. Nada obstante, estabeleceu também regras de transição, mantendo o direito à paridade dos servidores já aposentados e daqueles que, na data da publicação da emenda, já houvessem cumprido os requisitos para se aposentar. E não poderia ser diferente.

Assim, pelo art. 3º da EC n. 41/2003, "*É assegurada a concessão, a qualquer tempo, de aposentadoria aos servidores públicos, bem como pensão aos seus dependentes, que, até a data de publicação desta Emenda, tenham cumprido todos os requisitos para obtenção desses benefícios, com base nos critérios da legislação então vigente*". E, pelo seu art. 7º: "Observado o disposto no art. 37, XI, da Constituição Federal, os proventos de aposentadoria dos servidores públicos titulares de cargo efetivo e as pensões dos seus dependentes pagos pela União, Estados, Distrito Federal e Municípios, incluídas suas autarquias e fundações, em fruição na data de publicação desta Emenda, bem como os proventos de aposentadoria dos servidores e as pensões dos dependentes abrangidos pelo art. 3º desta Emenda, serão revistos na mesma proporção e na mesma data, sempre que se modificar a remuneração dos servidores em atividade, sendo também *estendidos aos aposentados e pensionistas quaisquer benefícios ou vantagens posteriormente concedidos aos servidores em atividade, inclusive quando decorrentes da transformação ou reclassificação do cargo ou função em que se deu a aposentadoria* ou que serviu de referência para a concessão da pensão, na forma da lei".

A EC n. 41/2003 estabeleceu, também, em seu art. 6º, normas de transição para aqueles servidores que, embora não atendessem os requisitos para a obtenção da aposentadoria antes da sua publicação, desejassem se aposentar de acordo com as normas então vigentes, para que lhes fossem asseguradas a integralidade de seus proventos e a paridade em relação aos servidores da ativa. De acordo com o art. 2º da EC n. 47, de 5 de julho de 2005, aplica-se também o art. 7º supratranscrito aos servidores que se aposentem conforme as referidas normas de transição do art. 6º da EC

n. 41/2003. Mas essa EC . n. 47 também extinguiu o direito à revisão em regime de paridade previsto no parágrafo único do art. 6º da EC n. 41/03.

O direito a perceber os benefícios e vantagens concedidos aos servidores em atividade subsiste, portanto, para todos os servidores já aposentados até 19 de dezembro de 2003 (data da publicação da EC n. 41/2003), para aqueles que, embora permanecessem na ativa, já cumpriam os requisitos para se aposentar, e para os que optaram pela aposentadoria, nos termos do art. 6º dessa mesma emenda.

6.1. Direito à paridade dos juízes dos extintos Tribunais de Alçada em relação a outros benefícios (Colar do Mérito – denominação de Desembargador)

A EC n. 45/2004, ao determinar a unificação dos Tribunais de Alçada aos Tribunais de Justiça, preocupou-se em estabelecer que a integração dos membros dos tribunais extintos nos quadros dos Tribunais de Justiça não se desse sem que fossem "*assegurados os direitos dos inativos e pensionistas*" (art. 4º, parágrafo único).

Um tal comando seria prescindível, tendo em vista que, mesmo se a norma silenciasse a esse respeito, os direitos dos inativos e pensionistas haveriam, sempre, de ser observados. Houve, porém, uma especial preocupação do legislador constituinte reformador em enfatizar esse aspecto.

Sobre o tema, cumpre destacar que as vantagens inerentes ao cargo de desembargador do Tribunal de Justiça não se restringem ao aspecto pecuniário. Existem outras prerrogativas atinentes a esse cargo, tais como a nominação de desembargador e o agraciamento com o "Colar de Mérito Judiciário", às quais o título de juiz de Tribunal de Alçada não permitia acesso.

Com efeito, o cargo de desembargador do Tribunal de Justiça era, na organização judiciária hierarquizada, superior ao de juiz do Tribunal de Alçada, uma espécie de distorção, considerando-se que a divisão de competência entre esses tribunais era horizontal e não vertical. Por essa razão, quando ainda existiam os Tribunais de Alçada, a investidura de seus membros no cargo de desembargador do Tribunal de Justiça se dava por *promoção*, segundo critérios alternativos de merecimento e antiguidade, e não por mera transferência.

A paridade entre servidores em atividade e aposentados, que permanece assegurada pela Constituição do Brasil àqueles que se aposentaram antes do advento da EC n. 41/2003, e àqueles que se submetem ao seu regime de transição, não se restringe à revisão dos proventos de aposentadoria, quando modificada a remuneração dos servidores em atividade. Pela letra dessa norma, são "(...) *também* estendidos aos aposentados e pensionistas *quaisquer benefícios ou vantagens* posteriormente concedidos aos servidores em atividade, *inclusive quando decorrentes da transformação* ou reclassificação *do cargo* ou função em que se deu a aposentadoria ou que serviu de referência para a concessão da pensão, na forma da lei" (art. 7º da EC n. 41/2003).

Em suma, quaisquer benefícios ou vantagens, concedidos, genericamente, a todos os juízes dos extintos Tribunais de Alçada, em decorrência da transformação de seus cargos em cargos de desembargadores do Tribunal de Justiça – não apenas os acréscimos em sua remuneração – devem ser estendidos aos magistrados aposentados daqueles tribunais. Em face desses pressupostos, fica demonstrada a existência do direito dos juízes aposentados dos extintos Tribunais de Alçada serem nominados de desembargadores e agraciados com o "Colar do Mérito Judiciário".

BIBLIOGRAFIA DO CAPÍTULO VIII

CANOTILHO, J. J. Gomes. *Direito Constitucional e Teoria da Constituição.* 7. ed. Coimbra: Almedina, 2003.

_______. *Constituição dirigente e vinculação do legislador*. 2. ed. Coimbra: Coimbra editora, 1994.

_______. *Direito Constitucional*. 6. ed. Coimbra: Almedina, 1993.

_______. *Direito Constitucional e Teoria da Constituição.* 5. ed. Coimbra: Almedina, 1991.

DIMOULIS, Dimitri; MARTINS, Leonardo. *Teoria Geral dos Direitos Fundamentais*. São Paulo: RT, 2007.

FERRAZ, Anna Cândida da Cunha. Inconstitucionalidade por omissão: uma proposta para a Constituinte. *Revista de Informação Legislativa,* Brasília: Senado Federal, n. 89, jan./mar. 1986.

FERREIRA FILHO, Manoel Gonçalves. *Comentários à Constituição Brasileira de 1988*. 2. ed. São Paulo: Saraiva, 1997.

HARADA, Kiyoshi. Acumulação de proventos com vencimentos. *RT*, n. 716, p. 51, jun. 1995.

LESSA, Pedro. *Do Poder Judiciário*. Brasília: Ed. Fac-similar, 2003.

LOEWENSTEIN, Karl. *Teoria de La Constitución*. Barcelona: Ariel, 1970.

MACBAIN, Howard Lee. *The living constitucion*. NewYork: The MacMillan Company, 1948.

MENÉNDEZ, Ignácio Villaverde. *La Inconstitucionalidade Por Omisión*. Madrid: McGraw-Hill, 1977.

MIRANDA, Jorge. *Manual de Direito Constitucional*. 3. ed. Coimbra: Coimbra editora, 1996.

MONTESQUIEU. *De L'Esprit des Loix*. Tome Premier. Geneve: Chez Barillot, & Fils, 1748.

POLLITT, Christopher. *Performance or Compliance*. Oxford: Oxford University Press, 1999.

PONTES DE MIRANDA, *Comentários à Constituição de 1967*, tomo III, 2. ed. São Paulo: RT.

RODRIGUES, Rodnei Doreto. *Implicações das garantias da vitaliciedade e da irredutibilidade de vencimentos na aposentadoria dos magistrados*. Disponível em: http://www.anamatra.org.br/downloads/previdencia_%20parecer_tramitacao_vitaliciedade.pdf. Acesso em: junho 2007.

SADEK, Maria Tereza. Corpo e alma da magistratura brasileira. *Rev. bras. Ci. Soc.* [online]. 1998, vol.13, n.38. Disponível em: <http://www.scielo.br/scielo.php?script=sci_arttext&pid=S0102-69091998000300011&lng=en&nrm=iso>. ISSN 0102-6909.

STERN, Klaus. *Derecho del Estado de la Republica Federal Alemana*. Madrid: Centro de Estúdios Constitucionales, 1987.

TÁCITO, Caio. Cumulação de proventos e vencimentos. *Revista Trimestral de Direito Público*, n. 10, 1995.

TAVARES, André Ramos. *Direito Constitucional Brasileiro Concretizado: Hard cases e soluções juridicamente adequadas*, vol. 2. São Paulo: Método, 2009.

______ *Constituição do Brasil Integrada*. 2. ed. São Paulo: Saraiva, 2007.

_____.*Fronteiras da Hermenêutica Constitucional*. Coleção Professor Gilmar Mendes, vol. 1. São Paulo: Método, 2006a.

_____. *Direito Constitucional Brasileiro Concretizado: Hard Cases e soluções juridicamente adequadas*. São Paulo: Método, 2006b.

_____. *Teoria da justiça constitucional*. São Paulo: Saraiva, 2005.

TAVARES, André Ramos e ROTHENBURG, Walter Claudius (Orgs.). Arguição de Descumprimento de Preceito Fundamental: Análises à Luz da Lei n. 9.882/99. São Paulo: Atlas, 2001.

WALDRON, Jeremy. *The Dignity of Legislation*, Cambridge: Cambridge Univ. Press., 1999.